토마스 아퀴나스 신학대전 31
신앙

박 승 찬   옮김

제2부 제2편
제1문 - 제7문

신학대전 31

신앙

2022년 5월 9일 교회인가
2022년 6월 29일 1판 1쇄 발행
2022년 7월 10일 1판 2쇄 발행

간행위원 | 손희송 주교   정의채 몬시뇰   이재룡 신부(위원장)
　　　　　안소근 수녀   윤주현 신부   이상섭 교수   정현석 교수
　　　　　박승찬 교수   이경상 신부   임경헌 박사   조동원 신부
지은이 | 토마스 아퀴나스
옮긴이 | 박승찬
펴낸이 | 이재룡
펴낸곳 | 한국성토마스연구소

25244 강원도 횡성군 우천면 경강로산전7길 28-53
등록 | 제2018-000003호 2018년 6월 19일
전화 | (033) 344-1238
ⓒ 한국성토마스연구소

보급 | 기쁜소식
전화 | 02) 762-1194   팩스 | 741-7673

값 40,000원

ISBN 979-11-978446-2-1 94160

ISBN 979-11-969208-0-7(세트) 94160

Summa Theologiae, vol.31
by St. Thomas Aquinas

Korean translation copyright ⓒ 2022 by St. Thomas Institute in Korea
All rights reserved
Published by St. Thomas Institute in Korea

> 이 책은 저작권법에 따라 보호를 받는 저작물이므로 무단전제와 복제를 금지하며, 이 책의 내용 전부 또는 일부를 이용하려면 반드시 저작권자와 한국성토마스연구소의 서면 동의를 받아야 합니다.

토마스 아퀴나스 신학대전 31

신앙

S. Thomae Aquinatis
SUMMA THEOLOGIAE

박 승 찬 옮김

제2부 제2편
제1문 - 제7문

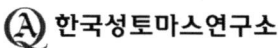
한국성토마스연구소

차 례

성 요한 바오로 2세 교황의 격려와 축복의 말씀 / ix

교황 레오 13세의 회칙 발췌문 / xiv

성 요한 바오로 2세 교황의 회칙 발췌문 / xvii

『신학대전』 완간을 꿈꾸며 / xxii

『신학대전』 간행계획 / xxv

일러두기 / xxvii

일반 약어표 / xxxi

성 토마스 작품 약어표 / xxxiii

'신앙' 입문 / xxxviii

머리글 / 3

제1문 신앙의 대상에 대하여 / 11

제1절 신앙의 대상은 제1진리인가? / 15

제2절 신앙의 대상은 명제적 방식을 통해 합성된 어떤 것인가? / 27

제3절 신앙 아래 거짓이 들어올 수 있는가? / 35

제4절 신앙의 대상은 직관(直觀)된 어떤 것일 수 있는가? / 45

제5절 신앙에 속하는 것들이 알려질 수 있을까? / 61

제6절 믿을 수 있는 것들은
   확정된 조항들을 통해서 구분되어야 하는가? / 71

제7절 신앙 조항은 시간의 연속에 따라 증가하는가? / 81

제8절 신앙 조항은 적절하게 열거되었는가? / 97
제9절 신앙 조항은 적절하게 신경에서 제시되었는가? / 113
제10절 신경을 규정하는 일이 교황에게 속하는가? / 123

제2문 신앙의 내적 행위에 대하여 / 131

제1절 믿는 일은 동의를 가지고 사유하는 일인가? / 133
제2절 신앙의 행위가 '하느님에 대해 믿는 일', '하느님을 믿는 일', 그리고 '하느님을 향해 믿는 일'이라는 것을 통해 적절히 구분되는가? / 143
제3절 자연적 이성을 넘어서는 어떤 것을 믿는 일이 구원을 위해 필요한가? / 151
제4절 자연적 이성에 의해 증명될 수 있는 그러한 것들을 믿을 필요가 있는가? / 165
제5절 인간이 어떤 것을 명시적으로 믿어야만 하는가? / 171
제6절 모두가 동일하게 명시적 신앙을 가져야만 하는가? / 181
제7절 그리스도의 신비에 대한 명백한 믿음은 모두의 구원을 위해 필요한가? / 189
제8절 삼위일체를 믿는 일이 구원을 위해 필수적인가? / 203
제9절 믿는 일은 공로가 되는가? / 209
제10절 신앙에 속하는 것들로 이끄는 논거는 신앙의 공로를 감소시키는가? / 217

제3문 신앙의 외적인 행위에 대하여 / 227
제1절 고백은 신앙의 행위인가? / 227
제2절 신앙고백이 구원을 위해 필요한가? / 233

제4문 신앙의 덕 자체에 대하여 / 241
제1절 이것이 신앙의 적합한 정의인가? "신앙은 희망해야 하는 사물들의 실체이고 명료하지 않은 것들에 대한 논증이다." / 243
제2절 신앙은 주체 안에 있는 것처럼 지성 안에 있는가? / 257
제3절 참사랑은 신앙의 형상인가? / 265
제4절 형상화되지 않은 신앙이 형상화된 신앙이 될 수 있는가, 또는 그 반대인가? / 271
제5절 신앙은 덕인가? / 281
제6절 신앙은 하나인가? / 291
제7절 신앙은 제1의 덕인가? / 295
제8절 신앙은 지식이나 다른 지성적 덕들보다 더 확실한가? / 305

제5문 신앙을 지닌 이들에 대하여 / 315
제1절 천사나 인간은 그들의 첫 여건에서 신앙을 가졌는가? / 315
제2절 마귀들 안에 신앙이 존재하는가? / 325
제3절 하나의 신앙 조항을 믿지 않는 이단자가 다른 신앙 조항들에 대한 형상화되지 않은 신앙을 가질 수 있는가? / 333
제4절 신앙은 다른 사람 안에서보다 한 사람 안에서 더 클 수 있는가? / 341

제6문 신앙의 원인에 대하여 / 349
  제1절 신앙은 하느님에 의해 인간에게 주입된 것인가? / 349
  제2절 형상화되지 않은 신앙은 하느님의 선물인가? / 359

제7문 신앙의 효과에 대하여 / 369
  제1절 두려움은 신앙의 효과인가? / 369
  제2절 마음의 정화가 신앙의 효과인가? / 377

  주제 색인 / 382
  인명 색인 / 397
  고전작품 색인 / 400
  성경 색인 / 401

FROM THE VATICAN

April 26, 1994

Dear Father Tjeng,*

His Holiness Pope John Paul II was indeed pleased to learn that a Korean translation of the *Summa Theologiae* of Saint Thomas of Aquinas is being published. He warmly encourages you and your collaborators in this enterprise, which will lead not only to a better knowledge of the teachings and method of the one whom Pope Leo XIII called "inter Scholasticos Doctores, omnium princeps et magister"(Leo XIII, *Aeterni Patris,* No. 22), but also to a most fruitful encounter between Christian philosophy and theology and the intellectual traditions of Korea.

Only recently, His Holiness referred to the unique place of Saint Thomas in the history of thought by stating that "the philosophical and theological synthesis which he elaborated is a solid, lasting possession for the Church and humanity"(*Great Prayer,* 16 March 1994, No. 6). That synthesis flows from the principle that there is a profound and inescapable harmony between the truths of reason and those of faith.(cf. *Address to*

---

* The Reverend Paul Tjeng Eui-Chai

성 요한 바오로 2세 교황의 격려와 축복의 말씀

친애하는 정의채 바오로 신부님,

교황 요한 바오로 2세 성하께서는 성 토마스 아퀴나스의 『신학대전』이 한국어로 번역·출판되고 있다는 소식을 들으시고 매우 기뻐하십니다. 이 작업에 참여하는 이들을 따뜻한 마음으로 격려하십니다. 이 작업은 교황 레오 13세 성하께서 "스콜라 학자들의 수장(首長)이며 스승"(레오 13세, 『영원하신 아버지』 22항)이라고 부르신 성 토마스의 가르침과 방법에 대해 보다 깊은 이해를 하게 할 뿐만 아니라 그리스도교의 철학과 신학이 한국의 전통 사상과 만나 매우 풍요로운 결실을 맺게 할 것입니다.

교황 성하께서는 최근에도 "성 토마스가 집대성한 철학적·신학적 종합은 교회와 온 인류의 건실하고 항구한 자산입니다."(『위대한 기도』 1994년 3월 16일, 6항)라고 하시어, 사상사(思想史)에 있어 성 토마스가 차지하는 독보적인 위치를 확인하셨습니다. 성 토마스가 이룩한 종합은 이성의 진리와 신앙의 진리 사이에는 근본적이고 불가피한 조화가 존재한다는 원리로부터 비롯됩니다.(제8차 국제 토마스 회의에서의 말씀: 1980년 9월 13일, 2항 참조)

Eighth International Thomistic Congress : 13 September 1980, No. 2)

The heart of Saint Thomas' reflection is man's relationship to God, his Creator and Lord. He sees man as proceeding from creative divine wisdom and returning to the Father on the basis of an elevation of the human intellect and will, through the grace of Christ's redemptive love. Indeed, he defines man as "the horizon of creation in which heaven and earth join, like a link between time and eternity, like a synthesis of creation."(Ibid., No. 5)

For Saint Thomas, true philosophy should faithfully mirror the order of things themselves, otherwise it ends by being reduced to an arbitrary subjective opinion. "This realistic and historical method, fundamentally optimistic and open, makes St. Thomas not only the 'Doctor Communis Ecclesiae', as Paul VI calls him in his beautiful Letter *Lumen Ecclesiae,* but the 'Doctor Humanitatis', because he is always ready and disposed to receive the human values of all cultures."(Ibid., No. 4) Is this approach itself not a solid point of contact with the great philosophical systems of the East and a sure promise of a very fruitful dialogue between the intellectual traditions of East and West? Such a dialogue in turn is the obligatory path of the progress of human culture, as well as a requisite for a deeper inculturation of Christianity among the peoples of the vast continent of Asia.

His Holiness values the present translation as an important contribution to these lofty goals. He invokes an abundance

성 토마스 사상의 핵심은 인간이 자신의 창조자이며 주님이신 하느님과 인간이 맺고 있는 관계입니다. 성 토마스는 인간을 하느님의 창조적 지혜에서 출발하여, 인간 자신의 지성과 의지를 고양(高揚)시키는 그리스도의 구원적 사랑의 은총에 힘입어 아버지께로 다시 돌아가는 존재로 봅니다. 바로 그렇기 때문에 성 토마스는 "인간을 하늘과 땅이 만나는 창조의 지평, 시간과 영원의 연결 고리, 또는 창조의 종합"으로 정의합니다.(같은 곳, 5항)

  사실 성 토마스가 보기에 참다운 철학이란 실재 자체의 질서를 성실하게 반영하여야 합니다. 만일 그렇지 못하다면 철학이란 한낱 인위적인 주관적 견해로 전락하고 말 것입니다. "근본적으로 낙관적이고 개방적이며, 실재주의적이고 역사적인 이 방법은, 바오로 6세 성하께서 『교회의 빛』이라는 아름다운 서한에서 그를 지칭한 것처럼, 성 토마스를 '교회의 보편적 스승'일 뿐만 아니라 '인류의 스승'이 되게 해 줍니다. 그것은 성 토마스가 언제나 모든 문화 속에 포함되어 있는 인간적 가치들을 받아들일 준비가 되어 있기 때문입니다." (같은 곳, 4항) 이러한 그의 입장이야말로 동양의 위대한 철학 체계들과의 만남을 가능케 하는 건실한 기반이자, 동(東)과 서(西)의 지성적 전통 사이의 창조적 교류를 약속하는 것이 아니고 무엇이겠습니까? 그리고 이와 같은 교류는 인류 문화가 발전해 가야 할 도정(道程)임과 동시에 아시아라는 방대한 대륙에 사는 민족들에게 그리스도교가 더 깊이 토착화되기 위한 필수조건인 것입니다.

  교황 성하께서는 현재 진행되고 있는 번역 작업을 그런 숭고한 목적을 달성하는 데 기여하는 중요한 작업으로 평가하고 계십니다. 교

of divine blessings upon the authors, publishers and readers of this masterpiece of Christian philosophy and theology.

With good wishes, I am

Sincerely yours in Christ,

Card. Angelo Sodano

Cardinal Angelo Sodano
Secretary of State

황 성하께서는 그리스도교 철학과 신학에 관한 이 위대한 걸작을 번역하는 이와 출판하는 이와 읽는 이 모두에게 주님의 풍성한 축복이 내리기를 기도드리십니다.

1994년 4월 26일

그리스도 안에서 만사형통하시기를 빌며,
바티칸국 국무성 장관
추기경 안젤로 소다노

교황 레오 13세의 회칙 발췌문

『영원하신 아버지』(*Aeterni Patris*, 1879)

[1879년 8월 4일에 반포된 이 회칙의 원제목은 『가톨릭 학교들에서 성 토마스 데 아퀴노의 정신에 따라 교육되어야 하는 그리스도교 철학에 관하여』(*De philosophia christiana ad mentem sancti Thomae Aquinatis Doctoris Angelici in scholis catholicis instauranda*)이다.]

30. 그러므로 더할 나위 없이 타당한 이유를 가지고 상당수의 철학자들이 철학을 쇄신하기 위해서는 토마스 데 아퀴노의 놀라운 가르침을 그 순수한 광채 속에서 회복시켜야 한다고 믿고 헌신적으로 투신하였습니다.
    그리고 저에게, 이 '천사적 박사'라는 수원(水源)으로부터 영구히 풍부하게 흘러넘치는 가장 순수한 지혜의 강물을 온 세계 젊은이들에게 넉넉하게 마시게 하는 일보다 더 소중하고 바람직한 일은 없다는 점을 모든 이에게 확실하게 일러두는 바입니다.

32. 그리고 신앙에서 멀어져서 가톨릭교회의 가르침을 미워하는 사람들 가운데 상당수는 오직 이성만을 유일한 스승이며 안내자로 삼는다고 선언하고 있습니다. 가톨릭 신앙으로써 그들을 치유하고 은총으로 돌아오게 하려면, 하느님의 초자연적 도우심 다음으로는 교부들과 스콜라 학자들의 건전한 가르침보다 더 적절한 것은 없습

니다. 이들은 신앙의 튼튼한 토대, 그 신적인 기원, 그 확실한 진리, 그 증명 논거, 인류에게 가능해진 은혜, 그리고 이성과의 완전한 조화 등을 증명하였고, 또 너무도 명료하고 강력했기 때문에, 주저하는 자들과 허풍떠는 자들까지도 회심시키기에 충분했습니다.

타락한 이론들의 해악 때문에 우리가 모두 목격하고 있듯이 매우 심각한 위험에 노출되어 있는 가정과 시민사회조차도, 만일 대학과 학교들에서 교회의 가르침에 가장 일치되는 건전한 교육이 시행되기만 했더라면 분명 훨씬 더 평온하고 확실한 기반 위에 서 있을 수 있었을 것입니다. 우리는 바로 이런 가장 건전한 가르침을 토마스 데 아퀴노의 작품들 속에서 발견합니다. 왜냐하면 오늘날 방종으로 변형되고 있는 자유의 진정한 본성, 법칙과 그 힘, 자명한 원리들의 영역, 더 높은 권위에 대한 마땅한 복종, 인간 상호 간의 사랑 등에 대한 토마스의 가르침들은 사회질서의 평온과 대중의 안녕에 위험하기 짝이 없는 새로운 법의 원리들을 전복시킬 수 있는 대단히 강력하고 꺾일 수 없는 힘을 지니고 있기 때문입니다.

36. 특별히 신중한 분별력을 가지고 그대들[전 세계 주교들]이 뽑은 스승들[신학교와 가톨릭 대학교 교수들]은 자기 제자들의 정신이 성 토마스 데 아퀴노의 가르침으로 관통될 수 있도록 깊은 노력을 기울여야 하며, 그의 가르침이 다른 모든 이론에 견주어 얼마나 튼튼하고 월등한지를 분명히 해야 합니다. 그대들이 설립한 (또는 설립할) 학부들은 그의 가르침을 해설하고 옹호하며 흔한 오류들을 논박하는 데 활용할 수 있어야 합니다.

그리고 그대들은 정통 가르침 대신에 이런저런 허풍떠는 이론들에 말려들거나, 진정한 가르침 대신에 타락한 이론들에 현혹되지 않도록 성 토마스의 지혜가 그 원천으로부터, 또는 적어도 뛰어난 지성들의 확실하고 한결같은 판단에 따르면 그 원천에서 흘러나와 아직도 맑고 투명하게 흐르는 저 강물들로부터 탐구될 수 있도록 조처해야 합니다. 그리고 같은 원천에서 나왔다고들 말하기는 하지만 실제로는 이질적이고 해로운 저 시냇물에서 젊은이들의 정신을 멀리 떼어 놓도록 최선의 노력을 기울여야 합니다.

성 요한 바오로 2세 교황의 회칙 발췌문

『신앙과 이성』(*Fides et Ratio*, 1998)

43. 이 오랜 발전 과정에서 성 토마스 데 아퀴노(St. Thomas de Aquino)는 특별한 자리를 차지하고 있습니다. 그것은 그가 가르친 내용 때문만이 아니라 당대의 아랍 사상과 유다교 사상과 나눈 대화 때문입니다. 그리스도교 사상가들이 고대 철학, 특히 아리스토텔레스의 보화들을 재발견하고 있던 시대에, 성 토마스는 신앙과 이성 사이의 조화에 영예로운 자리를 배정한 위대한 공로를 가지고 있습니다. 이성의 빛과 신앙의 빛은 둘 다 하느님에게서 오는 것이고, 따라서 양자 사이에는 어떠한 모순도 있을 수 없다고 그는 논증하고 있습니다.

더욱 근본적으로, 토마스는 철학의 일차적 관심사인 자연(natura)이 하느님의 계시를 이해하는 데 적극적으로 기여할 수 있다는 것을 인정합니다. 따라서 신앙은 이성을 두려워할 필요가 없고, 오히려 이성을 추구하고 그것에 대해서 신뢰를 가지고 있습니다. 은총이 자연에 의존하고 자연을 완성시키듯이, 신앙은 이성에 의존하고 이성을 완성합니다. 신앙을 통해서 조명받을 때, 이성은 죄의 불복종 때문에 오는 연약성과 한계로부터 해방되어, 삼위일체 하느님에 대한 지식으로 고양되는 데 요구되는 힘을 얻게 됩니다. 비록 신앙의 초자연적인 성격을 강조하기는 했지만, 이 '천사적 박사'(Doctor Angelicus)

는 신앙이 지니고 있는 합리적 성격의 중요성을 간과하지 않았습니다. 참으로 그는 이 이해 가능성의 깊이를 천착해 들어가 그 의미를 밝혀낼 수 있었습니다. 신앙은 어떤 의미에서 일종의 '사고 훈련' (exercitium cogitationis)입니다. 그리고 인간 이성은, 어쨌든 자유롭게 심사숙고해서 내리는 선택으로 얻어지는 신앙의 내용들에 동의한다고 해서, 무효화되는 것도 아니고 그 품위가 손상되는 것도 아닙니다.

바로 그렇기 때문에 교회는 한결같이 성 토마스를 사고의 스승이며 올바른 신학자의 전형으로 추천해 온 것입니다. 이 점에 관해서 저는 선임자인 하느님의 종 교황 바오로 6세께서 천사적 박사의 서거 700주년[1974년]의 기회에 하신 말씀을 상기하고 싶습니다. "의심할 바 없이, 토마스는 진리에의 용기, 새로운 문제들을 직면할 때의 정신의 자유, 그리고 그리스도교가 세속 철학이나 편견으로 감염되는 것을 허용하지 않는 사람들의 지적 정직성 등을 최고도로 소유하고 있었습니다. 따라서 그는 그리스도교 사상사 속에서 언제나 새로운 철학과 보편적 문화에 이르는 길의 선구자로 남아 있습니다. 그가 찬란한 예언자적 통찰력으로 신앙과 이성 사이의 새로운 만남에서 제시한 요점과 해결의 씨앗은 세계의 세속성(saecularitas)과 복음의 근본성 사이의 화해였고, 따라서 세상과 그 가치들을 부정하려는 자연스럽지 못한 경향을 피하면서도 동시에 초자연적 질서의 숭고하고 준엄한 요구들로써 신앙을 지킬 수 있었습니다."

44. 성 토마스의 또 하나의 위대한 통찰은, 지식이 지혜로 성장해 가게 되는 과정에서 성령의 역할을 깊이 깨닫고 있었다는 사실입니

다. 그의 『신학대전』(Summa Theologiae)의 앞머리에서 아퀴나스는, 성령의 선물로서 천상의 것들에 대한 지식으로의 통로를 열어 주는 지혜의 우위성을 날카롭게 보여 주고 있습니다. 그의 신학은 우리가 신적인 것들에 대한 신앙과 지식에 밀접하게 연관되어 있는 지혜의 특성을 이해할 수 있게 해 줍니다. 이 지혜는 천성적으로(per connaturalitatem) 알려지게 됩니다. 그것은 신앙을 전제로 하고 있고, 결국 신앙 자체의 진리에 입각한 올바른 판단을 형성해 줍니다. "성령의 선물들 가운데 하나인 지혜는 지성적 덕 가운데서 발견되는 지혜와는 구별됩니다. 이 두 번째 지혜는 연구를 통해서 얻어지지만, 첫 번째 지혜는 야고보 사도가 말하고 있는 것처럼 '높은 데서 옵니다.' 이것은 또한 신앙과도 구별되는데, 그것은 신앙이 신적인 진리를 있는 그대로 받아들이기 때문입니다. 그러나 지혜의 선물은 신적인 진리에 따라서 판단할 수 있게 해 줍니다."

그렇지만 이 지혜에 어울리는 우위성은 천사적 박사가 철학적 지혜와 신학적 지혜라는 지혜의 다른 두 개의 보충적 형태들이 있다는 것을 간과하게 만들지 않습니다. '철학적 지혜'는 자연적인 제약을 가지고 있는 지성의 실재 탐구 역량에 기초를 두고 있고, 신학적 지혜는 계시에 기초를 두고 신앙의 내용들을 탐구하여 하느님의 신비에 접근해 갑니다.

"진리는 누가 발설하든지 간에 모두 성령으로부터 오는 것"(omne verum a quocumque dicatur a Spiritu Sancto est)임을 깊이 확신하고 있던 성 토마스는 그의 진리 사랑에 공평무사했습니다. 그는 어디에서든지 진리를 추구하였고, 진리의 보편성을 입증하는 데 전력을 다했습니다. 교회의 교도권은 그에게서 진리를 향한 열정을 인정하였습니다. 그리고 정확히 그것이 일관되게 보편적이고 객관적이며 초월적인 진리의 지평 속에 머무르기 때문에, 그의 사상은 '인간 지성이 결코 생각해 낼 수 없었을 높은 경지'에 도달했습니다. 그는 정당하게도 '진리의 사도'(apostolus veritatis)라고 불릴 수 있을 것입니다. 확고하게 진리만을 추구하는 토마스의 실재주의(realismus)는 진리의 객관성을 인정하고 '현상'의 철학뿐만 아니라 '존재'의 철학(philosophia essendi)까지도 제시할 수 있습니다.

57. 그러나 교도권은 철학 이론들의 오류들과 일탈들을 지적하기만 하는 것은 아닙니다. 이에 못지않은 관심을 가지고 교회 교도권은 철학적 탐구의 진정한 쇄신의 기본 원리들을 강조하고 특정 방향을 지시하기도 합니다. 이 점에서 교황 레오 13세께서는 회칙 『영원하신 아버지』(*Aeterni Patris*)에서 교회 생활을 위해 역사적으로 매우 중요한 일보를 내디디셨습니다. 왜냐하면 그 회칙은 오늘날까지도 온전히 철학만을 위해 작성된 유일한 권위 있는 교황 문헌으로 남아 있기 때문입니다. 이 위대한 교황께서는 신앙과 이성 사이의 관계에 관한 제1차 바티칸공의회의 가르침을 발전시키는 가운데, 철학적 사고가 신앙과 신학에 얼마나 깊이 공헌하는지를 보여 주셨습니다. 한 세기 이상이 지났지만 그 회칙이 담고 있는 실천적이고 교육적인 통찰들은 그 중요성을 조금도 잃어버리지 않았습니다. 특히 성 토마스의 철학이 지니고 있는 그 어느 것에도 비할 수 없는 가치에 관한 강조는 더욱 그렇습니다. '천사적 박사'의 사상에 대한 쇄신된 강조야말로 교황 레오 13세께서는 신앙의 요구들에 부합되는 철학의 활용을 활성화시키는 최선의 길로 비쳐졌습니다. "성 토마스는 이성과 신앙을

날카롭게 구분하였습니다. 그러나 이 양자를 조화시켜 각각 자신의 권리와 품위를 고스란히 간직하게 할 수 있었습니다."

78. 이 성찰들의 빛 속에서, 교도권이 왜 반복적으로 성 토마스 사상의 공로들을 격찬하고 그를 신학 연구의 인도자이며 전형(典型)으로 삼았는지가 명백히 드러납니다. 이것은 순수하게 철학적인 문제들에 대해서 어떤 입장을 취하기 위해서도 아니고, 또 특정 이론들에 대한 호감을 표시하기 위한 것도 아니었습니다. 교도권의 의도는 언제나, 성 토마스가 어떤 의미에서 진리를 추구하는 모든 사람을 위한 진정한 전형인지를 보여 주자는 것이었습니다. 실상 그의 성찰 속에서 이성의 요구들과 신앙의 힘이, 일찍이 인간 사고가 이룩한 가장 고상한 종합을 발견합니다. 왜냐하면 그는 이성에게 고유한 모험을 평가 절하함이 없이, 계시를 통해서 도입된 근본적인 새로움을 옹호할 수 있었기 때문입니다.

『신학대전』 완간을 꿈꾸며

그리스도교 2000년 역사에서는 물론 인류 문화사에서도 경이로운 불후의 걸작으로 인정받고 있는 방대한 『신학대전』을 대역판으로 간행하는 이 대사업은 정의채(鄭義采) 몬시뇰의 혜안과 용단에서 비롯되었다. 몬시뇰께서는 그리스도교 전래 200주년(1784-1984년)을 기념한 다음해인 1985년에 첫 권을 발간한 이래 꾸준히, 어려운 여건 가운데서도 고군분투하며 전체 3부 60권(보충부까지 포함하면 72권) 가운데 10권을 직접 번역하였고, 2006년 즈음부터는 소장 학자들에게도 번역 지침을 주어 과제를 분담하고 또 탈고 단계에서는 직접 감수를 통해 지도 편달함으로써 5권을 더 출간하였다. 여기에는 강윤희 신부, 김율 교수, 김정국 신부, 김춘오 신부, 윤종국 신부, 이상섭 교수, 이진남 교수, 채이병 박사 등이 참여했고, 막바지에는 이재룡 신부도 가담했다. 그렇게 해서, 제1부를 모두 마치고, 인간의 윤리 문제(제2부 전체)의 궁극 목표인 '행복'에 관해 논하는 첫 다섯 문제(제16권)까지 출간해 내었다.

이제까지 도서 출판을 통한 복음 전파를 카리스마로 삼고 있는 '바오로딸수도회'가 어려운 출판 여건 속에서도 큰 희생을 기꺼이 감내하며 몬시뇰의 피땀 어린 노력을 묵묵히 뒷받침해 왔다. 몬시뇰과 수도회에 깊은 존경과 감사의 뜻을 전하고 싶다.

그런 가운데 서울대교구 교구장이신 염수정(廉洙政) 추기경은 2016

년 8월, 15년 뒤에 맞게 될 천주교 조선교구 설정 200주년(1831-2031년)까지는 『신학대전』을 완간해야겠다는 큰 계획을 세우고 이미 번역진에 합류하고 있던 이재룡 신부를 그 전담 책임자로 임명하였다. 계획대로 추진된다면, 그리스도교가 이 땅에 들어온 지 근 반세기 만에 교구가 설정됨으로써 제대로 체제를 갖춘 당당한 지역 교회가 되었듯이, 『신학대전』도 근 반세기 만에 완간될 것이다.

전담 책임을 맡은 이재룡 신부는 우선 '한국성토마스연구소'(St. Thomas Institute in Korea)를 설립하고, 바오로딸출판사와 긴밀히 상의하며 이제까지 몬시뇰께서 추진해 온 출간 사업을 계승하여, 완간된 부분과 진행 중인 작업들을 총점검하고 향후 사업 일정을 확정하여 2017년 12월 《천주교조선교구설정 200주년기념 신학대전간행사업》(2019-2031년)이라는 제목으로 교구장님께 보고드렸다. 간행위원단 구성은 손희송 주교, 정의채 몬시뇰, 이재룡 신부(위원장), 안소근 수녀, 윤주현 신부, 이상섭 교수, 정현석 박사로 단순화하였다. 2019년부터 13년간 매년 분책 4-5권씩을 번역해 낸다는, 다소 무리한 계획이었지만, 최근 완간된 일어 역본(2007년)과 대만에서 발간된 한역본(2009년)도 자극제가 되어 200주년을 넘지 않도록 서두르기로 하였다.

2019년 말, 감사하게도 총 12개년(2020-2031년)에 걸친 《천주교조선교구설정 200주년기념 신학대전간행사업》이 문화체육관광부의 '국고지원사업'으로 선정되었다. 사업의 중심 내용은 당연히 『신학대전』의 나머지 부분인 분책 50권('보충부' 포함)의 간행이지만, 여기에 보조 장치 3권(『입문』, 『총색인』, 『요약』)과 선결 필수 사업으로 판단되는 3권의 사전(『성 토마스 개념사전』, 『교부학사전』, 『라틴어사전』) 간행을 추가하였다.

이제부터 시작이지만, 여기까지 오는 데에도 우여곡절을 거쳐야 했는데, 매일 묵주기도 5단을 바치며 성모님과 토마스 아퀴나스 성인님께 도움을 청했고, 고비 때마다 기묘한 방식으로 도와주시는 주님 섭리의 손길을 느꼈다. 그리고 많은 분들의 도움을 받았다. 존경하는 교구장님과 정진석(鄭鎭奭) 추기경님을 비롯한 교구 주교님들과 다른 주교님들, 동창 신부님들과 선후배 신부님들, 그리고 사업을 하시는 몇몇 지인들의 적극적인 격려와 지원 외에도, 일선 사목 현장에서 동고동락했던 잠실, 오류동, 혜화동 성당의 교우들과 교리신학원의 제자들도 꾸준히 정기적으로 도움을 주고 있다. 그리고 세 차례에 걸친 국고 지원 신청 과정에서 적극적인 행정적 지도와 격려를 아끼지 않은 문화체육관광부의 장우일 종무관과 실무진, 만만찮은 대응자금 문제 때문에 어려움을 겪고 있을 때 길을 열어 주고 적극적인 지지를 보내 준 김영국 신부님과 이경상 신부님을 비롯한 학교법인 가톨릭학원 신부님들의 도움이 컸다. 마지막으로, 지난해에 무리한 계획과 국고 지원 신청 과정 때문에 출판 일정이 겹치고 뒤엉켜 절망적인 국면에 처했을 때 흔쾌히 도움의 손길을 내밀고 끝까지 동행하기로 한 '기쁜소식'의 전갑수 사장님께 감사의 뜻을 전하고 싶다.

이렇게 많은 분들의 기대와 성원을 받으며 전능하신 하느님의 보호와 우리나라의 주보(主保)이신 성모 마리아의 도우심과 '인류의 스승'(Doctor Humanitatis)인 토마스 성인의 전구에 힘입어 벅찬 희망을 안고 대여정의 첫걸음을 내딛는다.

2020년 성모성월에
한국성토마스연구소에서
간행위원장 이재룡 신부

『신학대전』 간행계획
(2031년 완간)

[제1부]

01 (ST I, 1–12) 하느님의 존재, 정의채 옮김, 1985. 3판 2014.
02 (ST I, 13–19) 하느님의 생명, 정의채 옮김, 1993. 2판 2014.
03 (ST I, 20–30) 하느님의 작용과 위격, 정의채 옮김, 1994. 2판 2000.
04 (ST I, 31–38) 위격들의 구별, 정의채 옮김, 1997.
05 (ST I, 39–43) 위격들의 관계, 정의채 옮김, 1998.
06 (ST I, 44–49) 창조, 정의채 옮김, 1999.
07 (ST I, 50–57) 천사, 윤종국 옮김, 2010.
08 (ST I, 58–64) 천사의 활동, 강윤희 옮김, 2020.
09 (ST I, 65–74) 우주 창조, 김춘오 옮김, 2010.
10 (ST I, 75–78) 인간, 정의채 옮김, 2003.
11 (ST I, 79–83) 인간 영혼의 능력, 정의채 옮김, 2003.
12 (ST I, 84–89) 인간의 지성, 정의채 옮김, 2013.
13 (ST I, 90–102) 하느님의 모상으로 창조된 인간, 김율 옮김, 2008.
14 (ST I, 103–114) 하느님의 통치, 이상섭 옮김, 2009.
15 (ST I, 115–119) 우주의 질서, 김정국 옮김, 2010.

[제2부 제1편]

16 (ST I–II, 1–5) 행복, 정의채 옮김, 2000.
17 (ST I–II, 6–17) 인간적 행위, 이상섭 옮김, 2019.
18 (ST I–II, 18–21) 도덕성의 원리, 이재룡 옮김, 2019.
19 (ST I–II, 22–30) 정념, 김정국 옮김, 2020.
20 (ST I–II, 31–39) 쾌락, 이재룡 옮김, 2020.
21 (ST I–II, 40–48) 두려움과 분노, 채이병 옮김, 2020.
22 (ST I–II, 49–54) 습성, 이재룡 옮김, 2020.
23 (ST I–II, 55–67) 덕, 이재룡 옮김, 2020.
24 (ST I–II, 68–70) 성령의 선물, 채이병 옮김, 2020.
25 (ST I–II, 71–80) 죄, 안소근 옮김, 2020.
26 (ST I–II, 81–85) 원죄, 정현석 옮김, 2021.
27 (ST I–II, 86–89) 죄의 결과, 윤주현 옮김, 2021.
28 (ST I–II, 90–97) 법, 이진남 옮김, 2020.
29 (ST I–II, 98–105) 옛 법, 이경상 옮김, 2021.
30 (ST I–II, 106–114) 새 법과 은총, 이재룡 옮김, 2021.

[제2부 제2편]

31 (ST II–II, 1–7) 신앙, 박승찬 옮김, 2022.
32 (ST II–II, 8–16) 신앙(II)
33 (ST II–II, 17–22) 희망
34 (ST II–II, 23–33) 참사랑
35 (ST II–II, 34–44) 참사랑(II)
36 (ST II–II, 45–56) 현명

37 (ST II-II, 57-62) 정의
38 (ST II-II, 63-79) 불의
39 (ST II-II, 80-91) 종교와 경신
40 (ST II-II, 92-100) 종교와 경신(II)
41 (ST II-II, 101-122) 사회적 덕
42 (ST II-II, 123-140) 용기
43 (ST II-II, 141-154) 절제
44 (ST II-II, 155-170) 절제(II)
45 (ST II-II, 171-178) 예언과 은사
46 (ST II-II, 179-182) 활동과 관상
47 (ST II-II, 183-189) 사목과 수도생활

[제3부]
48 (ST III, 1-6) 육화하신 말씀
49 (ST III, 7-15) 그리스도의 은총
50 (ST III, 16-26) 하느님과 인간 사이의 중재자
51 (ST III, 27-30) 동정녀 마리아
52 (ST III, 31-37) 그리스도의 유년기
53 (ST III, 38-45) 그리스도의 생활
54 (ST III, 46-52) 그리스도의 수난
55 (ST III, 53-59) 예수 부활
56 (ST III, 60-65) 성사

57 (ST III, 66-72) 세례와 견진
58 (ST III, 73-78) 성체성사
59 (ST III, 79-83) 영성체
60 (ST III, 84-90) 고해성사(*절필)

[보충부]
61 (ST Sup, 1-11) 통회
62 (ST Sup, 12-20) 보속과 열쇠
63 (ST Sup, 21-28) 냉담과 대사
64 (ST Sup, 29-33) 병자성사
65 (ST Sup, 34-40) 성품성사
66 (ST Sup, 41-49) 혼인성사
67 (ST Sup, 50-62) 혼인장애
68 (ST Sup, 63-68) 재혼
69 (ST Sup, 69-74) 죽음과 심판
70 (ST Sup, 75-86) 육신의 부활
71 (ST Sup, 87-96) 최후 심판과 성인들
72 (ST Sup, 97-99) 단죄받은 자들
73 (***) [신학대전 요약]
74 (***) [신학대전 입문]
75 (***) [총색인]

일러두기

1. 『신학대전』의 대구조(macro-structura)

1.1. 성 토마스는 불후의 걸작인 이 방대한 작품을 신플라톤주의의 '발원-귀환'이라는 웅장한 구도를 활용하여 구성하고 있다. 그래서 제1부는 만물이 하느님으로부터 나오는 발원(發源, exitus) 과정이고, 제2부는 만물이 하느님께로 되돌아가는 귀환(歸還, reditus) 여정이며, 제3부는 그 귀환의 길 또는 수단이 되어 주신 구세주의 위업(偉業)을 다루고 있다. 보충부는 일찍 찾아온 그의 죽음 때문에 미완으로 남게 된 (제3부의) 공백을 그의 제자, 혹은 제자 그룹이 그의 초창기 작품으로부터 관련 내용을 정리하여 옮겨다 채워 넣은 보완 부분이다.

1.2. 'I'(Prima Pars)은 제1부, 'I-II'(Prima Pars Secundae Partis)는 제2부 제1편, 'II-II'(Secunda Pars Secundae Partis)는 제2부 제2편, 'III'(Tertia Pars)은 제3부, 그리고 'Sup.'(Supplementum)은 보충부의 약식 기호들이다.

1.3. 지금 우리의 기획처럼, 방대한 『신학대전』의 내용을 나누어 출간하는 경우에, 분책(分冊)의 기초가 되는 단위로, 여러 개의 문(quaestio)들이 한데 모여 이루는 공동의 주제인 'tract.'(tractatus)를 '논고'(論考)라고 부른다.

1.4. 'q.'(quaestio)라고 표기되는 단위를 '문'(問)이라고 부른다.

1.5. '문'에서 제기된 문제를 해결하기 위해서는 필요한 만큼의 분절 작업(articulatio)이 요구되는데, 이렇게 세분된, 실질적인 논의의 기본 단위를 이루는 'a.'(articulus)를 '절'(節)이라고 부른다.

2. 절(節)의 세부 구조(micro-structura)

각각의 절에서 본격적으로 논의되는 세부 내용은 규칙적인 형식으로 구성되어 있고, 크게 두 부분으로 대별된다. 먼저, 권위 있는 가르침들이 찬-반(贊反)으로 제시되고, 다음에 저자 자신의 해결책이 제시된다.

2.1. 첫 번째 부분에서는 먼저, 중세 스콜라 학자들의 기본적인 학문 방법인 '권위'(auctoritas), 곧 성경과 교부들, 그리고 때로는 고대 철학자들을 비롯한 사상가들로부터 해당 주제에 대한 가르침들 가운데 (곧 제시될 필자의 입장에 반대되는) '부정적인' 가르침들이 엄선하여 제시된다. 곧 '반론들'(objectiones)로서, 보통 세 개 정도가 제시되는데, '반론 1'(obj.1), '반론 2'(obj.2)라 부른다.

2.2. 다음으로는 (역시 권위들 가운데에서) 그에 대해 반대되는, 곧 저자의 입장을 지지하는 긍정적인 가르침이 (보통은 하나) 제시된다. 곧 '재반론'(sed contra)이다.

2.3. 저자 자신의 독창적 해결책이 제시되는 두 번째 부분도 또다시 두 부분으로 구별되는데, 먼저 '답변'(Respondeo) 부분에서는 그 주제에 대한 저자 자신의 해결책이 제시되며, 가끔은 '본론'(corpus)이

라고 불리기도 한다.

2.4. 그런 다음에 '해답'(solutio) 부분에서는 '답변'에서 확인한 결론들을, 앞머리에 제시되었던 반론들 하나하나에 대해 적용한다. 원문에서 라틴어로 'ad1' 'ad2' 등으로 표시되는 것을 우리는 '제1답' '제2답' 등으로 부른다.

3. 본문과 각주에서의 유의 사항

3.1. 번역 대본은 비판본인 레오판(ed. Leonina)을 주로 따르고 있는 마리에티판이다: S. Thomas Aquinatis, *Summa Theologiae*, cum textu ex recensione Leonina, Taurini-Romae, Marietti, 1952.

3.2. (괄호) 속의 내용은 라틴 원문에 있지만, 길고 복잡한 문장 구조가 조금이나마 시각적으로 간명해지도록 역자가 임의로 괄호로 묶은 것이다.

3.3. [꺾쇠괄호] 안의 단어나 구절은 해당 라틴어 원문에는 없으나, 문맥상 요구된다고 판단되는 내용을 삽입한 것이다.

3.4. 성경은 기본적으로 한국천주교주교회의에서 발행한 『성경』을 따르지만, 내용에서 차이가 있는 경우에는 역자가 라틴 원문에 충실하게 번역하고, 각주에 『성경』 구절을 제시하였다.

3.5. 다양한 종류의 각주에 대해 아라비아 숫자로 일련번호를 매겼다. 단, 마리에티판의 권말에 추가주(adnotationes)로 실려 있는 내용을 번역한 경우에는 일련번호에 이어 '(* 추가주)'라는 별도의 표시를 했다.

4. 약어표에 관하여

4.1. 일반적인 약어들을 '일반 약어표'로 제시하였다.

4.2. 성 토마스의 작품들에 대해서는 약어표를 따로 제시하였다.

4.3. 성경 약어에 대해서는 가톨릭교회에서 통용되는 일반 관례를 따른다.

4.4. 성 아우구스티누스를 비롯한 교부들의 작품들에 대해서는 한국교부학연구회가 펴낸 『교부 문헌 용례집』(수원가톨릭대학교출판부, 2014)을 따른다.

4.5. 아리스토텔레스를 비롯한 고대 사상가들의 작품들에 대한 약어는 한국서양고전철학회 등에서의 일반적인 관례를 준용한다.

일반 약어표

a. 절(articulus). 예) '제1절', '제7절' 등.

aa. 여러 절들(articuli). 예) aa.1-3은 '제1절에서 제3절까지'를 가리킴.

ad1, **ad3** 제1답, 제3답: 절(articulus)을 시작하면서 제기되었던 반론들(objectiones)에 대해, 일일이 '해답'(solutio) 부분에서 해결책으로 제시하는 답변들.

c. 장(capitulum).

c. 본론(corpus) 곧 '답변'(Respondeo)을 가리킴.

Can. 카논(Canon: 공의회의 장엄 결정문).

Cf. 참조(conferire).

d. 구분(divisio). 특히 『명제집』과 『명제집 주해』에서 기본 틀로 제시될 때, '제1구분', '제2구분'으로 표기. 예) 『명제집 주해』제1권 제2구분 제1문 제3절. (많이들 'divisio'와 혼용하고 있는 'distinctio'는 '구별'.)

DH 『덴칭거-휘너만』 혹은 『규정-선언 편람』(Denzinger-Hunermann이 1991년부터 편찬).

DS 『덴칭거-쉰메처』 혹은 『규정-선언 편람』(Denzinger-Schoenmetzer가 1963년부터 편찬).

Ibid. 같은 작품 또는 같은 곳(Ibidem).

ID. 같은 저자(Idem).

lect. 강(lectio). 예) '제1강', '제2강' 등. (단, 서술문에서 지칭 시에는 '강독'.)

lib. 권(liber). 예) '제1권', '제2권' 등.

ll. 행(行, lineae).

loc. cit. 인용된 곳(loco citato).

n.	번(numerum) 또는 그대로 'n'. 예) '2번' 또는 'n.2'.
obj.	반론(objectio). 예) '반론1,' '반론2' 등.
op. cit.	이미 인용된 작품(opere citato).
parall.	병행 문헌(paralleli).
PG	미뉴,『그리스 교부 전집』(Migne, *Patrologia Graeca*).
PL	미뉴,『라틴 교부 전집』(Migne, *Patrologia Latina*).
Proem.	머리말(Proemium).
Prol.	머리글(Prologus).
q.	문(quaestio). 예) '제1문,' '제89문' 등. (단, 간혹 서술 문장 중 특정 '문'을 가리킬 때에는 '문제'라고 지칭할 수도 있다.) 예문 "창조에 관해 논하는 이 '문제'는…."
qc.	소문제(quaestiuncula). (주로『명제집 주해』에 나타남.)
qq.	여러 문들(quaestiones). 예) qq.57-59는 '제57문에서 제59문까지'를 가리킴.
Resp.	답변(Respondeo) [=본론].
s.c./sc	재반론(Sed contra) 또는 '그러나 반대로'. (보통은 재반론이 하나이지만, 드물게 번호와 함께 두세 개가 제시되기도 한다. 이때에는 '재반론1,' '재반론3' 등으로 표기한다.)
sol.	해답(solutio). (단, 기본 틀 가운데에서 반론1에 대한 해답[ad1], 반론2에 대한 해답[ad2] 등은 '제1답,' '제2답' 등이라고 지칭.)
tract.	논고(tractatus: 여러 문들이 함께 모여 이루는 논의 주제).

성 토마스 작품 약어표

In Sent., I, d.3, q.1, a.3, qc.1, ad1	『명제집 주해』 제1권 제3구분 제1문 제3절 제1소문제 제1답
ScG, I, II	『대이교도대전』 제1권, 제2권
ST(* 생략)	『신학대전』
I, q.1, a.1, ad2	『신학대전』 제1부 제1문 제1절 제2답
I-II	『신학대전』 제2부 제1편
II-II	『신학대전』 제2부 제2편
III	『신학대전』 제3부
Sup.	『신학대전』 보충부
Catena Aurea	『황금 사슬』 또는 『4복음서 연속주해』
Compendium Theol.	『신학 요강』
Contra doct. retrah.	『소년의 수도회 입회를 비난하는 전염병과도 같은 가르침 논박』
Contra err. Graec.	『그리스인들의 오류 논박』
Contra impugn.	『전례와 수도회를 거스르는 자들 논박』
De aetern. mundi	『세상 영원성』
De anima	『영혼에 관한 토론문제』 또는 『영혼론』
De articulis fidei	『신앙 요목』
De beatitudine	『참행복』 또는 『진복』
De caritate	『참사랑』 또는 『참사랑에 관한 토론문제』
De correct. Frat.	『형제적 충언』 또는 『형제적 충언에 관한 토론문제』
De demonstratione	『증명론』
De diff. verbi Domini	『하느님의 말씀과 인간의 말의 차이』
De dilex. Dei et prox.	『하느님 사랑과 이웃 사랑』

De dimens. indeterm.	『무한의 크기』
De divinis moribus	『하느님의 습성』
De duo. praecep. char.	『사랑의 이중계명』
De empt. et vend.	『신용거래』 또는 『매매론』
De ente et ess.	『존재자와 본질』 또는 『유(有)와 본질(本質)에 대하여』
De eruditione principis	『군주 교육』
De expos. missae	『미사 해설』
De fallaciis	『오류론』
De fato	『운명론』
De forma absol.	『사죄경 형식』
De humanitate Christi	『그리스도의 인성』
De instantibus	『순간론』
De intellectu et intell.	『지성과 가지상』
De inventione medii	『수단의 발명』
De iudiciis astr.	『점술가의 판단』
De magistro	『교사론』 또는 『교사에 관한 토론문제』
De malo	『악론』 또는 『악에 관한 토론문제』
De mixtione element.	『요소들의 혼합』
De motu cordis	『심장 운동』
De natura accidentis	『우유의 본성』
De natura generis	『유(類)의 본성』
De natura loci	『장소의 본성』
De natura luminis	『빛의 본성』
De natura materiae	『질료의 본성』
De natura syllog.	『삼단논법의 본성』
De natura verbi intell.	『지성의 말의 본성』
De occult. oper. naturae	『자연의 신비로운 작용』
De officio sacerdotis	『사제의 직무』

De perf. vitae spir.	『영성생활의 완성』
De potentia	『권능론』 또는 『권능에 관한 토론문제』
De potentiis animae	『영혼의 능력들』
De principiis naturae	『자연의 원리들』
De principio individ.	『개체화의 원리』
De propos. mod.	『양태명제론』
De purit. consc. et modo conf.	『양심의 순수함과 고백 양식』
De quat. oppositis	『네 대당(對當)』
De quo est et quod est	『'그것에 의해 있는 것(존재)'과 '있는 것(본질)'』
De rationibus fidei	『신앙의 근거들』
De regimine Iudae.	『유다인 통치』
De regimine princ.	『군주통치론』
De secreto	『비밀』
De sensu resp. singul. et intellectu resp. univ.	『감각과 개체, 지성과 보편자』
De sensu respectu singul.	『개별자 감각』
De sortibus	『제비뽑기』
De spe	『희망론』 또는 『희망에 관한 토론문제』
De spir. creat.	『영적 피조물』 또는 『영적 피조물에 관한 토론문제』
De sub. sep.	『분리된 실체』
De tempore	『시간론』
De unione Verbi Incarn.	『육화하신 말씀의 결합』 또는 『육화하신 말씀의 결합에 관한 토론문제』
De unit. vel plurit. formarum	『형상의 단일성 여부』
De unitate Intell.	『지성단일성』
De usuris in communi	『고리대금』
De veritate	『진리론』 또는 『진리에 관한 토론문제』
De virt. card.	『사추덕』 또는 『사추덕에 관한 토론문제』
De virtutibus	『덕론』 또는 『덕에 관한 토론문제』
Ep. ad comitissam	『플랑드르 백작부인 회신』

Ep. ad duciss. Brabant.	『브라방의 백작부인 서신』
Ep. exhort. de modo stud.	『학업 방식에 관한 권고 서한』
Hymn.: Adoro Te	『찬미가: 엎드려 흠숭하나이다』
In Anal. post., I, II	『분석론 후서 주해』 제1권, 제2권
In Cant. Canticor.	『아가 주해』
In De anima, I, II	『영혼론 주해』 제1권, 제2권
In De cael., I, II	『천지론 주해』 제1권, 제2권
In De causis	『원인론 주해』
In De div. nom.	『신명론 주해』
In De gen. et corrupt.	『생성소멸론 주해』
In De hebd.	『주간론 주해』
In De mem. et remin.	『기억과 회상 주해』
In De meteora	『기상학 주해』
In De sensu et sensato	『감각과 감각대상 주해』
In De Trin.	『삼위일체론 주해』
In decem praecept.	『십계명 해설』
In Decretal.	『교령 해설』
In Ep. ad Col.	『콜로새서 주해』
In Ep. ad Ephes.	『에페소서 주해』
In Ep. ad Hebr.	『히브리서 주해』
In Ep. ad Philem.	『필레몬서 주해』
In Ep. ad Philipp.	『필리피서 주해』
In Ep. ad Rom.	『로마서 주해』
In Ep. I ad Cor.	『코린토 1서 주해』
In Ep. II ad Cor.	『코린토 2서 주해』
In Ep. I ad Thess.	『테살로니카 1서 주해』
In Ep. Pauli	『바오로 서간 주해』
In Ethic., I, II	『니코마코스 윤리학 주해』 제1권, 제2권
In Hieremiam	『예레미야서 주해』

In Ioan.	『요한복음서 주해』
In Iob	『욥기 주해』
In Isaiam	『이사야서 주해』
In Matth.	『마태오복음서 주해』
In Metaph., I, II	『형이상학 주해』 제1권, 제2권
In orat. dominicam	『주님의 기도 해설』
In Periherm., I, II	『명제론 주해』 제1권, 제2권
In Phys., I, II	『자연학 주해』 제1권, 제2권
In Pol., I, II	『정치학 주해』 제1권, 제2권
In Psalm.	『시편 주해』
In salut. angelicam	『성모송 해설』
In Symbolorum	『사도신경 해설』
In Threnos	『애가 주해』
Officium de fest. Corp. Dom.	『성체축일 성무일도』
Orationes	『기도문』
Primus tract. de univers.	『보편자 제1론』
Principium	『취임 강연』
Quaestiones Disp.	『토론문제집』
Quodlibet., I, II	『자유토론문제집』 제1 자유토론, 제2자유토론
Resp. ad 108	『108문항 회신』
Resp. ad 30	『30문항 회신』
Resp. ad 36	『36문항 회신』
Resp. ad 42(43)	『42(43)문항 회신』
Resp. ad 6	『6문항 회신』
Resp. ad Abba. Casin.	『몬테카시노 아빠스 회신』
Secundus tract. de univers.	『보편자 제2론』
Sermones	『설교집』
Summa totius logicae	『총논리학 대전』
Tabula Ethicorum	『윤리학 도표』

'신앙' 입문

1. (신앙과 관련된 논쟁의 약사) 스콜라철학이 추구했던 일반적인 이상은 종종 '신앙과 이성의 조화'라고 표현된다. 신앙과 이성의 역동적인 상관관계는 이미 초기 그리스도교가 선포되는 시기부터 고대 그리스철학을 만나면서 중요한 주제로 떠올랐다. 초대 교부들의 철학에 대한 적대적 내지 호의적인 반응들, 아우구스티누스의 천재적 종합, 변증법론자와 반변증법론자 간의 논쟁, 캔터베리의 안셀무스의 쇄신 등을 거치면서 오랜 발전 과정을 거쳐 왔다.[1] 이 모든 발전 과정에서 특별한 위치를 차지하는 성 토마스 아퀴나스(Thomas Aquinas, 1224/5-1274)는 "이성과 신앙을 날카롭게 구분"하였으나 "이 양자를 조화시켜 각각 자신의 권리와 품위를 고스란히 간직할 수 있게 할 수" 있었다.[2] 그러나 근대 이후의 유럽 사상은 이러한 평가나 요청과

---

1. 이성과 신앙 사이의 갈등과 조화에 대한 역사적 고찰은 박승찬, 「그리스도교 사상의 흐름 속에 나타난 신앙과 이성의 조화: 『신앙과 이성』과 『신앙의 빛』을 중심으로」, 『신학전망』 제183호(2013/겨울), 광주가톨릭대학교, 79-133쪽; E. 질송, 『중세철학 입문』, 강영계 역, 서광사, 1983; J. 본소, 『이성과 신앙: 신학에 있어서 철학의 역할』, 이태하 역, 철학과 현실사, 1999; 신창석, 「인문학적 탐구와 신앙」, 『사목』 247(1999), 22-33쪽 참조.
2. 「신앙과 이성」, 57항. 토마스가 신앙과 이성의 조화에 기여한 바에 대해서는 J. I. Jenkins, *Knowledge and Faith in Thomas Aquinas*, Cambridge, 1997, pp.1-8; R. C. Taylor, "Faith and Reason, Religion and Philosophy: Four Views from Medieval Islam and Christianity," in R. J. Long(ed.), *Philosophy and the God of Abraham*, (Toronto:

는 완전히 다른 방향으로 나아갔고, 결국 근대 이후에는 신앙과 이성이 철저히 분리되고 말았다.[3] 윌리엄 오컴(William Ockham, 1285?-1349)과 같은 학자는 신앙에 더욱 넉넉한 공간을 마련하려는 의도이기는 했지만, 신학과 철학을 날카롭게 분리시켜 버렸다.[4] 그 결과로 한편에서는 '신앙만으로'(sola fide)를 외치는 루터를 따르는 개신교 전통이 나타나서 타락한 인간이 지닌 이성 자체에 대한 깊은 불신이 생겨났다. 다른 한편에서 일부 사상가들은 인간의 합리성을 과장하면서 신앙과 대립하는 이성적 논거들만을 종합하여 일체의 신앙으로부터 '자유로운' 순수 이성적인 거대 체계를 마련하고자 노력했다. 이로써 교부들과 중세 사상가들에게 이론적으로뿐만 아니라 실천적으로도 깊은 일치를 유지하고 있던 '신앙과 이성의 조화'라는 이상은 사실상 포기되고 말았다.[5]

비단 스콜라철학의 시대뿐만 아니라 그리스도교 사상사 안에서는 신앙과 이성의 조화 또는 구별을 두고 끊임없이 논쟁이 지속되었다. 심지어 이러한 입장 차이는 네오토미즘에서 대표적인 화두로 떠올랐던 '존재의 유비'(analogia entis)에 반대해서 '신앙의 유비'(analogia fidei)

PIMS, 1991) pp.230-232; 신창석, 「토마스 아퀴나스의 신앙과 이성」, 『가톨릭 철학』 2(2000), 47-75쪽; 박승찬, 「토마스 아퀴나스의 『신학대전』에 나타난 신앙과 이성-제1부 제1문제 신학과 철학의 관계를 중심으로」, 『가톨릭 신학과 사상』30(1999), 154-187쪽과 그곳에 제시된 참고 문헌 참조.

3. 「신앙과 이성」, 45항. 근대 이후의 신관 변화와 이것이 우리나라의 현실에 대해 지니는 의미에 대해서는 박승찬, "하느님: 우리와 함께 계신 '항상 더욱 크신 분'", 우리사상연구소 엮음, 『우리말 철학사전 2: 생명·상징·예술』, 지식산업사, 2002, 353-392. 이하에서 동일 저자의 여러 책이 등장하는 경우에는 박승찬(2002a)과 같이 출판 연도로 표시하였음.
4. 참조: 박승찬, 『생각하고 토론하는 서양 철학 이야기 ②: 중세-신학과의 만남』, 책세상, 2006, 185-188.=(2006)
5. 참조: 같은 책, 196-199.

를 주장한 개신교의 유명 신학자 카를 바르트(Karl Barth)에게서 다시 한 번 분명하게 드러난다.[6] 실제로 종교개혁 이후 '신앙'이란 용어는 서구 그리스도교에서 주요한 신학적인 불일치의 대상이었다. 그 차이는 "의화 교리에 관한 공동 선언문"[7]에서 상당 부분 극복되었다. 그럼에도 신앙이라는 용어에 대한 정확한 이해는 다양한 그리스도교 전통에서 차이를 보이고 있다.[8] 그렇기 때문에 신앙 개념에 대한 정확한 규명은 최근 관심이 더욱 커지고 있는 종파 간의 일치와 대화를 위해서도 매우 중요하다. 그 개념이 어떻게 규정되는지에 따라서, 외관상으로 극명하게 대비되는 입장들이 실제로는 하나의 일치점을 지향할 수도 있다는 사실을 완전히 배제할 수 없기 때문이다.

신앙과 이성이라는 두 축의 하나인 이성 또는 인간 지성에 대해서는 철학의 한 분야인 인식론에서 지속적으로 연구되었고, 현대 철학에서도 더욱 세분되어 연구되고 있다. 그러나 다른 한 축인 신앙에 대해서는 많은 이들이 전제하고 사용할 뿐 뚜렷이 규정한 상태에서 논의를 진행하는 경우는 매우 드물다.[9] 따라서 신앙과 이성의 조화

---

6. 참조: P. Blanco, "Analogia entis, analogia fidei. Karl Barth dialogues with Catholic theologians", in *Scripta Theologica* 51(2019), Universidad de Navarra, pp.67-95; 김영원, 「안셀무스의 『모놀로기온』(Monologion)-신앙 유비(analogia fidei)와 존재 유비(analogia entis)」, 『한국기독교신학논총』 91(2014), 131-158쪽; 칼 바르트, 『이해를 추구하는 믿음-안셀무스의 신학적 체계와 연관한 신 존재 증명』, 김장생 옮김, 한국문화사, 2013.
7. 참조: 1999년 10월 31일 루터교 세계 연맹과 가톨릭교회가 아우크스부르크에서 서명, https://en.wikipedia.org/wiki/Joint_Declaration_on_the_Doctrine_of_Justification. 우리말 번역 있음. 루터교 세계연맹과 가톨릭 교회의 의화 교리에 관한 합동 선언문… 가톨릭교회의 가르침 13호! 여기부터: http://ebook.cbck.or.kr/gallery/view.asp?seq=56862#p=211
8. 참조: https://en.wikipedia.org/wiki/Faith_in_Christianity(2021. 12. 15. 검색)
9. C. J. Rosental, *The Reconciliation of Faith and Reason in Thomas Aquinas*, Amherst,

를 강조하는 가톨릭교회의 신앙 개념을 명확히 규정하는 작업은 중요한 과제로 남아 있다.

그런데 신앙 또는 믿음(fides) 개념은 한편으로 일차적인 단순한 믿음과 동의어로 사용되기도 한다.[10] 우리가 지닌 확신의 대부분은 오직, 앞선 이들이 주장했던 것을 우리가 믿기 때문에, 획득될 수 있다. 이와는 대조적으로 '나는 불합리하기 때문에 믿는다.'(Credo, quia absurdum est)라는 테르툴리아누스의 외침에서 우리는 인간적인 지식 및 추론과는 뚜렷이 구별되는 그리스도교의 가르침에 대한 순수한 신앙을 발견하게 된다.[11] 이에 덧붙여서 신앙은 대신덕(對神德) 또는 신학적 덕(virtutes theologiae)[12], 즉 신앙(믿음, fides), 희망(spes), 참사랑(caritas) 중의 하나로서 그리스도교 생활에서 매우 풍부한 실천적 함의를 지니기도 한다.[13] 신앙과 이성의 조화를 강조할 때의 신앙이란

2004, pp.29-78; F. C. Bauerschmidt, *Thomas Aquinas: Faith, Reason, and following Christ*, Oxford, 2013 등과 같은 저술들에서도 신앙은 전제되고 있을 뿐이다. 최근에야 국내에서 신앙의 정의에 관해 논문이 발표되기 시작했다. 이정, 「믿는다는 것은 동의를 가지고 사유하는 것인가?: 'credere est cum assensione cogitare'에 대한 토마스의 해석」, 『철학연구』 159(2021), 대한철학회, 197-233쪽(=2021a); 이정, 「신학적 덕으로서의 신앙에 대한 정의」, 『누리와 말씀』(2021), 인천가톨릭대학교 복음화연구소, 273-310쪽(=2021b) 참조.

10. 다른 사람의 말에게 부여되는 것으로서의 믿음을 토마스는 "공통적으로 취해진 믿음"(fides communiter sumpta, II-II, q.4, a.1)이라고 부른다.
11. 참조: 박승찬(2006), 34-25쪽.
12. 이 용어는 관행적으로 향주덕(向主德), 향주삼덕 등으로 번역된다. 대상에 의해 행위를 분류하는 힘을 고려할 때, 명백하게 왜 신앙, 희망 그리고 참사랑이 신학적 덕인지를, 토마스 자신의 사고에서 가장 분명하게 말해 주는 이유는, 그것들이 하느님을 자신의 대상으로 가지고 있다는 사실이다.(cf. I-II, q.62, a.1) 이것은 하느님 자신과의 필수적이고 내재적인 결합의 긍정을 뜻하며, 하느님이 인간과 자신을 결합시킴으로써, 인간은 하느님을 알고 하느님 자신을 사랑하게 된다.
13. 참조: 아나스타시오 추기경, 『영성 생활과 향주삼덕』, 충주 가르멜 여자 수도원 옮김, 가르멜영성연구소 편, 기쁜소식, 2021: Joseph Wawrykow, "The Theological

이렇게 다양한 사용 방식 중에 정확하게 어떤 것을 가리키며, 하나는 다른 사용 방식과 어떤 관계를 맺고 있는 것일까?[14]

중세 전체에 걸쳐서 신앙이나 신앙 행위를 뚜렷하게 규정하려는 노력이 전혀 없었던 것은 아니다. 믿는 일(credere)에 대한 정의로는 아우구스티누스가 제시한 "동의를 가지고 사유하는 일"(cum assentione cogitare)이라는 표현이 널리 사용된 바 있다. 또한 바오로 사도가 히브리서 11,1에서 말했던 "신앙은 희망해야 하는 사물들의 실체이고 명료하지 않은 것들에 대한 논증이다."라는 표현은 그 불명료함에도 불구하고 신앙에 대한 정의로 널리 통용되었다.[15]

신앙에 대한 특정 성경 구절이나, 널리 통용되었던 정의만으로는 위에서 언급된 신앙 개념에 대한 모호성이 야기하는 문제를 해결하기 쉽지 않다. 이 문제의 중요성을 깨닫고 신앙이라는 개념에 대한 본격적인 분석을 감행했던 대표적인 학자는 바로 토마스 아퀴나스이다. 그런데 토마스도 『신학대전』의 제1부를 비롯해서 제2부의 상당 부분이 진행될 때까지 신앙이라는 개념을 이미 알고 있는 것으로 전제하고 사용할 뿐, 이를 뚜렷이 규정하지 않는다.[16] 그가 이 개념에 대해서 집중적으로 분석하는 곳은 놀랍게도 제2부 제2편을 시작하며 신학적 덕들에 대해서 탐구할 때이다. 토마스가 『신학대전』의 이

Virtues", in *The Oxford Handbook of Aquinas*, B. Davies/E. Stump(ed.), Oxford, 2012.

14. 이 질문에 대한 포괄적인 해답은 박승찬, 「신앙이란 무엇인가?-토마스 아퀴나스의 '신앙' 정의에 대한 재조명」, 『중세철학』 27(2021), 6-53쪽 참조.

15. 히브 11,1은 신앙의 사전적 정의에서도 인용된다. Cf. "Faith", *Encyclopædia Britannica*. 9. London-Chicago-Geneva-Sydney-Toronto: W. Benton, 1964, p.40. 두 정의에 대한 전거 및 본격적인 분석은 본 입문 3장 "신앙에 대한 다양한 정의" 참조.

16. 예를 들어 신학과 철학의 관계를 규정하기 위한 신앙의 역할에 대해서는: Cf. Jenkins, op. cit., pp.11-100.

부분에서 다루는 주제는 무엇일까?

2. ('신앙' 논고의 자리매김) 성 토마스는 제2부 제1편에서 덕과 악습 그리고 윤리 문제 일반과 관련된 모든 것을 살피고 나서, 『신학대전』의 가장 긴 부분인 제2부 제2편에서 덕을 세부적으로 논술하고 그에 상응하는 악습을 분석한다. 이는 그리스도인이 복음에 충실하기를 원한다면, 어떻게 살고 행동해야만 하는가에 대해서 설명하기 위한 것이다. 무엇보다 먼저 그는 사회를 구성하는 모든 사람에게 관계되는 덕들을 면밀히 검토하고(제1-178문), 그다음 주교, 수도자, 관상생활, 활동생활 등 특별한 구성원들의 생활 방식을 다룬다(제179-189문). '7가지 주요 악습 칠죄종'(七罪宗: 교만, 인색, 색욕, 탐욕, 나태, 질투, 분노)이나 십계명 또는 피해야 할 악습들을 부각시키는 대신, 그는 생생한 사랑의 덕을 통해 적극적인 방식으로 행복의 신학을 설정한다.[17]

그는 서론에서 아리스토텔레스의 가르침에 따라 좋은 행동에 대한 수고들이 보편적인 것들에만 제한된다면 그다지 유용하지 않다고 생각한다. 실로 각각의 행위는 유일회적인 어떤 것이기 때문이다. 그래서 그는 자기 작품의 이 부분에서 가능한 한 구체적으로 묘사된 행동 방식에 대해 설명한다. 어떤 행위 방식이 그때마다 합리적이고 따라서 좋은 것인지를 설명하기 위해서, 그는 덕들의 실마리에 따라 정리하는 방식을 택한다. 덕이란 한 인간의 확고한 행위들, 즉 '습성'(habitus)이고, 이것은 그 인간을 다른 이들과 그리고 사물들과 인간

---

17. 이재룡, 「토마스 아퀴나스의 신학대전」, 『철학과 신학』 1(1997), 호남신학대학 해석학연구소 연구논집 제1집, 도서출판 한들, 272쪽.

답게 행동하기에 적합하게 만들어 준다. 따라서 선한 습성 또는 악한 습성은 '제2의 본성'과도 같아서, 일단 한번 취득되면, 떨쳐 버리기 힘들다. 오늘날은 많은 개인적 성격 특성들이 '습관'이라고 불리고 있지만, 그것은 스콜라 신학에서 말하는 '습성'과는 다르다. 아리스토텔레스에게 그러했던 것처럼 토마스에게도, 덕이란 두 극단(이것은 결국 두 악습이 된다.) 사이의 '중용'(中庸, medium)이다.[18]

토마스는 자신의 윤리적인 사고의 기초로서 아리스토텔레스의 중용뿐만 아니라 고대부터 전수된 플라톤의 사추덕(四樞德. 樞要德: 현명, 정의, 용기, 절제)과 같은 덕들을 적극적으로 수용한다. 사추덕은 각 인간이 이성적 동물이라는 자신의 자연적인 본성을 근거로 취득하고 명백하게 나타낼 수 있다. 또한 사추덕은 철학자들의 가르침에 따르면 좋은 삶을 위해서 포기할 수 없는 것이다. 사추덕은 아주 다양한 측면들을 보여 주고 있어서, 진정한 인간 조건을 깊이 알아듣기 위해서는 주의 깊게 그 통전적 부분들과 그 기능적 부분들을 탐구해야 하기 때문에, 『신학대전』 중에서 이 부분이 제일 길다. 바로 여기서 토마스가 인간 조건을 그 심층에서부터 이해하고 있었다는 것이 여실히 드러난다. 제2부 제2편이 고금의 철학자나 신학자들이 썼던 모든 것을 훨씬 능가한다고 안심하고 주장할 수 있을 것이다. 그러나 제2부 제2편을 제2부 제1편에서 설정된 근본 원리들로부터 따로 갈라내서 연구하는 것은 큰 잘못이다.[19]

그러나 인간이 진정한 행복을 얻기 위해서 이런 인간적인 덕만으

---

18. 흔히 말해지는 "덕은 두 극단 사이의 중간에 있다."는 표현은 오해를 불러일으킬 수 있다. 예컨대, 사랑의 덕은 그 자체로 한 극단이다. 한편, 정의는 결코 어떤 극단도 알지 못하고 다만 그 결핍만을 알 뿐이다.
19. 이재룡, 앞의 글, 273쪽.

로 충분할까 하는 의문을 제기한다.(I-II, q.62, a.2) 자신이 도미니코회에서 수도 생활을 시작하면서 서약했던 내용들은 이러한 덕 이론들과 완벽하게 조화시키기 어려워 보이기 때문이다. 예를 들어, 아리스토텔레스의 중용을 따르면, 정욕을 외면하는 '순결', 물욕을 거스르는 '청빈', 명예욕을 무시하는 '순종'과 같은 것은 정당화하기가 힘들어 보인다. 그러나 토마스는 만일 하느님과의 일치라는 초자연적인 목적에서 고찰한다면, 순결은 하느님에 의해서 조명된 이성의 규칙에 일치해 있으며, 중용에 어긋나지 않는 것으로 고찰될 수 있다고 주장한다. 물론 순결이 미신이나 허영심에서 지향된다면, 그것은 지나침이라고 할 수 있다. 이러한 성찰을 발전시켜서 토마스는 『신학대전』에서 고대 그리스인들은 꿈조차 꾸지 못했던 다른 종류의 초자연적인 덕들, 즉 대신덕 또는 신학적 덕(virtus theologiae)이다.

그런데 토마스에게서 은총에 의해서 선사된 '신학적'이라고 불리는 덕들은 사추덕에 앞서서 우월함을 지닌다. 그래서 그는 (신앙[믿음], 희망, 참사랑)을 세부적으로 분석한 다음, 사추덕의 탐구로 나아간다. 신학적 덕은 인간의 능력을 하느님의 본성에 참여하기에 적절하게 해 주는 덕으로 하느님과 직접 관계된다. 이 덕들은 인간이 하느님의 자녀로서 행동하여 영원한 생명을 누릴 자격을 얻을 수 있게 하려고 하느님이 인간의 영혼에 불어넣어 주는 것이다. 따라서 토마스는 이를 인간의 반복된 행위로 얻어지는 '획득된 덕'들(아리스토텔레스가 제시한 지성적 덕이나 윤리덕)과 구별하기 위해서 '주입된 덕'이라고 불렀다.[20] 그리스도인들이 세례성사를 받을 때에 이 덕이 주입되면 인

---

20. I-II, q.62, a.1: "자연적 원리들로부터 (물론 하느님의 도우심이 없는 것은 아니지만) 본성에 부합하는 목적으로 인도되는 것과 마찬가지로, 하느님 측으로부터

간의 이성과 의지는 하느님의 은총에 의해서 초자연적 능력을 행사하게 된다. 이런 활동이 가능하기 위해서는 인간 안에 은총이 상존해야 한다.(I-II, q.62, a.1) 이처럼 신학적 덕은 하느님이 피조물들에게 부여하는 자유로운 선물이다. 더 나아가 이 덕은 그리스도인의 윤리적 행위의 기초가 되며 그 행위에 활력을 불어넣고 특징을 부여한다. 신학적 덕을 통해서 통합된 인격은 다른 윤리덕을 더 잘 이해할 뿐 아니라 인간의 본질적 행복을 이루는 초본성적인 단계로 들어가는 것이다.

토마스에 따르면, 의지는 지성적 욕구이기 때문에 지성과 긴밀하게 연관되어 있다. 마찬가지로 신학적 덕은 서로 긴밀한 연관성을 지니고 있지만 그 발생의 순서와 탁월성에서는 차이가 존재한다. 우리가 이해하는 측면을 고찰하면, 그들이 생겨나는 순서의 첫째는 신앙이고 그다음은 희망이다. 우리의 목표는 우리에게 가능한 것이어야 하기 때문이다. 마지막이 참사랑이다. 그러나 탁월성의 순서에 따르면 참사랑이 모든 덕들을 앞서간다. 토마스는 희망도 사랑의 일종이라고 생각한다. 그러나 희망은 자신을 위해 뭔가를 얻고자 하느님을 바라고 좋아하는 것이다. 따라서 그는 희망을 불완전한 사랑이라고 부르는 반면, 하느님을 그 자체로 좋아하는 사랑을 참사랑, 즉 완전한 사랑이라고 부른다.(II-II, q.17, a.8) 이렇게 참사랑은 다른 신학

인간에게 초자연적 참행복으로 이끌어 줄 다른 원리들이 주입되는 것이 필요하다. 그리고 이 원리들을 신학적 덕→대신덕이라고 부른다. 우리는 그것들을 통해 하느님께 인도되기에 하느님을 대상으로 삼기 때문이기도 하고, 또 오직 하느님으로부터만 우리 안에 주입되었기 때문이기도 하며, 또 우리가 그것들을 오로지 성경에 의한 신적 계시를 통해서만 알 수 있기 때문이기도 하다."; II-II, q.24, a.12 참조.

적 덕들을 완성시킨다. 이미 바오로 사도는 이 점을 명시적으로 강조했다. "믿음과 희망과 사랑, 이 세 가지는 계속됩니다. 그 가운데에서 으뜸은 사랑입니다."(1코린 13,13) 참사랑의 대상, 곧 하느님과의 일치가 인간의 모든 덕, 행위, 열망의 목표이기 때문이다.(I-II, q.62, a.4)

그러므로 『신학대전』의 제2부, 제2편은 신앙이라는 덕을 설명하는 것으로 시작한다. 또한 다음과 같은 체계적인 이유로 이 덕이 첫 번째로 다루어진다. 각각의 인간은 자신의 의식적인 행함과 행하지 않음의 주인이고 이것에 대해 책임을 지며, 자신의 행위들을 그때마다 그가 인식한 목적으로 향하게 만든다. 그러므로 목적의 인식으로부터 모든 행위는 시작된다. "의지는, 오직 지성에 의해 파악된 경우에만, 어떤 것으로 움직여진다."(q.4, a.7)

각 사람이 자신으로부터 자기의 자연적 본성을 통해서 지향하는 목적들을 그는 자기 이성을 가지고 인식하고, 그런 판단에 맞게 추구한다. 그는 또한 자기 이성을 사용하면서, 한 목적이 다른 목적에 도달하기 위한 수단인 한에서, 목적들 사이에는 질서가 존재한다는 사실을 지각한다. 철학자들과 지혜의 스승들은 항상 인간을 완성시켜 행복하도록 만들어 주려면 가져야만 하는 이 목적을 주목했다. 그렇기 때문에 그들은 항상 세계의 의미와 규정과 인간존재의 의미와 규정에 대해 물었다. 그러나 그들의 노력은 파편적으로 남았을 뿐이다.[21] 많은 이가 서로 모순되는 견해들을 대변했고 오류에 빠졌다. 이것은 인간적인 인식 능력이 우리 실존의 의미에 대해서 확실한 정보를 주기에는 충분하지 못하다는 사실을 충분히 분명하게 보

---

21. II-II, q.1, a.8, ad1: "우리는 철학자들이 자연적 이성에 의해 탐구할 수 없었던 많은 것을 신앙을 통해 하느님에 대해 유지하고 있다."

여 준다.²² 흔들리는 바다 위에 서 있다는 이러한 의식의 결과는 바로 거대한 정신들을 덮친 두려움이다.²³ 이것에 대해서는, 예수 그리스도가 우리의 삶과 행위의 참된 목적, 즉 우리의 구원에 대해서 가르침으로써, 최종적으로 창조주 자신이 밝혔다. 그러므로 우리는, 이 가르침을 진지하게 여기고 받아들일 때, 그것을 인식할 수 있다. 그 가르침에 믿음을 주는 능력은 무엇보다도 우리의 본성을 넘어서는 것이며, 마찬가지로 은총을 통해 우리에게 부여된다. 토마스의 초기 작품에서 다음과 같은 내용을 읽게 된다. "우리가 하느님을 믿도록 해 주는 신앙 안에서도, 우리가 동의하게 되는 사물들의 수용뿐만 아니라 동의하도록 이끄는 어떤 것도 존재한다. 이것은 일종의 빛인데, 이 빛은 신에 의해 인간 정신에게 주입된 신앙의 습성(habitus fidei)이다."²⁴ 그러나 신앙은 인간을 인간 자신으로부터 소외시키지 않는다. "인간의 본성 안에는 인간의 정신이 진리를 향한 내적인 본능에도 그리고 진리의 외적인 서술에도 저항하지 않는다는 사실이 있기"²⁵ 때문이다. 우리가 다른 이들과 매일 같이 우리가 함께 사는

---

22. 철학자와 신학자가 가지고 있는 인간 행복에 대한 상이한 견해를 토마스는 종종 분명하게 제시한다. 예를 들어 *De veritate*, q.14, a.3.
23. 참조: *ScG*, III, c.48. 클룩센(W. Kluxen, *Philosphische Ethik bei Thomas von Aquin*, Hamburg 1988³, p.71)은 "철학함이란 – 최종적인 지식과 관련해서는 – 토마스에게는 거의 '비극적'이라고 불릴 만한 유한성의 관점 아래 서 있는 것처럼 보인다."고 말한다.
24. *In de Trin.*, q.3, a.1, ad4: "Unde et in fide qua in Deum credimus non solum est acceptio rerum quibus assentimus, sed aliquid quod inclinat ad assensum; et hoc est lumen quoddam, quod est habitus fidei, divinitus menti humanae infusum." 이에 대해서는 D. C. Hall, *The Trinity. An Analysis of St. Thomas Aquinas' Expositio of the De Trinitate of Boethius* (STGMA; Vol. 33), Leiden-New York-Köln, 1992.
25. II-II, q.10, a.1, ad1: "sed in natura humana est ut mens hominis non repugnet interiori instinctui et exteriori veritatis praedicationi."

모습에 대해 숙고해 볼 때, 어떤 인식은 오직 다른 이들이 주장했던 것을 우리 것으로 만들기 때문에 획득될 수 있다는 사실은 분명하다. 인간적인 공동체를 위해서는 한 사람이 다른 사람을 많은 경우에 믿는다는 사실을 포기할 수 없다. 어떤 사람은 그가 언제 태어났고, 그의 부모가 누구라는 사실을 어디로부터 아는가? 학생은 자기 선생님이 말하는 많은 것을 참이라고 받아들여야만 하지 않는가? 아리스토텔레스가, 다른 철학자들과 마찬가지로, "배우는 사람은 누구나 믿어야만 한다."라고 주장하는 경우에 의심의 여지 없이 옳다. 키케로는, 그가 '다른 사람들을 믿는 이 기술이 모든 법집행의 필수적인 기초'라고 불렀을 때, 모든 이에게 당연한 어떤 것을 강조한 것이다.[26]

신앙이라는 신학적 덕, 그리스도인의 인식을 좌우하고 그것을 확장하고 고양시키는 강한 내적 입장과 태도를 밝히기 위해서는 많은 질문들을 제기하고 대답해야 한다. 그 질문들은 확고한 습성(habitus)으로서의 신앙, 이러한 입장에 상응하고 이 입장을 눈에 띄게 하는 대상들, 더 나아가 신앙의 태도를 단련하고, 그 태도에 의해서 좌우되는 '믿는' 행위와 그 구조, 그리고 신앙을 동반하면서 은총을 통해 부여되는 '성령의 선물들'과 관계한다.

신앙이라는 덕의 다른 측면들도 『신학대전』에서 소홀히 취급되지 않았지만, 그의 '신앙론'에서는 특히 '신앙의 진리'라는 측면에 대해 주목한다. 바로 제1문 제1절은 이렇게 묻는다. "신앙의 대상은 제1진리인가?"(II-II, q.1, a.1) 토마스는 신앙의 대상(obiectum fidei)이란 하느님과 연관된 '제1진리'(veritas prima)란 표현으로 적절하게 묘사된다고

---

26. 참조: *In de Trin.*, q.3, a.1; Tullius Cicero, *De Officiis*, I, c.7, n.23.

설명한다. 이 표현은 일단 신앙의 '형상적 대상'(obiectum formalis), 즉 신앙의 태도를 눈에 띄게 하는 관점을 가리킨다. 어떤 것은, 그것이 하느님에 의해서 계시되는 한에서, 믿어지기 때문이다. 또한 이 표현을 가지고 '질료적 대상'(obiectum materialis), 따라서 믿어지는 내용을 묘사하기도 한다. 어떤 것은 그것이 하느님과 연관되는 한에서 그 대상에 속하기 때문이다.[27] 신앙의 내용을 진술의 형태로, 그리고 일련

---

27. 이것이 무엇을 의미하는가는 비교를 통해서 분명해진다. 기하학의 전문가가 가지고 있는 지식은 질료적 대상으로 기하학적 정리의 내용을 가진다. 형상적 대상, 그러므로 이 지식을 기학학적인 것으로 만드는 것은, 전문가가 알고 있는 증명들이다. 신학적 덕→대신덕에 관한 진술은 전적으로 '계시에 대한 이해'로부터 이루어진다. 하느님은 자기 자신을 제공하고, 그의 은총을 통해서 의로운 사람과 하나가 된다. 그 사람은 하느님의 본성과 축복받은 삶에 참여하게 되고, 하느님 자신을 알고 사랑한다. 물론 이 모든 것은 말 그대로 '신비'이다. 그것은 믿어지는 것이고, 은총의 신비에 대한 의미 중에 어떤 것을 표현하려는 모든 시도는 사고의 범주를 한계점으로 몰고 간다. 신학이 할 수 있는 최선의 것은, 하느님과의 은총에 의한 결합의 실재를 수용하면서, 그 결합이 하느님이 인간과 어떤 합성으로 들어가는 것과 같은 존재론적인 결합을 의미할 수 없음을 보는 것이다. 그러나 이와 같은 결합은 범신론적인 것이 아니기 때문에(ScG, Ⅲ, c.51), 다른 한편으로는 하느님과의 지향적인 결합이 하느님의 은총에 의해 일어나는 것이 불가능하거나 모순되는 것은 아니다. 하느님 자신이 신학적 덕의 형상적 근거라는 진술은, 은총의 신비가 무엇이라고 믿어지는지를 설명하기 위해, 작용의 그러한 연합이라는 실재를 명확히 표현하려는 시도이다. 그 하느님이 대상이라는 사실은, 신앙과 희망과 참사랑의 행위가 존재하며, 하느님이 자기 자신을 차례차례 믿어지고, 희망되고, 사랑받는 존재로 제공하기 때문에, 그 행위들이 바로 자기가 된다는 것을 의미한다. 행위와 관련하여 대상의 활성화하고 완성시키는 기능은 새로운 단계로 격상되며, 하느님의 실제적 자애로움을 표현하기 위해 뽑은 것이다. 이런 사용에서 대상이라는 용어는, 하느님이 자신을 주는 것을 묘사하기 위한 것이다. 비인격적이거나 하느님을 관리하는 것과는 거리 먼, 신학적 힘은, 신학적 덕→대신덕의 행위가 순수한 상호성이며, 자유롭게 주어진 하느님에 대한 응답이며, 인간에게 사랑스럽게 자신을 제공한다는 것을 의미한다. 신앙을 제외하고는, 하느님 자신이 인간 앞의 대상이 될 수 있는 다른 방법은 없다. 그러나 그 '제외'는 신앙의 고유성을 강조하며, 하느님 자신이 그 형상적 근거라는 진술의 힘을 가리킨다. 하느님은 자신을 지성적 직관의 행위를 불러일으키거나 가능하게

의 다양한 신앙 조항들로 분명하게 만드는 것은 우리의 이해 방식에 적절하다.(q.1, a.2; a.6) 이로부터 왜 시간의 흐름에 따라 신앙 조항의 숫자가 증가하는지도 이해할 수 있게 된다. 무엇보다도 종종 오류들을 반박해야 하기 때문에, 그 내용은 더 정확하게 설명되어야만 하기 때문이다.[28] 토마스는 또한 다음과 같은 질문들을 던진다. "신앙의 대상은 눈에 보이는 어떤 것일 수 있는가?" 즉 자명한 것일 수 있는가?(q.1, a.4) "신앙에 속하는 것들이 알려질 수 있을까?", 즉 신앙의 대상은 또한 학문의 대상일 수 있는가?(q.1, a.5) 토마스는 점차 신앙 행위로 움직여 감에 따라, 아우구스티누스가 "믿는 일을 동의를 가지고 사유하는 일"이라고 주장할 때(q.2, a.1) 그것이 과연 옳은 것인지를 묻는다.

토마스는 신앙의 행위가 '하느님을 믿는 일'(credere Deum), '하느님에 대해 믿는 일'(credere Deo), 그리고 '하느님을 향해 믿는 일'(credere in Deum)이란 표현을 가지고 얼마나 적절하게 묘사되는지에 대해 설명한다. 왜냐하면 '하느님을 믿는 일'은 모든 믿어지는 것은 하느님과 연관된다는 점을 의미하고, 따라서 질료적 대상을 뜻한다. '하느님에 대해 믿는 일'은 신앙의 동의는 하느님을 제1진리로 간주한다는

만드는 것으로서 자신을 재현하는 것이 아니라, 하느님과의 유일한 인식적 합일인 '신앙' 쪽으로 불러내는 것이기 때문이다. 그렇다면 신앙의 행위는 보이지 않는 것을 그 질료적 대상으로만 가지고 있는 것이 아니다. 그것은 또한 그 동기와 그 형상적 근거로서의 하느님에 대한 전적인 믿음이다. 이것은 숨겨진 신, 즉 하느님이 자신을 정신에 결합시키는 방식이며, 따라서 그 응답은 그를 믿는 응답이다. 그러나 신앙은 구원의 시작이며, 하느님이 말하는 것을 받아들이는 것은 잘못될 수 없다는 사실은 이 신앙을 가능하게 만드는 이가 바로 하느님이라는 그 진리 때문이다.

28. 전승된 가르침을 표현하는 의무적인 신앙고백의 공식화에 대해서 결정하는 일은 오직 교황에게만 허락된다는 사실이 교회의 일치에 기여한다.(q.1, a.10)

사실을 표현하고, 그러므로 형상적 대상과 관련된다. '하느님을 향해 믿는 일'은 전달된 것을 참으로 받아들이려는 의지가 자신의 목적으로서의 제1진리에 의해서 규정된다는 사실을 표현한다.(q.2, a.2) 토마스는 또한 아우구스티누스에게 과연 자연적 이성에 의해 증명될 수 있는 그러한 것들을 믿을 필요가 있는지,(II-II, q.2, a.4) 어떤 신앙의 내용을 그리스도인이 명시적으로 받아들여야만 하는지(q.2, aa.5-8) 그리고 신앙에 속하는 것들로 이끄는 논거는 신앙의 공로를 감소시키는지(q.2, a.10)와 그리스도인의 지각 가능한 고백이 어떤 의미를 가지고 있는지(q.3)에 관해서도 묻고 있다.

  토마스는 성경 안에 있는 신앙에 대한 묘사와 덕으로서의 신앙이 지닌 특색에 대해 상세하게 설명한다.(q.4) 그는 히브리서 11장에서 사도 바오로가 제시하는 신앙에 대한 정의, 즉 "신앙은 희망해야 하는 사물들의 실체이고 명료하지 않은 것들에 대한 논증이다."(히브 11,1)라는 정의가 충분하며, 다른 의식의 태도들로부터 신앙을 구별한다고 설명한다.(q.4, a.1) 그는 신앙이 주체 안에 있는 것처럼 지성 안에 있는지(q.4, a.2)도 검토한다. 참사랑(caritas), 즉 하느님에 대한 사랑과 이와 연결된 인간에 대한 사랑이 어떤 이유로 신앙을 형상화하고 완성하는지에 대해서도 설명한다.(q.4, a.3) 그는 또한 신앙이 지식이나 다른 지성적 덕들보다 더 확실한지를 규정하려고 시도한다.(q.4, a.8) 이렇게 토마스 안에는 신앙의 진리 측면들에 대한 강조가 자리잡고 있지만, 그 자신이 이 강조를 창조한 것은 아니다. 그것은 이미 그의 성서적, 교부적, 그리고 중세적 선배들 안에도 자리 잡고 있었다.[29]

---

29. 이에 대한 보다 상세한 설명은 스테픈 브라운, 앞의 글, 301-306쪽 참조.

그는 이렇게 밝혀진 신앙의 규정을 토대로, 천사와 악령이 마귀가? 신앙을 가지고 있는지 그리고 이단은 이단자들의 신앙을 위해서 어떤 영향을 가지는지에 대해서도 질문한다.(q.5, aa.1-3) 하느님이 신앙의 원인이라고 불릴 때, 이것을 어떻게 이해해야 하는 지에 대해서도 설명한다.(q.6) 그는 신앙이 얼마나 하느님에 대한 경외심을 일으키는지, 사랑하는 성부에 대한 애모를 동반하는 '자녀다운 두려움'(timor filialis)이라 불리는 경외심이 그가 벌할 수 있는 권력을 가지고 있는 한에서 하느님에 대해 가지는 공포(timor servilis, q.7, a.1)보다 더 큰 신앙의 징표가 된다는 사실을 이해할 수 있게 만들어 준다. 마침내 성경 안에서-이사야서 11장 2절 같은 곳에서-성령의 선물에 대해서 특히 이해의 선물과 지식의 선물에 대해서 말하고 있는 것이 무엇인지를 설명하는 일이 신학자 토마스의 책임이다.

3. (신앙에 대한 다양한 정의) 성 토마스 아퀴나스는 신앙에 대한 전통적인 정의를 적극적으로 받아들인다. 이러한 수용이 분명하게 나타나는 곳은 q.2, a.1에서 "믿는 일은 동의를 가지고 사유하는 일(cum assentione cogitare)인가?"라는 질문을 다룰 때이다. 토마스의 『신학대전』 전체에서 이곳에서 사용되는 동사 'cogitare'(또는 대응하는 명사, 'cogitatio')는 두드러지지 않는다. 왜 토마스는 이 용어를 신앙의 행위라는 이렇게 중요한 신학 개념을 정의하기에 적절하다고 생각했을까?[30] 가장 중요한 이유는 이 주제에 있어서 질문에 포함된 아우구스티누스의 정의가 이미 '권위'(auctoritas)로 인정받고 있었기 때문이다. 그렇지만 토마스는 단순하게 전통적인 권위만을 따르지 않

---

30. Cf. *In Sent.*, III, d.23, q.2, a.2, qc.1; *De Veritate*, q.14, a.1; *In Ep. ad Hebr.*, c.11, lect.1.

고 이를 새롭게 해석한다. 전문가들에 따르면, 토마스의 사용 방식은 "아우구스티누스의 사용 방식이 아니라, 그 문제에 관한 용어를 고정시킨 생빅토르의 후고로부터 파생된 중세의 신학적 노선이다."[31]

토마스는 실제로 정의를 권위에 의해서 수용할 뿐 아니라, 스콜라철학적인 개념 구분을 통해서 이 정의를 명쾌하게 규명하려고 노력한다. 그에 따르면 '사유하는 일'(cogitare)은 "공통적으로 지성에 의한 일종의 현실적인 고찰을 위해" 취해지기도 하고, "더욱 고유하게, 직관의 확실성을 통해서 지성의 완전성에 도달하기 전에, 일종의 탐구와 함께 이루어지는 지성의 고찰을 뜻"하기도 한다.(q.2, a.1) 토마스는 "아직 진리의 충만한 직관을 통해 완성되지 않은, 심사숙고하는 영혼의 움직임"이라는 이 두 번째 움직임을 또다시 둘로 구분한다. 즉 보편적 개념에 대해 심사숙고하는 지성의 행위와 감각적 부분에 속하는 특수한 개념에 대해 심사숙고하는 사고력의 행위를 위해 '사유하는 일'이 사용됨을 밝힌다. 이러한 구분을 토대로 토마스는 믿는 일을 정의하기에 적합한 방식을 확정한다.

> 따라서 만일 '사유하는 일'이 첫 번째 방식에 따라 공통적으로 취해진다면, '동의를 가지고 사유하는 일'이라는 말은 '믿는 일'이라는 것의 전체 의미를 표현하지 못한다. 왜냐하면, 이러한 방식을 통해, 자신이 알거나 이해하고 있는 것들을 고찰하는 사람도 또한 동의를 가지고 사유하기 때문이다.
>
> 반면에, 만일 '사유하는 일'이 두 번째 방식으로 취해진다면, 이

---

31. Cf. Thomas Aquinas, *Summa theologiae: Latin text and English translation, introductions, notes, appendices, and glossaries*(vol.31, T. C. O'brien(ed.), Cambridge University Press, 1974, p.205; Hugo de S. Victore, *De sacramentis* Ⅰ, pars Ⅹ, De Fide 2. PL 176, p.330. 스테폰 브라운, 「대신덕: 신앙(II-II, qq.1-16)」, 스테폰 포프 편집, 『아퀴나스의 윤리학』, 이재룡/김도형/안소근/윤주현 옮김, 한국성토마스연구소, 2021, 303쪽.

안에서 '믿는 일'라는 이 행위의 전체 의미가 이해된다. 왜냐하면 지성에 속하는 행위들 중에서, 어떤 것은 그러한 사유 없이 확고한 동의를 가지게 된다. 이는 어떤 이가 자신이 알거나 이해하는 것을 고찰할 때, 그러한 고찰은 이미 형상화되었기 때문인 것과 마찬가지다.(II-II, q.2, a.1)[32]

토마스는 '신앙'에 대한 논고에서 아우구스티누스의 『삼위일체론』을 자주 인용함으로써 그의 권위에 크게 의존하고 있는 것처럼 보인다. 그러나 그의 사용 방식과 아우구스티누스의 사용 방식을 비교해 보면 뚜렷한 차이를 발견할 수 있다. 즉 아우구스티누스는 언급된 위치에서 결코 신앙 행위가 영혼 안에서 어떻게 작동되는가를 규정하려는 의도가 아니라 그것의 은총과의 관계를 밝히려는 '신학적인' 의도를 가지고 있었다. 그래서 그는 신앙의 시작을, 그다음에야 신앙 자체를 은총에 의해서 이루어지는 행위로서 밝히려 했다. 그래서 그는 "신앙은 인간이 우선 어떤 것을 생각할 때에만 가능하다."고 말한다.[33] 이와는 달리 토마스는 여기서 'cogitare'라는 개념을 '인식론적인' 기능 중에서 명확하고 안정된 인식에 도달하는 일 없이 사유하는 행위에 대해 사용하고 있다.[34] 그가 '동의'(assentio)라는 단어를 신앙에 적용하는 것은 하느님의 말씀에 대한 신앙의 절대적이고 종교

---

32. 이 구절에 대해서는 이정(2021a)의 상세한 분석 참조. 토마스 사상 안에서의 '동의'에 관한 철저한 문헌 연구와 분석은 L. M. Regis, *Epistemology*, New York, 1959, pp.405-22 참조.
33. 이런 의미에서 'cogitare' 개념을 토마스는 I-II, q.109, a.1, obj.3 & ad3에서 사용한다.
34. 아우구스티누스도 또한 그런 기능을 알고 있는데, 비록 토마스가 답변에서 『삼위일체론』에서 인용한 구절이 증명하듯이 이 개념의 심리학적인 사용이 모든 측면에서 동일한 것은 아닐지라도 말이다. cf. Thomas von Aquin, *Summa Theologica. Die Deutsche Thomas Ausgabe Bd.15*, Graz-Wien-Köln, 1950(이하 *DTA15*로 약칭함), p.311.

적인 단호함을 강조하기 위한 것이다. 토마스는 이러한 강조점 변화를 통해서 신앙이 단순히 정념적인 것이거나 인간의 감정과 관련된다는 입장을 명확하게 배제하고 있다.[35] 그는 일차적으로 의지가 아니라 지성과 관련해서 신앙을 이해하고 있기 때문이다.

성 토마스는 신앙에 대한 아우구스티누스의 유명한 규정을 변형하여 수용하는 것으로 만족하지 않았다. 그는 제4문에서 본격적으로 신앙에 대한 다양한 정의를 검증한다. 그는 이미 제1절에서 "신앙은 희망해야 하는 사물들의 실체이고 명료하지 않은 것들에 대한 논증이다.(Fides est substantia sperandarum rerum, argumentum non apparentium)라는 것이 신앙의 적합한 정의인가?"라고 질문한다. 토마스는 이 정의가 적합한지를 철저하게 검토함으로써 신앙의 진정한 의미를 구체적으로 밝히려 한다. 토마스는 히브리서 11장 1절에 나오는 사도의 말이 신앙의 정의가 아니라고 주장하는 이들[36]에 반대해서 이 표현 안에서 "비록 단어들이 정의의 형태로 배열되지는 않았어도, 신앙이 정의되기 위해 필요한 모든 것이 다루어진다."[37]고 주장한다. 그러면서 신앙의 행위인 '믿는 일'(credere)이 "의지의 명령으로부터 하나의 대상으로 결정된 지성의 행위"(actus est intellectus determinati ad unum ex imperio voluntatis)라고 규정한다. 따라서 일종의 습성인 신앙은 이중의 고유한 대상을 지닌다.

---

35. 이에 대한 상세한 설명은 *Adnotationes* in Thomas Aquinas, *Summa Theologiae, Pars IIa IIae*, Cura et Studio Sac. Petri Caramello, Marietti, 1962(이하 *Adnotationes*로 약칭함), pp.863-865 참조.
36. 대표적으로 생빅토르의 후고의 작품(*De Sacram.*, 1. I, p. X, c.2: PL 176, 330 C) 등에서 이런 주장이 발견된다.
37. II-II, q.4, a.1: "omnia ex quibus fides potest definiri in praedicta descriptione tanguntur, licet verba non ordinentur sub forma definitionis."

신앙의 행위는 한편으로 선과 목적이라는 의지의 대상, 그리고 다른 한편으로 참이라는 지성의 대상과 모두 관련된다.(II-II, q.4, a.1)

또한 토마스에 따르면, 신앙은 신학적 덕→대신덕이므로[38] 신앙의 대상과 목적은 필연적으로 서로에게 비례적으로 상응해야 한다. 그런데 신앙의 고유한 대상인 제1진리와 그것 때문에 고수되는 모든 것[39]은, 통상적인 스콜라철학에 따르면 "직관되지도" 않고, "알려지지도" 않는다. 이것들에는 모든 가까움에도 불구하고 감추어져 있음과 모든 빛에도 불구하고 어둠이 함께 속해 있다. 그 대상이란 단적으로 '제1진리'(Veritas Prima)가 아니라, '어둠으로 둘러싸인 근본진리'(Veritas Prima obumbrata)이다.[40] 이 대상은 보이지 않는 것이며 소유되지 못하는 것이기 때문에 희망해야 하는 사물인 셈이다. 따라서 한편으로 신앙의 행위와 의지의 대상인 목적과의 관계는 "신앙은 희망해야 하는 사물들의 실체다."라는 말로 표현된다. 여기서 주의할 것은 실체라는 개념이 우유(偶有)와 대비되는 10범주 중 하나의 의미로 사용되는 것이 아니라 '각각의 사물 전체를 포함하고 있는 시초'라는 의미로 사용된다는 점이다.[41]

> 실체라고 불리는 것은 늘 각각의 사물의 시초이고, 특히 따라오는 사물 전체가 그 첫 원리에 잠세적으로 포함되어 있을 때 실체라고 부르기 때문이다. (…) 즉 우리 안에서 희망해야 하는 사물들의 첫 시초는 희망해야 하는 모든 사물을 잠세적으로 내포하고 있는 신앙의 동의를 통해서 존재하기 때문이다.(II-II, q.4, a.1)

여기서 표현된 내용은 신앙은 본질적으로 시작 단계의 것이고 참

---

38. Cf. I-II, q.62, a.3.
39. Cf. II-II, q.1, a.1.
40. Cf. *DTA15*, p.361.
41. 여기서 사용되는 실체 개념에 대한 보다 상세한 설명은 이정(2021b), 289–292쪽 참조.

행복인 신과의 일치의 시작이라는 사실이다. 이 사실은 『신학요강』에서 더욱 분명하게 요약되어 있다.

> 신앙은 미래에 우리를 복되게 만들 저 인식을 미리 맛보는 것이다. 그러므로 [바오로] 사도는 [신앙이야말로] '희망해야 하는 사물들의 실체'(히브 11,1)라고 말한다. 이것[신앙]은 마치 희망해야 할 것, 즉 미래의 참행복이 일종의 시작의 형태로 우리 안에서 현존하게 만드는 것과 같다.(*Comp. Theol.* 1,2)

다른 한편으로 신앙의 행위와 신앙의 대상으로 고찰되는 '지성의 대상'의 관계는 "명료하지 않은 것들에 대한 논증"이라는 말로 표현된다. 그런데 여기서 사용되는 논증(argumentum)이라는 용어는 매우 낯설 수 있다. 논증이란 논증의 과정, 그런 과정의 중명사(中名辭), 한 책의 서문, 진리를 명백하게 하는 가지성의 빛 등[42] 다양한 의미를 지니고 있기 때문이다. 그래서 토마스는 여기서 논증이라는 용어가 사용되는 방식을 다음과 같이 규정한다.

> 여기서 '논증'이란 단어는 논증의 결과를 위해 취해진다. 즉 논증을 통해서 지성은 어떤 참된 것을 고수하도록 이끌린다. 그래서 지성이 명료하지 않은 신앙의 진리를 견고하게 고수하는 것 자체가 여기서는 논증이라 불린다.(II-II, q.4, a.1)

이러한 성찰을 통해서, 토마스는 실체나 논증과 같은 단어가 일반적인 철학적 의미로 사용되지는 않지만 이를 통해서 충분히 신앙의 정의가 표현될 수 있다고 밝힌다. 그리고 이 표현은 다음과 같이 정의의 일반적인 형태로 충분히 바뀔 수 있다는 것이다. "신앙은 우리 안에서 영원한 생명이 시작되도록 만드는 정신의 습성이며, 명료하지 않은 것에 지성이 동의하도록 만드는 것이다."(II-II, q.4, a.1) 물론 토

---

42. 이 네 가지 의미에 대해서는 *De Veritate* q.14, a.2, ad9; *In Sent* III, d.23, q.2, a.1 참조.

마스에게는 이 정의가 유일무이하게 사용될 수 있는 표현은 아니다. 오히려 매우 다양한 방식으로 정의가 내려질 수 있음을 알고 있지만 아우구스티누스, 요한 다마셰누스, 위디오니시우스 등이 제시한 정의들이 내용상으로 근본적인 차이점을 지니고 있는 것은 아니다.

토마스는 여기서 전통적으로 전해져 온 대표적인 신앙의 정의들에 대해서 다루었고, 그 모호한 의미를 스콜라철학적인 개념 규정을 통해서 명확히 하려고 노력했다. 그러나 이러한 규정만으로 신앙의 참뜻을 밝히기에는 모호하게 남아 있는 부분들이 너무 많다. 신학적으로 신앙은 의심의 여지 없이 지성의 '동의'이다. 문제가 되는 것은 왜 수반되는 '사유하는 일'이 신앙의 동의를 다른 지성의 행위들로부터 구별하는가와 어떻게 그것이 동의의 의미를 변화시키는가 하는 것이다. 그래서 토마스는 위의 정의에서 사용된 용어들을 통해서 신앙과 유사하지만 차이를 지닌 개념들을 구별한다.

> 이를 통해 신앙은 지성에 속하는 다른 모든 것들과 구별된다. 그것을 "논증"이라고 부름으로써, 신앙은 지성이 어떤 것에 대해 확고하게 고수하지 못하게 만드는 의견, 의심, 그리고 회의와 구별된다. "명료하지 않은"이라고 말함으로써, 신앙은 어떤 것이 명료하게 되도록 만드는 지식과 이해로부터 구별된다. 그리고 "희망해야 하는 사물들의 실체"라고 말함으로써, 신앙의 덕은 공통적으로 취해진 믿음으로부터 구별되는데, 후자의 믿음은 희망되는 참행복과는 관련이 없다.(II-II, q.4, a.1)

그렇지만 여기서 사용된 개념들은 모두 상당한 역사적 배경과 폭넓은 의미를 지니고 있기 때문에, 토마스의 의도를 제대로 이해하기 위해서는 별도의 상세한 설명이 필요하다. 따라서 토마스의 설명을 체계적으로 검토함으로써 신앙 개념을 더욱 명확히 규명해 보도록 하자.

4. (신앙과 이해) 성 토마스는 신앙이라는 덕이 인간의 삶에, 이론적인 인식뿐만이 아니라 행위에도 또한 어떻게 영향을 미치고, 그것들을 형상화할 수 있는지에 대해 근거를 제시하고 설명하기를 원한다. 이를 위해 '신앙'(fides)이란 단어로 의미되는 실제에 대한 그리스도인의 표상이 그의 의식이 지닌 본질적인 구조와 어떻게 연결되어 있는지, 그리고 그 구조 안에 정돈될 수 있는지에 대해 해명해 주어야 한다. 신앙을 통해서 우리는 실로 인식을 획득하고, 그렇기 때문에 신앙은 제대로 '인식의 습성'(habitus cognoscitivus)이라고 불린다. 그러나 각각의 인간은 또한 그 자체로부터 이성적 동물이라는 자기의 본성을 근거로 인식 능력을 가지고 있다. 그러므로 그리스도교 사상가는 각 사람에게 신앙과 본성적인 인식이 서로 어떤 관계를 맺고 있는가에 대해서 가능한 한 명확히 설명해야만 한다.

다양한 이론들, 주로 신학적인 전통의 이론들이 신앙에 대한 토마스의 숙고들의 배경을 이룬다. 200년 전에 캔터베리의 안셀무스는 '이해를 추구하는 신앙'(fides quaerens intellectum)에 대해서 자신의 유명한 저서 『프로슬로기온』(*Proslogion*)을 저술했다.[43] 이성과 신앙에 대한 페트루스 아벨라르두스의 사상에 대한 기억은 매우 생생했다.[44] 토마스가 그의 글에서 그것에 대해 직접적으로 언급하지 않을지라도, 그리스도교의 신앙과 자연적인 인식에 대한 관계에 관해 그 당시에 논란이 되던 몇몇 명제들이 아마도 토마스를 움직였을 것이다. 파리대학에서 1277년에 내려진 단죄는 이러한 논란의 의미를 분명하

---

43. 캔터베리의 안셀무스, 『모놀로기온&프로슬로기온』, 박승찬 역주, 아카넷, 2002.
44. 페트루스 아벨라르두스와 무엇보다도 그의 저서 『그렇다와 아니다(*Sic et Non*)』 (ed. by B. Boyer/R. McKeon, Chicago-London, 1977)에 대해서는 박승찬(2006), 99-105쪽 참조.

게 만든다.[45] 회칙의 서론에서 몇몇 교수들이 성경의 가르침과 부합할 수 없는 특정한 철학적으로 논증된 이론들을, "마치 두 가지 상반되는 진리들이 존재하는 것처럼"[46] 가르쳤다는 의혹이 제기되었다. "세계의 현자들은 오직 철학자들이다."(제37 명제), "그 자체로 자명한 것이거나 그러한 것으로부터 추론될 수 있는 것이 아니라면, 아무것도 믿지 말아야 한다."(제154 명제) 등은 몇몇 명제들은 신학의 의미를 공격하는 것으로 평가되었기 때문에, 단죄되었다. 그중에서도 특히 철학자의 생활 속에서 인간의 완성이 발견된다는 주장, 소위 "윤리적 아리스토텔레스주의"[47]는 신앙론을 위해서도 주목할 만하다. 이 주장과 관련된 다양한 명제들이 여러 곳에서 산발적으로 발견된다. 예를 들어 철학을 위해서 자유로운 것보다 인간에게 더 뛰어난 상태는 있을 수 없다(제40 명제), 인간에게 가능한 모든 선은 지성적인 덕들로 이루어진다(제144 명제), 철학자(아리스토텔레스)가 『니코마

---

45. 1270년과 1277년에 내려진 단죄와 그 영향에 대해서는 박승찬, 『서양 중세의 아리스토텔레스 수용사 - 토마스 아퀴나스를 중심으로』, 누멘, 2010, 132-136쪽; D. Piché, *La condemnation Parisienne de 1277*. Texte latin, traduction et commentaire, Paris, 1999 참조.
46. 1277년의 단죄 회칙의 서문에서 브라방의 시제(Sigerus de Brabantia, 1235년경-1284년)가 주장했던 이론의 신학적인 귀결이라고 비판받았던 '이중진리설'은 신앙의 인식과 철학의 논증적 지식 사이의 일치를 고려하지 않는 방법론과 관련성이 있다. 아베로에스주의자들은 그리스도교 진리와 명백한 모순 관계에 놓여 있는 아리스토텔레스와 아베로에스의 주장들을 증명하기 위해 노력했다. 학설들에 대한 단죄와 학자들에 대한 제재는 파리대학의 인문학부에서 아리스토텔레스와 아베로에스의 작품들을 더욱 주의 깊게 읽고 심리학과 윤리학의 문제들을 세분해서 탐구하도록 만들었을 뿐이다. 아베로에스와 그의 추종자들에 대한 '이중진리설'에 대한 의심에 관해서는 같은 책, 74-76쪽 참조.
47. A. Speer, "Sapientia nostra. Zum Verhältnis von philosophischer und theologischer Weisheit in der Pariser Debatten am Ende des 13. Jahrhunderts", in: *MM* 28(2001), p.251.

코스 윤리학』에서 말했던 지성적인 덕들과 윤리적인 덕들을 지킨다는 측면에서 인식 행위 및 욕구 행위와 관련해 질서를 지닌 인간은 영원한 행복(felicitas aeterna)에 도달하기 위한 충분한 준비가 되어 있다(제157 명제), 영원한 행복은 이승에서 도달하는 것이지 저승에서 도달할 수 없다(제176 명제). 이러한 명제들은 인간이 지혜에 대한 탐구에 자신의 삶을 바칠 때 자신에게 가능한 최상의 상태에서 살고 있다는 철학적인 행복의 이상을 설득력 있게 표현하고 있는 것처럼 보인다. 최근 학자들은 이러한 내용을 당시 파리대학 인문학부 교수였던 다치아의 보에티우스의 책 『최고선 또는 철학자의 삶』에서 찾아냈다. "그러나 이것은 철학자의 삶이요, 이것을 가지지 못한 모든 사람은 올바른 삶을 사는 것이 아니다."[48] 이 책은 1260년대 후반부터 인간의 이상을 아리스토텔레스의 『니코마코스 윤리학』에서 기술된 윤리적-지성적 목표에서 찾고자 했던 대학의 지성인들의 노력을 잘 보여 준다. 이와 같이 "윤리적 아리스토텔레스주의"는 철학을 단순한 이론으로 이해하지 않았다. 그것은 오히려 윤리적인 덕들의 완성을 포함하고 인간의 본성에 속하는 것을 가장 완전하게 실현하도록 이끄는 삶의 형태이고자 했던 것이다.

영향력이 강한 신학자들이, 철학자들을 '자기 날개를 달리기를 위해서는 쓰지만 날기 위해서는 사용하지 못하는 타조'에 비교하는 경우와 같이, 철학을 평가절하하면서 그 논쟁은 더욱 격렬해졌다.[49] 신

---

48. Boethius Dacus, *Boethii Daci Opera*, vol. VI, II, edidit N. G. Green-Pedersen, Hauniae. (De summo bono/De aeternitate mundi), 1976, pp.377 & 374.
49. 보나벤투라(Bonaventura, 1221-1274)의 1273년에 출간된 *Collationes in Hexaemeron*, col. VII, 12; 보나벤투라, 『6일간의 세계 창조에 대한 강연』, 박주영 옮김, 도서출판 길, 305쪽.

학자와 철학자 사이에서 벌어진 토론에 대해서 직접적으로 고찰하지 않고도, 그리스도교 신앙을 진리로 향하는 신뢰할 만한 입구로 보지 않고, 오직 인간에게 그 본성으로부터 고유한 인식 능력만을 그 입구로 보는 어떤 이를 지나칠 수 없다는 사실은 분명하다. 그리스도교의 복음을 믿는 이는 이미 항상 그리고 항상 다시 자신과 인간적인 존재 방식을 따르면서 이론적인 지식과 실천적인 지식을 추구하는 동일한 인격체이며 그것으로 남아 있다. 그는 또한 이해와 지식을 마음대로 하고 자신의 인식에 부합하게 행동하기 위해서 노력한다. 그 결과로서 자신의 존재가 지닌 의미에 대한 인간의 설명은 그의 인식의 특색에 부합해야만 한다. 인간적인 인식 능력의 작용 방식들 그리고 그것들과 주어진 인식 법칙들은 준수되어야만 한다. "인식된 것은, 인식하는 이의 방식에 따라, 인식하는 이에게 있다."[50]는 명제는 예외 없이 유효하다. 예수 그리스도는 인간으로서 인간에게 말했고, 그는 인간을 동반자로서 진지하게 받아들였다. 또한 그는 인간들을 가르쳤는데, 인간들의 인식과 이해의 방식에 연계시켰고, 그들의 언어를 사용하면서 그들과 생각을 교환했고, 드물지 않게 논쟁도 벌였다. 또한 교회도 자신의 창시자가 전달한 메시지들을 유지하고 반복하면서, 어떻게 그것이 그들의 인식능력과 이해력에 부합하는가를 인간들에게 말한다. 이러한 대화에 초대된 사람은 복음의 메시지가 자신의 인식을 제거하는 것이 아니며, 실제를 인식하는 자신의 능력을 평가하는 것은 더욱 아니라는 점을 체험한다. 그 전달된 것이 무엇보다도 어떤 이가 그 자체로 참이라고 파악하고 자신의 힘으로 확실하다고 인식하는 것과 양립하지 않는다고 가정한다면,

---

50. II–II, q.1, a.2: "cognita sunt in cognoscente secundum modum cognoscentis."

그것은 그에게 완전히 낯설고 잘못된 것으로 나타나야만 할 것이다. 각 사람은 실로 거짓된 것으로부터 벗어나서 참된 것을 파악하려고 추구한다. 왜냐하면 그는-비록 그가 항상 의식하고 있지는 못할지라도-그 안에서 좋은 것(善)을 보고, 그의 인식하는 능력은 바로 그 선을 지향하고, 그 선이야말로 그의 완전성에 기여하기 때문이다. 철학자들만이 아리스토텔레스가 자신의 '제1철학'을 시작하는 "모든 인간은 본성적으로 지식을 추구한다."라는 문장을 동의하는 것이 아니다. 토마스는 계속해서-그가 가르치는 일을 시작한 때부터-그리스도교인이 믿어야만 하는 어떤 것은, 이 사람이 자기 자신의 힘을 수단으로 의심의 여지 없이 인식하는 것과 모순 관계에 있을 수 없다는 점을 강조한다. 그는 파리대학 인문학부의 한 교수가 썼던 것, 즉 그리스도교 신앙을 고수한다는 것은 자연적인 인식의 기본 법칙들을 부인하는 것이라는 주장을 동의하지 않는다. 그리스도교의 메시지는 믿을 만한데, 그것은 각 사람에 의해서 추구되는 목적, 즉 진리를 인식하는 것에 기여하기 때문이다. "제1진리 아래 서 있는 경우를 제외하고는 어떤 것도 신앙 아래로 들어올 수 없다. […] 제1진리 아래에는 어떤 거짓도 속할 수 없다. 그래서 신앙 아래에는 거짓된 어떤 것도 들어올 수 없다는 사실이 귀결된다."(q.1, a.2) 신앙을 지닌 그리스도교인은 세계에 대한 학문적인 탐구와 철학적인 설명에 열려 있다. 그는 인간이란 모든 자신의 능력들을 지니고 하느님의 피조물이라는 사실을 확신하고 있기 때문이다. 그렇기 때문에 토마스에 따르면 그리스도교적인 신앙은 인간적인 인식 능력을 그 법칙과 고유성과 함께 충만하고 전적으로 진지하게 받아들이도록 명령한다.

신학자 토마스 아퀴나스는 그 밖에도 그가 사유하고 인식하는 자신의 본성적인 힘과 능력에 의존하고 있다는 사실을 아주 정확하게 알고 있다. 그는 철학자들이 사용하는 동일한 정신적인 수단을 필요로 하고, 그것을 이용한다. 그는 이성을 이끌어 가는 토론 방법들을 사용하는데, 그는 구분하고, 정의 내리고, 증명하고, 논증해야만 하며, 명제들과 증명 근거들의 적용 범위에 무게를 판단해야만 한다. 이 모든 것에 더해서 그는 철학자들처럼 사고의 척도를 인정해야 한다는 사실을 보여 준다. "철학에 명시적으로 신학의 시녀(ancilla theologiae)라는 역할을 인정한다."라고 말하는 일은 사람들을 분노하게 만들 수도 있을 것이다.[51] 토마스는 "자신의 고유한 과제를 실현하기 위해서 그것을 번영하든 몰락하든 상관없이 필수적으로 가지고 있는 사람보다 그런 봉사를 더 높게 평가할 수 있는 사람은 아무도 없다."고 확신한다. 다른 태도를 취하는 신학자는 그리스도인의 본성적인 인식과 신앙 사이에 제거될 수 없는 밀접한 결합의 관점에서 보면 신학에서 의미 없는 모험을 감행하는 것이다.

5. (신앙이라는 덕과 자연적인 인식) 신앙이라는 신학적 덕이 무엇인지는, 그 덕이 인간에게 그 자체로, 즉 그의 본성을 근거로 익숙한 인식과 어떻게 관련되는가를 밝히지 않고서는 설명될 수 없다. 그렇기 때문에 토마스는 어떻게 실제를 인식하기 위한 통로를 가지는가 하는 방법들을 서로 철저하게 비교한다. 이에 대한 숙고들을 검토해 보자.

그 비교는 '인식하는 일'(cognoscere)이라는 단어가 인간의 의식적인

---

51. 이 표현의 유래와 토마스의 이에 대한 입장에 대한 평가는 박승찬(2010), 266-271쪽 참조.

행위를 가리키는 것과 관련된다. '인식하는 일'은 인식하는 바로 그이가 어떤 것-인식된 것-을 자기 것으로 만드는 행위를 뜻한다. 짐승들과는 달리 인간에게서 이러한 행위는 인식함이 어떤 것을 '참이라고 인정함'과 같은 일을 가리킨다는 사실을 자각하는 경우에 완성된다. 이러한 인식 방식은 그것이 발생하는 능력에 대해 해명해 준다. 이에 따라 인간은 자신의 감각을 가지고 사물들을 지각하는 능력을 넘어서는 인식능력을 가지고 있다. 이러한 지성 능력은 두 가지 서로 구별되는 방식으로 작용한다. 첫째, 직접적으로 이해하는 힘으로서. 어떤 것이 인간의 주의력을 불러일으키는 것으로서 직접적으로 이해된다는 사실은, 비록 그것이 아직 그렇게 빈약하다고 할지라도, 하나의 개념 안에 파악된다는 사실 안에서 드러난다. 그러나-그리고 이것이 특별히 중요한 데-진술의 형태를 가지고 있는 특정한 '원칙'이나 '원리'의 의미가 즉각적으로 이해된다. 이러한 원리들에 대해서 토마스는 "그것들은 단순하고 의식적인 바라봄을 통해서 본성적으로 인식된다."라고 말한다.[52] 지성은 그렇기 때문에 또한 '원리들의 습성'(habitus principiorum)이라고 불린다. 이러한 원리들 안에서 각각의 인식의 원천과 기본인 실제를 알게 되는 일이 이루어진다.

둘째, 인간의 이해 능력에는 파악된 대상으로부터 다른 것으로 움직여 가는 일이 속한다. 여기서 각각의 차례가 올 때마다 파악된 것들 사이에 연결이 존재하는지 그리고 이 연결은 어떤 종류인지 밝히려고 노력한다. 그 능력의 이러한 '추론적인'(discursiva) 행위는 이해된 것의 합성과 분리(compositio et divisio)를 이해하게 만든다. 언어적인 표징은, 그 원리들에서와 유사하게, 여기서 또한 진술(enuntiatio)이다.

---

52. 참조: *De veritate*, q.8, a.15.

어떻게 이해 능력이 작용하는가 하는 두 가지 방식들은 특별한 표현들을 통해서 언명된다. 그 능력이 이해하는 것으로서 생각된다면, 사람들은 '지성'(intellectus)이라고 부르고, 그러나 동일한 단어가 전적으로 보편적인 것을 지칭하기 위해서도 사용된다. 추론적으로 작용하는 능력은 '이성'(ratio)이라고 불린다.

토마스는 지성의 이 두 가지 행위 방식을, 하나의 시작과 하나의 끝을 가지는 한 운동과 비교함으로써 설명한다. "(추론적인) 이성이 지성과 맺고 있는 관계는 자신의 출발 상태와 관련된 하나의 운동이 그 운동이 끝나는 목적과 맺는 관계와 같다. 처음에 인간의 정신은 오직 이러한 추론이 진리의 단순한 포착, 즉 원칙들의 이해로 올라갈 때에만, 한 상태로부터 다른 상태로 갈 수 있을 것이다. 비슷하게 이성은, 오직 추론에서 발견된 것이 이성이 그리로 환원시키는 제1원리들을 통해서 검토되는 경우에만, 더 확실한 어떤 것에로 도달할 수 있을 것이다."[53] 이렇게 설명된 맥락은, 서로 상이하지만, 하나이고 같은 능력으로부터 출발하는 행위들을 다루고 있다는 사실을 보여 준다.

인간의 인식을 위해서 본질적인 것은, 어쨌든 인식하는 이가 한 진술의 내용을 참이라고 인정하고 그것을 참된 어떤 것이라고 동의한다는 사실이다. 인정과 그에 따른 동의는, 인식하기를 원하는 어떤 이가 진리가 아닌 어떤 것을, 따라서 거짓이라고 꿰뚫어 본 진술을 만났을 때는, 생기지 않는다. 하나의 진술이 참인지 혹은 아닌지 하는 인식은 이해 능력이 판단함으로써 실행된다. 이러한 판단 행위는 참된 것이 동의되었다는 사실을 위한 표징이다. 인식을 위해 본질적

---

53. *De veritate*, q.15, a.1.

인 '동의'(assensus)는, 그러므로 또한 지성의 행위이다.

신앙은 마찬가지로 하나의 동의와 연결되어 있다. 왜냐하면 어떤 것을 믿는 일은-처음부터 강조한 바와 같이-그것을 참으로서 자기 것으로 만드는 일, 그것을 참으로서 인정하는 일을 뜻한다. 그러므로 신앙과 자연적인 인식에는 공통적으로 지성이 참인 어떤 것을 승낙하는 동의가 있다. 사람이 이제, 어떻게 이 동의가 나타나게 되는지를 검토한다면, 얼마나 이 인식 과정이 서로 상이한지가 분명해진다.

토마스는 그가 『진리론』 제1문 제1절에서 제시했던 설명들을 축약된 형태로 소급한다. 인간의 지성은, 한 능력을 그 자체로 고찰하는 한, 가능태의 상태에 있다. 그것은 그 자체로 한 명제를 긍정하는 일을 그 명제를 부정하는 것보다 선호하도록, 즉 'A는 B가 아니다'보다 'A는 B다'를 오히려 참으로서 인정하도록 확정되어 있지 않다. 그러므로 그는 한 명제를 긍정하도록 어떤 것에 의해 움직여져야만 한다. 일반적으로 그가 만난 '대상'이 그렇게 움직이도록 지성에 영향을 준다. 그러나 지성은 모든 인간적인 능력처럼, 자기 결정 능력인 의지를 통해서도, 하나의 동의로 움직여질 수 있다.

그런데 대상의 영향은 지성이 결정하지 못하는 상태를 끝맺기 위해서 충분하지 못하다. 한 대상이 단지 불분명하게 주어지는 경우에는, 그것에 대한 명쾌한 진술이 만들어지지 못할 수도 있기 때문이다. 하나의 진술을 유효하게 만들어 주는 논증들이, 같은 진술을 부인하기 위한 논증들과 같은 무게를 가질 수도 있다. 이런 경우에 지성은 이리 저리로 움직이고 멈추지 못함으로써 '회의'(dubitatio)라고

불리는 상태에 빠진다.⁵⁴

또한 대상이 지성을 특정 명제를 그것의 부정보다 선호하는 쪽으로 기울어지도록 만들지만, 오류나 착각의 가능성이 배제될 수 없기 때문에, 확실한 긍정으로 움직이지는 못하는 경우도 나타난다. 이러한 경우에 그 사람은 '의심'(suscipio)이나 단순한 '의견'(opinio)을 지니게 되고, 인식을 위한 노력은 단지 많든 적든 잘 논증된 가설로 이끌 뿐이다.

그러나 대상은 또한 지성의 확고하고 결정적인 동의를 일으킬 수 있다. 이것도 다양한 방식으로 가능하다. 지성은 그것을 파악하는 데 매개 없이 참된 진술로 이끄는 어떤 것을 만난다. 감각 작용⁵⁵과 비슷하게, 원칙들이나 '제1원리들' 안에서 언어적인 표현을 발견하게 되는 사태들은 단지 사람들이 그것에 대해서 의식하게 되면 지성이 바로 '네'라고 확정적으로 답하게 만들기 때문이다. 그 표현이 이해되자마자, 그것이 진리임은 분명하기 때문이다. 이런 '자명한'(per se nota) 것에 대한 매개되지 않은 인식을 '이해'(intellectus)라고 한다.

원리들을 매개로 취득되는 인식들은 이해 능력의 작용에 종속된다. 한 대상이나 사태에 대한 진술은 이 경우에는 원리로부터 연역되었거나 원리로 환원되는 경우에만 참이라고 동의된다. 연역이나 환원이 논리학에서 제시된 추론 규칙에 따라 이루어질 때, 그것은 '증

---

54. 이러한 상태를 위한 좋은 예를 수학이 제공해 준다. 그래서 "완전한 홀수들이 존재한다(한 수가 '완전한'이란, 그 수가 약수의 합과 동일한 때를 말한다)."라는 주장은 이제까지 증명도 반박도 이루어지지 못했다.
55. 감각 작용에서는 지각된 대상이 직접적으로 현존하고, 그렇기 때문에 감각 능력을 활성화시키고 지각을 발생시키기에 충분하다.

명'(demonstratio)⁵⁶이라고 불리고, '이성'(ratio)이라는 이해 능력이 작용하는 과정으로 이루어진다. 그런 증명들을 근거로 해서 얻어지는 인식은 '지식'(scientia)이라고 불린다. 이러한 원리들에 대한 통찰을 통해서 매개된 진리 인식이야말로 학문들의 목표이고 과제이다.

그러므로 이해 능력은 대상들로부터 다양한 인식으로, 즉 회의, 의심, 이해, 지식 등으로 움직여질 수 있다. 동의와 연관된 것은 오직 이해와 지식이다. 따라서 오직 이것들만이 엄격한 의미에서의 인식이다. 원리들의 진리에 대한 직접적인 이해가 지식을 위해서도 기준이 되기 때문에, 토마스는 이해와 지식의 대상들을 또한 '보인 것'(visa)이라고 부른다.(q.1, aa.4-5)

인식에 속하는 지성의 동의는 그러나, 이미 언급한 바와 같이, 인간의 자유로운 결정을 근거로, 자발적으로 이어질 수 있다. 관건이 되는 동의는 참된 어떤 것에 대한 지성의 '네'이다. 인식되어야 하는 대상이나 사태가 내가 도달할 수 없는 것이거나 그것에 대한 진술 또는 그 반대를 위한 증명들을 내가 알지 못하거나 이해하지 못할 때는, 이 진술을 판단할지 또는 하지 않을지, 그것을 참이라고 또는 거짓이라고 여길지가 나에게 달려 있다. 내가 그것을 참이라고 인정한다면, 사람들은 일반적으로, 내가 그것을 나에게 전달한 사람을 믿는다고 말한다.

내가 도대체 결정할지, 그리고 결정한다면 '어떻게'는 당연히 그 진술과 지성의 만남이 어떻게 이루어졌는지에 달려 있다. 하나의 결정

---

56. '증명'에 대해서는 아리스토텔레스가 내린 정의 참조: "증명에 의해 나는 학문적 지식을 만들어 내는 삼단논법을 의미한다."(*Anal. Post.* I, 2, 71b17-18; *In Poster.* c.I, lect.4, n.9.) 따라서 증명은 엄격하고, 명백한 입증을 의미하며, 확실성을 가지고 알려진, 보다 보편적인 전제로부터 필연적으로 나오는 결론이다.

은 어쨌든 그것이 임의적으로, 즉 제멋대로, 또는 무작정 이루어지지 않을 때에만 의미가 있다. 원함과 의식적인 추구가 좋고 적절하다고 판단되는 어떤 것에 의해서 발생되었을 때에만 의미를 가진다. 자의(恣意)와 단순한 제멋대로임은 이와는 반대로 의미가 없다. 어떤 사람이 가르침이 필요하다면, 신뢰할 수 있을 만한 증인이나 전문가의 필요한 전달을 참으로 간주하는 일은 좋고 적절한 것이다.

이러한 숙고는 또한 토마스가 그리스도인이 성경적인 메시지에 표명하는 신앙을 다음과 같이 묘사하는 것을 이해할 수 있게 해 준다. "우리는 여기서 전달된 것을 믿도록 움직여졌는데, 그 이유는 우리가 믿는 경우에는 영원한 생명의 보상이 약속되어 있기 때문이다."[57] 이 경우에는 지성이 참이라고 파악된 어떤 것을 통해서 움직여지지 않는다. 그렇지만 전달된 것을 참된 것으로서 동의하려는 의지는 이 목적의 관점에서 맹목적이지 않다.

이해, 지식 그리고 믿음(신앙) 사이의 차이는 동의의 행위가 지성의 다른 행위들과 맺고 있는 관계에 주목할 때 분명하게 드러난다. 동의는 이해와 직접적으로 연결되어 있다. 원리의 진리가 파악된다면, 그것을 의미 있게 의심하기 위한 공간이 전혀 남아 있지 않기 때문이다. 즉 이것을 하려는 모든 시도는 직접적으로 이해했던 원리의 진리를 인정한다는 사실을 전제해야만 하기 때문이다. 모든 그러한 시도는 따라서 순환적이고 자기 자신을 지양(止揚)한다.

지식과 연결된 동의는 지성에게서 직접적으로 자라나지 않는다. 지식은 실로 사유(cogitatio)의 결과이며, 이 사유를 통해서 하나의 진술이 직접적으로 분명한 원칙들과 어떻게 관계를 맺는가가 알려진

---

57. *De veritate*, a.14, a.1.

다. 그 진술이 이 원리들로부터 따라오거나 그 원리들로 환원될 수 있다는 사실과 따라서 그것이 증명될 수 있다는 사실이 드러나면, 지성은 무엇보다도 원리들의 진리에 대한 이해의 힘으로 동의한다. 이 경우에 동의와 사유는 따라서 서로 병렬되어 있다. 왜냐하면 사유는 인식을, 그리고 이로써 동의를 만들어 내며, 그리고 인식과 연결되어 있는 동의는 사유를 끝내기 때문이다. 따라서 이해의 행위와 동의의 행위는 동시적인 반면에, 지식을 위해서는 동의와 인식에 작용하는 지성의 행위는 동시적으로 존재하지 않는다는 점이 특징적이다.

마찬가지로 참된 어떤 것에 대한 지성의 동의인 믿음(신앙)에서는 이것이 대상으로부터 생기는 것이 아니라, 오히려 그 원인은 믿는 이의 의지이다. 그렇기 때문에 동의와 다른 지성의 행위들은 서로에게 다른 방식으로 관계를 맺는다. 한 능력이 활동하고 이 행위가 지향하고 있는 목적에 도달하면, 이 행위는 멈추고 그 능력은 이에 상응해서 쉬게 된다. 지성에게 고유하고 따라서 그에게 적절한 행위의 목적은, 대상으로부터 작동되는 '이해'다. 그러나 이 목적은 믿음(신앙)을 통해서 도달되지 못한다. 여기서 동의는 실로 이해를 통해서 달성되는 것이 아니고, 또한 사유에도 종속되지 않으며, 그것은 사유를 끝내지도 않는다. 이에 따라 지성은 믿음(신앙)이 작용하는 인식을 통해서, 성취에 도달하지 못하는데, 지성은 그 성취를 향해서 주어져 있고, 그 성취가 지성을 쉴 수 있게 해 준다. 믿는 이는 그것을 오히려, 마치 그의 지성에 경계가 쳐져 있고, 그 경계에 지성은 자기 스스로부터 도달할 수 없는 것처럼 그렇게 체험한다. 이에 따라 경계는 그에게 외부로부터 부여되어야만 한다. 그는 항상 그가 참으로 인정하는 것의 진리를 또한 이해하고 파악하기를 원하기 때문에, 이러한 상태는 곧바로 확실하게 되는 것을 원하게 만든다. 믿음은 그렇기 때문에 믿어지는 것에 대한 이어지는 성찰과 지속적인 사유를 격려한다. "인간은 믿으려는 태세를 갖춘 의지를 가질 때, 믿어지는 진리를 사랑하고, 그것에 대해 사유하고 그것을 위한 어떤 논거를 발견할 수 있다면 포용하기 때문이다."(q.2., a.10). 믿는 이가 심지어-자신의 지성에 내재하는 열망을 따르면서-그가 참이라고 믿으면서 인정하는 것을 거슬러서 저항할지도 모른다. 어쨌든 자신에게 적합한 성취를 사유를 통해 발견하려는 지성의 즉각적인 경향 그리고 의지에 의해서 명령된 동의 사이에는 지속적인 긴장 관계가 존재한다. 이러한 긴장과 그것으로부터 따라 오는 분쟁들은 이해에서뿐만 아니라 지식에서도 일어나지 않는다.

이러한 숙고들은 믿음, 이해 그리고 지식의 관계에 대한 또 다른 확정들로 이끈다. 믿음에는 자발적인 동의가 속하기 때문에, 그 대상은 '직관되는'(visum) 어떤 것,-그것이 감각 능력이든지 아니면 지성이든지 관계없이- 인식 능력에 직접적으로 현존하며 그것을 통해서 동의를 불러일으키는 어떤 것일 수 없다.(q.1, a.4) '직관되는 것'에는 또한-이미 언급한 바와 같이-이해의 최상 원칙들도 속한다. 어떤 것을 이 원리들의 힘으로 참이라고 인식하고, 따라서 어떤 것을 증명을 근거로 아는 어떤 사람은 이것을 동시에 또한 믿을 수는 없다는 사실이 귀결된다. 왜냐하면 알게 되는 것은 원칙들이 증명에서 하는 역할 때문에, 마찬가지로 어떤 방식으로는 직관되기 때문이다. 그렇지만 한 사람이 알고 있고 이에 상응하게 직관하는 어떤 것이, 다른 사람에게는 신앙의 대상이라는 것은 전적으로 가능하다. 이 사람은 아마도 증명을 알지 못하거나 그것을 이해하지 못할 것이다. 그리스도교적인 복음은 그러나 또한 모든 인간들이 예외 없이 믿도록 부여된 그런 것도 내포한다. 왜냐하면 그것은 어떤 인간의 자연적인 이해력에 의해서도 접근할 수 없기 때문이다. 여기에는 삼위일체와 성자의 육화에 관한 신앙 조항들이 속한다(q.8, a.2). 이러한 종류의 것들은 또한 일반적으로 알려지지 않는다(q.1, a.5).

6. (신앙 조항의 특별한 역할) 성 토마스는, 그리스도교 신앙의 조항들 자체가 입증될 수는 없지만, 그 진리성이 그로부터 연역되면서, ?? 이 신앙의 전제들이 아리스토텔레스의 제1원리들 또는 전제들에 해당되는 것으로 보고 있다. 아리스토텔레스에 따르면, 누구든 모든 것을 다 입증할 수는 없다. 어떤 자명한 전제들로부터 출발해야 하는 것이다. 비슷한 방식으로, 신학의 제1원리 역할을 하는 신경의 조항들을 입증할 수는 없다. 그것들을 신앙으로 받아들일 뿐이다. 그러나 여기서조차도 토마스는 이해하려는 시도를 포기하지 않는다. 아리스토텔레스는 제1원리들이 증명될 수 없다는 것을 인정하면서도, 그것들에 대한 맹목적인 단언으로 빠져들지 않았다. 마찬가지로 토마스는 『삼위일체론 주해』에서 신학의 제1원리들 또는 신앙 조항들에 대해서 말하고, 또 그것들과 관련해서 무슨 일을 할 수 있는가를 밝힌다.

> 그 원리들은, 아리스토텔레스가 『형이상학』 제IV권에서 원리들을 부정하는 이들을 거슬러 토론하는 것과 같이, 반대자들로부터 방어된다. 또 그러한 것으로서, 증명적 이성을 통하여 입증되는 것이 아니라, 마치 귀납을 통해서 알려진 원리들과 같이, 어떤 유사성들을 통하여 증명된다.(*In de Trin.*, q.2, a.2, ad4)

신앙인들은 세례를 통해 입교했고, 그로써 그리스도교적인 신앙 및 이해 공동체에 들어갔다. 통상적인 신앙인은 사도신경과 니케아 신경의 선언문들 안에서 발견되는 그리스도교 신앙의 조항들 또는 본질적 신념들을 명시적으로 긍정한다. 그들은 또한 하느님이 성서 안에서 계시한 모든 것을 함축적으로 받아들인다. 신학자들은 그들의 신학자 직분에 의해서 자기 자신들과 그리스도교 공동체 안에서 "신앙을 낳고 양육하고 옹호하고 강화하기" 위하여 보다 명시적인 지식을 가져야 한다. 그러나 그들의 신앙은 단순한 신앙인들의 신앙과 다르지 않다. 그것은 교회의 신앙으로서, 그들은 모두 하느님께서 예언자들과 사도들을 통해서 계시하신 것을 교회가 가르치는 대로 믿는다.

교회의 명시적 신념들은 하느님의 본질적인 계시의 요약인 신경들 안에서 발견된다. 아브라함이 두 아들을 가졌다거나, 다윗이 이사이의 아들이었다거나, 다른 이런 종류의 것들은 얼마간의 의미가 있을지 모르지만,(q.2, a.5) 그리스도가 하느님의 아드님이라는 것, 그분이 사람이 되셨다는 것, 그분이 수난을 겪고 죽었고 묻혔으며 다시 살아났다는 것을 아는 것은 그보다 훨씬 더 중요하다.(q.1, a.8) 교회의 신경들은 그 본질에 있어서가 아니라 오직 그 명료성에 있어서만 서로 차이가 난다. 니케아신경과 같은 후대의 신경들은, 결코 다른 것과 다르지 않고, 오직-이단들에 대해 문제를 제기하기 위해 필요한 것에 따라,-하나에서 함축적으로 내포된 것들을 다른 하나에서 더욱 풍부하게 설명한 것일 뿐이다.(q.1, a.9, ad2) 이렇게 후대의 신경들은 하느님의 계시에 관한 오류와 왜곡을 막으려는 교회의 노력을 드러낸다. 그것들은 신앙을 옹호할 교회의 사명, 곧 아타나시우스와 같은 신학자들이 니케아공의회에서 한몫을 한 사명의 결과이다.

신경(Symbolum)은 일련의 단어들로 표현된 신앙의 진리들의 집합이다. 그 진리들은 명제들(sententiae)로 표현된다.(cf. q.1, a.9: "신앙의 명제들에 대한 이런 종류의 요약") 그렇지만 참된 신앙인들은 단어들로 그치지 않는다. 그는 단어들로 표현되는 실재들을 믿는다. 신앙인들은 그들의 삶을 이 실재들에 합체되게 살아간다. 그들은 인간적 발견에 의해서 드러난 것과는 다른 세계 속으로 들어간다. 그들은 하느님으로부터 새로운 세계관과 새로운 인생관으로 초대를 받는다.

7. (신앙의 필요성) 성 토마스는 제6문 제1절에서 신앙이 하느님에 의해서 인간 안에 주입되는지를 묻고, 두 가지 구별되는 요점들을 강조하는 것으로 답하고 있다. 첫째, 신앙을 가지기 위해서는 인간들이 어떤 것을 명시적으로 믿기 위해, 믿을 만한 것이 인간에게 제안되는 것이 필요하다. 그들의 신앙에 속하는 것들은 인간의 이성을 능가하기 때문에, 하느님이 그들에게 그것을 계시하기로 선택하지 않는 한, 인간 존재자들은 그들을 위한 신적 계획에 관하여 알지 못할 것이다. 사도들과 예언자들에게는 이 계시가 직접적으로 주어졌다. 다른 이들에게는 설교를 통해 주어진다. 신앙을 위해 요구되는 다른 것은, 제안된 것들에 대한 믿는 이의 동의다. 계시 진리는 동의를 강요하는 자명한 메시지가 아니다. 신앙은 자명하지 않은 것에 대한 동의이다. 그것은 인간의 창안이나 파악을 넘는 것에 대한 동의이다. 그렇다면 신앙인들은 왜 동의하는가?

토마스는 신앙에 속하는 것들에 대해 인간이 동의하는 것에 관해서, 두 가지 원인을 제시한다. 하나는 기적을 보는 것과 같이 외부에서 도입되는 원인이거나, 또는 신앙으로 이끌어 가는 어떤 사람의 설득이다. 이런 외부적 유인(誘引)은, 그것이 아무리 유용하다고 하더라도, 동의하기에 충분한 원인들이 될 수는 없다. 만일 그러했더라면, 그것을 경험하는 이들은 모두 동의했을 것이다. 그러나 성경은 가끔 그리스도의 많은 기적에도 불구하고 그 그리스도를 배격함과, 바오로의 강력한 설교에도 불구하고 그의 메시지를 거부함에 대해서 말한다. 그래서 계시 진리에 동의하는 것은 다만 하느님으로부터 오는 은총에 호소함으로써만 설명될 수 있을 뿐이다. 그 동의가 인간의 자유 선택으로부터 온다고 주장했던 펠라기우스파에 응답해서 토마스는 답변한다.

> 그러나 이것은 거짓이다. 인간은 신앙에 속하는 것들에 동의함으로써, 자기 본성을 넘어서 고양(高揚)되기 때문에, 이것은 내면적으로 움직이는 어떤 초자연적인 원리로부터 그에게 기인할 필요가 있기 때문이다. 그리고 이것은 하느님이다. 따라서 신앙의 주요 행위인 동의와 관련하여, 신앙은 은총을 통해 [인간을] 내면적으로 움직이는 하느님으로부터 오는 것이다.(II-II, q.6, a.1)

신앙은 먼저 그리스도인들로 하여금 하느님이 우리의 성취를 위해서 마련하신 고양된 참행복을 받아들이도록 인도하는 덕이다. 고양된 또는 은총이 주어진 참행복의 지위를 확립하기 위해서 토마스는 자연적 지혜 탐구자들, 심지어 그가 매우 높이 평가하는 자들까지 포함해서 그들의 한계를 지적해야 했다. 그는 자주 그의 저술들 속에서 한 사람의 자연적 역량의 한계에 주목한다. 『신학대전』의 첫 절에서 "인간의 구원을 위해, 인간 이성으로 탐구되는 철학적 여러 학문 분야 외에 하느님의 계시를 따라 이뤄지는 어떤 가르침이 있을 필요가 있었다."고 강조한다. 우선 인간은 신으로부터 이성의 파악을 넘어가는 어떤 목적으로 질서 지어졌기 때문에, 인간의 구원을 위해 인간의 이성을 넘어가는 것들이 신의 계시를 통해 인간에게 알려질 필요가 있었다고 밝힌다. 이어서 인간 이성으로 탐구할 수 있는 하느님에 관한 것에 대해서도 인간은 신적 계시로 배울 필요가 있었다고 주장한다.

> 그 이유는 하느님에 대해 이성으로 탐구해야 할 진리는 적은 수의 사람들에게만 [가능할 것이며], 또한 오랜 시간을 거쳐 많은 오류가 뒤섞여 인간에게 도래할 것이겠기 때문이다. 그런데 하느님에 대한 진리의 인식에 하느님 안에 있는 인간 구원이 달려 있다. 그리고 인간에게 구원이 더 공통적으로(넓게) 더 확실하게 이루어지기 위해서는 신적인 것에 대해 신적 계시로 배워야 한다.(I, q.1, a.1)

이런 부족함이 하느님에 관련된 일에 대한 사람의 자연적 인식에서 벌어진다면, 앞서 언급된 초자연적 진리들의 경우에는 인간의 한계가 더욱 명확해진다. 『대이교도대전』, 『진리론』, 『삼위일체론 주해』 등에서 토마스는 비슷한 성찰들을 제공한다.[58] 나중의 두 작품

---

58. *ScG*, I, c.4: "만약 이런 종류의 진리가 유일하게 이성의 탐구에만 달려 있다고 한다면, 세 가지의 부적합한 점을 초래할 것이다. 그 첫 번째는 오직 극소수의 사람만이 신에 대한 인식을 가지리라는 것이다. 물론 대부분의 사람들은 세 가지 이유로 인하여 진리의 발견을 위해 필요한 열정적인 탐구를 통한 결실을 맺는 데 지장을 받는다. 즉 몇몇은 그들의 부적합한 자질(資質)로 인해 지장을 받는데, 그 [자질] 때문에 많은 이들은 천부적으로 학문하기에 부적합하다. 그래서 그들은 어떤 노력을 통해서도 신을 아는 데서 오는 인간적 인식의 최고 수준에 도달할 수 없다. 또 다른 몇몇은 가사에 필수적인 일 때문에 지장을 받는다. 물론 사람들 가운데는 시간을 다투는 일을 관리해야 하므로, 인간적 탐구의 최고 수준, 즉 신의 인식에 도달할 만큼 사변적으로 탐구하기에 편한 시간을 충분히 낼 수 없는 사람도 있음에 틀림없다. 그러나 몇몇 사람은 게을러서 [결실을 맺는 데] 지장을 받는다. 이성이 신에 대해 탐구할 수 있는 것들을 인식하려면, 그전에 이미 많은 것을 인식하지 않으면 안 된다. 대부분의 철학적 사유는 신에 대한 인식을 지향하기 때문이다. 그래서 신에 관한 것을 담고 있는 형이상학은 철학 영역 가운데서도 마지막에 배워야 할 것으로 남는다. 그래서 사람은 결국 극도의 긴장감

에서 그는 자기 성찰의 원천을 언급하고 있다. 곧 모세 마이모니데스(Moses Maimonides, 1135/1138년경-1204년)가 『혼란된 이들을 위한 길잡이』(*Dux perplexorum*)⁵⁹에서 제시하는, 인간의 하느님 인식 획득을 제한하는 다섯 가지 원인들이 그것이다.⁶⁰ 토마스는 『신학대전』의 신앙에 관한 논고에서 아무도 그가 알고 있는 것을 동시에 믿을 수 없을

속에서 앞서 말한 진리 탐구를 추구하지 않으면 거기에 도달할 수 없다. 결국 극소수의 사람들만이 학문에 대한 사랑에서 스스로 이러한 긴장을 떠맡고자 하지만, 신은 학문에 대한 욕구를 인간의 자연적 정신 속에 심어 놓았다. 두 번째 부적합한 점은, 앞서 말한 진리 발견에 도달한다 하더라도 실로 오랜 시간이 지나서야 도달한다는 사실이다. 인간 지성은 우선 진리의 깊이로 인하여 오랜 훈련을 겪지 않고서는 이성의 길을 통해 적절히 파악할 수 없다. 그다음에도 위에서 말한 바와 같이, 이미 그 이전에 많은 것들이 요구되기 때문이다. 나아가 [청년 시절의 영혼은] 아직 격정적 열정으로 인해 이리저리 좌우되기 때문에, 그렇게 높은 진리를 인식하기에는 부적합하다. 『자연학』 제VII권에서 말하는 것처럼, "[청년의 영혼은] 고요한 가운데서만 현명하고 또 인식하기 때문이다." 그래서 이성의 길만이 신의 인식에로 열려 있을 것이라면, 결국 인류는 극단적 무지의 암흑 속에 남을 것이며, 인간을 최대한 완전하고 훌륭하게 하는 신의 인식은 오직 극소수의 사람들한테서, 그것도 오랜 세월이 지나서야 비로소 이루어질 것이다. 세 번째 부적합한 점은, 판단에 있어서 우리의 지적 박약함이나 환상과의 혼합으로 인하여 인간의 이성적 탐구 대부분이 오류와 뒤섞여 있다는 사실이다. 이 때문에 가장 명백하게 증명된 것마저도 많은 사람들에게는 의문으로 남아 있는데, 그들은 증명의 힘을 알지 못하기 때문이다. 무엇보다도 지혜로운 자라고 불리는 여러 사람들이 여러 가지로 다르게 가르치고 있는 것을 보면, 더욱 그렇다. 증명된 수많은 진리 가운데도 이따금 허위가 섞여 있으며, 증명된 것이 아니라 단순히 그럴듯한 논술이나 궤변적 논술에 의해 주장하는 것마저 때로는 증명으로 간주되기도 한다. 이 때문에 신앙의 길을 통해 신적 사물에 대한 견고한 확실성과 순수한 진리가 사람들에게 제시되어야만 했다. 그러므로 신은 그들로 하여금 이성이 탐구할 수 있는 것까지 신앙으로 깨달아 붙잡도록 효과적으로 배려하였다. 이로써 모든 사람이 어떤 의심이나 오류 없이도 쉽게 신의 인식에 참여할 수 있도록 하기 위해서이다."; *De veritate*, q.14, a.10; *In de Trin.*, q.3, a.1.

59. 마이모니데스와 이 책에 대해서는 박승찬(2010), 76-79쪽 참조.
60. Moses Maimonides, *The Guide of the Perplexed*, I, 34, vol.1, tr. S. Pines, Chicago, University of Chicago Press, 1963, pp.72-79.

지라도, 인간은 또한 자연적인 방식으로 인식하게 되는 것들 중에서 몇몇을 믿으면서 받아들이는 일이 필요하다고 언급한다.(q.2, a.4) 그것은 세 가지 고찰들로부터 분명해진다. (1) 신에 대한 철학적인 인식은 매우 어렵고, 그 때문에 많은 시간을 요구한다. 우리가 유일하고 오직 우리 자신의 인식능력에만 의존해야 한다고 가정하면, 우리는 매우 늦게-도대체 그것이 가능하기나 한다면-신에 대한 인식에 도달하게 될 것이다. (2) 어떤 이들은 사유에서 자신의 정신적인 능력의 아둔함, 일상생활의 번잡한 염려와 필요들, 또는 공부에 대한 그들의 무감각 때문에, 방해를 받는다. 신적인 것들이 신앙을 통해서 그들에게 제시되지 않는다면, 하느님에 관한 지식에 이르지 못할 것이다. (3) 또한 사람들은 철학자들이 도달하는 인식들이 여러 측면에서 불확실하다는 사실도 잊지 말아야 한다. 이미 인간들과 인간적인 사회에 대한 그들의 견해들도 상반된 것들로 가득하고, 종종 오류들로 가득 차 있다. 세계와 인간이 어디서 와서 어디로 가는가에 대해서 신앙 안에서 참이라고 인정받은 신적인 계시에는 이와는 반대로 확실성이 속하고, 이 확실성이야말로 인식에서 추구되는 것이다. 그러므로 하느님에 관한 좀 더 안전한 지식이 사람들 가운데 현존하지 않는 한, 하느님 인식을 추구하는 그 소수의 사람들에게조차도 신적인 것들이 신앙을 통해서 가르쳐질 필요가 있다.

그렇지만 토마스는 마이모니데스의 관찰들을 그리스도교 신앙이라는 맥락 속으로 옮겨 놓는다. 그리스도교 신앙은 마이모니데스가 제공한 것을 넘는 전망을 제공한다.

> 그렇지만 인간 이성이 궁극적으로 충만히 인식할 수 없는 신성의 측면들이 있다. 우리는 그것에 대한 명확한 이해를 우리의 행복이

완전해질 다가올 세상에서 기대한다.(*In de Trin.*, q.3, a.1)

유다인인 마이모니데스는 당연히 그리스도교 신앙에 고유한 삼위일체 하느님이나, 지복직관에서의 우리의 하느님과의 결합 등에 대해서는 고찰하지 않았다. 이리하여 토마스는 다음과 같은 결론을 내릴 때 다른 맥락 속에 있다. "우리는 우리의 본성에 기인하는 어떤 것에 의해서가 아니라 오직 신적 은총에 의해서 이 지식에 진보하게 될 것이다."(*In de Trin.*, q.3, a.1)

신앙은 단순히 이성의 나약함과 인간의 일반적인 혼란을 배상하거나, 마이모니데스가 논하는 것처럼, 하느님에 대한 보다 성숙한 탐구를 위해 철학자를 돕는 것이 아니다. 그것은 믿는 사람을, 그 고유의 일반적 또는 철학적 열망으로 제한되어 있는 이성의 전망을 넘는 전망으로 고양시킨다. 이 대안적 전망은 그리스도교 신앙의 기여이다. 그것은 삼위일체 하느님, 하느님과 인간 사이의 중개자인 그리스도의 중요성, 그리고 하느님이 우리의 충만을 위해 설정한 목적을 위한 그리스도교 신앙인들의 탐구와 완성인 복된 하느님 직관 등을 계시한다. 그리스도교적 계시와 은총에 기반한 그 수용이 없이는, 우리는 우리 자신의 초자연적 품위를 알지도 못하고 그 초자연적 목적을 추구하지도 않을 것이다.[61]

8. (신앙과 공로) 성 토마스에게 신앙이라는 덕을 통해서 특징지어지는 '믿는 일'(credere)이란 인간의 의식적인 행동이고, 얼마나 그 행동이 '공로가 되는'(meritorius)지 하는 질문과 연관되어 있다.[62] 하나의

---

61. 참조: 브라운, 앞의 글, 307-310쪽.
62. 이 질문은 신앙과 지식 사이의 우위성에 대한 질문과 긴밀하게 연관되어 있다. 이미 변증론자와 반변증론자 사이에 벌어졌던 해묵은 논쟁이 토마스 당시에는

행위는, 그 행위를 하는 이에게 정신적인 상급을 보장하는 것을 정당화할 때, 신학자들에 의해서 생각되는 의미에서 '공로가 되는'이라고 불린다. 하나의 행동에 이러한 특성이 속할 수 있기 위해서는 두 가지 조건들이 충족되어야만 한다. 첫째, 그 행위는 자유롭게 선택되어야만 한다.

> 은총을 통해 하느님에 의해 움직여지는 자유재량으로부터 진행되는 한, 우리의 행위는 공로가 되는 것이다. 그러므로 자유재량에 복종하는 모든 인간적 행위는, 만일 그것이 하느님과 연관된다면, 공로가 될 수 있다. 그런데 '믿는 일' 그 자체는, 은총을 통해 하느님에 의해 움직여진 의지의 명령으로부터 신적 진리에 동의하는, 지성의 행위이다. 그래서 그것은 하느님과 관련된 자유재량에 종속된다. 그래서 신앙의 행위는 공로가 될 수 있다.(q.2, a.9)

둘째, 그 행위는 참사랑(caritas)이라는 덕에 부합해야만 한다.

> 지식에 대한 고찰은, 만일 그것이 참사랑의 목적, 즉 하느님의 영광이나 이웃의 유용성과 연관된다면, 공로가 될 수 있다.(q.2, a.9, ad2)

신앙 행위는 이 조건들을 충족시키기 때문에, 그것은 공로가 된다. 그렇지만 이 표현이 정확하게 무엇을 의미하는지는 학문적인 인식과 비교를 통해 더 분명해진다. 어떤 사람이 어떤 것을 안다면, 자신의 지식 상태에 대해서 두 가지 종류의 고려를 시작할 수 있다. 첫째, 그는 자신의 지식이 알려진 것의 진리를 인정하는 것을 의미했는지에 관해 숙고할 수 있다. 둘째, 알려진 것 자체가 고려의 대상일 수 있다. 이 경우에는 참이라는 사실을 인정하는 일이 이루어진 증명의 파악에 달려 있고, 이 증명에 의해 강요되었기 때문에, 그것은

극단적 아리스토텔레스주의자와 보수적 아우구스티누스주의자 사이에 다시 재연되고 있었기 때문에 이 문제는 실천적인 영향력을 지닌 질문이었다. 이 논쟁에 대해서는 박승찬(2010), 144-155, 280-294쪽 참조.

공로가 되지 못한다. 그러나 알고 있는 자는 알려진 사태에 대해서 계속해서 숙고하거나 수고하지 않을 수 있는 권한을 가지고 있다. 어떤 이가 자신이 알고 있는 어떤 것을 고려하면서, 그리고 신에 대한 존경이나 이웃의 평안과 유익의 등과 같은 참사랑이라는 덕에 부합하는 관점 아래에서 그것을 하게 된다면, 그가 자신의 지식과 연결시키는 이 숙고는 공로가 된다.

어떤 사람이 어떤 것을 추측할지라도, 그것에 관한 그의 의지는 완전히 무관심한 것이 아니다. 여기에 따라오는 동의는 그렇지만 약하고 흔들릴 뿐이다. 따라서 이런 동의는 완성된 의지의 행위라고 말할 수 없고, 그렇기 때문에 엄격한 의미의 공로에 대해서도 말할 수 없다. 그렇더라도 알았던 것에 대해서처럼 추측된 것에 대해서 비슷하게 숙고하는 일이 공로가 될 수 있다는 점이 무조건 배제되는 것은 아니다.

자연적인 인식과 신앙 사이의 관계는, 사람들이 믿어진 것을 위한 이성에 근거한 논증들이 어떻게 신앙 행위의 공로가 됨에 영향을 주는지에 대해서 고찰한다면, 더 분명해진다.(II-II, q.2, a.10) 믿는 이의 이성에 의해서 이끌린 인식에 대한 그의 본성적인 추구는 본래 적합한 목적에 도달하지 못했고, 따라서 실현되지 못한 채 남아 있기 때문이다. 신앙 행위와 연결되어 있는 동의는 의지에 의해서 작용되기 때문에, 어떻게 이성적인 논증이 믿는 이의 의지에 작용하는지가 해명되어야만 한다.

이것은 두 가지 방식으로 가능하다. 첫째, 어떤 사람이 자신의 고유한 결정을 근거로 전달된 어떤 것을 참이라고 동의하려는 준비를, 그에게 자신의 이성이 그 전달된 것의 참임을 위한 논증을 제공해 주는 것에 종속되게 만들 수 있다.

> [인간 이성은 믿는 이의 의지 행위에] 선행하는 것처럼 [관계를 맺는다.] 예를 들어 어떤 이가 오직 인간 이성이 이끌지 않는다면, 믿으려는 의지가 없거나, 태세를 갖춘 의지가 없는 경우가 그렇다. 이런 경우 도입된 인간적 논거는 신앙의 공로를 약화시킨다.(q.2, a.10, ad2)

믿으려는 결정은 더 이상 창조주의 권위에 대한 인정에 근거하는 것이 아니기 때문이다. 그의 자발성은 그런 한에서 약화되었다.[63]

둘째, 하나의 진리를 강하고 결정적으로 믿는 어떤 사람이, 이성의 이름으로 이 진리를 유효하게 만들어 줄 수 있는 논증들을 찾을 수 있다. 즉 인간은 믿으려는 태세를 갖춘 의지를 가질 때, 믿어지는 진리를 사랑하고, 그것에 대해 숙고하고 그것을 위한 어떤 논거를 발견할 수 있다면 포용하게 된다. 이러한 노력은 신앙의 공로를 감소시키는 것이 아니라 그 반대로 그 공로를 확대시킨다.

사람들은 또한 항시, 신앙을 야기한 권위를 강화해야 하는, 이성에 근거한 논증들이 증명이 아니라는 사실을 주목해야만 한다. 그 논증들은 따라서 결코 지식으로 이끌지 않는다.

> 신앙의 권위로 이끄는 논거들은 인간 지성을 가지적인 직관으로 환원시킬 수 있는 증명들이 아니다. 따라서 그것들은 명료하지 않다는 점을 멈추지 않는다. 그러나 그것들은 신앙에 제안된 것이 불가능하지 않다는 사실을 제시함으로써 신앙의 장애물들을 제거한다. 그래서 그러한 논거를 통해서 신앙의 공로가 감소되지 않고 신앙의 근거도 감소되지 않는다.(q.2, a.10, ad2)

이성에 근거한 논증들은 오직, 신앙의 내용이 이성의 빛 안에서 불

---

[63] 이와 유사하게 행위를 하는 자가 자신의 이성의 판단을 전적으로 표준으로 삼지 않고, 오직 정념 때문에 그 행위를 한다면, 그것은 유덕한 행위의 칭찬을 감소시킨다.

가능한 어떤 것을 내포하지 않는다는 사실을 밝힘으로써, 신앙으로 가는 길에 놓인 장애들을 옆으로 치울 뿐이다. 그래서 그러한 논증들을 통해서 신앙의 공로가 감소되지 않고 신앙의 근거도 감소되지 않는다.

그렇지만 신앙의 대상 영역에 포함될 수 있는 몇몇 진리들은 또한 증명될 수 있다. 여기서는 신앙 조항의 전제조건을 설명하는 한에서 신앙 조항에 포함된 진리들이 관건이다.

> 신앙에 속하는 것으로 이끄는 증명적인 논거들은 [신앙] 조항들에 대한 전제이다. 비록 그것들은 제안된 것을 명료하게 만들기 때문에 신앙의 존재 이유는 감소시킬지라도, 그럼에도 그것들은 사랑의 존재 이유는 감소시키지 않는다. 사랑을 통해 의지는 비록 그것들이 명료하지 않다고 하더라도 선뜻 믿으려 한다. 따라서 공로의 이유는 감소되지 않는다.(q.2, a.10, ad2)

여기서 말하는 논거들은 신앙 조항들과 구별되며, 토마스가 다른 곳에서 '신앙의 선행사'(praeambula fidei)라고 부르는 것이다.[64] 선행사를 위한 증명들을 이해하고 그 신뢰할 수 있음을 파악한 사람의 신앙은 그것을 통해서 당연히 약화된다. 왜냐하면 그 진리가 증명됨으로써, 그 명제를 인정하는 것이 그에게 더 이상 자유로울 수 없게 되었기 때문이다. 그럼에도 그의 신앙은 그것 때문에 덜 공로가 되는 것은 아니다. 얻어진 인식은, 그의 이성이 도달할 수 없는 신앙의 내용들을 참이라고 동의하려는 확고한 의지를 없애지 않기 때문이다.

---

64. Cf. I, q.1, a.2, ad2: "신에 대해 자연 이성으로 알려질 수 있는 것들은 신앙 조항이 아니고 신앙 조항들에 대한 선행사이다."; Mary Frances Sparrow, *The 'Praeambula Fidei' According to St. Thomas Aquinas*, Dissertation, University of Notre Dame, 1989; Ralph McInerny, *Praeambula Fidei: Thomism and the God of the Philosophers*, Catholic Univ. of America Press, 2006.

토마스는 신앙의 공로가 증가되는 구체적인 경우에 대해 언급한다.

> 신앙에 상충하는 것들은, 인간의 고찰 안에서든지 아니면 외적인 박해에서든지 간에, 신앙을 향한 민첩하고 확고한 의지가 제시되는 그만큼 더, 신앙의 공로를 증가시킨다. 따라서 순교자들은, 박해 때문에 신앙에서 멀어지지 않음으로써, 더 많은 신앙의 공적을 가졌다.(q.2, a.10, ad3)

이와 마찬가지로 다음과 같은 그리스도교인의 신앙은 특별히 공로가 된다. 그가 지혜의 추구에 몰두했기 때문에, 철학자들에 의한 것이든지, 오류에 빠진 신자들의 것이든지 관계없이 그리스도교의 신앙에 반대하여 제기된 많은 논증들을 알고 있지만, 그것을 통해서 자기의 확신으로부터 떠나가지 않은 사람이 그러하다. 망설임 없이 모든 가능한 반박들에 맞서고, 그것들과의 논쟁을 피하지 않는 사람은, 폭력에 굴하지 않은 순교자들과 비슷하게 행동하는 셈이기 때문이다. 그러므로 신앙에 적절한 것들은, 믿으려는 의지의 민첩성을 항상 감소시키지 않으므로, 신앙의 공로를 항상 감소시키지 않는다.

9. (신앙과 확실성) 자기 작품들의 여러 곳에서 그랬던 것처럼 토마스는 『신학대전』 제2부 제2편에서도 또한 철학자들이 오랫동안 숙고했던 인간 인식의 고유성에 대해서 설명한다. 인식했다고 생각했던 것들 중에 많은 것이 불확실하다는 사실은 결코 감추어진 채로 남아 있지 않았다. 고대 철학은 항상 영향력이 강한 회의론자들의 이론들과의 논쟁이었다. 그를 조금씩 갉아 먹는 불확실성은 한 소크라테스의 동료를 인간 영혼의 운명에 대한 대화에서 다음과 같이 불평하게 만든다. "이 현세에서 이러한 문제들에 대해서 분명하고 확실

한 것을 안다는 것은 불가능하지는 않을지 모르나 매우 어려운 일이라 생각합니다. 하지만 그러한 문제에 대해서 철저하게 구명하지 않거나 지칠 때까지 탐구하지 못하고 포기하는 사람은 유약한 사람이라고 저는 생각합니다." 그는 또한 다른 길을 생각한다. "인생을 통해서 신적인 말씀이라는 더 견고한 운송 수단을 타고 여행하는 것이 더 안전한 것이 아닐까요?"[65] 그러나 항상 우리가 그럼에도 사실 확실한 인식에 도달할 수 있다는 사실이 주장되었다. 회의론자들도 의존해 있고 거리낌 없이 사용하고 있는 기본 원리들의 진리가 자신들에게 현실화되었을 때, 아무도 이것을 진지하게 반박할 수 없을 것이다. 그 밖에도 수학의 정리들이 확실한 지식의 예로서 간주된다. 그렇기 때문에 인간 인식의 이 영역은 예전부터 특별히 높은 명성을 누렸다.[66]

그리스도교 사상가들은 당연히 복음 안에서 구원에 관해서 하느님 말씀이 지닌 논박할 수 없는 확실성을 강하게 주장해 왔다.[67] 그것은 숙고하는 그리스도인들에게 인간이 자기 자신의 힘으로 도달한 인식을 확실성의 관점에서 신앙과 비교하도록 자극한다.

이 비교와 마찬가지로 철학자들에 의해서 강조되었던 우리 인간이 얻는 인식들의 신뢰성과 확실성은 매우 다양하다는 체험은 토마스의 시대에도 또한 인식의 고유성과 지식의 확실성에 대한 많은 토

---

65. 플라톤, 『파이돈』, 85c-d.
66. 참조: Zimmermann, *op. cit.*, pp.290-297.
67. 1테살 2,13: "우리는 또한 끊임없이 하느님께 감사를 드립니다. 우리가 전하는 하느님의 말씀을 들을 때, 여러분이 그것을 사람의 말로 받아들이지 않고 사실 그대로 하느님의 말씀으로 받아들였기 때문입니다. 그 말씀이 신자 여러분 안에서 활동하고 있습니다."

론의 계기가 되었다. 이것을 1277년에 단죄되었던 몇몇 명제들이 보여 준다. 예를 들어 다음과 같은 문장이 불쾌감을 유발했다. "인간은 한 질문과 관련해서 확실성을 갖기를 원할 때, 권위에 만족해서는 안 된다."[68]

이미 자신의 초기 작품들에서 토마스는 인간적인 인식을 조명하려는 시도에서 피해 갈 수 없는 이 질문에 자신의 주의를 기울였다. 그는 또한, 전통을 따르면서, 수학이야말로 자연학이나 형이상학보다 더 확실하다고 가르친다. 특별히 실천적 학문들은 본래 추구되는 확실성을 결여하고 있다. 그는 이러한 차이들이 다양한 학문들의 대상에서 생긴다는 전통적인 근거 제시를 수용한다. 획득된 인식의 종은 무엇이 인식되는가에 달려 있다.[69]

"신앙은 지식이나 다른 지성적 덕들보다 더 확실한가?"라는 제4문제 제8절에서 확실성에 대한 이 질문이 새롭게 다루어진다. 여기서 요구되는 비교는 '지성적 덕들'이라는 단어가 의미하는 바를 이해하고 있다는 사실이 전제된다. 그 밖에도 '확실성'(certitudo)이란 표현은 정확한 설명을 요구한다.

토마스에 따르면, 우선 '지성적 덕'은 두 가지를 의미할 수 있다. (a) 아리스토텔레스가 『니코마코스 윤리학』 제6권에서 이해하고 있

---

68. 제150명제: "Quod homo non debet esse contentus auctoritate ad habendum certitudinem alicuius questionis." Cf. Piche, *op. cit.*, p.124.
69. *In de Trin.*, q.6, a.1, ql. 2; Oeing-Hanhoff, L., "Gottesekenntnis im Licht der Vernunft und des Glaubens nach Thomas von Aquin", in: Oeing-Hanhoff, L.(ed.), *Thomas von Aquin* 1274/1974, München, 1974, pp.97-124; Quinn, J. H., "Certitude of Reason and Faith in St. Bonaventure and St. Thomas", in *St. Thomas Aquinas(1274-1974)*, Toronto, PIMS, 1974, vol.II, pp.105-140.

는 바[70]를 의미할 수 있다. 인간이 획득한 이성 능력의 몇몇 특징들은, 필연적인 사태와 관련해서, 참에 대한 고찰에 기여할 수 있다. 그 특징들이란 지혜(sapientia), 지식(scientia)과 이해(intellectus) 등이다. 토마스는 이 텍스트에서 생각하는 바를 설명한다. 지혜는, 아리스토텔레스가 『형이상학』 제1권에서 언급한 바와 같이, 그 대상으로 최고 원인을 가진다. 동일한 것에 대한 자기 인식을 근거로 모든 것에 대해서 판단할 수 있는 사람이 지혜로운 이로 간주되기 때문이다. '이해'의 덕은 이해의 최고 기본 원리들을 확실하게 사용할 수 있도록 소유하는 것으로 이루어진다. 인간 이성의 특징은 '지식'의 덕을 통해서 실제의 각각 한정된 영역에 대한 이해를 돕고, 그것을 통해서 이해의 덕을 지원한다.

(b) '지성적 덕'은 성령의 선물들을 의미할 수 있다. 이 은총을 통해서 선사된 힘들은 아리스토텔레스에 의해서 생각된 지성적 덕들과는 당연히 다르게 신앙과 관계를 맺는다.

성 토마스는 여러 번, '확실성'(certitudo)이란 말로 이해할 수 있는 것을 묘사했다. 이 단어는 다양하게 사용되지만, 본래적인 의미에서 인식함의 성질과 관련된다.[71] 인식함이 인식능력의 행위이기 때문에 '확실성'도 또한 인식능력의 고유성을 말한다. 그것은 지성을 완전하게 만든다.[72] 일차적으로 인식의 수행에 적용되는 성질인 '확실성'은 일반적으로 말해서, 동의의 견고함과 안전함으로 이루어진다.[73] 이 확실성은 이제 두 가지로 이해될 수 있다.

---

70. Aristoteles, *Ethica Nic.*, VI, c.3, 1139b15-18.
71. Cf. II–II, q.18, a.4.
72. Cf. I–II, q.115, a.5, ad2.
73. 참조: *De Veritate*, q.10, a.12, ad6(in contrarium).

(i) 확실성의 원인으로부터, 즉 인식의 원인을 주목함으로써 이해될 수 있다. 기준이 되는 것이 이 원인의 견고함, 변경 불가능성과 신뢰성이다. 확실성을 이렇게 생각한다면, 신앙이 지성적인 덕들을 확실성에서 능가한다는 사실이 당연히 유효하다. 철학자들이 말하는 덕들은 인간적인 지적 능력에 의지하는 반면에, 신앙은 신적인 진리에 기초하기 때문이다.

  (ii) 확실성은 또한 주체의 측면에서, 즉 인식하는 자가 자신의 인식 능력을 통해서 처하게 되는 상태로서 이해될 수 있다. 이 경우에는 확실성의 기준은 인간적인 지성 안에 놓여 있다. 인간의 지성이 더 충만하게 결론에 도달할수록, 즉 인간적인 지성을 통한 조종과 인도에 더 잘 부합하는 것이 더 확실한 것이다. 이것은 어떤 이가 세 가지 지성적인 덕들에 의해 얻을 수 있는 인식에도 적용될 수 있다. 이러한 확실성의 상태는 또한 그것에 반대되는 상태, 즉 의심을 통해서 분명하게 될 수 있다. 한 인식에 대해서 의미 있게 의심할 수 있는 가능성이 적으면 적을수록 그것의 확실성은 더욱 커진다.

  토마스는 이러한 구별을 토대로 신앙과 지성적 덕들 사이의 관계를 다음과 같이 정리한다.

> 그런데 무엇이든지 바로 그 원인에 따라 단적으로 판단되는 반면에, 주체의 측면에서 이루어지는 소질에 따라서는 어떤 한정된 의미에서 판단된다. 그렇기 때문에 신앙은 단적으로는 더 확실하지만, 어떤 한정된 의미에서는, 즉 우리에 관한 한 다른 것들이 더 확실하다.(q.4, a.8)

'확실성'을 주체의 측면에서(ii') 바라본다면, 신앙이란 인간이 자신에게 본성적인 힘들을 통해서 얻는 인식들보다 덜 확실하다고 말해야만 할 것이다. 신앙의 내용이 인간의 지적 능력을 능가하기 때문이다. 이에 상응하게 믿어진 것에 대해서 의심할 수 있는 가능성은 알게 된 것에 의문을 제기할 수 있는 가능성보다 더 크다.

그렇지만 자기 인식의 확실성에 대한 판단을 위해 기준이 되는 것은 무엇보다도 신앙인의 실재에 대한 이해이다. 따라서 그의 눈에는 인식의 확실성을 인간적인 인식 실행으로부터 보다는 그 원인에 따라서(i') 판단하는 것이 더 적절하다. 이에 따라 지성의 획득된 덕들이 이끌어 가는 인식들이 오직 우리 인간들의 관점에서 보는 신앙(믿음)보다 확실성에서 더 높은 단계를 가지고 있는 반면에, 신앙은 그 자체로 확실하다.

또한 토마스에 따르면, 성령의 선물들(b')은, 그것들이 우리의 현재 삶에서 부여되는 한에서, 신앙을 기반으로 하고 있다. 신앙에는 그 선물들의 원리로서 또한 더 높은 확실성이 속한다.

그런데 이 절에서 나오는 신앙이 그 객관적인 작용 근거에 따라서는 자연적인 지식보다 더 큰 확실성을 가지지만, 주관적인 확실성이라는 관점에서는 이것에 뒤떨어진다는 생각은 더 분명하게 될 필요가 있다. 이 생각은 단순히 신앙이 믿는 주체에게 아무런 확실성을 주지 못하거나, 주더라도 단지 매우 적은 확실성을 준다는 것을 의미하지 않는다. 토마스의 일반적인 습성 이론에 따르면, 각각의 덕은 그 힘이 그 자체로는 상반되는 대상들의 다수에 흩어져 있던 한 능력이 하나의 특정한 대상에 모인 정돈을 의미한다. 따라서 각각의 덕들 하나하나는 본질적으로 주관적인 확실함과, 즉 그 능력이 하나의 특정한 대상을 적중시킬 확실성과 함께 주어져 있다. 이러한 고찰 안에서 그러므로 습성으로서의 신앙은 순수하게 객관적인 동기로부터 관찰하더라도 주관적인 확실성을 그 안에 감추고 있다. 그러

xci

나 시선을 한번 이 본질적인 관점으로부터 그 습성의 개별적인 담지자에게로 돌려 보면, 지성의 수용 가능성이 오직 전적으로 충만되지 않았다는 점에서 불확실성의 가능성이 여전히 남아 있다. 지성이 신적인 권위를 근거로 그렇게 객관적으로 강하게 신적인 지혜에 연결되어 있다고 할지라도, 전체적인 관점으로부터는 여전히 의심과 불확실성을 위한 여지가 남아 있다. 이러한 관점에서 지식을 지니고 있는 인간(a')은, 자신이 관련된 대상이 그를 완전하게 쉴 수 있게 해주기 때문에, 더 나은 상태에 있다. 그럼에도 신적인 권위가 모든 인간적인 이해를 무한히 능가하기 때문에, 신앙이 자연적인 지식보다 강하다.[74]

우리 인식의 확실성 문제는 잘 알려졌듯이 토마스 이후에도 철학적인 토론의 중심에 서 있었다. 격정적인 논란에 대해서 14세기 이래의 많은 문헌들이 증언한다. 철학의 방법론적인 회의를 구성함으로써 철학에 끊임없이 추구되는 확고한 기반을 제공하려 했던 데카르트의 시도는 특별히 중요한 것으로 간주된다. 많은 이는 더욱이 그 안에서 모든 앞선 노력들을 어둠 속으로 몰아넣는 빛을 발산하면서 넘어서는 소위 근대적인 사고의 시작을 본다. 그렇기 때문에 신앙과 본성적인 인식에 대한 토마스의 이론을 설명하는 일은 인식의 확실성에 대한 그의 생각에 대한 기억을 통해서 보충되어야만 한다.

9. (참사랑을 통한 신앙의 완성) 성 토마스는 '인간의 최종 목적'을 다루는 제2부의 첫 질문에서 드러나는 것처럼 자신의 윤리학을 전적으로 목적 지향성을 토대로 구성했다. 따라서 신앙은 그에게는 오

---

74. Cf. *DTA15*, pp.318-319.

직 그 신앙이 신앙인을 공로가 있는 행위를 통해서 최종 목적에 가깝게 데려가는 경우에만 덕인 셈이다. 그러나 그것을 위해서는 오직 참사랑(caritas)으로부터 나온 신앙만이 힘을 준다.

토마스는 이를 분명히 하기 위해서 "신앙은 덕인가?"(Utrum fides sit virtus)라는 근본 질문을 다루는 제4문 제5절에서 형상화된 신앙(fides formata)과 형상화되지 않은 신앙(fides informis)을 구별한다. 형상화된 신앙에서는 "의지의 명령에 따라 참에 동의하는 지성의 행위"인 신앙 행위가 완전해지기 위한 두 가지 요구가 모두 충족된다.

> 그중 하나는 지성이, 참이라는 자기의 선을 오류에 빠지지 않고 추구해야 한다는 것이고, 다른 하나는 의지가 그것 때문에 참에 동의하는 궁극 목적을 오류에 빠지지 않고 지향해야 한다는 것이다. 이 두 가지 모두가 형상화된 신앙의 행위 안에서 발견된다. 왜냐하면 (…) 신앙에는 거짓이 예속될 수 없기 때문에, 지성이 항상 참을 추구해야 한다는 사실은 바로 신앙의 개념 자체에 속하기 때문이다. 반면에 신앙을 형상화하는 참사랑으로부터 영혼은 그 의지가 오류에 빠지지 않고 선한 목적을 지향하게 된다.(II-II, q.4, a.5)

따라서 토마스는 형상화된 신앙은 덕인 반면에, 형상화되지 않은 신앙은 덕이 아니라고 강조한다.

> 형상화되지 않은 신앙의 행위는 지성의 측면에서는 마땅한 완전성을 가질지라도, 의지의 측면에서는 마땅한 완전성을 가지지 못하기 때문이다. 이는 마치 절제가 욕망적인 부분에 존재하면서 이성적인 부분에 현명이 존재하지 않는다고 가정하면… 절제는 덕이 아닌 것과 같다.(II-II, q.4, a.5)

그렇지만 형상화되지 않은 신앙은 '전혀 형성되지 않은 신앙', 즉 '불신앙'과 혼동되어서는 안 된다. 형상화된 신앙과 형상화되지 못한 신앙의 구분은 철저하게 윤리적인 관점에서 최종 목적의 도달을 고찰하는지 또는 단지 가장 가까운 대상, 즉 계시된 내용의 수용만을 고찰하는가 하는 관점의 차이에 근거를 두고 있다. 따라서 두 신앙은, 그것들이 서로 다른 종에 속하는 것처럼 종에 따라 구별되지 않고, 동일한 종 내에서 완전한 것과 불완전한 것처럼 구별된다.[75]

그런데 성 토마스는 형상화되지 않은 신앙에, 초자연적인 신앙의 형태를 부정하지 않으면서도, 엄격한 의미에서 덕이라는 명예로운 이름을 거부한다. 형상화되지 않은 신앙이라는 행위는 최종 목적으로 이끄는 참사랑의 지휘를 결여하고 있기 때문에[76] '전적으로' 좋은 인간 행위는 아니다. 그러나 신앙을 통해 지성이 참으로 규정되는 한에서, 그것은 좋은 행위이고 악한 행위가 아니다.[77] 인간의 일관성 없음이라는 변칙이 여기에 포함되어 있을 뿐이다. 어떠한 단독의 죄스러운 행위는 진리에 대한 신앙의 동의와 부합하지 않는다. 그러나 그것은 신앙의 부정은 아니다.[78] 물론 엄격하게 말하면, 형상화되지 않은 신앙은 불길하게도 죽은 신앙이다. 그러나 거기에 잠복한 신앙이 신과의 어떤 관계를 남겨 놓는 한에서는, 신을 향한 어떤 의지의 행위가 남아 있다. 의지 없이는 신앙이라는 지성적 동의도 있을 수 없기 때문에, 이것은 습성적으로 죄를 짓는 불신앙과는 구별되어야 한다.

교회의 선포는 사랑이 없는, 이 약하지만 본질에서는 손상되지 않은 신앙의 가능성을 신앙의 인식론적인 기본 구조를 위해서 결정적으로 방어한다. 이 선포는 다른 한편으로 '죽은' 신앙에 대한 그들의

---

75. Cf. II-II, q.4, a.5, ad2.
76. Cf. I-II, q.65, a.4.
77. Cf. II-II, q.4, a.5, ad1.
78. Cf. II-II, q.20, a.2. 자신의 의지가 사죄(死罪)를 애착하는 한 사람이 지닌 신앙의 행위는 그러한 애착에는 부합하지 않지만, 그것은 신앙의 행위로 남아 있다.(cf. II-II, q.24, a.12 & ad5)

이해 안에서 아마도 이 신앙은 단지 출발점일 수 있다는 사실을 알고 있을 것이다. 소위 단지 지성적인 계시의 수용은 단지 가르칠 뿐만 아니라 구원하면서 살리기를 원하시는 인간이 되신 말씀(Logos)에 부합하는 대답이 아니다. 그러나 교회의 가르침은 형상화되지 않은 신앙에 대해서, 비록 윤리적인 측면에서 단지 불완전한 것으로 남아 있을지라도, 신앙이 얼마나 본질적으로 인식과 관련된 어떤 것인가를 보여 준다. 자연적인 영혼의 삶 안에서 모든 작용의 처음에 인식함이 서 있는 것처럼, 초자연적인 질서 안에서도 또한 우리 안에 있는 하느님의 생명은 계시에 대한 지성적인 신앙이라는 조명된 인식으로부터 시작한다. 따라서 신앙은 비록 가치의 충만함에 따라서는 아닐지라도, 기능적인 측면에서는, 모든 덕 중에 첫째이다.(q.4, a.7) 우리는 토마스의 설명을 통해 형상화되지 않은 신앙을 형상화되게 해 주는 참사랑의 역할, 즉 지성이 동의하도록 명령하는 의지의 중요성을 다시 한 번 확인할 수 있다.

10. (신앙 논고에 대한 실천적 반성) 통상적으로 신앙이란 이성과는 관련 없거나 자율적인 이성을 방해하는 장애 요소처럼 여겨져 왔다.[79] 그러나 성 토마스는 '믿는 일'을 "동의를 가지고 사유하는 일"이라고 정의(A)하고, 신앙은 "명료하지 않은 것들에 대한 논증"(B)이라고 정의함으로써 신앙이 지성의 행위임을 분명하게 밝혔다. 물론 정의(A)는 일반적인 믿음 개념으로부터 시작해서 신앙 행위의 시작에 초점을 맞추고 있는 반면 정의(B)는 궁극적인 목적을 향해 나아가

---

79. 이 안에서도 발견되는 다양한 입장에 대한 체계적인 정리와 이에 대한 비판은 *Adnotationes*, p.865 참조.

는 완전한 덕으로서의 신앙을 표현했다는 점에서는 차이가 있지만, 지성의 중요성은 이 둘 모두를 관통하고 있다. 이 둘은 별도의 신앙 '들'이 아니라 유비적인 방식으로 사용되고 있다.[80] 더 나아가 토마스는 신앙을 단순히 지성의 여러 행위들 중의 하나로 종속시키려 하지는 않았다. 왜냐하면 신앙은 그 주체의 측면에서 바라보면 지성의 행위이지만 바로 "의지의 명령에 따라 참에 동의하는 지성의 행위"라는 표현에서처럼 밀접하게 의지와 연관되어 있기 때문이다. 그렇기 때문에 다른 지성적 행위와의 우위성을 논할 때나, 형상화된 신앙이 이루어지기 위해서는 반드시 지성과 의지의 긴밀한 관계에 대해서 함께 고려해야만 했다.

물론 토마스에게서도 신앙은 근본적으로 하느님의 은총에 따른 선물이다. 심지어 '확실성'이라는 근대인들이 주로 자연적인 이성의 궁극적인 근거로서 다루었던 주제를, 토마스는 독특하게도 초자연적인 작용력, 신앙이라는 덕을 다루는 곳에서, 즉 신앙과 관련된 논고의 한복판에서 다룬다. 즉 신앙의 확실성은 일반적으로 이성적인 근거 제시를 뛰어넘는 확실성을 지니며 전적으로 은총의 작품이다. 그의 최종적인 확실성의 동기는 항상 참된 하느님, 그에 대한 증언이 각 개인에게 성령의 빛 안에서 다가오는 하느님이다. 따라서 신앙 자체는, 그것을 제공하는 하느님의 말씀을 근거로, 지식에 앞서 다음

---

80. 인간 인식의 차원에서 보면 정의(A)가 선차적이고 여기서 출발해서 정의(B)를 이해할 수 있지만, 신앙 행위가 지닌 궁극적 목적의 차원에서 보면 정의(B)가 선차적이고 정의(A)는 이에 도달하는 방법적인 역할을 제시해 주고 있다. 유비 개념이 지닌 '선차적-내지-후차적-의미 지시'의 성격에 대해서는 박승찬, 「유비 개념의 신학적 적용-토마스 아퀴나스 『신학대전』 1부 제13문제를 중심으로」, 『가톨릭 신학과 사상』 28(1999/여름), 가톨릭대학교 출판부, 181-208쪽 참조.

과 같은 이유로 우위에 놓여 있다. "훨씬 더 많이, 인간은 잘못될 수 있는, 고유한 이성으로 보는 것보다는, 잘못될 수 없는 신에게서 듣는 것으로부터 더 확실해진다."(q.4, a.8, ad2)

그렇지만 신앙이라는 덕이 하느님의 은총으로부터 주어진다는 사실로부터 인간의 능동적 역할이 불필요하다는 결론이 나오지는 않는다. 오히려 토마스는 명시적으로 하느님에 대한 사랑이 인간의 자발적이고 의지적인 행위의 축적 없이 성령에서 곧바로 생겨난다고 하는 주장을 반대한다. "사랑은 그 본성상 의지의 행위이다."[81] 신앙 행위에서는 지성의 동의가 강요된 것이 아니라 '사유'를 포함함으로써 '자유재량에 종속된다'. 또한 의지를 움직이게 하는 영향이 최고의 참행복을 주는 선인 하느님에 대한 그것의 지향인 반면에, 하느님은 그 자체로 분명하게 보이지 않고 그러므로 자유 선택의 대상이기 때문이다.(I, q.82, a.2) 더욱이 형상화된 신앙이 지향하고 있는 초본성적인 행복을 각 개인은 그 자신의 인간적 행위의 발걸음들을 통하여 얻어야 한다. 신적 생명에 참여하는 것은 일상적 도구들만으로는 되지 않지만, 인간적인 도구들, 신앙을 포함한 '초자연적인 신학적 덕'(I-II, q.63, a.3)을 슬기롭게 사용한 결과여야 한다.

토마스는 다음과 같이 말함으로써 인간 지성의 빛이 그것이 유래하는 원천을 참조하도록 지시한다는 생각을 표현한다. "어떤 것이 확실성을 가지고 알려진다는 사실은 그 근거를 우리에게 하느님에 의해서 주입된 지성의 빛 안에 가지고 있다."[82] 그리스도인에게는 그에게 부여된 인식의 본성적인 빛은 은총을 통해 부여된 하느님 안의

---

81. 참조: II-II, q.23, a.2: "amor de sui ratione importet quod sit actus voluntatis"
82. *De Veritate*, q.11, a.1, ad13; *ScG*, I, c.7.

빛을 통해서 감소되거나 전적으로 평가절하되는 것이 아니라, 확실해지고 강화된다. "지성의 자연적 빛이 은총에 의한 빛의 주입(注入)에 의해 강화된다."[83] 또한 토마스는 자신이 신앙과 지식이 함께하는 것을 어떻게 생각하는가를 표현한다. "신앙의 인식은 자연적인 인식을 전제한다."[84] 우리는 이런 표현들 안에서 토마스가 이미 『신학대전』을 시작하면서 제시했던 "은총은 자연을 파괴하는 것이 아니라 완성한다."[85]라는 대원칙의 반향을 듣게 된다.

더 나아가 참사랑에 의해서 완성되었을 때에만 형상화된 신앙이라고 불릴 수 있음을 강조하는 토마스를 통해서 우리는 신앙이 지니고 있는 실천적 성격을 새롭게 발견하게 된다. 오직 지성의 차원에서만 이해되고 받아들여진 신앙, 즉 형상화되지 않은 신앙은 아직 덕이 아니라는 사실에 주목하며, 자신이 믿고 있는 신앙을 참사랑을 통해 실천할 때에만 진정한 의미에서 신앙의 덕을 완성하게 된다는 사실을 명심해야 할 것이다. 토마스는 아리스토텔레스 철학에서 수용한 지성 행위와 지성적 덕들에 대한 성찰을 신앙이라는 덕을 통해 초자연적인 차원으로 고양시켰다. 그렇지만 하느님의 은총은 인간의 노력을 무의미하게 만들지 않는다. "자기 행위의 결정자"인 인간은 신앙이라는 덕에서 출발하여 참사랑에 다가감으로써 "우리의 생활

---

83. I, q.12, a.13: "lumen naturale intellectus confortatur per infusionem luminis gratuiti." '신앙의 빛'과 '지성의 자연적 빛'에 대한 체계적이고 포괄적인 설명은 *Adnotationes*, pp.863-865 참조.
84. *De Veritate*, q.14, a.9, ad8.
85. "은총은 자연을 파괴하는 것이 아니고 오히려 완성하기 때문에 자연 이성은 신앙에 조력해야 한다. 그것은 마치 의지의 자연적 경향이 사랑에 순종해야 하는 것과 같다."(I, q.1, a.8, ad2)

을 우리가 믿고 있는 것과 일치시키는"[86] 그리스도인의 의무를 다해야 할 것이다.

11. (주요 내용 요약) 한 인간의 태도를 사람들은 그의 태도와 행위에서 인식하고, 그러나 이것은 그것이 지향하고, 그것에서 자신의 기쁨을 느끼는 대상으로부터 인식된다. 철학은 이러한 인식을 자신의 영혼에 대한 고찰과 윤리학의 기본 원리로 삼았다. 이에 따라 학문적인 고찰의 필수적인 순서는 대상, 행위, 영혼의 습성, 전문용어로 표현하자면, obiectum, actus, habitus이다. 신학적인 고찰도 다르게 진행되지 않는다. 신앙에 대해 다루는 논고의 구조도 인간적 행위에 대한 윤리적이고 영혼에 관한 고찰에서 미리 제시되었던 사고 순서를 따르게 된다. 대상=신앙의 내용(q.1), 행위=신앙 행위(qq.2-3), 영혼의 습성=신앙의 덕(qq.4-7)

대상으로부터 시작하는 것은 특별히 스콜라 사상의 철학적으로뿐만 아니라 신학적으로도 전형적인 사고 태도에 부합한다. 인간 정신도 아니고 주체도 아니라, 사물적인 것, 실제 안에 존재하는 무엇이 이 존재를 지향하는 사고에서 결정적이다. 철학 안에서는 그것은-그것의 배경으로부터 하느님의 진정한 실존과 본질이 드러나는-세계 사물의 실재성이고, 신학 안에서 그것은 모든 피조물을 초월하는, 하나의 신성 안에 머무르는 신적인 삼위성이며 이것으로부터 모든 신학적인 탐구와 추구가 시작된다.

신앙의 대상(제1문): 우리 신앙의 형상적 대상(obiectum formalis)은

---

86. 아나스타시오, 앞의 책, 35쪽.

제1진리, 즉 하느님이다. 질료적 대상(obiectum materialis)은 하느님뿐만 아니라 인간을 하느님에 대한 향유로 이끄는 다른 많은 것들도 포함한다. 따라서 제1진리인 하느님은 신앙에 있어서 질료적 형상적 대상이다.(제1절) 우리 신앙의 대상은 사물 그 자체의 측면에서는 합성되지 않은 것이지만, 믿는 이의 측면에서는 명제적 방식을 통해 합성된 어떤 것이다. 왜냐하면 하느님은 단순하시기 때문에, 결코 합성된 것이 아니지만, 우리의 지성은 단지 합성(긍정)과 분리(부정)의 방식으로만 진리를 알기 때문이다.(제2절) 신앙의 형상적 대상이자 제1진리인 하느님은 우리가 믿게 되는 원인이 된다. 따라서 신앙 아래에는 제1진리에 속하지 않는 거짓된 어떤 것도 들어올 수 없다. 우리의 신앙을 조명하는 하느님은 우리에게 거짓을 드러낼 수 없는 분이시기 때문이다.(제3절) 신앙은 믿어지는 것에 대한 지성의 동의를 내포하지만, 그 자체로 이러한 동의로 충분히 옮겨지는 것을 통해서가 아니라, 다른 쪽으로보다 한쪽으로 기울어지는 일종의 자발적인 선택을 통해서 동의한다. 비록 신앙이 다른 부분에 대한 무서움 없이 확실성을 가지더라도, 신앙은 감각에 따라서나 지성에 따라서 그 자체로 '직관되는 것'(visum)과는 관련될 수 없다.(제4절) 따라서 하나의 동일한 진리는 동시에, 그리고 동일한 주체를 통해서는 한꺼번에 보는 지식과 믿는 신앙의 대상이 될 수 없다. 그러나 서로 다른 주체라면 가능하다. 즉 인간의 전체성이라는 관점에서 공통적으로 모든 사람이 믿도록 제안된 것이 공통적으로 알려지지는 않는다.(제5절) 그리스도교의 신앙에서 믿을 수 있는 것들은 서로 알맞은 결합을 가지면서 어떤 부분들로 분할되는 '조항'들을 통해서(per articulos) 더욱 명료해진다. 우리의 신체 구조에서 사지(四肢)를 구분할 수 있는 것처럼,

복잡하게 표현되는 신앙의 대상도 여러 개의 작은 조항들로 구분하여 알아들을 수 있다. 더욱이 어떤 것이 특별한 이유로 '보이지 않는' 곳에서는 특수한 조항(specialis articulus)이 존재한다.(제6절) 모든 신앙 조항은 어떤 '최초로 믿을 수 있는 것들'(prima credibilia)에 내포되어 있다. 또한 섭리에 대한 신앙 안에는 시간적으로 하느님이 인간 구원을 위해 마련하신 모든 것이 내포되어 있다. 따라서 신앙 조항들의 실체에 관해서는 시간적으로 증가가 이루어지지 않지만, 세부 조항의 실천과 신자들의 확고한 신앙고백에 관해서는 증가했다. 선조들이 명시적으로 인식하지 못했던 것들 중에 어떤 것들을 후손들은 명시적으로 알았기 때문이다.(제7절) 그 후, 교회는 신앙의 세부 조항들을 명확하게 체계화하였다. 신앙에는 그 자체로 우리가 영원한 생명 안에서 직관에 의해 향유하게 될 '신성의 감추어진'과, 그것을 통해 우리가 영원한 생명으로 이끌리게 될 '그리스도의 인성이 지닌 신비'가 속한다. 예를 들어 신성의 존엄에 관해서는 신성의 단일성, 삼위일체, 신성의 고유한 과업(창조, 인간의 성화, 영광의 존재)이 속하고, 그리스도의 인성에 관해서는 육화, 동정녀에 의한 출생, 수난과 죽음, 지옥으로의 하강, 부활, 승천, 심판 등이 제시된다.(제8절) 신앙의 진리를 인식하는 일은, 어떤 이가 무지를 통해서 신앙의 진리를 결여하지 않도록, 모든 이에게 더욱 쉽게 제시될 필요가 있었고, 또한 오랜 연구와 실습이 요구되기 때문에, 명백한 어떤 것을 신경(信經, Symbolum) 안에 요약적으로 포괄하는 일이 필요했다.(제9절) 신경의 편찬은 모든 이가 흔들리지 않는 신앙 안에 유지되도록 하기 위해 신앙에 속하는 것들을 명제적으로(sententialiter) 결정하는 권한을 가지고 있는 교황에 속한다. 전체 교회가 하나의 신앙을 가지도록,

보편 공의회를 소집하는 일과 이런 종류의 다른 것들도 수위권(首位權)을 갖는 교황에게 속한다.(제10절)

　신앙 행위(제2문): 믿는 일(credere)은 동의하면서, 정확히 말하자면 확고한 동의를 가지고 사유하는 일(cogitare cum assensu)이다. 여기서 사유하는 일은 지성의 현실적 고찰을 공통적으로 의미하는 것이 아니라, 고유하게 직관의 확실성을 통해서 지성의 완전성에 도달하기 전에, 일종의 탐구와 함께 이루어지는 지성의 고찰을 뜻한다. 이런 사유 과정에서 확실한 동의가 없다면 이는 회의, 의심, 의견 등에 지나지 않는다. 믿는 일은 확고하게 고수한다는 점에서 사유 없이 동의하는 알거나 이해함과 일치하고, 명백한 직관을 통해서 완성된 것이 아니라는 점에서 회의, 의심, 의견을 가짐과 일치한다.(제1절) 하느님을 믿는 일(credere Deum), 하느님에 대해 믿는 일(credere Deo), 하느님을 향해 믿는 일(credere in Deum)의 표현들이 가리키는 것은 첫째가 질료적 대상, 그다음이 형상적 대상, 그리고 셋째는 의지와 관련된 신앙의 궁극적 목적이다.(제2절) 만일 신앙이 인간의 정신 그 자체로는 도달하지 못하는 그 어떤 것을 소유한다면 그리고 또한 신앙 없이 하느님을 기쁘게 해 드리지 못한다면, 인간 이성을 초월하는 그 어떤 것을 믿는다는 것은 필요하다. 그래서 신앙은 우리에게 참행복의 온전한 직관에 도달하기 위한 고유한 길을 가르친다. 곧 신앙이란 인간 본성을 뛰어넘는 초자연적 본성에 속한다.(제3절) 그러나 신앙은 일반적으로 하느님의 현존과도 같이 인간 이성이 그 자체로 도달할 수 있는 영역 안에서도 요구된다고 말할 수 있다. 왜냐하면 모든 사람은, 더 빨리, 더 공통적으로, 더 확실하게 오류 없이 신적 진리에 관한 인식에 도달할 수 있기 때문이다.(제4절) 그런데 신앙이 그 자체로 요구하는 것들, 즉 인간을 복되게 만들어 주는 신앙의 세부 조항들에 관해서는 명시적으로 믿어야 한다. 그렇지만 신앙과는 직접적인 관련이 없는 우유적으로나 부차적으로 관계를 맺는 믿을 수 있는 것들은 함축적이거나 정신의 준비라는 점에서 믿는 것으로도 충분하다.(제5절) 그리고 다른 사람들을 교육해야만 하는 상급자들은 하급자들보다 믿어야만 하는 것들에 대해 더 풍부한 앎을 가지고 더 명시적으로 믿어야만 한다.(제6절) 인간들을 참행복으로 이끄는 길인 그리스도 육화의 신비는 어떻게든 모든 시간 안에서 모든 이에게 믿어져야만 했다. 그러나 [그리스도의] 수난과 부활을 통한 죄로부터의 해방을 향하는 한에서는 범죄 후에야 명시적으로 믿었다. 뛰어난 이들은 그리스도의 신비에 속하는 것들을, 그들이 그리스도에게 가까우면 가까울수록, 그만큼 더 분명하게 인식했다. 그러나 계시된 은총의 시기 이후에는 뛰어난 이들뿐만 아니라 모자란 이들도 그리스도의 신비들에 대한 명시적인 신앙을 가져야만 했다.(제7절) 또한 삼위일체에 관한 신앙도 똑같이 필요하다. 그리스도의 신비 안에는 하느님의 아들이 육신을 취했고, 성령의 은총을 통해 세상을 새롭게 했으며, 다시 성령에 의해 잉태되었다는 사실이 포함되기 때문이다.(제8절) '믿는 일' 그 자체는, 은총을 통해 하느님에 의해 움직여진 자유재량으로부터 신적 진리에 동의하는, 지성의 행위이다. 그래서 신앙의 행위는 공로가 될 수 있다.(제9절) 어떤 이가 오직 인간 이성이 이끌지 않는다면, 믿으려는 의지가 없다면, 도입된 인간적 논거는 신앙의 공로를 약화시킨다. 그러나 인간이 믿으려는 태세를 갖춘 의지를 가지고 믿어지는 진리에 대해 숙고한다면, 인간 이성은 더

큰 공로의 표징이다.(제10절)

　신앙고백(제3문): 외적인 언표인 언어는 마음 안에 잉태된 것, 즉 사고하는 것을 표현한다. 마치 신앙에 속한 것들에 대한 내적인 잉태가 고유하게 신앙의 행위가 되듯이, 그것들에 대한 외적인 고백도 또한 신앙의 행위가 된다.(제1절) 신앙고백은 구원받기 위해 필요하다. 그러나 모든 긍정적인 계명에서처럼, 언제나 어디에서나 자신의 신앙을 고백하는 일이 구원을 위해 필요하지 않고 오직 어떤 장소와 시간에서만 필요하다.(제2절)

　신앙의 덕 자체(제4문): "신앙은 희망해야 하는 사물들의 실체이고 명료하지 않은 것들에 대한 논증이다."라는 사도 바오로의 말씀은 비록 단어들이 정의의 형태로 배열되지는 않았어도, 신앙이 정의되기 위해 필요한 모든 것이 담겨 있다. '믿는 일'(credere)은 의지의 명령으로부터 하나의 대상으로 결정된 지성의 행위이다. 위의 정의에는 신앙 행위와 의지의 대상인 목적과의 관계와 신앙의 대상으로 고찰되는 '지성의 대상'의 관계가 모두 표현되어 있다. 정의의 형태로 줄인다면, "신앙은 우리 안에서 영원한 생명이 시작되도록 만드는 정신의 습성이며, 명료하지 않은 것에 지성이 동의하도록 만드는 것이다."라고 말할 수 있다. 이를 통해 신앙은 지성에 속하는 다른 모든 것들, 지식과 이해, 그리고 의견, 의심, 회의와 구별된다. 신앙에 관해 주어지는 다른 모든 정의들은 사도가 제시한 이 정의에 대한 설명이다.(제1절) 앞에서 제시된 신앙의 정의에 따라, 신앙의 행위가 완전해지려면, 지성 안에뿐만 아니라 의지 안에도 어떤 습성이 필요하다. 믿는 일은 직접적으로 지성의 행위인데, 그 행위의 대상이 지성에 고유하게 속하는 참이기 때문이다. 따라서 그 행위의 고유한 원리인 신앙은, 주체 안에 있는 것처럼 지성 안에 존재한다.(제2절) 신앙의 행위는 의지의 대상, 즉 그 목적으로서의 신적인 선을 지향하고, 이것은 참사랑의 고유한 대상이다. 따라서 신앙의 행위가 참사랑을 통해 완전해지고 형상화되는 한에서, 참사랑은 신앙의 형상이다.(제3절) 신앙의 형상이 참사랑이므로, 참사랑은 지성보다는 의지의 영역에 속한다. 신앙은 참사랑이 결핍된 의지와 연결된 일종의 지성의 영역 안에 자리할 수도 있다. 형상화되지 않은 신앙이라 하더라도 의지가 참사랑, 즉 은총에 순응한다면 그것은 형상화된 완전한 신앙이 될 수 있다. 그래서 형상화된 신앙의 습성과 형상화되지 않은 신앙의 습성은 동일한 습성이다.(제4절) 신앙을 형상화하는 참사랑으로부터 영혼은 그 의지가 오류에 빠지지 않고 선한 목적을 지향하게 된다. 따라서 형상화된 신앙은 덕이다. 그러나 형상화되지 않은 신앙은 의지의 측면에서는 마땅한 완전성을 가지지 못하기 때문에 덕이 아니다.(제5절) 신앙의 형상적 대상인 제1진리의 측면에서 보면 신앙은 모든 인간에게 동일하고 유일하다. 신앙을 가진 인간 편에서 볼 때 신앙은 다양한 주체들에 속하는 한 다양화된다.(제6절) 신앙은 그 자체로 모든 덕 중의 제1의 것이다. 신앙은 영성 생활의 원리이며, 신앙을 통해서 하느님을 알지 못한다면 최후의 목적인 하느님을 사랑하고, 또 하느님께 희망을 둘 수 없기 때문이다. 그러나 용기나 겸손과 같은 어떤 덕들은, 믿어야만 하는 것들의 장애물을 제거하는 한에서, 우유적으로 신앙에 선행할 수 있다.(제7절) 신앙은 확실성의 원인으로부터 볼 때, 아리스토텔레스가 말한 세 가지 지성적 덕, 즉 지혜, 지식 그리고 이해보다 더 확실하다. 신앙은 신적인 진리에 기초하는 반면, 다른 세 가지 덕은 인간의 이성에 기초하기 때문이다. 그러나 인식하는 주체의 측면에서 볼 때, 신앙의 대상들은 인간의 지성을 넘어서기 때문에 다른 세 가지 덕이 더 확실하다. 그래서 신앙은 단적으로는 더 확실하지만, 어떤 한정된 의미에서는, 즉 우리에 관한 한 다른 것들이 더 확실하다. 그리고 지혜, 지식, 이해가 성령으로부터 받은 선물이라는 의미를 지닐 때도 그 원리인 신앙이 더 확실하다.(제8절)

신앙을 지닌 이들(제5문): 천사나 인간은 그들의 첫 조건에서-하느님이 본질을 통해 보이도록 만드는 참행복을 가지지 못했기 때문에-신앙의 의미를 배제할 만큼 명백한 인식을 가지지 못했다. 인간과 천사는 은총의 선물과 함께 창조되었다. 그러므로 그들은 참행복을 향한 시작이며 준비인 신앙을 이미 가지고 있었다. 그러나 질료적 대상의 측면에서 그들은 우리가 지금 오직 믿음으로써만 인식할 수 있는 신적 신비들에 대한 어떤 것을 명백한 인식에 의해 알 수 있었다.(제1절) 악령들은 의지가 선과 맺고 있는 질서로부터가 아니라 사태의 명증성을 통해서 언급된 것들을 믿어야만 한다고 판단해서 지성으로 동의한다. 그들도 교회의 가르침이 하느님으로부터 존재한다는 점을 파악하도록 만드는 명백한 증거들을 보기 때문이다.(제2절) 하나의 신앙 조항을 믿지 않는 이단자는 다른 조항에서도 역시 마찬가지로 신앙을 가지지 못한다. 그러한 사람은 신앙의 형상적 대상, 즉 제1진리인 하느님으로부터 나오는 교회의 권위를 부정하는 것이 되기 때문이다. 그러므로 한 신앙 조항에 대한 그러한 이단자는 다른 조항들에 대해서 신앙을 가진 것이 아니라, 고유한 의지에 따라 어떤 의견을 가질 뿐이다.(제3절) 신앙의 형상적 대상은 하나이지만, 질료적 대상들은 다수이고, '더' 또는 '덜' 명시적으로 알아들을 수 있다. 그리고 이에 따라 한 사람은 다른 사람보다 훨씬 더 명시적으로 믿을 수 있다. 또한 주체의 측면에서 고찰하면, 지성적 측면에서 더 큰 확실성과 확고함 때문에, 더 크고, 의지적 측면에서 더 큰 민첩성과 헌신과 신뢰 때문에, 어떤 사람은 다른 사람들보다 더 견고한 신앙을 가질 수 있다.(제5절)

신앙의 원인(제6문): 신앙에 속하는 것들은 인간의 이성을 넘어서므로, 신앙을 주는 분은 하느님이다. 그는 우리 안에 질료적 대상으로서의 신앙을 갖게 한다. 왜냐하면 하느님은 믿을 진리를 계시하는 분이기 때문이다. 또한 그분은 신앙에 속하는 것들에 대해 인간이 동의하도록 하는 분이다. 기적을 보는 일이나 어떤 사람의 설득 등은 충분한 원인이 아니기 때문에, 인간은 신앙에 속하는 것들에 동의함으로써, 자기 본성을 넘어서 고양(高揚)될 필요가 있다. 그러나 이러한 동의는 펠라기우스주의에서 주장했던 것처럼 단순히 자유재량에서 나오는 것이 아니라 은총에서부터 작용하는 것이다. 따라서 신앙의 주요 행위인 동의와 관련하여, 신앙은 은총을 통해 인간을 내면적으로 움직이는 하느님으로부터 온다.(제1절) 형상화되지 않은 신앙도 하느님의 선물이다. 그것에 존재하는 결핍은 신앙의 종개념 자체 속하지 않고, 신앙에 수반되는 외적 형상의 결핍 때문에 일어나기 때문이다. 그것은 비본질적인 결핍이며 의지 안에서 나타나는 참사랑의 결핍으로서 부차적인 것에 지나지 않는다.(제2절)

신앙의 효과(제7문): 신앙의 효과는 두려움이다. 특별히 노예적 두려움은 심판자 하느님의 벌을 두려워하는 형상화되지 않은 신앙의 결과이다. 자녀적 두려움은 최고선이신 하느님으로부터의 분리되는 것을 두려워하는 형상화된 신앙의 효과이다.(제1절) 신앙의 효과는 또한 마음의 정화(淨化)이다. 왜냐하면 만일 사랑을 통해 시간적인 것들에 자신을 예속시킴으로써 불순해진다면, 이성적인 피조물은 이 불순함으로부터 반대되는 운동에 의하여, 하느님을 향함으로써 정화되기 때문이다. 만약 정화의 시작인 신앙이 형상화된 참사랑을 통해 더 완전해진다면, 신앙은 완전한 정화를 야기할 것이다.(제2절)

참고문헌

Alfaro, Juan, "Supernaturalis fide iuxta S. Thomam", *Gregorianum* 44(1963), 501-542, 731-787.

Aubert, Roger, "Le caractere raisonnable de l'acte de foi", *Revue d'histoire ecclesiastique* 39(1943), 22-99.

Aubert, Roger, *Le probleme de l'acte de foi. Données traditionales et resultats des controverses recentes*, 4ere ed., Louvain, Nauwelaerts, 1969.

Aubert, Roger, "Le role de la volonté dans l'acte de foi d'après les theologiens de la fin du XIIIe siècle", in *Miscellanea moralis A Janssen*, vol. 1, Louvain, Nauwelaerts, 1948.

Aubert, Roger, "Le traité de la foi à la fin du XIIIe siècle", in J. Auer and H. Volk(eds.), *Theologie in Geschichte und Gegenwart. Michael Schmaus zum 60. Geburtstag*, München, K. Zink, 1967.

Bauerschmidt, Frederick Christian, *Thomas Aquinas: Faith, Reason, and following Christ*, Oxford, Oxford University Press, 2013.

Bellemare, R. "Credere: Note sur la définition thomiste", *Revue de l'Université d'Ottawa* 30(1960), 38-47.

Blanco, P., "Analogia entis, analogia fidei. Karl Barth dialogues with Catholic theologians", *Scripta Theologica* 51(2019), Universidad de Navarra, 67-95.

Bourgeois, Daniel, "'Inchoatio vitae aeternae'. La dimension eschatologique de la vertu theologale de foi chez saint Thomas d'Aquin", *Sapienza* 27(1974), 272-314.

Bourke Vernon J., *Aquinas' Search for Wisdom*, Milwaukee, The Bruce Pub., 1965.

Calini, A., *Perchè credo*, Brescia, 1950.

Cessario, Romanus, OP, *Christian Faith and the Theological Life*, Washington DC, Catholic University of America Press, 1996.

Chavannes, H., *L'Analogie entre Dieu et le monde selon saint Thomas d'Aquin et selon Karl Barth*, Paris, 1969.

Chenu, M.-D., OP, "Contribution à l'histoire du traité de la foi", in *La foi dans l'intelligence*, pp.31-50.

Chenu, M.-D., OP, *Towards Understanding St. Thomas*, trans. by A.-M. Landry and D. Hughes, Chicago, Henry Regnery, 1964.

Dulles, Avery, SJ, *The Assurance of Thing Hoped For: A Theology of Christian Faith*, New York, Oxford University Press, 1994.

Duroux, B., *La psychologie de la foi chez S. Thomas d'Aquin*, Tournai, Desclée de Brouwer, 1963.

Elders, Leo, SVD, "Faith and Reason: The Synthesis of St. Thomas Aquinas", in R. E. Houser(ed.), *Laudemus viros gloriosos: Essays in Honor of Armand Maurer, CSB*, Notre Dame(IN), University of Notre Dame Press, 2007, p.109-131.

Gauthier, R. A., *Sententia libri Ethicorum, Sancti Thomae de Aquino Opera Omnia* 47,1, Rome, 1971.

Guzie, Tad W., "The Act of Faith according to St. Thomas: A Study in Theological Methodology", *The Thomist* 19(1965), 239-280

Horváth, A. M., OP, *La sintesi scientifica di S. Tomaso d'A.*, Torino, 1932.

Jenkins, John I., *Knowledge and Faith in Thomas Aquinas*, Cambridge, Cambridge University Press, 1997.

Kluxen, W., "Thomas von Aquin: Das Seiende und seine Prinzipien", in J. Speck(ed.), *Grundprobleme der großen Philosophen*, Göttingen (UTB) [2]1978, pp.177-220.

Labourdette, M.-M., OP, "Le vie theologale selon saint Thomas: L'affection dans la foi", *Revue thomiste* 60(1960), 364-380.

McInerny, Ralph, *St. Thomas Aquinas*, Notre Dame-London, Univ. of Notre Dame Press, [1]1977, 1982.

McInerny, Ralph, *Praeambula Fidei: Thomism and the God of the Philosophers*, Catholic University of America Press, 2006.

Oeing-Hanhoff, L., "Gottesekenntnis im Licht der Vernunft und des Glaubens nach *Thomas von Aquin*", in L. Oeing-Hanhoff(ed.), Thomas von Aquin 1274/1974, München, 1974, pp.97-124.

Osborne, Thomas M., "Natural Reason and Supernatural Faith", in Jeffrey Hause(ed.), *Aquinas's Summa Theologiae: A Critical Guide*, Cambridge University Press, 2018, pp.188-203.

Pieper, Josef, *Über den Glauben. Ein philosophischer Traktat*, München, 1962.

Pieper, Josef, "Wirklichkeit und Wahrheit", in *Werke,* Bd.2, Hamburg, 2001, pp.58-111.

Pieper, Josef, *Über die Schwierigkeit heute zu glauben*, München, 1974, pp.11-24.

Quinn, J. H., "Certitude of Reason and Faith in St. Bonaventure and St. Thomas", in *St. Thomas Aquinas(1274-1974)*, Toronto, Pont. Inst. of Mediaeval Studies, 1974, vol.II, pp.105-140.

Regis, L. M., *Epistemology*, New York, 1959.

Rosental, Creighton J., *The Reconciliation of Faith and Reason in Thomas Aquinas*, Amherst, University of Massachusetts, 2004.

Ross, James, "Aquinas on Belief and Knowledge", in W. A. Frank and G. J. Etzkorn(eds.), *Essays Honoring Allan B. Wolter*, St. Bonaventure(NY), The Franciscan Institute Press, 1985.

Sertillanges A. D., OP, *Der heilige Thomas von Aquin*, Köln-Olten, Jakob Henger, 1928, 1954. (특히 pp.483-515)

Sokolowski, Robert, *The God of Faith and Reason: Foundation of Christian Theology*, Notre Dame(IN), University of Notre Dame Press, 1982.

Sparrow, Mary Frances, *The 'Praeambula Fidei' According to St. Thomas Aquinas*, Dissertation, University of Notre Dame, 1989.

Speer, Andreas, "Sapientia nostra. Zum Verhältnis von philosophischer und theologischer Weisheit in der Pariser Debatten am Ende des 13. Jahrhunderts", *Miscellanea Mediaevalia* 28(2001), 248-275.

Taylor, Richard C., "Faith and Reason, Religion and Philosophy: Four Views from Medieval Islam and Christianity", in R. James Long(ed.), *Philosophy and the God of Abraham: Essays in Memory of James A. Weisheipl*, OP, Toronto, Pont. Inst. of Mediaeval Studies, 1991, pp.217-234.

Torrell, Jean-Pierre, OP, "Theologie et sainteté", *Revue thomiste* 71(1971), 205-221.

Wallace, W. A., *The Role of Demonstration in Moral Theology*, Washington, D.C., 1962.

Wawrykow, Joseph, "The Theological Virtues", in *The Oxford Handbook of Aquinas*, ed. Brian Davies/Eleonore Stump, Oxford, Oxford University Press, 2012.

Zimmermann, Albert, "Glaube und Wissen", in A. Speer(ed.), *Thomas von Aquin: Die Summa theologia. Werkinterpretationen*, Berlin-New York, Walter de Gruyter, 2005, pp.271-297.

Zimmermann, Albert, *Thomas lesen*, Stuttgart-Bad Cannstatt, Frommann-Holzboog, 2000.

요한 바오로 2세의 회칙,「신앙과 이성」(Fides et Ratio, 1998. 9. 14.), 이재룡 옮김, 한국천주교중앙협의회, 1999.

몬딘, 바티스타,『성 토마스 개념사전』, 이재룡 외 옮김, 한국성토마스연구소, 2021.

바르트, 칼,『이해를 추구하는 믿음 안셀무스의 신학적 체계와 연관한 신 존재 증명』, 김장생 옮김, 한국문화사, 2013.

박승찬,「유비개념의 신학적 적용-토마스 아퀴나스『신학대전』제1부 제13문을 중심으로」,『가톨릭 신학과 사상』28(1999/여름), 가톨릭대학교출판부, 181-208쪽.

박승찬,「토마스 아퀴나스의『신학대전』에 나타난 신앙과 이성-제1부 제1문제 신학과 철학의 관계를 중심으로」,『가톨릭 신학과 사상』30(1999/겨울), 가톨릭대학교출판부, 154-187쪽.

박승찬,「하느님: 우리와 함께 계신 '항상 더욱 크신 분'」, 우리사상연구소 엮음,『우리말 철학사전 2: 생명·상징·예술』, 지식산업사, 2002, 353-392쪽.

박승찬,『생각하고 토론하는 서양 철학 이야기 ②: 중세-신학과의 만남』, 책세상, 2006

박승찬,『서양 중세의 아리스토텔레스 수용사-토마스 아퀴나스를 중심으로』, 누멘, 2010.

박승찬,「그리스도교 사상의 흐름 속에 나타난 신앙과 이성의 조화:『신앙과 이성』과『신앙의 빛』을 중심으로」,『신학전망』183(2013/겨울), 광주가톨릭대학교, 79-133쪽.

박승찬,「신앙이란 무엇인가?-토마스 아퀴나스의 '신앙' 정의에 대한 재조명」,『중세철학』27(2021), 5-54쪽.

본소, J., 『이성과 신앙: 신학에 있어서 철학의 역할』, 이태하 옮김, 철학과 현실사, 1999.

브라운, 스테픈, 「대신덕: 신앙(II-II, qq.1-16)」, 스테픈 포프 편집, 『아퀴나스의 윤리학』, 이재룡/김도형/안소근/윤주현 옮김, 한국성토마스연구소, 2021, 301-315쪽.

신창석, 「토마스 아퀴나스의 신앙과 이성」, 『가톨릭 철학』 2(2000), 47-75쪽.

아나스타시오 추기경, 『영성 생활과 향주삼덕』, 충주 가르멜 여자 수도원 옮김, 가르멜영성연구소 편, 기쁜소식, 2021.

안셀무스, 캔터베리의, 『모놀로기온&프로슬로기온』, 박승찬 역주, 아카넷, 2002.

이재룡, 「토마스 아퀴나스의 신학대전」, 『철학과 신학』 1(1997), 호남신학대학 해석학연구소 연구논집 제1집, 도서출판 한들, 231-288쪽.

이정, 「믿는다는 것은 동의를 가지고 사유하는 것인가?: 'credere est cum assensione cogitare'에 대한 토마스의 해석」, 『철학연구』 159(2021), 대한철학회, 197-233쪽(=2021a).

이정, 「신학적 덕으로서의 신앙에 대한 정의」, 『누리와 말씀』 (2021), 인천가톨릭대학교 복음화연구소, 273-310쪽. (=2021b)

질송, E., 『중세철학 입문』, 강영계 옮김, 서광사, 1983.

토마스 아퀴나스 신학대전 31

신앙

제2부 제2편
제1문 - 제7문

PROLOGUS

Post communem considerationem de virtutibus et vitiis et aliis ad materiam moralem pertinentibus, necesse est considerare singula in speciali,[1] sermones enim morales universales sunt minus utiles, eo quod actiones in particularibus sunt.[2]

Potest autem aliquid in speciali considerari circa moralia dupliciter, uno modo, ex parte ipsius materiae moralis, puta cum

---

1. Cf. I-II, q.6, prol.
2. 이 도입부(아리스토텔레스, *Ethica*, II, 2)는 한편으로 사변적이며 다른 한편으로 실천적인(I, q.1, a.4) '거룩한 가르침'(sacra doctrina)에 대한 몇 가지 중요한 점을 내포하고 있다. 사변적 학문과 실천적 학문 사이의 구별을 위한 하나의 기초는 사변적 학문의 목적이 진리를 파악하는 점이라는 것이다. 실천적 학문의 목적은 행위를 인도하는 것이다.(Cf. *In De Trin.*, V, 1; I, q.79, a.11) 이런 기초 위에 '거룩한 가르침'의 모든 것은 동시에 사변적이며 실천적이다. 모든 신학적 진리들은 관상되어야 하지만, 또한 구원으로 이끌려야 한다.(Cf. I, q.1, aa.1 & 4) 구별을 위한 두 번째 기초는 사변적 학문은 우리의 행위에 속하지 않고, 실재 안에 주어진 사물들의 질서를 고찰하는 것이고, 반면에 실천적 학문은 우리 자신의 행위나 인공물에 우리가 부여한 질서들을 고찰한다.(Cf. *In Ethic.*, I, lect.1) 이러한 관점으로부터 제2부는 윤리학으로서 실천적인 것이며, '작용할 수 있는 것', 즉 이성적 피조물이 하느님을 향해 나아가는 과정과 관련된다. 그 서론에서 드러나듯이, 제2부는 가장 넓게 보아서 궁극 목적에 대한 고찰, 신학적, 도덕적 판단을 위한 선행 조건(I-II, qq.1-5)에 대한 고찰과 하느님을 향한 또는 하느님으로부터 멀어지는 과정을 다루는 인간적 행위에 대한 고찰(I-II, qq.6~II-II, q.189)로 나누어진다. 여기서 서론은 제2부 제1편 제6문의 '머리말'에서 이미 언급되었던 인식론적인 규범을 암시한다: 도덕적 학문은 그것의 적절하고 완결된 기능을 특수한 것들, 인간 행위의 영역에서 얻을 때에만 성취될 수 있기 때문에, 제2부는 특수한 것들을 다루어야만 한다. 이것은 단순히 자료를 위한 요청이 아니

머리글

덕들과 악습들 그리고 도덕적인 질료에 속하는 다른 것들을 공통적으로 고찰한 다음, 개별적인 것들을 특수하게 고찰할 필요가 있다.[1] 행위들은 특수한 것들 안에 존재하므로, 보편적인 도덕적 설교들은 그다지 유용하지 않다.[2]

도덕적인 것들에 관해서, 어떤 것은 특수하게 두 가지 방식으로 고찰될 수 있다. 첫째, 도덕적 질료 자체의 측면에서, 예를 들어 이 덕이나 이 악습에 대해서 고찰될 때를 말한다. 둘째, 인간들의 특수한

다. 강조점은 도덕적 학문이 '행위를 향해 규정되어 있다'(*In De Trin.*, V, 1, ad4)는 사실이다; '그것은 그 목적을 진리의 명료하게 함에 가지고 있는 것이 아니라, 행위의 선에 가지고 있다.'(*In Ethic.*, II, lect.9) '그것은 어떤 특수한 행위 안에서 이루어짐으로써 끝난다.'(ibid., VI, lect.2. Cf. I, q.79, a.11; *In Meta.*, II, lect.2; *In Anal. Post.*, I, lect.41(??)). 실로 '도덕적 학문의 목적은 덕을 아는 것이 아니라, 도덕적으로 되는 것이다.'(*In Ethic.*, X, lect.14). '이 가르침의 목적은 진리를 아는 것이 아니라 선하게 되는 것이다.'(ibid. II, lect. 11) 유용한 것은 목적에 비례하는 바로 그것이기(*In Ethic.*, I, lect.5) 때문에, 도덕적인 일반성들은 단순히 아는 것이 아니라(참조: ibid., II, lect.2 & 8), 선하게 되고, 특수한 상황에서 도덕적인 무엇인가를 하기 위해서는 덜 유용하고, 덜 가치를 지닌다. 도덕적인 행위가 실제로 창조되기 위해서는 현명의 덕이 요구된다. 그리고 그 행위 자체는 도덕적 학문의 행위가 아니라, 덕의 행위이다.(참조: *In De Trin.*, V, 1, ad3) 그러나 도덕적 학문은 현명과 도덕적인 행위를 돕기 위해서 그것들에 가능한 한 가깝게 다가가야 한다.(*In Ethic.*, II, lect.2) 도덕적 학문의 특수성을 위한 이유에는 '그것 자신의 올바른 판단들이 도덕가의 올바른 도덕적 소질을 전제한다'는 사실이 내포되어 있다.(Cf. *In Ethic.*, I, lect.3; X, lect.14) 이 요소들에 대한 주의 깊은 유용한 연구를 보기 위해서는: Cf. W. A. Wallace, *The Role of Demonstration in Moral Theology*, Washington, D.C., 1962, pp.71-94; 102-106.

consideratur de hac virtute vel hoc vitio; alio modo, quantum ad speciales status hominum, puta cum consideratur de subditis et praelatis, de activis et contemplativis, vel quibuscumque aliis differentiis hominum. Primo ergo considerabimus specialiter de his quae pertinent ad omnes hominum status;[3] secundo vero, specialiter de his quae pertinent ad determinatos status.[4]

Est autem considerandum circa primum quod, si seorsum determinaremus de virtutibus, donis, vitiis et praeceptis, oporteret idem multoties dicere, qui enim sufficienter vult tractare de hoc praecepto, *Non moechaberis*, necesse habet inquirere de adulterio, quod est quoddam peccatum, cuius etiam cognitio dependet ex cognitione oppositae virtutis. Erit igitur compendiosior et expeditior considerationis via si simul sub eodem tractatu consideratio procedit de virtute et dono sibi correspondente, et vitiis oppositis,[5] et praeceptis affirmativis vel negativis. Erit autem hic considerationis modus conveniens ipsis vitiis secundum propriam speciem, ostensum est enim supra[6] quod vitia et peccata diversificantur specie secundum materiam vel obiectum, non autem secundum alias differentias peccatorum, puta cordis, oris et operis, vel secundum

---

3. qq.1-170.
4. qq.171-189.
5. 이 과정은 제2부 제1편(I-II)에서 행위의 고유하게 인간적인 원천들에 토론하면서 다루었던 순서에 상응한다: 토마스 아퀴나스, 『신학대전 제23권: 덕』(I-II, 55-67), 이재룡 옮김, 한국성토마스연구소, 2020; 『신학대전 제24권: 성령의 선물』

지위라는 측면에서, 예를 들어 아랫사람과 윗사람에 대해서, 활동가와 관상가에 대해서, 인간들의 어떠한 차이들이든지 그것에 대해서 고찰될 때를 말한다. 그러므로 첫째, 우리는 인간의 모든 지위에 속하는 것들에 대해 특수하게 고찰할 것이다.[3] 그러나 둘째, 특정한 지위에 속하는 것들에 대해 특수하게 고찰할 것이다.[4]

그러나 첫째에 대해서는, 만일 우리가 덕들, 선물들, 악습들과 계명들에 대해서 별도로 규정해야 한다면, 우리는 동일한 것을 여러 차례 말해야만 할 것이라는 사실을 고찰해야만 한다. 왜냐하면, "간음하지 마라."는 이 계명에 대해 충분하게 논의하기를 원하는 사람은, 일종의 죄인 간음에 대해서 탐구하는 일이 필수적이고, 또한 이것의 인식은 반대되는 덕의 인식에 종속되기 때문이다. 따라서 만일 동시에 같은 논고 아래에서 덕과 그것에 상응하는 선물과 반대되는 악습들,[5] 그리고 긍정적이거나 부정적인 계명들에 대한 고찰을 진행한다면, 더욱 간결하고 효과적인 길이 될 것이다. 이러한 고찰의 방식은 고유한 종에 따라 악습들을 다룰 때에도 적합한 것이 될 것이다. 왜냐하면 위에서[6] 악습과 죄는 질료나 대상에 따라 종에 의해 구별되지, 죄들의 다른 차이들에 따라, 예를 들어 생각과 말과 행위에 의한 죄, 또는 나약함, 무지, 악의에 따른 죄, 다른 이런 종류의 차이

(I-II, 68-70), 채이병 옮김, 한국성토마스연구소, 2020; 악습과 죄들(qq.71-89): 『신학대전 제25권: 죄』(I-II, 71-80), 안소근 옮김, 한국성토마스연구소, 2020; 『신학대전 제26권: 원죄』(I-II, 81-85), 정현석 옮김, 한국성토마스연구소, 2021; 『신학대전 제27권: 죄의 결과』(I-II, 86-89), 윤주현 옮김, 한국성토마스연구소, 2021; 법(qq.90-108): 『신학대전 제28권: 법』(I-II, 90-97), 이진남 옮김, 바오로딸, 2020; 『신학대전 제29권: 옛 법』(I-II, 98-105), 이경상 옮김, 한국성토마스연구소, 2020; 『신학대전 제30권: 새 법과 은총』(I-II, 106-114), 이재룡 옮김, 한국성토마스연구소, 2021 참조.

6. I-II, q.18; qq.72-73.

infirmitatem, ignorantiam et malitiam, et alias huiusmodi differentias; est autem eadem materia[7] circa quam et virtus recte operatur et vitia opposita a rectitudine recedunt.

Sic igitur tota materia morali ad considerationem virtutum reducta,[8] omnes virtutes sunt ulterius reducendae ad septem, quarum tres sunt theologicae, de quibus primo est agendum;[9] aliae vero quatuor sunt cardinales, de quibus posterius[10] agetur. Virtutum autem intellectualium[11] una quidem est prudentia,

---

7. 여기서 '질료'란 인간 행위의 대상이 되는 사람이나 사물들을 의미한다.
8. 내용을 간결하게 정리하기 위해서, 『신학대전』의 서론들을 따라 내려오면서 앞선 구절들을 규정해 보자. 체계화하는 부분은 중세 사람들에게 성경의 자료들이나 권위를 인정받은 저술들에 대한 신학적 전통의 문헌들을 분류하는 과업이었다. 따라서 제2부 제2편(II-II)에서 덕에 대해 다루는 논고는 다양한 덕들에 대한 문헌을 통합하는 것을 특징으로 한다. Cf. M.-D. Chenu, OP, *Towards Understanding St. Thomas*, trans. by A.-M. Landry and D. Hughes, Chicago, Henry Regnery, 1964, pp.126-149. 체계화하는 기준으로서 덕의 선택은 또한 아리스토텔레스의 『니코마코스 윤리학』에서 자극을 받았다. 토마스는 그의 『윤리학 주해』를 『신학대전』 제2부와 동시에 작업했는데, 이에 대해서 강의한 것이 아니라, 자신의 윤리신학을 정초하기 위한 수단으로서 작업했다. Cf. R. A. Gauthier, OP, "Saint Thomas et l'Ethique à Nicomaque", in *Tabula Ethicorum, Sancti Thomae de Aquino, Opera Omnia*, XLVIII, Romae, 1971, pp.xxiv-xxv. 『니코마코스 윤리학』에서의 논증(argumentum)은 덕에 집중되어 있다. 마침내 그러한 집중은 토마스 자신의 '선(善)의 도덕'이라는 개념, 선에 대한 친밀감으로부터 내적으로 의도된 선에 관한 도덕, 의미된 것으로서의 선에 대한 도덕을 표현한다. 덕은 그러한 친밀감이다. 죄와 계명을 포함해서, 도덕적 학문의 모든 다른 관심들은 선의 이상에 종속된다.
9. 신앙, 희망, 참사랑을 도덕 생활의 일반적인 구조 안으로 부합하게 만드는 제2부 제1편 제62문을 보라. 여기서는 현재의 논고를 보기 전에 다시 읽어야만 할 유비들과 언어를 사용한다. 신학적 덕들은 전체 제2부의 목적의 우선성 때문에 먼저 고찰된다.(제2부 제1편의 서론 참조) 그것들만이 자기들의 직접적이고 매개되지 않는 대상으로서 하느님, 즉 인간 생명의 궁극적이고 초자연적인 목적을 가지고 있다.(Cf. I-II, q.62, a.1) 궁극 목적을 향한 올바른 질서는 도덕적 덕들에 의해서 전제되고 있는데, 이 덕들은 특수하고 종속되는 목적들에 대해서 다룬다.(I-II, q.65, a.2; a.3, c et ad1)

들에 따라 구별되는 것이 아니라고 밝힌 바 있기 때문이다. 그러나 덕이 그것에 관해 올바르게 행위하고, 반대되는 악습이 올바름으로부터 물러나게 되는 동일한 질료[7]가 존재한다.

따라서 도덕의 질료 전체를 덕에 대한 고찰로 환원시킨 다음에,[8] 모든 덕은 더 나아가 일곱 개로 제한되어야 하는데, 그것들 중에 셋은 대신덕(對神德)이고, 이것들에 대해서 우선적으로 다루어야 한다.[9] 그러나 다른 네 가지는 추요덕(樞要德)인데, 이것들에 대해서는 나중에 다룰 것이다.[10] 그런데 지성적인 덕들[11] 중에서 하나는 현명

---

10. 여기서 의미하는 바는 신학에서 적절하게 고찰하는 다른 덕들은 도덕적 덕들, 즉 성격에 관한 덕들이라는 것이다. 이것들은 단지 능력을 효과적으로 만드는 것이 아니라, 개인적인 선을 만드는 것이다. 지성적 덕들, 정신의 덕들은 그것들이 참행복과 관련을 갖고 있는 정도로만 도덕적인 담론에 들어온다. 즉 그것들의 실행이 정의나 사랑에 의해서 동기를 부여받는 것으로서, 그리고 관상이 참행복의 희미한 시작인 것으로서 담론에 들어올 수 있다.(I-II, q.57, a.1, ad2. Cf. I-II, q.3, a.7) 토마스는 그것들의 의미를 은총에 의해 부여된 지식의 의미를 설명하기 위해서 유비를 가지고 제공한다. 도덕적인 덕들 중에서 네 가지, 현명, 정의, 용기 그리고 절제는 (아마도 성 암브로시우스로부터) '추요덕들', 즉 주요한 덕들이란 이름을 가진다. 그것들이 모든 도덕적인 행위들에 공통적인 특징들을 말하고, 또한 그것들이 특별한 덕들이기 때문에, 도덕적인 생활의 주된 주제들과 관련된다.(I-II, q.61 참조; *De Virtut. card.*, I, ad12)
11. 아리스토텔레스는 『니코마코스 윤리학』(I, c.13, 1103a3-10)에서 지성적 덕과 도덕적 덕들 사이의 구별을 언급한다. 첫째 것의 예로서 철학적 지혜(sophia)와 실천적 지혜(phronesis)를 언급한다. 제6권에서 그는 지성적 덕들 각각에 대해서 토론하는데, 그것들을 관상적이거나 사변적인 지성을 완전하게 하는 것들과 실천적이고 지시하는 지성을 완전하게 하는 것으로 구분한다. 첫째 종류는 제1원리에 대한 이해 또는 통찰(nous), 필수적인 결론들에 대한 지식, 즉 학문(epistēmē) 그리고 지식의 가장 높은 형태, 철학적 지혜(sophia)이다. 실천적인 지성의 덕들은, 인간의 행위들의 지침이 되는 실천적 지혜(phronēsis)와 사물들의 제작에 지침이 되는 기예(technē)이다.(Cf. *Ethica Nic.*, VI, c.3, 1139b14-16) 성 토마스는 지성적 덕들에 대한 자신의 해석을 제2부 제1편 제57문에서 개괄적으로 제시한다. 기예는 자유 학예만을 포괄하는 것이 아니라 기계적인 기술들도 포함한다.(Cf. *In De Trin.*, V, 1, ad3 & ad4)

quae inter cardinales virtutes continetur et numeratur;[12] ars vero non pertinet ad moralem, quae circa agibilia versatur,[13] cum ars sit recta ratio factibilium, ut supra[14] dictum est; aliae vero tres intellectuales virtutes, scilicet sapientia, intellectus et scientia, communicant etiam in nomine cum donis quibusdam spiritus sancti, unde simul etiam de eis considerabitur in consideratione donorum virtutibus correspondentium.[15] Aliae vero virtutes morales omnes aliqualiter reducuntur ad virtutes cardinales, ut ex supradictis[16] patet, unde in consideratione alicuius virtutis cardinalis considerabuntur etiam omnes virtutes ad eam qualitercumque pertinentes et vitia opposita.[17] Et sic nihil moralium erit praetermissum.

---

12. Cf. I-II, q.57, a.4. 현명은 욕구와 연관되어 있는데, 그 판단의 올바름이 욕구 안에서의 올바름에 종속되기 때문이다. Cf. I-II, q.57, a.5; q.58, a.2, aa.4-5; q.61, aa.1-4; q.65, a.1. 아리스토텔레스의 전체적인 도덕 이론을 토마스가 그리스도교적으로 해석하는 것에 대한 열쇠로서의 아리스토텔레스의 실천적 지혜(phronēsis)를 성 토마스가 어떻게 변형시켰는지에 대해서는: Cf. R. A. Gauthier, *Aristote, L'Ethique à Nicomaque*, 2e éd., Louvain, 1970, I, Introduction, pp.273-283.

13. 아리스토텔레스의 '제작'(poiēsis)과 '실천'(praxis) 사이의 구별(*Ethica Nic.*, VI, c.4, 1140a1-5)은 제2부 제1편 제57문 제4절에서 '행함'(actio 또는 agere)과 '제작'(factio 또는 facere) 사이의 구분으로 제시되어 있다. 그것은 내재적이고 내적인 활동, 본질적으로 지식을 이루는 행위이거나 한 인간에 있는 지각 행위와 전이적이고 바깥으로 나가는 활동, 한 사물의 생산 사이의 구별이다. 첫째 것의 선은 행위하는 인간을 선하게 만들고, 둘째 것의 선은 만들어진 생산물을 좋게 만든다. 생산되는 사물들에 관한 올바른 판단으로서의 기예는 개인적인 선을 만들려고 의도하는 도덕적 학문의 관심 대상이 아니다. R. A. Gauthier, *La morale d'Aristote*, Paris, 1963, pp.31-37.

인데, 이것은 추요덕들 안에 포함되고 나열되는 것이다.[12] 그리고 기예는 수행할 수 있는 것들에 대해 다루는[13] 도덕적 덕에 속하지 않는데, 위에서[14] 말한 바와 같이, 기예가 '제작할 수 있는 것들에 관한 올바른 이성'이기 때문이다. 그러나 다른 세 가지 지성적 덕들, 즉 지혜, 통찰, 그리고 지식은 성령의 선물들 중에서 어떤 것들과 이름에서 일치하고, 따라서 덕들에 상응하는 선물들에 대해 고찰하면서[15] 그것들에 대해서도 동시에 고찰할 것이다. 그러나 다른 도덕적인 덕들은, 앞서[16] 말한 것들에서 분명한 것처럼, 어떤 방식으로든 추요덕들로 환원된다. 따라서 어떤 추요덕을 고찰하면서, 그것에 어떤 방식으로든 속하는 모든 덕과 반대되는 악습들도 또한 고찰할 것이다.[17] 그렇게 해서 도덕과 관련된 아무 것도 놓치지 않을 것이다.

---

14. I-II, q.57, qq.3-4.
15. 계획된 종합을 제시하려는 의도는 선물들이 지성적 덕들을 설명하기 위한 수단으로서 포함된다는 인상을 줄 수도 있을 것이다. 그러나 덕과 선물들의 상응은 여기서 실체가 관건이다. 그 상응은 단순히 도덕 문헌을 체계화하는 수단만이 아니다. 선물들의 본성과 필요에 관한 제2부 제1편 제68문 제1-2절에서의 도입부는 독자들에게 그리스도교 생활과 그래서 덕에 대한 성 토마스의 통찰이 본질적으로 성령의 특별한 개입에 의존함을 내포하고 있고, 누구에게 수용되는지가 선물들의 의미라는 사실에 주목하게 만들어야 한다. 독자들은 제2부 제2편에서의 어떠한 덕에 대한 논고도 오직 상응하는 선물에 대한 고찰과 함께만 완결된다는 사실을 예측해야만 한다. 선물의 초인간적인 방식의 중요성은 각각의 덕이 기능하고 묘사되는 방식을 제한적으로 해석하는 것으로서 되돌려 읽어야 한다. 이것은 도덕적으로 행위하는 것이 그것의 궁극적인 신학적 의미로서-덕의 기준과 이상에 도달하기 위해서라도-성령의 도우심이 필요함을 체험하는 것과 그 도움을 위한 수동성을 강조한다는 지각에 도달한다.
16. I-II, q.61, a.3.
17. 덕들의 다양한 부분에 대한 고찰을 통한, 이런 종류의 환원에 대한 개요는 제2부 제2편 제48문에 제시되어 있다.

q.1

QUAESTIO I
DE OBIECTO FIDEI
in decem articulos divisa

Circa virtutes igitur theologicas primo erit considerandum de fide;[1] secundo, de spe;[2] tertio, de caritate.[3] Circa fidem vero quadruplex consideratio occurrit, prima quidem de ipsa fide; secunda de donis intellectus et scientiae sibi correspondentibus;[4] tertia de vitiis oppositis;[5] quarta de praeceptis ad hanc virtutem pertinentibus.[6] Circa fidem vero primo erit considerandum de eius obiecto; secundo, de eius actu;[7] tertio, de ipso habitu fidei.[8]

Circa primum quaeruntur decem.

Primo: utrum obiectum fidei sit veritas prima.

Secundo: utrum obiectum fidei sit aliquid complexum vel incomplexum, idest res aut enuntiabile.

Tertio: utrum fidei possit subesse falsum.

Quarto: utrum obiectum fidei possit esse aliquid visum.

---

1. 이 질문들에 대한 내용들이 제31권의 내용을 이루고, 제8문에서 제16문까지는 제32권의 내용을 이룬다.
2. q.17.
3. q.23.

제1문
신앙의 대상에 대하여
(전10절)

    이어서 대신덕(對神德)들 중에서 첫째, 신앙에 대해 살펴보고,[1] 둘째, 희망에 대해서,[2] 셋째, 참사랑에 대해[3] 고찰되어야 한다. 그런데 신앙에 관해서는 네 가지 고찰이 이루어지는데, 첫째, 신앙 자체에 대해, 둘째, 그에 상응하는 통찰과 지식의 선물들에 대해,[4] 셋째, 반대되는 악습들에 대해,[5] 넷째, 이 덕에 속하는 계명들에 대해서[6] 고찰해야 한다. 그런데 신앙에 관해서는 [다음 세 가지 주제가] 고찰되어야 한다. 첫째, 그 대상에 대하여, 둘째, 그 행위에 대하여,[7] 셋째, 신앙의 습성 자체에 대하여.[8]

    그리고 신앙의 대상에 대해서는 다음 열 가지 질문이 제기된다.

1. 신앙의 대상은 제1진리인가?
2. 신앙의 대상은 명제적 방식을 통한 합성된 어떤 것인가?
3. 신앙 아래 거짓이 들어올 수 있는가?
4. 신앙의 대상은 보이는 것일 수 있는가?

---

4. q.8.
5. q.10.
6. q.16.
7. q.2.
8. q.4. 질문들의 이러한 순서는 덕의 행위와 관련해서, 그리고 그러한 행위에 대한 습관적인 소질로서의 덕과 관련해서 대상의 결정적인 기능에 기초하고 있다.

q.1

Quinto: utrum possit esse aliquid scitum.

Sexto: utrum credibilia debeant distingui per certos articulos.

Septimo: utrum iidem articuli subsint fidei secundum omne tempus.

Octavo: de numero articulorum.

Nono: de modo tradendi articulos in symbolo.

Decimo: cuius sit fidei symbolum constituere.[9]

---

9. 이 질문의 내용들은 전제되는 신학적 자료들의 틀 안에서 언급된다. 인간의 참행복을 위한 계시에 의해서 하느님은 자기 자신과 그의 구원하는 길들을 알려지도록 만들었다. 하느님께서 계시하셨다는 자연적 지식을 능가하는 사태는 성경에 나오는 말들 안에서 그리고 교회의 신앙 조항들, 즉 신경 안에서 표현되어 있다. 신앙은 하느님이 자신의 말을 하는 것처럼 하느님을 강하게 붙잡도록 하는 은총에 의해서 주어진 힘이다. 제1문이 자료의 의미와 순서를 이해 가능하도록 표현하는 바를 찾는 것처럼, 제1문의 진행을 이해하기 위해서는 제1부 제16문을 다시 읽어 보아야 한다. 그곳에 나오는 '진리는 정신이 이끌리는 바로 그것을 의미한다.'(a.1)는 진술은 참과 지성의 대상 사이의 동일시를 말하고, 그것은 신앙의 의미를 왜 진리라는 용어를 통해서 토론해야만 하는가를 설명한다. 신앙은 인간이 하느님을 '알게' 하는 방법을 전제하고 있다. 이것은 더 나아가 은총이 지성과 의지를 강화하고, 그것들의 상호작용의 양식을 하느님과 친교를 이루는 삶 안으로 들어 높인다는 전제를 포함한다.(Cf. I-II, q.62, aa.1 & 3; q.110, aa.1-4; etiam I, q.93, aa.4 & 7; I-II, q.3, aa.3-8) 지금 다루는 질문의 순서에 대해서 제1부 제16문에 의해서 비추어진 빛은 진리의 의미에 대한 그것의 설명이다. 지식은 참이라고 언급된다.(a.1) 신앙이 하느님 자신의 앎에 동화되는 것으로서, 첫째 의미로 참인 것에 도달하는 방법이 여기 제1절 안에서 다루어진다. 진리의 둘째 의미는 제2-10절

5. 신앙에 속하는 것들이 알려질 수 있을까?
6. 믿을 수 있는 것들은 확정된 조항들을 통해서 구분되어야 하는가?
7. 신앙 조항은 시간의 연속에 따라 증가하는가?
8. 신앙 조항은 적절하게 열거되었는가?
9. 신앙 조항은 적절하게 신경에서 제시되었는가?
10. 신경(信經)을 규정하는 일은 누구에게 속하는가?[9]

의 주제이다. 알려진 진리는 지성이 실존하는 것과 그것 자신의 동화를 판단하는 것 안에서 실존한다.(I, q.16, a.2) 인간 지성은 한 명제가 표현하는 복합적인 행위를 필수적으로 포함하기 때문이다. 제2절과 제3절은 이 사실과 제1절에서 제시된 강조점과의 관계를 다룬다. 제4절과 제5절은 지성 안에 있는 신앙 대상의 상태와 참된 지식의 다른 기초적인 형태들의 대상의 상태, 즉 원리들에 대한 통찰(a.4)과 결론들에 관한 지식(a.5)을 비교한다. 제6-10절은 신앙 대상이 선포된 명제들이 신앙 조항들 안에서 특수한 형태를 가지고 있다는 것을 전제하면서, 이것에 대한 이유(a.6), 시간의 흐름 안에서의 변형들(a.7), 교회에 의해서 신경들 안에서 표현된 것(aa.9-10)을 다룬다. 『신학대전』에서 흔히 볼 수 있듯이, 신앙에 관한 논고에서 처음 두 절은 나머지 절들에 대한 열쇠를 포함하고 있다. 이러한 절들, 그리고 그에 따라 전체 논고는 인간의 앎에 대한 '인식론적 실재론'뿐만 아니라, 인간의 은총으로 주어진 하느님과의 만남에 대한 토마스의 '신학적 실재론'을 구현한다. 이 두 가지 측면 중 어느 한쪽을 약화시키는 토마스의 사상에 대한 해석은, 그 자신의 고유한 정당성을 입증할 권리를 가지고 있다. 그러나 그것은 신앙에 대한 논고의 가르침과의 연속성 또는 부합함조차도 올바르게 주장할 수는 없다.

Articulus 1
Utrum obiectum fidei sit veritas prima

Ad primum sic proceditur. Videtur quod obiectum fidei[1] non sit veritas prima.[2]

1. Illud enim videtur esse obiectum fidei quod nobis proponitur ad credendum. Sed non solum proponuntur nobis ad credendum ea quae pertinent ad divinitatem, quae est veritas prima; sed etiam ea quae pertinent ad humanitatem Christi et Ecclesiae sacramenta et creaturarum conditionem. Ergo non solum veritas prima est fidei obiectum.

2. Praeterea, fides et infidelitas sunt circa idem, cum sint opposita.[3] Sed circa omnia quae in sacra Scriptura continentur potest esse infidelitas, quidquid enim horum homo[4] negaverit, infidelis reputatur. Ergo etiam fides est circa omnia quae in sacra Scriptura continentur. Sed ibi multa continentur de hominibus et de aliis rebus creatis. Ergo obiectum fidei non solum est veritas prima, sed etiam veritas creata.

---

1. objectum이란 라틴어 단어는 이 논고와 제2부 제2편 전체에 걸쳐서 가장 무거운 부담을 지고 있는 용어이다. 해답은 그것의 다양한 사용 방식을 제시할 것이다. 맥락에 따라서 전적으로 다른 의미를 띨 수 있더라도 번역은 일단 '대상'이란 단어를 주로 사용할 것이다.
2. prima veritas는 항상 '제1진리'라고 번역할 것이다. 성 토마스는 하느님에 대해, 참되고 진리인 하느님에 대해 말하고 있다. "하느님은 진리일 뿐만 아니라, 최고의 그리고 제1진리이다."(I, q.16, a.5) 논의되고 있는 존재는, 추상이나 비인격적인 의

제1절 신앙의 대상은 제1진리인가?

Parall.: Cf. *In Sent.*, III, d.24, q.1, a.1, qc.1; *De veritate*, q.14, a.8; *De spe*, a.1.

[반론] 첫째에 대해서는 다음과 같이 진행된다. 신앙의 대상[1]은 제1진리[2]가 아닌 것처럼 보인다.

1. 신앙의 대상이란, 우리에게 믿어야만 하도록 제안되는 것처럼 보이기 때문이다. 그러나 우리에게는 제1진리인 신성(神性)에 속하는 것들뿐만 아니라, 그리스도의 인성(人性)과 교회의 성사들, 그리고 피조물의 상태에 관한 것들도 믿도록 제안된다. 그러므로 제1진리만이 신앙의 대상인 것은 아니다.

2. 신앙과 불신은, 서로 반대되기에,[3] 동일한 대상을 가지고 있다. 그런데 불신은 성경에 포함된 모든 것에 관한 것일 수 있다. 한 인간[4]이 부정할 수 있는 것들 중에 무엇을 [부인하든지], 그는 불신자로 간주된다. 그러므로 신앙도 성경에 포함된 모든 것에 관한 것이다. 그리고 거기에는 인간과 다른 피조물에 관한 많은 것이 있다. 그러므로 신앙의 대상은 제1진리일 뿐만 아니라, 창조된 진리이기도 하다.

미에서의 '대상'이 아니다. 보편적인 것에서 특정한 것으로 논증하는 논리인, 철학적 범주의 언어는 기술(技術)이다. 그것들은 표현되고 있는 실재들을 흐리게 해서는 안 된다. 신학적 덕은 더욱 보편적인 어떤 것의 예가 아니다. 그 기술들은 은총 안에 있는 삶의 독특하고 뛰어난 실재를 표현하기 위한 것이다. "철학자들이 생각해 온 영혼의 특징에는 은총과 같은 것이 없다."(*De veritate*, q.26, a.2, ad7)

3. Opposita sunt circa idem. Cf. II-II, q.92, a.2; q.119, a.1; q.155, a.3, obj.2; q.157, a.2, ad1.
4. 라틴어 단어 homo가 성 토마스에 의해 사용될 때에는 가장 자주 위대하고 보편적인 인간을 지칭하는 것이 아니라, 정확한 라틴어 문법을 무시하면서, 부정 대명사, 즉 영어에서의 'one'과 동일한 것을 가리킨다. Cf. R. A. Gauthier, *Sententia libri Ethicorum, Sancti Thomae de Aquino Opera Omnia*, 47,1, Roma, 1971, p.196.

q.1, a.1

3. Praeterea, fides caritati condividitur, ut supra[5] dictum est.[6] Sed caitate non solum diligimus Deum, qui est summa bonitas, sed etiam diligimus proximum.[7] Ergo fidei obiectum non est solum veritas prima.

SED CONTRA est quod Dionysius dicit, 7 cap. *de Div. Nom.*,[8] *quod fides est circa simplicem et semper existentem veritatem*. Haec autem est veritas prima.[9] Ergo obiectum fidei est veritas prima.

RESPONDEO dicendum quod cuiuslibet cognoscitivi habitus[10] obiectum duo habet, scilicet id quod materialiter cognoscitur, quod est sicut materiale obiectum; et id per quod cognoscitur,

---

5. I-II, q.62, a.3.
6. 신앙은 참사랑과 함께 신학적 덕으로서 다뤄진다.
7. Cf. II-II, q.25, a.1.
8. Dionysius, *De div. nom.*, c.7: PG 3, 872 & 874. 위-디오니시우스는, 아마도 시리아 출신으로, 500년경의 익명의 저자이다. 그는 초기 중세에 사도행전 17장 34절에 나오는 바오로 사도가 개종시킨 디오니시우스 아레오파기타와 혼동되었고, 큰 명성을 얻은 후 나중에 가서야 훨씬 후대 작품임이 밝혀졌기 때문에 위(僞)-디오니시우스라고 불린다. 그의 작품들은 그리스도교의 가르침과 신플라톤주의 사상을 기묘하게 결합시킨 것이었다. 이 저자는 명백하게 신플라톤주의자들을 개종시키고, 그들의 철학을 그리스도교적인 것으로 바꾸려고 노력했다. 특히 그의 저서『신명론』(神名論, *De divinis nominibus*)은 여러 차례 주해될 정도로 후대 사상가들에게 큰 영향을 미쳤다. 그의 저서가 알려진 이후 신에 대한 설명은 이 부정의 길로 설명되는 것이 주류적 현상이었다. 교부철학에서 아우구스티누스와 프로클로스를 거쳐 제시된 긍정과 부정의 두 길은 위-디오니시우스에 의해 발전되고 그 후에 전개되는 그리스도교 철학과 신학에 계승되어 토마스 아퀴나스에게까지 인계될 정도로 큰 영향력을 미치게 되었다. 그 밖에도『천계위계론』,『교회위계론』,『신비신학론』과 같은 위-디오니시우스의 작품들은 고백자 막시무스(Maximus the Confessor, 580년경~662년)의 주해서들과 함께 동방과 서방의 그

3. 위에서[5] 언급한 바와 같이 신앙은 참사랑과 함께 나누어진다.[6] 그런데 참사랑을 통해 우리는 최고선인 하느님뿐만 아니라, 이웃도 사랑한다.[7] 그러므로 신앙의 대상은 제1진리만이 아니다.

[재반론] 그러나 반대로 디오니시우스는 『신명론(神名論)』 제7권[8]에서, "신앙은 단순하고 항상 실존하는 진리에 관한 것이다."라고 말한다. 그런데 이것이 제1진리이다.[9] 그러므로 신앙의 대상은 제1진리이다.

[답변] 인식 습성[10]의 대상은 무엇이든지 두 가지를 가진다. 첫째, 질료적으로 인식된 것, 말하자면, 질료적 대상과 같은 것이다. 그리고 둘째, 그것을 통해서 인식되게 되는 것, 즉 그 대상의 형상적 근거

리스도인들 모두에게 막대한 영향을 주었다. 역사에 나타난 마지막 그리스 교부인 요한 다마셰누스는 그의 『정통신앙론』에서 그리스 교부들의 사상을 요약했고, 위-디오니시우스의 이론들을 서방에 전수해 주었다. 그에 대한 보다 상세한 설명은 위 디오니시우스, 『위 디오니시우스 전집』, 엄성옥 옮김, 은성, 2007 참조.
9. (*추가주) 제1진리는 그것에 의해 모든 다른 진리가 측정되는 '신적인 진리'이다.(ScG I, 62; cf. I, q.16, a.5) 그리고 그것 때문에 각각의 인간 행위들은 적합하게 된다.(II-II, q.9, a.3; cf. q.4, a.2, ad3) 성경 안에서 우주 사물들의 섭리자이자 통치자이신 하느님에 대한 설명이 이루어지기 때문에, 하느님은 '지혜로운'(Sapiens) 또는 '선견지명이 있는 분'(Providus)이라고 불린다. 더구나 그는 '지혜'(Sapientia), '섭리'(Providentia)라고도 불린다. 유사하게, 신학적 신앙에 대해서 논술되기 때문에, "'제1진리'라는 의미에서 신성에 대해서, 진리의 고유한 과업을 위해 신성을 전유(專有)하는 이에 대해"(Cajetanus, in h. a., n.VIII) 기억되어야만 한다. Cf. R. Bernard, *La foi*, t. I(II-II, qq.1-7), Paris, 1940, p.230.
10. '습성'(habitus)에 대해서는 『신학대전 22: 습성』(I-II, qq.49-54), 이재룡 옮김, 한국성토마스연구소, 2020 참조. 여기서 사용되는 것처럼, 그것은 특정한 방식으로 준비와 기능을 가지고 행동하는 능력의 소질이나 훈련을 의미한다. '인식 습성'(habitus cognoscitivus)은 감각이 아니라 정신의 소질을 주로 가리킨다. Cf. I-II, q.50, a.3, c & ad3.

quod est formalis ratio obiecti.[11] Sicut in scientia geometriae materialiter scita sunt conclusiones; formalis vero ratio sciendi sunt media demonstrationis,[13] per quae conclusiones cognoscuntur.[12] Sic igitur in fide, si consideremus formalem rationem obiecti, nihil est aliud quam veritas prima,[14] non enim fides de qua loquimur assentit alicui nisi quia est a Deo revelatum; unde ipsi veritati divinae innititur tanquam medio.[15]

11. 영혼의 힘이나 능력 그리고 그것들에 추가된 습성들은, 모두 그것들의 행위와 관련해서 그 의미를 갖는다. 행위들은 그것들의 대상과 관련해서 그것들의 의미와 성격을 가진다. 이것이 여기서 소개되는 요점이며 제2부 제2권 전체를 통해 각각의 덕과 악습의 의미를 결정하는 상수이다. 여기서 '대상'은 행위와 관련된 실재(사람 또는 사물)라는 기본적이고 지속적인 의미를 지니고 있다는 점에 유의해야 한다. (objectum은 말 그대로 행위를 거슬러 던져져 있는 것이다.) 성 토마스는 질료적 대상(objectum materiale)과 '대상의 형상적 근거'(formalis ratio objecti)에 대해 말할 때, 그러한 의미를 유지한다. (이 구별에 대해서는: Cf. I, q.1, a.3) 대상은 '끝(종결)'이란 의미를 가지고 있으며, 앎이나 사랑 같은 내적인 행위는 끝을 향해 움직이거나 관여하는 방식에 따라 생각된다. 질료적 대상은 한 행위를 종결시키는 실재이다. 형상적 근거는 그 행위가 종료를 위해 의존하는 대상 안에 있는 기초이다. 그것은 그것에 의해 그 행위에 관계하게 되는 실재 안에 있는 동기, 특별한 관심 또는 가치이다. 따라서 그것이 행위를 상세하게 기술하고, 무엇이 질료적 대상인가를 결정한다. 지금의 절은 성 토마스가, 대신덕으로서의 신앙과 희망의 성격뿐만 아니라, 신앙과 희망에 의한 인간과 신의 결합의 직접성을 그것들의 형상적 대상에 근거하여 본다는 것을 제대로 평가하기 위해, 제2부 제2편 제17문 제2-4절과 연결해서 읽어야 한다. "인간은 신앙으로 제1진리를 고수할 때, 그의 바로 그 존재 안에서 신에게 도달한다."(*In Sent.*, I, d.37, q.1, a.2)
12. Cf. I-II, q.54, a.2, ad2.
13. Cf. I, q.1, a.1, ad2; a.3, c & ad2; a.7. 기하학의 예에서는, 공통된 중간 용어(medium demonstrationis, 증명의 매개넘)를 가진 전제들과 따라오는 결론으로 이루어진 증명적 삼단논법의 형상적 상태와 그러한 과정을 통해 알려진 실재 사이의 차이를 주목해야 한다. 그 실재에서 중간 용어로 표현된 특징은, 알려진 것(결론에서의 주어)이 어떤 속성(결론에서의 술어)에 의해 왜 규정되는가 하는 이유이다. 그것이 형상적 목적이고, 즉 결론으로 이끌어 가는, 그리고 결론에서

다.[11] 예를 들어, 기하학에서 질료적으로 알려진 것은 결론이지만, 알려져야 하는 것의 형상적 근거는 그것을 통해서 결론이 알려지는[12] 증명의 수단(매개념 각주와 용어 통일)이다.[13]

따라서 만약 우리가 그 대상의 형상적 근거를 고려한다면, 신앙은 바로 제1진리에 관한 것이다.[14] 우리가 말하고 있는 신앙은, 오직 하느님에 의해 계시되었기 때문에 어떤 것에 동의하기 때문이다. 그래서 신앙이 의지하는 수단은 신적 진리 자체이다.[15]

묘사된 실재 안에서 정신이 종결하도록 입증하는 실재의 바로 그 측면 또는 특징이다. Cf. *In Anal. Post.*, II, lect.1. 중간 용어의 이 완결하는 기능은, '질료적'과 '형상적'이라는 용어의 적용을 설명한다.

14. Cf. I, q.16, a.5.
15. 여기서 라틴어 단어 veritas prima는 독특한 의미에서의 제1진리, 계시와의 관련성을 함축하고 있는 제1진리를 의미한다. 그러한 의미는 부분적으로 "사람이 그것에 의해서 진리를 말하는 것과 같은 진리"라는, 진리의 덕에 의해 제시될 수 있다.(II-II, q.109, a.1) 그러나 더 많은 것이 있다: 하느님은 그가 알고 있는 것을 말하고, 그의 앎은 단지 자신의 존재와 부합할 뿐만 아니라 하나이고, 다른 모든 존재자의 척도와 원인이다.(I, q.16, a.5) 제1진리로서의 하느님에게 충실함으로써, 인간은 신앙에 의해서 이것, 하느님 자신의 앎을 공유한다: "덕인 그 신앙은 사람의 정신을 하느님 자신의 앎으로 이루어진 진리에 충실하게 하여, 인간 자신의 정신의 진리를 초월하게 한다."(*De veritate*, q.15, a.8) Cf. I-II, q.110, a.4. 신앙의 내용에 동의하는 근거를 나타내는 '매개념'의 힘은 다음과 같다: "신적인 앎에 대한 일종의 공유와 유사성은 이 삶에서, 주입된 신앙에 의해 우리는 그 자체를 위해 신적인 진리를 강하게 고수한다는 점에서 생겨난다."(*In de Trin.*, q.2, a.2) 신앙의 형상적 근거는 참되시며, 진리를 알고 말하는 하느님이다. 신앙은 하느님 자신에게 동의한다. 이러한 결정은 하느님의 말씀에 대한 성경적 언급에 포함된 모든 신학적 힘과 강도를 가지고 있다. 형상적 근거의 우선성을 고려했을 때, 우리는 신앙이 하느님 자신을 자기의 직접적인 대상으로 삼는 신학적 덕이라는 것을, 하느님에 대해 충실함에 의해서 보게 된다.(Cf. I-II, q.62, a.1) '대상'이라는 재미없는 언어 아래 은총을 통한 하느님의 특별한 현존이라는 실재가 주장되고 있다.(Cf. I, q.8, a.3, c & ad4) 이 즉각적인 하느님과의 관계는, 정신이 자신의 본성적 앎에서 모든 것을 신적인 진리에 근거하여 판단하는 방식과 대조를 이룬다. 여기서 신적 진리는 정신 자체의 제1원리를 통해 정신에 반영된다. 이것은 제1원리가 창조된 존재의 경험을 통해 도출되고 제시된다는 점

q.1, a.1

Si vero consideremus materialiter ea quibus fides assentit, non solum est ipse Deus, sed etiam multa alia. Quae tamen sub assensu fidei non cadunt nisi secundum quod habent aliquem ordinem ad Deum, prout scilicet per aliquos divinitatis effectus homo adiuvatur ad tendendum in divinam fruitionem.[16] Et ideo etiam ex hac parte obiectum fidei est quodammodo veritas prima, inquantum nihil cadit sub fide nisi in ordine ad Deum,[17] sicut etiam obiectum medicinae est sanitas, quia nihil medicina considerat nisi in ordine ad sanitatem.

에서, 유사성을 통한, 하느님과의 매개된 관계이다.(Cf. I, q.16, a.6, ad1) 마침내 이 답변은, 계시가 일차적으로 진리들의 본체라는 것을 의미하는 것이 아니라, 하느님 스스로 계시하시고, 신앙이 하느님이 말씀하신 것 안에서 끝나기 이전에 말씀하시는 하느님 자신을 먼저 받아들인다는 것을 의미하게 만든다.

16. 라틴어 단어 fruitio, 향유, 즉 도달한 선에 기쁘게 쉬는 것에 관해서는 I-II, q.11 참조.
17. 여기서는 하느님의 특별한 사랑에서 오는 은총의 삶의 시작으로서의, 신앙의 일반적인 개념이 제시되며, 하느님은 그 자신인 영원한 선을 전달하고, 인간을 자신의 복된 삶으로 끌어들인다.(Cf. I-II, q.110, a.1; II-II, q.17, a.2; q.23, a.1; In Sent., II, d.26, q.1, a.1, ad2) 신앙은 하느님의 말씀에 대한 응답(In Rom., 4, lect.1)은 사람이 오직 "그것이 하느님에 의해서 말해졌기 때문에(quod est a Deo dictum)" 어떤 것을 믿을 때, 신앙을 가지게 된다고 언급한다.)이며, 그렇게 함으로써 소통을 시작한다. 하느님은 직접 말하고, 인간이 그의 복됨을 공유하고 있는 이로서의 자기 자신에 대해 먼저 말하고, 그다음에 하느님이 인간을 자기 자신에게로 인도하는 데 사용하는 것들에 대해 말한다. 처음부터 신앙은 참행복과 은총의 특별하고 인격 대 인격의 삶이라는 맥락에 놓인다. 그 본질적인 설명은 이 질문들 전반에 걸쳐 반복적으로 들릴 것이다.
(*추가주) a) 신앙의 대상이 결정되는 특별한 이유들에 대한 전망
I - 질료적 또는 형상적인 바로 그것
  A - 구별되지 않은 것
    1) 내포에 따른(quoad continentiam): 신앙의 유산(계시의); 교회의 가르침

그러나 만일 우리가 신앙이 그것에 대해 동의하는 것을 질료적으로 고려한다면, 그것들은 하느님 자체뿐만 아니라 다른 많은 것들도 포함한다. 그럼에도 신앙의 동의 아래에는, 신성의 특정한 효과를 통해 인간이 하느님에 대한 향유[16]로 이끌리도록 도움을 받는 한에서, 하느님과 어떤 관계를 가지는 것만이 속하게 된다.

그렇기 때문에 이러한 관점에서 볼 때, 의술은 건강과 관련된 질서 이외에는 아무것도 고찰하지 않기 때문에 의술의 대상이 건강인 것처럼, 하느님과 관련된 질서 이외에는 아무것도 신앙에 속하지 않으므로, 또한 신앙의 대상은, 어느 의미에서는, 제1진리이다.[17]

---

  2) 잠세성에 따른(quod virtualitatem)
   a) 최초로 믿을 수 있는 것들(prima credibilia)
   b) 신경들
 B - 구별된 것
  1) 직접적인 것
   a) 매개되지 않은 것: 그 자체로 계시된 모든 것
    i) 그 자체로: 신비들
     a') 일차적인: 제1진리 (하느님) 그 자체
     b') 이차적인: 하느님을 향한 질서 안에서 [발출되거나] 창조된 대상들
      α) 주요한: 그리스도
      β) 부차적인: 그리스도의 업적을 지속하는 수단들
    ii) 우유적으로: 본성적으로 인식가능한 것들
     α) 주체의 의미로
     β) 객체의 의미로
   b) 매개된 것: 계시 가능한 것들
    i) 계시된 것들의 잠재성에 대한 설명으로부터 (신학적인 결론들)
    ii) 계시된 진리들에 대한 환원으로부터 (교의적인 사실들)
  2) 간접적인 것: 결합된 신앙의 대상들과 함께 둘레로부터
   a) 신앙을 둘러싸는 대상들에 대해 판단하는 한에서
   b) 둘러싸는 대상들이 신앙을 강화하거나 부정하면서 접촉하는 한에서
 II. - 그것에 의한 형상적 대상: 인식의 근거: 제1진리

q.1, a.1

이 표를 호르바트(A.-M. Horváth, OP, *Synthesis theologia fundamentalis*, Budapestini, 1947, p.110)가 제시한다. 동일한 표의 설명을 가져오는 것이 도움이 될 것이다.

주석(Praenotamen):
a) '질료적 대상': 어떤 능력이나 기능이나 습성이 그것에 대해서 다루는 것
'비구별적으로 취해지면'(Si sumatur indistincte), 그 안에서 다다를 수 있는 것들이 보존되고 그것으로부터 뽑아낼 수 있는 저 자리를 가리킨다(비유적으로 그렇게 말해질 때). 그렇게 감각적인 무엇임은 지성이 자신의 대상들을 뽑아낼 수 있는 자리이다. 일반적으로 그리고 공통적으로 구별되지 않는 질료적 대상은 어떤 기능이나 능력들을 움직이는 원리를 내포하고 있는 것이다.
'구별적으로 취해지면'(Si sumatur distincte), 그것은 다다를 수 있는 특별한 이유들을 가리킨다. 따라서 질료적 대상은 나눌 수 없는 방식과 나눌 수 있는 방식을 통해서, 비구별적으로(하나로)와 구별적으로(다수에 따라) 고찰될 수 있다.
b) 인식 기능의 질료적 대상은 그 자체로 사물들의 존재론적 진리 자체이다. 객관적인 것은 지성적 빛에 따라 다양한 방식으로 인식 가능하다. 신적인 빛 안에서는 다르게 접촉되고(지복직관 안에서, 예언 안에서, 영감 안에서 그리고 신앙 안에서), 추상의 빛 안에서는 다르게 인식 가능하다. 추상의 빛에 의해서는 오로지 그 자체의 존재론적 진리가 존재자의 공통적인 근거들에 따라 연속적으로 계시되고, 나중에 가서야 특수한 것들을 통해서 계시된다. 질료적 대상은 그렇게 객관적인 빛을 통해서 형성되고(객관화를 시키는 형상적 대상), (규정된 방식에 따라 인식 가능성을 표현하는) 형상적 대상으로 구성된다. 따라서 우리는 형상적 대상 안에서 질료적 방식으로 관계를 맺고 있는 것과 그것에 의해 특별한 방식으로 인식가능한 것이 구성되는 인식의 근거를 구별한다. 질료적 대상은 절대적인 어떤 것이다. 그것의 형성은 '그것에 의한 형상적 대상'(obiecum formale quo)에 대한 관계를 통해서 이루어진다. 그렇게 각각의 대상들과 지식의 주체가 미치는 영향을 통해서 어떤 학문의 대상들이 형성된다.
'신앙의 대상'(Obiectum fidei)은 일반적으로, 신앙이 그것에게 동의를 제공하는 믿어지는 모든 것이다.
신앙의 '질료적 대상'(Obiectum materiale)은 무엇이든지 계시 안에, 신앙의 유산 안에, 교회의 가르침 안에 내포되는 것이다.
'구별되지 않는 질료적 대상'(Obiectum materiale indistinctum): (믿어져야 하는 진리들이 포용되는 것처럼) 그 범위 안에 그리고 잠세적으로 내포되는 것, 그것은 마치 (비유적으로 취해진) 자리와 같고, 그 안에서 신앙의 대상들이 추구되고 발견될 수 있다. 그렇게 계시, 교회의 가르침들, (공의회) 교부들, 신학자들 기타 등등 '신학의 자리들'(loci theologiae)이 [여기에 속한다].(cf. I, q.1, a.8, ad2)
- '구별되지 않는 질료적 대상'에는 자연적 인식 안에서 제1원리들이 하는 것

과 신앙 안에서 비슷한 방식으로 작용하는 '최초로 믿을 수 있는 것들'(prima credibilia, II-II, q.1, a.7)이 속한다. 그것들은 마치 최초의 기준들과 같은 것이고, 이것에 따라 우리는 어떤 것이 신앙에 속할 수 있는지 혹은 아닌지를 판단한다. 만일 어떤 진술이 이것과 질서 지어지지 않는다면, 그것은 신앙의 대상일 수 없다. 따라서 사도 바오로에 의해서 규정된 '최초로 믿을 수 있는 것들'(히브 11,6)은 잠재적으로 계시 전체를, 즉 신앙의 질료적 대상 전체를 포함한다. 그래서 각각의 진리들은 오직 '최초로 믿을 수 있는 것들'의 특수한 규정일 뿐이다.─'신경들'(Symbola)은 믿어야 하는 진리들 중의 최고이고, 그것들 안에서 어떤 것들이 구별되게 제시되지만, 다른 것들은 그것들 안에 포함된 것으로 그리고 그것들로부터 설명될 수 있는 것들로 제시된다.(II-II, q.1, a.9). 그것들은 발생하는 오류들을 제거하기 위해서 시간의 경과에 따라(II-II, q.1, a.7) 현실적으로 설명된다.

'구별되는 질료적 대상'(Obiectum materiale distinctum): 신앙의 유산에서, 끌어내어진 교회의 가르침에서, 교회의 교도권 안에 있는 예식서에서 또는 장엄한 의식에서 제시된 각각의 진리들.

'직접적으로 구별되는 질료적 대상'(Obiectum materiale distinctum directum): 계시의 이유로 신앙의 유산 안에 포함되고 그래서 교회에 의해 제안되었거나 (신학 안에서) 제안될 수 있는 것으로 허용된 모든 것들. 직접적인 대상에는 계시되었거나 계시될 수 있는, 즉 계시된 것들 안에 포함된 것과 그것들을 통해서 인식 가능하고 개연적인 어떤 것이 속한다.

'간접적으로 구별되는 질료적 대상'(Obiectum materiale distinctum indirectum): 그 자체로 인식의 다른 원천들에(인간적인 학문들과 기술들에) 내포되었지만, 그럼에도 계시된 것들이나 계시될 수 있는 것들과의 어떤 연결을 이유로 신앙으로 이끌리는 것이다. 그것들이 신앙의 빛에 의해서 판단되는 한에서 특수한 학문들의 결론들을 뜻한다.

'매개되지 않은 것'(Immediatum): 그것은 자연적 인식의 간섭 없이 오직 계시로부터 뽑아내지고, 제1진리 안에서 객관화되고, 또한 그렇기 때문에 만일 질료적 대상이 절대적으로 취해지지 않는다면, 제1진리와의(형상적 대상과의, 인식의 형상적 근거와의) 질서에 따라 초자연적이다.

'그 자체로 매개되지 않은 것'(Immediatum per se): 오직 계시에 근거하여 다다를 수 있는 것, 즉 한편으로 자기 전체에 따라(엄격한 의미에서의 신비들처럼) 다른 한편으로 부분에 따라(고유하게 취해진 숨겨진 신비들처럼) 자연적인 수단 안에 포함되지 않는 것이다. [엄격한 의미에서의 신비들은 (존재처럼 초자연적인 사물인 한에서) 은폐된 진리들이다: 그 자체로서의 하느님, 육화; 숨겨진 의미에서의 신비들, 고유하게 취해졌을 때, 계시 이전에는 확실한 방식으로 자연 안에서 (부정적이면서 긍정적이 아니라면) 객관화되거나 증명될 수 없는 진리들이다. 그럼에도 계시 이후에는 긍정적이면서 부정적으로 증명될 수 있다: 시간 안의 창조와 원죄의 실존 등.

q.1, a.1

AD PRIMUM ergo dicendum quod ea quae pertinent ad humanitatem Christi et ad sacramenta Ecclesiae vel ad quascumque creaturas cadunt sub fide inquantum per haec ordinamur[18] ad Deum. Et eis etiam assentimus propter divinam veritatem.[19]

Et similiter dicendum est AD SECUNDUM, de omnibus illis quae in sacra Scriptura traduntur.

어떤 습성의 '그 자체로 일차적인 대상'(Obiectum per se primarium)은 그 인식이 자기 때문에 추구되고 의도되는 것이다. 그것은 (분석의 질서에서) 시작이고 (종합의 질서에서는) 끝이다. 그것을 이유로 그 밖의 것들이 인식된다. 학문의 주제(subiectum scientiae)가 그 자체로 그리고 그것의 특성들에 따라 그런 것이다. 이것 자체로부터 우리는 그것과 연결된 것들과 이차적인 대상들이 재현하는 것들을 인식하도록 나아간다.

'신앙의 그 자체로 일차적인 대상'(Obiectum per se primarium fidei)은 다른 계시된 것들의 이유로서 원리적인 것처럼 계시들 안에 제안된 것이다. 하느님의 본성과 그것의 특성들에 관한 것들이 그런 것이다.

'신앙의 그 자체로 이차적인 대상'(Obiectum per se secundarium fidei)은 하느님의 자유로운 결정에 따라오는 것들과 그의 본질과 특성들 안에 뿌리를 두고 있는 것들이다. 창조, 육화, 구원, 성사 등등 하느님의 바깥을 향한 모든 과업이 그런 것이다. 이 이차적인 대상들 안에서 우리는 주요한 어떤 것을, 그밖의 것들이 부차적인 것이라는 관점에서 구별할 수 있다.

'신앙의 주요한 이차적 대상'(Obiectum secundarium principale fidei)은 인류에 대한 보편적인 호의(gratificatio)의 원리인 그리스도이다.

'신앙의 부차적인 이차적 대상'(Obiectum secundarium subsidiarium fidei)은 교회의 성사들처럼, 그리스도의 과업이 지속되고 그것이 각각의 인간들 안에서 완성되기 위해 필수적인 것들이다.

'신앙의 우유적으로 매개되지 않은 대상'(Obiectum fidei immediatum per accidens)은 본성적으로 인식 가능한 것이지만, 인식 수단의 불충분함 때문에 혹은 주체의 비수용력 때문에 인식되지 못하고 확실성을 가지도록 계시 안에 취해진 것이다: 고유하지 않게 숨겨진 신비들 [존재, 자유재량 안에 하느님이 주입한 본성, 하느님의 실존, 진리 그리고 진실성]

'신앙의 매개된 대상'(Obiectum mediatum fides)은 계시된 것들로부터 연역된 결론들이다 - 계시될 수 있는 것들 [cf. I, q.1, a.3]

[해답] 1. 그리스도의 인성(人性), 그리고 교회의 성사들, 또는 어떤 피조물에 속하는 것이든지 간에, 그것들을 통해 우리가 하느님에게로 향하게 되는 한,[18] 신앙에 속하게 된다. 그리고 우리는 신적 진리 때문에 또한 그것들에 동의한다.[19]

2. 성경에서 전수된 모든 것과 관련하여 두 번째 반론에도 비슷하게 말해야 한다.

'그것에 의한 형상적 대상'(Obiectum formale quo) (인식의 근거), 보편적인 (universale), 가능적인(potentiale): 말해지고 증언되는 제1진리 혹은 그의 무한한 넓이 전체에 따른 하느님의 권위. 그러나 '제한된 의미에서'(secundum quid) 혹은 '현실적인'(actuale): 구체적으로 이루어진 것 안에서 객관화하는 계시처럼: 하느님의 권위, 들음으로부터 그리고 들은 것을 향한 제1진리의 증언. 우리가 가진 신앙은, 오직 하느님의 권위가 구체적으로 취해진다면, 그 자체에 따라 현실적으로 계시된 것으로 확장되고, 객관화하고 움직일 수 있다. 그러나 저 계시는 성경 말씀을 통해서 전달되거나 전수되고, 그렇게 신자들의 들음으로 다가간다. 믿는 이들은 그러나 교회의 명제들(진술들)을 통해서 교육된다. 따라서 우리 신앙의 '그것에 의한 형상적 대상'은 교회의 가르침 안에 있는 한에서 제1진리이다.

'형상적 대상 바로 그것'(Obiectum formale quod): 제1진리의 증언을 통해서 형성된 진리; 들음으로부터의 말씀; 구체적인 하느님의 권위를 통해서 동기화된 진리.

'구별되지 않은 형상적 대상 바로 그것'(Obiectum formale quod indistincte): 교회의 가르침 안에 명백해진 한에서의 제1진리, 혹은 (하느님이 인간 구원을 위해서 말씀하셨던 것들을 포함하는) 전달된 하느님 말씀으로부터의 계시.

'구별된 형상적 대상 바로 그것'(Obiectum formale quod distincte): 각각의 조항들(II-II, q.1, a.6), 각각의 진리들, 하느님의 증언 아래 제안된 교의들. Horváth, *ibid.*, nn.55-56, pp.110-113.

18. 라틴어 단어 'ordinamur'는 신앙의 모든 내용들에 통일된 의미, 즉 그것들의 구원과 참행복의 관련성을 부여하는 하느님의 계획을 제시한다.
19. Cf. II-II, q.17, a.2, ad2. 글 전체에 대한 다음의 요약에 유의하라. "비록 제1진리를 통해 우리는 피조물에 대한 지식을 얻지만, 그럼에도 불구하고 무엇보다도 (제1진리는) 우리 자신을 하느님께로 인도한다. 왜냐하면 제1진리는 무엇보다도 자신을 증거하기 때문이다. 따라서 신앙을 위해 제1진리는 매개 수단일 뿐만 아니라 종결점이다."(De veritate, q.15, a.8, ad9)

q.1, a.2

AD TERTIUM dicendum quod etiam caritas diligit proximum propter Deum; et sic obiectum eius proprie est ipse Deus, ut infra[20] dicetur.

Articulus 2
Utrum obiectum fidei sit aliquid complexum per modum enuntiabilis[1]

Ad secundum sic proceditur. Videtur quod obiectum fidei non sit aliquid complexum per modum enuntiabilis.

1. Obiectum enim fidei est veritas prima, sicut dictum est.[2] Sed prima veritas est aliquid incomplexum.[3] Ergo obiectum fidei non est aliquid complexum.

---

20. II-II, q.25, a.1.

1. 이 절은 신앙의 주된 질료적 대상, 신앙이 받아들이는 참된 하느님에 관한 것이다. 그런데 이 절은 고유한 역사적 그리고 사변적 의미를 가지고 있다. 외적인 단어들에 따라서는 이 절의 가르침은 매우 쉽게 파악할 수 있다. 파악되어야 할 핵심적인 요점은 "믿는 이의 행위는 명제에서 끝나는 것이 아니라, 사물에서 끝난다."(ad2)는 것이다. 그러나 단순한 단어들에는 우리의 인식 행위 각각 안에 수반되는 이성적인 것, 인간적인 것이 신앙의 대상 안에 포함되는지 그리고 어떻게 포함되는지 하는 근본적인 이론이 설명되어 있다. 이 구상 중인 문제는 논리학으로부터 취해진 용어들 안에 함축되어 있다. 그 용어는 다음과 같은 정의에서 유래한다: "명제(enuntiatio)는 그 안에 참이나 거짓이 존재하는 문장이다."(*In Periherm.*, I, lect.7) 라틴어 enuntiatio 또는 enuntiabile는 성 토마스가 아리스토텔레스의 logos apophantikos(*Periherm.*, 4, 17a1-5: "모든 문장(logos)은 의미를 가지고 있지만… 모든 문장이 명제[apophantikos]일 수는 없다. 우리는 그것들 안에 참과 거짓을 가지고 있는 저 문장들만을 명제라고 부른다.")의 라틴어 번역 oratio

3. 참사랑은 또한 하느님 때문에 이웃을 사랑하므로, 우리가 아래서[20] 말할 것처럼, 참사랑의 대상은 고유하게 하느님 자체이다.

제2절 신앙의 대상은 명제적 방식을 통해 합성된 어떤 것인가?[1]

Parall.: *In Sent.*, I, d.41, expos. litt.; III, d.24, a.1, qc.2; *De veritate*, q.14, a.8, ad5 & ad12.

[반론] 둘째에 대해서는 다음과 같이 진행된다. 신앙의 대상은 명제적 방식을 통해 합성된 어떤 것이 아닌 것처럼 보인다.

1. 신앙의 대상은, 위에서 말한 바와 같이,[2] 제1진리이기 때문이다. 그런데 제1진리는 합성되지 않은 어떤 것이다.[3] 그러므로 신앙의 대상은 합성된 어떤 것이 아니다.

---

enuntiativa로부터 도입한 것이다. 그래서 '명제'라는 이러한 사용은 문법학에서 서술문이라고 부르는 것과 비교될 수 있다. (성 토마스는 enuntiatio와 propositio를 구분함으로써 아리스토텔레스를 따르고 있고, propositio는 엄격하게 삼단논법 안에서의 전제를 의미하지만, 이 구별은 여기서 중요하지 않기 때문에, 모두 명제라고 번역하겠다.) '합성된'(complexum)이란 용어는 한 명제는, 논리학의 용어로, 단순한 용어로부터 구별되는 합성되거나 복합적인 용어인 '문장'(oratio)이기 때문에 등장한다. 구술되거나 기록된 명제는 표징, 즉 정신적인 개념의 표현이다.("정신에 의해서 파악된 바로 그것, 그것에 의해서 한 인간이 그가 생각하고 있는 그런 사물들을 정신적으로 표현한다." I-II, q.93, a.1, ad2). 이 절에서는 정신적인 개념이 주목된다. 이것이 enuntiabile의 힘이다. 명제가 참과 거짓에 관련된다는 사실은 이 절의 문제가 정신이 참을 알게 되는 복합적인 방식과 신앙이 그것의 실재적인 종결점으로서 하느님을 가지고 있다는 사실 사이의 관계를 드러낸다.

2. Cf. a.1.
3. 하느님은 전적으로 단순한, 즉 결코 부분으로부터 합성되지 않은 것이다. Cf. I, q.3, a.7.

q.1, a.2

2. Praeterea, expositio fidei in symbolo continetur. Sed in symbolo non ponuntur enuntiabilia, sed res, non enim dicitur ibi quod Deus sit omnipotens, sed, *Credo in Deum omnipotentem*.⁴ Ergo obiectum fidei non est enuntiabile, sed res.

3. Praeterea, fidei succedit visio, secundum illud I *ad Cor.* 13, [12]: *Videmus nunc per speculum in aenigmate, tunc autem facie ad faciem*. Sed visio patriae est de incomplexo, cum sit ipsius divinae essentiae. Ergo etiam fides viae.

SED CONTRA, fides est media inter scientiam et opinionem.⁵ Medium autem et extrema sunt eiusdem generis.⁶ Cum igitur scientia et opinio sint circa enuntiabilia, videtur quod similiter fides sit circa enuntiabilia. Et ita obiectum fidei, cum fides sit circa enuntiabilia, est aliquid complexum.⁷

---

4. 사도신경.
5. 여기서 전문적으로 사용되는 용어들과 이 진술의 의미에 대해서는: Cf. II-II, q.1, a.4; a.5, ad4; q.2, a.1; I-II, q.67, a.3. 이 진술 자체는 생빅토르의 위고에 의해서 발언되고, 널리 수용된 신앙에 대한 정의로부터 유래한다: "신앙은 의견보다는 높고, 지식보다는 낮은 부재하는 사물들에 대한 영혼의 어떤 확실성이다."(Fides est certitudo quaedam animi de rebus absentibus supra opinionem et infra scientiam consituta; *De sacramentis*, I, X, 2: PL 176, 330)
6. Cf. I, q.108, a.5, ad4.
7. 이 논증을 가지고 답변의 끝에서 언급된 토론 안에서의 두 가지 극단적인 입장은 정리된다. 그러나 그 토론이 역사적으로 발전된 길은 더욱 분명하게 *De veritate* q.14, a.12에서 제시된 질문 안에서 반성되고 있다: "현재 인간들이 가진 신앙과 선조들이 가진 신앙은 동일한 신앙인가?", 즉 구약의 신앙과 신약의 신앙은 동일한가? 그러한 동일성을 지키기 위해서 어떤 이들은 신앙은 명제가 아니라 실재에

2. 신경(信經)에는 신앙의 설명이 포함된다. 그런데 신경에는 명제가 아니라, 사물이 포함된다. "신은 전능하다."가 아니라, "나는 전능한 신을 믿는다."[4]고 언급되어 있기 때문이다. 그러므로 신앙의 대상은 명제가 아니라 사물이다.

3. 코린토 1서 13장 [12절]에 따르면, 신앙은 직관에 의해 계승된다. "우리는 지금 거울을 통해 어렴풋이 보지만, 그때에는 얼굴과 얼굴을 마주볼 것이다." 그러나 천상적 직관의 대상은 합성되지 않은 것인데, 그것은 신적 본질 자체이기 때문이다. 그러므로 여정에 있는 (현세적인) 신앙도 그러하다.

[재반론] 그러나 반대로, 신앙은 지식과 의견 사이의 중간이다.[5] 그런데 중간과 극단은 같은 유(類)에 속한다.[6] 따라서 지식과 의견은 명제에 관한 것이므로, 이와 비슷하게 신앙도 명제에 관한 것처럼 보인다. 그래서 신앙의 대상은 합성된 어떤 것이다.[7]

관한 것이라고 주장했다. 예를 들어 '그리스도께서 태어나실 것이다'-'그리스도께서 태어나셨다'처럼 명제는 변하기 때문이다. 다른 이들은 시제와 관련된 명제의 변화는 단지 우유적인 것이고 신앙의 통일성을 해치지 않는다고 주장했다. 아우구스티누스의 "시간은 변화하지만, 신앙은 그렇지 않다."(Tempora variata sunt, non fides; *In Ioan. evang.*, XLV: PL 35, 1722; cf. *De nuptiis et concupiscentia*, II, 11: PL 44, 450)는 핵심적인 권위(auctoritas)였다. 성 토마스에게 그 질문의 가장 직접적인 형태는 기욤 도베르뉴(Guillaume d'Auvergne, 1231년 사망)와 대학총장 필리푸스(1236년 사망)로부터 유래한 것이었다. 그러나 여기서의 답변은 그 주제에 대한 스콜라학적인 토론의 복잡성들을 오히려 무시한다. 그 역사와 문헌에 대해서는: Cf. M.-D. Chenu, OP, "Contribution à l'histoire du traité de *la foi*", in *La foi dans l'intelligence*, pp.31-50. 성 토마스에게서 시제의 변화는 앎과 알려진 단순한 실재와의 관련성이 지닌 인간적 방식의 부분이다.

q.1, a.2

RESPONDEO dicendum quod cognita sunt in cognoscente secundum modum cognoscentis.[8] Est autem modus proprius humani intellectus ut componendo et dividendo veritatem cognoscat, sicut in Primo[9] dictum est.[10] Et ideo ea quae sunt secundum se simplicia intellectus humanus cognoscit secundum quandam complexionem, sicut e converso intellectus divinus incomplexe cognoscit ea quae sunt secundum se complexa.[11] Sic igitur obiectum fidei dupliciter considerari potest. Uno modo, ex parte ipsius rei creditae, et sic obiectum fidei est aliquid incomplexum, scilicet res ipsa de qua fides habetur. Alio modo, ex parte credentis, et secundum hoc obiectum fidei est aliquid complexum per modum enuntiabilis.[12] Et ideo utrumque vere

---

8. Cf. II-II, q.26, a.1, ad2; q.27, a.4; I, q.12, a.4; q.16, a.1; q.59. a.2; a.3, ad2; q.60, a.2. 제1부 제12문 제4절에 이것을 위한 기초가 제시되어 있다. 지식에 관한 원초적인 정보는 그것 안에 인식된 것이 인식하는 이 안에 존재한다는 사실이다. 인식하는 이의 생생하고, 내적이거나 내재적인 작용인 지식은 인식하는 이 자체의 본성에 비례해야만 한다. 인식된 것은 인식하는 이의 양태에 따라 수용된다. Cf. I, q.84, a.4; q.85, a.1. 앎에 대한 토론의 상수이자 여기서의 핵심 주제는 인식된 것이 인식하는 이 안에 가지고 있는 존재에 고정된 것이 아니라, 인식된 것 그 자체에 있는 존재에 고정되어 있다는 사실이다. Cf. I, q.84, aa.1-2. 인식하는 이 안에 있는 인식된 것의 실존은 그것의 의미와 목적으로서 인식된 것의 실재와 인식적인 합치를 가진다.

9. I, q.85, a.5.

10. 신앙에 관해 제기되는 인식의 문제는, 하느님이 실제로 존재하는 방식이, 이 인식하는 이가 아는 방식으로 인식자인 인간에게 어떻게 나타날 수 있는가 하는 것이다. 왜냐하면 인식자인 인간이 아는 방식은 합성된 것이기 때문이다. 그 자신의 실재 안에서 하느님은 절대적으로 합성되지 않았다. 이미 제2절의 중심 사유에 관심이 쏠렸다. 그것은 이 논고에 대한 문헌에서 자주 인용되는 진술이다: "믿는 이의 행위는 명제에서 끝나는 것이 아니라, 사물에서 끝난다."(q.1, a.2, ad2) - 그렇게 자주 인용되지 않는 것은 이어지는 문장이다. "우리는 오직 명

[답변] 인식된 것은, 인식하는 이의 방식에 따라, 인식하는 이에게 있다.[8] 그런데 인간 지성에 고유한 방식은, 제I권에서 말했듯이,[9] 합성하고 분리함으로써 진리를 아는 것이다.[10] 따라서 인간 지성은 그 자체로 단순한 것들을 일종의 합성에 따라 인식한다. 이와는 반대로 신적 지성은 그 자체로 합성된 것들을 합성되지 않게 인식한다.[11]

따라서 신앙의 대상은 두 가지 방식으로 고찰될 수 있다. 첫째, 믿어지는 사물 그 자체의 측면에서, 신앙의 대상은 합성되지 않은 어떤 것, 즉 그것에 대해 신앙을 가지게 되는 사물 그 자체이다. 둘째, 믿는 이의 측면에서, 이에 따라 신앙의 대상은 명제적 방식을 통해 합성된 어떤 것이다.[12]

제들을 통해서 사물에 대해서 인식하기 위해서만 명제들을 형상화한다. 지식에서 그런 것처럼 신앙에서도 그렇다." 신앙의 의미와 진리를 인식하는 다른 형태와의 이 연관성은, 무엇이 신앙의 질료적 대상에 대한 진정한 문제로 직면하게 되는가에 대한 이해를 돕는다. 이것은 차례로 제1 문제의 의미나 나머지 절들을 결정한다.-그것이 신앙에 대한 질문이든, 진정한 지성적 인식의 다른 형태에 대한 질문이든, 문제는 인간의 인식 방식이 인식된 것의 진정한 실재를 아는 데 장애물이 되지 않는다는 것이다. 이러한 문제가 가장 자주 표현되는 관점에서, 관건이 되는 질문은 인간적인 인식 방식의 특징으로서 개념의 매개가 아니다. 오히려 요점은 "그 자체로서 제1진리가 아닌" 개념 때문에 알려진 실재이다. 진정한 문제에 직면하기 위해서는 거짓된 문제에 관한 재인식이 요구된다.-인식론적 사실주의는 의심할 여지없이 제2절의 답변과 제2답에서 나타난다. 인식의 의미는 상충되는 철학적 해석들의 혼란으로 으르렁거리게 되었다. 신앙에 관한 토마스의 논고를 정확하게 읽으려면, 칸트나 훗설 또는 하이데거에게서 파생된 해석에 이 이론을 종속시키는 것보다, 인식에 관한 토마스의 이론 안에서 기초들에 관한 문자 그대로의 진술로 돌아가는 것이 더 시급하다. 토마스의 사고로 들어가기 위해 없어서는 안 될 두 가지 열쇠는 바로 이것이다: 아는 것이 무엇인가와 진실을 안다는 것이 무엇인가 하는 것이다.

11. Cf. I, q.14, a.14; q.58, a.4.
12. 이 구분은 앎의 의미와 '진리를 앎'의 의미 안에서 고찰되어야 한다. 신앙의 동일한 대상, 질료적 대상은 그것의 고유한 존재 양태 그 자체를 가지고 있다. 그 것은 믿는 이, 즉 신앙에 의해 인식하는 이 안에 존재 양태를 가진다. 이 진리

q.1, a.2

opinatum fuit apud antiquos,[13] et secundum aliquid utrumque est verum.[14]

AD PRIMUM ergo dicendum quod ratio illa procedit de obiecto fidei ex parte ipsius rei creditae.[15]

AD SECUNDUM dicendum quod in symbolo tanguntur ea de quibus est fides inquantum ad ea terminatur actus credentis, ut ex ipso modo loquendi apparet. Actus autem credentis non

---

는 합성적인 행위 안에 실존하고, 믿어지는 대상은 생각 됨 안에 있는 합성적인 존재 양태를 가진다. 그러나 그러한 존재 양태는 실재가 그 자체로 무엇인가 하는 주장으로서의 대상에 주어져 있다. 정신은 그 고유한 존재 안에서 실재에 대한 정신적 합성을 실수하지 않는다. 지성의 합성은 그 사물의 정체성에 대한 표징이다.(Cf. I, q.13, a.12; q.85, a.3, ad3) 핵심은 『진리론』제14문 제8절 제5답에서 다음과 같이 언급된다: "알려진 실재는 그 고유한 존재로서 인식하는 이의 바깥에 있는 것으로서의 지식의 대상이다. 비록 인식하는 이 안에 이 실재에 속하는 것을 통해서가 아니라면 그 실재의 지식은 없을지라도 말이다. 예를 들어 돌 안에 있는 색깔, 즉 시각의 대상은, 오직 눈 안에 있는 유사성을 통해서만 알려진다. 그 자체로 단순한 신적인 진리는 신앙의 대상이다. 그러나 우리 정신은 합성의 방식에 의해서 그 고유한 양태로 그것을 수용한다. 그래서 그 합성에 대한 정신의 승인이 그 명제를 참으로 만들지라도, 그 대상에 대한 것으로서 신적인 진리로 향하는 경향이 있다. 그래서 합성된 것에 관한 신앙의 대상이 신적 진리의 존재에 거스르는 것은 아무것도 없다." Cf. De veritate, q.14, a.12.

13. 'antiquos'(옛 사람들)란 용어는 전수받은 권위들(auctoritas), 즉 성경과 교부 문헌들과 구별되는 것으로서 스승들의 견해들(dicta magistralia)이 익명으로 인용하던 문서들에 속한다. '어떤 이들'(quidam)이라고 불리는 스승들은 '옛 사람들'(antiqui)과 '새 사람들'(moderni)로 더 구분되었다. 그래서 성 토마스에게 옛 사람들(antiqui)은 파리대학의 여명기로부터 1220년에서 1230년까지 활동했던 스승들의 세대를 말했고, 그들 중에는 페트루스 롬바르두스의 문헌적인 노력들과 아벨라르두스의 변증론이 준비했던 종합하려는 과업들이 속했다. 그렇지만 그들은 아리스토텔레스주의에 의해서 제시된 지성적인 혁명을 통해서 빠르게 구식이 되어 버렸다. 사람들은 - 예를 들어 로베르투스 그로세테스테(Robert

제1문 제2절

그렇기 때문에 옛 사람들[13]에게는 두 가지 모두 참되게 추정된 것이었고, 둘 모두 어느 정도 참된 것이다.[14]

[해답] 1. 이 논거는 믿어지는 사물 자체의 측면에서 바라본 신앙의 대상으로부터 나온다.[15]

2. 신경 안에서는 신앙이 다루는 것들이, 믿는 이의 행위가 그것들에서 끝나는 한에서, 취급된다. 이는 언급하는 방식 자체에서 분명하다. 그런데 믿는 이의 행위는 명제에서 끝나는 것이 아니라, 사물

Grosseteste) 등의 -'새 사람들'을 새 철학과 접촉했는지 여부에 따라 규정할 수 있을 것이다. Cf. M.-D. Chenu, OP, *Towards Understanding St. Thomas*, trans. by A.-M. Landry and D. Hughes, Chicago, Henry Regnery, 1964, pp.137-138.

14. "'신앙의 대상은 비합성적이다.'라고 주장하는 이들은 그들이 말이 의미하는 바를 알지 못한다."고 말하는 『명제집 주해』 제3권 제24 구분 제1문 제1절 제2 소문제는 가혹한데, 왜냐하면 인간 정신이 진리를 인식하는 유일한 방식은 그것의 합성적인 행위에 의한 것이기 때문이다.

(*추가주) 교의적인 표현들(Formulae dogmaticae)은 신비들의 표징과 재현으로서 신앙의 대상이다. 따라서 신앙은 교의들로 이루어진 것이 아니라 의미된 사물, 즉 각각의 신비들에 따라 명제화된 하느님에게로 이끌린다. 그것들(교의적 표현들)은 그것에 의해 그리고 그것으로부터 제1진리가 인식되는 수단이며, 그럼에도 불구하고 '그것 안에서'(*in quo*) 인식되는 수단은 아니다. 그것은 오직 하느님의 권위만이 그럴 수 있다.-그 아래 계시된 진리들이 명제화된 교의적 표현들은, 또한 어떠한 다른 표징들과 마찬가지로, '그 자체로 신앙의 대상들은 아니다.'(ex se non sunt objecta fidei) 신앙의 대상은 의미된 사물이나 신비들, 즉 - 구원의 제1원리와 제1진리로서의 - 하느님의 존재와 존재론적 진리이다. 표징이나 단어가 가지는 적합성은 인식되어야 하는 신비들로 이끌 수 있는 적합성에 따라서 판단되어야만 한다. 그래서 교의적 표현의 이러한 연결에 따라 신앙의 대상으로 이끌린다.

15. 중세 토론에서 사용하는 변증론적인 구절들 안에서 '이 논거는 …로부터 나온다'(ratio illa procedit)은 근거를 지닌 인정을 뜻하고, '이 논거는 …로부터 성립되지 않는다'(ratio illa non procedit, ad3 참조)는 제안된 논증의 거절을 뜻한다. Cf. F.-A. Blanche, "Le vocabulaire de l'argumentation et la structure de l'article dans les ouvrages de saint Thomas", in *Rev. des Sciences Philosophiques et Théologiques* 15

q.1, a.3

terminatur ad enuntiabile, sed ad rem, non enim formamus enuntiabilia nisi ut per ea de rebus cognitionem habeamus, sicut in scientia, ita et in fide.[16]

AD TERTIUM dicendum quod visio patriae erit veritatis primae secundum quod in se est, secundum illud I Ioan. 3, [2]: *Cum apparuerit, similes ei erimus et videbimus eum sicuti est.* Et ideo visio illa erit non per modum enuntiabilis, sed per modum simplicis intelligentiae.[17] Sed per fidem non apprehendimus veritatem primam sicut in se est.[18] Unde non est similis ratio.

Articulus 3
Utrum fidei possit subesse falsum

Ad tertium sic proceditur. Videtur quod fidei possit subesse falsum.[1]

(1925), pp.185-187. 토론에 기반을 둔 『신학대전』의 구조에 대해서는: Cf. M.-D. Chenu, *Towards Understanding St. Thomas*, pp.80-96.

16. Cf. I, q.14, a.14. 신앙을 지식과 연결하는 것은 그것들이 공유하는 것, 즉 실재 대상과의 관련성을 강조하기 위한 것이다. 명제들(개념들)의 매개는 이러한 실재적인 관련성을 방해하는 것이 아니라 성취한다. 신앙은 지식으로부터 그 실재 용어에 대한 찬성의 매개나 동기가 증언하는 신적 진리라는 점(a.1)에서 차이가 난다. 이 차이의 힘에 대해서는 제4절과 제5절에서 다루어질 것이다.

17. Cf. I, q.12, aa.1-2 & 9.

에서 끝난다. 우리는 오직 명제들을 통해서 사물에 대해서 인식하기 위해서만, 명제들을 형상화한다. 지식에서 그런 것처럼, 신앙에서도 그렇다.[16]

3. 요한 1서 3장 [2절]의 "그가 나타날 때에, 우리도 그와 같이 될 것이며, 있는 그대로 그를 볼 것이다."에 따르면, 천상적 직관은 그 자체로 있는 제1진리를 [대상으로 할] 것이다. 따라서 저 직관은 명제의 방식에 의한 것이 아니라, 단순한 이해의 방식을 통한 것이 될 것이다.[17] 그러나 신앙을 통해, 우리는 그 자체로 있는 것처럼 제1진리를 파악하지는 못한다.[18] 따라서 유사한 논거는 성립되지 않는다.

제3절 신앙 아래 거짓이 들어올 수 있는가?

Parall.: *In Sent.*, III, d.24, a.1, qc.3.

[반론] 셋째에 대해서는 다음과 같이 진행된다. 신앙 아래 거짓이 들어올 수 있는 것처럼 보인다.[1]

---

18. 이것은 두 번째 해답(ad2)에서 주장된 내용과 모순되지 않는다. 그것은 우선 신앙의 매개는 내재적인 존재자가 아니라 하느님의 권위이며, 따라서 믿어지는 것의 근거도 그것이라는 것을 의미한다. 둘째로 그것은 신앙의 개념들이 직접적으로 관련되는 실재들은 믿어지는 신적 실재를 재현하는 것에 있어서 결함을 지닌다는 사실을 의미한다.

1. 제2절과 제3절의 순서는 I, q.85, aa.5 & 6의 순서와 상응한다. 거짓이 가능한 이유는 그 합성과 분해를 형상화하면서 정신은 그 지식의 실존적인 관련성을 판단하기 때문이다.

q.1, a.3

1. Fides enim condividitur spei et caritati.[2] Sed spei potest aliquid subesse falsum, multi enim sperant se habituros vitam aeternam qui non habebunt. Similiter etiam et caritati, multi enim diliguntur tanquam boni qui tamen boni non sunt. Ergo etiam fidei potest aliquid subesse falsum.

2. Praeterea, Abraham credidit Christum nasciturum, secundum illud Ioan. 8, [56]: *Abraham, pater vester, exultavit ut videret diem meum.* Sed post tempus Abrahae Deus poterat non incarnari, sola enim sua voluntate carnem accepit, et ita esset falsum quod Abraham de Christo credidit. Ergo fidei potest subesse falsum.

3. Praeterea, fides antiquorum fuit quod Christus esset nasciturus, et haec fides duravit in multis usque ad praedicationem Evangelii. Sed Christo iam nato, antequam praedicare inciperet, falsum erat Christum nasciturum. Ergo fidei potest subesse falsum.

4. Praeterea, unum de pertinentibus ad fidem est ut aliquis credat sub sacramento altaris verum corpus Christi contineri. Potest autem contingere, quando non recte consecratur,[3] quod non est ibi verum corpus Christi, sed solum panis. Ergo fidei potest subesse falsum.

---

2. Cf. I-II, q.62, a.3.

제1문 제3절

1. 신앙은 희망과 참사랑에 의해 참사랑과 더불어 함께 나누어지기 때문이다.[2] 그런데 희망에는 잘못된 어떤 것이 들어올 수 있다. 많은 이가 그들이 소유하지 못할 영원한 생명을 가질 것으로 희망하기 때문이다. 또한 이와 비슷하게 참사랑에도 [잘못된 어떤 것이 들어올 수 있다]. 많은 이가 선하지 않으면서 선한 이로 사랑받기 때문이다. 그러므로 신앙 아래에는 잘못된 어떤 것이 들어올 수 있다.

2. 요한복음서 8장 [56절]의 "너희 조상 아브라함은 나의 날을 보리라고 즐거워하였다."는 말씀에 따르면, 아브라함은 태어나실 그리스도를 믿었다. 그러나 아브라함의 시대 이후에는 하느님께서 육화되지 않으실 수 있었을 것이다. 오직 그의 의지에 따라 육신을 취하셨기 때문이다. 그래서 아브라함이 그리스도에 대해서 믿었다는 사실은 거짓인 셈일 것이다. 그러므로 거짓이 신앙 아래 들어올 수 있다.

3. 그리스도께서 탄생하시리라는 사실은 옛 사람들의 신앙이었다. 그리고 이 신앙은 복음의 설교 때까지 많은 이에게서 유지되었다. 그런데 그리스도가 이미 태어나셨고, 그분은 설교하기를 시작하기 이전이라면, 그리스도가 태어나시리라는 것은 거짓이었을 것이다. 그러므로 거짓이 신앙 아래 들어올 수 있다.

4. 신앙에 속하는 것들 중의 하나는 어떤 이가 제대의 성사 안에 그리스도의 참된 몸이 내포된다고 믿는 것이다. 그런데 올바르게 축성되지 않았을 때,[3] 거기에는 그리스도의 참된 몸이 아니라 오직 빵만이 존재하는 일이 일어날 수 있다. 그러므로 신앙 아래 거짓이 들어올 수 있다.

---

3. Cf. III, qq.74 & 78.

q.1, a.3

S℮d contra, nulla virtus perficiens intellectum se habet ad falsum secundum quod est malum intellectus,[5] ut patet per Philosophum, in VI *Ethic*.[4] Sed fides est quaedam virtus perficiens intellectum, ut infra[6] patebit. Ergo ei non potest subesse falsum.

R℮spondeo dicendum quod nihil subest alicui potentiae[7] vel habitui aut etiam actui, nisi mediante ratione formali obiecti:[8] sicut color videri non potest nisi per lucem,[9] et conclusio sciri non potest nisi per medium demonstrationis.[10] Dictum est autem quod ratio formalis obiecti fidei est veritas prima.[11] Unde nihil potest cadere sub fide nisi inquantum stat sub veritate prima. Sub qua nullum falsum stare potest, sicut nec non ens sub ente, nec malum sub bonitate.[12] Unde relinquitur quod fidei non potest subesse aliquod falsum.

---

4. *Ethica Nic.*, VI, c.2, 1139a27-31; b13-14; S. Thomas, lect.2, nn.1130-1132; n.1141.
5. 이 진술은 좋은 행위의 원천으로서의 덕의 정의, 즉 행위하는 그 사람의 존재와 목적과 부합하는 것에 기반을 두고 있다. Cf. I-II, q.55, aa.3-4. 지성의 목적은 진리를 아는 것이기 때문에, 그러한 지식의 결여는 그것의 악이고(cf. I, q.49), 지성적 덕은 그 자체로 거짓의 원천일 수 없다.
6. Cf. II-II, q.4, a.2, a.5.
7. 영혼의 힘 또는 능력(potentia)은 인간 행위의 직접적인 원천이다. 각각의 능력은 특별한 방식으로 인간 존재의 극단적인 결정 요소로서의 영혼이 지닌 생생한 원천들로부터 유래한다. I, q.77 참조. 언어의 편의를 위해서 성 토마스가 행위를 능력과 습성에 연관시키지만, 그는 영혼의 능력과 습성을 통해서 작용하는 이는 바로 그 사람이라는 사실을 명백하게 만든다. "바로 존재하는 것처럼 그렇게 행위하는 것이 합성된 것에 속한다. 행위하는 것은 실존하는 것에 속한다."(I, q.77, a.1, ad3) Cf. I-II, q.50, a.2; q.56, a.1.

[재반론] 그러나 반대로 『니코마코스 윤리학』 제6권[4]에 나오는 철학자의 말을 통해 분명한 것처럼, 지성을 완성시키는 어떤 덕도, 그것이 지성의 악인 한에서, 거짓과 관계를 맺지 않는다.[5] 그런데 신앙은 아래에서[6] 분명해질 것처럼, 지성을 완성시키는 덕의 일종이다. 그러므로 신앙 아래 거짓이 들어올 수 없다.

[답변] 대상의 형상적 근거에 의해 매개되지 않고서는 어떠한 능력[7] 또는 습성이나 행위 아래에 아무것도 들어올 수 없다.[8] 이는 빛을 통하지 않고서는 색깔이 관찰될 수 없고,[9] 증명이라는 수단을 9쪽에서 중간 용어, 증명의 매개념 등 여러 용어를 사용했음 거치지 않고서는 결론이 알려질 수 없는 것[10]과 마찬가지다. 그런데 신앙 대상의 형상적 근거는 제1진리라고 말한 바 있다.[11] 그래서 제1진리 아래 서 있는 경우를 제외하고는 어떤 것도 신앙 아래로 들어올 수 없다. 비존재자가 존재자에 속할 수 없고, 악이 선성에 속할 수 없는 것처럼, 제1진리 아래에는 어떤 거짓도 속할 수 없다.[12] 그래서 신앙 아래에는 거짓된 어떤 것도 들어올 수 없다는 사실이 귀결된다.

---

8. Cf. I, q.1, a.7.
9. Cf. II-II, q.25, a.1.
10. Cf. II-II, q.5, a.3.
11. Cf. a.1.
12. 어떻게 이것이 제1절에서 제시된 요점을 강조하는지를 주목하라. 그것의 형상적 근거 때문에 신앙은 그 자신의 앎 안에서 정신을 하느님과 결합시킨다. Cf. *De veritate*, q.14, a.8.

q.1, a.3

AD PRIMUM ergo dicendum quod, quia verum est bonum intellectus, non autem est bonum appetitivae virtutis, ideo omnes virtutes quae perficiunt intellectum excludunt totaliter falsum, quia de ratione virtutis est quod se habeat solum ad bonum.[13] Virtutes autem perficientes partem appetitivam non excludunt totaliter falsum, potest enim aliquis secundum iustitiam aut temperantiam agere aliquam falsam opinionem habens de eo circa quod agit.[14] Et ita, cum fides perficiat intellectum, spes autem et caritas appetitivam partem,[15] non est similis ratio de eis.

Et tamen neque etiam spei subest falsum. Non enim aliquis sperat se habiturum vitam aeternam secundum propriam potestatem (hoc enim esset praesumptionis[16]), sed secundum auxilium gratiae,[17] in qua si perseveraverit, omnino infallibiliter[18] vitam aeternam consequetur.[19]—Similiter etiam ad caritatem pertinet diligere Deum in quocumque fuerit. Unde non refert ad caritatem utrum in isto sit Deus qui propter Deum diligitur.[20]

AD SECUNDUM dicendum quod Deum non incarnari, secundum se consideratum, fuit possibile etiam post tempus Abrahae. Sed secundum quod cadit sub praescientia divina,

---

13. Cf. I-II, q.57, a.2, ad3.
14. 당신은 부르고뉴 지방 포도주로 잘못 생각하고 있는 보르도산 포도주를 적절하게 마실 수 있다. 올바른 도덕적 판단은 덕에 의해서 주어진 선과의 친연성에 기초한다. 현명의 판단은 사변적인 분석에 기초하고 있는 것이 아니라, 본성의 적합함에 기반하고 있다. Cf. I-II, q.65, aa.1 & 2. 인식적인 것과 감정적인 것 사이의 상호작용은 제4문 제2절에서 중요한 방식으로 사용될 것이다.
15. Cf. I-II, q.62, a.3.

[해답] 1. 참은 지성의 선이지만 욕구 능력의 선은 아니기 때문에, 지성을 완성시키는 모든 덕은 전적으로 거짓을 배제한다. 덕의 개념에는 오직 선과 관계를 맺는다는 사실이 속하기 때문이다.[13] 그러나 욕구적인 부분들을 완성시키는 덕들은 전적으로 거짓을 배제하지 않기 때문에, 어떤 이는 행위하는 대상에 대해 어떤 잘못된 견해를 가지고 있으면서, 정의 또는 절제에 따라 행위할 수 있다.[14] 그래서 신앙은 지성을 완성시키는 반면에 희망과 참사랑은 욕구적 부분을 완성시키기 때문에,[15] 그것들에 대해서는 비슷한 근거가 존재하지 않는다.

그럼에도 희망 아래에도 또한 거짓이 들어오지 못한다. 어떤 이는 고유한 힘에 따라서(이것은 자만에 속하는 셈일 것이다.[16])가 아니라 은총의 도움에 따라[17] 영원한 생명을 가지게 되기를 희망하기 때문이다. 만일 그가 은총의 도움을 고수한다면, 결코 오류에 빠지지 않고[18] 영원한 생명을 얻을 것이다.[19] - 비슷하게 하느님이 어디 계시든지 그분을 사랑하는 일도 또한 참사랑에 속한다. 그래서 하느님 때문에 사랑받는 이 안에 하느님이 존재하는가 하는 질문은 참사랑과 관련이 없다.[20]

2. "하느님이 육화되지 않으신다."라는 것은 그 자체로 고찰될 때, 아브라함의 시대 이후에도 또한 가능했다. 그러나 신적인 예지(豫知,

---

16. Cf. II-II, q.21, aa.1-2.
17. Cf. II-II, q.17, a.1.
18. Cf. II-II, q.18, a.4.
19. 즉 은총의 의미 때문에, 그 예정은 인간을 영원한 생명으로 이끌 것이다. Cf. I-II, q.114, a.1.
20. Cf. II-II, q.1, a.1, ad1; q.23, a.5, ad1; q.25, a.1.

q.1, a.3

habet quandam necessitatem infallibilitatis, ut in Primo[21] dictum est. Et hoc modo cadit sub fide. Unde prout cadit sub fide, non potest esse falsum.[22]

AD TERTIUM dicendum quod hoc ad fidem credentis pertinebat post Christi nativitatem quod crederet eum quandoque nasci. Sed illa determinatio temporis, in qua decipiebatur, non erat ex fide, sed ex coniectura humana. Possibile est enim hominem fidelem ex coniectura humana falsum aliquid aestimare.[23] Sed quod ex fide falsum aestimet, hoc est impossibile.[24]

AD QUARTUM dicendum quod fides credentis non refertur ad has species panis vel illas, sed ad hoc quod verum corpus Christi sit sub speciebus panis sensibilis quando recte fuerit consecratum. Unde si non sit recte consecratum, fidei non suberit propter hoc falsum.[25]

---

21. Cf. I, q.14, a.13.
22. 육화 사건은 자유롭고 은총에 의한 실재이며 인간적인 것이 신적인 것과 맺고 있는 내적 질서에 의해서 요구되는 것이 아니다. 여기서 무류는 모든 것이 그것의 현실태로 신적인 정신에 현존함에 근거를 두고 있다.(Cf. I, q.14, a.9) 이 해답은 하느님의 앎을 가지고 신앙의 연속성을 강조한다.
23. (*추가주) 어떤 것이 어떤 표징을 통해 인식될 때, 그것은 추정적으로 인식되는 것이다. Cf. I-II, q.112, a.5; I, q.14, a.13; q.57, a.3.

praescientia)에 속하는 한에서, 그것은 제1부[21]에서 말했던 것처럼, 무류(無謬)의 어떤 필연성을 지니고 있다. 그리고 이런 방식으로 신앙 아래 들어온다. 그래서 신앙 아래 들어오는 만큼, 거짓일 수 없다.[22]

3. 그리스도의 탄생 이후에도 그분이 언젠가 태어나신다는 것을 믿는다는 사실은 믿는 이의 신앙에 속했다. 그런데 어떤 이가 틀렸을 [태어나실] 시간에 대한 결정은 신앙으로부터가 아니라 인간적인 추정으로부터 나온 것이다. 신앙심 있는 사람도 인간적인 추정으로부터 거짓된 어떤 것을 추측할 수 있기 때문이다.[23] 그러나 신앙으로부터 거짓을 추측하는 일은 불가능하다.[24]

4. 믿는 이의 신앙은 이 또는 저 빵의 형상과 관련되는 것이 아니라 그리스도의 참된 몸이 올바르게 축성되었을 때 빵의 감각적인 형상 아래 존재한다는 사실과 관련된다. 그래서 만일 그 빵이 올바르게 축성되지 않았다면, 이것 때문에 신앙 아래 거짓이 들어오지는 않을 것이다.[25]

---

24. 아무도 덕을 나쁘게 사용하지 않는다.(Cf. I-II, q.55, a.4) 또한 신앙이 촉발하는 유일한 판단은 틀릴 수 없는 하느님 자신의 앎에 기초한 판단이다.
25. 우리가 이 또는 저 제병에게 바치는 공경은 유일하게 신앙만이 작용하는 것이 아니라 우리가 유효한 축성을 의심할 충분한 근거를 가지고 있지 않다는 사실을 우리에게 말하는 그리스도교의 현명함도 작용한다.(cf. *In Sent.*, III, d.23, q.1, a.1, ad4) 그러나 전체 교회가 관건이 되는 구체적인 그리스도교 생활의 저 진리들, 예를 들어 이 순간에 다스리고 있는 교황이 유효하게 선출된 교황인지, 또는 이 공의회나 저 공의회가 보편 공의회인지 같은 문제들은 다르게 작용한다. 여기서는 교회의 결정이 각 신자의 개인적인 현명함의 위치를 대체한다.

Articulus 4
Utrum obiectum fidei possit esse aliquid visum

Ad quartum sic proceditur. Videtur quod obiectum fidei sit aliquid visum.[1]

1. Dicit enim dominus Thomae, Ioan. 20, [29]: *Quia vidisti me, credidisti*. Ergo et de eodem est visio et fides.

2. Praeterea, Apostolus, I *ad Cor*. 13, [12], dicit: *Videmus nunc per speculum in aenigmate*. Et loquitur de cognitione fidei. Ergo id quod creditur videtur.

3. Praeterea, fides est quoddam spirituale lumen. Sed quolibet lumine aliquid videtur. Ergo fides est de rebus visis.

---

1. 앞서 제1절에서 언급한 바와 같이, 제4-5절은 신앙에 의해 알려진 진리와, 자연적 진리가 알려지는 두 가지 탁월한 방법, 즉 직접적으로 자명하거나(a.4) 또는 학문적 증명에 의해서 명백한 것으로서의 진리와 비교한다. 여기서 시작된 신앙에 대한 비교 평가는, q.2, a.1과 q.4, a.8에서 계속해서 추구되면서, '인식적 불완전함은 신앙의 본질'(I-II, q.67, a.3)이라는 사실에 대한 인정과, 범위와 확실성에서 은총으로 주어진 신앙이 지닌 초월성에 대한 인정을 결합하는 것으로 이루어진다. 제4절에서 질문은 아우구스티누스의 권위에 의존해서 다음과 같이 표현된다: "신앙은 보이지 않는 것을 믿도록 하는 힘이다."(Fides est virtus qua creduntur quae non videtur, *Enchiridion* 8, PL 40, 234); "당신이 보지 못하는 것을 믿는 것이 아니라면 신앙이란 무엇인가?"(Quid est fides nisi quod non vides?, *In Ioan. evang*., tr.40,9: PL 35, 1090; cf. *In. Ioan. evang*., tr.79: PL 35, 1337), 생빅토르의 위고와 페트루스 롬바르두스(III Sent. d.24)도 참조. 라틴어 단어 'Visum'이란 이 글에서 지

제4절 신앙의 대상은 직관(直觀)된 어떤 것일 수 있는가?

Parall.: *In Sent.*, III, d.24, a.2, qc.1; *De veritate*, q.14, a.9; *In Ep. ad Hebr.*, c.11, lect.1.

[반론] 넷째에 대해서는 다음과 같이 진행된다. 신앙의 대상은 직관된 어떤 것처럼 보인다.[1]

1. 주님께서 요한복음서 20장 [29절]에서 토마스에게 "너는 나를 보았기 때문에, 믿었다."라고 말씀하셨다. 그러므로 보는(직관되는) 것과 신앙은 같은 것에 관한 것이다.

2. 사도는 코린토 1서 13장 [12절]에서 "우리는 지금 어두운 방식으로 거울을 통해 보고 있다."고 말한다. 여기서 그는 신앙의 인식에 대해 말하는 것이다. 그러므로 믿음의 대상은 보이는 것이다.

3. 신앙은 일종의 영적인 빛이다. 그런데 모든 빛에 의해서 어떤 것이 보인다. 그러므로 신앙은 보이는 것들에 관한 것이다.

성적으로 보이는 어떤 것, 즉 즉각적인 통찰의 대상을 의미하는데, '직관'이라는 용어가 시각의 확실성과 위엄 때문에 모든 지식으로 확장되기 때문이다.(I, q.67, a.1) 성 토마스에 따르면 어떤 단어든지 두 가지 양태로 사용될 수 있는데, 하나는 본래적 용도이고 다른 하나는 보다 확장된 의미이다. 이는 본래 감각의 행위에 적용되는 '시각'이라는 단어를 통해 분명히 드러난다. 시각은 감각들 중에서 가장 고귀하고 가장 신뢰할 수 있는 것으로, 다른 감각들을 통해 얻은 모든 인식에 대해 공통적으로 확장된다. 그래서 우리는 '맛이 어떤지 본다' 또는 '냄새가 어떤지 본다'라고 말한다. 또한 시각은 지성을 통해 얻은 인식에도 적용되어 '빛'이라는 단어와 함께 존재한다. 주요한 의미에서의 '빛'은 시각적 감각을 분명하게 만드는 것을 뜻한다. 후에 그것은 어떤 종류의 인식도 분명하게 만드는 것으로 확장되었다. 이 연구는 신앙의 대상이 과연 신자에게 자명할 수 있는지를 묻는 것에 해당된다.

q.1, a.4

4. Praeterea, quilibet sensus visus nominatur, ut Augustinus dicit, in libro *de Verb. Dom.*² Sed fides est de auditis, secundum illud *ad Rom.* 10, [17]: *Fides ex auditu.* Ergo fides est de rebus visis.

SED CONTRA est quod Apostolus dicit, *ad Heb.* 11, [1], quod *fides est argumentum non apparentium.*³

RESPONDEO dicendum quod fides importat assensum intellectus ad id quod creditur. Assentit autem alicui intellectus dupliciter. Uno modo, quia ad hoc movetur ab ipso obiecto,⁴ quod est vel per seipsum cognitum, sicut patet in principiis primis, quorum est intellectus; vel est per aliud cognitum, sicut patet de conclusionibus, quarum est scientia.⁵ Alio modo intellectus assentit alicui non quia sufficienter moveatur ab

---

2. Augustinus, *De Verbis Domini, Sermones ad populum,* 112, al.33, c.6: PL 38, 646. 『주님의 말씀』(De Verbis Domini)이라는 제목은 성 아우구스티누스 설교집 일부를 구분하는 명칭이다.
3. Cf. a.6, ad1; a.7; q.2, a.3; a.10; q.4, a.1; a.7, sc; q.5, a.1; I-II, q.97, a.3.
4. '대상 자체에 의해 움직여진다'(movetur ab ipso objeto)에 대해서는: Cf. I-II, q.9, a.1. 대상은 형상적 원인의 방식에 따라 활동을 결정한다는 점에서 움직인다. '움직이는 것'은 가능태에서 현실태로의 전환을 의미한다. 그 첫 번째 의미에서 그것은 능동인의 영향을 언급한다. 전이된 의미에서, 그것은 형상에 의해 주어진 결정에도, 힘이 어떤 종류의 활동이나 다른 어떤 것을 행사하도록 만드는 근원에도 적용된다. 인식 능력은 수동적, 즉 수용적인데, 그것들의 직접적인 형상의 결정 요인이 도출되는 것은 자기 자신이 아니라 대상으로부터 나온다는 점에서 그러하다. Cf. I, q.77, a.3. 그렇다면 여기서 'movetur'의 힘은 그 대상이 규정하는 것이다.

4. 아우구스티누스가 『주님의 말씀』²에서 말한 것처럼, "어떤 감각이든지 시각이라고 불린다." 그러나 로마서 10장 [17절]의 "신앙은 들음에서 [온다.]"라는 말에 따르면, 신앙은 들은 것들과 관련된다. 그러므로 신앙은 보이는 것들에서 온다.

[재반론] 그러나 반대로 사도는 히브리서 11장 [1절]에서 "신앙은 명료하지 않은 것들[즉 보이지 않는 것들]에 관한 논증이다."라고 말한다.³

[답변] 신앙은 믿음의 대상에 대한 지성의 동의를 내포한다. 그런데 지성은 어떤 것에 두 가지 방식으로 동의한다.

첫째, 이해가 그것들과 관련되는 제1원리들에서 분명한 것처럼, 그 자체로 인식된 그 대상 자체⁴에 의해 또는, 지식이 그것들과 관련되는 결론들에서 분명한 것처럼, [이미] 인식된 다른 것을 통해 동의로 움직여진다.⁵

둘째, 지성이 어떤 것에 동의하는 것은, 그 고유한 대상에 의해 [이러한 동의로] 충분히 옮겨지는 것을 통해서가 아니라, 다른 쪽으로

---

5. 이해(intellectus, 아리스토텔레스의 nous)와 지식(scientia, 아리스토텔레스의 episteme)의 구분에 대해서는: Cf. I-II, q.57, a.2. 직접적으로 또는 간접적으로 알려진 것 사이의 구분은 진리에 대한 지성적 지식이 명제의 형태를 취한다는 사실을 전제한다. 술어와 주어의 연결이 용어 자체에서 분명하다면, 그 지식은 즉각적이고, 매개되지 않은 것이다. 만약 그 연결이 논증의 중간 용어인, 제3의 용어로 인해 알려진다면, 그 지식은 매개된 것이다. 이 논리적 분류는, 첫째 경우, 알려진 대상의 존재론적 구조에 실제 매개가 없다는 것을 전제로 한다. 둘째 경우, 그러한 매개, 즉 지식 안에 표현된 구조의 원인이라는 매개가 있다. Cf. *In Poster*. I, lect. 1-7; De veritate, q.11, a.1.

q.1, a.4

obiecto proprio, sed per quandam electionem voluntarie declinans in unam partem magis quam in aliam.⁶ Et si quidem hoc fit cum dubitatione et formidine alterius partis, erit opinio, si autem fit cum certitudine absque tali formidine, erit fides.⁷ Illa autem videri dicuntur quae per seipsa movent intellectum nostrum vel sensum ad sui cognitionem. Unde manifestum est quod nec fides nec opinio⁸ potest esse de visis aut secundum sensum aut secundum intellectum.

AD PRIMUM ergo dicendum quod Thomas *aliud vidit et aliud credidit. Hominem vidit et Deum credens confessus est, cum dixit, dominus meus et Deus meus.*⁹

AD SECUNDUM dicendum quod ea quae subsunt fidei dupliciter considerari possunt. Uno modo, in speciali, et sic non possunt esse simul visa et credita, sicut dictum est.¹⁰ Alio modo, in generali, scilicet sub communi ratione credibilis. Et sic sunt visa ab eo qui credit, non enim crederet nisi videret ea esse credenda, vel propter evidentiam signorum vel propter aliquid huiusmodi.¹¹

---

6. Cf. II-II, q.2, a.1, ad3; aa.9-10; q.4, a.2; q.5, a.2; q.10, a.8. Cf. etiam I-II, q.17, a.6. 여기서 전제하는 것은 모순의 법칙이나 원리, 즉 존재하는 것은 자신의 부정을 내포할 수 없고, 따라서 동시에 같은 것을 긍정하고 부정하는 것은 불가능하다는 사실이, 모든 생각을 지배한다는 점이다. 그러므로 지성적 판단은 적어도 함축적으로 모순된 대안들 사이의 선택이다. 이러한 배경을 거슬러서 그러한 선택이 그 대상에서 파생된 지성적 통찰에 기초하지 않는다는 사실과 하나의 대안을 수용하는 열등한 방법인 판단에 대한 인정이 존재한다. 의지와 지성의 상호 작용에 대해서는 I, q.82, a.4 & ad 1; q.83, a.1, ad5; I-II, q.9, a.1 참조. 성 토마스는 여기서 그가 q.2, a.1에서 발전시킬 요점을 소개하고 있다. 그는 아리스토텔레스가 제시한 정신 상태의 구분을 이용하면서 그것으로부터 벗어나기를 원한다.

보다 한쪽으로 기울어지는 일종의 자발적인 선택을 통해서이다.[6] 그리고 만약 이것이 다른 부분에 대한 의심이나 무서움을 수반한다면, 의견이 있을 것이고, 반면에 만약 그런 무서움이 없이 확실성을 가진다면, 신앙이 있을 것이다.[7]

그런데 '그 자체로' 우리의 지성 또는 감각을 그것의 인식으로 움직이는 그러한 것들을 직관된다고 말한다. 그래서 신앙뿐만 아니라 의견도[8] 한편으로 감각에 따라서나 다른 한편으로 지성에 따라서 직관되는 것들과 관련될 수 없다는 사실이 명백하다.

[해답] 1. 토마스는 "한 가지를 보았고, 다른 것을 믿었다."[9] 그가 "나의 주님, 나의 하느님."이라고 말했을 때, 그는 인간을 보았고 하느님을 믿으면서 고백하였다.

2. 신앙 아래 들어오는 것들은 두 가지 방식으로 고찰될 수 있다. 첫째, 특수한 방식으로, 위에서 말한 것처럼,[10] 그것들은 보고 믿는 것을 동시에 할 수 없다. 둘째, 일반적인 방식으로, 믿을 만한 것이란 공통적 측면에서 볼 때이다. 그리고 믿는 이는 이런 방식으로 그것들을 본다. 왜냐하면 그는 표징의 증거 때문이나 이와 유사한 어떤 것 때문에 그것들이 믿어져야 한다는 것을 깨닫지 않는 한, 그는 믿지 않을 것이기 때문이다.[11]

---

7. Cf. II-II, q.2, a.1; I-II, q.67, a.3.
8. 동의의 이렇게 다양한 동의의 방식에 대해서는 아래 q.2, a.1을 보라; '신앙'은 여기서 신학적인 신앙보다도 더 넓은 의미에서 사용되고 있음을 주목하라. Cf. q.4, a.1; a.5, ad2.
9. Cf. Gregorius., Hom. 26 in Evang., n.8: ML 76, 1202.
10. 본론.
11. 이 해답은 그 해석에서뿐만 아니라 더 나아가 그 의미에서도 어렵다. 여기서 '신뢰성의 동기'(motives of credibility)라는 난해한 문제가 도입되었다. 신앙의 본

q.1, a.4

래적이고 신적인 동기와 이성적인 신뢰성 사이의 차이는 푸아티에의 페트루스 (Petrus de Poitier, †1205)를 통해서 시작되었다. 이전에는 '신뢰성의 동기'에 대해서 아무런 형식을 가지고 있지 않았다. 신뢰성의 동기의 예들인 기적, 예언, 교회의 삶, 신앙의 진리들과 인간 열망의 일치는 한 개인이 믿도록 선택하는 것의 합리성에 기여한다. 신앙은 인간의 자기 결정이라는 맥락에 부합하게 되는 것으로 생각된다. 합리적으로 분석된 '신뢰성의 동기'는 각 개인의 결정 감각에 기여하는 확신이 될 수 있다. 성 토마스는 믿는 사람은 자신의 대상의 신뢰성에 대해서도 확신을 하고 있을 것이라고 말한다. 따라서 신앙의 동기(원-진리)가 동시에 감싸 안거나 적어도 동반하는 것으로서 '신뢰성의 동기들'에 대한 인식을 갖는다. 성 토마스의 가르침에 따르면 신앙의 동기가 자기 빛을 신앙의 이성적인 전제들 안에까지 비춘다는 사실을 논란의 여지가 없다. 그러나 다른 한편으로 성 토마스에 따르면 이성적인 '신뢰성의 동기들'은 또한 은총 없이는 합리적으로 파악될 수 없다.(cf. q.5, a.2) 만일 "믿는 이는 이런 방식으로 그것들을 본다."라는 문장을 마치 오직 믿는 이가 '신뢰성의 동기들'을 인식할 수 있을 것이라는 식으로 해석한다면, 이 해답에 대한 오해가 벌어질 것이다. 확실히 신앙인만이 그것들이 궁극적인 목적 규정으로, 즉 초자연적인 신앙으로 이끌 것이라는 사실을 인식한다는 점은 분명하다. 그러나 비신앙인도 그것들을-비록 그렇게 완전하게는 아닐지라도-인식하지만, 그러면서도 믿지 않는다. 신앙의 객관적인 동기는 유일하게, 하느님의 증언이다. 하느님의 말씀에 대한 주체적인 응답, 즉 신앙은, 배타적으로 은총의 선물이다.(Cf. I-II, q.109, a.1; q.113, a.4) 또한 신뢰성의 동기는 신앙 내용의 관련성을 증명하는 것으로 볼 수 있다. 인간에게 말을 걸 때, 하느님은 사실 결정적인 말을 했다. 따라서 그 메시지에 대한 교회 공동체의 지속적인 충실함은, 그것이 하느님의 메시지임을 증명한다. "신앙은 하느님에 의해서 계시되었기 때문이 아니라면 아무것에도 동의하지 않는다. 그래서 그것은 그 동의의 매개로서의 신적 진리 자체에 근거를 두고 있다."(a.1) Cf. a.5, ad1; q.2, a.1, ad1; a.9, ad3.
(*추가주)
a) 신앙의 행위는 동의로 이루어지고, 계시하는 하느님의 권위 때문에 계시된 진리들에 결정된 것에 대한 동의만으로 이루어진다.
그러나 다음과 같이 질문될 수 있다: "자연적인 이성에 의해서 결코 지지되지 않는 눈먼 동의가 존재하는가 아니면 지성이 어떠한 직관에도 앞서는 합리적인 순종이 존재하는가?"
이 직관은 그 자체로 모호하고 불명확하게 남아 있는 신앙의 대상과 관련될 수 없다. 따라서 그것은 오직 둘레를 다루게 된다. 그것으로부터 신앙의 동의는 어떠한 자연적 인식의 손실도 없이 보증될 수 있다는 것이 분명하다. 따라서 두 가지 가능성이 제안된다.

a) 사람들이 말하는 것처럼, '신앙의 동의는 어떠한 사멸하는 것으로부터의 도약으로부터 온다.' 정신은 이중의 어떤 진리에 불확실하게 머무른다. 본성적으로 인식가능한 것들에게는 직관을 통해서 동의하고, 계시된 것들에 대해서는 저것(직관)과의 아무런 관계없이, 계시 때문에 동의한다. 키에르케고르의 실존주의적 입장과 어떠한 변형을 가진 변증적 신학이 여기 해당된다. 명제의 양태들에 대한 이런 종류의 다양한 주장들이 존재했다. 그러나 그것들은 학문적으로 칸트의 인식 이론에 토대를 두고 있다. 이런 양태들 모두에 공통적으로 다음과 같이 말해야 한다: 종교적 진리들의 수용은, 비록 하느님으로부터 유래될 지라도, 오직 종교적 감각에 또는 배타적으로 정념에 환원되어야 한다. 그래서 신뢰성의 동기들은 그 자체로 직관되는 것과는 철저히 아무것도 함께 작용되지 않는다.
b) 다른 가능성은 다음과 같다: 신앙의 동의에 필수적인 것은 자연적 이성을 통해 '직관되는'(visa) 신뢰성의 동기들이다. 이것이 가톨릭 신학의 입장이고, 그 가능성은 호교론에서 제안되고 방어된다.(cf. R. Garrigou-Lagrange, *De revelatione*, vol. I, ed. 4a, Romae 1945, pp.482-513). 이러한 가능성의 검토는 '신앙 행위 분석'(Analysis actus fidei)이라고 불린다. 여기서 동의로 움직여주는 모든 원리들이 검토된다. 예를 들어 지성이 그것의 힘으로 계시된 것을 받아들이는 주체적인 빛과 같은 것이 검토된다. 신뢰성의 동기들이 이러한 동의로 어떠한 영향을 준다면, 형상적 원리들의 방식을 통해서 그것 안으로 들어가게 되는가 아니면 오직 도와주고 그것의 장애물들을 제거하는 질료적인 요소들에 불과한가? 하는 질문이 제기된다. (Horváth, *op. cit.*, n.68, pp 120-121)
인간 정신은 연속적으로 그리고 단계를 통해서 최종적인 실천 판단에 도달할 수 있다. 신앙의 선행사와 신뢰성의 동기들을 통해서 충분하게 지지된 계시된 것들은 동의되어야만 한다. 이러한 과정에 따라 신적 빛이 확산되는 것을 막는 장애물들이 제거되고, 인간 정신의 주입을 통해서 소통하게 된다. 신앙이 있는 정신은 계시에 대해서 동의하기 위해서 사멸하는 것으로부터의 도약이 부족하지 않다. 그러나 본성적인 토대로부터는 고유한 힘에 의해서가 아니라 하느님의 은총으로부터 계시를 받아들이는 것으로 넘어갈 수 있다.
그러나 그다음에 다음과 같이 질문되어야 한다: 계시의 질료적 대상은 초본성적인가 그리고 얼마나 초본성적인가? 신앙 행위에 대한 이러한 '객관적이거나 존재론적인'(obiectiva seu ontologica) 분석은 이렇게 종결된다: "신뢰성의 질료적 동기들은 형상적으로 동의로 움직여질 수 없다. 그래서 (실제적인 진리로서의 계시의 수용이 환원되어야 하는) 최종적인 원리들 그리고 그 안에서 동의가 일어나는 매개(medium)는 언급되고 가르쳐지는 제1원리이다."(*Ibid.* n.70, pp.121-122)
이것으로부터 어떠한 양태로 신비와 자연적 진리들 사이의 관계 또는 자연적 질서와 초자연적 질서 사이의 관계가 표현될 수 있는가 그리고 그 사태에 대해 역사적으로 표현되어 있거나 표현되어야 하는가? 하는 질문이 제기될 수 있다. 이에 대한 대답은 다음과 같은 도표로 제시될 수 있다:

q.1, a.4

AD TERTIUM dicendum quod lumen fidei facit videre ea quae creduntur.¹² Sicut enim per alios habitus virtutum homo videt illud quod est sibi conveniens secundum habitum illum, ita etiam per habitum fidei inclinatur mens hominis ad assentiendum his quae conveniunt rectae fidei et non aliis.¹³

[본성과 신비들 사이의 관계]
A-반대: 저항(repugnantia), 불일치(discrepantia), 부조화(disharmonia):
  a) 절대적: 신비들의 불가능성: 자연주의(물질주의, 실증주의, 합리주의, 실존주의 하이데거(Heidegger), 삶의 철학 클라게스(Klages)
  b) 상대적:
    α) 사변적인 반대로부터
      1) 사변적 이성의 범주들을 물자체(物自體)에 적용하는 일의 불가능성으로부터 진행하는: 칸트의 불가지론
      2) 신비들과 자연적인 인식의 비교로부터 발생하는 불합리를 해결하는 일의 불가능성으로부터: 실존주의 키에르케고르(Kierkegaard)
    β) 범죄한 인간의 개념들 안에서 신비를 참으로 체험하는 일의 불가능성으로부터: 변증 신학 바르트(Barth)
B-합치(concordia), 조화(harmonia), 통합가능성(conciliabilitas)
  a) 절대적, 비구별의 방식을 통해
    α) 신과 자연의 동일성으로부터(범신론), 또는 자신의 진화와 함께 절대자의 동일성으로부터: 헤겔(Hegel)식 초월주의
    β) 매개의 동일성으로부터
      1) 신적인 매개: 존재주의(Ontologismus)
      2) 인간적인 매개 (잠재의식, 변형들): 모더니즘
  b) 상대적, 구별의 방식을 통해
    α) 내재성으로부터, 형상적 구별: 신비들의 긍정적 증명 가능성으로부터: 반(半)-합리주의
    β) 외재성으로부터, 물질적 구별, 둘레로부터: 신비들의 비-불가능성에 대한 증명: 가톨릭 신학

에밀 브룬너(Aem. Brunner, 1889-)의 입장은 특별히 주목할 가치가 있다. 그는 칼 바르트의 변증 신학과 가톨릭 신학 사이에 중도적인 입장으로 나아가면서 일종의 호교론을 정립하려고 의도했기 때문이다. 그런데 그 호교론은 이중의 의무를 가질 것이다: 아직 신앙을 가지지 못한 이들의 오류들과 편견들을 해소하는 일

3. 신앙의 빛은 믿어야 할 것들을 보게 한다.[12] 덕들의 다른 습성을 통해, 인간은 그 습성에 따라 자신에게 적절한 것이 무엇인지 보게 되는 것처럼, 신앙의 습성을 통해 인간 정신은 올바른 신앙에 적절한 것들에 동의하고 다른 것들에는 동의하지 않는 쪽으로 기울어지기 때문이다.[13]

(그리고 그것에 의해 그러한 호교론은 논쟁술일 것이다.) 그리고 더 나아가 불신자들에게 (그것을 가지고 인식해야 하는 더 높은 진리를 탐구하려는) 함축된 열망을 드러내게 하는 일(그리고 그것에 의해 그러한 호교론은 선교 신학일 것이다). 그렇기 때문에 부지런히 저 가장 명백한 신학자의 최선의 의도가 존재함을 주목해야 한다. 합리주의로부터, 감상주의로부터, 역사주의로부터, 신학들을 유지하면서 (개신교 신학은 오래 전에 무너뜨렸던) 계시, 신앙, 대속이라는 고상한 ingenuum 용어들을 다시 발견하려는 의도가, 또한 인격적인 특성들과 신앙 행위의 '인간적인 것'(humanum)을 의롭게 만들려는 최선의 의도가 존재한다.

그러나 에밀 브룬너는 칸트적인 불가지론과 바르트적인 신앙주의라는 덫에 걸려서 "신앙만으로, 은총만으로(sola fide, sola gratia)"를 항상 매우 강력하게 유지하면서, 본성과 은총이 인간 안에서 어떻게 관련되는지 그리고 어떻게 초본성적인 신앙이 "순종하는 이성적인 것(rationabile obsequium)"과 동등하게 존재하는지에 대해서는 올바르게 이해하지 못했다. 그러므로 참으로 신앙은 저것 옆에서 (때때로 내재적으로 또한 때때로는 외재적으로), 비이성적인 것으로 남았고, 오직 성령의 내적인 증언이라는 신뢰성의 최종적인 동기는 사라졌다. 그것에 의해서 주체주의는 극복되지 못했다. Cf. P. Braido, *La ragione verso la fede nella Teologia di Emilio Brunner*, Torino, 1950 (in Biblioteca del 'Salesianum')

12. Cf. a.5, ad1. 여기서 신앙의 빛에 관련되는 '봄'은 이성적인 '신뢰성의 동기들'이 아니라 신앙의 내용 자체에 연관된다. '봄'이란 개념은 여기서 풍부하게 유비적인 의미에서 '확신함', '내용적으로 인식함'을 위해서 사용된다. 신앙의 동기는 신앙인을 그 내용으로 들어가게 해서, 그가 그것들에 대해 인식하고, 믿지 않아야 하는 모든 것으로부터 그것을 구별하게 해 준다. 또한 사람들은 성 토마스가 마치 오직 신앙의 은총을 근거로 해서만 이성적인 '신뢰성의 동기들'을 인식할 수 있으리라는 견해를 대변하는 것으로 주장할 수도 없다.

13. Cf. q.2, a.3, ad2. 여기서 도덕적인 덕들의 상호 연결성과의 유비에 대해 주목하라. 그 연결성과 관련해서 현명에 의한 판단은 욕구의 올바른 소질에 의존하는 감정적인 지식이다.(cf. I-II, q.65, a.1) 그러나 신학적 덕으로서의 신앙은 단순히 힘을 향상시키는 것만은 아니다. 오히려 그것은 정신에게 믿을 수 있는 바로 그

능력을 준다.(cf. *De Virtutibus*, a.10, ad13) 신앙은 하느님의 말씀을 믿는 힘, 믿고 있는 진리를 조명하는 증언이라는 의미에서 빛이다.
(*추가주) 여기서 '지성적 빛에 대해서'(de lumine intellectuali) 어떤 것을 말해야만 한다. 그것(지성적 빛)의 인식이 '어떠한 매개에 의해서 초자연적인 질서가 신적 계시를 통해서 명백하게 인식될 수 있는가를 이해하기 위해서 전적으로 필요하다. 호르바트가 이 사태에 대해서 매우 분명하게 말했던 것을 따라가 보자.(Horváth, *op. cit.*, pp.88-91)
'빛'은 명백하게 함에 속한다. 명백하게 되는 것(id quod manifestatur)인 빛은 즉 드러나는 대상(또는 질료)이다. 그것에 의해 명백하게 되는 것(id cui manifestatur)인 빛은 단지 명백한 질료를 받아들이는 것이다. 따라서 우리는 이 빛에 대해서 두 가지 방식으로 말할 수 있다: 주체적으로 그리고 객관적으로.
'주체적 빛'(Lumen subiectivum): 객관적인 어떤 것을 받아들이거나 도달하는 기능
'객관적 빛'(Lumen obiectivum): 자기 존재성을 명백하게 하는 힘
'객관적인 빛은 사물의 존재성에 제한된다.' 아무것도 자신의 존재성을 넘어서 실재적인 어떤 것을 명백하게 할 수 없기 때문이다.
'주체적 빛'은 사물의 존재성에 따라 더욱 큰 또는 더욱 작은 크기를 가진다. 그것은 고유한 유사성을 받아들이는 순수한 능력이 아니라, 다른 사물들의 유사성을 받아들이는 능력이다. 따라서 사물의 존재성이 자기와 함께 더욱 큰 적응 가능성을 가지면 가질수록, 그것의 주체적 빛은 외연에 관해서 더욱 크고 더욱 강력하다. 내포에 관해서 이 힘은 빛의 순수성으로부터 그리고 금지하거나 방해하는 작용자의 부재로부터 고찰된다.(인간의 지성 안에서처럼)
그럼에도 불구하고 어떤 인식기능이든지 그 대상에 비례하고, 그것으로부터 비례적인 대상이 선택된다. 그 대상에게 즉 그 기능은 – 어떠한 방식으로든 강화되고 외부적인 도움을 받아야만 하지 않도록 – 본성적인 적응으로부터 유사하게 될 수 있다.
'인식 기능은 한정된 것(coarctata)이다', 만일 자기 능력의 한계를 넘어서는데 강화되지 못한다면 말이다. 감각이 그렇다(cf. I, q.12, a.4, ad3) 그러나 만일 그것이 한계를 넘어서 자신의 자연적인 것을 확장시킬 수 있다면, 비례적 대상 이외에도 또한 확장된 또는 적합한 대상을 가질 수 있다(창조된 지성처럼). 그런 대상에 도달하기 위해서는 새로운 빛이 필요하다(지나가면서-소질의 방식을 통해서 또는 머무르면서-습성의 방식을 통해서, 더구나 때때로 자기 능력의 확장에 의해서). 이 첨가된 빛, 즉 현실적으로가 아니라 능력의 가능 상태에 기초하고 있는 빛을 우리는 강화(roboratio), 때때로 인식 능력의 상승(elevatio)이라고 부른다. '상승'은 기능의 본성적 능력을 넘어서는 지성적 빛의 확장이다. 그러나 '강화'는 때때로 본성적 능력의 한계 안에, 때때로 밖에 자리하고 있다.

'자연적인 주체적 빛'(Lumen subiectivum naturale)은 비례적 대상의 인상을 받아들이는 능력이다. 그렇게 시각은 색에, 청각은 소리에, 인간 지성은 감각될 수 있는 본성을 지닌 존재자에 비례한다.

'자연 외적인 주체적 빛'(Lumen subiectivum praeternaturle)은 (제어하는 이의 비례적 능력이 실행되는 것의 방해물들의 이동(초심리적[parapsychica] 현상)에서 또는 불가사의한 원인들의 영향으로 발생하는) 자연적 빛의 광채

'영광의 빛'(Lumen gloriae, cf. I, q.12, a.5)은 지성을 신적 본질의 직접적인 방사(放射)를 받아들이도록 수용가능하고 적합하게 만든다.

'예언의 빛'(Lumen propheticum, cf. q.171, a.2; q.173, a.2)은 지성을 하느님에 의해서 계시된 대상들을 그 자체로 받아들이도록 투명하게 만든다.

'신앙의 빛'(Lumen fidei, 여기): 하느님의 명료한 증언(권위) 안에 있는 대상들을 확고한 동의를 가지고 수용하는 지성의 재능

'객관적 빛'(Lumen obiectivum): 인식 기능을 동화로 이끄는 사물의 명료함은 일종의 사로잡는 힘이고 기능을 대상에 따른 존재로 몰아넣는 힘이다.(수용하도록, 동의하도록 등등) ... 서로 환원불가능한, 다양한 명료함은 특별히 서로 간에 다르고 특별히 구별되는 인식가능성을 가리킨다.

인식가능성의 최고유(Supremum genus)는 명료함이나 또는 동화를 이끄는 힘으로 구성된다. 그것은 고유한 힘에 의해서 결론을 끌어내는 한에서(자신의 현실적인, 절대적이고 상대적인 존재성을 통해서), 자연적인 객관적 빛을 재현한다. 이것이 (그 사물 자체와 도구적으로 경쟁하면서,) 더 상위의 빛의 영향 아래에서 일어나는 한에서, (고유한 힘으로부터 많든 적든 영향을 받음에 따라) '자연 외적인 빛'이나 '초자연적인 빛'이 생겨난다.

'자연 외적인 빛'은 본성의 한계 안에서 조명하고 결론을 내리는 이성이지만 그러나 불확실한 기원의 그리고 의미의 이성들과 혼합된 것이다. '근거들'(rationes)은 한편으로 표상상들과 이데아들에 의해 알려진 것들로부터, 다른 한편으로 그것들의 특별한 질서와 그것들이 질서지어지는 목적으로부터 취해진다. 이 모든 것은 본성의 한계 안에 머무르지만, 그 목적은 불분명하다.

'초자연적 빛': 또한 '신적인 빛'이라고도 불리는 것은 감각될 수 있는 본질 안에서 존재자의 모든 이성적 동기 때문에 결론을 내리는 이성이고, 더구나 창조된 또는 창조될 수 있는 각각의 존재자의 잠재성을 능가하는 이성이며, 즉 제1진리 안에 있는 대상의 파악가능성과 명료함이다.

만일 대상들이 제1진리 자체 안에서 그 자체로(신적인 본질 안에서) 직관된다면, '복된 직관'(visio beata)을 가지게 되고, 빛 자체는 본질적으로 신적인 것이다. 진리들과 자연적 빛에 의해 도달불가능한 것들을 소통하는 다양한 방식들 안에서, 인식의 매개수단은 분유된 또는 어두운 신적인 빛이다. 왜냐하면 자연적인 매개수단은 하느님에 의해 (인간 정신이 초자연적인 진리들의 인식으로 나아가

q.1, a.4

AD QUARTUM dicendum quod auditus est verborum significantium ea quae sunt fidei, non autem est ipsarum rerum de quibus est fides. Et sic non oportet ut huiusmodi res sint visae.[14]

도록) 도구적 방식을 통해서 선택된다. 그것은 (주요한 원인을 만들도록, 즉 대상들을 또한 질료적으로 영원한 근거들과의 유사성에 따라 형성되도록) 제1진리를 향해 저렇게 전적으로 사용됨으로써, 재현된 사물의 측면에서 모든 가능한 방식은 동등한 가치와 무류성을 가진다. 오히려 그것은 매개수단의 측면에서 오로지 인식의 어떤 형상적 근거 안에서 명료화되고 존재자의 잠재성을 전적으로 능가하는 정신을 사로잡는다. 따라서 각각의 방식은 두 가지로 재현될 수 있는 객관화의 방식에 따라 서로 구분된다.

a) '대상들은 영원성의 거울 안에서 재현된다.'[cf. II-II, q.173, a.1; De veritate q.12, a.6] 즉 인식 수단들은 (하느님의 전망 안에서 가지고 있는) 현존성에 따라 대상들을 재현한다. 이것은 '예언적 빛'이라고 불린다. 인식 수단은 그렇게 (직접적으로 대상들이 측정되면서, 그것들 안에서 영원한 근거들이 반사되어 빛나도록) 하느님에 의해서 적합하게 된다. 이런 경우에 예언자의 정신을 대상과 연결하는 근거(ratio, 객관적 수단)는 직접적으로 영원한 근거에 비슷해지도록 하느님에 의해 형성되었고 예언자의 정신에 주입된 종(species)이다. 이 신적인 빛은 어떤 때는 질료적 대상의 측면에서, 어떤 때는 인식의 형상적 근거의 측면에서 (이것은 영원성 안에 있는 현존성과 표현된 사물들 자체 안에 있고 예언자들에 의해서 파악된 영원한 근거들과의 합치성이다.) 예언자의 정신을 (하느님으로부터 형성된 이 종들을 이용하면서) 하느님의 영향으로 하느님의 지식과 직접적으로 연결시킨다. 따라서 저 명제들 안에 삽입되는 연계사는 직접적으로 하느님의 지식과 관련된다: "주님께서 이것을 말씀하신다 (…) 나는 주님을 보았다." 영원성 안에 있는 그의 현존을 통해서 소통된 대상은 자연적 빛에 의해서 결코 접촉될 수 없는 한에서, 예언적 인식 안에는 신적인 빛이 매개된다. 이런 측면에서 예언적 빛은 신적인 빛이다. 그럼에도 자연적 수단들은 도구적 방식을 통해서 준비하는 이들이나 완성하는 이들에 의해서 적용되기 때문에, 신적인 빛은 순수한 것이 아니라, 앞서 언급된 것들을 통해서 어두운 수단들이다.

b) '대상들은 오직 하느님의 권위나 제1진리의 권위 안에서 증언하는 이들에 의해서 제시된다.' 그러므로 영원성 안에 그들이 가지고 있는 저 현존에 따라서도 아니고 영원한 근거들과의 직접적인 합치성에 따라서도 아니고, 이것들에 대해서는 오직 하느님의 권위가 증언된다. 그것으로부터 어떤 때는 대상들의 실재적인 진리가, 어떤 때는 그들의 오류에 빠질 수 없는 확실성이 취해진다. 이것은

제1문 제4절

4. 들음은 신앙에 속하는 것을 의미하는 말씀들에 관련되는 것으로, 신앙에 관련되는 사태들 그 자체에 속하는 것이 아니다. 그러므로 이러한 종류의 사물들이 직관되어야만 하는 것은 아니다.[14]

'신앙의 어두운 신적인 빛'이다. 이것은 오직 하느님의 권위가-모든 다른 동기나 자연적인 인식근거를 배제한 채-제공되어야 하는 동의로 이끌기 때문에, 신적인 빛이다.(내재하는 유일한 원인이다) 따라서 이것은 또한 어두운데, 그 이유는 질료적 대상들이 자연적 수단들을 통해서 재현되고(그것들은 그것에 의해서 그리고 그것으로부터 [대상들이] 모여드는 수단이다)-말씀하시는 그리고 형상적인 동의 안에서 도구의 방식을 통해서 자연적인 수단들을 제공하는 제1진리의 영향 아래에서가 아니라면 형상적 대상들 안에 도달하지 못하기 때문이다.

14. 신앙에는 두 가지가 요구된다. 하나는 믿으려는 마음의 경향이며, 이것은 들음에서가 아니라 은총의 선물에서 오는 것이다. 다른 하나는 무엇이 믿어져야 하는지에 관한 결정이고, 이것은 들음에 의해 이루어진다. Cf. *In Ep. ad Rom.*, c.10, lect.2; *In de Trin.*, q.3, a.1, ad4. 이 구분은 또한 아래 q.6, a.1에서도 사용된다. 여기서 그 안에서 신앙이 제안되는 용어들은, 믿어지는 그 실재의 내적 의미에 적합하지 않다는 명확한 진술에 주목하라.

(*추가주) 아래 q.4, a.8 & ad2; q.5, a.1 & ad3; q.6, a.1 & ad2; q.8, a.6 참조. 또한 I, q.111, a.1, ad1; III, q.30, a.1, ad3; *ScG* IV, 1도 참조. '신앙은 들음에서 [오고], 본질적으로 말씀하시는 하느님의 음성을 지각하도록 질서지어져 있다.' 그 음성은 계시 안에서-언급된 것 자체에 동의해야 하는 것처럼-직접적으로 표현되고 부합하는 권위를 통해서 제공된다. 그 동의 자체 안에서 신앙의 덕이 표현되고 그 자체 안에서 남김없이 이행된다. 신앙의 모든 대상 안에서 듣고 있는 신자들에게 하시는 하느님의 말씀이 발견된다. 이 말씀은 교도권의 방식을 통해서 일어나고, 전해진 사태들의 진리를 내적인 명백함에 따라서 보여주는 것이 아니지만, 그럼에도 믿는 정신을 (오류에 빠질 수 없는) 지식과 그리고 (틀릴 수 없는) 하느님의 진실성과 연결시킨다. 따라서 신앙의 질료적 대상은 계시로부터 도출되지만, 그것에 의해 신앙이 존재하게 되는 형상적 대상은 하느님의 증언이요 말씀하시는 하느님의 진리와 진실성이 내포되어 있는 계시라고 말할 수 있다. Horvath, *op. cit.*, p.115.

따라서 신앙의 질료적 대상 전체는 하느님의 말씀, 즉 계시로부터 취해져야 한다. "이것을 거슬러서 합리주의는 신앙의 초본성을 부인하면서, 도리어 어떤 종류의 들음이나 외부로부터 전해지는 가르침을 거부한다.

a) 합리주의(Rationalismus)는 일반적으로 초자연적인 진리를 부정하며, 따라서 계시의 가능성도 부정한다.-신앙이라는 명칭에 의해서 종교적인 진리와 그것으

로부터 나오는 것들이 이해된다. (그것에 의해서 형상적 대상이 되는 것인) 그 것들의 척도는 자연적 이성의 빛이다. 그래서 신앙 안에는 확고하고 불변하는 어떠한 진리도 발견되지 않는다. 그것은 발견하고 설명하는 이성의 과정에 따라 변화된다. 그러나 가르치는 교도권은 개별적이고 집단적인 이성 이외에 인정될 수 없다. 그래서 성경적 합리주의와 철학적 합리주의가 있다.

b) '내재화된 합리주의'(Rationalismus Immanentiscus)는 (인간 이성의 자율성을 선포했던) 칸트의 흔적들을 따른다. 인식가능성의 법칙들은 이성에 의해서 결정된다. 학문적인 인식은 현상적인 한계를 넘어서 확장될 수 없다. 본체들은 가치의 실재적 객관화를 오직 정념으로부터 수용할 수 있다. 따라서 하느님에게서 기대하는 모든 진리의 원천은 정념 안에서 추구되고 발견되어야 한다. 계시는 외부로부터 다가오는 가르침이나 말씀이 아니라, 하느님에 대한 필요에 종교적 감각을 적용함으로써 온다. 그것으로부터 하느님과 신적인 사물들과의 일종의 합일이 발생한다. 따라서 종교는 저 합일의 감각으로 이루어져 있고, 저 감각은 신앙이라 불린다. 계시는 종교적 감각의 산물이고, 신앙은 이성의 작용이 아니라, 정념에 속한다. 신적인 교도권이나 교회의 교도권은 인정되어서는 안 된다. 오직 정념이 어떠한 신성에 대해서든 (철저히 가르치지 않는다 할지라도) 매우 바르게 질서를 부여할 수 있다. 따라서 어떠한 불변의 진리도 신앙에 의해서 유지되어야 하는 것이 아니라, 정념의 가변성에 따라, 시간과 장소와 개인들의 요청에 따라 다양한 방식으로 (교의라고 불리는) 어떤 형식들로 고백된다. 정념과 감성들은 이성적인 방식으로 표현되거나 정의될 수 없다. 그것들은 많은 적든 거칠게 형식들과 말들로 제시될 수 있지만, 그것들의 표현과 등가는 아니다.

c) '근대주의 안에 있는 내재주의'(Immanentismus in Modernismo)는 명제화된 것들에 대한 신앙과 관련된 모든 이단의 지붕에 도달한다. 그것은 종교적 정념의 위치에 잠재의식을 놓았고, 그것에 대한 평계로 종교에 속하는 어떤 것들을 고백한다. 이것으로 인간에 대한 하느님의 말씀이 아닌 계시가 이루어진다.(물론 거꾸로 우리는 계시가 '알려지지 않은 것'에 대해 인간이 자기 자신에게 만들어 낸 말이라고 말해야 한다.) 이러한 수집된 종교적 경험들은 교회라고 불리는 공동체의 소유로 넘어가고, 교의들 안에서 일종의 형식들을 받아들인다. 그 형식들은 불변한 것이 아니라, 그 이상의 종교적 경험들을 위한 시작이다. 그러한 경험들로부터 앞선 것들과 전적으로 반대되거나 모순되는 교의들이 발생한다.(이것들에 대해서는 DH 2072 이하 참조).

이 입장들을 위한 토대는 종교적 필요성이다.

'철학적 합리주의'에 따르면 신앙의 질료적 대상은 신에 대해서 인간 이성을 통해서 착상된 바로 그것이다. 따라서 다신교, 일신교나 범신론에 의해서 주장되는 것들은 동일한 방식으로 관계를 맺는다. 그러나 형상적 대상은 착상된 것들을 다른 방식으로 정당화하고 측정하는 이성이다. 따라서 모든 것은, 어떤 철학하는 방식으로 입증되기만 하면, 신앙의 형상적 대상일 수 있다. 따라서 누구든지 자신에게 그렇게 보이는 것처럼 하느님에 대한 자기의 관계를 질서화하는 종교적 무차별주의(Indifferentismus)가 [등장한다.]

'내재주의'(Immanentismus)에 따르면, 신앙의 질료적 대상은 인간이 자기의 정념적 삶의 필요들에 따라 만들어 내고 감각하면서 자신 안에 유지하는 바로 종교적 경험과 같은 것이다. 그러나 신앙의 형상적 대상은 말하는 이들의 잠재의식으로부터 [나와서] 종교적 감각과 그리고 각각의 종교인들의 필요들에 상응하는 것이다.

이 둘 안에서는 모두 (자연법 안에서나 초자연적인 계시 안에 토대를 두고 있는) 종교적인 진리들의 원천이 하느님의 가르침으로부터 나온다는 사실이 부정된다. 따라서 종교적 진리들이 지닌 어떤 성질의 견고성이나 불가변성도 부정된다. 그 진리들은 단적으로 사유하거나 생각하는 주체의 가변성에 종속되어 있다. 로이지(Loisy)가 말하는 것처럼, "진리는 인간 자체보다 불가변적이지 않은데, 사실 진리가 자신과 함께 그리고 자신을 통해서 진화되기 때문이다."(DS 1208[=DH 2058])

이 이론들의 토대는 초자연적인 질서와 계시가 불가능하다는 주장 안에서 발견된다. 계시의 가능성이 주장된다면, 형이상학적 필연성에 의해 계시된 것들의 불변성이 긍정된다. 그렇지 않으면 어떤 이는 (바르트의 변증적인 신학처럼) 인간 정신이 진리에 따라 하느님의 말씀을 의미하는 음성들을 지각하는 것 또한 불가능하다고 생각한다. 분유된 존재자의 유비들과 다양한 유사성들 안에서 증명된 가능성에 의해서, 그 자체로 자립하는 것의 근거들은 참으로 지각되고 표현되어야 한다. 절대적 교의들의 불가변성과 불변형성은 흔들리지 않게 논증된 것으로 인정되어야 한다. Horaváth, *op. cit.*, pp.133-136.

Articulus 5
Utrum ea quae sunt fidei possint esse scita

Ad quintum sic proceditur. Videtur quod ea quae sunt fidei possint esse scita.[1]

1. Ea enim quae non sciuntur videntur esse ignorata, quia ignorantia scientiae opponitur.[2] Sed ea quae sunt fidei non sunt ignorata, horum enim ignorantia ad infidelitatem pertinet, secundum illud I *ad Tim.* 1, [13]: *Ignorans feci in incredulitate mea.*[1] Ergo ea quae sunt fidei possunt esse scita.

2. Praeterea, scientia per rationes acquiritur. Sed ad ea quae sunt fidei a sacris auctoribus rationes inducuntur.[3] Ergo ea quae sunt fidei possunt esse scita.

---

1. 라틴어 단어 'scita'와 'scientia'는 여기서 아리스토텔레스의 『분석론 후서』에서 그것들에 부여된 강한 의미를 가지고 있다. 쟁점은 어떤 신앙의 대상이든, 증명적이고 철학적인 논증의 결론이 알려지는 방식으로 알려질 수 있는지, 즉 그러한 대상의 진리에 대해 필수적이고 내재적인 이유에 근거하여 알려질 수 있는가이다. 성 토마스는 『분석론 후편 주해』 제1장 제2강에서 "학문이 증명을 통해 그것에 대해 추구하는 것은 그 안에서 고유한 속성이 어떤 주체에 대해 서술되는 결론과 확실한 원리(즉 속성과 그 주체를 연결하는 원리 또는 원인)로부터 추론된 결론이다."라고 주해한다. 여기서 토마스는 알렉산드리아의 클레멘스에 의해 최초로 가장 명확하게 표현된 그리스도교 전통, 즉 신앙은 인간의 지혜나 철학을 초월하고 그것들에 의해 도달할 수 없는 '영지'(靈智, gnosis)인, 세계관을 제공한다

제5절 신앙에 속하는 것들이 알려질 수 있을까?

Parall.: I-II, q.67, a.3; *In Sent.*, III, d.24, a.2, qc.2; *De veritate*, q.14, a.9; *In Ep. ad Hebr.*, c.11, lect.1.

[반론] 다섯째에 대해서는 다음과 같이 진행된다. 신앙에 속하는 것들은 알려질 수 있는 것처럼 보인다.[1]

1. 무지는 지식과 반대되는 것이기 때문에, 알려지지 않은 것들은 무지[2]한 것처럼 보이기 때문이다. 그런데 신앙에 속하는 것들은 알려지지 않은 모르는 것이 아니다. 티모테오 1서 1장 [13절]의 "나는 믿음이 없어서 모르고 했다."라는 말에 따라, 그러한 것들에 대한 무지가 불신앙에 속하기 때문이다. 그러므로 신앙에 속하는 것들은 알려질 수 있다.

2. 지식은 근거들을 통해서 획득된다. 그런데 신앙에 속하는 것들을 위해서 거룩한 저술가들로부터 근거들이 도입된다.[3] 그러므로 신앙에 속하는 것들은 알려질 수 있다.

는 것에 합류한다. 그러나 이 문제는 또한 신학의 지위에 관한 문제, 즉 '신앙의 학문'(scientia fidei)과 결부되어 있는데(In De Trin., q.2, a.2), 토마스는 아리스토텔레스적 의미에서도 학문의 지위를 신학에 부여하는 독특한 대답을 제공한다. Cf. I, q.1, a.2. 이 주제에 대해서는 박승찬, 「토마스 아퀴나스의 『신학대전』에 나타난 신앙과 이성-제1부 제1문제 신학과 철학의 관계를 중심으로」, 『가톨릭 신학과 사상』 30(1999), 가톨릭대학교 출판부, 154-187쪽과 그곳에 제시된 참고문헌 참조.

2. 라틴어 ignorantia란 한 사람이 가져야 할 앎의 부족을 뜻한다. Cf. I-II, q.6, a.8. 죄로 인한 지성의 무뎌짐으로서의 무지에 대해서는: Cf. I-II, q.85, a.3.

3. 신학적 전통에서는, 성경 저자와 교부 저자 모두 권위로 인정된다. 이 주장은 중세의 신학 개념을 간결하게 서술하고 있다.

q.1, a.5

3. Praeterea, ea quae demonstrative probantur sunt scita, quia demonstratio est *syllogismus faciens scire*.[4] Sed quaedam quae in fide continentur sunt demonstrative probata a philosophis, sicut Deum esse, et Deum esse unum, et alia huiusmodi. Ergo ea quae sunt fidei possunt esse scita.

4. Praeterea, opinio plus distat a scientia quam fides, cum fides dicatur esse media inter opinionem et scientiam.[5] Sed *opinio et scientia possunt esse aliquo modo de eodem*, ut dicitur in I *Poster.*[6] Ergo etiam fides et scientia.

SED CONTRA est quod Gregorius dicit,[7] quod *apparentia non habent fidem, sed agnitionem*. Ea ergo de quibus est fides agnitionem non habent. Sed ea quae sunt scita habent agnitionem. Ergo de his quae sunt scita non potest esse fides.

RESPONDEO dicendum quod omnis scientia habetur per aliqua principia per se nota,[8] et per consequens visa.[9] Et ideo oportet quaecumque sunt scita aliquo modo esse visa. Non autem est

---

4. 이것은 아리스토텔레스로부터 취해진 정의이다. "증명에 의해 나는 학문적 지식을 만들어 내는 삼단논법을 의미한다."(apodexein… sullogismon epistēmonikon) Cf. *Anal. Post.,* I, 2, 71b17-18; S. Thomas, lect.4, n.9. 따라서 증명은 엄격하고, 명백한 입증을 의미하며, 확실성을 가지고 알려진, 보다 보편적인 전제로부터 필연적으로 나오는 결론이다.
5. 의견에 대해서는: Cf. a.4; q.2, a.1; I-II, q.67, a.3.
6. *Anal. Post.,* I, c.33, 89a25; S. Thomas, lect.44, n.10.
7. Gregorius, Hom. 26 *in Evang.,* n.8: PL 76, 1202.

3. "증명은 지식을 만드는 삼단논법"이기 때문에, 증명적으로 입증된 것은 알려진 것이다. 그런데 신앙에 내포되는 어떤 것들, 즉 "하느님이 존재한다.", "하느님은 하나이다." 등등은 철학자들에 의해 증명적으로 입증되었다. 그러므로 신앙에 속하는 것들은 알려질 수 있다.

4. 또한, 신앙은 의견과 지식 사이의 중간이라고 언급되기 때문에, 의견은 신앙에서보다 지식에서 더 멀리 떨어져 있다.[5] 그런데 의견과 지식은, 『분석론 후서』 제1권[6]에서 언급된 바와 같이, 어떤 방식으로든 같은 것에 대해 있을 수 있다. 그러므로 신앙과 지식도 같은 대상에 대해 있을 수 있다.

[재반론] 그러나 반대로, 그레고리우스[7]는 "명료함은 신앙이 아니라 인정을 갖는다."라고 말한다. 그런데 신앙과 관련된 것들은 인정을 갖지 않는다. 그러나 알려진 것들은 인정을 갖는다. 그러므로 신앙은 알려진 것들과 관련될 수 없다.

[답변] 모든 지식은 자명하고[8] 결과적으로 "보이는" 어떤 원리들로부터 취해진다.[9] 따라서 알려지는 것은 무엇이든지 어떤 방식으로는

---

8. 라틴어 표현 'per se nota'는 영어 번역에서는 'immediately'(즉시, 직접적으로) 등으로 표현된다. 제1부 제2문 제1절에서 '증명적 학문', 즉 증명을 통해서 얻어지는 학문은 참이고, 일차적이며 직접적이고, 즉 어떤 앞선 매개를 통해서 증명되는 것이 아니라, 그 자체로(per se) 명백한 명제들로부터 진행된다. 그것들은 일차적으로 그것들에 의해서 증명된 다른 명제들과의 관련성 속에서 일차적이라고 불린다.(*In Anal. Post.*, c.1, lect.4) Cf. I-II, q.51, a.2.
9. 즉 그것들 스스로 그 정신이나 감각으로 하여금 그것들을 알도록 야기할 때, 사물들이 보인다고 말할 수 있기 때문이다.

q.1, a.5

possibile quod idem ab eodem sit creditum et visum, sicut supra[10] dictum est. Unde etiam impossibile est quod ab eodem idem sit scitum et creditum.

Potest tamen contingere ut id quod est visum vel scitum ab uno, sit creditum ab alio. Ea enim quae de Trinitate credimus nos visuros speramus, secundum illud I *ad Cor.* 13, [12]: *Videmus nunc per speculum in aenigmate, tunc autem facie ad faciem,* quam quidem visionem iam angeli habent, unde quod nos credimus illi vident. Et similiter potest contingere ut id quod est visum vel scitum ab uno homine, etiam in statu viae, sit ab alio creditum, qui hoc demonstrative non novit.[11] Id tamen quod communiter omnibus hominibus proponitur ut credendum est communiter non scitum. Et ista sunt quae simpliciter fidei subsunt.[12] Et ideo fides et scientia non sunt de eodem.

AD PRIMUM ergo dicendum quod infideles eorum quae sunt fidei ignorantiam habent, quia nec vident aut sciunt ea in seipsis, nec cognoscunt ea esse credibilia. Sed per hunc modum fideles habent eorum notitiam, non quasi demonstrative, sed

---

10. Cf. a.4.
11. 이 언급은 소위 신앙의 선행사(praeambula)와 관련된 것이다. Cf. ad 3; q.2, a.4; I-II, q.109, a.1.
12. 여기서 신앙의 질료적 대상(cf. a.1)은 '그 자체로 믿어질 수 있는 것'(per se credibilia)을 지칭함으로써 더욱 정확하게 만들어진다. 그 구별은 아래의 논의에

보여야만 한다. 그런데 위에서[10] 말한 바와 같이, 같은 사람이 동일한 것을 믿기도 하고 보기도 한다는 것은 불가능하다. 그래서 같은 사람이 동일한 것을 알기도 하고 믿기도 하는 것도 불가능하다.

그러나 한 사람이 보거나 아는 것을 다른 사람이 믿는 일은 일어날 수 있다. 코린토 1서 13장 [12절]의 "우리는 지금 어렴풋이 거울을 통해 보지만, 그때에는 얼굴과 얼굴을 마주 볼 것입니다."라는 말씀에 따라, 우리가 삼위일체에 대해 믿는 것들을 우리가 보게 되리라 희망하기 때문이다. 천사들은 이런 직관[얼굴과 얼굴을 마주 보는 것]을 이미 가지고 있다. 그래서 우리가 믿는 것들을 천사들은 본다. 이와 같이 한 사람이 보거나 아는 것이, 심지어 나그네의 상태에서도, 증명적으로 이것을 알지 못하는 다른 사람에 의해 믿어지는 일이 일어날 수 있다.[11]

그럼에도 공통적으로 모든 사람이 믿도록 제안된 것이 공통적으로 알려지지는 않는다. 그리고 그러한 것들은 단적으로 신앙 아래 들어오는 것들이다.[12] 따라서 신앙과 지식은 같은 것들에 관한 것이 아니다.

[해답] 1. 불신자들은 신앙에 속하는 것들에 대해 무지하다. 그들은 그것들을 스스로 보거나 알지 못할 뿐만 아니라, 그것들이 신뢰할 만하다는 사실을 알지 못하기 때문이다. 그러나 이런 방식을 통해서 신자들은, 마치 증명적으로는 아니지만, 위에서 말한 것처럼, 신앙의

서 더욱 발전된다: a.6, ad1; q.2, a.5; q.5, aa.1-2. 그것은, 하느님이 인간과 천사들과 함께 수립하고, 어떤 피조물적인 기대나 긍정적인 계획을 능가하는, 개인적인 친교의 시작으로서의 신앙에 대한 이해에 달려 있다. Cf. I. q.1, a.1.

q.1, a.5

inquantum per lumen fidei videntur esse credenda, ut dictum est.[13]

AD SECUNDUM dicendum quod rationes quae inducuntur a sanctis ad probandum ea quae sunt fidei non sunt demonstrativae, sed persuasiones quaedam manifestantes non esse impossibile quod in fide proponitur.[14] Vel procedunt ex principiis fidei, scilicet ex auctoritatibus sacrae Scripturae, sicut Dionysius dicit, II cap. *de Div. Nom.*[15] Ex his autem principiis ita probatur aliquid apud fideles sicut etiam ex principiis naturaliter notis probatur aliquid apud omnes. Unde etiam theologia scientia est, ut in principio Operis[16] dictum est.[17]

AD TERTIUM dicendum quod ea quae demonstrative probari possunt inter credenda numerantur, non quia de ipsis sit simpliciter fides apud omnes, sed quia praeexiguntur ad ea quae sunt fidei, et oportet ea saltem per fidem praesupponi ab his qui horum demonstrationem non habent.[18]

---

13. 이 해답은 오해를 막기 위해서 매우 정확하게 반론과 조화를 이루도록 설명해야 한다. '어떤 것에 대한 지식을 가짐'은 그것에 관해 아는 것을 의미한다. 토마스는 이제 신앙은 신앙의 내용에 대해 지식을 가지고 그런 의미에서 또한 그것을 아는데, 무엇보다도 명료한 앎을 근거로 해서가 아니라, 신앙에 어울리는 지각을 근거로 해서 그렇다고 말한다. 이 해답은 a.4, ad2가 아니라, 직접적으로 a.4, ad3와 관련된다. 따라서 결코 제4문 제2절에서처럼 이성적인 신뢰성의 동기들에 대해서 말하는 것이 아니다. 이에 따라 사람들은 이 구절로부터 '토마스에 따르면 신뢰성의 동기들에 관한 인식이 오직 신앙으로부터만 주어진다.'는 결론을 내릴 수 없다.
14. (*추가주) 여기서 일종의 '외적인 증거(evidentia extrinseca)', 인과관계로 연결되지 않는, 그 사물을 둘러싸고 있는 이유들로부터 취해진 어떤 명쾌함이 다루어

빛을 통해서 믿어야 할 것을 보게 되는 한에서, 그것들에 대한 앎을 가진다.[13]

2. 신앙에 속하는 것들을 논증하기 위해 성인들이 도입한 근거들은, 증명적인 것이 아니라, 신앙에 제안된 것이 불가능하지 않다는 것을 명백하게 하는 설득들이다.[14] 또는 그것들은 디오니시오스가 『신명론』 제2장에서[15] 말한 것처럼, 신앙의 원리, 즉 성경의 권위로부터 진행한다. 그런데 마치 자연적으로 알려진 원리들로부터 어떤 것이 모든 이에게 논증되는 것처럼, 이러한 원리[신앙의 원리]로부터 어떤 것이 신자들에게 논증된다. 그래서 신학도 또한, 이 작품의 시작에서[16] 말한 바와 같이, 학문이다.[17]

3. 증명적으로 논증되는 것들은 믿어져야만 하는 것들로 볼 수 있다. 이는 단적으로 신앙이 그것들과 관련되기 때문이 아니라, 그것들이 신앙에 앞서 요구되기 때문이다. 그래서 이것들에 대한 증명을 가지지 못한 이들은 적어도 신앙을 통해 이것들을 전제해야만 한다.[18]

진다; 다른 말로 믿어져야만 하도록 제시된 것의 주변에서 취해진 어떤 명쾌함을 뜻한다.
15. *De divin. nom.*, c.2: PG 3, 640 A; S. Thomas, lect.1, nn.124-125.
16. I, q.1, aa.2 & 8.
17. 이것은 신학의 기능에 대한 부분적인 요약이다. Cf. I, q.1, a.5, ad2; a.6, c et ad2: a.8, c et ad2. Cf. etiam *In De Trin.*, q.2, aa.2-3; *Quodl.* q.4, a.18.
18. 신앙의 고유한 대상, 즉 하느님이 참행복을 주고 구원한다는 사실은 하느님이 존재한다는 사실을 전제하고, 하느님의 실존이라는 사실은, 성 토마스에 따르면, 철학적으로 증명 가능하다. Cf. I, q.2, a.3; *In De Trin.*, q.2, aa.2-3. 비철학자의 하느님 실존에 대한 신앙은, 물론, '철학자들의 신'에 대한 신앙을 포함하고 있지만, 또한 훨씬 더 많은 것들을 포함하고 있다. Cf. infra a.8, ad1; q.2, a.2, ad3; a.3, ad3. 그 주장은, 이상적으로 한 사람이 믿기 전에 하느님의 실존에 대한 합리적 증거를 가져야 한다는 것이 아니라, 단순하게 하느님에 대한 신앙은 인간 이성에 열려 있는 신적인 측면을 받아들이는 것을 포함할 수도 있다는 것이다. 어떤 이는 여기서 q.2, a.3에서 명시적으로 만들어진 요점을 볼 수도 있다. 신앙

q.1, a.5

AD QUARTUM dicendum quod, sicut Philosophus ibidem dicit, a diversis hominibus de eodem omnino potest haberi scientia et opinio, sicut et nunc[19] dictum est de scientia et fide. Sed ab uno et eodem potest quidem haberi fides et scientia de eodem secundum quid, scilicet subiecto, sed non secundum idem, potest enim esse quod de una et eadem re aliquis aliquid sciat et aliquid aliud opinetur; et similiter de Deo potest aliquis demonstrative scire quod sit unus, et credere quod sit trinus. Sed de eodem secundum idem non potest esse simul in uno homine scientia nec cum opinione nec cum fide, alia tamen et alia ratione. Scientia enim cum opinione simul esse non potest simpliciter de eodem, quia de ratione scientiae est quod id quod scitur existimetur esse impossibile aliter se habere;[20] de ratione autem opinionis est quod id quod quis existimat, existimet possibile aliter se habere. Sed id quod fide tenetur, propter fidei certitudinem,[21] existimatur etiam impossibile aliter se habere, sed ea ratione non potest simul idem et secundum idem esse scitum et creditum, quia scitum est visum et creditum est non visum, ut dictum est.[22]

으로 자신의 신적 실재인 하느님에게 도달하는 사람은, 초월자에게 닫혀 있지 않은 사람이다. 비록 초월자와의 실제적인 친교가 시간적으로 신앙을 선행하지도 않고, 그것이 신앙이라는 하느님 선물의 전제 조건이 아니라고 하더라도, 신앙의 참다운 의미는 이것을 전제로 한다. Cf. I, q.2, a.2, ad2.

19. 본론.

4. 철학자가 같은 곳에서 "다양한 사람이 전적으로 동일한 것에 대해 지식과 의견을 가질 수 있다."라고 말하는 것처럼, 또한 지금도[19] 지식과 신앙에 대해서도 같은 것이 언급된다. 그러나 동일한 사람이 한정된 의미에서 같은 것에 대해, 즉 주어[대상]에 대해, 지식과 신앙을 가지는 것은 가능하지만, 같은 [관점]에서는 불가능하다. 같은 사람이 동일한 대상에 대해, 어떤 것을 알고 다른 어떤 것을 추측하는 것이 가능하기 때문이다. 그리고 이와 유사하게, 어떤 사람은 '하느님이 하나임'을 논증적으로 알고, '하느님이 삼위임'을 믿을 수 있다.

그러나 같은 대상에 대해 한 사람에게 서로 다른 관점에서는 지식이 의견이나 신앙과 양립할 수 있더라도, 같은 관점에서는 양립할 수 없다. 사실 지식은 단순히 같은 대상에 대한 의견과 양립할 수 없기 때문이다. 왜냐하면, 지식이라는 개념에는 알려진 것과 다르게 관계 맺음이 불가능하다고 평가된다는 사실이 내포되지만[20] 의견이라는 개념에는 어떤 이가 평가하는 그것과 다르게 관계 맺음이 가능하다고 평가한다는 사실이 내포되기 때문이다. 그러나 신앙의 확실성 때문에,[21] 신앙에 의해 소유되는 그것은 또한 다르게 관계 맺음이 불가능하다고 평가된다. 이러한 이유로 동일한 것이 동시에 같은 관점에서 알려지고 믿어질 수는 없는데, 앞서 언급한 바와 같이,[22] 알려진 것은 보이는 것이고 믿어지는 것은 보이지 않는 것이기 때문이다.

---

20. '우리는, 그 사태가 의존하는 원인을 알고, 그 사태의 원인으로서 아무런 다른 것이 없다는 사실을 알 때, 그리고 그 사태는 그러한 것 이외에 다른 것일 수 없다라는 없다는 사실을 생각할 때, 한 사물에 대한 무제한적인 학문적 지식을 우리 스스로 소유하고 있다고 가정한다.'(Aristoteles, *Anal. Post.*, I, 2, 71b9-10)
21. Cf. a.4; q.2, a.1.
22. 본론.

Articulus 6
Utrum credibilia sint per certos articulos distinguenda[1]

Ad sextum sic proceditur. Videtur quod credibilia non sint per certos articulos distinguenda.

1. Eorum enim omnium quae in sacra Scriptura continentur est fides habenda. Sed illa non possunt reduci ad aliquem certum numerum, propter sui multitudinem. Ergo superfluum videtur articulos fidei distinguere.

2. Praeterea, materialis distinctio, cum in infinitum fieri possit, est ab arte praetermittenda. Sed formalis ratio obiecti credibilis est una et indivisibilis, ut supra[2] dictum est, scilicet veritas prima, et sic secundum rationem formalem credibilia distingui non possunt.[3] Ergo praetermittenda est credibilium materialis distinctio per articulos.

3. Praeterea, sicut a quibusdam dicitur, articulus est *indivisibilis veritas de Deo arctans nos ad credendum.*[4] Sed credere

---

1. 토마스에게서 신앙의 대상에 대한 논고 안에서 특별한 역할을 하는 '신앙 조항'이란 개념은 보다 큰 맥락, 즉 '신앙 내용의 세력 범위와 구분'이라는 질문의 틀에서의 설명을 필요로 한다. 교의사의 이론이 철저하게 다루는 질문이 바로 성 토마스의 가르침과 관련해서 논란이 되기 때문에 신중하게 다룰 필요가 있다.
2. Cf. a.1.
3. 형상적 구분은 어떤 형상적 또는 종적 차이에 근거해서 만연해 있는 다수성을 의미하고, 질료적 구분은 동일한 형태의 사물들 중에서 단순히 수적인 차이에

제6절 믿을 수 있는 것들은 확정된 조항들을 통해서 구분되어야 하는가?[1]

Parall.: *In Sent.*, III, d.25, q.1, a.1, qc.1; a.2, ad6; *In Ep. I ad Cor.*, c.15, lect.1.

[반론] 여섯째에 대해서는 다음과 같이 진행된다. 믿을 수 있는 것들은 확정된 조항들을 통해서 구분되지 않아야 하는 것처럼 보인다.

1. 성경에 내포된 모든 것에 대해서 신앙을 가져야만 한다. 그러나 그것들은 그 다수성 때문에 어떤 확정된 수로 환원될 수 없다. 그러므로 신앙 조항들을 구분하는 것은 불필요해 보인다.

2. 질료적인 구분은 무한대로 이루어질 수 있기 때문에, 학예에서 생략되어야 한다. 그런데 위에서[2] 말한 것처럼, 믿을 수 있는 대상의 형상적 근거는 하나이고 분할할 수 없는, 즉 제1진리이다. 그래서 믿을 수 있는 것들은 형상적 근거에 따라 구분될 수 없다.[3] 그러므로 [신앙] 조항들을 통한 믿을 수 있는 것들의 질료적 구분은 생략되어야 한다.

3. 어떤 이들은 [신앙] 조항은 "우리를 믿도록 제한하는 하느님에 대한 분할 불가능한 진리이다."라고 말한다.[4] 그런데 '믿는 일'은 의지

근거한 구분이다. Cf. I, q.47, a.2.
4. (*추가주) *In Sent.*, III, d.25, q.1, a.1에서 성 토마스는 이 정의를 생빅토르의 위고에게 돌린다. 그러나 사실상 이것은 그의 것이 아니라 프래포지티누스(Praepositinus, Summa, fol.132ra)와 기욤 도세르(Cf. Guillaume d'Auxerre, *Summa Aurea*, lib.3, tr.3, cap.2, qu.1.)의 작품들에서 발견된다. Cf. Philoppus Cancellarius, *Summa de Bono* (fol. 85va), Albertus Magnus, *In Sent.*, Lib. III, dist. 24, a.4 (ed. Borgnet, t.XXVIII, p.449), Bonaventua, *In Sent.*, Lib. III, dist. 24, a.2, q.1 (ed. Ad Claras Aquas, t.III, p.525).

est voluntarium, quia, sicut Augustinus dicit,[5] *nullus credit nisi volens*. Ergo videtur quod inconvenienter distinguantur credibilia per articulos.

SED CONTRA est quod Isidorus[6] dicit: *Articulus est perceptio divinae veritatis tendens[7] in ipsam*. Sed perceptio divinae veritatis competit nobis secundum distinctionem quandam, quae enim in Deo unum sunt in nostro intellectu multiplicantur.[8] Ergo credibilia debent per articulos distingui.[9]

RESPONDEO dicendum quod nomen *articuli* ex Graeco videtur esse derivatum.[10] *Arthron* enim in Graeco, quod in Latino *articulus* dicitur, significat quandam coaptationem aliquarum partium distinctarum. Et ideo particulae corporis sibi invicem coaptatae dicuntur membrorum articuli. Et similiter in grammatica apud Graecos dicuntur articuli quaedam partes

---

5 Augustinus, *In. Ioan. evang.*, tr.26/2, super 6,44: PL 35, 1607.
6. (*추가주) 대 알베르투스(Albertus M. In Sent., L.III, dist.24, a.4, ed Borgnet, t.XXVIII, p.449)와 보나벤투라(Bonaventura, In Sent., L.III, q.24, a.3, q.2; Ad Claras Aquas, t.III, p.527)도 이 정의를 이시도루스에게 돌리지만 그의 작품들 안에서는 나오지 않는다. 오히려 대학총장 필립푸스(Philoppus Cancellarius, *Summa de Bono*, fol. 85va)의 책에서 나온다.
7. 다른 판본의 intendens를 번역하자면, '(신적) 진리 자체를 지향하는' 정도의 의미를 지닌다.
8. Cf. a.2; I, q.85, a.4.
9. 카를 바르트(K. Barth, *Die christl. Dogmatik im Entwurf*, I, 1927, p.123)는 교의를 다양한 단계들로 고찰한다. 폐쇄적이고 완성된 것으로서 하느님에 의해서 인식된 진리와 더 나아가서 피조물들에 의해서 인식된 도그마로 구분한다. 후자는

제1문 제6절

적인 것에 속한다. 아우구스티누스가 말한 것처럼,[5] 아무도 원하지 않으면 믿지 않기 때문이다. 그러므로 믿을 수 있는 것들은 [신앙] 조항들을 통해서 부적절하게 구분되는 것처럼 보인다.

[재반론] 그러나 반대로 이시도루스[6]는 "[신앙] 조항은 그것(진리) 자체로 이끄는[7] 신적 진리의 지각이다."라고 말한다. 그런데 신적 진리의 지각은 우리에게 어떤 구분에 따라 부합한다. 하느님 안에서 하나인 것이 우리의 지성 안에서는 다수화되기 때문이다.[8] 그러므로 믿을 수 있는 것들은 조항들을 통해서 구분되어야 한다.[9]

[답변] '아르티쿨루스'[조항]란 명칭은 그리스어로부터 유래한 것처럼 보인다.[10] 라틴어에서 '아르티쿨루스'라고 말하는 그리스어 '아르트론/아르트로스(Arthros)'는 어떤 다양한 부분들의 알맞은 결합을 의미하기 때문이다. 따라서 서로 알맞게 결합된 육체의 작은 조각들을 지체의 '아르티쿨리'[절]라고 부른다. 이와 유사하게 그리스어에 관한

더 나아가 '파악한 이들이나 고향(즉 천국)의 신학'(theologia comprehensorum vel patriae)의 교리에 '다가가려는 시도'로서의 '임시로 지상에서 인간적으로 인식하고 믿고 고백하는 진리'를 구분한다. 바르트는 이 후자의 입장을 토마스에게서 바로 여기서(II-II, q.1, a.6 재반론)에서 발견했다고 믿는다: "토마스 아퀴나스(II-II, q.1, a.6) 이외에는 아무도 신앙 조항(articulus fidei), 따라서 개별적이고 구체적인 교회 교의들이란 개념을 '그것(진리) 자체로 이끄는 신적 진리의 지각'(perceptio divinae veritatis tendens in ipsam)으로서 정의하지 않았다."(Ibid., p.122) 그러나 바르트는 성 토마스가 여기서-재반론의 인용들에서 종종 그랬던 것처럼-단지 성 이시도루스의 문헌을 인용하면서, 그 세력 범위를 결코 그대로 수용하는 것이 아니라는 사실을 간과하고 있다.

10. 성 토마스는 그리스어를 잘 알지 못했다. 그래서 그는 어원적인 정보를 제공하는 데 머뭇거리고 있다. 그리스어 단어 arthos는 그가 강조하는 의미를 실제로 가지고 있다.

orationis coaptatae aliis dictionibus ad exprimendum earum genus, numerum vel casum. Et similiter in rhetorica articuli dicuntur quaedam partium coaptationes, dicit enim Tullius, in IV *Rhet.*,[11] quod *articulus dicitur cum singula verba intervallis distinguuntur caesa oratione, hoc modo, acrimonia, voce, vultu adversarios perterruisti*. Unde et credibilia fidei Christianae dicuntur per articulos distingui inquantum in quasdam partes dividuntur habentes aliquam coaptationem ad invicem.

Est autem obiectum fidei aliquid non visum circa divina, ut supra[12] dictum est. Et ideo ubi occurrit aliquid speciali ratione non visum, ibi est specialis articulus, ubi autem multa secundum eandem rationem sunt incognita,[13] ibi non sunt articuli distinguendi. Sicut aliam difficultatem habet ad videndum quod Deus sit passus, et aliam quod mortuus resurrexerit, et ideo distinguitur articulus resurrectionis ab articulo passionis. Sed quod sit passus, mortuus et sepultus, unam et eandem difficultatem habent, ita quod, uno suscepto, non est difficile alia suscipere, et propter hoc omnia haec pertinent ad unum articulum.

---

11. Cicero, *Rhetorica ad Herennium.*, IV, c.19: ed. G. Friedrich, Lipsiae, 1893, p.82, ll. 28-30. 키케로(Marcus Tullius Cicero, 106-43 B.C.)는 중세 삼학과(trivium)의 수사학 부분에서의 '권위'였다. 그는 정의와 연계된 덕들에 대한 II-II의 토론의 일차적인 권위이다. 중세 시대에 그에게 돌려졌던, 인용된 작품은 퀸틸리아누스(Quintilianus)에 따르면, 수사학자 코르니피쿠스(Cornificus, 기원전 80년경 활동)에 의해서 저술된 네 권의 책들 안의 한 논고였고, 현재는 '『헤렌니우스에게 바치는 수사학』(*Rhetorica ad Herennium*)의 저자'에게 속하는 것으로 간주된다.

문법에서도 그것들의 성, 수, 또는 격을 표현하기 위해 다른 단어들에 알맞게 결합된 언어의 어떤 부분을 '아르티쿨리'[관사]라고 부른다. 이와 유사하게 수사학에서도 어떤 부분의 알맞은 결합을 '아르티쿨리'라고 부른다. 툴리우스 [키케로]는 『수사학』 제4권에서[11] 다음과 같이 말하기 때문이다. "'아르티쿨루스'는 각각의 단어들에 구간을 두어 말을 멈춤으로써, 예를 들어 '단호한 성격,/ 목소리,/ 얼굴로써/ 당신은 적들을 몹시 놀라게 했습니다.'와 같은 방식으로 구분하는 경우에 사용된다."

따라서 그리스도교의 신앙에서 믿을 수 있는 것들은 서로 알맞은 결합을 가지면서 어떤 부분들로 분할되는 경우에 '조항'들을 통해서 (per articulos) 구분된다고 말한다. 그런데 위에서[12] 말한 것처럼, 신앙의 대상은 신적인 것에 관한 '보이지 않는' 어떤 것이다. 따라서 어떤 것이 특별한 이유로 '보이지 않는' 곳에서는 특수한 조항(specialis articulus)이 존재한다. 반면에 많은 것이 동일한 이유에 따라 인식되지 않는[13] 곳에서는 구분되는 조항들이 존재하지 않는다. '하느님이 수난을 겪는다.'라는 사실을 보는데 어떤 어려움을 가지고, '그가 죽은 이들로부터 부활했다.'라는 사실에서 다른 어려움을 가진다. 따라서 수난에 대한 조항에서 부활의 조항은 구별된다. 그런데 그가 수난을 겪고, 죽고, 묻히셨다는 사실은 하나이고 같은 어려움을 가진다. 그래서 하나를 받아들이면 다른 것들을 받아들이는 것이 어렵지 않다. 그리고 그렇기 때문에 이 모든 것은 하나의 조항에 속한다.

중세 수사학의 발전과 쇠퇴에 대해서는 박승찬(2010), 185-205쪽 참조.
12. Cf. a.4.
13. 비오판에서는 cognita vel incognita(인식되거나 인식되지 않는)라고 나온다.

q.1, a.6

AD PRIMUM ergo dicendum quod aliqua sunt credibilia de quibus est fides secundum se; aliqua vero sunt credibilia de quibus non est fides secundum se, sed solum in ordine ad alia, sicut etiam in aliis scientiis quaedam proponuntur ut per se intenta, et quaedam ad manifestationem aliorum. Quia vero fides principaliter est de his quae videnda speramus in patria, secundum illud *Heb.* 11, [1]: *Fides est substantia sperandarum rerum*;[14] ideo per se ad fidem pertinent illa quae directe nos ordinant ad vitam aeternam, sicut sunt tres personae, omnipotentia Dei, mysterium incarnationis Christi, et alia huiusmodi. Et secundum ista distinguuntur articuli fidei. Quaedam vero proponuntur in sacra Scriptura ut credenda non quasi principaliter intenta, sed ad praedictorum manifestationem, sicut quod Abraham habuit duos filios,[15] quod ad tactum ossium Elisaei suscitatus est mortuus,[16] et alia huiusmodi, quae narrantur in sacra Scriptura in ordine ad manifestationem divinae maiestatis vel incarnationis Christi. Et secundum talia non oportet articulos distinguere.

AD SECUNDUM dicendum quod ratio formalis obiecti fidei

---

14. (*추가주) "육체의 부분들이 관절들에 의해서 구분되는 것처럼, 신앙의 이러한 고백[즉, 사도 신경] 안에서도 각각의 것은 구별되고 다른 것으로부터 분리되어서 우리에 의해 믿어져야 하므로, 우리는 올바르고 알맞게 '조항[절]'(Articulum)이라고 부른다. *Catechismus ad Parochos Pii V P. M. iussu editus*, Patavii, 1930, P. I, c.1, n.4, p.11. 따라서 조항은 다음과 같이 정의될 수 있다. "[신앙] 조항은 일차적으로 신앙에 속하면서 믿어지기 위해 특별한 어려움을 가지

[해답] 1. 어떤 믿을 수 있는 것들은 신앙이 그 자체로 관련되고, [다른] 어떤 믿을 수 있는 것들은 신앙이 그 자체로가 아니라 다른 것과의 질서에서 관련된다. 다른 학문들에서도 또한 어떤 것은 그 자체로 의도된 것으로서 제안되고, [다른] 어떤 것은 다른 것들을 명백히 하기 위해 제안된다. 그러나 히브리서 11장 [1절]의 "신앙은 희망해야 하는 사물들의 실체이다."[14]라는 말씀에 따르면, 신앙은 근원적으로 우리가 [천상] 고향에서 보기를 희망하는 것들과 관련된다. 따라서 우리를 영원한 생명으로 직접적으로 규정하는 것들은 그 자체로 신앙에 속한다. 예를 들어 세 위격, 하느님의 전능, 그리스도 육화의 신비와 다른 이런 종류의 것들이 그러하다. 이것들에 따라 신앙 조항들은 구분된다. 그러나 어떤 것들은 성경 안에서 마치 근원적으로 의도된 것들이 아니라 앞서 언급된 것들을 명백히 하기 위해서 믿도록 제안된다. 예를 들어 아브라함이 두 아들을 가졌다는 사실,[15] 죽은 이가 엘리사의 뼈를 만짐으로써 다시 살아났다는 사실[16]이나 다른 이런 종류의 것들이 그러하다. 이것들은 성경에서 신적인 존엄이나 그리스도의 육화를 명백히 하려는 의도로 언급된 것이다. 이런 것들에 따라서는 조항들을 구분하지 말아야 한다.

2. 신앙 대상의 형상적 근거는 두 가지로 받아들여질 수 있다. 첫

고 있는 가톨릭의 명제이다" C.-R. Billuart, O. P., *Summa S. Th. hodiernis Acad. moribus accommodata, Secunda Secundae*, Brixiae 1838, Tract. de Fide, dissert. I, art. 7, §1, p.11b.

15. 창세 16,15; 21,2; 갈라 4,22: "아브라함에게 두 아들이 있었는데 하나는 여종에게서 났고 하나는 자유의 몸인 부인에게서 났다고 기록되어 있습니다."
16. 2열왕 13,21: "한번은 사람들이 주검을 묻으려다가 그 약탈대를 보고는, 주검을 엘리사의 무덤 속에 던지고 가 버렸다. 그런데 그 주검이 엘리사의 뼈에 닿자 다시 살아나서 제 발로 일어섰다."

potest accipi dupliciter. Uno modo, ex parte ipsius rei creditae. Et sic ratio formalis omnium credibilium est una, scilicet veritas prima. Et ex hac parte articuli non distinguuntur. Alio modo potest accipi formalis ratio credibilium ex parte nostra. Et sic ratio formalis credibilis est ut sit non visum. Et ex hac parte articuli fidei distinguuntur, ut visum[17] est.[18]

AD TERTIUM dicendum quod illa definitio datur de articulo magis secundum quandam etymologiam nominis prout habet derivationem Latinam, quam secundum eius veram significationem prout a Graeco derivatur. Unde non est magni ponderis.[19]—Potest tamen dici quod, licet ad credendum necessitate coactionis nullus arctetur, cum credere sit voluntarium;[20] arctatur tamen necessitate finis,[21] quia *accedentem ad Deum oportet credere, et sine fide impossibile est placere Deo*, ut Apostolus dicit, *Heb.* 11, [6].[22]

---

17. Cf. 본론.
18. 신앙 조항들은 그 자체로 하느님의 말씀에 의해서 보증된 것이라는 하나의 특수한 성격을 가지고 있다. 이것은 제1절에서 설명된 바와 같이 그것들의 '내용들'이 신자에게 '보이지 않는 것'이라는 구별되는 조건, 즉 그것들은 하느님의 말씀을 근거로 고유하고 배타적으로 받아들여지기 때문이다. 이 '명확하지 않음'의 다양성이 조항들이 구별되는 기초이다.
19. Cf. q.5, a.1, ad1.
20. Cf. q.10, a.8.

째, 믿어지는 사태 자체의 측면에서. 이 경우에 모든 믿을 수 있는 것의 형상적 근거는 하나, 즉 제1진리이다. 이러한 측면에서는 조항들이 구분되지 않는다. 둘째, 우리의 측면에서 믿을 수 있는 것들의 형상적 근거가 받아들여질 수 있다. 이 경우에 믿을 수 있는 형상적 근거는 '보이지 않는다'는 사실이다. 이러한 측면에서는, 위에서[17] 본 것처럼, 신앙 조항들이 구분된다.[18]

3. [신앙] 조항에 대한 저 정의는 그리스어에서 유래하는 그 참된 의미에 따르기보다는 오히려 라틴어에서 유래하는 단어의 어원에 따라 제시된 것이다. 그래서 그것은 큰 무게를 갖지 못한다.[19] ─ 그럼에도, 믿는 일이란 의지적 행위이기 때문에,[20] 비록 아무도 강제의 필연성에 의해 믿도록 제한되지 않을지라도, 목적의 필연성[21]에 의해 제한된다고 말할 수 있다. 사도가 히브리서 11장 [6절][22]에서 말하는 것처럼 "하느님께 나아가는 사람은 믿어야 하고", "신앙이 없이는 하느님의 마음에 드는 것이 불가능하기" 때문이다.

---

21. Cf. I, q.82, a.1. 필연성은 어떤 것이 그것과는 다르게 될 수 없는 그러한 조건을 의미한다. 이 조건에 관하여 들어오는 강제는 순수하게 외적인 의미 부여이다. 목적의 필연성은 강제가 아니라, 존재자의 자연적인 지향으로 구성되며, 그것들이 무엇인지에 상응하는 목적에로의 작용으로 이루어진다. 목적은 그 존재자와 그것의 작용이, 그 목적이 취득되거나 또는 유지되려고 한다면, 존재해야만 하는 방식을 규정한다. 목적의 필연성은 한 사물의 내적인 최종적임 또는 끝에 도달함의 표현이다. 본성적으로 의지가 목적과 관계되기 때문에, 목적의 필연성은 임의적임에 반대된다. 순전하고 외적인 강제라기보다는 그러한 필연성이 성 토마스의 윤리 이론에서 핵심적이다. Cf. I, q.63, a.1; I-II, q.18, a.1.
22. 히브 11,6: "믿음이 없이는 하느님 마음에 들 수 없습니다. 하느님께 나아가는 사람은 그분께서 계시다는 것과 그분께서 당신을 찾는 이들에게 상을 주신다는 것을 믿어야 합니다."

Articulus 7
Utrum articuli fidei secundum successionem temporum creverint

Ad septimum sic proceditur. Videtur quod articuli fidei non creverint secundum temporum successionem.[1]

1. Quia, ut Apostolus dicit, *ad Heb.* XI, *fides est substantia sperandarum rerum.* Sed omni tempore sunt eadem speranda. Ergo omni tempore sunt eadem credenda.

2. Praeterea, in scientiis humanitus ordinatis per successionem temporum augmentum factum est propter defectum cognitionis in primis qui scientias invenerunt, ut patet per Philosophum, in II *Metaphys.*[2] Sed doctrina fidei non est inventa humanitus, sed tradita a Deo. Dei enim donum est, ut dicitur *Ephes.* 2, [3]. Cum igitur in Deum nullus defectus scientiae cadat, videtur quod a principio cognitio credibilium fuerit perfecta, et quod non creverit secundum successionem temporum.

---

1. 여기서 진행되는 탐구는 가르침의 발전에 관해서 시작한다. 그 문제의 다양한 측면은 아래의 제9절 제1-2답과, 제2문 제3절, 제5-8절, 그리고 제6문 제1절에서 드러난다. 문제 전체는 가르치는 교회의 교의적인 형식들 안에 있는 신앙의 요점들을 표현하는 것뿐만 아니라 구약성경을 관통하는 그리고 구약으로부터 신약으로 이어지는 계시의 진보를 포함하고 있다. 성 토마스는 또한 이 문제의 틀 안에서 신학적인 학문의 진보를 포함시키려 할 것이다. 가장 우선시되는 기준은 여기서 "주님도 한 분이시고 믿음도 하나이며 세례도 하나이고,"라는 에페소서 4장 5절이다. 이 구절은 신학적인 전통에 의해서 신앙의 단일성과 교회의 단일성을 긍정하는 것으로 이해되었다. 『진리론』 제14문 제12절에서는 '시간의 흐름 속에서

제7절 신앙 조항은 시간의 연속에 따라 증가하는가?

Parall.: q.2, a.7; q.174, a.6; *In Sent.*, III, d.25, q.2, a.2, qc.1.

[반론] 일곱째에 대해서는 다음과 같이 진행된다. 신앙 조항은 시간의 연속에 따라 증가하지 않는 것처럼 보인다.[1]

1. 히브리서 11장 [1절]에서 사도는 "신앙은 희망되어야 하는 사태들의 실체이다."라고 말하기 때문이다. 그런데 모든 시간에 걸쳐서 동일한 것이 희망되어야 한다. 그러므로 모든 시간에 걸쳐서 동일한 것이 믿어져야 한다.

2. 『형이상학』 제2권[2]에서 철학자를 통해 분명한 것처럼, 인간에 의해 질서가 부여된 학문들에서는 그 학문들을 발명했던 첫 사람들 안에 있는 인식의 결함 때문에 시간의 연속을 통해서 증가가 이루어진다. 그런데 신앙의 가르침은 인간에 의해 발명된 것이 아니라, 하느님에 의해 전수된 것이다. 에페소서 2장 [8절]에서 말하는 것처럼 "그것은 하느님의 선물이다." 따라서 하느님 안에는 지식의 어떠한 결함도 나타날 수 없기 때문에, 처음부터 믿을 수 있는 것들에 대한 인식은 완벽했고, [신앙 조항이] 시간의 연속에 따라 증가할 수 없는 것처럼 보인다.

신앙이 진보하는가?' 하는 질문이 다루어진다. 『명제집 주해』 제3권 제25구분 제2문 제2절 제1 소문제에서는 신앙의 주관적인 열정에서의 진보와 '신앙의 시대'가 있을 가능성에 대해서 다룬다. 여기서 질문은 신앙의 대상들의 증가에 고정되어 있다. 이 절을 제2절에서 제시된 요점, 즉 신앙 조항들은 합성된 명제들(enuntiabilia), 믿어지는 실체들이 얻어지도록 해 주는 수단인 명제들이라는 사실과 연결시키는 일은 본질적이다.

2. *Meta.*, II, c.1, 993a30-31; b11-19; S. Thomas, lect.1, nn.274, 287-288.

q.1, a.7

3. Praeterea, operatio gratiae non minus ordinate procedit quam operatio naturae. Sed natura semper initium sumit a perfectis ut Boetius dicit, in libro *de Consol.*³ Ergo etiam videtur quod operatio gratiae a perfectis initium sumpserit, ita quod illi qui primo tradiderunt fidem perfectissime eam cognoverunt.

4. Praeterea, sicut per Apostolos ad nos fides Christi pervenit, ita etiam in veteri Testamento per priores patres ad posteriores devenit cognitio fidei, secundum illud *Deut.* 32, [7]: *Interroga patrem tuum et annuntiabit tibi.* Sed Apostoli plenissime fuerunt instructi de mysteriis, acceperunt enim, *sicut tempore prius, ita et ceteris abundantius*, ut dicit Glossa,⁴ super illud *Rom.* 8, [23], *nos ipsi primitias Spiritus habentes.* Ergo videtur quod cognitio credibilium non creverit per temporum successionem.

SED CONTRA est quod Gregorius dicit,⁵ quod *secundum incrementa temporum crevit scientia sanctorum patrum, et quanto viciniores adventui salvatoris fuerunt, tanto sacramenta salutis plenius perceperunt.*

---

3. Boethius, *De Consol. philo.*, III. 3, pros.10: PL 63, 765sq.; CSEL 67, 64sq. 보에티우스 (Anicius Manlius Torquatus Severinus)는 동고트 왕 테오도리쿠스 밑에서 고위 관직을 가지고 있었으나, 잘못된 의심으로 인하여 투옥되었으며 424년경 파비아에서 처형되었다. 아리스토텔레스, 플라톤, 신플라톤주의의 서적들을 라틴어로 번역하고 이들을 서로 조화시키려는 그의 계획은 완성되지 못한 채로 남게 되었다.

3. 은총의 작용은 자연의 작용보다 덜 질서정연하게 진행되지 않는다. 그런데 보에티우스가 『철학의 위안』³에서 말하는 것처럼, 자연은 항상 완전한 것들에서 시작한다. 그러므로 은총의 작용도 또한 완전한 것들에서 시작했을 것이고, 그래서 처음으로 신앙을 전수했던 이들은 가장 완전하게 신앙을 인식했을 것처럼 보인다.

4. 그리스도에 대한 신앙은 사도들을 통해서 우리에게 다다른 것처럼, 신명기 32장 [7절]의 "너의 아버지에게 물어보아라. 그리고 그가 너에게 알려 주리라."라는 말씀에 따르면, 구약성경 안에서도 선조들을 통해서 후손들에게 신앙의 인식이 도달했다. 그런데 사도들은 신비들에 대해서 가장 충만하게 교육받았다. 왜냐하면, 로마서 8장 [23절]의 "성령을 첫 선물로 받은 우리 자신"이라는 말씀에 대한 주해⁴는 "사도들은 시간적으로 앞서는 것처럼, 다른 이들보다 더 충만하게 [교육]받았다."라고 말하기 때문이다. 그러므로 믿을 수 있는 것들에 대한 인식은 시간의 연속을 통해서 증가하지 않는 것처럼 보인다.

[재반론] 그레고리우스⁵는 "시간의 증대에 따라 성조들의 지식도 증가했다. 구원자의 도래가 가까워질수록, 그들은 구원의 성사들을 더욱 충만하게 받았다."라고 말한다.

고대의 사상들을 중세에 전달해 준 공로로 그는 스콜라학자들에게 많은 존경을 받았다. 그의 사상을 잘 보여 주는 완성작, 『철학의 위안』(*Consolatio Philosophiae*)은 523년에서 524년에 걸쳐 감옥에서 저술되었다. 보에티우스, 『철학의 위안』, 박문재 옮김, 현대지성, 2018.

4. *Glossa interl.*; *Glossa Lombardi*: PL 191, 1444.
5. Gregorius, *In Ezech.*, II, hom.16, n.12: PL 76, 980-981. Cf. Hugo de St Victore, *De Sacramentis*, I, p.10, c.6: PL 176, 337 D.

q.1, a.7

RESPONDEO dicendum quod ita se habent in doctrina fidei articuli fidei sicut principia per se nota in doctrina quae per rationem naturalem habetur.[6] In quibus principiis ordo quidam invenitur, ut quaedam in aliis implicite contineantur, sicut omnia principia reducuntur ad hoc sicut ad primum, *Impossibile est simul affirmare et negare*,[8] ut patet per Philosophum, in IV *Metaphys.*[7] Et similiter omnes articuli implicite continentur in aliquibus primis credibilibus, scilicet ut credatur Deus esse et providentiam habere circa hominum salutem, secundum illud *ad Heb.* 11, [6]: *Accedentem ad Deum oportet credere quia est, et quod inquirentibus se remunerator sit.* In esse enim divino includuntur omnia quae credimus in Deo aeternaliter existere, in quibus nostra beatitudo consistit,[9] in fide autem providentiae includuntur omnia quae temporaliter a Deo dispensantur ad hominum salutem, quae sunt via in beatitudinem.[10] Et per

---

6. 이러한 유비의 일부는 세 가지 대신덕이 존재하는 것의 적합성에 대해서 논증하는 I-II, q.62, aa.1 & 2에서 사용되었다. 완전한 유비는 인간이 본성에 적합하게 자신의 초자연적인 목적으로 움직이게 해 주는 하느님의 은총 아래에서 일하도록 하는 내적인 원천을 지니고 있어야만 한다는 사실이다. 비록 당연히 그는 자신의 본성적인 발전을 향한 하느님의 협력 아래서 작용하는 원천을 가지고 있을지라도 말이다. 신앙의 신적인 빛에 의해서 포착된 채로 그가 믿는 진리들은 그에게 참행복을 향해서 그가 분투하는 길을 보여 준다.(I-II, q.62, a.3); 또한 I-II, q.110, aa.2 & 4 참조. 신앙 조항과 자연 이성의 제1원리들 사이의 비교는 일차적으로 그것들은 은총의 삶으로 향해 가는 입구라는 사실을 의미한다. 신앙의 삶은 삼단논법의 모델에 따라서 포착되지 않는다. 사고의 제1원리들조차도 정신의 지성적인 판단을 향한 개방이고 성찰을 위한 원천이자 빛이지, 특수한 철학적인 결론들을 연역하기 위한 전제들이 아니다. Cf. *De veritate* q.14, a.11.

7. *Meta.*, IV, c.3, 1005b20-23; S. Thomas, lect.6, n.600.

[답변] 신앙 조항이 신앙의 가르침과 맺고 있는 관계는 자명한 원리들이 자연 이성을 통해서 갖게 되는 가르침과 맺고 있는 관계와 같다.[6] 이 원리들 안에는 일종의 질서가 발견되는데, 어떤 것들은 다른 것들에 함축적으로 내포되어 있다. 예를 들어 모든 원리는, 철학자가 『형이상학』 제4권에서[7] 분명하게 말하는 것처럼, "동시에 [같은 것을] 긍정하면서 부정하기란 불가능하다."라는 것에, 마치 제1원리처럼 환원되는 것이 그러하다.[8] 이와 유사하게 모든 [신앙] 조항은 어떤 최초로 믿을 수 있는 것들, 즉 '하느님이 존재한다.'와 '하느님은 인간의 구원에 대한 섭리를 가진다.' 등을 믿는 것에 함축적으로 내포되어 있다. 히브리서 11장 [6절]에 따르면, "하느님께 나아가는 사람은 그분께서 계시다는 것과 그분께서 당신을 찾는 이들에게 보상을 주시는 분이라는 것을 믿어야 한다." 신적인 존재에는 우리가 하느님 안에 영원히 실존하고 있다고 믿는 모든 것이 내포되어 있고, 그것들로 우리의 참행복이 이루어져 있기 때문이다.[9] 한편 섭리에 대한 신앙에는 시간적으로 하느님이 인간 구원을 위해 마련하신 모든 것, 즉 참행복으로 가는 길이 내포되어 있다.[10] 또한 이러한 방식을

---

8. Cf. I-II, q.94, a.2.
9. 이 믿음은 '신이 존재한다'는 것이 아니라 바로 '그 하느님'(the God), 그 자신으로서의 하느님을 믿는 것이다.(Cf. a.8, ad1) 그분이 지복직관에서 보게 될 분으로서의 하느님이다. '신앙에 대한 논고' 전체를 관통하는 틀은 바로 지복직관이다. 신앙은 그것에 대한 언급과 그것의 시작으로 이해된다. 이 직관은, 제1부 제12문이 분명히 밝힌 바와 같이, 어떤 종류의 매개도 없이, 그 자신의 존재 속에서 하느님을 직접적이고 직관적으로 관상하는 것이다. 정신이 관상하도록 자신을 제공하는 신적 존재는 신앙의 형상적 근거인 동시에 질료적 대상이다. 따라서 신앙은 하느님 안에서의 최종적인 복됨과의 관계를 가지고 있다는 사실, 종말론적인 차원의 함축을 주목해야 한다. 그 요점이 신앙 행위의 분석과 덕의 정의 안에서 명시적으로 제시될 것이다. Cf. q.2, aa.2-3; q.3, a.1.
10. 이 언어와 제3부 "머리말"의 언어를 비교해 보라. 성 토마스가 '하느님의 존재'

q.1, a.7

hunc etiam modum aliorum subsequentium articulorum quidam in aliis continentur, sicut in fide redemptionis humanae implicite continetur et incarnatio Christi et eius passio et omnia huiusmodi.

Sic igitur dicendum est quod, quantum ad substantiam articulorum fidei,[11] non est factum eorum augmentum per temporum successionem, quia quaecumque posteriores crediderunt continebantur in fide praecedentium patrum, licet implicite.[12] Sed quantum ad explicationem, crevit numerus articulorum, quia quaedam explicite cognita sunt a posterioribus quae a prioribus non cognoscebantur explicite.[13] Unde dominus

---

와 '하느님의 섭리'라는 개념을 '초자연적인' 실재들(삼위일체와 구원 경륜) 아래 포함된 것으로 알기를 원하고, 그래서 그는 '그분께서 계시다는 것과 그분께서 당신을 찾는 이들에게 보상을 주시는 분'이라는 바오로 사도의 문장을 초자연적인 의미에서 이해한다는 점은 주목할 만하다.

11. '실체에 관해서는'(quantum ad substantiam)이란 표현은 제2절에서의 의미와 관련되어 있다. 그 의미는 예를 들어 한편으로 신앙의 내용들이 '실체적으로' 완결되어 있고, 부차적인 조항들의 오직 우유적인 마무리만이 필요하다라는 의미가 아니고, 다른 한편으로 이 '실체'로부터 부가적인 세부 사항들이 연역될 수 있다는 의미도 아니다. 그 의미는 오히려 신앙 조항들의 숫자가 무엇이든지 조항들의 매개(명제들, enuntiabila)를 통해서 믿어지는 실재는 동일한 것, 신적인 존재와 인간 구원을 위한 섭리라는 것이다. 신적 존재와 섭리는 언제나 하느님의 전체 실재이고 그의 구원 계획이다. 설명은 저 동일한 실재에 대해 더욱더 진보하는 자각 의식이다.
12. '함축적인 신앙'(fides implicita)에 관한 가르침은 가톨릭교회 은총론의 핵심 요소에 속한다. 함축적인 신앙은 모든 신앙인을 하나의 신앙 공동체에 합일시킨다. 각각의 세대 안에서뿐만 아니라 초자연적인 의미에서의 모든 신앙인들을 말하는 것으로서, 낙원으로부터의 추방 다음에 구원자가 오셔야만 한다는 사실을 믿으면서 받아들였던 첫 원조로부터 시작해서-사람들은 시대의 징표로부터 묵시록적인 예언들이 실현되리라는 것을 믿으면서 예감하기 때문에-이 지

통해 따라오는 다른 조항들 중에 어떤 것은 다른 것들 안에 포함된다. 인간 구원에 대한 신앙 안에는 그리스도의 육화뿐만 아니라 그의 수난과 이런 종류의 모든 것이 함축적으로 포함된다.

따라서 신앙 조항들의 실체에 관해서는,[11] 시간의 연속을 통해 그것들의 증가가 이루어지지 않는다고 말해야 한다. 후손들이 믿었던 것들은 무엇이든지 앞선 성조들의 신앙 안에, 비록 함축적일지라도 포함되어 있었기 때문이다.[12] 그러나 그 전개에 관해서는, 조항들의 수가 증가했다. 선조들이 명시적으로 인식하지 못했던 것들 중에 어떤 것들을 후손들은 명시적으로 알았기 때문이다.[13] 그래서 탈출기

상 시기의 마지막 날에 이르기까지의 신앙인을 포괄한다. '함축적인 신앙'의 이론은 가톨릭과 개신교의 상호 이해적인 만남을 위한 유일한 수단이고, 그리고 그리스도에 대해서 아무것도 듣지 못했던 이교도들의 구원 여정에 대한 올바른 판단을 위한 유일한 수단이다. 더 나아가 이 이론은 시간의 흐름에 따른 교의 발전을 이해하기 위한 열쇠이다. 또한 그것은 신앙에 관한 회의들을 확실하게 극복하기 위한 길을 실천적인 신앙생활에 가리켜 준다.

13. 첫째 초점은 성서적 계시 그 자체이다. '신자의 행위는 신앙 조항의 명제가 아니라 실재에서 끝난다.'(a.2, c et ad2)는 사실은 함축적으로 그리고 명시적으로 여기와 제2문 제5-8절의 의미를 규정한다. 모든 시대 모든 신자의 신앙이 동일한 신적 존재와 섭리에서 끝나기 때문에, 신앙은 하나이다. 통찰을 주는 것은 사실상 하느님이 그의 존재와 섭리 안에서, 계시 안에서 단계적으로 명시적이 되고 그렇게 언명되는 모든 세부 사항을 의미한다는 점이다. 신앙의 일차적인 조항들은 그것으로부터 신앙의 개별적인 것들이 오직 논리적으로 명료하게 될 필요가 있는 가장 보편적인 명제들로서 취급되지 않는다. 제3부에서 '적합성에 관한 논증들'(arguments of fittingness)이 나타내는 것처럼, 육화 또는 수난은 구원에 관한 조항 안에 논리적으로 내포되지 않는다. 사실, 그것들은 하느님의 섭리 안에서 구원의 '실재' 안에 포함된다. 교의적인 형식들과 신학 안에서 진보에 관한 또 다른 질문들도 또한 여기서 관건이다. 교의적인 형식들에 관해서는, 교의적인 진보와 비교하여 모든 시대에 걸친 신앙의 단일성은 부분적으로 여기서 사용되는 구별에 의해서 유지되고, 믿어지는 실재의 단일성은 부분적으로(a.9, ad1 & ad2; q.2, aa.5-8에서처럼) 명제들로서의 교의적 형식들이 성서적이고 초기 교회 진술들과의 일관성(동질성)에 의해서 유지된다. 신학 그 자체 안에서의 진보

q.1, a.7

Moysi dicit, *Exod.* 6, [2-3]: *Ego sum Deus Abraham, Deus Isaac, Deus Iacob, et nomen meum Adonai non indicavi eis.*[14] Et David dicit:[15] *Super senes intellexi.* Et Apostolus dicit, ad *Ephes.* 3, [5]: *Aliis generationibus non est agnitum mysterium Christi sicut nunc revelatum est sanctis Apostolis eius et prophetis.*[16]

(즉 그것의 교의적 형식들로 방향을 결정하는 기여와는 별개로)는 또한 신앙의 명제들(enuntiabilia)에 집중된다. 신학적 진보는 반성적 탐구, 설명 그리고 저 전제들에 기초한 연역으로도 이루어진다.

14. (*추가주) 성 토마스는 탈출 6,2-3의 "하느님께서 모세에게 이르셨다. "나는 야훼다. 나는 아브라함과 이사악과 야곱에게 '전능한 하느님'으로 나타났으나, '야훼'라는 내 이름으로 나를 그들에게 알리지는 않았다."라는 말씀과 탈출 3,6의 "나는 네 아버지의 하느님, 곧 아브라함의 하느님, 이사악의 하느님, 야곱의 하느님이다."라는 구절을 합친다. Cf. 탈출 4,5.

15. 시편 119[118], 100: "제가 노인들보다 현명하니 당신 규정을 따르기 때문입니다."

16. (*추가주) 계시의 원천에 대한 분석으로부터 '계시가 모두 동시에 드러난 것이 아니라 시간의 연속에 따라 원초적인 하나로부터 완성에로 이끌어졌다'는 사실이 명백하다. 이것이 '최초로 믿을 수 있는 것'(primum credibile)이고 그 안에 가능 상태로 '성조들에 의해서 시작하면서, 예언자들을 통해서 그리스도와 그의 사도들에 이르기까지 계시된 모든 것'이 포함되어 있다. 계시된 새로운 진리들이 오직 하느님을 통해서 '최초로 믿을 수 있는 것' 안에 초래되었고, 자연적인 이성에 의해서는 아무것도 그것들의 형상적인 객관화에 협조하지 않는다. 그러나 '최초로 믿을 수 있는 것'은 원복음(Protoevangelio, 창세 3,15) 안에 명제로 제시되었고, 그것의 다른 설명 방식을 우리는 사도 바오로 안에서 발견한다: "하느님께 나아가는 사람은 그분께서 계시다는 것과 그분께서 당신을 찾는 이들에게 상을 주신다는 것을 믿어야 합니다."(히브 11,6)
"신앙의 성장이 단적으로 이 안에서 이루어진다." 호교론은 먼저 이 성장을 오직 내재하는 자연 본성적인 원인들로 환원하려는 이론들(이성주의, 감성주의, 모더니즘)을 논박하면서 그 이유를 찾는다. 그 후에 그러나-죄지은 인간을 저 길로부터 적절하게 그리스도를 통해서 구원의 완전한 인식에 도달하도록 인도하는-신적 지혜의 이유를 지정한다. [초자연적인 질서의 존재와 인식가능성에 대해서 다루는] 호교론적인 가치론은 타락한 인간성으로부터 계시 전체의 현실적인 목적성이 그리스도를 통해서 취해져서 구원받아야만 한다는 전제로부터 진행된다. 그래서 그것은 계시의 가능한 각각의 단계들이 이 목적을 어떻게

6장 [2-3절]에서 주님은 모세에게 "나는 아브라함의 하느님, 이사악의 하느님, 야곱의 하느님이다. 그런데 '아도나이'(야훼)라는 내 이름은 그들에게 알리지 않았다."라고[14] 말씀하신다. 그리고 다윗은 "제가 노인들보다 더 이해했습니다."라고 말한다.[15] 그리고 사도는 에페소서 3장 [5절]에서 "다른 세대들에게는 그리스도의 신비가 알려지지 않았지만, 지금은 그분의 거룩한 사도들과 예언자들에게 계시되었습니다."라고 말한다.[16]

반사시키는지를 추구한다. 이러한 탐구로부터 다음과 같은 결론이 나온다. '그리스도는 적어도 가능적으로 계시의 모든 형태 안에 포함되어 있다.'(Christus saltem in potentia includatur in omnibus formis revelationis) 이 가능성은 하느님의 측면에서부터가 아니라 이 목적성을 그 특수성과 함께 포착해야 하는 인간의 측면으로부터 나온다. 그리스도로부터 더 멀리 떨어져 있는 사람일수록 이것을 더욱 어둡게 포착한다. 그러나 시간의 충만 안에 있는 이들에게는 분명하게 제시된다. "보라, 하느님의 어린양!"(요한 1,36)

그러나 '한정된 의미에서 신앙이 증가할 가능성'을, 즉 새로운 진리들을 규정하는 것이 아니라 계시된 것들의 현실적인 잠재성에 내포되어 있는 저 진리들을 규정할 가능성을 호교론은 제안하고 주변에 있는 다양한 이론들을 거슬러서 방어한다. 자연적인 인식은 돌아가는 것이고, 저 우회하는 운동 안에서 저런 진화가 발견된다. 그래서 자연적 개념들의 잠재성에 대한 성찰[이 중요하다.] '명시적으로 재현된 것들이 다른 개념들을 통해서 등가로 표현될 수 있다.' 마찬가지로 다른 개념들의 비교를 통해서 실존하는 것들에 대한 추상의 동일한 정도 안에서 새로운 진리들이 연역될 수 있다. 그것들은 원초적 개념의 동일한 가치를 자기 앞에 가져온다. 이것은 동질적인 진화(evolutio homogenea)이다. '그러나 만일 단지 가능 상태인 따라서 내적으로, 즉 현실적인 기호들을 포함해서가 아니라 외적으로만 연결되고 결합되는 개념들이 혼합된다면, 이질적인 진화(evolutio heterogenea)가 존재하게 된다. 이것들로부터 연역된 진리는 굳건하고, 그럼에도 단순한 빛 안에서가 아니라, 둘 모두의 잠재성으로부터 합성된 빛 안에서 가시적이다.

'진화의 이런 양태를 또한 계시의 우회 운동에로 전이할 가능성'을 [명백한 신적 계시를 통해서 초자연적 질서를 인식하게 하는 수단들을 다루는] 특수 가치론의 호교론(Apologetica in Axiologia speciali)은 방어한다. 그 기초는 계시가 초자연적인 진리들을 명백히 하기 위해서 도구로서 자연적인 개념들을 사용한다는 사실이다. 그래서 아무것도 자연적 개념들이 제한된 의미에서 증가할 때까

q.1, a.7

AD PRIMUM ergo dicendum quod semper fuerunt eadem speranda apud omnes. Quia tamen ad haec speranda homines non pervenerunt nisi per Christum, quanto a Christo fuerunt remotiores secundum tempus, tanto a consecutione sperandorum longinquiores, unde Apostolus dicit, *ad Heb.* 11, [13]: *Iuxta fidem defuncti sunt omnes isti, non acceptis repromissionibus, sed a longe eas respicientes.* Quanto autem aliquid a longinquioribus videtur, tanto minus distincte videtur. Et ideo bona speranda distinctius cognoverunt qui fuerunt adventui Christi vicini.[17]

AD SECUNDUM dicendum quod profectus cognitionis dupliciter contingit. Uno modo, ex parte docentis, qui in cognitione

---

지 동일한 원리들에 따라 판단하지 않는 것을 방해하지 않는다. 그래서 '신앙의 동질적 진화'에 동의하게 된다. 등가의 개념이나 표현들을 통해서 계시의 명시적인 파악이 규정되거나, 각각 계시된 것들의 현실적인 파악 안에 머무르면서, 그것들의 비교로부터 동일한 가치를 지닌 새로운 진리나 형상적으로 계시된 진리들 자체가 연역되기 때문이다. 이것은 신앙의 동질적 진화이고, 그 안에서 자연적 개념들은 새로운 진리의 연역을 위해서 단지 도구적인 양태를 통해서 그리고 질료적으로 취해진다. 그러나 만일 그것들이 주요 원인의 양태로 그리고 형상적으로 그것들의 연역과 객관화 안에서 증가된다면, '이질적인 진화'가 존재하게 된다. 그렇게 객관화된 진리들은 신앙의 대상이 아니라, 신학의 대상이다. 신학은 자신의 가치를 [그 객관화된 진리들이] 계시된 것들 안에 어떤 방식으로 내포되는 한편 그것들과 다른 정도로-현실적으로 또는 가능적으로-계시될 수 있는 것들로서 연결된다는 사실로부터 차용한다.

신앙의 증가에 대한 이런 해설과 이단적인 이론들은 상반된다. 그것들에 따르면, 교의들은 계시된 것들의 해석이나 설명이 아니라 복음의 어떤 표현에 다음과 같은 방식으로 최대한 접근하는 것이다. 즉 어떤 교회가 복음적 가르침을 해석할 때에, 자신에게 재현하는 방식에 따라서 또는 주체적인 경험들에 따라서 또는 어떤 시간적인 학문의 조건에 따라서 [접근하는 것이다.] 더구나 [이단적인 이론들은] 복음에 외적인 어떤 것을 교의들에 덧붙인다. 예를 들어-종교적 삶의 진화로부터 유래된 또는 특정 시기의 종교적 경향을 가리키는-순수한 어

[해답] 1. 희망할 것은 모든 이에게 동일했다. 그럼에도 희망해야 하는 이러한 것에 인간들은 오직 그리스도를 통해서 다다랐기 때문에, 그리스도로부터 시간적으로 멀면 멀수록, 희망해야 하는 것들의 획득으로부터 더 멀리 있었다. 그래서 사도는 히브리서 11장 [13절]에서 "이들은 모두 믿음 속에 죽어 갔습니다. 약속된 것을 얻지는 못하였지만, 멀리서 그것들을 바라보았습니다."라고 말한다. 그런데 어떤 것을 먼 거리에서 보는 그만큼, 덜 분명하게 보게 된다. 따라서 그리스도의 도래에 가까웠던 이들은 희망해야 하는 좋은 것들을 더 분명하게 인식했다.[17]

2. 인식의 진보는 두 가지 방식으로 일어난다. 첫째, 가르치는 이의 측면에서, 시간의 연속을 통해서 하나이든 여럿이든 관계없이 인식

떤 외부적인 표현들(Seeberg), 또는 종교적 경험의 상징적 표현들(Sabatier), 또는 어떤 특정 교회의 의무적인 개념(Loofs), 또는 - 그것에 의해 복음적 가르침이 이해되거나 재현되었던(예를 들어 그리스철학적인 정신에 따라) 학문적인 양태(Harnack) 등을 덧붙인다. 결과적으로 교의들은 신앙에 속하는 것이 아니라 종교나 그리스도교의 역사에 속하고, 나의 경험이나 학문에 따라서 더욱 변화되어야 한다. [이런 이단적인 이론들에 따르면] 사실 가톨릭의 어떤 교의들은, 복음을 부패시키기 때문에, 청산되어야만 한다.

17. 교의적 진보의 근본적인 기준은 건전하고 유용한 반면에, 그 주제는 여기와 제4답에서 제기되는 관점, 즉 더 가까운 그리스도인들의 은사를 받은 상태에 의해서 복잡하게 된다. 왜냐하면 그것은 - 실로 그렇게 이해되기도 했고 - 예를 들어 칼케돈공의회의 정식들은 단순하게 사도들이 그리스도에 대해서 분명하게 믿었던 것들을 되찾아 오는 일에 이르렀다는 사실을 의도했던 것처럼 보일 것이기 때문이다. 그렇지만 질문의 이러한 측면은 본질적으로 그 해답 안의 해결과 연결되지 않는다. 그것은 첫째 인간(I, q.94, a.3) 또는 그리스도 자신(III, q.9, aa.1-3)에 의해서 소유된 지식의 충만함에 대한 관점과 같은 종류의 것이다. 그 관점, 그리고 그것이 체현되어 있는 원리 - 정상적인 순서에서 완전한 것이 불완전한 것에 앞선다는 사실 - 는 중세 신학의 종종 비-역사적인 전망에 정말 알맞은 것일 것이다. 더욱이 사람들은 지나간 황금시대의 지혜를 재발견하는 것으로서의 배움에 대한 중세의 개념을 기억하게 된다.

proficit, sive unus sive plures, per temporum successionem. Et ista est ratio augmenti in scientiis per rationem humanam inventis. Alio modo, ex parte addiscentis, sicut magister qui novit totam artem non statim a principio tradit eam discipulo, quia capere non posset, sed paulatim, condescendens eius capacitati. Et hac ratione profecerunt homines in cognitione fidei per temporum successionem. Unde Apostolus, *ad Gal.* 3, [24sqq.; c. 4],[18] comparat statum veteris testamenti pueritiae.

AD TERTIUM dicendum quod ad generationem naturalem duae causae praeexiguntur, scilicet agens et materia.[19] Secundum igitur ordinem causae agentis, naturaliter prius est quod est perfectius, et sic natura a perfectis sumit exordium, quia imperfecta non ducuntur ad perfectionem nisi per aliqua perfecta praeexistentia. Secundum vero ordinem causae materialis, prius est quod est imperfectius, et secundum hoc natura procedit ab imperfecto ad perfectum.[20] In manifestatione autem fidei Deus est sicut agens, qui habet perfectam scientiam ab aeterno, homo autem est sicut materia recipiens influxum Dei agentis. Et ideo oportuit quod ab imperfectis ad perfectum procederet cognitio fidei in hominibus. Et licet in hominibus quidam se habuerint per modum causae

---

18. 갈라 3,24: "그리하여 율법은 우리가 믿음으로 의롭게 되도록, 그리스도께서 오실 때까지 우리의 감시자 노릇을 하였습니다." 불가타 성경에는 "Itaque lex paedagogus noster fuit in Christo."(그런 이유로 율법은 그리스도 안에서 우리의 교육자였다.)라고 표현되어 있다.

에서 진보한다. 그리고 이것이 인간 이성에 의해서 발견된 학문들 안에서 증대가 이루어지는 이유이다. 둘째, 배우는 이의 측면에서, 학예 전체를 알고 있는 선생은 처음부터 즉시 그것을 학생에게 전달하지 않는다. 학생이 파악할 수 없을 것이기 때문이다. 오히려 [선생은] 학생의 수용력에 맞추어 내려가면서 점차적으로 [전달한다.] 이런 이유로 인간들은 시간의 연속을 통해서 신앙의 인식에서 진보한다. 그래서 갈라티아서 3장 [24절][18]에서 사도는 구약의 상태를 소년기에 비유했다.

3. 자연적인 발생에는 두 가지 원인, 즉 작용자와 질료가 미리 요구된다.[19] 작용인의 질서에 따르면, 더 완전한 것이 본성적으로 먼저이고, 그래서 자연은 완전한 것들에서 시작한다. 불완전한 것들은 오직 이미 실존하는 어떤 완전한 것들을 통해서 완성으로 이끌리기 때문이다. 그러나 질료인의 질서에 따르면, 불완전한 것이 먼저이고, 이에 따라 자연은 불완전한 것에서 완전한 것으로 진행한다.[20] 그런데 신앙의 전개에서 하느님은 마치 영원으로부터 완전한 지식을 가진 작용자와 같고, 인간은 작용하는 하느님의 영향을 수용하는 질료와 같다. 따라서 인간들에게서 신앙의 인식은 불완전한 것에서 완전한 것으로 진행해야 한다. 인간들 중에서 어떤 이들은, 신앙의 박사

---

19. 4 원인들에 대한 아리스토텔레스의 이론은 제2부 제1편 제1문 제2절에 요약되어 있다. Cf. In Physic., II, lect.5; *In Meta.*, V, lect.3. 어떠한 결과든지, 질료인은 수용적인 요소이다. 형상인은 규정하거나 형상화하는 요소이다. 작용인 또는 능동인은 생산자이다. 목적인은 그것을 위해 그 결과가 생산되고 존재하는 목적이다. 여기서 주어져 있는, 즉 진보적 계시의 받아들여진 사실에 관한 합리적인 설명을 주기 위해서 하나의 유비가 구성된다. 물론 그것은 적합성 또는 타당성의 논증과 관련된 질문이다.

20. Cf. I, q.4, a.1.

q.1, a.7

agentis, quia fuerunt fidei doctores; tamen *manifestatio Spiritus datur talibus ad utilitatem communem*, ut dicitur I *ad Cor.* 12, [7].²¹ Et ideo tantum dabatur patribus qui erant instructores fidei de cognitione fidei, quantum oportebat pro tempore illo populo tradi vel nude vel in figura.²²

AD QUARTUM dicendum quod ultima consummatio gratiae facta est per Christum, unde et tempus eius dicitur *tempus plenitudinis,*²⁴ *ad Gal.* 4, [4].²³ Et ideo illi qui fuerunt propinquiores Christo vel ante, sicut Ioannes Baptista, vel post, sicut Apostoli, plenius mysteria fidei cognoverunt.²⁵ Quia et circa statum hominis hoc videmus, quod perfectio est in iuventute, et tanto habet homo perfectiorem statum vel ante vel post, quanto est iuventuti propinquior.

---

21. 1코린 12,7: "하느님께서 각 사람에게 공동선을 위하여 성령을 드러내 보여 주십니다."
22. (*추가주) "이렇게 후대의 백성들이 앞선 세대의 백성보다 더 많이 알았던 것이 아닐 뿐만 아니라, 오히려 후대의 박사들은 앞선 이들보다 더욱 박학했다. 저자가 q.174, a.6에서 가르치는 것처럼, 앞선 두 상태, 즉 본성과 율법에서 탁월성을 유지하면서 이것을 이해하라. 왜냐하면 박학한 아브라함은 율법의 상태를 시작했던 모세에게 이르기까지 후손들보다 더욱 하느님에 의해서 [박학해졌다.] 또한 모세는 은총의 시대에 이르기까지 나머지 사람들보다 하느님에 의해서 더욱 교육되었다."(Cajetanus in. h. a., n.I)

들이기 때문에, 작용인의 방식을 통해서 행위했을지라도, 코린토 1서 12장 [7절][21]에서 말하는 것처럼 공동의 유익을 위해서 성령의 징후가 그러한 이들에게 주어졌다. 따라서 저 백성에게, 노출된 채 또는 비유적으로, 전달되는 시간을 위해 필요한 만큼, 신앙의 교육자인 선조들에게 신앙의 인식에 대해 그만큼 주어졌다.[22]

4. 은총의 궁극적 완성은 그리스도를 통해서 이루어졌다. 그래서 갈라티아서 4장 [4절][23]에 따르면 그의 시간은 "충만의 시간"[24]이라고 불린다. 그리스도에게 더욱 가까웠던 이들, 세례자 요한처럼 이전이든, 혹은 사도들처럼 이후든, 그들은 신앙의 신비들을 더 충만하게 인식했다.[25] 인간의 상태에 관해서도 우리는 완전성이 젊음 안에 있다는 사실을 보며, 인간은 이전이든 이후든 젊음에 가까울수록 그만큼 더 완전한 상태를 가지기 때문이다.

---

23. 갈라 4,4: "그러나 때가 차자 하느님께서 당신의 아드님을 보내시어 여인에게서 태어나 율법 아래 놓이게 하셨습니다."
24. 불가타에서는 시간의 충만에 대해서 언급한다.
25. (*추가주) 더 충만하게(Plenius), 즉 더욱 분명하게. 여기서 다루고 있는 개념들의 명시적인 가치(valor explicitus)는 아래 q.2, a.7에서 다루는 함축적인 가치(valore implicito)와는 매우 다르다. Cf. A Horvath, O. P., *La sintesi scientifica di S. Tomaso d'A.*, vol. I, Torino, 1932, pp.414-416.

Articulus 8
Utrum articuli fidei convenienter enumerentur

Ad octavum sic proceditur. Videtur quod inconvenienter articuli fidei enumerentur.[1]

1. Ea enim quae possunt ratione demonstrativa sciri non pertinent ad fidem ut apud omnes sint credibilia, sicut supra[2] dictum est. Sed Deum esse unum potest esse scitum per demonstrationem, unde et Philosophus hoc in XII *Metaphys.*[3] probat, et multi alii philosophi[4] ad hoc demonstrationes induxerunt. Ergo Deum esse unum non debet poni unus articulus fidei.

2. Praeterea, sicut de necessitate fidei est quod credamus Deum omnipotentem, ita etiam quod credamus eum omnia scientem et omnibus providentem; et circa utrumque eorum aliqui erraverunt.[5] Debuit ergo inter articulos fidei fieri mentio de sapientia et providentia divina, sicut et de omnipotentia.

---

1. '적절하게'(convenienter)는 그 주제가 신학적인 '자료'(datum), 신앙의 신비 또는 수용된 권위일 때 정규적으로 등장하는 용어이다. 그 의향은 그 요점의 타당성에 대해 즉시 쓸 수 있도록 개연성 있는 이유를 찾는 것이다. 여기서는 니케아-콘스탄티노폴리스 신경의 내용과 문구들이 그 주제이다. 병행 구절들은 또한 신성(神性)의 신비나 그리스도의 인성(人性)의 신비에 관한 근본적인 제목들 아래 14 또는 12조항의 지정을 고려한다. 조항들에 부여된 이유들은 저술들의 본성에 부합하게 변화된다. 예를 들어 『제1 교령집에 대한 해설(Expositio primae decretalis)』(*Decretales Gregorii*, IX, 1, 1, 1)은 1215년 제4차 라테라노공의회의 신앙고백(Cf. DS 803[= DH 1035])과 연결해서 신학적이고 철학적인 오류들을 거슬러

제8절 신앙 조항은 적절하게 열거되었는가?

Parall.: *In Sent.*, III, d.25, q.1, a.2; *Compendium Theol.*, I, c.246; *De articulis fidei*, c.2.

[반론] 여덟째에 대해서는 다음과 같이 진행된다. 신앙 조항은 부적절하게 열거된 것처럼 보인다.[1]

1. 위에서[2] 말한 바와 같이, 증명적인 이유로 알려질 수 있는 것들은 모든 이에게 믿어질 수 있는 것으로서의 신앙에 속하지 않는다. '하느님은 하나이다.'라는 것은 증명을 통해서 알려질 수 있고, 철학자는 이것을 『형이상학』 제12권[3]에서 논증했다. 그리고 다른 많은 철학자들[4]이 이것에 증명을 도입했다. 그러므로 '하느님은 하나이다.'는 신앙 조항의 하나로 규정되지 않아야 한다.

2. 신앙의 필연성에 우리가 '하느님은 전능하시다.'를 믿어야 함이 속하는 것처럼, 또한 우리가 '하느님은 모든 것을 아신다(全知).' 그리고 '그는 모든 것을 섭리하신다.'를 믿어야 함도 속한다. 이 두 가지에 관해서 어떤 이들은 오류에 빠졌다.[5] 그러므로 신앙의 조항들에는 전능에 대한 언급처럼, 신적인 지혜와 섭리에 대해서도 언급되어야 한다.

조항들을 정렬시킨다. 덧붙여서 또한 사도신경의 조항들에 대한 풍부하고 사목적인 주해인 『사도신경에 대한 해설』(*In Symbolum Apostolorum*)도 존재한다.

2. Cf. a.5, ad3.
3. *Meta.*, XII, c.8, 1076a4; S. Thomas, lect.12, nn.2661-2663.
4. 권위들에 대해서 사용하는 중세 용어 '철학자들'(philosophi)은-비록 그들이 그들 학문의 자율성을 근거로 인간의 목적에 그리고 자기 실존에 대한 전체 조건에 대해서 최종적인 언어를 제공함으로써 단죄되었을지라도-그 안에서 이성이 경청해야 하는 가치를 지닌 스승들을 발견하게 되는 '비-그리스도교 사상가들'이다. Cf. Chenu, *Towards Understanding St Thomas*, p.138. 그들의 철학적 무게에 대해서는: Cf. I, q.1, a.8, ad2.
5. 이 주제에 대한 전통 철학에 대한 성 토마스의 언급에 대해서는: Cf. I, q.22, aa.2-

q.1, a.8

3. Praeterea, eadem est notitia patris et filii, secundum illud Ioan. 14, [9]: *Qui videt me videt et Patrem*. Ergo unus tantum articulus debet esse de Patre et Filio; et, eadem ratione, de Spiritu Sancto.

4. Praeterea, persona Patris non est minor quam Filii et Spiritus Sancti. Sed plures articuli ponuntur circa personam Spiritus Sancti, et similiter circa personam Filii. Ergo plures articuli debent poni circa personam patris.

5. Praeterea, sicuti personae Patris et personae Spiritus Sancti aliquid appropriatur,[6] ita et personae Filii secundum divinitatem. Sed in articulis ponitur aliquod opus appropriatum Patri, scilicet opus creationis; et similiter aliquod opus appropriatum Spiritui Sancto, scilicet quod *locutus est per prophetas*. Ergo etiam inter articulos fidei debet aliquod opus appropriari Filio secundum divinitatem.

6. Praeterea, sacramentum Eucharistiae specialem habet difficultatem prae multis articulis.[7] Ergo de ea debuit poni specialis articulus. Non videtur ergo quod articuli sufficienter enumerentur.

SED IN CONTRARIUM est auctoritas Ecclesiae sic enumerantis.[8]

4; *In Iob,* prol. 『신학대전』 제2부 제2편을 저술하던 당시에는 라틴 아베로에스 주의자들이 하느님의 섭리를 배제하는 철학적 필연주의를 가르치고 있었다.

6. Cf. I, q.39, a.7. 삼위일체 신학에서 '고유한 것으로 귀속되다'(appropriare)라는 표현은 세 신적 위격들에 공통적인 본질적 속성 또는 효과를—그 위격에 고유한 것과의 유사성을 이유로 그것은 그 위격들을 생각하려는 시도를 돕기 때문에—그들

제1문 제8절

3. 요한복음서 14장 [9절]의 "나를 본 사람은 또한 아버지도 본 것이다."라는 말씀에 따라 '성부를 앎'과 '성자를 앎'은 동일하다. 그러므로 오직 하나의 조항이 성부와 성자에 대해서 있어야만 한다. 그리고 같은 이유로 성령에 대해서도 그렇다.

4. 성부의 위격은 성자의 위격이나 성령의 위격보다 모자라지 않다. 그런데 성령의 위격에 대해서는 여러 조항들이 제시되었고 유사하게 성자의 위격에 대해서도 그렇다. 그러므로 성부의 위격에 대해서도 여러 조항들이 제시되어야 한다.

5. 어떤 것이 성부의 위격과 성령의 위격에 고유한 것으로 귀속되는 것처럼,[6] 그것은 또한 성자의 위격에도 신성에 따라 귀속된다. 그런데 신앙 조항들에는 어떤 과업, 즉 창조의 과업이 성부에게 고유한 것으로, 유사하게 어떤 과업, 즉 '예언자들을 통하여 말씀하셨나이다.'라는 사실이 성령의 고유한 것으로 제시된다. 그러므로 신앙 조항들 사이에는 어떤 과업이 신성에 따라 성자에게 고유한 것으로 귀속되어야 한다.

6. 성체성사는 많은 조항들에 앞서 특별한 어려움을 가진다.[7] 그러므로 그것에 대해 특별한 조항이 제시되어야만 했다. 그러므로 조항들은 충분하게 열거되지 못한 것처럼 보인다.

[재반론] 그러나 반대로 교회의 권위는 그렇게 나열한다.[8]

중에 하나에 연결시키는 것을 의미한다. 그래서 아우구스티누스는 "단일성은 성부에게, 동등성은 성자에게, 조화와 연결은 성령에게 고유하게 귀속된다."라고 말한다.(『그리스도교 교양』(*De doct. christ.*, VI, 10: PL 42, 932) Cf. I, q.39, aa.7-8.
7. 이 반론은 그 논증의 힘에 있어서, 왜 다양한 조항들이 필요한지를 다루는 제6절에서 주어진 이유에 의존하고 있다.
8. 일반적으로 니케아 신경이라고 불렸던 [교회의 권위는] 17세기 이래로 더 정확하

q.1, a.8

RESPONDEO dicendum quod, sicut dictum est,[9] illa per se pertinent ad fidem quorum visione in vita aeterna perfruemur, et per quae ducemur in vitam aeternam.[10] Duo autem nobis ibi videnda proponuntur, scilicet occultum divinitatis, cuius visio nos beatos facit; et mysterium humanitatis Christi, per quem *in gloriam filiorum Dei accessum habemus*, ut dicitur *ad Rom.* 5, [2].[11] Unde dicitur Ioan. XVII, *haec est vita aeterna, ut cognoscant te, Deum verum, et quem misisti Iesum Christum.* Et ideo prima distinctio credibilium est quod quaedam pertinent ad maiestatem divinitatis; quaedam vero pertinent ad mysterium humanitatis Christi, quod *est pietatis sacramentum*,[13] ut dicitur I *ad Tim.* 3, [16].[12]

Circa maiestatem autem divinitatis tria nobis credenda proponuntur. Primo quidem, unitas divinitatis,[14] et ad hoc pertinet primus articulus. Secundo, Trinitas personarum, et de hoc sunt tres articuli secundum tres personas.[15] Tertio

---

게 표시해서 니케아-콘스탄티노폴리스 신경이라고 불렸다. 그것의 가르침은 니케아적인 것, 즉 니케아공의회(325)의 가르침에 부합하는 것이며, 그 텍스트의 일차적인 근원인 칼케돈공의회(451)의 교령들이 그것을 콘스탄티노폴리스공의회(381)의 교부들의 신경이라고 불렀기 때문에 콘스탄티노폴리스 신경이라고 불렸다. Cf. DH 300; *De potentia*, q.10, a.4, ad13.

9. Cf. a.4; a.6, ad1.
10. 무엇이 그 자체로(per se, 고유하게, 절대적으로) 신앙의 질료이고 궁극적인 대상인지를 결정해 주는 힘은, 제6절 제1답에서 히브 11,1에 의해서 신앙을 참행복과 연결시키는 것이다. 신앙은 인간에 대한 하느님의 자기-소통에 관한 계시의 관점 안에 위치해 있다. Cf. I-II, q.110, a.1. 이 진술은 단순히 형식적이고 구조화하는 원리가 아니다. 그것은 계시가 신앙이 무엇이어야 하는지를 제시하는 것에 관한 성 토마스의 이해이다.

[답변] 위에서⁹ 말한 바와 같이, 신앙에는 그 자체로 우리가 영원한 생명 안에서 직관에 의해 향유하게 될 것과, 그것을 통해 우리가 영원한 생명으로 이끌리게 될 것이 속한다.¹⁰ 그런데 두 가지가 우리에게 그곳에서 보도록 제시된다. 즉 신성의 감추어진 것, 이것을 직관함으로써 우리는 복된 이가 되고, 그리스도의 인성이 지닌 신비, 이것을 통해서 우리는, 로마서 5장 [2절]에서 말하듯이, 하느님 아들들의 영광으로 가는 통로를 가지게 된다.¹¹ 그래서 요한복음서 17장 [3절]에서는 "이것은 영원한 생명, 즉 참된 하느님이신 당신을 알고, 당신이 보내신 분, 예수 그리스도를 아는 것이다."라고 말한다. 따라서 믿을 수 있는 것들의 첫 번째 구분은 어떤 이들은 신성의 존엄에 속하는 것이라고 [생각하고] 어떤 이들은-티모테오 1서 3장 [16절]¹² 에서 말하는 것처럼 신심의 성사¹³인-그리스도의 인성이 지닌 신비에 속하는 것이라고 [생각한다].

신성의 존엄에 관해서는 세 가지가 우리에게 믿도록 제시된다. 첫째, 신성의 단일성,¹⁴ 이것에 제1 조항이 속한다. 둘째, 삼위성(trinitas), 이것에 대해서 세 위격에 따라 세 조항이 존재한다.¹⁵ 셋째,

---

11. 로마 5,2: "믿음 덕분에, 우리는 그리스도를 통하여 우리가 서 있는 이 은총 속으로 들어올 수 있게 되었습니다. 그리고 하느님의 영광에 참여하리라는 희망을 자랑으로 여깁니다."
12. 1티모 3,16: "우리 신앙의 신비는 참으로 위대합니다. 그분께서는 사람으로 나타나시고 그 옳으심이 성령으로 입증되셨으며 천사들에게 당신 모습을 보이셨습니다. 모든 민족들에게 선포되시어 온 세상이 믿게 된 그분께서는 영광 속으로 올라가셨습니다."
13. "우리 신앙의 신비".
14. 신성의 단일성은 하느님의 절대적 유일함과 삼위일체 안에서의 본성의 단일성을 의미한다. Cf. I, q.11, aa.3-4.
15. 이러한 언급은 신경의 세 가지 주요한 구분들과 상응한다, "저는 믿나이다. 전능하신 아버지… 또한 한 분이신 주 예수 그리스도, 하느님의 외아들… 또한 주님이시며 생명을 주시는 성령을 믿나이다."

vero proponuntur nobis opera divinitatis propria.[16] Quorum primum pertinet ad esse naturae, et sic proponitur nobis articulus creationis. Secundum vero pertinet ad esse gratiae, et sic proponuntur nobis sub uno articulo omnia pertinentia ad sanctificationem humanam. Tertium vero pertinet ad esse gloriae, et sic ponitur alius articulus de resurrectione carnis et de vita aeterna. Et ita sunt septem articuli ad divinitatem pertinentes.

Similiter etiam circa humanitatem Christi ponuntur septem articuli. Quorum primus est de incarnatione sive de conceptione Christi; secundus de nativitate eius ex virgine; tertius de passione eius et morte et sepultura; quartus est de descensu ad Inferos; quintus est de resurrectione; sextus de ascensione; septimus de adventu ad iudicium. Et sic in universo sunt quatuordecim.

Quidam tamen distinguunt duodecim articulos fidei,[17] sex pertinentes ad divinitatem et sex pertinentes ad humanitatem. Tres enim articulos trium personarum comprehendunt sub uno, quia eadem est cognitio trium personarum. Articulum vero de opere glorificationis distinguunt in duos, scilicet in resurrectionem carnis et gloriam animae. Similiter articulum conceptionis et nativitatis coniungunt in unum.

---

16. 자연과 창조를 뽑아내는 것은 그것들을 구원의 신비로부터 격리시키기 위한 것이 아니다. 제6절 제1답과 히브리서 11장 6절에 대한 해석이 이를 명백하게 만든다. 성 토마스는, 카를 바르트가 자신의 『교회 교의론』(Church Dogmatics, III,

우리에게 신성의 고유한 과업이 제시된다.[16] 그것들 중의 첫째는 자연의 존재에 속하는데, 이 경우에 우리에게는 창조에 대한 조항이 제시된다. 둘째는 은총의 존재에 속하는데, 이 경우에 우리에게 한 조항 아래 인간의 성화에 속하는 모든 것이 제시된다. 셋째는 영광의 존재에 속하는데, 이 경우에 육신의 부활에 대한 다른 조항 그리고 영원한 생명에 대한 조항이 제시된다. 그래서 신성에 속하는 일곱 조항이 있다.

유사하게 그리스도의 인성에 관해서도 또한 일곱 조항이 제시된다. 그것들 중의 첫째는 육화에 대한 또는 그리스도의 잉태에 대한 것이다. 둘째는 동정녀로부터 그의 출생에 대한 것이다. 셋째는 그의 수난과 죽음과 묻히심에 대한 것이다. 넷째는 지옥으로 내려감에 대한 것이다. 다섯째는 부활에 대한 것이다. 여섯째는 승천에 대한 것이다. 일곱째는 심판하러 오심에 대한 것이다. 그리하여 전체적으로 열네 조항이 있다.

그럼에도 어떤 이들은 열두 신앙 조항을 구분하는데,[17] 여섯은 신성에 속하고 여섯은 인성에 속한다. 그들은, 세 위격의 인식이 동일하기 때문에, 세 위격의 세 조항을 하나 아래 포괄한다. 그러나 그들은 영광을 수여하는 과업에 대한 조항을 둘로, 즉 육신의 부활과 영혼의 영광으로 구분한다. 유사하게 잉태와 탄생의 조항을 하나의 조항으로 결합시킨다.

The Doctrine of Creation, 1 & 2)에서 제시하는 '창조에 대한 조항'의 궁극적 가치에 대해서는 약간의 이견(異見)을 가질 수도 있을 것이다.
17. Cf. Bonaventura, *Collationes in Hexaemeron*, coll.VIII, ad Claras Aquas, t.V, p.371. 보나벤투라, 『6일간의 세계 창조에 대한 강연』, 박주영 옮김, 도서출판 길, 339-341쪽.

q.1, a.8

AD PRIMUM ergo dicendum quod multa per fidem tenemus de Deo quae naturali ratione investigare philosophi non potuerunt,[18] puta circa providentiam eius et omnipotentiam, et quod ipse solus sit colendus.[19] Quae omnia continentur sub articulo unitatis Dei.

---

18. (*추가주) 참조: q.2, a.4: "인간 이성은 신적인 것들에 매우 부족하기 때문이다. 이에 관한 표징은, 철학자들이, 인간적인 것들에 대한 자연적 탐구에 몰두하면서, 많은 것에서 오류에 빠졌고, 자기 자체에서 상반되는 것들을 느꼈다는 점이다." 성 토마스는 이것을 잘 알고 있었고, 따라서 결코 아리스토텔레스의 가르침을 완결하거나 완성하는 일을 의심하지 않았고, 오히려 결함이 있다고 보이는 곳에서는 어디서든지 수정하는 일을 망설이지 않았다. 무엇보다도 성 토마스가 아리스토텔레스의 이론에서 결함이 있다고 발견한 것들은 다음과 같이:
1) 신은 자기 자신을 인식하지만 현세의 사물들은 인식하지 않는다. 만일 그가 세상의 사물들을 인식한다고 가정한다면, 그의 지성은 불완전하게 될 것이기 때문이다.
2) 인간은 강제적으로 신을 칭송하거나 신에게 기도하도록 이끌리지 않는다. 인간은 신 자신에 대한 감사하는 마음이나 두려움이라는 의무를 가지지 않는다.
3) 세계는 영원하고 신 자체는 다만 욕구될 수 있는 것이나 목적처럼만 움직인다.
4) 지성적 영혼은 불충분하게 정의되고, 그의 불사성은 충분히 굳건하게 전적으로 입증되지 못한다.
5) 마침내 지성적 인식은, 감각들로부터 그 시작을 취하고, 감각적 경험에 지속적으로 의존해 있으며, 절대적인(독립적인) 성격을 가지지 않은 것처럼 보인다. Cf. P. Pera, *Le opere di S. Tomaso*, 마지막 권; A. M. Horváth, OP, *La sintesi scientifica di S. Tomaso d'Aquino*, Torino, 1932, pp.524-525.
이것으로부터 성 토마스는 아리스토텔레스의 가르침을 단지 다시 살펴보았을 뿐, 참으로 새로운 어떤 것 자체를, 적어도 철학에서 가르치지 않았다고 말하는 이들에게 대답해야 하는 것은 명백하다. 성 토마스가 어떻게 아리스토텔레스를 완성했는지는 페라(P. Pera, OP, *Le opere di S. Tomaso*)가 신중하게 제시한다. 그러나 앞서 언급된 것들로부터 다른 것도 또한 명백하다. 성 토마스에 대해서 대단히 놀라운 경탄으로 영향을 받았다고 공언하지만, 아리스토텔레스를 반대하고 어떻게 최고의 가톨릭 신학자이자 이렇게 위대한 이들이 아리스토텔레스 형이상학을 만들었는지를 이해하지 못하는 이들은 자신과 충분한 일관성을 지니지 못한 것처럼 보인다. 참으로-그들은 말한다.-신학자들은 어떤 방식으로 '이

제1문 제8절

[해답] 1. 우리는 철학자들이 자연적 이성에 의해 탐구할 수 없었던 많은 것을 신앙을 통해 하느님에 대해 유지하고 있다.[18] 예를 들어, 그의 섭리와 전능, 그리고 그분 홀로 흠숭되어야 한다는 것 등.[19] 이 모든 것이 하느님의 단일성에 관한 조항 아래 포함된다.

교도적으로'(gentiliter) 논증한다, 이교도 철학자들은, 비록 그들이 가장 명백하다고 하더라도, 정당한 것을 넘어서는 이론들을 고집한다. 대다수의 근대 철학자들을 거슬러서, 오히려 현대 철학자들은 내재성의 방법을 정성 들여 만들고, '영'(spiritus)이라는 개념을 찬양하면서, 아마도 무의식적으로 자신을 참으로 그리스도교인이라고 보여 준다. 그렇게 예를 들어 카를리니(A. Carlini, *Perchè credo*, Brescia, 1950, pp.111-120; 그 장의 제목은 '그리스도교 철학자들 그리고 이교도 신학자들'(Filosofi cristiani e teologi pagani)이다.) 참조.

최고의 신학자들은, 성 토마스와 함께, 아리스토텔레스가 철학적인 건물을 건축하면서, 때때로-특히 계시의 빛 없이는 오직 이성만으로 매우 어렵게 해결할 수 있는 질문들을 다룰 때-완전함을 결여하고 있다는 사실을 잘 알고 있다. 그러나 아리스토텔레스는 우리 시대의 사람들로부터도 최고의 철학자로서 존경으로 받고 있다. 그리고 이는 당연하다. 아리스토텔레스 철학 전체가 그것에 기초하고 있는 가능태와 현실태 이론은 면밀하게 저 온건 실재론과 연결되어 있다. 이 이론은 인간 지성에 의해서 그리고 공통 감각에 의해서, 모든 편견들을 물리치고, 증명되고 또한 인간 본성의 더욱 깊은 요구를 충분히 만족시킨다. 성 토마스와 아리스토텔레스는 오직 질료적으로 그리고 외적으로 차이가 난다. 그리고 우리가 어떻게 하나는 유지하고 다른 하나를 버릴 수 있는지는 거의 이해되지 않는다. 하지만 매우 분명하게 카를리니는 앞서 인용된 작품에서, 그곳에서 특히 전통적인 작가들이 그리스도의 사랑에 대해서 이야기하는 곳(pp.37-62)에서 다음과 같이 말한다: 그 안에서 현대 철학자들의 모든 어려움들에 대한 깊이 있는 해결책이 체계적으로 발견될 수 있을 것이다. 따라서 매우 분명하게 계시의 필연성에 대한 성 토마스의 가르침은 이성을 넘어서는 것들에 대해서뿐만 아니라 이성을 통해서 인식될 수 있는 것들에 대해서도 확증된다.

19. 오직 이 텍스트가 'juxta mentem D. Thomae', 즉 성 토마스 자신의 원칙에서는 불가능한 일종의 자연신학을 자행했던 저 사람들에 의해서 평가되었더라면 좋았을 것이다. 예를 들어 신적인 섭리의 관점에 대해서는 다음과 같은 텍스트를 주목하라: "철학자들은 죄에 대한 사과와 속죄는 인간 행위를 넘어서는 하느님의 섭리와 관련된다는 이유로 참회의 덕에 대해서는 아무 말도 하지 않았다. (…) 철학자들은 하느님의 섭리와의 관련성을 갖고 있는 이러한 인간의 행위들에 대해 규정하는 덕들에 대해서는 아무런 고찰을 하지 않았고, 인간적인 선

q.1, a.8

AD SECUNDUM dicendum quod ipsum nomen divinitatis importat provisionem quandam, ut in Primo Libro[20] dictum est. Potentia autem in habentibus intellectum non operatur nisi secundum voluntatem et cognitionem.[21] Et ideo omnipotentia Dei includit quodammodo omnium scientiam et providentiam,[22] non enim posset omnia quae vellet in istis inferioribus agere nisi ea cognosceret et eorum providentiam haberet.

AD TERTIUM dicendum quod Patris et Filii et Spiritus Sancti

에 대한 관계만을 고찰했다."(*In Sent.,* IV, d.14, q.1, a.1, qc.3, ad 4) "하느님이 하나라는 사실은 이성에 의해 증명될지라도, 그가 각별하게 흠숭받기 위해, 이렇게 모든 것을 직접적으로 감독한다는 사실은 신앙에 종속된다."(*Comp. Theol.* II, 246.) 성 토마스를 삼위일체의 세부적인 것을 제외하고는 전체적으로, 하느님에 대한 철학적 원리의 옹호자로서 묘사하는 일은 그를 과장되게 희화하는 것이다. 인식론적으로 가능한 유일한 자연신학은 '그 주체의 원리'에 대한 완곡하고 추론적인 지식, 즉 유일한 원천에 대한 존재의 의존성에 대한 지식을 얻을 수 있는 형이상학이다.(Cf. *In De Trin,.* q.5, a.4) 자연신학이 돌보시는 아버지 하느님에 대해, 대개 그리스도교적인 사전-이해를 정당화하는 것을 제안할 때, 그 자연신학은 자신이 발견할 수 있는 것보다 더 많은 것을 찾고 있다. 이것에 대한 성 토마스 자신의 감수성이 주목되어야 한다. "아리스토텔레스는 사변적 학문을 통하는 것을 제외하고는 이 삶 안에서 아무런 다른 인간적 지식이 존재하지 않는다는 사실을 보았기 때문에, 그는 인간은 완결된 행복이 아니라, 오직 상대적인 행복에 도달할 수 있을 뿐이라고 생각했다. 그래서 철학자들 중에 저 고상한 천재가 시간의 순환에 대해서 얼마나 큰 비통함을 체험했는가는 명백하다."(*ScG,* III, c.48) Cf. *In De Trin.,* q.3, a.1, ad3. 창조의 섭리적인 측면은, 물론, 궁극적으로 인간적이고 실존적인 질문과 차원이다.(*In Iob, prol.*) 철학이 아니라 신앙이-예수 그리스도 안에서 계시된 성부 하느님과의 인격적인 관계 아래에서 실존하는-세계의 저 측면으로 올라가도록 열어 준다. 성 토마스는 이성의 온전함을 방어했다. 그는 또한 존재의 제1원인에 대한 이성의 긍정과 사랑하는 성부에 대한 신뢰 속에서 한 인간의 응답 사이에 존재하는 차이를 알았다.

20. Cf. I, q.13, a.8.

2. 제1부[20]에서 말한 바와 같이, 신성이라는 이름 자체에 일종의 예견(豫見, provisio)이 내포된다. 그런데 지성을 가지고 있는 것들 안에 있는 능력은 오직 의지와 인식에 따라서만 작용한다.[21] 따라서 하느님의 전능은 어떤 방식으로 모든 것의 지식과 섭리를 내포한다.[22] 이 아래 있는 것들 안에서 그분이 행하기를 원하는 모든 것을, 오직 그분이 그것들을 아시고 그것들에 대한 섭리를 가지고 있으실 때에만, 하실 수 있을 것이기 때문이다.

3. 성부와 성자와 성령에 대해서는 제1 조항에 속하는 본질의 단

---

21. Cf. I, q.25, a.1, ad4.
22. 제1부 제13문 제8-10절에서 토론은 어원학적인 것이 아니다.(theo와 deus의 어원은 학자들에게 분리시킬 수 없는 주제처럼 보인다.) 구분은 한 명칭을 적용하기 위한 기초와 그 명칭의 지칭 대상 사이에 존재한다. Deus의 경우에 첫째 것은 신의 행위와 결과들이다. 그는 다른 방식으로는 알려지지 않기 때문이다. 둘째 것은 신적인 본성이다. 성 토마스는, 디오니시우스를 인용하면서, Deus라는 명칭의 원천 안에서 보편적 섭리에 대한 자각에 기초한 의견 일치를 발견한다.(이것은 직접적인 섭리에 관한 지식을 다루는, ad1과 충돌을 일으키지 않는다.) 그러나 그러한 의견 일치는, 비록 그것이 종종 하느님에 대한 철학적 담화의 출발점으로 제안될지라도, 역사적으로 정립되기는 어려울 것이다. 예를 들어 희랍 전통과 관련해서는 다음과 같다: "고대의 지성적 역사 안에서 인간적인 용어들을 통한 신 개념의 지속적인 개선이 존재했다. 그러나 하늘과 땅의 '창조자'로서의 신에 관한 인격적이고 유일신적인 관점은 단적으로 거부되었다. 그것은 오직 종교적 체험과 사고의 형태 안에서 자연스러운 것이고, 그러한 것은 지속적으로 영원한 존재와 법을 지향했고, 그래서 존재 안에 지속성을 보장해 주는 능력이나 본질로서의 신에 대해 생각했다. 호메로스의 의인관(擬人觀)이나 후기의 이데아들에 관한 형이상학 어디에서도 신에 관한 인격적 개념이나 개별적인 영혼과 신의 인격적 관계는 존재하지 않았다. 초기와 후기의 견해들은 단적으로 달랐지만 – 자기 스스로 내포하고 있는 단일성으로서 신약성경의 신 개념과는 절대적으로 다른 – 종교, 예술 그리고 철학 안에서 동일한 종교적 태도에 관한 상호 배타적인 형태는 아니었다."(Hermann Kleinknecht, "The Greek Concept of God", in G. Kittel(ed.), *Theological Dictionary of the New Testament*, tr. and ed. G. Bromiley, Grand Rapids, Mich., 1965, III, s.v. Theos, p.79.)

q.1, a.8

est una cognitio quantum ad unitatem essentiae,[23] quae pertinet ad primum articulum. Quantum vero ad distinctionem personarum, quae est per relationes originis, quodammodo in cognitione Patris includitur cognitio filii, non enim esset Pater si Filium non haberet, quorum nexus est Spiritus Sanctus. Et quantum ad hoc bene moti sunt qui posuerunt unum articulum trium Personarum. Sed quia circa singulas Personas sunt aliqua attendenda circa quae contingit esse errorem, quantum ad hoc de tribus Personis possunt poni tres articuli. Arius[24] enim credidit Patrem omnipotentem et aeternum, sed non credidit Filium coaequalem et consubstantialem[25] patri, et ideo necessarium fuit apponere articulum de persona filii ad hoc determinandum.

---

23. Cf. I, q.32, a.1.
24. 뛰어난 재능을 지녔던 알렉산드리아의 사제 아리우스(Arius, 250?-336)는 그리스도의 신성(神性)을 부인함으로써 후대에 많은 영향을 미친 종속론(Subordinatianismus)적인 아리우스주의의 기반을 마련했다. 그에 의하면 신 안에 있는 세 개의 위격(位格)은 모든 면에서 대등하고 영원한 것이 아니라 오직 성부만이 진정한 의미에서 하느님이라 불릴 수 있다. 성자는 성부의 실체로부터 발출된 것이 아니며 본질적으로 차이가 나고, 비슷하지 않으며, 종속되어 있다. 그는 모든 피조물들과 같이 무에서 유로 창조되었을 뿐이며, 하느님으로 불릴 수는 있지만 그것은 단지 피조물과 하느님의 중개 역할을 하고 세상을 구원하도록 하느님에 의해 선택받았기 때문이 아니라 하느님의 은총과 선택에 의해 하느님의 양자(養子)가 되었기 때문이다. 하느님은 그가 죄를 지을 수도 있었으나 짓지 않는 것을 보시자 그의 덕을 예견하고 선택하였다. 즉 그는 "참된 하느님"이거나 성부의 지혜와 동일한 것이 아니라 덕을 갖춘 뛰어난 "제2급 신"일 뿐이다. 이러한 반(反)삼위일체주의적 아리우스주의가 강생의 신비를 단지 수사학적인 문제로 돌림으로써 그리스도교의 근본 교리가 해체될 위험에 처하자, 교회는 325년 니케아공의회를 소집, 아리우스주의를 단죄했다. 또한 니케아 신경을 발표, 삼위가 모두 성부로부터 났으며 각기 그 자체로서 완전한 하느님이라는 삼위일체설을 고백하였다. 콘스탄티누스 황제는 그를 일리리쿰으로 추방하였으나,

일성[23]이라는 관점에서는 하나의 인식이 존재한다. 그러나 기원의 관계를 통해서 [나타나는] 위격들의 구별이라는 관점에서는, 어느 정도 성부의 인식에 성자의 인식이 내포된다. 아들을 가지지 않는다고 가정하면, 아버지도 존재하지 않을 것이고 그들의 연결이 성령이기 때문이다. 이러한 관점에서는 세 위격을 한 조항에 제시했던 이들은 좋은 근거를 가진 셈이다.

그러나 각각의 위격에 관해서는 그것과 관련해서 오류가 생겨날 수 있어 주의해야만 하는 어떤 것들이 있다. 이러한 관점에서 세 위격에 대해 세 조항이 제시될 수 있다. 아리우스[24]는 전능하고 영원한 성부를 믿었지만, 성자가 성부와 함께-영원하고, 동일 본질임[25]을 믿지 않았기 때문이다. 따라서 이것을 결정하기 위해 성자의 위격에 대

328년 다시 불러들이고 336년 그의 복권을 명령하였다. 아리우스는 황제가 명령한 복권이 콘스탄티노폴리스에 전달되기 전에 사망하였다. 381년의 제1차 콘스탄티노폴리스공의회는 다시금 고개를 든 아리우스주의를 단죄하고 니케아 신경을 재확인하였다. 그러나 아리우스의 후계자들에 의해 북부 게르만 민족들에게 전파되었던 아리우스주의는 게르만족의 로마 진입과 더불어 로마제국 전역에 퍼졌다. 교회는 7세기에 이르러서야 아리우스주의를 몰아내고 정통 교리를 회복시킬 수 있었다. Cf. *ScG*, IV, c.32.; 아타나시우스, 『아폴리나리스 반박』(*Contra Apollinarium*), I, 15; II, 3(PG 26, 1121, 1136); 아우구스티누스, 『이단론』 49(PL 42, 39); 니케아공의회(DS 54[= DH 125-126])

25. '성부와 동일 본질이시고'(*homoousion tō patri*)라고 니케아공의회에서는 그렇게 골치 아프게 표현되었고(Cf. DS 54[= DH 125-126]), 전례에서는 '성부와 한 본체로서'로 번역되었다. 니케아 신경 가운데 그리스도론과 관련된 부분에서 동일 본질 개념은 반아리우스 고백의 핵심적인 표현이 되었다. 이 표현은 성자를 성부와 명백히 동일시하고, 이를 위해 공의회의 교부들은 다른 모든 정확한 개념을 덧붙였다. 당시까지 동의어였던 '태어난'(γεννηθείς)과 '창조된'(γενηθείς)의 개념이 명백히 구별되었는데, '태어난'은 성자가 성부의 (의지에서가 아니라) 본질(οὐσία)에서 영원 전에 태어났음을 의미하며 '창조된'은 피조성을 나타낸다. 따라서 그리스도는 전의적(轉意的) 의미에서만 하느님이 아니라 '참된 하느님에게서 나신 참된 하느님'이다.

q.1, a.8

Et eadem ratione contra Macedonium[26] necesse fuit ponere articulum tertium de persona Spiritus Sancti.

Et similiter etiam conceptio Christi et nativitas, et etiam resurrectio et vita aeterna, secundum unam rationem possunt comprehendi sub uno articulo, inquantum ad unum ordinantur, et secundum aliam rationem possunt distingui, inquantum seorsum habent speciales difficultates.

AD QUARTUM dicendum quod Filio et Spiritui Sancto convenit mitti[27] ad sanctificandam creaturam, circa quod plura credenda occurrunt. Et ideo circa personam Filii et Spiritus Sancti plures articuli multiplicantur quam circa personam patris, qui nunquam mittitur, ut in Primo[28] dictum est.

AD QUINTUM dicendum quod sanctificatio creaturae per gratiam et consummatio per gloriam fit etiam per donum caritatis,[29] quod appropriatur Spiritui Sancto, et per donum sapientiae, quod appropriatur Filio.[30] Et ideo utrumque opus pertinet et ad Filium et ad Spiritum Sanctum per appropriationem secundum rationes diversas.

AD SEXTUM dicendum quod in sacramento Eucharistiae duo possunt considerari. Unum scilicet quod sacramentum est, et hoc habet eandem rationem cum aliis effectibus gratiae

---

26. 마케도니우스(362년경 사망)은 콘스탄티노폴리스의 주교이다. 오래전부터 그에게 귀속되었던 성령의 신성에 대한 부정은 이제 후대의 가르침이었던 것으로 생각된다. 성령 피조설(Pneumatomachi)이란 이 가르침의 옹호자들은 또한 마케도

한 조항을 부가하는 일이 필요했다. 같은 이유로 마케도니우스[26]를 거슬러서 성령의 위격에 대한 셋째 조항을 제시하는 일이 필요했다. 그리고 이와 유사하게 그리스도의 잉태와 탄생, 또한 부활과 영원한 생명도, 하나의 관점에 따라, 그것들이 하나를 지향하는 한에서, 하나의 조항 아래 포괄될 수 있고, 다른 관점에 따라서는, 그것들이 별도로 특별한 어려움들을 가지는 한, 구별될 수 있다.

4. 성자와 성령에게는 피조물들의 성화를 위해서 파견됨[27]이 적절하고, 이것에 관해서 여러 가지를 믿는 것이 필요하다. 따라서 성자와 성령의 위격에 대해서는, 제1부에서[28] 말한 바와 같이 결코 파견되지 않는 성부의 위격에 대해서보다 더 많은 조항들로 다수화되었다.

5. 은총을 통한 피조물의 성화와 영광을 통한 완성은 성령에게 고유한 것으로 귀속되는 참사랑의 선물을 통해서 이루어지기도 하고,[29] 성자에게 귀속되는 지혜의 선물을 통해서 이루어지기도 한다.[30] 따라서 두 가지 과업은 다양한 관점에 따라 귀속됨을 통해서 한편으로 성자에게 다른 한편으로 성령에게도 속한다.

6. 성체성사 안에서는 두 가지가 고찰될 수 있다. 하나는 그것이 성사라는 점, 그리고 이것은 성화은총의 다른 결과들과 함께 동일한

니아파로서 불렸다. 그 가르침은 제1차 콘스탄티노폴리스공의회(381년)에서 단죄되었다.
27. 성자와 성령의 가시적이고 비가시적인 파견의 가르침에 대해서는: Cf. I, q.43.
28. Cf. I, q.43, a.4.
29. 즉 '참사랑'은 성령의 위격적 명칭이기 때문이다. Cf. I, q.37, a.1; q.43, a.5, ad1 & ad3.
30. 즉 성자는 말씀이시기 때문이다. Cf. I, q.34, aa.2-3; q.39, a.8; q.43, a.5, ad1 & ad2 & ad3.

sanctificantis. Aliud est quod miraculose ibi corpus Christi continetur, et sic concluditur sub omnipotentia, sicut et omnia alia miracula, quae omnipotentiae attribuuntur.[31]

Articulus 9
Utrum convenienter articuli fidei in symbolo ponantur

Ad nonum sic proceditur. Videtur quod inconvenienter articuli fidei in symbolo[1] ponantur.[2]

1. Sacra enim Scriptura est regula fidei, cui nec addere nec subtrahere licet, dicitur enim *Deut.* 4, [2]: *Non addetis ad verbum quod vobis loquor, neque auferetis ab eo.* Ergo illicitum fuit aliquod symbolum constituere quasi regulam fidei, post sacram Scripturam editam.

2. Praeterea, sicut Apostolus dicit, *ad Ephes.* 4, [5]: *una est fides.* Sed symbolum est professio fidei. Ergo inconvenienter traditur multiplex symbolum.

3. Praeterea, confessio fidei quae in symbolo continetur

---

31. Cf. I, q.25, a.3; q.45, aa.1 & 5: III, q.75, a.4.

1. 이 절은 일반적으로, 그리고 성 토마스가 '교부들, 즉 공의회 교부들의 신경'이라고 부르는(obj.4 & obj.6) 니케아 신경에 관한 것이다.(Cf. a.8, 각주 [10])
2. 라틴어 단어 'symbolum'은 그리스어 'sumbolon'을 그대로 음차(音借)한 것으로서 정체성의 표지 또는 징표를 의미한다.(해답의 끝에 그 어원을 sumbolē, 함께 가

근거(이유)를 가진다. 다른 것은 그리스도의 몸이 그것에 기적적으로 포함된다는 점, 그리하여 전능에 귀속되는 모든 다른 기적들과 마찬가지로, 전능 아래 내포된다는 사실이다.[31]

제9절 신앙 조항은 적절하게 신경에서 제시되었는가?

Parall.: *In Sent.*, III, d.25, q.1, a.1, qc.3.

[반론] 아홉째에 대해서는 다음과 같이 진행된다. 신앙 조항은 부적절하게 신경[1]에서 제시된 것처럼 보인다.[2]

1. 성경은 신앙의 규범이고, 그것에는 더하기나 빼기가 허용되지 않기 때문이다. 실로 신명기 4장 [2절]에서 "너희는 내가 너희에게 말한 말씀에 [무엇을] 더해서도, 그것으로부터 빼서도 안 된다."라고 말씀하신다. 그러므로 성경이 편찬된 이후에, 마치 신앙의 규범처럼 어떤 신경을 제정하는 일은 허가되지 않는다.

2. 사도는 에페소서 4장 [5절]에서 "신앙도 하나"라고 말한다. 그런데 신경은 신앙의 선언이다. 그러므로 다수의 신경은 부적절하게 전수되었다.

3. 신경에 내포된 신앙고백은 모든 신자에게 속한다. 그런데 모든

다, 결합하다와 연관시킨다) sumbolon이란 용어는 (예를 들어 성 키프리아누스 [259년 사망]에 의해서) 세례와 연결된 초기 신앙고백 형식에 적용되었다. 그것들은 예비자가 받아들여질 수 있는 이로서 인정되게 하는 표시로서 간주되었기 때문이다. 이런 종류의 가장 오래된 형식은 사도신경이다.(다양한 원시적인 판들에 대해서는: Cf. DS 10) 일반적으로 '신경'은 '표징'과 동의어로서 받아들여졌다.

pertinet ad omnes fideles. Sed non omnibus fidelibus convenit credere *in Deum*, sed solum illis qui habent fidem formatam.³ Ergo inconvenienter symbolum fidei traditur sub hac forma verborum: *Credo in unum Deum*.

4. Praeterea, descensus ad Inferos est unus de articulis fidei, sicut supra⁴ dictum est. Sed in symbolo patrum⁵ non fit mentio de descensu ad Inferos. Ergo videtur insufficienter collectum.

5. Praeterea, sicut Augustinus dicit,⁶ exponens illud Ioan. 14, [1], «*Creditis in Deum, et in me credite*», *Petro* aut *Paulo* credimus, sed non dicimur credere nisi *in Deum*. Cum igitur Ecclesia Catholica sit pure aliquid creatum, videtur quod inconvenienter dicatur: *in unam sanctam, catholicam et apostolicam Ecclesiam*.

6. Praeterea, symbolum ad hoc traditur ut sit regula fidei. Sed regula fidei debet omnibus proponi et publice. Quodlibet igitur symbolum deberet in Missa cantari, sicut symbolum patrum. Non videtur ergo esse conveniens editio articulorum fidei in symbolo.

---

3. 이 논증의 힘은 명시적으로 제2문 제2절에서 고찰되는 점에 의존한다. 통상적인 신경에 대한 번역, 즉 '나는 한 분이신 하느님을 믿나이다.' 등은 라틴어 'in Deum', 즉 '신을 향해 [믿는 일]'의 힘을 전달하지 못한다. 그 의미는 신앙이라는 행위가 하느님을 향한 참사랑의 항복이라는 사랑의 동기를 포함하고 있다는 점이다. 이러한 이유로 '형상화된 신앙'이라는 용어(cf. infra q.6, a.2)가 논증에 들어간다. 그 용어는 '신앙의 형상'으로서의 참사랑이라는 묘사로부터 유래한다. 그 의미는 의지 안에 있는 참사랑이 전(全) 인격을 아버지이자 구원자이신 하느님께 일치시키고 전념하게 한다. 그래서 참사랑은 신앙의 동의를 효과적이고, 완결되고, 그래서 '형상화되게' 만든다. 죄인들은 참사랑을 결여하고 있기 때문에,

신자들에게 하느님을 믿는 일이 적합한 것이 아니라, 오직 형상화된 신앙을 가진 이들에게만 적합하다.[3] 그러므로 신앙의 신경이 "한 분이신 하느님을 저는 믿나이다."라는 말씀의 이런 형태 아래 전수되는 것은 부적절하다.

4. 위에서[4] 말한 바와 같이, '지옥으로 내려감'은 신앙 조항들 중의 하나이다. 그런데 교부들의 신경[5] 안에는 '지옥으로 내려감'에 대해 언급되지 않는다. 그러므로 그것은 부적절하게 요약된 것처럼 보인다.

5. 아우구스티누스는 요한복음서 14장 [1절]의 "하느님을 향해 믿고, 또 나를 향해 믿어라."라는 말씀을 주해하면서, "우리는 베드로와 바오로를 믿지만, 오직 '하느님을 향해서 믿는다.'라고 말한다."고 언급했다.[6] 따라서 가톨릭교회는 순수하게 창조된 어떤 것이기 때문에 "하나이고, 거룩하고, 보편되며 사도로부터 이어 오는 교회를 [향해]"라고 말하는 것은 부적절한 것처럼 보인다.

6. 신경은 그것이 신앙의 규범이 되도록 전수되었다. 그런데 신앙의 규범은 모든 이에게 공적으로 제시되어야 한다. 따라서 어떤 신경이든지, 교부들의 신경처럼, 미사에서 음송(吟誦)되어야 한다. 그러므로 신경 안에 신앙 조항들이 편집되는 일은 적절한 것처럼 보이지 않는다.

"형상화되지 않은 신앙은 그것이 가져야만 하는 궁극 목적을 향한 전적인 지향이 부족하다."(II-II, q.22, a.7, ad1) Cf. I-II, q.65, aa.4-5; II-II, q.4, a.3, 4; q. 19, a.5, ad1; q.23, a.7.

4. Cf. a.8.
5. 각주 [1] 참조.
6. Augustinus, *In evang. Ioan.*, 7,17: PL 35, 1631.

q.1, a.9

SED CONTRA est quod Ecclesia universalis non potest errare, quia Spiritu Sancto gubernatur, qui est Spiritus veritatis: hoc enim promisit Dominus discipulis, Ioan. 16, [13], dicens: *Cum venerit ille Spiritus veritatis, docebit vos omnem veritatem.* Sed symbolum est auctoritate universalis Ecclesiae editum. Nihil ergo inconveniens in eo continetur.

RESPONDEO dicendum quod, sicut Apostolus dicit, *ad Heb.* 11, [6], *accedentem ad Deum oportet credere.* Credere autem non potest aliquis nisi ei veritas quam credat proponatur. Et ideo necessarium fuit veritatem fidei in unum colligi, ut facilius posset omnibus proponi, ne aliquis per ignorantiam a fidei veritate deficeret. Et ab huiusmodi collectione[7] sententiarum fidei nomen *symboli* est acceptum.[8]

AD PRIMUM ergo dicendum quod veritas fidei in sacra Scriptura diffuse continetur et variis modis, et in quibusdam obscure; ita quod ad eliciendum fidei veritatem ex sacra Scriptura requiritur longum studium et exercitium, ad quod non possunt pervenire omnes illi quibus necessarium est cognoscere fidei veritatem, quorum plerique, aliis negotiis occupati, studio vacare non possunt.[9] Et ideo fuit necessarium ut ex sententiis sacrae Scripturae aliquid manifestum summarie colligeretur

---

7. 각주 [2] 참조.
8. 스콜라철학에서 사용되는 명제(sententia)는 - 주해 안에서나 또는 토론 안에서 -

제1문 제9절

[재반론] 보편적인 교회는 진리의 영이신 성령에 의해 통치되기 때문에 오류를 범할 수 없다. 왜냐하면 주님이 요한복음서 16장 [13절]에서 "저 진리의 영께서 오시면, 너희에게 모든 진리를 가르쳐 주실 것이다."라고 말하면서 제자들에게 약속하셨기 때문이다. 그런데 신경은 보편 교회의 권위에 의해 편찬되었다. 그러므로 부적절한 어떤 것도 그 안에 포함되지 않는다.

[답변] 사도는 히브리서 11장 [6절]에서 "하느님께로 나아가는 사람은 그분께서 존재한다는 것을 믿어야 합니다."라고 말한다. 그런데 어떤 이는 오직 그가 믿어야 할 진리가 그에게 제시된 경우에만 믿을 수 있다. 따라서 신앙의 진리가 하나로 요약되는 일은, 어떤 이가 무지를 통해서 신앙의 진리를 결여하지 않도록, 모든 이에게 더욱 쉽게 제시될 수 있기 위해서 필요했다. 신앙의 명제들에 대한 이런 종류의 요약[7]에 의해서 '신경'(symbolum)이라는 이름이 취해졌다.[8]

[해답] 1. 신앙의 진리는 성경에 흩어진 채로 그리고 다양한 방식으로, 때때로 불분명하게 내포되었다. 그래서 성경으로부터 신앙의 진리를 모으기 위해서는 오랜 연구와 실습이 요구된다. 신앙의 진리를 인식하는 일이 필요한 사람들 모두가 바로 이것[오랜 연구와 실습]에 도달할 수는 없다.[9] 그들 중의 많은 사람이 다른 용무에 붙잡혀서 탐구를 위한 시간을 낼 수 없기 [때문이다.] 따라서 성경의 명제들로부터 모든 이에게 믿도록 제시되어야 하는 명백한 어떤 것을 요약적

한 스승의 결정적인 가르침과 관련된다.(Hugo de S. Victore, *Didascalicon*, III, 8: PL 176, 771) 그것은 그래서 신앙의 결정적인 가르침들을 묘사하기 위해서 전유되었다. Cf. *De veritate*, q.14, a.1.

9. Cf. I, q.1, a.1.

q.1, a.9

quod proponeretur omnibus ad credendum.[10] Quod quidem non est additum sacrae Scripturae, sed potius ex sacra Scriptura assumptum.[11]

AD SECUNDUM dicendum quod in omnibus symbolis eadem fidei veritas docetur. Sed ibi oportet populum diligentius instrui de fidei veritate ubi errores insurgunt, ne fides simplicium per haereticos corrumpatur. Et haec fuit causa quare necesse fuit edere plura symbola. Quae in nullo alio differunt nisi quod in uno plenius explicantur quae in alio continentur implicite, secundum quod exigebat haereticorum instantia.

AD TERTIUM dicendum quod confessio fidei traditur in symbolo quasi ex persona totius Ecclesiae, quae per fidem unitur. Fides autem Ecclesiae est fides formata, talis enim fides invenitur in omnibus illis qui sunt numero et merito de Ecclesia.[12] Et ideo confessio fidei in symbolo traditur secundum quod convenit fidei formatae, ut etiam si qui fideles fidem formatam non habent, ad hanc formam pertingere studeant.

AD QUARTUM dicendum quod de descensu ad inferos[13] nullus error erat exortus apud haereticos, et ideo non fuit

---

10. 신경의 기원은 여기서 말하는 것처럼 단순하게 교육적인 것이 아니라 고백적이다. 그것들을 통해서 예비자나 신자들이 고백해야 했고, 그들의 신앙을 선포해야 했다.
11. 신앙의 규범으로서 성경의 수위권을 인정하는 것은 저술된 기록으로서 실존하는 것이 아니라 신자들의 살아 있는 이해에 현존하는 것을 말한다. 이것은 신경과 성경의 일관성이 전제하고 있는 것이다. 신앙의 궁극적인 대상에 대한 어떤

제1문 제9절

으로 포괄하는 일이 필요했다.¹⁰ 이것은 성경에 부가된 것이 아니라, 오히려 성경으로부터 취해진 것이다.¹¹

2. 모든 신경에서 동일한 진리가 가르쳐진다. 그런데 오류들이 일어나는 곳에서는 단순한 이들의 신앙이 이단들을 통해서 파괴되지 않도록 그 신앙의 진리에 대해 백성이 더욱 주의 깊게 가르쳐져야 한다. 이것이 다수의 신경이 편찬되는 일이 필요했던 이유였다. 그것들은 결코 다른 것과 다르지 않고, 오직, 이단들에 대해 문제를 제기하기 위해 필요한 것에 따라, 하나에서 함축적으로 내포된 것들을 다른 하나에서 더욱 풍부하게 설명한 것일 뿐이다.

3. 신앙고백은 신경 안에서 마치 신앙을 통해서 합일되는 전체 교회의 인격으로부터 전수된다. 그런데 교회의 신앙은 형상화된 신앙이다. 그런 신앙은 수적으로뿐만 아니라 공로에 의해서도 교회와 관련된 모든 이에게서 발견된다.¹² 따라서 신경 안에서의 신앙고백은 형상화된 신앙에 부합하는 한에서 전수된다. 그래서 비록 신자들이 형상화된 신앙을 가지지 못했을지라도, 그들은 이러한 형상화에 도달하도록 노력해야 한다.

4. '지옥으로 내려감'에 대해서는¹³ 이단자들에게서 아무 오류도 발

매개하는 기술의 가치는 신앙의 제1대상이고 동기를 부여하는 대상인 하느님의 말씀에 의해서 보증된다.

12. 성 토마스는 교회를 자립체로 인정하는 방식으로 작업하지 않는다. 그는 간결하게 『제1교령집에 대한 주해』(Expositio primae decretalis, II)에서 다음과 같이 말한다: "교회의 단일성은 무엇보다도 신앙의 단일성 때문에 존재한다. 교회는 신자들의 연합체 이외에 아무것도 아니다(aggregatio fidelium)." 그래서 교회는-그들을 그리스도와 일치시키고 그러므로 서로에게 일치시키는-그 구성원들의 은총으로부터 주어진 신앙에 의해서 제정되었다. Cf. II-II, q.39, a.1; III, q.8, a.5, ad1.

13. Cf. III, q.52.

necessarium aliquam explicationem circa hoc fieri. Et propter hoc non reiteratur in symbolo Patrum, sed supponitur tanquam praedeterminatum in symbolo Apostolorum. Non enim symbolum sequens abolet praecedens, sed potius illud exponit, ut dictum est.[14]

AD QUINTUM dicendum quod, si dicatur *in sanctam Ecclesiam catholicam*, est hoc intelligendum secundum quod fides nostra refertur ad Spiritum Sanctum, qui sanctificat Ecclesiam, ut sit sensus: *Credo in Spiritum Sanctum sanctificantem Ecclesiam*.[15] Sed melius est et secundum communiorem usum, ut non ponatur ibi *in*, sed simpliciter dicatur *sanctam Ecclesiam catholicam*: sicut etiam Leo Papa[16] dicit.[17]

AD SEXTUM dicendum quod, quia symbolum Patrum est declarativum symboli Apostolorum, et etiam fuit conditum fide iam manifestata et Ecclesia pacem habente,[18] propter hoc publice in Missa cantatur. Symbolum autem Apostolorum, quod tempore persecutionis editum fuit, fide nondum publicata, occulte dicitur in Prima et in Completorio, quasi contra tenebras errorum praeteritorum et futurorum.[19]

---

14. Cf. ad2.
15. 이것은 위의 제1문 제1절에서 하느님이 대신덕인 신앙의 대상이라는 사실과 일관된다. 그것은 또한 신앙의 역사와도 일치한다. 신앙의 원초적인 형태는 세 부분으로 이루어진다. 즉 그것은 세 신적인 위격들의 세 가지 기본적인 조항들로 요약된다. 이 조항들은 후보자들을 세례로 모으는 질문들에 대한 대답이었다. 종속되는 요소들은 각각의 주된 표제어 아래 조율되었다. Cf. DS 10.
16. 성 토마스는 레오 대 교황에게 관련시킨다(461년 사망); 그 요점은 루피누스

생하지 않았다. 따라서 이것에 관해서 어떤 설명을 하는 일은 필요하지 않았다. 그렇기 때문에 교부들의 신경에서는 반복되지 않고 사도신경에서 이미 결정된 것으로 가정했다. 뒤따르는 신경은 앞서는 신경을 취소하는 것이 아니라, 위에서[14] 말한 바와 같이, 더욱 [풍부하게] 설명한다.

5. 만일 "거룩한 가톨릭교회를 '향해' 믿는다."고 말하려면, 이것은 우리 신앙이 교회를 성화하는 성령과 관련되는 한에서 이해되어야 한다. 그래서 그 의미는 "나는 교회를 성화하는 성령을 향해 믿는다."가 된다.[15] 그런데 더 낫고 더욱 일반적인 사용에 따르는 것은 그곳에 '향해'(in)를 넣지 말고, 레오 교황[16]이 말한 것처럼 단순하게 "거룩한 가톨릭교회를 [믿는다.]"라고 말하는 것이다.[17]

6. 교부들의 신경은 사도신경에 대해 똑똑히 드러낸 것이기 때문에, 이미 명백해진 신앙에 의해 그리고 교회가 평화를 가진 때 제정되었다.[18] 그렇기 때문에 그것은 미사에서 음송(吟誦)된다. 그러나 사도신경은 박해의 시기에, 아직 신앙이 공표되기 이전에 편찬되었고, 마치 과거의 오류들과 미래의 오류들의 어둠을 반대하는 것처럼, 은밀하게 [성무일과(聖務日課)의] 제1시(時) 기도와 종과(終課) 기도[19]에서 언급된다.

(Tyrannius Rufinus, 345년경-410년, 아퀼레이아의 사제)에 의해 제시되었다. Cf. Rufinus, *Commentarius in Symbolum Apostolorum*, n.36: PL 21, 373 AB. 루피누스는 레오 교황을 언급하지 않는다.
17. (*추가주) 교회는 신앙의 대상이 아니라, 신앙을 포용하도록 제시된 '계시'를 수호하는 기관이다. Cf. Am-M. Horvath, O. P., op. cit., p.30(in tabella).
18. 콘스탄티누스 황제가 313년에 밀라노 칙령을 통해 교회를 합법화한 다음을 뜻한다. 니케아의 제1차 공의회는 325년이었다.
19. 이것은 성무일과의 제1시(時) 기도와 종과(終課) 기도의 끝에서 음송되는 것이 관행이었다.

Articulus 10
Utrum ad Summum Pontificem pertineat fidei symbolum ordinare

Ad decimum sic proceditur. Videtur quod non pertineat ad Summum Pontificem fidei symbolum ordinare.

1. Nova enim editio symboli necessaria est propter explicationem articulorum fidei, sicut dictum est.[1] Sed in veteri Testamento articuli fidei magis ac magis explicabantur secundum temporum successionem propter hoc quod veritas fidei magis manifestabatur secundum maiorem propinquitatem ad Christum, ut supra[2] dictum est. Cessante ergo tali causa in nova lege, non debet fieri maior ac maior explicatio articulorum fidei. Ergo non videtur ad auctoritatem Summi Pontificis pertinere nova symboli editio.

2. Praeterea, illud quod est sub anathemate interdictum ab universali Ecclesia non subest potestati alicuius hominis. Sed nova symboli editio interdicta est sub anathemate auctoritate universalis Ecclesiae. Dicitur enim in gestis primae Ephesinae synodi[3] quod, *perlecto symbolo Nicaenae synodi, decrevit sancta synodus aliam fidem nulli licere proferre vel conscribere vel componere praeter definitam a sanctis patribus qui in Nicaea congregati sunt cum Spiritu Sancto*, et subditur anathematis

---
1. Cf. a.9, ad2.

제10절 신경을 규정하는 일이 교황에게 속하는가?

Parall.: II-II, q.11, a.2, ad3; *De potentia*, q.10, a.4, ad13.

[반론] 열째에 대해서는 다음과 같이 진행된다. 신경을 규정하는 일은 교황에게 속하지 않는 것처럼 보인다.

1. 신경의 새로운 편찬은, 위에서[1] 말한 바와 같이, 신앙 조항들의 설명 때문에 필요하다. 그런데 구약성경에서는 신앙 조항들이 시간의 연속에 따라서 갈수록 더 설명되었다. 위에서[2] 말한 바와 같이, 신앙의 진리는 그리스도에게 더욱 가까운 정도에 따라 더욱 명백하게 되기 때문이다. 그런데 새 법[신약성경]에서는 그러한 이유가 멈추었기 때문에 신앙 조항들에 대한 설명이 갈수록 더 이루어질 필요는 없다. 그러므로 새로운 신경의 편찬은 교황의 권위에 속하지 않는 것처럼 보인다.

2. 보편 교회에 의해서 파문으로 금지된 것은 어떤 인간의 권한에 종속되지 않는다. 그런데 신경의 새로운 편찬은 보편 교회의 권위에 의해 파문으로 금지되었다. 제1차 에페소공의회[3]의 문헌 안에는 "니케아공의회의 신경을 끝까지 읽은 다음에, 거룩한 공의회는 '아무에게도 성령과 함께 니케아에 모였던 거룩한 교부들에 의해 정의된 것을 제외하고 말하거나 쓰거나 저술하는 것은 허용되지 않는다.'고 선

---

2. Cf. a.7.
3. 에페소공의회(431년), DS 265[= DH 512] 참조. [*성 토마스는 그것을 소위 '강도' 공의회로서 알려지고 교황에 의해서 단죄된 451년의 다른 공의회와 구별하기 위해서 (니콜라이에 의해서 지워진) '제1차'라는 표현을 쓴다. P.II, Act.6, in Decr. de Fide: MANSI, IV, 1362; DS 125[= DH 255-256].

q.1, a.10

poena; et idem etiam reiteratur in gestis Chalcedonensis synodi.[4] Ergo videtur quod non pertineat ad auctoritatem summi pontificis nova editio symboli.

3. Praeterea, Athanasius non fuit Summus Pontifex, sed Alexandrinus Patriarcha. Et tamen symbolum constituit quod in Ecclesia cantatur.[5] Ergo non magis videtur pertinere editio symboli ad Summum Tontificem quam ad alios.

SED CONTRA est quod editio symboli facta est in synodo generali. Sed huiusmodi synodus auctoritate solius Summi Pontificis potest congregari, ut habetur in *Decretis*, dist. 17.[6] Ergo editio symboli ad auctoritatem Summi Pontificis pertinet.

RESPONDEO dicendum quod, sicut supra[7] dictum est, nova editio symboli necessaria est ad vitandum insurgentes errores. Ad illius ergo auctoritatem pertinet editio symboli ad cuius auctoritatem pertinet sententialiter[8] determinare ea quae sunt

---

4. 칼케돈공의회(451년), DS 300-303[= DH 596-602] 참조. P.II, Act.5; MANSI, VII, 109.
5. 이 참조는 서방에서 그 첫 줄로부터 'Quicumque Vult'라고 알려졌던 신경과 관련된다. 1955년까지 소위 아타나시우스 신경은 주일의 성무일과(聖務日課)의 '제1기도'(Prima)의 부분으로 음송되었다. 이제 삼위일체 대축일에만 음송된다.(이것이 지금도 해당되는가?) 또한 성공회 전례에서도 사용된다. 그것은 중세 동안에의 신경의 지위를 유지했다. 7세기부터 17세기까지 그것은 아타나시우스(Athanasius, c.296-373, 아리우스파의 반대자, 교부)에게 속하는 것으로 생각되었다. 그러나 그것은 라틴 서방계에 속하고, 그것의 진정한 저자는 알려져 있지 않다. 작성 시기는 c.440-540.

포했으며, 파문의 벌이 삽입되었다. 그리고 동일한 것이 칼케돈공의회[4]의 문헌에서도 반복되었다. 그러므로 신경의 새로운 편찬은 교황의 권위에 속하지 않는 것처럼 보인다.

3. 아타나시우스는 교황이 아니라 알렉산드리아의 총대주교였다. 그럼에도 그는 교회에서 음송(吟誦)되는 신경을 제정했다.[5] 그러므로 신경의 편찬은 다른 이들보다 교황에게 더욱 속하는 것처럼 보이지 않는다.

[재반론] 신경의 편찬은 보편 공의회에서 이루어진다. 그런데 이런 종류의 공의회는, 『교령집』 제17 구분[6]에서 언급되는 것처럼, 오로지 교황의 권위에 의해 소집될 수 있다. 그러므로 신경의 편찬은 교황의 권위에 속한다.

[답변] 위에서[7] 말한 바와 같이, 신경의 새로운 편찬은 일어나는 오류들을 피하기 위해서 필요하다. 신경의 편찬은 모든 이가 모든 이들에 의하여 흔들리지 않는 신앙 안에 유지되도록 하기 위해 신앙에 속하는 것들을 또는 신앙에 속하는 것들을 모든 이들이 흔들리지 않는 신앙 안에 견지하도록 하기 위하여 이들을 명제적으로[8] 결정하

---

6. Gratianus, *Decretum Magistri Gratiani*, I, d.xvii, Can.4-5; Frdb. I/51sq. 그라티아누스는 12세기의 법학자로서 교부들, 교황들, 공의회 문헌들의 종합인 그의 *Concordantia discordantium canonum*은 (1234년에 반포된) 그레고리우스 9세의 『교회 법령집』(*Decretales*)과 함께 '교회법 대전'(*Corpus Iuris Canonici*, 1580년부터 그레고리우스 13세에 의해 명명됨; 근대판, A. Friedberg, 2 vols, Leipzig, 1879-81)의 핵심부분을 이룬다.
7. Cf. a.9, ad2.
8. 라틴어 'sententialiter'에 대해서는 a.9, 각주 [11] 참조. '판결적으로'라고 번역도 가능하다.

q.1, a.10

fidei, ut ab omnibus inconcussa fide teneantur. Hoc autem pertinet ad auctoritatem Summi Pontificis, *ad quem maiores et difficiliores Ecclesiae quaestiones referuntur* ut dicitur in *decretis*,[10] dist. 17.[9] Unde et Dominus, Luc. 22, [32],[11] Petro dixit, quem Summum Pontificem constituit: *Ego pro te rogavi, Petre, ut non deficiat fides tua, et tu aliquando conversus confirma fratres tuos.* Et huius ratio est quia una fides debet esse totius Ecclesiae, secundum illud I *ad Cor.* 1, [10][12]: *Idipsum dicatis omnes, et non sint in vobis schismata.* Quod servari non posset nisi quaestio fidei de fide exorta determinaretur per eum qui toti Ecclesiae praeest, ut sic eius sententia a tota Ecclesia firmiter teneatur. Et ideo ad solam auctoritatem Summi Pontificis pertinet nova editio symboli, sicut et omnia alia quae pertinent ad totam Ecclesiam, ut congregare synodum generalem et alia huiusmodi.

---

9. Gratianus, *Decretum Magistri Gratiani*, I, d.xvii, Can.4-5; Frdb. I/51sq.
10. 위의 각주 [6] 참조. *Majores vero et difficiliores quaestiones (ut sancta sinodus statuit et beata consuetudo exigit) ad sedem apostolicam semper deferentur* (ed. Friedberg, I, p.52). Cf. *Decretales Gregorii IX*, III, 42, cap.3 (교황 인노센트 3세[Innocent III]가 아를의 대주교에게) *Majores ecclesiae causas, praesertim articulos fidei contigentens, ad Petri Sedem referendas intellget qui (...) notabit (...)* (ed. cit II, 644). 성 토마스가 인용한 언어는 명백하게 『교령집』(*Decretum*)에 가깝지만(cf. 20세기 Codex Juris Canonici, can. 220 혹시 1917년 법전을 말하는 것이 아닐까? 참조한 책이 무엇인지에 따라...), 『교회 법령집』(*Decretales*)도 베드로를 위한 주님의 기도에 대한 동일한 암시를 가지고 있다.

성 토마스는 솔직 담백한 교황주의자이다. 그는 교황을 '그리스도의 대리인(vicarius)'(II-II, q.39, a.1), '교회의 가시적인 머리'(III, q.8, a.7), '전체 교회를 돌보아야 하는 사람'(II-II, q.89, a.9, ad3; Quodl., q.4, a.13)이라고 부른다. 성령의 섭리적인 약속(요한 10,26)에 근거한 무류성(無謬性)에 대한 가장 명백한 진술은 『자유토론문제집』 제9문 제16절에서 나타난다. 현재 절에 나오는 『교령집』으는 권한을 가지고 있는 그러한 권위에 속하게 된다. 그런데 이것은 교황의 권한에 속하게 되는데, 『교령집』 제17 구분[9]에서 말하는 것처럼, "그에게 매우 크고 어려운 교회의 질문에 관한 결정이 맡겨졌기" 때문이다.[10] 그래서 주님께서도 루카복음서 22장 [32절][11]에서 교황으로 세우신 베드로에게, "베드로야, 나는 너의 신앙이 결핍되지 않도록 너를 위해 기도하였다. 그러니 네가 언젠가 회개하거든 네 형제들을 견고케 하여라."라고 말씀하셨다.

이것의 이유는 코린토 1서 1장 [10절][12]의 "여러분은 모두 같은 것을 말하고, 여러분 안에서 분열이 일어나지 않도록 하시오."라는 말씀에 따라, 전체 교회가 하나의 신앙을 가져야만 하기 때문이다. 이것은 오직 신앙에 대해 발생하는 신앙 문제가 전체 교회를 감독하는 이를 통해서 결정되어야만 지켜질 수 있을 것이다. 그렇게 해서 그의 판결이 전체 교회에 의해 굳건하게 지켜질 것이다. 따라서 신경의 새로운 편찬은 오직 교황의 권위에만 속하고, 전체 교회에 속하는 다른 모든 것들, 즉 보편 공의회를 소집하는 일과 이런 종류의 다른 것들도 그러하다.

로부터의 인용은 교황청과 기능이 권위적으로 주어졌다고 간주하는 입장을 보여 준다. 『신학대전』에서는 『그리스인들의 오류 논박』(*Contra err. graec.*) 31-6에서 인용되었던 교황의 수위성에 '권위들'이란 단어를 쓰지는 않는다. 이것들은 모두 겉으로만 그럴싸한 공의회적이고 교부적인 텍스트들로, 『삼위일체 신앙에 대한 소책자』(*Libellus de fide S. Trinitatis*), 그리스적 배경을 지닌 이탈리아 크로토네(Crotone)의 주교 뒤레스의 니콜라스(Albania, Nicholas of Durrës)라는 저자의 작품으로부터 인용된 것이다. 이 작품에 대해 성 토마스는 교황 우르바노 4세의 요청으로 주해하고 있었다. Cf. R. Verardo, "Editoris introductio" in Marietti edition; H. Dondaine in Leonina (v.40 A, 1967).

11. 루카 22,32: "그러나 나는 너의 믿음이 꺼지지 않도록 너를 위하여 기도하였다. 그러니 네가 돌아오거든 네 형제들의 힘을 북돋아 주어라."
12. 1코린 1,10: "형제 여러분, 나는 우리 주 예수 그리스도의 이름으로 여러분에게

q.1, a.10

AD PRIMUM ergo dicendum quod in doctrina Christi et Apostolorum veritas fidei est sufficienter explicata. Sed quia perversi homines apostolicam doctrinam et ceteras Scripturas *pervertunt ad sui ipsorum perditionem*, sicut dicitur II Pet. ult., [16];[13] ideo necessaria est, temporibus procedentibus, explanatio fidei contra insurgentes errores.

AD SECUNDUM dicendum quod prohibitio et sententia synodi se extendit ad privatas personas, quarum non est determinare de fide. Non enim per huiusmodi sententiam synodi generalis ablata est potestas sequenti synodo novam editionem symboli facere, non quidem aliam fidem continentem, sed eandem magis expositam. Sic enim quaelibet synodus observavit, ut sequens synodus aliquid exponeret supra id quod praecedens synodus exposuerat, propter necessitatem alicuius haeresis insurgentis. Unde pertinet ad Summum Pontificem, cuius auctoritate synodus congregatur et eius sententia confirmatur.

AD TERTIUM dicendum quod Athanasius non composuit manifestationem fidei per modum symboli, sed magis per modum cuiusdam doctrinae, ut ex ipso modo loquendi apparet. Sed quia integram fidei veritatem eius doctrina breviter continebat, auctoritate Summi Pontificis est recepta, ut quasi regula fidei habeatur.[14]

권고합니다. 모두 합심하여 여러분 가운데에 분열이 일어나지 않게 하십시오. 오히려 같은 생각과 같은 뜻으로 하나가 되십시오."
13. 2베드 3,16: "사실 그는 모든 편지에서 이러한 것들을 이야기합니다. 그 가운데

[해답] 1. 그리스도와 사도들의 가르침 안에서 신앙의 진리는 충분하게 설명되었다. 그러나 베드로 2서 마지막 장[3장 16절][13]에서 말하는 것처럼, 사악한 사람들이 사도들의 가르침과 다른 성경 구절들을 곡해하여 멸망에 이르기 때문에, 시간이 진행되면서, 일어나는 오류들을 거슬러 신앙을 설명하는 일이 필요하다.

2. 공의회의 금지와 판결은 신앙에 대해 결정하는 일이 속하지 않는 개별적인 인격에게 확장된다. 이런 종류의 보편 공의회 판결이, 뒤따르는 공의회에게서 - 실로 다른 신앙을 내포하는 것이 아니라 같은 신앙을 더욱 설명하는 - 신경의 새로운 편찬을 하는 권한을 빼앗은 것은 아니다. 어떤 공의회든지, 뒤따르는 공의회가, 일어나는 어떤 이단의 필연성 때문에, 앞선 공의회가 설명했던 것을 넘어서는 어떤 것을 설명한다는 사실을 관찰했다. 그래서 그것[신경의 새로운 편찬]은 교황에게 속하고, 그의 권위에 의해 공의회가 소집되고 그 판결이 확증된다.

3. 아타나시우스는 신앙에 대한 명백한 설명을 신경의 방식으로가 아니라, 오히려 말하는 방식 자체에서 분명한 것처럼 일종의 가르침의 방식으로 저술했다. 그런데 그의 가르침이 신앙의 온전한 진리를 짧게 함축했기 때문에, 교황의 권위에 의해 수용되었고, 마치 신앙의 규범처럼 간주된 것이다.[14]

에는 더러 알아듣기 어려운 것들이 있는데, 무식하고 믿음이 확고하지 못한 자들은 다른 성경 구절들을 곡해하듯이 그것들도 곡해하여 스스로 멸망을 불러옵니다." 불가타에는 quae indocti et instabiles depravant, sicut et caeteras scripturas, ad suam ipsorum perditionem이라고 나온다.

14. 각주 [10] 참조. 'Quicumque Vult'는 어떠한 공식적인 행위에 의해서가 아니라, 단순히 실천적으로 받아들여지게 되었다. 제10절에 대한 문헌적이고 이론적인 연구에 대해서는: Cf. Y. Congar, OP, "St Thomas and the Infallibility of the Papal Magisterium", *The Thomist* 38(1974), 81-105.

QUAESTIO II
DE ACTU INTERIORI FIDEI
in decem articulos divisa

Deinde considerandum est de actu fidei.[1] Et primo, de actu interiori; secundo, de actu exteriori.[2]

Circa primum quaeruntur decem.

Primo: quid sit credere, quod est actus interior fidei.

Secundo: quot modis dicatur.

Tertio: utrum credere aliquid supra rationem naturalem sit necessarium ad salutem.

Quarto: utrum credere ea ad quae ratio naturalis pervenire potest sit necessarium.

Quinto: utrum sit necessarium ad salutem credere aliqua explicite.

Sexto: utrum ad credendum explicite omnes aequaliter teneantur.

Septimo: utrum habere explicitam fidem de Christo semper sit necessarium ad salutem.

---

1. Cf. q.1, Introd.
2. Cf. q.3. 일반적인 의미에서 '내적 행위'는 '지성과 의지에 의해서 유발된 행위'를 의미하고, '외적 행위'는 '지성과 의지의 통제 아래에 있는 인간의 유기적(신체기

제2문
신앙의 내적 행위에 대하여
(전10절)

이어서 신앙의 행위에 대해서 고찰되어야 한다.[1] 첫째, 그 내적 행위에 대하여, 둘째, 그 외적 행위에 대하여.[2]

그리고 신앙의 내적 행위에 대해서는 다음 열 가지 질문이 제기된다.

1. 신앙의 내적 행위인 '믿는 일'은 무엇인가?
2. 그것에 대해 얼마나 많은 양태가 언급되는가?
3. 자연적 이성을 넘어서는 어떤 것을 믿는 일이 구원을 위해 필요한가?
4. 자연적 이성에 의해 증명될 수 있는 그러한 것들을 믿을 필요가 있는가?
5. 어떤 것을 명시적으로 믿는 일이 구원을 위해 필요한가?
6. 모두가 동일하게 명시적 신앙을 가져야만 하는가?
7. 그리스도의 신비에 대해 항상 명백한 믿음을 갖는 일이 구원을 위해 필요한가?

관의) 능력에 의해 유발된 행위'를 의미한다. 여기서 참조는 신앙의 내재적인 행위와 관련되고, 이것은 말이나 행동에 의해서 저 신앙을 고백하는 것과는 대비되는 것이다. 의지의 내적 행위와 외적 행위 사이의 구별은 I-II, q.111, a.2에서 발견된다.

q.2, a.1

Octavo: utrum credere Trinitatem explicite sit de necessitate salutis.

Nono: utrum actus fidei sit meritorius.

Decimo: utrum ratio humana diminuat meritum fidei.

Articulus 1

Utrum credere sit cum assensione cogitare[1]

Ad primum sic proceditur. Videtur quod credere non sit *cum*[2] *assensione cogitare.*[3]

---

1. 성 토마스가 여기서 신앙행위에 관한 자신의 심리학적/인식론적인 탐구에서 기초로 삼고, 페트루스 롬바르두스 이래로 신학적 사변에서 중요한 역할을 했던 아우구스티누스의 구절은 - 아우구스티누스에서의 맥락이 밝히듯이 - 심리학적인 것이 아니라, 좁은 의미에서의 신학적으로 이해된 것이다. 즉 아우구스티누스는 언급된 위치에서 결코 신앙행위의 영혼과 관련된 경과를 규정하려는 의도가 아니라 그것의 은총과의 관계를 밝히려는 의도를 가지고 있었다. 그래서 그에게는 신앙의 시작을, 그다음에야 신앙 자체를 은총에 의해서 이루어지는 행위로서 밝히는 것이 관건이었다. 그래서 그는 '신앙은 사람이 우선 어떤 것을 생각할 때에만 가능하다.'고 말한다. 그러나 이제 우리는 바오로 사도에 따라 우리 자신으로부터 하나의 생각을 파악할 수도 없다.(불가타 안에서의 cogitare). 더욱이 신앙 자체를 위해서도 '믿는 일은 동의를 가지고 사유하는 일'이기 때문에 은총이 필요하다. 이런 의미에서 'cogitare' 개념을 토마스는 제2부 제1편 제109문(a.1, obj.3 & ad3)에서 사용한다. 이와는 반대로 토마스는 여기서 'cogitare'라는 개념을 명확하고 안정된 인식에 도달하는 일 없이 인간이 생각하도록 만드는 저 심리학적인 기능을 위해서 사용하고 있다. 아우구스티누스도 또한 그런 기능을 알고 있는데, 비록 토마스가 답변에서 『삼위일체론』에서 인용한 구절이 증명하듯이 이 개념의 심리학적인 사용이 모든 측면에서 동일한 것은 아닐지라도 말이다.

8. 삼위일체를 명시적으로 믿는 일이 구원을 위해 필수적인가?
9. 신앙의 행위는 공로가 되는 일인가?
10. 인간적인 논거는 신앙의 공로를 감소시키는가?

제1절 믿는 일은 동의를 가지고 사유하는 일인가?[1]

Parall.: *In Sent.*, III, d.23, q.2, a.2, qc.1; *De veritate*, q.14, a.1; *In Ep. ad Hebr.*, c.11, lect.1.

[반론] 첫째에 대해서는 다음과 같이 진행된다. 믿는 일은 '동의를 가지고 사유하는 일'(cum[2] assentione cogitare)이 아닌 것처럼 보인다.[3]

---

2. 라틴어 전치사 cum은 명백하게 의도된 것이다. simul(동시에)은 이 경우에는 등가이다. 루이스와 쇼트(Lewis and Short)는 바로(Varro)에 따라서 cogitare는 coagitare의 축약이라고 설명한다. 그러나 사실상 아마도 그것은 aio라는 산스크리트 어근에 con을 더한 것으로부터 왔을 것이다. 어떤 경우에든 그 문자적 의미는 '어떤 이의 지성 안에서 뒤집다'라는 것이다.

3. 이 전수된 형식의 번역조차도 어느 정도 그것의 역사적 상태에 의존한다. 성 토마스의 동의(assentio)에 대한 이해는 쉽게 규정될 수 있다.『진리론』제14문 제1절에서는 '동의하다'(assentire)의 어원을 'sententia', '모순의 한쪽 편을 명확하고 분명하게 받아들이기'로서 제시한다. '동의'는 매우 강한 단어이다. 바로 그 단어를 신앙에 적용하는 것은, 성 토마스의 정신 안에서, 하느님의 말씀에 대한 신앙의 절대적이고 종교적인 단호함을 강조하는 것이다. 레지스(L. M. Regis, *Epistemology*, New York, 1959, pp.405-22)는 성 토마스의 사상 안에서의 '동의'에 관한 철저한 문헌 연구와 분석을 제시했다. 강한 의미에서 그 용어는 판단의 심리학적인 행위와 엄격하게 동의어가 아니라 특별한 종류의 판단이다. 이러한 사용을 아주 정확하게 표시하는 텍스트는『명제론 주해』제1권 제14강이다. "자명하다는 진리의 한 종류, 즉 최초의 증명불가능한 원리들이 존재한다. 예를 들어 이것들에 대해 지성은 필연적으로 동의한다. 그러나 그 자체로 명백한 것이 아니라, 다른 어떤 것을 통해서 명백한 다른 진리들이 존재한다. 이것들에는 두 종류가 속한다. 어떤 것들은 필연적으로 원리로부터 도출된다. 그런 방식으로 이 원리들

q.2, a.1

1. Cogitatio enim importat quandam inquisitionem, dicitur enim cogitare quasi *simul agitare*. Sed Damascenus dicit, in IV lib.,[4] quod *fides est non inquisitus consensus*. Ergo cogitare non pertinet ad actum fidei.

2. Praeterea, fides in ratione ponitur, ut infra[5] dicetur. Sed cogitare est actus cogitativae potentiae, quae pertinet ad partem sensitivam, ut in primo[6] dictum est. Ergo cogitatio ad fidem non pertinet.

3. Praeterea, credere est actus intellectus, quia eius obiectum est verum. Sed assentire non videtur esse actus intellectus, sed voluntatis, sicut et consentire, ut supra[7] dictum est. Ergo credere non est cum assensione cogitare.

IN CONTRARIUM est quod Augustinus sic definit credere in libro *de Praed. Sanct.*[8]

RESPONDEO dicendum quod cogitare tripliciter sumi potest.[9]

의 진리를 인정하면 결론은 결코 틀릴 수 없다. 모든 증명된 결론들은 이런 종류에 속한다. 그런 종류에 지성은 필연적으로 동의하고, 나중에-그 이전이 아니라-원리들과의 관계가 받아들여진다. 원리들로부터 필연적으로 도출되지 않는 다른 사태들이 존재한다. 그래서 그 원리들의 진리를 인정한다고 할지라도, 그것들은 거짓일 수 있다. 이런 종류에 견해와 관련된 사태들이 속한다. 지성은 어떤 근거를 이유로 다른 편보다는 한 편으로 더 기울어질지라도, 그것들에 필연적으로 동의하지는 않는다." 그래서 동의는 처음의 두 종류의 판단에 제한된다. Cf. I, q.82, a.2; I-II, q.15, a.1, ad3; q.17, a.6. cogitare와 그 명사형 cogitatio는, '생각하다'와 '생각'처럼 애매모호한 것이다. 해답의 주된 관심은 정확하고 적절한 의미를 규정하는 것이다. Cf. I, q.34, a.1; I-II, q.67, a.3; II-II, q.180, a.3, ad1; *In Ioan.*, I, lect.1.

1. 라틴어 "cogitatio"[사유]는 일종의 탐구를 뜻하기에, "cogitare"[사유하는 일]는 ["coagitare", 즉] "동시에 추적하는 일"과 같은 것이라고 언급된다. 그런데 다마셰누스는 『정통신앙론』 제4권[4]에서 신앙은 "탐구 없는 동의"라고 말한다. 따라서 사유하는 일은 신앙의 행위에 속하지 않는다.

2. 또한, 아래서[5] 말할 것처럼, 신앙은 이성 안에 놓여 있다. 그런데, 사유하는 일이란 감각적 부분에 속하는 감각적 사고력의 행위이다.[6] 그러므로 사유는 신앙에 속하지 않는다.

3. '믿는 일'은 지성의 행위인데, 그 대상은 참이다. 그러나 동의하는 일은, 위에서[7] 말한 바와 같이, 합의하는 것과 같이, 지성의 행위가 아니라 의지의 행위인 것 같다. 그러므로 믿는 일은 동의를 가지고 사유하는 일이 아니다.

[재반론] 그러나 반대로 아우구스티누스는 『성도들의 예정』[8]에서 '믿는 일'을 그렇게 정의한다.

[답변] '사유하는 일'은 세 가지 방식으로 취해질 수 있다.[9] 첫째, 아

---

4. Damascenus, *De fide orthodoxa,* IV, c.11: PG 94, 1127-1128. 다마셰누스(?-749)는 마지막 그리스 교부이다. 몇몇 사람들에 의해서 최초의 조직적인 신학자로 간주되었다. 인용된 저술은 주목할 만한 영향을 미쳤다. 예를 들어 인간 행위를 다루는 제2부 제1편 제8-17문과 제3부에서도 자주 인용되었다.

5. Cf. q.4, a.2.

6. Cf. q.78, a.4.

7. Cf. q.1, a.4; I-II, q.15, a.1.

8. Augustinus, *De Praedestinatione Sanctorum liber ad Prosperum et Hilarium primus,* ii, n.5: PL 44, 963.

9. 도움이 될 수 있는 예비단계는 제2부 제1편 제67문 제3절이다. 현재의 답변은 신

q.2, a.1

Uno modo, communiter pro qualibet actuali consideratione intellectus, sicut Augustinus dicit, in XIV *de Trin.*:[10] *Hanc nunc dico intelligentiam qua intelligimus cogitantes.* Alio modo dicitur cogitare magis proprie consideratio intellectus quae est cum quadam inquisitione, antequam perveniatur ad perfectionem intellectus per certitudinem visionis.[11] Et secundum hoc Augustinus, XV *de Trin.*,7[12] dicit quod *Dei Filius non cogitatio dicitur, sed Verbum Dei dicitur. Cogitatio quippe nostra proveniens ad id quod scimus atque inde formata verbum nostrum verum est. Et ideo Verbum Dei sine cogitatione debet intelligi, non aliquid habens formabile, quod possit esse informe.* Et secundum hoc cogitatio proprie dicitur motus animi deliberantis nondum perfecti per plenam visionem veritatis.[13] Sed quia talis motus potest esse vel animi deliberantis circa intentiones universales, quod pertinet ad intellectivam partem; vel circa intentiones particulares, quod pertinet ad partem sensitivam, ideo cogitare

---

앙은 직접적이고 본질적으로 지성의 행위라는 확신에 의해 조정되고 있다.(Cf. q.4, a.1) 그리고 신학적으로 그것은 의심의 여지없이 지성의 '동의'이다. 문제가 되는 것은 왜 수반되는 '사유하는 일'이 신앙의 동의를 다른 인식적인 행위로부터 구별하는가와 어떻게 그것이 내부적으로 동의의 의미를 굴절시키는가 하는 것이다.

10. Augustinus, *De Trinitate*, XIV, c.7, n.10: PL 42, 1044.
11. 벨마르(R. Bellemare, "Credere: Note sur la définition thomiste", *Revue de l'Université d'Ottawa* 30[1960], pp.38-47)는 이 진술에서, 그리고 따라오는 아우구스티누스의 인용이 매우 긴 것으로부터 정의에 대한 앞선 분석들을 넘어서는 발전을 본다.(*In Sent.*, III, d.23, q.2, a.2, qc.1; *De veritate*, q.14, a.1). 이 토론에서 인용의 길이는 초기 저술들과 비교해 볼 때 다른 경우에는 간결하고 요약적이기 때문에

우구스티누스가 『삼위일체론』 제14권[10]에서 "나는 지금 우리가 사유하면서 이해하도록 만드는 것을 '이해'라고 부른다."라고 말하는 것처럼, [사유하는 일이란] 공통적으로 지성에 의한 일종의 현실적인 고찰을 위해 취해진다.

둘째, '사유하는 일'은 더욱 고유하게, 직관의 확실성을 통해서 지성의 완전성에 도달하기 전에, 일종의 탐구와 함께 이루어지는 지성의 고찰을 뜻한다.[11] 그리고 이에 따라 아우구스티누스는 『삼위일체론』 제15권[12]에서 [다음과 같이] 말한다. "하느님의 아들은 사유가 아니라 하느님의 말씀이라 불린다. 우리의 사유가 우리가 알고 있는 것에까지 나아가고, 거기서부터 말이 형상화되면, 우리의 말이 존재한다. 따라서 하느님의 말씀은, [하느님의 측면에서] 어떠한 사유도 없이 이해되어야 한다. [그 말씀은] 아직 형상을 지니지 않은 것일 수 있는 형상화될 수 있는 것이란 아무것도 가지지 않기 때문이다." 이에 따라 사유는 고유하게, 아직 진리의 충만한 직관을 통해 완성되지 않은, 심사숙고하는 영혼의 움직임이다.[13]

그러나 그러한 움직임은, 한편으로 지성적 부분에 속하는 보편적 지향 개념에 대해 심사숙고하거나, 다른 한편으로 감각적 부분에 속하는 특수한 지향 개념에 대해 심사숙고하는 영혼의 움직임일 수 있

주목할 만하다. 벨마르는 이 안에서 '형상화되지 않은 지식'이라는 아우구스티누스 생각의 사용을 발견하는데, 이런 생각은 성 토마스가-즉 그것이 지복직관이 지닌 명확성의 불완전한 시작이라는 사실에 전적으로 의존하는-신앙의 상대적이고 종말론적인 성격을 강조할 수 있게 해 주었다. 그래서 '사유하는 일'의 해석은 규범적인 것으로서 히브 1,1에 대한 아래 q.4, a.1의 인정과 밀접하게 연관되어 있다.

12. Augustinus, *De Trinitate*, XV, c.16, n.25: PL 42, 1079.
13. Cf. I, q.34, a.1, ad2.

secundo modo sumitur pro actu intellectus deliberantis;[14] tertio modo, pro actu virtutis cogitativae.[15]

Si igitur cogitare sumatur communiter, secundum primum modum, sic hoc quod dicitur *cum assensione cogitare* non dicit totam rationem eius quod est credere, nam per hunc modum etiam qui considerat ea quae scit vel intelligit cum assensione cogitat.[16] Si vero sumatur cogitare secundo modo, sic in hoc intelligitur tota ratio huius actus qui est credere. Actuum enim ad intellectum pertinentium quidam habent firmam assensionem absque tali cogitatione, sicut cum aliquis considerat ea quae scit vel intelligit, talis enim consideratio iam est formata. Quidam vero actus intellectus habent quidem cogitationem informem absque firma assensione,[17] sive in neutram partem

---

14. 라틴어 단어 'intentio'(지향, 의도)는 그 좁은 의미에서 효과적인 수단을 통해서 목적을 향하는 의지의 결심을 가리킨다.(cf. I-II, q.12) 여기서 그 의미는 더 넓은 것으로 지식과 관련된다. '의미'(meaning)와 같이, '지향'은 지식에 적용되었을 때 관련 있는(지칭하는) 단어이다. 지식은, 성 토마스의 어휘 안에서, '지향적'이라고 불리는데, 그것은 '다른 것으로서 다른 것의 형상을 가지고 있음'을 의미한다. 그것은 알려진 것을 향해서 뻗어나가고 그것과 일치한다. '지향'이 지닌 함축적인 의미는 지식이 알려진 바로 그것과 물리적인 결합을 내포하는 것이 아니라, 아는 자에게 알려진 것의 유사성이 현존함으로써 일어난다는 사실이다.(cf. I, q.14, a.1) 그 유사성의 상태는 지식 자체의 지시하는 본성에 의해서 결정된다. 그 지식은 그 유사성에서 끝나는 것이 아니라 알려진 것의 실재 안에서 끝난다. 그 유사성은 그래서 '지향'이라고 불리고, 그것은 아는 자를 아는 것을 향해 지탱한다. 그것의 유사성을 통한 알려진 것의 아는 자 안에 있는 실존의 결과는 '제2 지향들'의 인정이다. 제2 지향은 아는 것에게 부가된 지시적인 조건, 즉 그것의 고유한 실제 안이 아니라 지식 안에 있는 그것의 상태이다. 이것들은 '보편성의 지향개념'-즉 유, 종, 종차 등등. 논리학적인 분류이다. Cf. I, q.85, a.3, c et ad1; *De potentia* q.7, a.9; Cajetan, *In Iam*, q.55, a.3.

다.¹⁴ 그렇기 때문에 '사유하는 일'의 둘째 방식은, 심사숙고하는 지성의 행위를 위해, 셋째 방식은, 감각적 사고력의 행위를 위해 취해진다.¹⁵

따라서 만일 '사유하는 일'이 첫째 방식에 따라 공통적으로 취해진다면, '동의를 가지고 사유하는 일'이라는 말은 '믿는 일'이라는 것의 전체 의미를 표현하지 못한다. 왜냐하면, 이러한 방식을 통해, 자신이 알거나 이해하고 있는 것들을 고찰하는 사람도 또한 동의를 가지고 사유하기 때문이다.¹⁶

반면에, 만일 '사유하는 일'이 둘째 방식으로 취해진다면, 이 안에서 '믿는 일'이라는 이 행위의 전체 의미가 이해된다. 왜냐하면 지성에 속하는 행위들 중에서, 어떤 것은 그러한 사유 없이 확고한 동의를 가지게 된다. 이는 어떤 이가 자신이 알거나 이해하는 것을 고찰할 때, 그러한 고찰은 이미 형상화되었기 때문인 것과 마찬가지다.

그러나 지성의 일부 행위는 확고한 동의 없이 형상화되지 않은 사유를 가지는데,¹⁷ 이는 회의하는 이에게서 일어나는 것처럼, 그 어느 쪽으로도 기울어지지 않거나, 또는 의심하는 이에게서 일어나는 것

---

15. 둘 모두 아랍 철학자들로부터 유래하고, 여기서 암시된 용어와 가르침에 대해서는: Cf. I, q.78, a.4; q.81, a.3. 다른 동물들 안에 있는 '평가적 능력' 또는 본능은 인간 안에서는 '감각적 사고력'(virtus cogitativa) 또는 '특수한 이성', 즉 감각 자료들을 감각에 봉사하도록 수집해서 지성의 추상적 지식에 전달하는 내적인 감각 능력이다. '사유하는 일'의 세 번째 의미는 인정되지만, 토론 중인 정의(定義)의 의미에서는 더 이상 논의되지 않는다.(cf. ad2)
16. Cf. q.1, a.5, ad4.
17. 이러한 설명은 아리스토텔레스적인 배경을 지니고 있다. 지성의 두 가지 작용에 관하여 아리스토텔레스는 이러한 작용들을 통해 실재에 관한 확실하고 필연적인 지식에 도달할 수 있다고 말한다. 그는 이러한 도달이 경험에 기초하여 습득되는 과정에서 발전하는 것으로 여긴다. 이것이 확실하고 필연적인 결론에 대한 인식을 가리키는 'epistēmē', 즉 지식이다. 이와 더불어 그 자체로 자명한 원리에 대한 이해를 가리키는 'nous'는 'epistēmē'의 간과할 수 없는 지성적 출발점이다. 지성의 이러한 두 가지 작용들은 다른 방법으로는 존재할 수 없는 사물들, 다

q.2, a.1

declinent, sicut accidit dubitanti; sive in unam partem magis declinent sed tenentur aliquo levi signo, sicut accidit suspicanti; sive uni parti adhaereant, tamen cum formidine alterius, quod accidit opinanti. Sed actus iste qui est credere habet firmam adhaesionem ad unam partem,[18] in quo convenit credens cum sciente et intelligente, et tamen eius cognitio non est perfecta per manifestam visionem, in quo convenit cum dubitante, suspicante et opinante.[19] Et sic proprium est credentis ut cum assensu cogitet, et per hoc distinguitur iste actus qui est credere ab omnibus actibus intellectus qui sunt circa verum vel falsum.[20]

AD PRIMUM ergo dicendum quod fides non habet inquisitionem rationis naturalis demonstrantis id quod creditur. Habet tamen inquisitionem quandam eorum per quae inducitur homo ad credendum, puta quia sunt dicta a Deo et miraculis confirmata.[21]

시 말해 필연적이고 보편적이며 영원한 것들에 대해서만 가능하다. 그러나 아리스토텔레스는 우연적인 사건에 관한 참 또는 거짓된 지식이 존재할 수 있다는 사실을 인정하는데, 이를 가리키는 용어가 'doxa', 즉 의견이다. 우연적인 사건은 언제든지 다른 양태로 존재할 수 있으므로, 이에 대한 확실하고 필연적인 지식을 가지는 것은 불가능하다. 아리스토텔레스는 의견과 관련하여 'pistis'에 대해서도 기술하는데, 이는 강화된 의견인 '믿음'을 가리킨다. 그는 'nous-epistēmē'와 '의견'을 구분하는 데 있어 그 대상의 차이를 강조하면서도, 'nous'와 'epistēmē'를 선행할 수 있는 의견의 기능을 인식한다. 다시 말해 어떤 것에 대해 알고 있는 사람은, 그것의 본질적인 정의나 고유한 속성을 아직 인식하지 못함에도 불구하고, 일시적인 판단을 가질 수 있다는 것이다.

18. 즉 의지의 영향을 통해서, 이에 대해서는: Cf. ad3; q.1, a.4. 신앙에서 동의의 의

처럼, 한쪽으로 더 많이 기울어지지만, 어떤 가벼운 표징에 사로잡혀 [사유를 형상화하지 못하거나], 의견을 지닌(추측하는) 이에게서 일어나는 것처럼, 한쪽을 고수하지만 다른 이를 두려워하면서 [사유를 형상화하지 못한다].

그러나 '믿는 일'이라는 이 행위는, 한쪽으로 확고하게 고수하고 있는데,[18] 이 점에서 믿는 이는 아는 이와 이해하는 이와 일치한다. 그럼에도 그의 인식은 명백한 직관을 통해서 완성된 것이 아닌데, 이런 점에서 회의하는 이, 의심하는 이, 의견을 지닌 이와 일치한다.[19] 그래서 '동의를 가지고 사유하는 일'은 믿는 이의 고유함이다. 그리고 이를 통해서 '믿는 일'이라는 이 행위는 참이나 거짓에 대한 지성의 [다른] 모든 행위로부터 구별된다.[20]

[해답] 1. 신앙은 믿고 있는 것을 증명하는 자연적 이성의 탐구가 아니라, 인간이 믿도록 이끄는 것들, 예를 들어 하느님에 의해 언급되고 기적들에 의해 확증된 것들에 대한 일종의 탐구를 가진다.[21]

지적 기초에 대한 보다 상세한 논의를 보기 위해서는: Cf. *In Sent.*, III, d.23, q.2, a.1; *De veritate*, q.14, a.1. 그러나 제2절과 제4문 제1절에서는 『신학대전』 안에서의 그 관점의 발전을 추가한다.

19. Cf. I-II, q.67, a.3. 지식으로서의 불완전함은 신앙의 본질 그 자체이다.

20. 이 해석은 '사유하는 일'을 그것의 완결되고 본질적인 상태에서 검토했다. 이것은 일종의 동의, 즉-신앙의 덕을 가지고 있는 어떤 사람이 실행할 수 있는-'사유'(cogitatio)를 포함하고 있는 동의이다. 그러나 또한 한 성인이 신앙으로 오는 것 안에서도 '사유'가 존재한다.(cf. ad1). 그래서 『명제집 주해』 제3권 제23구분 제2문 제2절 제1소문제 제2답에서는 다음과 같이 말한다: "신앙은 두 가지 사유들 사이의 중간 길에 서 있다. 하나의 사유는 의지를 신앙으로 이끌고 이것은 신앙에 앞서 있다; 두 번째 사유는 한 사람이 이미 믿고 있는 저 사태들을 이해하기를 추구하는 것이다. 이것은 믿는 동의와 동시적이다." 두 번째가 또한 신학의 싹이다.

21. 자연적 이성의 탐구에 대한 이러한 참조는, 은총-행위로서의 신앙 그 자체

q.2, a.2

AD SECUNDUM dicendum quod cogitare non sumitur hic prout est actus cogitativae virtutis, sed prout pertinet ad intellectum, ut dictum est.²²

AD TERTIUM dicendum quod intellectus credentis determinatur ad unum non per rationem, sed per voluntatem. Et ideo assensus hic accipitur pro actu intellectus secundum quod a voluntate determinatur ad unum.²³

Articulus 2
Utrum convenienter distinguatur actus fidei per hoc quod est
credere Deo, credere Deum et credere in Deum

의 본질적인 '사유'는 아니다. 그것은 아마도 신앙 이전의 탐구이거나, 신학의 작업일 것이다. 그것의 관심이 나중에 호교론이 '신뢰성의 동기'(motives of credibility)라고 불렸던 것이다.(Cf. q.1, a.4, 각주 [10]; ScG I, c.6) 그러한 신앙에 앞서는 것으로서의 탐구는 '신앙'의 동기일 수는 없다. 신앙은 은총에 의해서 주어진 '하느님 자신과의 관계'에 기초하고 있다.—그것의 유일한 동기 또는 형상적 대상인—하느님에 의해서 신자는 내적으로 움직이도록 촉발된다.(Cf. q.6, a.1) 신학의 기능은, 이와 달리, 이성 자체의 행위인 동안에, 신앙의 동의에 의해서 스며들어지고 유지된다. Cf. I, q.1, a.2.

22. 본론.
23. 이미 신앙을 가지고 있는 사람 안에서 신앙의 행위가 지닌 본질적인 상태에 집중하면서, 의지와 지성의 상호작용은 알아보기가 어렵지 않다. 의지는 습성적인 참사랑에 의해서 사랑 안에 계신 하느님과 동화되고, 의지의 이러한 지향의 후원 아래 하느님에 대한 지성의 바로 그 동의가 온다. 그러나 신앙의 시작(initium fidei)은—'어떤 것도 그것이 먼저 알려지지 않는다면 원해지지 않는다'는 토마스의 전제 안에서—더 많은 문제점을 야기한다. 겉보기에는 믿는 것이 원하는 것을 전제하지만, 그러나 원하는 것은 아는 것(믿는 것)을 전제한다. Cf. q.4, a.7, ad5; I-II, q.62, a.4. 이 문제는 '작용 은총'(gratia operans)에 관한 (신앙의 발생을 고찰하는 사람들에 의해서 종종 무시되거나 오해되었던 텍스트인) 제2부 제1편 제111문 제2절에 대한 주의 깊은 연구에 의해서만 상세하게 해결될 수 있다. '사유'(cogitatio), 즉 신앙의 진리들에 대한 그리고 [그것에 대한] 동의의

2. '사유하는 일'은 여기서 감각적 사고력의 행위를 위해서가 아니라, 앞에서[22] 말한 것처럼, 지성에 속하는 행위를 위해서 취해진다.

3. 믿는 이의 지성은, 이성을 통해서가 아니라 의지를 통해 하나로 결정된다. 따라서 동의는 의지에 의하여 하나로 결정되는 한에서 지성의 행위로 여겨진다.[23]

제2절 신앙의 행위가 '하느님에 대해 믿는 일', '하느님을 믿는 일', 그리고 '하느님을 향해 믿는 일'이라는 것을 통해 적절히 구분되는가?

Parall.: *In Sent*., III, d.23, q.2, a.2, qc.2; *De veritate*, q.14, a.7, ad7; *In Ioan*., c.6, lect.3; *In Ep. ad Rom*., c.4, lect.1.

가능성에 관한 지성적인 의식, 의지의 어떠한 응답에 앞서는 신앙에 대한 일종의 부름이 존재한다. 한 사람이 이 '부름'을 좋은 것으로서, 그래서 의지에 흥미를 일으키는 것으로서 파악한다는 사실은 인간적인 선에 대한 자연적인 지향으로서의 의지에 의해서나 어떤 인간적인 선을 추구하려는 의지의 앞선, 특수한 의도에 의해서 설명될 수 없다. 앞서는 '사유'는 - 그 사람에게 매력적인 성질을 지닌 - 선에 관한 제안이 되고, 오직 은총 때문에 움직이며, 그리고 은총 때문에 그 제안은 의지에 매력을 발산한다. 의지의 현실적인 선택은 목적으로서의 하느님을 향한 첫 번째 운동이고, 그분께 다가감은 말씀하시는 하느님과 그분이 말하는 것에 대한 지성의 동의를 내포한다. 은총의 이 작업 - '작용 은총' - 에 의해서 신앙의 (유전적이 아니라) 본질적인 사유를 가진 동의가 나타난다. 모든 것은 은총 아래 있고, 지성과 의지의 본성적인 원천으로부터 흘러나오는 것이 아니다. 그래서 "'믿는 일' 그 자체는, 은총을 통해 하느님에 의해 움직여진 의지의 명령으로부터 신적 진리에 동의하는, 지성의 행위이다."(q.2, a.9) Cf. q.6, a.1: I-II, q.109, a.6; *De veritate*, q.14, a.2, ad10; q.6, a.1. "의지가 보지 못했던 것들에 대해 동의하도록 기울어지는 이유는 하느님이 그것들을 말했기 때문이다; 마치 한 인간이 자신이 보지 못했던 것에 대해 자신이 보지 못했던 것들을 본 어떤 좋은 사람의 증언을 믿듯이 말이다."(In Sent. III, d.23, q.2, a.2, ql.2)

q.2, a.2

Ad secundum sic proceditur. Videtur quod inconvenienter distinguatur actus fidei per hoc quod est *credere Deo, credere Deum et credere in Deum*.[1]

1. Unius enim habitus unus est actus.[2] Sed fides est unus habitus, cum sit una virtus.[3] Ergo inconvenienter ponuntur plures actus eius.

2. Praeterea, illud quod est commune omni actui fidei non debet poni ut particularis actus fidei. Sed credere Deo invenitur communiter in quolibet actu fidei, quia fides innititur primae veritati. Ergo videtur quod inconvenienter distinguatur a quibusdam aliis actibus fidei.

3. Praeterea, illud quod convenit etiam non fidelibus non potest poni fidei actus. Sed credere Deum esse convenit etiam infidelibus. Ergo non debet poni inter actus fidei.

4. Praeterea, moveri in finem pertinet ad voluntatem, cuius obiectum est bonum et finis. Sed credere non est actus

---

1. 이것은 아우구스티누스의 다양한 형식들로, 그의 몇몇 저술들로부터 수집되었고, 페트루스 롬바르두스의 『명제집』 제3권 제2 구분 제4장(ed. Quaracchi II, 656-657)에 등장하면서 중세 시대에 유명해졌다. 아우구스티누스의 『시편 주해』(*Enarr. in Psalm.*, 77, 8: PL 36, 988)와 『예비 신자를 위한 신경 해설』(*De symbolo ad catechumenenos*, I: PL 40, 1190)이 이 점을 발전시킨다. 삼중 구분은 명시적으로 『주님의 말씀』(*Sermones ad populum*, 51, al.144, c.2, n.2: PL 38, 788)에 나온다. "그러나 한 사람이 그리스도에 관해 믿는지, 그리스도를 믿는지, 그리스도를 향해 믿는지에 관해서는 제법 큰 차이가 만들어진다." 페트루스 롬바르두스가 이 구절을 사용하면서 반성하고 있는, 아우구스티누스의 강조점은 '하느님을 믿는 일'과 '하느님을 향해 믿는 일' 사이의 차이에 있다. 오직 후자만이 참사랑과 연결되어 있는 신앙이며, 참사랑의 삶 안에서 그 자체를 드러내고, 하느님에 대한 자기-헌

[반론] 둘째에 대해서는 다음과 같이 진행된다. 신앙의 행위가 '하느님에 대해 믿는 일', '하느님을 믿는 일', 그리고 '하느님을 향해 믿는 일'이라는 것을 통해 부적절하게 구분되는 것처럼 보인다.[1]

1. 하나의 습성은 단지 하나의 행위만을 가질 뿐이기 때문이다.[2] 그런데 신앙은 하나의 덕이기 때문에 하나의 습성이다.[3] 그러므로 여러 가지 신앙 행위가 있다고 말하는 것은 부적절하다.

2. 모든 신앙 행위에서 공통되는 것은 특수한 신앙 행위에 속하는 것으로 간주하지 말아야 한다. 그런데 신앙은 제1진리에 의지하기 때문에, '하느님에 대해 믿는 일'은 어떤 신앙 행위에서든지 공통적이다. 그러므로 그것을 어떤 다른 신앙 행위들로부터 구분하는 것은 부적절해 보인다.

3. 불신자들에게도 적합한 것은 신앙의 행위에 속하는 것으로 규정될 수 없다. 그런데 '하느님을 믿는 일'은 불신자들에게도 적합하다. 그러므로 그것은 신앙 행위로 간주하지 말아야 한다.

4. 목적을 향한 움직임은 의지에 속하는데, 의지의 대상은 선과 목적이다. 그런데 믿는 일은 의지의 행위가 아니라, 지성의 행위다. 그러므로 목적을 향한 움직임을 내포하는 '하느님을 향해 믿는 일'이

신이다. 그것은 "신앙에 의해서 사랑하고, 신앙에 의해서 하느님을 향해 가는 것과 그의 구성원들 사이에 포함되는 것"(『예비 신자를 위한 신경 해설』, *loc. cit.*)을 의미한다. 이것과 관련해서 페트루스 롬바르두스는 형상화된 그리고 형상화되지 않은 신앙(cf. infra q.4, aa.3-4)에 관해 토론하고, 형상화된 신앙이야말로 토마스가 이 형식을 관련시키고 있는 모델이다(cf. q.1, a.9, ad3). 'ceredere in Deum'을 '하느님을 향해 믿는 일'로 번역하는 것은 어색하지만, 'credere in Deum'에서 표현된 하느님을 향한 사랑 안에서의 응답의 의미를 전달하기 원한다면 피할 수 없을 듯하다.

2. Cf. q.1, a.1, 각주 [10].
3. 덕은 '좋은 작용적 습성' 또는 습성적 소질이다. Cf. I-II, q.55, a.4.

q.2, a.2

voluntatis, sed intellectus. Ergo non debet poni differentia[4] una eius quod est credere *in Deum*, quod importat motum in finem.

SED CONTRA est quod Augustinus hanc distinctionem ponit, in libris *de Verb. Dom.*,[5] et *super Ioan.*[6]

RESPONDEO dicendum quod actus cuiuslibet potentiae[7] vel habitus accipitur secundum ordinem potentiae vel habitus ad suum obiectum.[8] Obiectum autem fidei potest tripliciter considerari. Cum enim credere ad intellectum pertineat prout est a voluntate motus ad assentiendum, ut dictum est,[9] potest obiectum fidei accipi vel ex parte ipsius intellectus, vel ex parte voluntatis intellectum moventis. Si quidem ex parte intellectus, sic in obiecto fidei duo possunt considerari, sicut supra[10] dictum est. Quorum unum est materiale obiectum fidei. Et sic ponitur actus fidei *credere Deum*, quia, sicut supra[11] dictum est, nihil proponitur nobis ad credendum nisi secundum quod ad Deum pertinet.—Aliud autem est formalis ratio obiecti, quod est sicut medium[12] propter quod tali credibili assentitur. Et sic

---

4. 라틴어 단어 'differentia'는 매우 전문적인 의미에서 '빈술 가능어'(유, 종차, 종, 특성, 우유)라고 불리는 아리스토텔레스의 논리적 구분 중에 하나이다. 종차는 유가 종으로 수축되도록 만드는 특징이다. 여기서는 단순하게 구별하는 특징을 말한다.
5. Augustinus, *Sermones ad populum,* 51, al.144, c.2, n.2: PL 38, 788.
6. Augustinus, *In evang. Ioan.,* 29, n.6, super 7, 17: PL 35, 1631.
7. Cf. q.1, a.1, 각주 [10].

제2문 제2절

라는 것은, 그것[신앙 행위]의 하나의 종차[4]로 간주하지 말아야 한다.

[재반론] 그러나 반대로 아우구스티누스는 『주님의 말씀』[5]과 『요한 복음서 강해』[6]에서 이러한 구별을 제시한다.

[답변] 어떤 능력[7]이나 습성의 행위는 그 대상에 대한 능력이나 습성의 관계에 따라 결정된다.[8] 그런데 신앙의 대상은 세 가지 방식으로 고찰될 수 있다. 왜냐하면 위에서[9] 말한 바와 같이, 의지에 의해 지성이 동의하도록 움직여지는 한, '믿는 일'은 지성에 속하기 때문에, 신앙의 대상은 지성 자체의 측면에서 또는 지성을 움직이는 의지의 측면에서 중 하나로 취해질 수 있다.

만일 지성의 측면에서 고찰된다면, 위에서[10] 말한 바와 같이, 신앙의 대상에서 두 가지가 고찰될 수 있다. 이것들 중 하나는 신앙의 질료적 대상이다. 이런 식으로 신앙의 행위는 '하느님을 믿는 일'(credere Deum)로 제시된다. 위에서[11] 말한 바와 같이, 오직 하느님에게 속하는 한에서가 아니라면, 아무것도 우리에게 믿도록 제안되지 않기 때문이다.―다른 하나는 그 대상의 형상적 개념이다. 그것이 우리가 이러저러한 믿을 만한 것에 동의하도록 만드는 매개념[12]이기 때문이다. 그래서 신앙의 행위는 '하느님에 대해 믿는 일'(credere Deo)로 제시된

---

8. Cf. I, q.77, a.3.
9. Cf. a.1, ad3.
10. Cf. q.1, a.1.
11. Cf. q.1, a.1.
12. Cf. q.1, a.1, 각주 [12].

q.2, a.2

ponitur actus fidei *credere Deo*, quia, sicut supra[13] dictum est, formale obiectum fidei est veritas prima, cui inhaeret homo ut propter eam creditis assentiat.—Si vero consideretur tertio modo obiectum fidei, secundum quod intellectus est motus a voluntate, sic ponitur actus fidei *credere in Deum*, veritas enim prima ad voluntatem refertur secundum quod habet rationem finis.[14]

AD PRIMUM ergo dicendum quod per ista tria non designantur diversi actus fidei, sed unus et idem actus habens diversam relationem ad fidei obiectum.

Et per hoc etiam patet responsio AD SECUNDUM.

AD TERTIUM dicendum quod credere Deum non convenit infidelibus sub ea ratione qua ponitur actus fidei. Non enim credunt Deum esse sub his conditionibus quas fides determinat. Et ideo nec vere Deum credunt, quia, ut Philosophus[16] dicit, IX *Metaphys.*,[17] in simplicibus[15] defectus cognitionis est solum in

---

13. Cf. q.1, a.1.
14. '형상성'에 대한 이 구분은 『명제집 주해』 제3권 제23 구분 제2문 제1절에서 다음과 같이 표현되었다: "하나의 실재는 신앙의 대상이며 목적이지만, 동일한 측면에서 그런 것은 아니다. 하느님은 그분이 제1진리라는 사실 안에서 신앙의 대상이지만, 우리 지성의 자연적 수용력을 넘어선다. (…) 그는 유일한 선이라는 사실 안에서 신앙의 목적이다. 그는 그의 탁월성에 의해서 인간의 수용력을 초월하지만, 그의 자유로움에 의해서 그 자신의 대단한 선을 공유되도록 제공한다." 신앙에 의지가 개입하는 일은 단순히 특수한 능력으로서의 지성, 그것의 행위와 그것의 대상(진리)이 '어떤 특수한 선들'로서 의지의 보호 아래 들어오는 방식의 한 '사례'가 아니다.(Cf. I, q.82, a.4, ad1) 그러나 이 심리학적 분석이

다. 왜냐하면, 위에서[13] 말한 바와 같이, 신앙의 형상적 근거는 제1진리이며, 바로 이것 때문에 믿는 것에 동의하도록 인간이 이것을 고수하기 때문이다. – 만일 셋째 방식으로, 지성이 의지에 의해 움직여지는 한에서, 신앙의 대상이 고찰된다고 가정하면, 신앙의 행위는 '하느님을 향해 믿는 일'(credere in Deum)로 제시된다. 왜냐하면 제1진리는, 목적이라는 의미를 가진 한에서, 의지와 관련되기 때문이다.[14]

[해답] 1. 이 세 가지를 통해서 다양한 신앙의 행위들이 제시되는 것이 아니라, 신앙의 대상에 대해 다양한 관계를 가지는 동일한 행위가 제시된다.

2. 이것을 통해 둘째 반론에 대한 답은 분명하다.

3. '하느님을 믿는 일'은 그것이 신앙의 행위로 규정되는 그 개념에 따르자면 불신자에게 적절하지 않다. 왜냐하면 그들은 신앙이 결정하는 조건들 아래에서 하느님이 존재한다고 믿지 않기 때문이다. 따라서 "단순한 것들에서 인식의 결함은 그저 전혀 알지 못하는 것이다."[15]라고 철학자[16]가 『형이상학』 제9권에서[17] 말하듯이, 그들은 참으

도움이 되듯이(cf. ad3), 신앙에 대한 의지의 개입은 단순히 지성의 지향에 적합한 '진리-가치'로서의 하느님과 관련되는 것이 아니라, 구원과 참행복으로 초대하시는 하느님 자체와 관련된다. '하느님을 향해 믿는 일'(Credere in Deum)은 '형상화된'(formata) 신앙의 고유한 것이며, 다른 두가지는 '형상화되지 않은'(informi) 신앙에도 해당된다.(q.4, a.5)

15. 아리스토텔레스의 텍스트에서 '단순한 것'은 질료와 합성되지 않았고, 포괄적인 원소나 부분도 가지지 않은 '순수 형상들', '분리된 실체들'을 의미한다. 그래서 그것들의 유일한 형상들을 알 수 있거나 결코 알지 못한다. Cf. *ScG*, III, c.118; *De ente et essentia*, c.IV.

16. 12세기에 이루어진 아리스토텔레스의 재발견, 특히 1255년 강의가 자유로워진 이후에는 중세인들에게 아리스토텔레스는 '철학자', 가장 위대한 철학자였다.

17. *Meta.*, IX, c.10, 1051b25-28; S. Thomas, lect.11, nn.1904-1909.

q.2, a.3

non attingendo totaliter.[18]

AD QUARTUM dicendum quod, sicut supra[19] dictum est, voluntas movet intellectum et alias vires animae in finem. Et secundum hoc ponitur actus fidei credere in Deum.

Articulus 3

Utrum credere aliquid supra rationem naturalem sit necessarium ad salutem

---

18. Cf. q.1, a.8, ad1. 또한 자연 이성에 의해서 '하느님이 존재한다'는 명제가 알려질 수 있다고 할지라도, 그러한 지식은 그 자신의 존재 안에 있는 하느님에 도달하지는 못한다는 사실이 여기에 함축되어 있다는 점을 주목하라. 참으로 믿는 것은, 제1문 제1-2절에서 분명히 하는 것처럼, 그 고유한 방식으로 하느님 자신 안에서 끝나는 행위이다. Cf. I, q.8, a.3.
결합된 사물들 안에 있는 다양한 실재들에는 인식 내용들의 종합도 또한 상응한다. 그러나 존재와 인식 안에서의 이러한 다수성은 – 동일한 사물의 다른 실재와 관련된 올바른 인식을 해치는 일 없이 – 사람들이 하나의 실재를 간과하거나 더욱이 그것을 오역하는 일도 허용한다. 그래서 사람들은 예를 들어 인간 육체의 물리적인 규정들에 대해 아주 명확하게 잘 알면서도 영혼의 정신적인 상태에 대해서는 모를 수 있다. 물론 인간은 인간의 육체 전체에 대해서는 그것이 지성혼에 의해서 형상화된 것을 인정할 때에만 완전히 유효하게 평가하게 될 것이다. 그럼에도 개별적인 것에서는 해부학적인 부분들이나 심리학적인 기능들에 대해서 지성혼에 대해서 바라보지 않고도 파악 가능하다. 그렇지만 오직 유일하고 무한한 실재를 다룰 때는 다르게 작용한다. 성 토마스가 아리스토텔레스적인 생각을 받아들이면서 말하는 것처럼, 인간은 여기서 그 전체만을 전체적으로 파악할 수 있거나, 그것을 전혀 파악하지 못한다. 따라서 하나의 모든 것에서 올바른 신 인식이 있거나 아예 아무 인식도 없다.
그럼에도 카예타누스는 우리의 구절에 대한 자신의 주해에서 우리의 신 인식 안에서도 참된 것이 거짓과 섞일 수 있다고 생각한다. 왜냐하면 하느님은 '사실' 오직 그리고 항상 단순한 본질 안에서 하나이고 그래서 존재로부터 자신을 완전히 인식하게 하거나 또는 전혀 인식하지 못하도록 할지라도, 우리가 그에게 이 판단 또는 저 판단을 내림으로써, 그는 결합된 본질들의 방식으로 우리의 인

로 하느님을 믿지 않는다.[18]

4. 위에서[19] 말한 바와 같이, 의지는 지성과 영혼의 다른 힘들을 목적으로 움직인다. 그리고 이러한 점에서 신앙의 행위는 '하느님을 향해 믿는 일'로 제시된다.

제3절 자연적 이성을 넘어서는 어떤 것을 믿는 일이 구원을 위해 필요한가?

Parall.: *In Sent.*, III, d.24, a.3, qc.1; *ScG*, I, 5; III, 118, 152; *De veritate*, q.14, a.10; *In Symb.*; *In de Trin.*, q.3, a.1.

Doct. Eccl.: "신앙의 성장은 신앙의 시작과 신앙심으로 향함 자체와 같이 - 그 신앙심을 통해 우리는 죄인을 의화하는 분을 믿고 거룩한 세례의 [재]생에 이른다. - 은총의 선물을 통해서, 곧 우리의 의지를 불신앙에서 신앙으로, 불경에서 경건으로 이끄는 성령의 감도하심을 통해서가 아니라 본디 우리 안에 있는

식에 어울리게 된다. 그래서 우리의 입장에서 보자면, 하느님에 대해서 하나의 인식은 참된 것을, 다른 인식은 거짓된 것을 말할 수 있을 것이다.

그럼에도 성 토마스는 여기서 절대적으로, 이러한 구분에 대해서 생각하지 않고 말한다. 하느님에 대한 개별 인식은 - 우리는 신의 본질을 항상 개별 인식들을 주의 깊게 모음으로써만 인식한다. - 그것이 하느님에 관한 진정한 인식이어야 한다면, 다른 것들과의 맥락 안으로 들여와야 한다. 그리고 그것보다 더, 그것은 사태상으로 하느님에 관한 다른 인식된 내용들과 동일한 것으로 설명되어야 한다. 따라서 개별적인 인식은 하나가 거짓일지라도, 그 자체로 유지될 수도 있을 것이다. 그러나 그것은 다른 인식된 특성들과의 연결 안에서만 하느님의 특성들에 관한 인식이다. 그래서 성 토마스의 생각은 올바르다: 하느님에 대한 단지 '하나의' 잘못된 생각을 가진 사람은 도대체 하느님에 대한 인식을 결여하고 있다.(Cf. q.10, a.3) 여기서는 개별적인 진리 인식도 아무 도움이 되지 않는다. 사람들이 '그는 하느님을 인식하는 길 위에 있다.'라고 말하지 않는다면 말이다. 또한 이것도 그가 하느님에 대한 잘못된 견해를 없애기 위해서 노력하고 있는 한에서만 그러하다.

19. Cf. I, q.82, a.4; I-II, q.9, a.1.

q.2, a.3

Ad tertium sic proceditur. Videtur quod credere¹ non sit

---

1. 여기와 각 반론의 결론에서는 '자연적 이성을 넘어서는 어떤 것'이 빠져 있음에 주목해야 한다. 그러나 답변에서의 논증뿐만 아니라 이 질문의 서론에 나오는 표현 양식은 이것이 관건임을 보여 준다. 제3절과 제4절에 나오는 이중의 탐구에

것이라고 말하는 사람은… 사도들의 가르침을 반대하는 자임을 입증하는 셈이다."(제2차 오랑주 교회 회의, 제5조: DS178[=DH 375]). "인간은 하느님의 은총에 의해 고무되고 도움을 받아 들음에서 오는 신앙을 받아들임으로써(로마 10,17 참조), 그리고 하느님께서 제시하고 약속하신 것이 참되다는 것과 무엇보다 죄인인 하느님에 의해 그분의 은총으로 '그리스도 예수님 안에서 이루어진 속량을 통하여'(로마 3,24) 의롭게 된다는 것을 믿으며 하느님께 자유롭게 나아감으로써, 의화를 준비하게 된다."(트리엔트공의회, 제6 회기, 제6장[의인들의 의화를 위한 준비의 방법]: DS 798[=DH 1526]). "도구인(道具因)은 '신앙의 성사'인 세례성사이다. 이것 없이는 그 누구도 의화되지 않는다."(같은 곳, 제7장[죄인들의 의화와 그 원인들]: DS 799[=DH 1529]). "'믿음은 인간 구원의 시작'이요, 온갖 의화의 기초요 뿌리이며, '믿음 없이는 하느님 마음에 들 수 없기 때문'(히브 11,6)이고 그분의 자녀로서 그분과의 친교를 이룰 수 없기 때문이다."(같은 곳 제8장: DS 801[=DH 1532]) "우리의 지극히 거룩한 종교에 관하여 극복할 수 없는 무지로 시달리며, 자연법과 모든 이의 마음속에 하느님께로부터 새겨진 그의 계명들을 성실히 준수하고 하느님께 순종할 자세를 갖추고 있으며, 정직하고 올바른 생활을 영위하는 이들은 신적 조명과 은총의 작용의 힘으로 영원한 생명을 획득할 수 있다는 것이 본인과 여러분에게 주지되어 있습니다. 왜냐하면… 하느님께서는 당신의 지고하신 선과 자비로써 의지적 탓의 과오를 지니지 않은 어느 누구도 영원한 형벌에 놓이는 것을 추호도 허락하시지 않을 것이기 때문입니다. 또한 가톨릭교회 밖에서는 어느 누구도 구원받을 수 없고, 교회의 권위와 교의 결정들을 거슬러 완강하게 복종하지 않으며, 교회의 일치로부터, 또한… 베드로의 후계자인 로마 교황으로부터 완고하게 갈라져 있는 자들은 영원한 구원을 얻을 수 없다는 가톨릭 교의도 역시 잘 알려져 있습니다."(회칙 "Quanto conficiamur moerore"(1863년 8월 10일): DS 1677[=DH 2866-2867]) "'믿음이 없이는 하느님 마음에 들 수 없기'(히브 11,6) 때문에 그리고 당신 자녀의 무리에 들지 못하기 때문에, 그 누구도 신앙 없이는 결코 의화될 수 없고, 신앙 안에서 '끝까지 견디지'(마태 10,22; 24,13) 않으면 그 누구도 영원한 생명을 얻을 수 없다."(제1차 바티칸공의회, 제3 회기, 제3장 신앙: DS 1793[=DH 3012])

[반론] 셋째에 대해서는 다음과 같이 진행된다. 믿는 일[1]은 구원을

대해서는 『대이교도대전』 제1권 제4장에서 다음과 같이 표현한다: "하느님에 대해 인식할 수 있는 두 가지의 진리가 존재하므로-그 하나는 이성의 탐구로 도달할 수 있는 것이고, 다른 하나는 인간 이성의 능력 전체를 능가하는 것이다.-이 두 가지의 진리는 하느님에 의해 인간이 신앙하기에도 적합하도록 주어져 있다."

q.2, a.3

necessarium ad salutem.²

1. Ad salutem³ enim et perfectionem cuiuslibet rei ea sufficere videntur quae conveniunt ei secundum suam naturam. Sed ea quae sunt fidei excedunt naturalem hominis rationem, cum sint non apparentia, ut supra⁴ dictum est. Ergo credere non videtur esse necessarium ad salutem.

2. Praeterea, periculose homo assentit illis in quibus non potest iudicare utrum illud quod ei proponitur sit verum vel falsum, secundum illud *Iob* 12, [11]: *Nonne auris verba diiudicat?* Sed tale iudicium homo habere non potest in his quae sunt fidei, quia non potest homo ea resolvere in principia prima, per quae de omnibus iudicamus.⁵ Ergo periculosum est talibus fidem

---

2. '구원을 위해 필요한'이라는 판에 박은 문구는 이미 이 절과 이어지는 절들의 어떤 전망을 제공한다. 무엇보다도 그것은 진리에 관한 지식을 위한 은총의 필연성과 함축적으로 이성을 초월하는 지식을 위한 신앙 선물의 필연성을 다루고 있는 제2부 제1편 제109문 제1절에 나오는 주제를 더 세분화한다. 여기서 필연성은 신앙의 행위에 대한 의무를 의미한다. 그래서 둘째로, 윤리신학은 도덕적 삶을 위해서 규정된 것이 무엇인지를 밝힘으로써, 그것의 규제적 기능을 실행한다. 그러나 제2부의 대부분은 각각의 덕이 왜 그리고 어떻게 덕인지를 묘사함에 의해서 그리고 올바른 행위를 위한 규칙을 제시함으로써 규정적이다. 이것은 순수하게 외적으로 부여된 계명들에 의해서라기보다 내적인 목적성에 의해서 도덕적 삶의 관점과 조화를 이룬다. 각 덕과 관련된 계명들은 실제로 토론되었지만, 그것들이 이미 검토된 내적인 긴급 사태에 관한 긍정적 표현으로서 관찰될 수 있을 때에서야 각 논고의 끝에서 다루어졌다.(Cf. I-II, q.99, a.1; II-II, q.147, a.4, ad1) 이제 제3문 제2절에서는 다음과 같이 말한다: "구원을 위해 필요한 그런 것들은 신법(神法)의 계명들 아래 들어오게 된다." '구원의 필요성' 문제는 제3부에서 성사들의 사용과 관련해서 제기된다.(III, q.61, a.1; q.73, a.3; q.84, a.5) 이것들이 우연적이고, 신적으로 제정된 은총의 수단이기 때문이다. 그것은 제2부에서 다른 덕들에 관해서 드물게 제안되었다. 신앙과 관련해서 그것이 제기되는 이유는 "율법의 계명들에 신앙이 전제된다."라는 이 사실로부터 판단된다. 왜냐하면 신앙은 하느님께 대한 인간의 절대적으로 근본적인 예속을 표현하기 때문이다.(II-II, q.16, a.1: cf.

154

위해 필요하지² 않은 것처럼 보인다.

1. 각각의 사물의 구원³이나 완성을 위해서는 그것의 본성에 따라 그것에게 적합한 것들로 충분한 것처럼 보이기 때문이다. 그런데 신앙에 속하는 것들은, 위에서⁴ 말한 바와 같이, 명료한 것이 아니기 때문에, 인간의 자연적 이성을 넘어선다. 그러므로 믿는 일은 구원을 위해 필요하지 않은 것처럼 보인다.

2. 욥기 12장 [11절]의 "귀가 말을 판별하지 않는가?"라는 말씀에 따르면, 한 인간이 그에게 제시된 것이 참인지 거짓인지 판단할 수 없는 것들에 대해 동의하는 일은 위험하다. 그런데 신앙에 속하는 이것들에 대해서 인간은 그런 판단을 내릴 수 없다. 왜냐하면 인간은 우리가 모든 것에 대해 판단을 내리게 해 주는 제1원리들로 그것들을 분해할 수 없기 때문이다.⁵ 그러므로 그런 것들에게 신앙을 적용하는 것은 위험하다. 그러므로 믿는 일은 구원을 위해 필요하지

---

q.22, a.1) 그래서 신앙의 특수한 대상들과 관련해서 신적인 계명들이 존재하지만, 신앙이라는 사태 그 자체는 모든 것을 위한 기초적 조건으로서 구원을 위해 필요하다. 성 토마스는 이것이 탈출기 6장 절의 "나는 주님, 너의 하느님이다…"와 명령들을 위해서 서두 역할을 하는 신명기 6장 4절의 '셰마'("이스라엘아, 들어라"―이것이 이스라엘의 신앙고백이 되었다.)에 의해서 표현된 것으로 본다. 또한 제2부 제1편 제100문 제4절 제1답에서 믿어야 하는 의무는 그 자체로 신자에게 자명하고 '신앙 자체의 주입 이외에 다른 선포가 필요하지 않다.'라고 주장하는 것을 주목하라. 신앙의 기초적인 성격이 여기서의 주제이다.

3. 라틴어 단어 salus 그 자체는 건강, 안녕, 다행, 그래서 무사, 안전 등을 의미한다. 그리스도교에서 사용될 때에는, 물론, 그것은 죄로부터의 구원을 의미한다. 여기서는 논증이 [이런 의미로부터] 상당히 거리를 둔 수준에서 이루어지고 있다는 사실은(cf. *In Meta.*, I, lect.1) 이미 [답변]이 인간을 그가 죄를 지은 조건과 관련해서가 아니라, 그의 긍정적이고 하느님 자신의 생명을 공유하도록 은총에 의해서 부여된 목표와 관련해서 정의된 것으로 바라본다는 사실에서 나타난다.

4. Cf. q.1, a.4.

5. 『분석론 후편 주해』(*In Anal. Post.*, I, proem.)에서 아리스토텔레스의 '분석들'의 라틴어에 대한 상응하는 단어가 'resolutoria'라는 사실이 나타난다. 그 사고는 확실

adhibere. Credere ergo non est necessarium ad salutem.

3. Praeterea, salus hominis in Deo consistit, secundum illud Psalm. [36, 39]:[6] *Salus autem iustorum a Domino.* Sed *invisibilia Dei per ea quae facta sunt intellecta conspiciuntur; sempiterna quoque virtus eius et divinitas*, ut dicitur *Rom.* 1, [20]. Quae autem conspiciuntur intellectu non creduntur. Ergo non est necessarium ad salutem ut homo aliqua credat.

SED CONTRA est quod dicitur *Heb.* 11, [6]: *Sine fide impossibile est placere Deo.*

RESPONDEO dicendum quod in omnibus naturis ordinatis invenitur quod ad perfectionem naturae inferioris duo concurrunt, unum quidem quod est secundum proprium motum;[7] aliud autem quod est secundum motum superioris

---

하고 증명된 결론이 분석적으로, 즉 – 논리적이고 존재론적인 의미에서 – 보다 단순한 원리들 안에서 근거가 제시됨으로써 드러난다는 사실을 뜻한다. Cf. *In De Trin.*, q.6, a.1, ad3.
6. 로마 1,20: "세상이 창조된 때부터, 하느님의 보이지 않는 본성 곧 그분의 영원한 힘과 신성을 조물을 통하여 알아보고 깨달을 수 있게 되었습니다. 따라서 그들은 변명할 수가 없습니다."
7. 이 진술, 그것의 내적인 의미 그리고 논증 안에서의 그것의 힘에 대해서 두 가지 점을 주목해야 한다. 첫째, 그것의 의미에서, 그것은 형이상학적 목적성이라는 주제에 대한 변형이다. 행위하는 모든 것은 필연적으로 의도한 목적을 위해서 행위하고, 그 행위의 끝으로서 목적을 획득한다.(cf. I-II, q.1, a.2) 작용자의 형상이나 본성과 – 의도된 것이든 아니면 획득된 것이든 – 목적 사이에는 비례가 존재한다.(Cf. I-II, q.109, a.6; I, q.19, a.1). 능동적 원인들의 연쇄와 유형이 존재하고, 그

않다.

3. 시편 37[36]편 [39절]의 "의인들의 구원은 주님으로부터 온다."는 말씀에 따르면, 인간의 구원은 하느님 안에서 유지된다. 로마서 1장 [20절][6]에서 말하는 것처럼, 하느님의 보이지 않는 것들, 그분의 영원한 힘과 신성까지도, 만들어진 것[피조물]들을 통해 지성에 의해 통찰된다. 지성에 의해 통찰되는 것들은 믿어지지 않는다. 그러므로 인간이 어떤 것들을 믿는 일은 구원을 위해 필요하지 않다.

[재반론] 그러나 반대로 히브리서 11장 [6절]에서 "신앙이 없이는 하느님의 마음에 드는 것이 불가능하다."라고 말한다.

[답변] 모든 질서 잡힌 본성들 중에서 하위의 본성의 완성을 위해서는 두 가지가 동시에 일어난다는 사실이 발견된다. 첫째, 고유한 운동에 따르는 것이고, 둘째, 상위 본성의 운동에 따르는 것이 [그 둘이다].[7] 물은 고유한 운동에 따라 중심으로 움직이지만, 달의 움직

안에서 한 사람은 상위의 작용자의 행위에 의존해서 행위할 때, 하위 작용자의 행위는 그것에 비례하는 목적에 도달하기도 하고, 상위 작용자의 목적성 안에서 공모하기도 한다.(이 주제들의 발전은 제1부 제103문에서 신적 통치, 피조물에 대한 하느님의 목적을 지시하는 행위를 다룰 때 가장 잘 나타난다.) 여기서 사용된 예들은, 비록 그것들의 과학적 전제들과 관련해서 구식이지만, 종속적인 작용자들에 의해서 취득되는 '예기치 않은' 목적들을 가리키는 역할을 한다. '예기치 않은'이란 종속되는 작용자들이 상위 작용자들의 영향 아래서 획득한 것들과 비례하는 것이 종속되는 작용자들 안에 전혀 없다는 것을 뜻한다. 둘째, 그 [논증의 힘]에서 여기서 그 원리는, 형이상학적으로 유효하지만, 변증법적이다. 즉 그것은 은총에 의해서 주어진 인간 운명의 실존이 형이상학적인 법칙이라는 사실이나 인간 본성이 그러한 운명을 요구한다는 사실을 증명하는 것이 아니라, 참조의 유비적 지점을 확정하는 데 기여한다. 성 토마스가 은총의 무상성을 긍정하

q.2, a.3

naturae. Sicut aqua secundum motum proprium movetur ad centrum, secundum autem motum lunae movetur circa centrum secundum fluxum et refluxum, similiter etiam orbes planetarum moventur propriis motibus ab occidente in orientem, motu autem primi orbis ab oriente in occidentem.[8] Sola autem natura rationalis creata habet immediatum ordinem ad Deum. Quia ceterae creaturae non attingunt ad aliquid universale, sed solum ad aliquid particulare, participantes divinam bonitatem vel in essendo tantum, sicut inanimata, vel etiam in vivendo et cognoscendo singularia, sicut plantae et animalia, natura autem rationalis, inquantum cognoscit universalem boni et entis rationem, habet immediatum ordinem ad universale essendi principium.[9] Perfectio ergo rationalis creaturae non solum

---

는 일은 너무 강해서 방어하는 일이 필요하다. Cf. I, q.12, a.4; q.23, a.1; q.43; I-II, q.62, a.1; q.109; q.110, a.1, etc. 그것은 긍정적인 의미 안에서, 그 원칙은 제1부 제12문 제1절과 제2부 제1편 제3문 제8-9절에 나오는 논증들과 유사한 논증으로 기여한다. 이 구절들에서 은총 생활의 계시된 사태는, 하느님을 직관하는 것에서 완성되는 것과 함께, 모순도 아니고, 인간 본성에 순전히 맞지 않게 부여된 것도 아니다. 무상으로 주어진 인간 운명의 '타당성(어울림)'은 - 목적성의 유비가 지닌 배경을 거슬러서 - 일단 고찰되면, 이성을 능가하는 신앙이 또한 단지 비모순적인 것이 아니라, 이 운명을 향해 가는 인간의 첫, 그리고 어울리는 발걸음이라는 사실이 드러난다. 이 절과 그것의 함의는 카를 바르트의 - 그가 은총이 '폭력적인 기적'이 아니라는 사실을 보여 주는 방법으로서 제시한 - '관계의 유비'가 지닌 오랜 발전 과정과 흥미로운 비교점으로서 작용한다. 이에 대해서는 『교회 교의론』(*Church Dogmatics*, III, The Doctrine of Creation, 1 & 2)에 나오는 후기의 발전을 참조하라. Cf. H. Chavannes, *L'Analogie entre Dieu et le monde selon saint Thomas d'Aquin et selon Karl Barth*, Paris, 1969.

8. 여기서 제시된 자연과학적인 견해는 이미 오래전에 폐기된 것이지만, 이 사태가 단순히 예로서 도입된 것이기 때문에 신학적인 사고 진행에는 방해가 되지 않는다.

임에 따라 밀물과 썰물로 중심 주위를 움직이는 것이 그러하다. 이와 비슷하게, 행성들의 천구들도 고유한 운동에 의해 서쪽에서 동쪽으로 움직이지만, 제1 천구의 운동에 의해 동쪽에서 서쪽으로 움직인다.[8] 그런데 오직 창조된 이성적 본성만이 하느님과 직접적인 관계를 가진다. 왜냐하면 다른 피조물들은 보편적인 어떤 것에 다다르지 못하고, 오직 특수한 어떤 것에 다다를 뿐이기 때문이다. 그것들은 무생물처럼 존재함으로써만 신적 선성에 참여하거나, 식물과 동물처럼 또한 살고 개별적인 것들을 인식함으로써 신적 선성에 참여한다. 그런데 이성적 본성은 선과 존재의 보편적 의미를 인식하는 한에서, 존재의 보편적인 원리에 직접적인 관계를 가진다.[9]

---

9. 여기서 핵심 진술은 "오직 이성적 피조물이 하느님과 직접적인 관계를 가진다."는 것이다. 첫째, 여기 내포되어 있는 '본성들의 질서 잡힌 유형'은 적어도 모든 것을 통치하는 하느님 아래 속하는 모든 피조물의 유형이다. 모든 것의 존재와 행위는 하나의 목표, 어떤 완전한 선을 향하고 얻도록 규정되어 있다. 그것 자체가 ‒ 모든 선은 사실상 하느님으로부터 유래한다는 의미에서 ‒ 하느님을 향한 질서이다.(Cf. I, q.44, a.4; q.105, a.5; I-II, q.1, a.8; etiam I, q.60, 5; I-II, q.109, a.3) 비지성적 피조물들 안에서 그것은 '하느님을 향해 매개된 질서'이다. 그것들은 제한되고, 특수한 선들과 관련되는데, 이 선들은 사실상 그 원천인 신적인 선과의 유사성이다. 지성적 피조물의 경우에는 그것들이 알고 사랑하는 대상들과의 관련성은 사실상 하느님을 향한 개방이다. 이것이 이러한 대상들, 존재 그 자체, 선 그 자체가, 하느님이 하나의 예로서 그 안에 내포되는 '지평'이라는 사실을 의미하지는 않는다. 그것은 단지 존재와 선성에 대한 특수화되지 않은 관계는 매개되지 않은 (그런 방식으로 표현된) ‒ 절대적인 존재요 선인 ‒ 하느님 자신과의 관계를 비모순적인 것으로 만든다는 사실을 의미할 뿐이다. '매개된'과 '매개되지 않은' 사이의 구별은 『명제집 주해』 제2권 제1구분 제2문 제2절 제4답에서 다른 명백한 방식으로 제시된다: "모든 사물의 목적인 하느님의 선성과 다른 실재들의 그것과의 관련성은 상이하다. 하느님 자신은 바로 그의 존재에 의해서 그 자신의 선성을 '가지고' 있다. 그래서 그는 절대적 선이다. 그는 또한 ‒ 그는 그것을 완전하게 알고 사랑함으로써 ‒ 그의 작용에 의해서 그것을 '가지고' 있다. 그래서 그는 행복한데, 참행복은 완전한 작용으로 이루어져 있기 때문이다. (…) 지성적 피조물은 바로 그것의 존재에 의해서 ‒ 그것이 절대적인 선인 것과 같은 방식으로 ‒ 신적 선성을

q.2, a.3

consistit in eo quod ei competit secundum suam naturam, sed etiam in eo quod ei attribuitur ex quadam supernaturali participatione divinae bonitatis. Unde et supra[10] dictum est quod ultima beatitudo hominis consistit in quadam supernaturali Dei visione.[11] Ad quam quidem visionem homo pertingere non potest nisi per modum addiscentis a Deo doctore, secundum illud Ioan. 6, [45]: *Omnis qui audit a Patre et didicit, venit ad me.* Huius autem disciplinae fit homo particeps non statim, sed successive, secundum modum suae naturae. Omnis autem talis addiscens oportet quod credat, ad hoc quod ad perfectam

---

얻을 수 없다. 그것은 이 선성을 그것의 작용, 앎 그리고 사랑함에 의해서 얻는다. 그래서 그것은 단순히 하느님의 선성 안에 있는 것이 아니라 참행복을 분유하는 것이 된다. 그러나 비이성적 피조물은, 비록 그것이 그것의 존재 또는 그것의 작용에 의해서 신적인 선성에 도달하지 못할지라도, 어떤 유사성에 의해서 신적 선성에 다가간다. 그래서 그것은 하느님의 선성은 분유하는 것이지만, 그의 참행복을 분유하는 것은 아니다."(Cf. I, q.26, a.1) 성 토마스는 지성적 피조물이 하느님 자신과의 그러한 관계에 열려 있음을 주장하고 있는 것이다. 그 발전은 다음과 같은 아우구스티누스의 구절과 동일한 영감을 공유하고 있다: "예수 그리스도를 통한 하느님의 은총은 들에 있는 돌이나 나무 둥치나 짐승들에게는 주어져 있지 않다."(*Contra Julianum*, IV, 3: PL 44, 744)

둘째, 핵심 진술의 힘과 기능: 자기 자신의 능력과 그것들에게 비례하는 대상들에 의해서는 지성적 피조물이 지식과 사랑의 대상으로서 그분 자신의 존재 안에서 하느님을 결코 가질 수 없지만(cf. I, q.8, a.3), 그러한 관계가 이미 주어져 있다는 사실은 모순이 아니다. 같은 관점이 "인간은 하느님의 수용자다."(Homo capax Dei)라는 구절에 의해서 내포된 것에 의해서 드러난다. 인간은 하느님의 모상으로 만들어졌기 때문이다. Cf. I-II, q.113, a.10, "영혼은 은총을 위한 자연적 수용력을 가지고 있다."라는 말로 아우구스티누스[*De Trinitate* XIV, 8, PL 42, 1044]로부터의 인용; "하느님을 알고 사랑하려는 본성적 태도"에 대한 제1부 제93문 제4절의 설명; 제3부 제4문 제1절 제2답, 제9문 제2절 제3답 제23문 제1절. 하느님을 위한 수용력을 긍정하도록 하는 전망은 다음과 같은 것이다: "바로 그 시작부터 인간 본성은 참행복을 위해서 예정되어 있다; 이것이 그의 본성에 의해서 인간 그러므로 이성적 피조물의 완성은 자기 본성에 따라 그에게 부합하는 것만으로 이루어지는 것이 아니라, 신적 본성에 초자연적으로 참여함으로써 그에게 귀속되는 것으로도 이루어진다. 그래서 위에서[10] 말한 바와 같이, 인간의 궁극적인 참행복은 하느님에 대한 일종의 초자연적인 직관으로 이루어진다.[11]

요한복음서 6장 [45절]의 "아버지로부터 듣고 배운 사람은 누구나 나에게 온다."라는 말씀에 따르면, 오직 스승이신 하느님으로부터 배우는 방식을 통해서만 인간은 그러한 직관에 실로 도달할 수 있다. 그러나 인간은 자기 본성에 따라 그런 가르침에 즉각적으로가 아니라, 단계적으로 참여한다. 그렇게 배우는 사람은 누구나, 철학자도 또

에게 적합한 목적이 아니라 단지 하느님의 자유 때문에 그런 것일지라도 말이다. 그러므로 본성의 원천들이 그것들 자체로 저 목적에 도달하기에 충분해야 할 필요는 없었다. 그러나 그것들은 하느님의 자유로부터 주어진 선물들에 의해서 강화되었다."(*De veritate,* q.14, a.10, ad2; ad4) 역사적이고 신적인 경륜이 그렇게 인식될 때, 인간 본성의 이러한 상승 안에는 모순이 없다는 사실을 신학적인 반성이 인정하는 것이 중요하게 남아 있다.("비록 하느님은 이성의 능력이 파악하는 것을 넘어서는 어떤 것을 제안할지라도, 그는 이성이 보여 주는 것과 반대되는 어떤 것을 사도들과 예언자들을 통해서 결코 제안하지 않는다." ibid., ad7) 이 비모순성은 제1부 제12문 제4절 제3답에서 명시적으로 제시된다. 하느님을 위한 비모순적 수용성은 성 토마스 자신에 의해서 "순종적 가능태" 또는 "순종하는 능력"이라고 불렸다. 그것은 적극적인 본성 능력이 아니라 단지 하느님 자신의 원인성에, 실로 하느님의 기대할 수 없는 사랑에 복종할 수 있음이다. "본성을 능가하는 저런 사태를 향한 능력은 하느님이 인간 안에 야기할 수 있는 것이다."(*De veritate,* q.8, a.4, ad13; a.12, ad4; q.12, a.3, ad18; q.29, a.3, ad7; *De Potentia,* q.6, a.1, ad18; *De Virtutibus,* a.10, ad13) 토마스 아퀴나스의 순종적 가능태에 대해서는 조동원, 「토마스 아퀴나스의 순종적 가능태 개념 – 해당 텍스트와 전(前) 역사를 중심으로」, 『가톨릭철학』 37(2021), 169-198쪽 참조.

10. Cf. I, q.12, a.1; I-II, q.3, a.8.
11. 그러므로 결론은 '형이상학적인 법칙'의 진술로서가 아니라, 각주 [9]에 제시된 용어들 안에서 이해되어야 한다. 하느님을 실로 그의 관대함에 의해서 인간의 순종적 가능태를 실현시켰기 때문에, 인간의 충만한 완전성은 신적인 참행복 자체를 분유하는 것이다. 저 진리와 신앙의 의미를 연결시키는 일이 남아 있다.

q.2, a.3

scientiam perveniat, sicut etiam Philosophus dicit[12] quod *oportet addiscentem credere*. Unde ad hoc quod homo perveniat ad perfectam visionem beatitudinis praeexigitur quod credat Deo tanquam discipulus magistro docenti.[13]

AD PRIMUM ergo dicendum quod, quia natura hominis dependet a superiori natura, ad eius perfectionem non sufficit cognitio naturalis, sed requiritur quaedam supernaturalis, ut supra[14] dictum est.

AD SECUNDUM dicendum quod, sicut homo per naturale lumen intellectus assentit principiis, ita homo virtuosus per habitum virtutis habet rectum iudicium de his quae conveniunt virtuti illi.[15] Et hoc modo etiam per lumen fidei divinitus

---

12. Aristoteles, *De sophist. elench.*, I, 2, 161b3.
13. 이 결론에 대한 두 가지 전제를 주목해야 한다: 첫째, 인간은 은총의 삶을 '살아간다'는 사실, 하느님을 알고 사랑하는 행위들은 한 사람이 그것들을 선택하도록 강화시켜 주는 선물들 때문에 안으로부터 유래한다는 사실이다. 은총의 삶은 외부로부터 덮어씌워지는 것이 아니다. Cf. I-II, q.110, aa.2-4; II-II, q.23, a.2; *De Caritate,* a.1.(은총 생활이 자발적이면서 안으로부터 유래하지 않는다면 이것은 모순일 것이다) 저 개념 안에서 성 토마스는 '그 충만함 안에 있는 은총 생활, 즉 참행복이 직접적으로 지성적 피조물들에게 부여되었을 수 있다.'라는 가능성을 생각하게 되었다. 하나의 길이나 다른 길로 가야 하는 필연성은 없지만, 전체 복음 전통은 '하느님을 향한 운동'(motus ad Deum), 구원을 위해 움직임 등을 설교한다. 목적과 보상으로서 분투되어야만 함이 참행복의 의미라는 사실이 그 이유로 언급된다.(Cf. I, q.26, a.1, ad2; q.62, aa.1 & 4; I-II, q.5, a.7) 은총 행위의 중요성은 - 근본적인 신앙과 함께 - 그것들이 참행복을 위한 과정이라는 사실이다. 바로 그렇게 그들은 '그 목적을 생산해 내야 하는 것'이 아니라 '그것을 위해 칭찬받을 만해야' 한다.(Cf. I, q.62, a.4) 그리고 이것의 의미는 다음과 같은 사실에 의해 좌우된다: "인간은 그의 작용에 의해서 - 하느님이 그것을 위해서 작용할 수 있는 힘을 그에게 할당했다는 사실을 - 하느님으로부터 보상으

한 "배우는 이는 믿어야 한다."라고 말한 것처럼,[12] 완전한 지식에 도달하기 위해서 믿어야만 한다. 그래서 인간이 참행복의 온전한 직관에 도달하기 위해서 마치 제자가 가르치는 스승을 믿는 것처럼 하느님에 대해 믿는 일이 미리 요구된다.[13]

[해답] 1. 인간의 본성은 상위의 본성에 의존한다. 그 완성을 위해서는 자연적 인식은 불충분하고, 위에서[14] 말한 바와 같이, 어떤 초자연적인 [인식이] 요구된다.

2. 지성의 자연적 빛을 통해 인간이 원리들에 동의하는 것처럼, 유덕한 인간은 덕의 습성을 통해 그 덕에 적합한 것들에 대해 올바른 판단을 내린다.[15] 이러한 방식으로, 인간에게 신적으로 주입된 신앙

로서 얻어야만 한다는 하느님의 결정(ordinationem)을 전제하지 않는다면, 인간은 하느님 앞에서 아무런 공로를 가질 수 없다."(I-II, q.114, a.1) 둘째, 구원을 향한 과정 안에서 신앙의 특수한 평가는 물론 구원의 시작으로서 신앙의 성경적 선포를 고려한다는 점이다. 신앙의 이러한 수위성의 적합함은 하느님 자신의 삶이 자기 자신을 알고 사랑하는 삶이라는 관점에서 드러난다. 인간은 신적인 삶을 공유하고 있다고 불리는 '알고 사랑하는 피조물'이다.(Cf. I-II, q.62, a.1; q.110, a.4) 스승과 제자의 유비를 사용하는 일은 은총 생활의 차가운 지성화(知性化)가 아니다. 그 적용에서 아리스토텔레스의 인용조차도 사람은 그가 가르치는 것을 받아들이기 이전에 그 스승을 받아들인다는 점을 의미한다. 신앙의 경우에 저 수용은 이미 하느님과의 친교로 들어가는 인간의 첫 관문이라고 묘사되었다.(Cf. aa.1-2) 성 토마스 자신의 정신 안에서 저 유비의 풍부함은 『진리론』 제11문 제1절에의 참조에 의해서, 특별히 "오직 하느님이 내적으로 그리고 가르침의 직접적 원인으로서 가르치신다."는 설명에 의해서 측정될 수 있다. Cf. In De Trin., q.3, a.1.

14. 본론.
15. Cf. I-II, q.56, a.4; q.65, a.1; II-II, q.45, a.2. 저 생각은 "한 인간이 존재하는 것처럼 바로 그렇게, 그의 목적은 그에게 나타나게 된다."(I-II, q.58, a.4; Ethica Nic., III, 5, 1114a32) 즉 정념적인 소질들이 도덕 판단 안에서 반영된다는 사실이다. 유덕한 소질은 그것의 선에 맞게 판단을 물들인다. 여기서 그리고 q.4, a.1에서 현명과 도덕적 덕들의 상호 관계에 대한 유비가 존재한다. 그것은 일치가 아니

infusum homini homo assentit his quae sunt fidei, non autem contrariis.¹⁶ Et ideo *nihil* periculi vel *damnationis inest his qui sunt in Christo Iesu*,¹⁷ ab ipso illuminati per fidem.

AD TERTIUM dicendum quod invisibilia Dei altiori modo, quantum ad plura, percipit fides quam ratio naturalis ex creaturis in Deum procedens.¹⁸ Unde dicitur *Eccli*. 3, [25]:¹⁹ *Plurima super sensum hominis ostensa sunt tibi.*

Articulus 4
Utrum credere ea quae ratione naturali probari possunt sit necessarium

Ad quartum sic proceditur. Videtur quod ea quae ratione naturali probari possunt non sit necessarium credere.¹

라 유비인데, 신앙의 경우에는 관계가 역전되어 있기, 즉 올바른 판단의 필요함이 욕구 안에서 덕의 필요함을 나타내기 때문이다. 신앙 안에서 의지가 하느님과 관계를 맺을 때 정신이 참여함은, 정신이 신앙이라는 덕에 의해서 잘 준비되어 있을 것을 요구한다.

16. Cf. q.1, a.2.
17. 참조: 로마 8,2: "그리스도 예수님 안에서 생명을 주시는 성령의 법이 그대를 죄와 죽음의 법에서 해방시켜 주었기 때문입니다."

의 빛을 통해, 인간은 그 반대되는 것이 아니라, 신앙에 속하는 것들에 동의하게 된다.[16] 따라서 그리스도 예수님 안에 머물고 그분에 의해 신앙을 통해 조명된 이들에게는 어떤 위험과 단죄도 없다.[17]

3. 다수의 관점에서, 신앙은 피조물들로부터 하느님에게로 진행하는 자연적 이성보다, 더 높은 방식으로 하느님의 보이지 않는 것들을 파악한다.[18] 그래서 집회서 3장 [23절][19]에서는 "인간의 감각을 넘어서는 너무 많은 것이 너에게 보였다."라고 말한다.

제4절 자연적 이성에 의해 증명될 수 있는 그러한 것들을 믿을 필요가 있는가?

Parall.: *In Sent.*, III, d.24, a.3, qc.1; ScG, I, 4; *De veritate*, q.14, a.10; *In De Trin.*, q.3, a.1.
Doct. Eccl.: "신적 사물들 안에서 인간 이성 자체로 접근 가능한 것들이 현재의 인간 조건에서도 어렵지 않고 아주 확실하게, 또한 아무런 오류도 섞이지 않고 인식될 수 있는 것은 이 신적 계시 덕분이다."(제1차 바티칸공의회, 제3 회기, 교의 헌장 「하느님의 아드님」 제2장: DS 1786[= DH 3005])

[반론] 넷째에 대해서는 다음과 같이 진행된다. 자연적 이성에 의해 증명될 수 있는 그러한 것들을 믿는 것은 필요하지 않은 것처럼 보인다.[1]

---

18. Cf. q.1, a.8, ad1.
19. 집회 3,23: "네 일이 아닌 것에 간섭하지 마라. 네가 보는 그 일은 인간의 이해를 넘어서는 것이다."

1. 이 절은 "하느님에 대한 자연적 진리들"의 범위가 존재한다는 사실을 전제한다;

q.2, a.4

1. In operibus enim Dei nihil superfluum invenitur, multo minus quam in operibus naturae. Sed ad id quod per unum potest fieri superflue apponitur aliud. Ergo ea quae per naturalem rationem cognosci possunt superfluum esset per fidem accipere.

2. Praeterea, ea necesse est credere de quibus est fides. Sed non est de eodem scientia et fides, ut supra[2] habitum est. Cum igitur scientia sit de omnibus illis quae naturali ratione cognosci possunt, videtur quod non oporteat credere ea quae per naturalem rationem probantur.

3. Praeterea, omnia scibilia videntur esse unius rationis.[3] Si igitur quaedam eorum proponuntur homini ut credenda, pari ratione omnia huiusmodi necesse esset credere. Hoc autem est falsum. Non ergo ea quae per naturalem rationem cognosci possunt necesse est credere.

S<small>ED CONTRA</small> est quia necesse est Deum credere esse unum et incorporeum, quae naturali ratione a philosophis probantur.

R<small>ESPONDEO</small> dicendum quod necessarium est homini accipere per modum fidei non solum ea quae sunt supra

---

구체적으로 범죄 후에 조차도 형이상학은 발전될 수 있을 것이고, 그 발전의 끝은 창조된 존재의 그 제1원인에 대한 의존성에 관한 지식, 그리고 '그 주체의 원리'로서의 하느님에 관한 지식일 것이다.(*In De Trin.*, q.5, a.4. Cf. I, q.2, a.2; I-II,

1. 하느님의 과업들 안에서 불필요한 것이라고는 전혀 발견되지 않고, 이는 자연의 과업들 안에서보다 훨씬 덜하기 때문이다. 그런데 하나를 통해서 이루어질 수 있는 것에 다른 하나를 부가하는 일은 불필요하다. 그러므로 자연적 이성을 통해 인식될 수 있는 것들을, 신앙을 통해 받아들이는 일은 불필요할 것이다.

2. 신앙과 관련된 것들을 믿는 일은 필요하다. 그런데 지식과 신앙은, 위에서[2] 언급한 것처럼, 같은 것에 관련되지 않는다. 따라서 지식은 자연적 이성에 의해 인식될 수 있는 모든 것과 관련되기 때문에, 자연적 이성에 의해 논증될 수 있는 것을 믿을 필요는 없어 보인다.

3. 모든 알 수 있는 것은 하나의 이유에 속하는 것처럼 보인다.[3] 따라서 만일 그것들 중에 어떤 것이 인간에게 믿어져야 하는 것으로 제안된다면, 같은 이유로 이런 종류의 모든 것을 믿는 일이 필요할 것이다. 그런데 이것은 거짓이다. 그러므로 자연 이성을 통해서 인식될 수 있는 것들을 믿는 일은 필요하지 않다.

[재반론] 그러나 반대로 철학자들이 자연적 이성에 의해 논증하는 것들, 즉 '하느님은 하나이고 비물질적이다.'라는 것을 믿는 일은 필연적이다.

[답변] 인간은 이성을 넘어서는 것들뿐만 아니라, 이성을 통해 인식될 수 있는 것들까지도, 신앙의 방식을 통해 받아들이는 일이 필연

---

q.109, a.1; II-II, q.1, a.5, c et ad3) 여기서 그 주제는 실제적인 인간 조건 안에서 '한 인간이 신앙에 의해서 그런 진리들을 수용한다.'는 것을 요구하는 것이다.
2. Cf. q.1, aa.4-5.
3. 즉 그것들 모두는 인간 지성의 고유한 대상이라는 범위 안에 들어온다.

q.2, a.4

rationem, sed etiam ea quae per rationem cognosci possunt.[4] Et hoc propter tria. Primo quidem, ut citius homo ad veritatis divinae cognitionem perveniat. Scientia enim ad quam pertinet probare Deum esse et alia huiusmodi de Deo, ultimo hominibus addiscenda proponitur, praesuppositis multis aliis scientiis.[5] Et sic non nisi post multum tempus vitae suae homo ad Dei cognitionem perveniret.—Secundo, ut cognitio Dei sit communior. Multi enim in studio scientiae proficere non possunt, vel propter hebetudinem ingenii; vel propter alias occupationes et necessitates temporalis vitae; vel etiam propter torporem addiscendi. Qui omnino a Dei cognitione fraudarentur nisi proponerentur eis divina per modum fidei.— Tertio modo, propter certitudinem. Ratio enim humana in rebus divinis est multum deficiens, cuius signum est quia philosophi, de rebus humanis naturali investigatione perscrutantes, in multis erraverunt et sibi ipsis contraria senserunt.[6] Ut ergo esset indubitata et certa cognitio apud homines de Deo, oportuit quod divina eis per modum fidei traderentur, quasi a Deo dicta, qui mentiri non potest.[7]

---

4. 병행 문헌에서 제시된 초기 작품들에서는 모세스 마이모니데스(Moses Maimonides, Rabbi Moses ben Maimon, 1135-1204, 유다인 철학자, 코르도바 출생, 카이로에서 망명 중에 작업함)가 자신의 『혼란된 자들의 인도자』(I, 30) - 이 작품을 성 토마스는 그의 『욥기 주해』(*In Iob*)에서도 참고한다. - 에서 제시된 다섯 가지 이유를 제시한다.

5. 저 암시는 형이상학에 관한 것이다. Cf. *In De Trin.* q.5, a.1, ad9; *ScG*, I, c.4: "이성이 신에 대해 탐구할 수 있는 것들을 인식하려면, 그전에 이미 많은 것을 인식하

적이다. 그리고 이는 세 가지 이유 때문이다.[4]

첫째, 인간이 신적 진리에 관한 인식에 더 빨리 도달하도록 하기 위함이다. 왜냐하면 '하느님이 존재한다.' 그리고 하느님에 대한 이런 종류의 다른 것들을 논증하는 일에 속하는 지식은, 다른 많은 지식들을 전제한 다음에, 인간들에게 마지막으로 배우도록 제안된다.[5] 그래서 오직 자기 삶의 엄청난 시간을 보낸 후에 인간은 하느님에 대한 지식에 도달하게 될 것이다. - 둘째, 하느님에 관한 지식이 더 공통적이 되기 위함이다. 실제로 많은 사람들은 재주의 박약함 때문에, 혹은 현세적 삶의 다른 업무와 필요들 때문에, 심지어 배우는 데 무성의하기 때문에, 지식에 관한 연구에서 진전을 이룰 수 없다. 신적인 것들이 신앙의 방식을 통해 그들에게 제안되지 않는다면, 그들은 전적으로 하느님에 대한 인식을 빼앗길 것이다. - 셋째, 방식으로 확실성 때문이다. 왜냐하면 인간 이성은 신적인 것들에 매우 부족하기 때문이다. 이에 관한 표징은, 철학자들이 인간적인 것들에 대한 자연적 탐구에 몰두하면서 많은 것에서 오류에 빠졌고, 자체 안에서 서로 상반되는 것들을 느꼈다는 점이다.[6] 그러므로 하느님에 대해서 사람들에게 의심 없고 확실한 인식이 존재하기 위해서는, 신적인 것들이, 거짓말을 할 수 없는 하느님에 의해 언급된 것처럼, 신앙의 방식으로 그들에게 전달되어야 했다.[7]

지 않으면 안 된다. 대부분의 철학적 사유는 신에 대한 인식을 지향하기 때문이다. 그래서 신에 관한 것을 담고 있는 형이상학은 철학 영역 가운데서도 마지막에 배워야 할 것으로 남는다." Cf. 또한 In Ethic., VI, lect.7.

6. "우리의 지식은 그렇게 취약해서 어떤 철학자도 단 하나의 파리에 대해서조차도 그 본성을 탐구할 수 없을 것이다."(In Symbol. Apost., prol.; cf. In De Trin., q.3, a.1, ad3)

7. Cf. I, q.1, a.1; I-II, q.89, a.6.

q.2, a.5

AD PRIMUM ergo dicendum quod investigatio naturalis rationis non sufficit humano generi ad cognitionem divinorum etiam quae ratione ostendi possunt.[8] Et ideo non est superfluum ut talia credantur.

AD SECUNDUM dicendum quod de eodem non potest esse scientia et fides apud eundem. Sed id quod est ab uno scitum potest esse ab alio creditum, ut supra[9] dictum est.

AD TERTIUM dicendum quod, si omnia scibilia conveniant in ratione scientiae,[10] non tamen conveniunt in hoc quod aequaliter ordinent ad beatitudinem. Et ideo non aequaliter omnia proponuntur ut credenda.

Articulus 5
Utrum homo teneatur ad credendum aliquid explicite

Ad quintum sic proceditur. Videtur quod non teneatur homo ad credendum aliquid explicite.[1]

1. Nullus enim tenetur ad id quod non est in eius potestate. Sed credere aliquid explicite non est in hominis potestate, dicitur

---

8. 관건은 인류가 알 수 있는 것에 대한 이론적인 수용력이 아니라, 실제적인 인간 조건에 기초한 공통적인 필요성이다. cf. I-II, q.109, a.1.
9. Cf. q.1, a.5.
10. 성 토마스는 이 전제에 대해 함축적으로 거부한다. 이에 대해서는 『삼위일체론 주해』 제5문 제3절에 나오는 철학적 학문들의 구분을 참조하라.

[해답] 1. 자연적 이성에 의한 탐구는, 이성에 의해 제시될 수 있는 것들이라고 하더라도 신적인 것들에 대한 인식을 위해 인류에게 충분하지 않다.[8] 따라서 그런 것들이 믿어지는 일은 불필요하지 않다.

2. 같은 것에 대한 지식과 신앙이 같은 사람에게서 존재할 수 없다. 그러나 위에서[9] 말한 바와 같이, 한 사람에 의해 인식되는 것이, 다른 이에 의해 믿어질 수는 있다.

3. 알려질 수 있는 모든 것이 지식의 관점에서는 일치한다고 할지라도,[10] 참행복과 동일하게 관계를 맺는 방식으로 일치하는 것은 아니다. 따라서 모든 것이 동일하게 믿어져야만 하도록 제안된 것은 아니다.

제5절 인간이 어떤 것을 명시적으로 믿어야만 하는가?

Parall.: *In Sent.*, I, d.33, a.5; III, d.25, q.2, a.1, qc.1, 2; *De veritate*, q.14, a.11.

[반론] 다섯째에 대해서는 다음과 같이 진행된다. 인간이 어떤 것을 명시적으로 믿어야만 하는 것처럼 보이지 않는다.[1]

1. 아무도 자기의 권한 안에 있지 않은 것을 해야 할 필요가 없다. 그런데 어떤 것을 명시적으로 믿는 일은 인간의 권한 안에 있지 않

---

1. 이 질문은 신앙의 질료적 대상을 다룬다(cf. q.1, a.1). 제4절과 제5절의 순서는 신앙이 우선 계시하시는 하느님에 대한 응답으로서 요구되고(즉 형상적 근거의 수위성), 그것에 의해서 그가 계시한 결정적 내용에 대한 수용으로서 요구된다. "어떤 사태가 우리 정신 앞에 실제적으로 존재하고, 그것들에 대해서 우리가 동의할 때, 우리는 그 사태들을 명시적으로 믿는다고 말한다."(*De veritate*, q.14, a.11)

q.2, a.5

enim *Rom*. 10, [14-15]: *Quomodo credent ei quem non audierunt? Quomodo audient sine praedicante? Quomodo autem praedicabunt nisi mittantur?* Ergo credere aliquid explicite homo non tenetur.

2. Praeterea, sicut per fidem ordinamur in Deum, ita et per caritatem. Sed ad servandum praecepta caritatis homo non tenetur, sed sufficit sola praeparatio animi,² sicut patet in illo praecepto Domini quod ponitur Matth. 5, [39]: *Si quis percusserit te in una maxilla, praebe ei et aliam,* et in aliis consimilibus, ut Augustinus exponit, in libro *de Serm. Dom. in Monte.*³ Ergo etiam non tenetur homo explicite aliquid credere, sed sufficit quod habeat animum paratum ad credendum ea quae a Deo proponuntur.

3. Praeterea, bonum fidei in quadam obedientia consistit, secundum illud *Rom*. 1, [5]: *ad obediendum fidei in omnibus gentibus.* Sed ad virtutem obedientiae non requiritur quod homo aliqua determinata praecepta observet, sed sufficit quod habeat promptum animum ad obediendum, secundum illud Psalm., [118, 60]:⁴ *Paratus sum, et non sum turbatus, ut custodiam mandata tua.* Ergo videtur quod etiam ad fidem sufficiat quod homo

---

2. 아우구스티누스의 표현, "영혼의 준비"(praeparatio animi)는 보통 그리스도인이-특별히 원수에 대한 사랑과 인내와 관련해서-복음적 이상들을 지키기 위한 방식을 가리키곤 했다. 사람들은 그 이상을 실천하기 위한 기회를 찾을 필요는 없고, 필요한 경우에만 그렇게 할 준비가 되어 있으면 되었다. 그럴 경우[기회를 찾을 경우]에는 관련된 덕들의 바로 그 의미가 위험에 처할 것이기 때문이다. Cf.

다. 로마서 10장 [14-15절]에서는 "자기가 들은 적이 없는 분을 어떻게 믿을 수 있겠습니까? 선포하는 사람이 없으면 어떻게 들을 수 있겠습니까? 파견되지 않았으면 어떻게 선포할 수 있겠습니까?"라고 말하기 때문이다. 그러므로 어떤 것을 명시적으로 믿는 일은 인간이 해야 할 필요가 없다.

2. 우리가 신앙을 통해 하느님께로 인도되는 것처럼, 참사랑을 통해서도 그러하다. 그런데 참사랑의 계명을 지켜야만 하는 것이 아니라 단지 영혼의 준비[2]만으로 충분하다. 이는 마태오복음서 5장 [39절]에서 제시된 "누가 네 한 뺨을 치거든 다른 뺨마저 돌려 대어라."와 같은 계명이나, 아우구스티누스가 『주님의 산상 설교』[3]에서 해설하는 것과 같은, 다른 유사한 계명들 안에서 분명하다. 그러므로 인간은 어떤 것을 명시적으로 믿어야만 하는 것이 아니라, 하느님에 의해서 제시된 것들을 믿기 위한 준비된 마음을 가지는 것으로 충분하다.

3. 로마서 1장 [5절]의 "모든 민족들에게 믿음에 순종하도록"이라는 말씀에 따르면, 신앙의 선(善)은 일종의 순종으로 이루어진다. 그런데 순종의 덕을 위해서는 인간이 어떤 특정한 계명을 지켜야 하는 것이 요구되는 것이 아니라 - 시편 118편[119편 60절][4]의 "당신의 계명을 지키기 위해, 저는 준비되어 있고, 동요하지 않습니다."라는 말씀에 따라 - 지키려는 마음의 태세를 갖춘다는 사실로 충분하다. 그러므로 신앙에는 한 사람이 명시적으로 어떤 것을 믿을 필요 없이,

---

I-II, q.108, a.3, ad2; II-II, q.40, a.1, ad2; q.43, a.8, ad4; q.140, a.2, ad2(계명과 충고에 관하여).

3. Augustinus, *De Sermone Domini in monte*, I, c.19; PL 34, 1260.

4. 시편 119[118],60: "당신 계명을 지키려 저는 지체하지 않고 서두릅니다."

habeat promptum animum[5] ad credendum ea quae ei divinitus proponi possent, absque hoc quod explicite aliquid credat.

S%%ED CONTRA%% est quod dicitur *ad Heb.* 11, [6]: *Accedentem ad Deum oportet credere quia est, et quod inquirentibus se remunerator est.*

R%%ESPONDEO%% dicendum quod praecepta legis quae homo tenetur implere dantur de actibus virtutum[7] qui sunt via perveniendi ad salutem.[6] Actus autem virtutis, sicut supra[8] dictum est, sumitur secundum habitudinem habitus ad obiectum. Sed in obiecto cuiuslibet virtutis duo possunt considerari, scilicet id quod est proprie et per se virtutis obiectum, quod necessarium est in omni actu virtutis; et iterum id quod per accidens sive consequenter se habet ad propriam rationem obiecti.[9] Sicut ad obiectum fortitudinis proprie et per se pertinet sustinere pericula mortis et aggredi hostes cum periculo propter bonum commune:[10] sed quod homo armetur vel ense percutiat in bello iusto, aut aliquid huiusmodi faciat, reducitur quidem ad obiectum fortitudinis, sed per accidens. Determinatio igitur virtuosi actus ad proprium

---

5. 라틴어 단어 'animus'(그리스어 anemos[바람]로부터 숨이라는 본래 의미를 지님)를 성 토마스는 때때로 영혼의 지성적 부분을 의미하기 위해 사용하지만, 또한 여기서처럼 정념적 태도를 의미하기도 한다. Cf. I, q.57, a.4; q.82, a.5, ad1; I-II, q.33, a.1; q.35, a.8; q.82, a.5; q.109, a.6; q.113, a.5; II-II, q.41, a.1; q.88, a.8.
6. Cf. I-II, q.94, a.3; q.96, a.3; q.100, a.2; q.108. 지속적인 주제는 '덕의 행위들은 그

그에게 하느님에 의해 제시될 수 있는 것들을 믿으려는 마음의 태세[5]를 갖추는 것으로 충분하다.

[재반론] 그러나 반대로 히브리서 11장 [6절]에서는 "하느님께 나아가는 사람은 그분께서 계시다는 것과 그분께서 당신을 찾는 이들에게 보상을 주시는 분이라는 것을 믿어야 합니다."라고 말한다.

[답변] 인간이 성취해야만 하는 법의 계명들은 구원에 도달하는 길[6]인 덕의 행위들[7]에 대해서 주어진다. 위에서[8] 말한 바와 같이 덕의 행위는 대상에 대한 습성의 관계에 따라 취해진다. 그런데 어떤 덕이든지 그 대상 안에서는 두 가지가 고찰될 수 있다. 즉 [하나는] 고유하게 그리고 그 자체로 덕의 대상인 것이고, 이것은 덕의 모든 행위를 위해 필요하다. 그리고 다른 하나는 우유적으로 또는 결과적으로 대상의 고유한 의미와 관계를 맺고 있는 것이다.[9] 예를 들어 용기의 대상에는 고유하게 그리고 그 자체로 죽음의 위험들을 견뎌 내는 일과 공동선 때문에 위험을 감수(甘受)하며 적들을 공격하는 일이 속한다.[10] 그러나 한 인간이 의로운 전쟁에서 무장하거나 검(劍)을 가지고 치는 일, 또는 이런 종류의 어떤 것을 행하는 일은, 실로 용기의 대상으로 환원되지만, 우유적으로 그럴 뿐이다.

유덕한 행위를 그 덕에 고유하고 그 자체로 속하는 대상으로 결

것들이 명령되었기 때문에 선한 것이 아니라, 그것들이 선하기 때문에 하느님에 의해서 명령되었다.'는 사실이다. Cf. *ScG*, III, c.129.
7. Cf. I-II, q.92, a.1.
8. Cf. q.2, a.2.
9. Cf. q.1, a.1. 그 토론은 질료적 대상에 관한 것이다.
10. Cf. II-II, q.123, aa.1-7.

q.2, a.5

et per se obiectum virtutis est sub necessitate praecepti, sicut et ipse virtutis actus.[11] Sed determinatio actus virtuosi ad ea quae accidentaliter vel secundario se habent ad proprium et per se virtutis obiectum non cadit sub necessitate praecepti nisi pro loco et tempore.[12]

Dicendum est ergo quod fidei obiectum per se est id per quod homo beatus efficitur, ut supra[13] dictum est. Per accidens autem vel secundario se habent ad obiectum fidei omnia quae in Scriptura divinitus tradita continentur, sicut quod Abraham habuit duos filios, quod David fuit filius Isai, et alia huiusmodi. Quantum ergo ad prima credibilia, quae sunt articuli fidei, tenetur homo explicite credere,[14] sicut et tenetur habere fidem.[15]

---

11. 즉 행위의 실행은 그것의 형상적 근거에 의해서 동기가 부여되고, 행위는 필연적으로 그것의 고유한 질료적 대상 안에서 끝난다.(Cf. *In Sent.*, III, d.25, q.2, a.1, qc.1) '계명의 필연성'이란 문구는 여기서 그것이 후대의 윤리신학에서 요구되는 약한 의미를 가지고 있지 않다.(Cf. B. H. Merkelbach, Summa theologia moralis, I, 3d ed., Paris, 1938, no.706) 오히려 그것은 하느님의 계명들이 특정한 행위들과 참행복 사이에 — 구원에 관한 신적인 계획에 의해서 규정된 — 내재적인 질서 또는 관계를 표현한다. Cf. I-II, q.99, a.1; II-II, q.147, a.4, ad1.(이것은 교회법에 적용되는 것으로서, 약한 의미에서의 '계명의 필연성'을 인정한다.)
12. 그 암시는 행위의 도덕적 상황에 관한 것이다. 그것들은 도덕적 대상과 우유와 실체의 관계처럼 대비된다. Cf. I-II, qq.7 & 18. 덕에 관한 정확한 요점에 대해서는: Cf. I-II, q.64, a.1, ad2; a.4. 예를 들어 음식의 올바른 사용은 절제라는 덕의 고유한 관심이지만, 음식의 특정한 종류는 오직 부수적인 관심에 속한다. 그러나 예를 들어 토마토만이 먹을 수 있는 유일한 음식이라고 가정하면, 그때에는 육체의 안녕을 위한 절제의 본질적인 관심은 그것들을 먹도록 요구할 것이다.
13. Cf. q.1, a.6, ad1.
14. 그 진술은 직접적인 전제들뿐만 아니라, 질료적 대상과 신앙의 형상적 근거 사이의 본질적인 연결에 의존하고 있다. 그래서 신앙은 그것이 계시하시는 하느님

제2문 제5절

정하는 일은 덕의 행위 자체와 마찬가지로 계명의 필연성에 포함된다.[11] 그러나 유덕한 행위를 '덕의 고유하고 그 자체로 속하는 대상'과 우유적으로나 부차적으로 관계를 맺고 있는 것으로 결정하는 일은 오직 [특정] 장소와 시간에 관련해서만 계명의 필연성 아래 들어간다.[12]

그러므로 그 자체로 신앙의 대상인 것은, 위에서[13] 말한 바와 같이, 인간을 복되게 만들어 주는 것이라고 말해야만 한다. 그러나 성경 안에 하느님에 의해서 전수되어 내포되어 있는 모든 것은 신앙의 대상과 우유적으로나 부차적으로 관계를 맺는다. 예를 들어 아브라함이 두 아들을 가졌다거나, 다윗이 이사이의 아들이었다거나, 다른 이런 종류의 것들이 그러하다.

그러므로 신앙 조항이라는 첫째로 믿어야 할 것에 관해서는, 인간이 명시적으로 믿어야만 한다.[14] 이는 인간이 신앙을 가져야만 하는 것과 마찬가지다.[15] 그러나 다른 믿을 수 있는 것들에 관해서는 인간

을 받아들이기 때문에 하느님이 계시하신 것을 받아들인다.(q.1, a.1) 그래서 하느님은 단정적으로 말씀하신다. 신앙은 내용이 없는 실존적인 입장이 아니다. 그의 말씀은 구원하고 참으로 행복하게 하는 말씀이다. 신앙의 본질적인 대상에 관한 q.1, a.7의 힘은 여기서 현존하고 있다. 그러므로 신앙하는 공동체인 교회는 성경 말씀에 대한 살아 있는 이해를 가지고 있고, 그것의 구원하는 메시지는 신앙 조항 안에 현존한다는 추정이 존재한다.(Cf. q.1, aa.6 & 8-10, 특히 a.8, ad1) "[바오로] 사도(히브 11,6)는 어떠한 상태에 있든지 각각의 사람들에 의해서 명시적으로 믿어져야만 하는 것들을 제시했다."(*In Sent.*, III, d.25, q.2, a.2, ql.4, ad1)

15. 토마스는 여기서 교회 공동체 안에서 살고 있는 신자들에 대해서 말한다. 그러므로 신자들은 명시적으로 신앙 조항을 알아야만 한다고 말하는 것이다. 이러한 인식이 각각의 구원 신앙에 요구되지 않는다는 사실은 제7절과 제8절에서 증명된다.

q.2, a.5

Quantum autem ad alia credibilia, non tenetur homo explicite credere, sed solum implicite vel in praeparatione animi, inquantum paratus est credere quidquid in divina Scriptura continetur. Sed tunc solum huiusmodi tenetur explicite credere quando hoc ei constiterit in doctrina fidei contineri.[16]

AD PRIMUM ergo dicendum quod, si in potestate hominis esse dicatur aliquid excluso auxilio gratiae, sic ad multa tenetur homo ad quae non potest sine gratia reparante, sicut ad diligendum Deum et proximum;[17] et similiter ad credendum articulos fidei. Sed tamen hoc potest homo cum auxilio gratiae.[18] Quod quidem auxilium quibuscumque divinitus datur, misericorditer datur; quibus autem non datur, ex iustitia non datur, in poenam praecedentis peccati, saltem originalis peccati; ut Augustinus dicit, in libro *de Cor. et gratia*.[19]

AD SECUNDUM dicendum quod homo tenetur ad determinate diligendum illa diligibilia quae sunt proprie et per se caritatis obiecta, scilicet Deus et proximus.[20] Sed obiectio procedit de

---

16. 극단적인 문자주의는 피해야 한다. 그러나 이차적이고 부수적인 대상이 덕의 특수한 행위 안에서 결정적인 것이 되는 방식을 신앙에 적용하는 일은 하느님 자신에 대한 응답으로서의 신자의 본질적인 태도를 보존한다. 마지막 문장, 일종의 '사적 해석'의 표현은 신자가 의식적으로 믿는다는 사실을 전제한다. 평신도 또는 학자이든지 개인적인 탐구는 당연한 일로 여겨진다. 신앙의 가르침이 무엇인지를 결정하는 것으로서 하느님의 말씀은 생동감 있고 지속적으로 수용하는 것 안에서 '이차적인 성경 자료'에 관한 판단이 만들어질 때, 그 판단은 (객관적으로 참인지 또는 아닌지) 책임을 져야 할 것이다.(Cf. *In Sent.*, I, d.33, q.1, a.5) 신학은 선천적으로 신앙과 지속적인 관계를 맺는다.

이 명시적으로 믿어야만 하는 것이 아니라 - 성경에 내포된 것은 무엇이든지 믿을 준비가 되어 있는 한에서 - 오직 함축적이거나 영혼의 준비라는 점에서 [믿어야 한다.] 인간에게 이것이 신앙의 가르침에 내포된다는 사실이 분명할 때에만, 오직 이런 종류의 것들을 명시적으로 믿어야 한다.[16]

[해답] 1. 만일 은총의 도움이 배제되었을 때에만 어떤 것이 인간의 권한 안에 있다고 말한다면, 인간은 은총에 의해 회복되지 않는다면 할 수 없는 많은 것들에 의무를 지게 된다. 예를 들면 하느님과 인간을 사랑해야만 하는 일이나,[17] 이와 유사하게 신앙 조항들을 믿어야만 하는 일 등이 그러하다. 그럼에도 인간은 이것을 은총의 도움과 함께할 수 있다.[18] 아우구스티누스가 『훈계와 은총』[19]에서 말한 바와 같이, "이런 도움이 하느님에 의해 누구에게 주어졌든지 간에, 그것은 자비롭게 주어졌고, 주어지지 않은 이에게는 - 선행하는 죄에 대한 벌 때문에, 적어도 원죄 때문에 - 정의로부터 주어지지 않았다."

2. 인간은 고유하고 그 자체로 사랑의 대상인 저 사랑받을 수 있는 것들, 즉 하느님과 이웃을 확정적으로 사랑해야만 한다.[20] 그런데

---

17. Cf. I-II, q.109, a.3.
18. 은총은 인간의 죄스러운 조건 아래의 무능함을 극복하는 것으로서 '치유하는' 또는 '원기를 회복시키는'이라고 불린다. 여기서 은총은 또한 한 개인이 그의 자연적인 능력을 능가하는 것을 할 수 있도록 상승시키고 강화하는 것으로서의 은총을 의미한다.
19. Augustinus, *De correptione gratia,* c.6: PL 44, 921, cf. *Epis.* 190, al.157, c.3: PL 33, 860; *De Praedestinatione Sanctorum.,* c.8, al.9: PL 44, 971. Cf. 키에르시 교회 회의 1 & 3; DS 621 & 623[= DH 1191 & 1193]
20. Cf. q.25, a.1.

illis praeceptis caritatis quae quasi consequenter pertinent ad obiectum caritatis.

AD TERTIUM dicendum quod virtus obedientiae proprie in voluntate consistit. Et ideo ad actum obedientiae sufficit promptitudo voluntatis subiecta praecipienti, quae est proprium et per se obiectum obedientiae.[21] Sed hoc praeceptum vel illud per accidens vel consequenter se habet ad proprium et per se obiectum obedientiae.

Articulus 6
Utrum omnes aequaliter teneantur ad habendum fidem explicitam

Ad sextum sic proceditur. Videtur quod aequaliter omnes teneantur ad habendum fidem explicitam.[1]

1. Ad ea enim quae sunt de necessitate salutis omnes tenentur, sicut patet de praeceptis caritatis. Sed explicatio credendorum est de necessitate salutis, ut dictum est.[2] Ergo omnes aequaliter tenentur ad explicite credendum.

2. Praeterea, nullus debet examinari de eo quod explicite

---

21. Cf. II-II, q.104, aa.1-2.

1. 다음 세 절에서 다루어지는 문제에 대해서는, 『진리론』 제14문 제11절의 다음과 같은 진술을 주목하라: "신앙에는 모든 사람과 모든 연령에서 명시적으로 믿어야

저 반론은 흡사 결과적으로 참사랑의 대상에 속하는 참사랑의 저 계명들로부터 진행된다.

3. 순종의 덕은 고유하게 의지 안에 자리 잡고 있다. 따라서 고유하고 그 자체로 속하는 순종의 대상인 명령하는 자에게 복종하려는 의지의 기꺼운 마음이 순종의 행위를 위해서 충분하다.[21] 그러나 이 계명이나 저 계명은 고유하고 그 자체로 속하는 대상과 우유적으로 또는 결과적으로 관계를 맺는다.

제6절 모두가 동일하게 명시적 신앙을 가져야만 하는가?

Parall.: *In Sent.*, III, d.25, q.2, a.1, qc.3; IV, d.24, q.1, a.3, qc.2; *De veritate*, q.14, a.11; *In Ep. ad Hebr.*, c.11, lect.2.

[반론] 여섯째에 대해서는 다음과 같이 진행된다. 모두가 동일하게 명시적 신앙을 가져야만 하는 것처럼 보인다.[1]

1. 참사랑의 계명들로부터 분명한 것처럼, 모든 사람은 구원을 위해 필요한 것들을 가져야만 하기 때문이다. 그런데 위에서[2] 말한 것처럼, 믿어야만 하는 것들의 전개는 구원을 위해 필요하다. 그러므로 모두는 명시적으로 모든 것을 믿어야만 한다.

2. 아무도 그가 명시적으로 믿어야만 하지 않는 것에 대해 시험을

만 하는 어떤 것이 존재한다. 그러나 모든 연령에서 명시적으로 믿어져야 하지만 모두에 의해서는 아닌 다른 것들이 있다. 다른 것들은 모두에 의해서 믿어져야 하지만, 모든 연령에서는 아니다. 그리고 여전히 모두에 의해서나 모든 연령에서 믿어질 필요는 없는 다른 것들이 있다."

2. Cf. a.5.

q.2, a.6

credere non tenetur. Sed quandoque etiam simplices examinantur de minimis articulis fidei.³ Ergo omnes tenentur explicite omnia credere.

3. Praeterea, si minores non tenentur habere fidem explicitam, sed solum implicitam, oportet quod habeant fidem implicitam in fide maiorum.⁴ Sed hoc videtur esse periculosum, quia posset contingere quod illi maiores errarent. Ergo videtur quod minores etiam debeant habere fidem explicitam. Sic ergo omnes aequaliter tenentur ad explicite credendum.

SED CONTRA est quod dicitur *Iob* 1, [14] quod *boves arabant et asinae pascebantur iuxta eos*: quia videlicet minores, qui significantur per asinos, debent in credendis adhaerere maioribus, qui per boves significantur; ut Gregorius exponit, in II *Moral.*⁵

RESPONDEO dicendum quod explicatio credendorum fit per revelationem divinam:⁶ credibilia enim naturalem rationem

---

3. 아마도 종교재판에 대한 암시일 것이다.
4. 라틴어 단어 *majores*와 *minores*에 상응하는 번역을 발견하는 것은 쉬운 일이 아니다. 그 의미는 일차적으로 제1문 제7절 제3답에 나오는 '신앙의 박사', '신앙의 교육자'와 '[그들로부터 배우는] 저 백성'이다. 그러나 물론 본성과 교회 안에서 하느님의 통치의 위계적 유형(cf. II-II, q.104, a.1)을 암시한다. 우리는 이를 포괄하여 '뛰어난 이'와 '모자란 이'로 번역했다.
5. *Moralia*, II, 30; C.4, al. 18, in vet. 25, n.49: PL 75, 578 D.
6. Cf. q.1, a.7. '전개'(explicatio)는 답변의 논증과 제3답으로부터 분명한 것처럼, 구약으로부터 신약을 통해서 진행되는 과정을 예언자들, 그리스도, 그리고 사도들

받지 않아야 한다. 그러나 단순한 이들도 때때로 가장 미소한 신앙 조항들에 대해 시험된다.[3] 그러므로 모두는 명시적으로 모든 것을 믿어야만 한다.

3. 만일 모자란 이들이 명시적 신앙이 아니라, 암묵적인 신앙만을 가져야 한다면, 그들은 반드시 뛰어난 이들의 신앙 안에서 암묵적인 신앙을 가져야 한다.[4] 그러나 저 뛰어난 이들이 실수하는 일이 일어날 수 있기 때문에, 이것은 위험한 것처럼 보인다. 그러므로 모자란 이들도 명시적 신앙을 가져야 한다. 그러므로 모두가 동일하게 명시적으로 믿어야만 한다.

[재반론] 그러나 반대로 욥기 1장 [14절]에서는 "소들은 밭을 갈고 암나귀들은 그것들 옆에서 풀을 뜯고 있었습니다."라고 말한다. 그레고리우스가 『욥기의 도덕적 해설』 제2권에서[5] 설명하듯이, 당나귀가 의미하는 모자란 이들은, 믿어야만 하는 것들에서, 소가 의미하는 뛰어난 이들에게 의존해야만 한다.

[답변] 믿어야만 하는 것들의 전개는 신적 계시를 통해서 이루어진다.[6] 믿을 수 있는 것들은 자연적 이성을 넘어서기 때문이다. 그런데

의 능동적인 역할과 함께 포괄한다. 그러나 또한 보편 교회의 지속적이고 생생한 이해와 가르침도 포괄한다. 답변은 그 '전개'가 성경 계시의 단계적인 펼쳐짐을 의미하는지 아니면 신앙의 본질적인 것들이 실제적으로 이해되는 방식이든지 간에 그 제1원인 그리고 고유한 원인이 계시하시는 하느님이라는 사실을 분명하게 이해한다. 신적 행위는 지속적으로 믿어져야 하는 것을 보존한다. 그것의 도구로서 신적 원인성의 흐름 안에 빠진 사람들은 무엇이 신앙에 속하는지에 대한 분명한 의식을 지닌 것으로 여겨진다. 분명하게 ad3는 하느님 자신의 행위가 지닌 수위성이 이러한 명시적이고 올바른 신앙의 의식 안에서 '왜 교회의 신앙이 잘못될 수 없는가?' 하는 이유라는 사실을 보여 준다. 전체 절은 신앙이 첫째로 하느

q.2, a.6

excedunt. Revelatio autem divina ordine quodam ad inferiores pervenit per superiores, sicut ad homines per angelos, et ad inferiores angelos per superiores, ut patet per Dionysium, in *Cael. Hier.*[7] Et ideo, pari ratione, explicatio fidei oportet quod perveniat ad inferiores homines per maiores. Et ideo sicut superiores angeli, qui inferiores illuminant, habent pleniorem notitiam de rebus divinis quam inferiores, ut dicit Dionysius, 12 cap. *Cael. Hier.*;[8] ita etiam superiores homines, ad quos pertinet alios erudire, tenentur habere pleniorem notitiam de credendis et magis explicite credere.

AD PRIMUM ergo dicendum quod explicatio credendorum non aequaliter quantum ad omnes est de necessitate salutis, quia plura tenentur explicite credere maiores, qui habent officium alios instruendi, quam alii.

AD SECUNDUM dicendum quod simplices non sunt examinandi de subtilitatibus fidei[9] nisi quando habetur suspicio quod sint ab haereticis depravati, qui in his quae ad subtilitatem fidei pertinent solent fidem simplicium depravare. Si tamen inveniuntur non pertinaciter perversae doctrinae adhaerere, si in talibus ex simplicitate deficiant, non eis imputatur.[10]

님을 믿는 일이므로, 하느님은 단정적인 메시지를 제공하고 보존하며, 저 메시지의 제안 안에서 하느님의 '신앙의 박사들'(doctores fidei)이 존재한다는 사실을 강조한다.

7. Dionysius, *De caelesti hier.*, cc.4 & 7-8: PG 3, 180 CD, 209 A, 240 C. Cf. I, q.106, aa.1 & 3-4; q.111, a.1.

신적 계시는 어떤 질서에 의해 상급자들을 통해 하급자들에게 도달한다. 예를 들어, 디오니시우스가 『천상위계론』에서[7] 분명히 하는 것처럼, [신적 계시는] 천사들을 통해 인간에게, 상위 천사들을 통해 하위 천사들에게 도달한다. 따라서 같은 이유로, 신앙의 전개는 더 뛰어난 사람들을 통해, 하위의 사람들에게 도달해야 한다.

따라서 디오니시우스가 『천상위계론』 제12권에서[8] 말하듯이, 그들 아래 있는 이들을 비추는 상위의 천사들이 하위의 천사들보다 신적인 것들에 대해 더욱 풍부한 앎을 가지고 있는 것처럼, 따라서, 다른 사람들을 교육하는 일을 맡은 상위의 사람들도 또한, 믿어야만 하는 것들에 대해 더 풍부한 앎을 가지고 더 명시적으로 믿어야만 한다.

[해답] 1. 믿어야만 하는 것들의 전개는 모든 이들에게 구원을 위해 동일하게 필요한 것은 아니다. 다른 이들을 가르쳐야 하는 의무를 가진 뛰어난 이들은, 다른 이들보다 더 많은 것을 명시적으로 믿어야만 한다.

2. 단순한 이들은, 오직 이단자들에 의해 타락되었다는 의심을 받는 경우에만 신앙의 정교한 것들[9]에 대해 시험되어야 한다. 이단자들은 신앙의 정교함에 속하는 것들에서 단순한 이들의 신앙을 빼앗아 가곤 한다. 그러나 만일 단순한 이들이 그릇된 가르침에 완고하게 매달리지 않고, 그들의 단순함으로부터 그렇게 잘못되었음이 밝혀진다면, 그들에게는 죄를 지우지 않는다.[10]

---

8. Ibid., PG 3, 292 D-293 A. Cf. I, q.55, a.3.
9. Cf. q.2, a.7.
10. 완강함과 틀린 입장을 고수함이 이단의 본질이다. Cf. II-II, q.5, a.3: q.11, a.1, ad2. 신앙의 사태에 관한 비자발적인 오류를 극복하기 위해서 성 보나벤투라는

q.2, a.6

AD TERTIUM dicendum quod minores non habent fidem implicitam in fide maiorum nisi quatenus maiores adhaerent doctrinae divinae, unde et Apostolus dicit, I *ad Cor.* 4, [16]: *Imitatores mei estote, sicut et ego Christi.* Unde humana cognitio non fit regula fidei, sed veritas divina. A qua si aliqui maiorum deficiant, non praeiudicat fidei simplicium, qui eos rectam fidem habere credunt, nisi pertinaciter eorum erroribus in particulari adhaereant contra universalis Ecclesiae fidem, quae non potest deficere,[11] Domino dicente, Luc. 22, [32]: *Ego pro te rogavi, Petre, ut non deficiat fides tua.*[12]

현명한 충고를 제공한다. 사람들은 우선 교회가 일반적으로 지키는 포괄적인 신앙으로 되돌아가서 신적인 조명에 의존하며, 기도와 신앙의 사태에 대해 지식을 가지고 있는 사람들의 가르침에 의존해야 한다.(*In Sent.*, III, d.25, q.1, a.4, sol.2) 대 알베르투스는, 어떻게 예를 들어 늙은 여인이 거짓 설교자를 거슬러서 행동해야만 하는가에 대해서 확신을 가지지 못했다: "하느님 쪽에서의 조명을 위해 기도하고, 교회의 가르침과 관련해서 확실성에 도달할 때까지 동의하면서 기다리라."(*In Sent.*, III, d.25, a.4, ad8) 기욤 도세르는 매우 강하게 다음과 같은 경우를 비판했다: 아무도 중죄가 없이는 한 신앙 조항과 반대되는 것을 믿을 수 없고, 더 나아가 신법과 관련해서 아무런 용서받을 수 있는 무죄가 존재하지 않고 심지어 성령이 그 여인을 비추어 주었기 때문에, 한 여인이 잘못된 방식으로 한 설교자가 이단이라고 믿고, 죽을죄를 지었다고 비난했다는 이유로 비판했고, 그녀가 자기 탓으로 이것을 막아내지 않았다면 [그녀는 단죄되어야 한다는 것이다.] 무슨 말인지 너무 복잡 따라서 기욤은 포괄적인 신앙에 대한 항고를 인정하지 않았다. 후기 스콜라학은-성 보나벤투라와 성 알베르투스에서 인용된 가르침과 또한 토마스가 『명제집 주해』 제3권 제25구분 제2문 제1절 제4해결 제3답에서 말한 것에서 분명한 것처럼, 기욤을 따르지 않았다. 토마스는 무엇보다도 여전히 엄격하지만 올바르게 판단했다. 구원을 위해 필요한 사태들 안에서는 신앙의 덕들의 내재적인 힘을 인정한다. 그 내재적인 힘은, 비록 모든 근본적인 오류가 교회의 성직자들로부터 설교가 된다고 하더라도, 자기 자신으로부터 그 오류들을 제거한다. "한 인간이 그러므로 너무 쉽게 모든 정신에 믿음을 주

3. 오직 뛰어난 이들이 신적 가르침을 고수하는 경우에만, 모자란 이들은 뛰어난 이들의 신앙 안에서 암묵적 신앙을 가진다. 그래서 사도는 코린토 1서 4장 [16절]에서 "나 또한 그리스도의 사람이므로, 나를 따르는 사람이 되십시오."라고 말한다. 따라서 인간적 인식이 아니라 신적 진리가 신앙의 규범이 된다. 만일 뛰어난 이들 중에 어떤 이가 이 규범으로부터 벗어난다고 하더라도, 다음과 같은 경우가 아니라면, 그들[뛰어난 이들]이 올바른 신앙을 가지고 있다고 믿는 단순한 이들의 신앙에 해를 끼치지 않는다. [단순한 이들이] 오류를 범할 수 없는 보편적인 교회의 신앙을 거슬러서 특수한 것에 대해 그들[뛰어난 이들]의 오류들을 완고하게 고수하지 않는다면 말이다.[11] 그래서 주님께서는 루카복음서 12장 [32절]에서 "베드로야, 너의 신앙이 꺼지지 않도록, 나는 너를 위해 기도해 왔다."라고 말씀하신다.[12]

는 경향을 지니지 않는다면, 그는 일상적이지 않은 것이 설교되는 곳에서는 자신의 동의를 주지 않을 것이다. 오히려 다른 곳에서 자문을 구하거나, 하느님께 자기 자신을 맡기고, 더 이상 자기 자신의 정신적인 능력을 넘어서는 이 신비에 대해서는 다루지 않을 것이다."(Ibid.) 토마스는 따라서 이 마지막 말들로 포괄적인 신앙을 추천한다.

11. 신앙이-신앙의 첫째 규칙으로서의-하느님을 고수하면서 받아들이는 것의 부분은 하느님이 신자들의 공동체를 거룩하게 하는 조항이다.(Cf. q.1, a.9, ad5) 그러므로 신앙의 2차적인 규칙으로 제공된, '신앙의 유비', 보편적인 교회의 객관적인 신앙이 존재한다. 즉 어떤 점에서 한 개인은 그의 신앙이 자기 자신의 견해가 아니라, 참으로 하느님의 말씀에 기초하고 있다는 사실을 확신할 수 있다.(Cf. q.5, a.3) 만일 그가 믿는 것이 전체 교회의 신앙과 일치한다면 말이다. [답변]의 용어들은, 마찬가지로, 교회를 넘어서 성화하는 행위는 그것의 질서 잡힌 단일성을 구성하고, 그러므로 하느님 말씀을 참으로 표현하는 것으로서 교회의 가르치는 기능을 구성한다.

12. Cf. q.1, a.10 c.

q.2, a.7

Articulus 7
Utrum explicite credere mysterium Christi sit de necessitate salutis apud omnes

Ad septimum sic proceditur. Videtur quod credere explicite mysterium Christi non sit de necessitate salutis apud omnes.[1]

1. Non enim tenetur homo explicite credere ea quae angeli ignorant, quia explicatio fidei fit per revelationem divinam, quae pervenit ad homines mediantibus angelis, ut dictum est.[2] Sed etiam angeli mysterium Incarnationis ignoraverunt, unde quaerebant in Psalm. 23, 8-10]: *Quis est iste rex gloriae?* et Isaiae 63, [1]: *Quis est iste qui venit de Edom?* Ut Dionysius exponit,

---

1. 제7절과 제8절은 하나의 문제를 다룬다. 예비 단계로서 제1문 제7절을 다시 읽어 보아야 한다. 그곳에서는 하느님의 존재와 섭리라는 실재는 신앙의 질료적 대상의 핵심으로서 규정되었다. 여기서는 저 핵심적인 대상이 수반하는 것에 관한 신앙 안에 있는 주체적 각성과 다양한 시기에 다양한 사람에게서의 저 각성의 단계적 차이가 관건이다.
(*추가주) 육화의 신비에 대한 신앙은 그것에 의해서 하느님, 그의 섭리, 자신에게 마음에 드는 방식에 따라 인간의 구원자임을 믿게 되는 신앙 안에 '잠세적으로, 고유하지 않게, 질료적 가능태로'(virtualiter, improprie et in potentia materiali) 함축되어 있다. 물론 육화의 신비에 대해서 어떤 것이 이해되지 않고, 하느님의 섭리가 함축적으로 믿어질 수 있다. 그렇지만 육화 신비에 대한 신앙은 섭리에 대한 신앙 안에 내포된다. 섭리에 대한 신앙이 육화에 대한 신앙의 의해서 완

제7절 그리스도의 신비에 대한 명백한 믿음은 모두의 구원을 위해 필요한가?

Parall.: *In Sent.*, III, d.25, q.2, a.2, qc.2, 3; *Expos. Litt.*; IV, d.6, q.2, a.2, qc.1; *De veritate*, q.14, a.11; *In Ep. ad Hebr.*, c.11, lect.2.

Doctr. Eccl.: 명시적으로 믿어야만 하는 필연성은 하느님의 실존과 정의(正義)에 대한 조항뿐만 아니라 삼위일체와 육화에 대한 조항에도 해당된다: DS 1172, 1214, 1349, 1966[= DH 2122, 2164, 2373, 3391]

[반론] 일곱째에 대해서는 다음과 같이 진행된다. 그리스도의 신비를 명시적으로 믿는 일은 모든 이에게서 구원을 위해 필요하지 않는 것처럼 보인다.[1]

1. 인간은 천사들이 알지 못하는 것들을 명시적으로 믿을 필요는 없기 때문이다. 위에서[2] 말한 바와 같이, 신앙의 전개는 천사들의 중개를 통해 인간들에게 도달하는 신적인 계시들 통해 일어나기 때문이다. 그런데 천사들조차도 육화의 신비를 알지 못했다. 그래서 그들은 시편에서 "이 영광의 왕이 누구시냐?"고 물었다. 그리고 디오니시

되게 하지 않도록 하는 것이 불가능하지 않은 한에서 그러하다. 거꾸로 육화에 대한 신앙이 섭리에 대한 신앙을 완성한다면, 저 신앙에 – 이전에 함께 알려진 것으로 지각되지 못했던 – 새로운 어떤 것이 첨가된다.

여기에서부터 신적 섭리의 인식은, 비록 육화의 진리를 현실적으로 내포하지 못할지라도, 이해되고, 그럼에도 불신자들의 영혼을 신적 섭리로 끌어내도록 준비시킨다. 그것은 또한 선교사들의 노고가 가능하도록 만든다. 불신자들의 정신이 오류와 편견으로부터 정화된 후에, 우리가 말했던 저 준비 때문에, 이것들[불신자들의 영혼]은 개방되어 있는 것이 발견되고 복음의 빛을 향해 나아가도록 열려 있기 때문이다. 그 빛에 저들의 더욱 비밀스럽고 더욱 깊어진 호흡은 놀라운 방식으로 응답한다.

2. Cf. a.6; I, q.111, a.1.

cap. 7 *Cael. Hier.*³ Ergo ad credendum explicite mysterium incarnationis homines non tenebantur.

2. Praeterea, constat beatum Ioannem Baptistam de maioribus fuisse, et propinquissimum Christo, de quo Dominus dicit, Matth. 11, [11], quod *inter natos mulierum nullus maior eo surrexit.* Sed Ioannes Baptista non videtur Christi mysterium explicite cognovisse, cum a Christo quaesierit: *Tu es qui venturus es, an alium expectamus?* Ut habetur Matth. 11, [3]. Ergo non tenebantur etiam maiores ad habendum explicitam fidem de Christo.

3. Praeterea, multi gentilium salutem adepti sunt per ministerium angelorum, ut Dionysius dicit, 9 cap. *Cael. Hier.*⁴ Sed gentiles non habuerunt fidem de Christo nec explicitam nec implicitam, ut videtur, quia nulla eis revelatio facta est. Ergo videtur quod credere explicite Christi mysterium non fuerit omnibus necessarium ad salutem.

SED CONTRA est quod Augustinus dicit, in libro *de Cor. et Gratia:*⁵ *Illa fides sana est qua credimus nullum hominem, sive maioris sive parvae aetatis, liberari a contagio mortis et obligatione*

---

3. Dionysius, *De caelesti hier.*, 7: PG 3, 209 B.
4. Dionysius, *De caelesti hier.*, 9: PG 3, 261.

우스가 『천상위계론』 제7장에서[3] 설명하듯이, 이사야서 63장 [1절]에서는 "에돔에서 오시는 이분은 누구이신가?"라고 말한다. 그러므로 사람들은 육화의 신비를 명시적으로 믿어야만 했던 것은 아니다.

2. 복된 세례자 요한은 뛰어난 이들에 속했고, 그리스도에게 가장 가까웠던 사람이었음은 확실하다. 그런 이에 대해서 주님께서는 마태오복음서 11장 [11절]에서 "여자에게서 태어난 이들 가운데 세례자 요한보다 더 큰 인물은 나오지 않았다."라고 말씀하셨다. 그러나 세례자 요한도 그리스도의 신비에 대해 명시적으로 알았던 것처럼 보이지 않는다. 그는 마태오복음서 11장 [13절]에 나오는 것처럼, 그리스도에게 "오실 분이 당신이십니까? 아니면 저희가 다른 분을 기다려야 합니까?"라고 물었기 때문이다. 그러므로 뛰어난 이들조차도 그리스도에 대한 명시적인 신앙을 가져야만 하는 것은 아니다.

3. 디오니시우스가 『천상위계론』 제9장에서[4] 말하듯이, 이교도들 중에서 많은 이가 천사들의 봉사를 통해서 구원을 얻었다. 그런데 이교도들은 그리스도에 대한 명시적 신앙도 함축적 신앙도 가지지 못했던 것으로 보인다. 어떠한 계시도 그들에게 이루어지지 않았기 때문이다. 그러므로 그리스도의 신비를 명시적으로 믿는 일은 모든 이에게 필요하지 않았던 것처럼 보인다.

[재반론] 아우구스티누스는 『훈계와 은총』[5]이라는 책에서 "건전한 신앙에 의해 우리는 나이가 많든지 적든지, 그 누구도 하느님과 인간들의 중재자인 예수 그리스도를 통하지 않고는 죽음의 오염에서

---

5. Augustinus, *De Cor. et Gratia*, vii; *Epist.* 190, al.157, c.2, n.5: PL 33, 858; *Ad Optatum Episcopum*.: PL 33, 858.

peccati nisi per unum mediatorem Dei et hominum Iesum Christum.

Respondeo dicendum quod, sicut supra[6] dictum est, illud proprie et per se pertinet ad obiectum fidei per quod homo beatitudinem consequitur. Via autem hominibus veniendi ad beatitudinem est mysterium incarnationis et passionis Christi, dicitur enim *Act.* 4, [12]: *Non est aliud nomen datum hominibus in quo oporteat nos salvos fieri.*[7] Et ideo mysterium incarnationis Christi aliqualiter oportuit omni tempore esse creditum apud omnes, diversimode tamen secundum diversitatem temporum et personarum.[8]

Nam ante statum peccati[9] homo habuit explicitam fidem de Christi incarnatione secundum quod ordinabatur ad consummationem gloriae, non autem secundum quod ordinabatur ad liberationem a peccato per passionem et resurrectionem, quia homo non fuit praescius peccati futuri.[10] Videtur autem incarnationis Christi praescius fuisse per hoc

---

6. Cf. a.5; q.1, a.6, ad1; q.1, a.8.
7. Cf. I-II, q.91, a.5, ad2; III q.68, a.1, ad1. Cf. I-II, q.113, a.4, ad3.
8. 이 원칙적인 해결책은 이전에 결정되었던 것을 내포하고 있다.(Cf. a.2) 계명의 필연성에 속하는 것은 하느님에 의해서 제정된 참행복과 구원에 관한 바로 그 질서이다: 신앙 그 자체(a.4)와 구원의 결정적 계획(a.6); 하느님의 존재와 섭리(cf. q.1, a.7)는 육화된 구원자를 포함하고 있다. 그래서 신앙이 지닌 하느님과의 관계를 들어가면서, 존재하는 구원의 유일한 길로부터 벗어나거나 다른 어떠한 길로 그렇게 할 수 있는 사람은 아무도 없다. 그러나 주관적인 각성은 문제로 남아 있다.

혹은 죄의 속박에서 해방되지 못한다는 사실을 믿는다."라고 말한다.

[답변] 위에서[6] 말한 바와 같이, 인간을 참행복으로 이끄는 바로 그것은 고유하고 그 자체로 신앙의 대상에 속한다. 인간들을 참행복으로 이끄는 길은 그리스도의 육화와 수난의 신비이다. 사도행전 4장 [12절]의 "그 안에서 우리가 구원받도록 우리에게 주어진 다른 이름은 없습니다."[7]라고 말하기 때문이다. 따라서 그리스도 육화의 신비는 어떻게든-비록 다양한 시간들과 인격들에 사람들에 따라 다양한 방식으로라도-모든 시간 안에서 모든 이에게 믿어져야만 했다.[8]

죄의 상태[9]에 있기 전에, 인간은, 그리스도의 육화가 영광의 완성을 향하고 있는 한에서, 육화에 대한 명시적인 신앙을 가졌다. 그러나 [그리스도의] 수난과 부활을 통한 죄로부터의 해방을 향하는 한에서는 [명시적 신앙을 가지지 못했는데], 인간은 미래에 지을 죄들을 미리 알지 못했기 때문이다.[10] 그러나 그리스도의 육화에 대해서는 다음과 같이 말했던 것을 통해서 미리 알았던 것처럼 보인다. 창

---

9. 여기서는 그러한 조건을 기초로 구별된 인류 역사의 세 가지 시기들을 강조하고 있다. 범죄 이전, 범죄 이후이지만 그리스도 육화의 시기 이전, 계시된 은총의 충만함 이후. 이것은 인간과 우주의 나이에 관한 현대 지식의 관점에서 보면 지나치게 단순화한 것처럼 보이는 역사에 관한 중세의 관점이다. 그러나 구원에 관한 섭리적 계획을 역사의 핵심 의미로서 받아들이는 것은 바로 신학적 관점이다.("신적 섭리의 시간적인 베풂은 영원한 삶을 위해서 개혁과 보수를 필요로 하는 인류의 구원을 목적으로 한다." Augustinus, *De vera religione*, 7: PL 34, 128) 이것은 숫자나 광대함이 하느님 섭리에 관한 방해라고 할지라도, 그것들에 의해서 제거되지 않는 관점이다.

10. Cf. III, q.1, a.3, c & ad3.

q.2, a.7

quod dixit: *Propter hoc relinquet homo patrem et matrem et adhaerebit uxori suae,*[11] ut habetur *Gen.* 2, [24]; et hoc Apostolus, ad *Ephes.* 5, [32],[12] dicit *sacramentum magnum esse in Christo et Ecclesia*;[13] quod quidem sacramentum non est credibile primum hominem ignorasse.[14]

Post peccatum autem fuit explicite creditum mysterium Christi non solum quantum ad incarnationem, sed etiam quantum

---

11. 창세 2,24: "그러므로 남자는 아버지와 어머니를 떠나 아내와 결합하여, 둘이 한 몸이 된다."
12. 에페 5,32: "이는 큰 신비입니다. 그러나 나는 그리스도와 교회를 두고 이 말을 합니다."
13. Cf. I, q.92, a.2; III, q.61, a.2, ad3; q.65, a.3.
14. '첫 인간이 이미 범죄 이전에 그리스도를 믿었다.'라는 성 토마스의 가르침은 하느님의 육화 동기와 관련된 그의 그리스도론의 견해에 몇 가지 빛을 비추어 준다. 첫 인간의 굉장한 행복감(cf. q.1, a.7)은 - (프란치스코회 전통에 따른 우주의 완전성이 아니라) 육화를 위한 유일한 이유로서 - 구원에 관한 제3부 제1문 제3절과 불화하는 입장으로 이끈다. 그곳에서 성 토마스는, '만일 죄가 이 세상에 오지 않았더라면, 하느님도 인간이 되지 않으셨으리라.'고 가르친다. 스코투스주의자들은 그들의 스승을 따르면서 이 견해를 공격했다. 그들은 창조의 대관식을 위해서 성자의 육화와 관련해서는 하느님의 '무조건적인' 결의를 가정했다. 살라망카 학파(Salmantizenser, *Sammelname mehrerer in Salamanca lehrender Theologen aus dem Karmeliterorden der zweiten Hälfte des 17. Jahrh. als Verfasser eines bedeutenden Moralwerkes und eines vielgerühmten Kommentars zur »Summa theologiae« des Thomas von Aquino* 이것은 번역 또는 삭제. 그리고, 책제목은 어디에?(Salamanca 1631 ff., 9 Bde.; 2. Ausg., Lyon 1679 ff., 12 Bde.; 3. Ausg., Par. 1871 bis 1885, 20 Bde.).)는 두 가지 동기, 즉 죄로부터의 구원과 - 에페소서 1장 10절에서 '아나케팔라이오시스'(Anakephalaiosis, recapitulatio mundi)에 대해서 말하는 - 창조의 대관식을 하나로 연결시키려고 노력했다. 성 토마스에게도 대관식이라는 생각이 낯설지 않다는 사실은 우리의 구절이 증명하고 있다. 여기서 성 토마스는 첫 인간의 그리스도에 대한 신앙을, 창조의 완성자에 대한 신앙과 연결시키기 때문이다. 이것으로써 육화의 근본 동기, 즉 구원의 동기는 배제되지 않은데, 비록 죄와 구원에 대한 생각이 낙원에 있는 인간의 신앙에는 아직 멀리 떨어져 있더라도 그렇다. 왜냐하면 하느님의 지식과 의지 안에는 - 이와 관련된

세기 2장 [24절]¹¹에서는 "이것 때문에 인간은 아버지와 어머니를 남겨 놓고 자기 아내와 결합할 것이다."라고 말하고, 사도는 에페소서 5장 [32절]¹²에서 "이것은 그리스도와 교회 안에서 위대한 성사입니다."¹³라고 말하기 때문이다. 이러한 성사를 첫 사람이 몰랐다는 사실은 믿을 수 없다.¹⁴

그러나 범죄 후에는 그리스도의 신비를 육화에 관한 관점에서뿐만 아니라 인류를 죄와 죽음에서 해방시켜 줄, 수난과 부활이라는 관점

> 계시를 인간들에게 베풀지 않았더라도 - 이미 예견된 죄로부터의 구원에 관한 결의가 숨겨져 있었기 때문이다. 하느님이 인간에게 낙원에서 살고 있는 존재 방식에 적합하게, 그리스도의 신비, 즉 창조의 영광을 완성하기 위한 성자의 육화를 알려주었다는 사실로 충분했다.
> 대관식과 영광스럽게-함의 비밀은 전체 구원 사업을 관통하며, 그리스도인들과 그리스도교의 삶은 이 이중의 신비, 즉 영광스럽게-함과 구원에 의해서 어디서든지 지배된다. 토마스는 III, q.1, a.3에서 그가 '이미 최초의 인간은 결혼의 신비를 교회와 그리스도 사이의 신비로 믿으면서 파악했다.'라고 말했을 때, 범죄 이전에는 이 신비를 구원의 그러한 신비로서는 아직 파악하지 못했다는 사실을 암시했다. 이 신비가 또한 구원이라는 실제 안으로 빠져들었다는 사실은 인간에게 범죄 이후에 명백하게 될 수 있었다. 거기서 결혼은 그리스도의 열린 옆구리로부터 흘러나오는 성사로서, 그리고 교회는 단순히 은총 받은 이들의 공동체일 뿐만 아니라, 구원을 통해서 은총 받은 이들의 공동체로서 명백하게 되었다. 무엇보다도 이 두 가지 신비들은, 인간의 측면에서 하느님의 두 가지 생각으로 구별될 수 있을지라도, '하나의' 실제에 함께 속하게 된다.
> 토마스 신학의 발전사를 위해서는, 토마스가 『명제집 주해』에서 낙원에 있는 인간과 관련해서 단적으로 구원자 그리스도에 대한 명시적인 신앙을 배제한다는 사실은 주목할 만하다. 또한 그리스도가 [창조를] 영광스럽게 하기 위해서 왔다는 다른 생각에 대해서 전혀 언급하지 않았다는 사실도 말이다. "죄의 상태 이전에는 어떠한 인간도 구원자에 대한 명시적인 신앙을 가지는 일이 필요하지 않았다. 종살이는 아직 시작되지 않았기 때문이다. 오히려 인간이 그의 구원을 위해서 필요로 하는 것에 대해 하느님께서 그를 위해 보살피시리라는 사실을 믿었다는 점에서, 하느님에 대한 인식에 내포된 신앙만으로 충분했다."(*In Sent.*, III, d.25, q.2, a.2, sol.2) Cf. *De veritate* q.18, a.3, ad4: "아담은 명시적으로가 아니라 단지 함축적으로 구원자에 대한 신앙을 가졌다. 즉 그는 하느님이 구원을 위해서 필요로 했던 모든 것을 충분하게 제공하시리라는 사실을 믿었다."

ad passionem et resurrectionem, quibus humanum genus a peccato et morte liberatur. Aliter enim non praefigurassent Christi passionem quibusdam sacrificiis et ante legem et sub lege.[15] Quorum quidem sacrificiorum significatum explicite maiores[16] cognoscebant, minores autem sub velamine illorum sacrificiorum, credentes ea divinitus esse disposita de Christo venturo, quodammodo habebant velatam cognitionem.[17] Et sicut supra[18] dictum est, ea quae ad mysteria Christi pertinent tanto distinctius cognoverunt quanto Christo propinquiores fuerunt.

Post tempus autem gratiae revelatae tam maiores quam minores tenentur habere fidem explicitam de mysteriis Christi; praecipue quantum ad ea quae communiter in Ecclesia sollemnizantur et publice proponuntur, sicut sunt articuli incarnationis, de quibus supra[19] dictum est. Alias autem subtiles considerationes[20] circa Incarnationis articulos tenentur aliqui magis vel minus explicite credere secundum quod convenit statui et officio uniuscuiusque.[21]

---

15. Cf. I-II, q.102, a.5, ad4, 5, 6; q.103, a.2; III, q.46, a.10, ad1, 2; q.47, a.2, ad1; q.75, a.1.
16. Cf. a.6.
17. 어떻게 이 구절이 하느님의 구원하는 섭리에 대한 믿음을 함께 표현하는지 주목하라. '답변'의 이 부분은 백성들의 지도자들 안에서 애매한 메시아적 각성 이상의 것을 인정하던 중세의 전제를 포함하고 있는 것처럼 보인다.
18. Cf. q.1, a.7.
19. Cf. q.1, a.8.
20. Cf. a.6, ad2.
21. 이 관점에 관한 이론적이고 사목적인 측면 모두에서 후대의 신학적 문헌들 안에서 성 토마스의 입장은 종종, 신세계조차도 발견되기 이전에 기술된 일종의

에서도 명시적으로 믿었다. 그렇지 않다면, 그들은 그리스도의 수난을 법 이전에만이 아니라 법 아래에서도 일종의 희생들로서 미리 비유하여 표현[豫表]하지 않았을 것이다.[15] 그러한 희생들로 의미된 것을 뛰어난 이들[16]은 명시적으로 인식했고, 모자란 이들은 저 희생들의 베일 아래에서, 그리스도가 오실 것에 대해 하느님에 의해 규정되었음을 믿으면서, 어느 의미에서 베일에 싸인 인식을 가졌다.[17] 위에서[18] 말한 바와 같이, 그들은 그리스도의 신비에 속하는 것들을, 그들이 그리스도에게 가까우면 가까울수록, 그만큼 더 분명하게 인식했다.

그러나 계시된 은총의 시기 이후에는 뛰어난 이들뿐만 아니라 모자란 이들도 그리스도의 신비들에 대한 명시적인 신앙을 가져야만 한다. 무엇보다도 [그 신비들이] 교회 안에서 공통적으로 장엄하게 거행되고, 공적으로 제시되는 한에서 그래야 하는데, 위에서[19] 말했던 육화에 대한 조항들에 대해 [명시적 신앙을 가져야 한다]. 그러나 육화에 관한 조항들에 대한 다른 정교한 고찰들은,[20] 각각의 지위와 직분에 부합하는 한에서, 더 명시적이거나 덜 명시적으로 믿어야 한다.[21]

중세적 입장으로 그대로 받아들이기에는 너무 협소한 것으로 간주되었다. 아마 그럴 수도 있을 것이다. 그러나 이 [답변]은 '교회 안의' 상황에 관해서 말하고 있고, 역사를 통해서 교회의 단일성에 대한 이해를 가지고 말하고 있다는 사실만은 매우 분명하다.(Cf. *De veritate* q.14, a.12) 교회는 '신자들의 공동체'(congregatio fidelium)이며 - 그에게 그리스도 안에 있는 구원의 메시지가 비유적으로 그리고 실제적으로도 전달되는 - 함께 모인 백성이다. 그래서 성경으로부터 참고 사항들: 율법 이전과 이후에는 하느님께 바쳐지는 희생들; 그리스도 이후에는 교회 안에서 신경의 조항들을 기념하고 선포하는 것들이 존재한다. 모든 이는 이러한 기초들에 대한 신앙에 묶여 있지만, 신앙의 가르침의 섬세한 요소들과 관련해서는 단계의 차이가 존재한다. 그리스도에 관해서 어떠한 각성도 가지지 않은 사람, 즉 '불신자의 구원'에 관한 것은 다른 문제이다. Cf. ad3.

q.2, a.7

AD PRIMUM ergo dicendum quod *angelos non omnino latuit mysterium regni Dei*, sicut Augustinus dicit, V *super Gen. ad Litt.*[22] Quasdam tamen rationes huius mysterii perfectius cognoverunt Christo revelante.[23]

AD SECUNDUM dicendum quod Ioannes Baptista non quaesivit de adventu Christi in carnem quasi hoc ignoraret, cum ipse hoc expresse confessus fuerit, dicens: *Ego vidi, et testimonium perhibui quia hic est filius Dei*, ut habetur Ioan. 1, [34]. Unde non dixit: *Tu es qui venisti?* sed: *Tu es qui venturus es?* Quaerens de futuro, non de praeterito.—Similiter non est credendum quod ignoraverit eum ad passionem venturum, ipse enim dixerat: *Ecce Agnus Dei, qui tollit peccata mundi*,[24] praenuntians eius immolationem futuram;[25] et cum hoc prophetae alii ante praedixerint, sicut praecipue patet in Isaiae 53.—Potest igitur dici, sicut Gregorius dicit,[26] quod inquisivit ignorans an ad Infernum esset in propria persona descensurus. Sciebat autem quod virtus passionis eius extendenda erat usque ad eos qui in Limbo detinebantur, secundum illud Zach. 9, [11]: *Tu quoque in sanguine testamenti tui emisisti vinctos de lacu in quo non est aqua.*[27] Nec hoc tenebatur explicite credere, antequam esset impletum, quod per

---

22. Augustinus, *Super Genesim ad litt.*, v, 19, n.38: PL 34, 334.
23. Cf. I, q.57, a.5, c & ad1.
24. Cf. 요한 1,29.
25. Augustinus, Super Genesim ad litt., v, 29, n.38: PL 34, 334.
26. Gregorius, *Hom. in Evang.*, I, hom.6, n.1: PL 76, 1095 D.

[해답] 1. 아우구스티누스가 『창세기 문자적 해설』 제5권에서[22] 말하듯이, 하느님 나라의 신비는 천사들에게 완전히 숨겨져 있었던 것은 아니다. 그럼에도 그 신비의 어떤 근거들은 그리스도가 계시하심으로써 더 완전하게 인식되었다.[23]

2. 세례자 요한은 그리스도의 육신으로 오심에 대해 마치 이것을 알지 못했던 사람처럼 물었던 것이 아니다. 그는 요한복음서 1장 [34절]에서 언급된 바와 같이, "나는 보았다. 그리고 이분이 하느님의 아드님이시라고 증언하였다."라고 말하면서 이것을 명확하게 고백했기 때문이다. 그래서 그는 "당신이 오신 그분입니까?"라고 말하지 않았고, 오히려 "당신은 오셔야 할 그분입니까?"라고 말했다. 그렇게 그는 과거에 대해서가 아니라 미래에 대해서 물었던 것이다. – 이와 유사하게 그분께 다가올 수난에 대해서 몰랐다고 믿을 필요가 없다. 그 자신이 그분이 미래에 희생을 바치실 것을 미리 선포하면서, "보라, 세상의 죄를 없애시는 하느님의 어린양이시다."[24]라고 말했기 때문이다.[25] 그리고 무엇보다도 이사야서 53장에서 분명한 것처럼, 이것을 다른 예언자들도 이전에 미리 말했기 때문이다. – 따라서 그레고리우스가 말하는 것처럼,[26] [세례자 요한은 그리스도가] 고유한 인격으로 지옥으로 내려가려 했는지를 알지 못했기 때문에 물었던 것이라고 할 수 있다. 그러나 [세례자 요한은] 그리스도의 수난의 능력이 림보에 갇힌 사람들에게도 미친다는 점을 알았다. 이는 즈카르야서 9장 [11절][27]의 "당신은 또한 당신과 피로 맺은 계약으로 물이 없는 구덩이로부터 구속된 이들을 끌어내 주셨다."라는 말씀에 따른 것이다. 그러나 그리스도가 자기 스스로 [지옥으로] 내려가려고 했다는

---

27. 즈카 9,11: "너에게는 나와 피로 맺은 계약이 있으니 포로가 된 내 백성을 내가 물 없는 구덩이에서 끌어내 주리라."

q.2, a.7

seipsum deberet descendere.

Vel potest dici, sicut Ambrosius dicit, *super Luc.*,[28] quod non quaesivit ex dubitatione seu ignorantia, sed magis ex pietate.—Vel potest dici, sicut Chrysostomus dicit,[29] quod non quaesivit quasi ipse ignoraret, sed ut per Christum satisfieret eius discipulis. Unde et Christus ad discipulorum instructionem respondit, signa operum ostendens.[30]

AD TERTIUM dicendum quod multis gentilium facta fuit revelatio de Christo, ut patet per ea quae praedixerunt. Nam *Iob* 19, [25] dicitur: *Scio quod Redemptor meus vivit.* Sibylla etiam praenuntiavit quaedam de Christo, ut Augustinus dicit.[31] Invenitur etiam in historiis Romanorum[32] quod tempore Constantini Augusti et Irenae matris eius inventum fuit quoddam sepulcrum in quo iacebat homo auream laminam habens in pectore in qua scriptum erat: *Christus nascetur ex Virgine et credo in eum. O sol, sub Irenae et Constantini temporibus iterum me videbis.*

Si qui tamen salvati fuerunt quibus revelatio non fuit facta,

---

28. Cf. 루카 7,19: "주님께 보내며, '오실 분이 선생님이십니까? 아니면 저희가 다른 분을 기다려야 합니까?' 하고 여쭙게 하였다." Ambrosius, *Expostio Evangelii secundum Lucam*, v, super 7, 19, n.93: PL 15, 1661 B(748). 성 암브로시우스(c.339-397)는 밀라노의 대주교이자 교부이다. 그의 도덕적이고 금욕적인 저술들은 II-II에서 자주 인용된다.

29. Chrysostomus, Hom. 36, al. 37, *in Matth.*, n.2: PG 57, 414-418. 성 요한 크리소스토무스(c.347-407)는 콘스탄티노폴리스의 대주교로서 위대한 그리스 교부들 중에 한 분으로 설교가와 복음들에 대한 도덕적 해석가로서 유명했다. 그의 마태오복음서에 관한 설교는 특별히 성 토마스에 의해서 높이 평가되었다.

사실을 그것이 성취되기 전에 명시적으로 믿어야 하는 것은 아니었다.

혹은 암브로시우스가 루카복음서 [7장 19절][28]에 대해 말하는 것처럼, 그가 의심과 무지로부터가 아니라 경건함으로부터 물었다고 할 수 있다.-혹은 크리소스토무스가 말하는 것처럼,[29] 마치 [세례자 요한이] 알지 못해서가 아니라 그의 제자들이 그리스도 자신에 의해 만족되도록 하기 위한 것이라고 말할 수 있다. 그래서 그리스도께서도 그 제자들을 가르치기 위해, 과업들의 표징을 제시하시면서, 대답하셨다.[30]

3. 이교도들 중에 많은 이에게 그리스도에 대한 계시가 이루어졌는데, 이는 그들이 미리 말했던 것을 통해서 분명하다. 왜냐하면 욥기 19장 [25절]에서 "나는 알고 있다네, 나의 구원자께서 살아 계심을."이라고 말하기 때문이다. 또한 아우구스티누스가 말하는 것처럼,[31] 시빌라도 또한 그리스도에 대해 어떤 것들을 미리 선포했다.

로마인들의 역사들에서도[32] 콘스탄티누스 황제와 그의 어머니 헬레나 시대에 어떤 무덤이 발견되었는데, 그 안에 그의 가슴에 금판을 가진 사람이 누워 있었다는 사실이 발견된다. 그 금판에는 이런 글귀가 새겨져 있었다고 한다. "그리스도는 동정녀에게서 날 것이고, 나는 그를 믿습니다. 오, 태양이시여, 당신은 헬레나와 콘스탄티누스의 시대에 나를 다시 볼 것입니다." 그럼에도 만일 그들에게 계시가 이루어지지 않은 이들이 구원받았다면, 이들은 중재자에 대한 신앙이 없이는 구원을 받지 못했다. 비록 그들이 명시적인 신앙을 지니지

---

30. Matth., 1. c. in arg., v. 4-5.
31. Augustinus, *Contra Faustum Manichaeum*, XIII, c.15: PL 42, 290.
32. Cf. Theophanes, *Chronographia annorum DXXVIII, ab anno Diocletiani primo ad Michaelis et Theophylacti eius fratris annum secundum, anno Christi 773*: PG 108, 918 B.

non fuerunt salvati absque fide mediatoris. Quia etsi non habuerunt fidem explicitam, habuerunt tamen fidem implicitam in divina providentia,[33] credentes Deum[35] esse liberatorem hominum secundum modos sibi placitos et secundum quod aliquibus veritatem cognoscentibus ipse revelasset:[36] secundum illud *Iob* 35, [11]:[34] *Qui docet nos super iumenta terrae.*

Articulus 8
Utrum explicite credere Trinitatem sit de necessitate salutis

Ad octavum sic proceditur. Videtur quod credere Trinitatem explicite non fuerit de necessitate salutis.

1. Dicit enim Apostolus, *ad Heb.* 11, [6]: *Credere oportet accedentem ad Deum quia est, et quia inquirentibus se remunerator est.* Sed hoc potest credi absque fide Trinitatis. Ergo non

---

33. Cf. q.1, a.7.
34. 욥 35,11: "우리를 들의 짐승보다 더 많이 깨우치시고 하늘의 새보다 슬기롭게 해 주시는 분께서는 어디 계신가?"
35. 비오판에서는 'Spiritus'(성령께서)라고 나온다.
36. 여기서 과거 시제를 사용하는 것은 전체 절의 역사적 전망에 의존한다. 이 해답이 현재에—성 토마스의 시대에(확실히 『대이교도대전』의 저자로서 그는 비그리스도교 세계에 대해서 알고 있었다.) 그리고 우리의 시대에—그의 가르침이 지닌 전체성이라는 관점에서 적용될 수 없어야 하는 아무런 이유도 없다. 본질적인 요점은 하느님과 긍정적인 관계를 맺지 않는다면 '불신자의 구원'이란 존재

못했다 하더라도, 신적인 섭리에 대한³³ 함축적인 신앙을 가지고 있었다. 그들은 하느님께서 자신에게 마음에 드는 방식으로, 그리고 욥기 35장 [11절]³⁴의 "그분은 땅의 짐승들보다 더 우리를 가르치신다."라는 말씀에 따라, 진리를 인식하는 이들에게 [하느님] 자신께서³⁵ 계시하셨던 한에서, 인간들의 구원자이심을 믿었기 때문이다.³⁶

제8절 삼위일체를 믿는 일이 구원을 위해 필수적인가?

Parall.: *In Sent.*, III, d.25, q.2, a.2, qc.24; Expos. Litt.; IV, d.6, q.2, a.2, qc.1; *De veritate*, q.14, a.11.

Doctr. Eccl.: 앞선 절의 텍스트들을 보라.

[반론] 여덟째에 대해서는 다음과 같이 진행된다. 삼위일체를 명시적으로 믿는 일은 구원을 위해 필요하지 않았던 것처럼 보인다.

1. 실제로 사도는 히브리서 11장 [6절]에서 "하느님께 나아가는 사람은 그분께서 계시다는 것과 그분께서 당신을 찾는 이들에게 보상을 주시는 분이라는 것을 믿어야 합니다."라고 말한다. 그러나 이것은 삼위일체에 대한 신앙 없이도 믿어질 수 있다. 그러므로 삼위일체

할 수 없다는 사실이다. 저 관계는 실제로 은총을 통해서 그래서 그리스도에게 의존함으로써 온다. 이것이 일어나는 용어들은, 그렇지만, 개인의 실제적인 상황에 상응할 것이다. 그 용어들이 무엇이든지 구원자에 대한 함축적인 신앙이 포함될 것이고, 그 안에서 그 개인은 하느님과 그의 길을 받아들일 것이다. I-II, q.89, a.6는 환원 불가능한 모델을 제시하는데, 복음에 대한 자각이 없는 사람이 결정적인 구원 문제를 그 안에 위치시켜야 하는 '명시적인' 용어들을 제시한다. 저 문제에 관한 올바른 해결책은 실제로 은총에 의해서 그리고 그것에 의해 그리스도를 통해서 온다.

q.2, a.8

oportebat explicite fidem de Trinitate habere.

2. Praeterea, dominus dicit, Ioan. 17, [6]: *Pater, manifestavi nomen tuum hominibus*, quod exponens Augustinus[1] dicit: *Non illud nomen tuum quo vocaris Deus, sed illud quo vocaris pater meus.* Et postea subdit etiam: *In hoc quod Deus fecit hunc mundum, notus in omnibus gentibus; in hoc quod non est cum diis falsis colendus, notus in Iudaea Deus; in hoc vero quod Pater est huius Christi per quem tollit peccatum mundi, hoc nomen eius, prius occultum, nunc manifestavit eis.* Ergo ante Christi adventum non erat cognitum quod in deitate esset paternitas et filiatio. Non ergo Trinitas explicite credebatur.

3. Praeterea, illud tenemur explicite credere in Deo quod est beatitudinis obiectum.[2] Sed obiectum beatitudinis est bonitas summa, quae potest intelligi in Deo etiam sine personarum distinctione. Ergo non fuit necessarium credere explicite Trinitatem.

SED CONTRA est quod in veteri Testamento multipliciter expressa est Trinitas personarum, sicut statim in principio *Gen.* [1, 26][3] dicitur, ad expressionem Trinitatis: *Faciamus hominem*

---

1. Augustinus, *In evang. Ioan.*, tr.106, n.4, super 17, 6: PL 35, 1909-1910.
2. Cf. II-II, q.2, a.5.

에 대한 신앙을 명시적으로 가질 필요는 없다.

2. 요한복음서 17장 [6절]에서 주님은 "아버지, [이] 사람들에게 당신의 이름을 드러냈습니다."라고 말씀하신다. 이 말씀을 주해하면서, 아우구스티누스[1]는 "그것에 의해 당신이 하느님이라 불리는 당신의 이름이 아니라, 그것에 의해 당신이 나의 아버지라 불리는 당신의 이름"이라고 말한다. 그는 그다음에 다음과 같이 덧붙인다. "하느님이 이 세상을 만드셨다는 사실 안에서, 그분은 모든 민족에게 알려졌다. 그분이 거짓된 신들과 함께 경배되어서는 안 된다는 사실 안에서, 그분은 유다에 하느님으로 알려진다. 그러나 그분이 세상의 죄를 없애시는 그리스도의 아버지라는 사실 안에서, 이전에는 감추어져 있었던 그분의 이 이름을 이제 사람들에게 드러내셨다." 그러므로 그리스도가 오시기 전에 부성(父性)과 자성(子性) 모두 신성 안에 있었음이 알려지지 않았다. 그러므로 삼위일체는 명시적으로 믿어지지 않았다.

3. 우리는 하느님이 참행복의 대상이라는 것을 하느님을 향해 명시적으로 믿어야만 한다.[2] 그런데 참행복의 대상은 최고선이고, 이것은 위격들 사이의 구분 없이도 하느님 안에서 이해될 수 있다. 그러므로 삼위일체를 명시적으로 믿는 일은 필요하지 않았다.

[재반론] 그러나 반대로 위격들의 삼위일체는 구약성경에 다양하게 표현되어 있다. 예컨대 삼위일체를 표현하기 위해, 즉각 창세기의 시작 부분[3]에 "우리 모상으로 우리와 비슷하게 인간을 만들자."라고 언

---

3. Cf. 창세 1,26: 하느님께서 말씀하셨다. "우리와 비슷하게 우리 모습으로 사람을 만들자. 그래서 그가 바다의 물고기와 하늘의 새와 집짐승과 온갖 들짐승과 땅을 기어 다니는 온갖 것을 다스리게 하자."

q.2, a.8

ad imaginem et similitudinem nostram. Ergo a principio de necessitate salutis fuit credere Trinitatem.[4]

RESPONDEO dicendum quod mysterium Christi explicite credi non potest sine fide Trinitatis, quia in mysterio Christi hoc continetur quod filius Dei carnem assumpserit, quod per gratiam Spiritus Sancti mundum renovaverit, et iterum quod de Spiritu Sancto conceptus fuerit. Et ideo eo modo quo mysterium Christi ante Christum fuit quidem explicite creditum a maioribus, implicite autem et quasi obumbrate a minoribus,[5] ita etiam et mysterium Trinitatis. Et ideo etiam post tempus gratiae divulgatae tenentur omnes ad explicite credendum mysterium Trinitatis. Et omnes qui renascuntur in Christo hoc adipiscuntur per invocationem Trinitatis, secundum illud Matth. ult., [19]: *Euntes, docete omnes gentes, baptizantes eos in nomine Patris et Filii et Spiritus Sancti.*

AD PRIMUM ergo dicendum quod illa duo explicite credere de Deo omni tempore et quoad omnes necessarium fuit. Non tamen est sufficiens omni tempore et quoad omnes.

AD SECUNDUM dicendum quod ante Christi adventum fides Trinitatis erat occulta in fide maiorum.[6] Sed per Christum manifestata est mundo per Apostolos.

4. 성 토마스는 이 성경 구절에서 당시에 대명사의 복수형(우리 모상으로 우리와 [⋯]에 관해 설명하는 이들과 함께 가장 거룩한 삼위일체의 신비에 대한 언급을

급된다. 그러므로 삼위일체를 믿는 일은 처음부터 구원을 위해 필요했다.[4]

[답변] 삼위일체에 대한 신앙 없이 그리스도의 신비를 명시적으로 믿는 일은 불가능하다. 그리스도의 신비 안에는 하느님의 아들이 육신을 취했고, 성령의 은총을 통해 세상을 새롭게 했으며, 다시 성령에 의해 잉태되었다는 사실이 포함된다. 따라서 그리스도 이전에 그리스도의 신비는 뛰어난 이들에 의해 명시적으로 믿어졌지만, 모자란 이들에 의해서는 함축적으로 그리고 어둡게 믿어졌던 것처럼,[5] 또한 삼위일체의 신비도 [동일한 방식으로 믿어졌다]. 따라서 공개된 은총의 시기 이후에는 모든 이는 삼위일체의 신비를 명시적으로 믿어야만 한다. 그리고 마태오복음서 28장 [19절]의 "너희는 가서 모든 민족들을 성부와 성자와 성령의 이름으로 세례를 주면서 가르쳐라."라는 말씀에 따라 그리스도 안에서 다시 태어난 모든 이는 삼위일체를 부름으로써 이것을 획득한다.

[해답] 1. 이 두 가지를 하느님에 대해 명시적으로 믿는 일은 어느 때나 그리고 누구에게나 필요했다. 그럼에도 그것이 어느 때나 그리고 누구에게나 충분한 것은 아니다.
2. 그리스도가 오시기 전에는 삼위일체에 대한 신앙이 뛰어난 이들의 신앙 안에 감추어져 있었다.[6] 그러나 그것은 그리스도를 통해, 또한 사도들을 통해 세상에 명백하게 밝혀졌다.

발견한다. 그렇지만 복수형은 히브리어의 표현 방식에서 유래하는 것이고, 삼위일체 신비의 계시로 해석되기는 어렵다.
5. Cf. a.7.
6. Cf. II-II, a.6, ad3.

AD TERTIUM dicendum quod summa bonitas Dei secundum modum quo nunc intelligitur per effectus, potest intelligi absque Trinitate Personarum.⁷ Sed secundum quod intelligitur in seipso, prout videtur a beatis, non potest intelligi sine Trinitate Personarum. Et iterum ipsa missio Personarum divinarum perducit nos in beatitudinem.⁸

Articulus 9
Utrum credere sit meritorium

Ad nonum sic proceditur. Videtur quod credere non sit meritorium.

1. Principium enim merendi est caritas, ut supra¹ dictum est. Sed fides est praeambula ad caritatem, sicut et natura. Ergo, sicut actus naturae non est meritorius (quia naturalibus non meremur), ita etiam nec actus fidei.

---

7. Cf. I, q.32, a.1. 신적 본질, 그러므로 신성, 그리고 신성 안에서 세 위격 사이에는 아무런 실재적 구별이 없다.
8. Cf. II-II, q.1, a.8, ad4. 제1부 제43문에서는 인간의 구원과 성화를 위한 성자와 성령의 파견에 대해서 다룬다.

3. 하느님의 최고 선성은, 지금 결과를 통해 이해되는 방식에 따라서는, 삼위성(trinitas)이 없이도 이해될 수 있다.[7] 그러나 복된 이들에 의해 직관되는 것과 같은, 그 자체로 이해되는 방식에 따라서는, 위격들의 삼위일체 없이는 이해될 수 없다. 또한 신적 위격들의 파견 자체가 우리를 참행복으로 인도한다.[8]

제9절 믿는 일은 공로가 되는가?

Parall.: III, q.7, a.3, ad2; *In Sent.*, III, d.24, a.3, qc.2; *De veritate*, q.14, a.3; *De potentia*, q.6, a.9; *In Ep. ad Hebr.*, c.11, lect.1.

Doctr. Eccl.: "그리스도 신앙에 동의하는 것은 자유가 아니라 인간 이성의 논거에 의해서 필연적으로 산출된 것이라고 말하거나, 하느님의 은총은 오직 사랑을 통해 작용하는 살아 있는 신앙에만 필요하다(갈라 5,6 참조)고 말하는 자는 파문될 것이다."(제1차 바티칸공의회, 제3 회기, 제3장, 제5조: DS 1814[= DH 3035]). 같은 곳, DS 178[= DH 375], DS 798[= DH 1526-1527], DS 1791[= DH 3010] 참조.

[반론] 아홉째에 대해서는 다음과 같이 진행된다. '믿는 일'은 공로가 되지 않는 것처럼 보인다.

1. 위에서[1] 말한 바와 같이, 모든 공로의 원리는 참사랑이기 때문이다. 그런데 신앙은, 본성과 마찬가지로, 참사랑을 향한 전제이다. 그러므로 우리는 본성적인 것들에 대해 상을 받지 않기 때문에, 본성의 행위는 공로가 되지 않듯이, 신앙의 행위도 또한 공로가 되지 않는다.

---

1. Cf. I-II, q.114, a.4.

q.2, a.9

2. Praeterea, credere medium est inter opinari et scire vel considerare scita.[2] Sed consideratio scientiae non est meritoria; similiter autem nec opinio. Ergo etiam neque credere est meritorium.

3. Praeterea, ille qui assentit alicui rei credendo aut habet causam sufficienter inducentem ipsum ad credendum, aut non. Si habet sufficiens inductivum ad credendum, non videtur hoc ei esse meritorium, quia non est ei iam liberum credere et non credere. Si autem non habet sufficiens inductivum ad credendum, levitatis est credere, secundum illud *Eccli.* 19, [4]: *Qui cito credit levis est corde*, et sic non videtur esse meritorium. Ergo credere nullo modo est meritorium.

SED CONTRA est quod dicitur *ad Heb.* 11, [33], quod sancti *per fidem adepti sunt repromissiones*. Quod non esset nisi credendo mererentur. Ergo ipsum credere est meritorium.

RESPONDEO dicendum quod, sicut supra[3] dictum est, actus nostri sunt meritorii inquantum procedunt ex libero arbitrio moto a Deo per gratiam.[4] Unde omnis actus humanus qui

---

2. Cf. II-II, q.2, a.1.
3. Cf. I-II, q.114, aa.3-4.
4. 자유재량으로서의 liberum arbitrium에 대해서는: Cf. I, q.83. 문자적으로 '자유 결

2. '믿는 일'은 '추측하는 일'(의견을 가지는 일)과 '아는 일' 또는 '안 것을 고찰하는 일' 사이의 중간이다.² 그러나 지식에 대한 고찰은 공로가 되지 않고, 의견도 마찬가지로 공로가 되지 않는다. 그러므로 '믿는 일'도 또한 결코 공로가 되지 않는다.

3. 믿어야만 하는 어떤 사태에 동의하는 사람은, 믿어야만 하는 것으로 자신을 충분히 이끌어 가는 원인을 가지고 있거나 혹은 그렇지 않다. 만일 그가 믿어야만 하는 것으로 이끄는 충분한 [원인]을 가지고 있다면, 그에게는 더 이상 믿거나 믿지 않을 자유가 없기 때문에, 이것은 그에게 공로가 되지 않는 것처럼 보인다. 그러나 만일 그가 믿어야만 하는 것으로 이끄는 충분한 [원인]을 가지고 있지 않다면, 집회서 제19장 [4절]의 "성급하게 믿는 이는 마음이 경박하다."라는 말씀에 따라, 믿는 일이란 경박함에 속한다. 그래서 이것은 공로가 되지 않는 것처럼 보인다. 그러므로 '믿는 일'이란 결코 공로가 되지 않는다.

[재반론] 그러나 반대로 히브리서 11장 [33절]에서는 "성인들은 믿음을 통해 약속[된 것]들을 얻었다."라고 말한다. 이는 오직 믿는 일이 공로가 되는 경우에만 그렇다. 그러므로 믿는 일 자체가 공로가 된다.

[답변] 위에서³ 말한 바와 같이, 은총을 통해 하느님에 의해 움직여지는 자유재량으로부터 진행되는 한, 우리의 행위는 공로가 되는 것이다.⁴ 그러므로 자유재량에 복종하는 모든 인간적 행위는, 만일 그

단'이란 용어는 자유로운 행위, 즉 선택(electio; cf. I-II, q.13, aa.1 & 3 & 6)을 발달시키는 것에서 지성과 의지 사이에 밀접한 상호 관계를 기초로 해서 설명된다. '선택된 것'과 '선택 행위'와 관련해서, 선택은 선택권을 실천하는 것이다. 이런 선

q.2, a.9

subiicitur libero arbitrio, si sit relatus in Deum, potest meritorius esse.[5] Ipsum autem credere est actus intellectus assentientis veritati divinae ex imperio voluntatis[6] a Deo motae per gratiam, et sic subiacet libero arbitrio in ordine ad Deum.[7] Unde actus fidei potest esse meritorius.

AD PRIMUM ergo dicendum quod natura comparatur ad caritatem, quae est merendi principium, sicut materia ad formam. Fides autem comparatur ad caritatem sicut dispositio praecedens ultimam formam. Manifestum est autem quod subiectum vel materia non potest agere in virtute formae, neque etiam dispositio praecedens, antequam forma adveniat. Sed postquam forma advenerit, tam subiectum quam dispositio praecedens agit in virtute formae, quae est principale agendi principium, sicut calor ignis agit in virtute formae substantialis.[8] Sic ergo neque natura neque fides sine caritate possunt producere actum meritorium,[9] sed caritate superveniente, actus fidei fit meritorius per caritatem, sicut et actus naturae et naturalis liberi arbitrii.[10]

택권들에 대한 선행하는, 가치 판단은 강요된 것이 아니기 때문이고, 그래서 차례로 판단의 기준은—어떤 특수한 선에 의해서도 성취될 수 없는—선 그 자체에 대한 의지 자신의 질서이다.

5. 의지 행위 자체뿐만 아니라, 의지의 후원 아래 실행되는 어떠한 행동도 [공로가 될 수 있다]. Cf. I-II, q.1, a.1; qq.18-19.
6. Cf. II-II, q.2, a.1, c et ad3; a.2.
7. 신앙은 '하느님과 관련되는'데, 한편으로 그것은 형상적 근거로서의 하느님께 지성이 동의하기 때문이고, 다른 한편으로 의지가 목적으로서의 하느님과 맺는 관

것이 하느님과 연관된다면, 공로가 될 수 있다.[5] 그런데 '믿는 일' 그 자체는, 은총을 통해 하느님에 의해 움직여진 의지의[6] 명령으로부터 신적 진리에 동의하는, 지성의 행위이다. 그래서 그것은 하느님과 관련된 자유재량에 종속된다.[7] 그래서 신앙의 행위는 공로가 될 수 있다.

[해답] 1. 공로가 되는 원리인 참사랑에 대한 본성의 관계는, 형상에 대한 질료의 관계와 같다. 그런데 신앙은 참사랑에 대해서 궁극적 형상에 선행하는 태세(dispositio)와 같은 관계를 갖는다. 그런데 그 주체나 질료는 형상의 힘에 의해서가 아니면 작용할 수 없고, 형상이 나타나기 이전에 선행하는 태세도 또한 [작용할 수] 없다는 사실은 명백하다. 그러나 그 형상이 나타난 후에, 행위의 주요한 원리인 그 형상의 힘에 의해 그 주체와 그 선행하는 태세가 모두 작용한다. 이는 불의 열이 [불이라는] 그 실체적 형상의 힘에 의해 작용하는 것과 같다.[8] 그러므로 본성도 신앙도, 참사랑이 없으면, 공로가 되는 행위를 산출할 수 없다.[9] 그러나 참사랑에 의해 수반될 때, 신앙의 행위는, 마치 본성의 행위와 자유재량의 본성적 행위처럼, 참사랑을 통해 공로가 되는 일이 일어난다.[10]

계에 의해서 동기화되었기 때문이다.(Cf. a.2) 그 행위는 지성의 동의가 강요된 것이 아니라 '숙고'(cogitatio, cf. ad2)를 포함함으로써 '자유재량에 종속된다'. 또한 의지를 움직이게 하는 영향이 최고의 참행복을 주는 선인 하느님께 대한 그것의 지향인 반면에, 하느님은 그 자체로 분명하게 보이지 않고 그러므로 자유 선택의 대상이기 때문이다. Cf. I, q.82, a.2.

8. Cf. I, q.12, a.5; I-II, q.113, a.7; a.8, ad2.
9. Cf. q.4, aa.3-4.
10. 성 토마스는 여기서 특별히 사랑으로부터 형상화된 신앙 행위 자체가 그 전체의 본질에서 공로가 된다는 점을 강조한다.(Cf. ad2) 비록 신앙 행위가 참사랑과

q.2, a.9

AD SECUNDUM dicendum quod in scientia duo possunt considerari, scilicet ipse assensus scientis ad rem scitam, et consideratio rei scitae. Assensus autem scientiae non subiicitur libero arbitrio, quia sciens cogitur ad assentiendum per efficaciam demonstrationis. Et ideo assensus scientiae non est meritorius. Sed consideratio actualis rei scitae subiacet libero arbitrio, est enim in potestate hominis considerare vel non considerare.[11] Et ideo consideratio scientiae potest esse meritoria, si referatur ad finem caritatis, idest ad honorem Dei vel utilitatem proximi. Sed in fide utrumque subiacet libero arbitrio. Et ideo quantum ad utrumque actus fidei potest esse meritorius. Sed opinio non habet firmum assensum, est enim quoddam debile et infirmum, secundum Philosophum, in I *Poster.*[12] Unde non videtur procedere ex perfecta voluntate. Et sic ex parte assensus non multum videtur habere rationem meriti. Sed ex parte considerationis actualis potest meritoria esse.

AD TERTIUM dicendum quod ille qui credit habet sufficiens inductivum ad credendum, inducitur enim auctoritate divinae doctrinae miraculis confirmatae,[13] et, quod plus est, interiori

---

함께만 공로가 되더라도 말이다. 성 토마스는 이 사실은 자연 세계에서 일어나는 일과 비교한다. 예를 들어, 불에서, 비록 열이 불의 본질을 근거로 해서만 존재할지라도, 불은 뜨겁게 만드는 열이기도 하다. 이러한 해답의 논증은 질료 형상론이라는 익숙한 이론을 전제한다. Cf. I-II, q.113, aa.7-8. 여기서 제시되는 요점은 질료는 사실상 오직 형상과 그것이 결합되어 있기 때문에 물질적 존재의 구성적 원리이다. 새로운 형상을 받아들이기 위한 소질은 오직 그 형상이 다가

2. 지식에서는 두 가지가 고찰될 수 있다, 즉 알려진 사태에 대해 아는 이의 동의 자체, 그리고 알려진 사태에 대한 고찰이 그것이다. 그런데 지식에 대한 그 동의는 자유재량에 복종하지 않는다. 왜냐하면 아는 이는 증명의 효과를 통해서 동의하도록 강요되기 때문이다. 따라서 지식에 대한 동의는 공로가 되지 않는다.

그러나 알려진 사태에 대한 실제적인 고찰은 자유재량에 종속된다. 고찰하는 일과 고찰하지 않는 일은 인간의 권한 안에 있기 때문이다.[11] 따라서 지식에 대한 고찰은, 만일 그것이 참사랑의 목적, 즉 하느님의 영광이나 이웃의 유용성과 연관된다면, 공로가 될 수 있다.

그러나 신앙에서는 이 두 가지가 모두 자유재량에 복종한다. 따라서 두 가지 모두에 관해 신앙의 행위는 공로가 될 수 있다. 그러나 의견은 확고한 동의를 가지지 않는다. 『분석론 후서』 제1권에서[12] 철학자에 따르면, 의견은 일종의 취약하고 허약한 것이기 때문이다. 그래서 그것은 완전한 의지로부터 진행하지 않는 것처럼 보인다. 그래서 동의의 측면에서는 공로의 의미를 많이 가지지 않는 것 같다. 그러나 실제적 고찰의 측면에서는 공로가 될 수 있다.

3. 믿는 사람은 믿어야만 하는 것으로 이끄는 충분한 [원인]을 가지고 있다. 그는 기적에 의해 확증된[13] 신적인 가르침의 권위에 의해

오는 순간에 사실상 저 형상에 가장 가까운 소질이 된다. 신부의 내뻗은 손은 - 그 반지가 끼워질 때까지 - 반지를 받기 위한 가장 가까운 소질이 아니다. 신앙의 경우에는, 회개 이전에 신앙의 첫째 운동이 의지가 거룩해지고 참사랑 아래에서 작용하는 그 순간 공로가 된다. 습성적인 참사랑 안에서 살아가는 사람의 경우에는, 신앙을 포함해서 모든 좋은 행위가 공로가 된다.

11. Cf. I-II, q.17, a.6.
12. Aristoteles, Anal. Post., I, c.33, 89a5-6; S. Thomas, lect.44, n.6.
13. 여기서 또 다시 '신뢰성의 동기'가 암시된다. Cf. q.1, a.4, ad2; q.5, a.1; q.6, a.1.

instinctu Dei invitantis.¹⁴ Unde non leviter credit. Tamen non habet sufficiens inductivum ad sciendum.¹⁵ Et ideo non tollitur ratio meriti.

Articulus 10
Utrum ratio inducta ad ea quae sunt fidei diminuat meritum fidei¹

---

14. '본능'(instinctus)이라는 용어는 제6문 제1절에서 명시적으로 발전되는 주제로서, 하느님이 어떻게 그의 능동적인 은총에 의해서 신앙 행위의 원인이 되는가를 함축한다. 그것은 또한 '이성 아래에 있는'(sub-rationale) 응답에 관해서도 사용되지만(예를 들어 I, q.78, a.4), '본능'은 여기서 다른 것을 의미한다. 이 의미는 성 토마스가 『행운에 관한 책』(*Liber de bona fortuna*; 이것은 『에우데모스 윤리학』의 두 장과 『대 윤리학』[*Magna Moralis*]을 포함하는 아리스토텔레스의 저술들을 익명의 작가가 편집한 것이다. Cf. T. Deman, "Le Liber de Bona Fortuna dans la théologie de sanit Thomas d'Aquin", *Revue des Sciences philosophiques et théologiques* 17[1928], 38-58.) 안에 포함된 것으로서 - 아리스토텔레스의 『에우데모스 윤리학』(VII, 14, 1248a14)을 안 후에 도입되었다. 그 '본능' 개념은 의지적 행위의 시작에서 신적인 능동적 원인성의 특별한 필요에(I-II, q.9, a.4), 은총 생활의 시작에(cf. *Quodl.*, q.1, a.7), 성령의 선물들 아래 있는 엄청 깊이 생각하는 행위(I-II, q.68, a.1)에 적용된다. 둘째 경우에 관해서는 그 용어는 은총의 준비에 관한 성 토마스의 사상 안에서 진화된 부분을 형성한다.(q.6, a.1) 막스 세클러(Max Sekler, *Instinkt und Glaubenwille nach Thomas von Aquin*, Mainz, 1962)의 '신앙의 본능'(instinctus fidei)에 관한 역사적이고 해석적인 연구는 스힐레벡스(E. Schillebeeckx, OP, *Revelation and Theology*, II, New York, 1968)에 의해서 수정되고 비판되었다. 신앙의 시작에 있는 움직이는 것으로서의 하느님 은총(능동적 은총) - 그래서 gratia operans라고 불리는 은총 - 의 수위성, 구원하고 참행복을 만드는 직접성, 무상성과 비매개성은 '본능' 이해의 기저를 이룬다. "성부는 한 사람의 마음을 믿도록 내적으로 움직이는 신적 작용의 본능에 의해서 많은 사람을 성자께로 이끄셨다."(*In Ioan.*, 6, lect.5) 세클러의 해석은 모든 그러한 언급을 '탈초본성화'(desupernaturalize)하려고 시도한다. 스힐레벡스는 작용 은총(gratia operans)과 협력 은총(gratia cooperans)에 관한 그의 설명(pp.54-5)에서

이끌리고, 더욱이 초대하시는 하느님의 내적 본능[14]에 의해 이끌리기 때문이다. 따라서 그는 경박하게 믿지 않는다. 그럼에도 그는 알아야만 하는 것들로 이끄는 충분한 원인을 가지지 못한다.[15] 따라서 공로의 이유는 상실되지 않는다.

제10절 신앙에 속하는 것들로 이끄는 논거는 신앙의 공로를 감소시키는가?[1]

Parall.: *In Sent.*, III, d.24, a.3, qc.3; *ScG*, I, 8; III, q.55, a.5, ad3.
Doctr. Eccl.: "신앙에 의해 조명을 받은 이성이 열심히 경건하게 신중히 찾는다면, 자연적으로 인식한 것에 대한 유비에 의해서든, 신비들의 내적 연관성 그리고 그것들과 인간의 최종 목적과의 연관에 의해서든, 신비들에 대한 지극히 풍요로운 깨달음을 하느님을 통해 얻게 될 것이다."(제1차 바티칸공의회, 제3 회기, 제4장: DS 1796[= DH 3016])

성 토마스의 『신학대전』 제2부 제1편 제111문 제2절에 의존하고 있다는 것을 드러내는 독해를 제공하지 않는다. '본능'의 다른 적절한 사용을 보기 위해서는: Cf. II-II, q.10, a.1, ad1; *In Rom.*, 8, lect.6 & 10; Quodl., q.2, a.6, ad3.
15. Cf. a.10, ad2.

1. 이 절의 질문은 첫 번째 반론에서 인용된 성 그레고리우스의 문헌에서 야기된 것이다. 페트루스 롬바르두스(히브리서 10장 19절에 대한 주해: PL 192, 483)는 '증거를 제공하는 인간 이성'이란 표현으로 감각적인 경험을 이해했다. 그래서 그 의미는 신앙이 감각적 경험에 의존한다면, "보지 않고도 믿는 이는 복되다."라고 토마스 사도에게 하는 주님의 말씀에 상응하게 그 공로를 잃어버린다는 것이다. 릴의 알라누스(Alan of Lille, †1203)와 투르네의 시몬(Simon of Tournai, †c.1203)의 노력을 통해서 이러한 해석은 서서히 극복되었다. 이 사람들의 영향 아래에서 스테파누스 랭턴(Stephen Langton, †1228)은 직접적인 체험이나 증명적인 논증이 제시되는 곳에서는 신앙의 공로뿐만 아니라 도대체 신앙 자체도 사라지게 되지만, 믿어지는 것에 대한 신학적인 논증이 제시되는 곳에서는 그렇지 않다고 가르친다.

q.2, a.10

Ad decimum sic proceditur. Videtur quod ratio inducta ad ea quae sunt fidei diminuat meritum fidei.

1. Dicit enim Gregorius, in quadam homilia,[2] quod *fides non habet meritum cui humana ratio praebet experimentum*. Si ergo ratio humana sufficienter experimentum praebens totaliter excludit meritum fidei, videtur quod qualiscumque ratio humana inducta ad ea quae sunt fidei diminuat meritum fidei.

2. Praeterea, quidquid diminuit rationem virtutis diminuit rationem meriti, quia *felicitas virtutis est praemium* ut etiam Philosophus dicit, in I *Ethic.*[3] Sed ratio humana videtur diminuere rationem virtutis ipsius fidei, quia de ratione fidei est quod sit non apparentium, ut supra[4] dictum est; quanto autem plures rationes inducuntur ad aliquid, tanto minus est non apparens. Ergo ratio humana inducta ad ea quae sunt fidei meritum fidei diminuit.

3. Praeterea, contrariorum contrariae sunt causae. Sed id quod inducitur in contrarium fidei auget meritum fidei, sive sit persecutio cogentis ad recedendum a fide, sive etiam sit ratio aliqua hoc persuadens. Ergo ratio coadiuvans fidem diminuit meritum fidei.

SED CONTRA est quod I Petri 3, [15] dicitur: *Parati semper ad*

---

2. Gregorius, *Hom. in Evang.,* 26, n.1: PL 76, 1197 C.
3. Aristoteles, *Ethica Nic.,* I, c.9, 1099b16-18; S. Thomas, lect.14, n.169.

[반론] 열째에 대해서는 다음과 같이 진행된다. 신앙에 속하는 것들로 이끄는 논거는 신앙의 공로를 감소시키는 것처럼 보인다.

1. 그레고리우스는 어떤 설교에서,[2] "인간 이성이 경험[적 증거]를 제공하는 것에 대해서는 신앙은 공로를 가지지 못한다."라고 말한다. 그러므로 만일 인간 이성이 충분한 경험적 증거를 제공해서 신앙의 공로를 전적으로 배제하게 된다면, 그러므로 신앙에 속하는 것들로 이끄는 어떠한 인간적 논거도 신앙의 공로를 감소시키는 것 같다.

2. 덕의 이유를 감소시키는 것은 무엇이든지 공로의 이유를 감소시킨다. 철학자도 또한 『니코마코스 윤리학』 제1권[3]에서 말하는 것처럼, "행복은 덕에 따른 보상"이기 때문이다. 그런데 인간적 논거는 신앙이라는 덕 자체의 이유를 감소시키는 것처럼 보인다. 위에서[4] 말한 바와 같이, 명료하지 않은 것에 속함이라는 사실이 신앙이라는 개념과 관련되기 때문이다. 더 많은 논거들이 어떤 것에로 이끌면 이끌수록, 명료하지 않은 것은 그만큼 더 감소한다. 그러므로 신앙에 속하는 것들로 이끄는 인간적 논거는 신앙의 공로를 감소시킨다.

3. 상반되는 것들에는 상반되는 원인들이 관련된다. 그런데 신앙에 상반되는 것으로 이끄는 것은, 그것이 신앙에서 멀어지도록 강요하는 박해이든지, 아니면 이것[신앙에서 멀어지는 것]을 설득하는 어떤 논거이든지 간에, 신앙의 공로를 증가시킨다. 그러므로 신앙을 지지해 주는 이유는 신앙의 공로를 감소시킨다.

[재반론] 그러나 반대로 베드로 1서 3장 [15절]에서는 "여러분 안에 있는 신앙과 희망과 관련된 것들에 대해, 여러분에게 이유를 묻는

---

4. Cf. q.1, aa.4-5.

satisfactionem omni poscenti vos rationem de ea quae in vobis est fide et[5] spe. Non autem ad hoc induceret Apostolus si per hoc meritum fidei diminueretur. Non ergo ratio diminuit meritum fidei.

Respondeo dicendum quod, sicut dictum est,[6] actus fidei potest esse meritorius inquantum subiacet voluntati non solum quantum ad usum, sed etiam quantum ad assensum. Ratio autem humana inducta ad ea quae sunt fidei dupliciter potest se habere ad voluntatem credentis. Uno quidem modo, sicut praecedens, puta cum quis aut non haberet voluntatem, aut non haberet promptam voluntatem ad credendum, nisi ratio humana induceretur. Et sic ratio humana inducta diminuit meritum fidei, sicut etiam supra[7] dictum est quod passio praecedens electionem in virtutibus moralibus diminuit laudem virtuosi actus. Sicut enim homo actus virtutum moralium debet exercere propter iudicium rationis, non propter passionem; ita credere debet homo ea quae sunt fidei non propter rationem humanam, sed propter auctoritatem divinam.

Alio modo ratio humana potest se habere ad voluntatem credentis consequenter. Cum enim homo habet promptam voluntatem ad credendum, diligit veritatem creditam, et super ea excogitat et amplectitur si quas rationes ad hoc invenire potest.

---

5. 불가타 또는 다른 판본(1베드 3,15: "여러분이 지닌 희망에 관하여 누가 물어도

제2문 제10절

모든 사람을 만족시키기 위해 항상 준비하라."⁵고 말한다. 그런데 만일 그것을 통해서 신앙의 공로가 감소한다고 가정했다면, 사도는 이것으로 이끌지 않았을 것이다. 그러므로 [이성적] 논거는 신앙의 공로를 감소시키지 않는다.

[답변] 위에서⁶ 말한 바와 같이, 신앙의 행위는, 사용이라는 관점에서뿐만 아니라 동의라는 관점에서도 또한 의지에 복종되는 한 공로가 될 수 있다. 그런데 신앙에 속하는 것들로 이끄는 인간 이성은 믿는 이의 의지와 두 가지로 관계를 맺을 수 있다. 첫째, [의지의 행위에] 선행하는 것처럼 [관계를 맺는다.] 예를 들어 어떤 이가 오직 인간 이성이 이끌지 않는다면 믿으려는 의지가 없거나 태세를 갖춘 의지가 없는 경우가 그렇다. 이런 경우 도입된 인간적 논거는 신앙의 공로를 약화시킨다. 이는 도덕적 덕들에서 선택에 선행하는 정념이 유덕한 행위의 칭찬을 감소시킨다고 위에서⁷ 말한 것과도 마찬가지다. 인간은 정념 때문이 아니라 이성의 판단 때문에 도덕적 덕의 행위를 실행해야만 하는 것처럼, 인간 이성 때문이 아니라 신적 권위 때문에 신앙에 속하는 것들을 믿어야만 하기 때문이다.

둘째, 인간 이성은 믿는 이의 의지와 후행적으로 관계를 맺을 수 있다. 즉 인간은 믿으려는 태세를 갖춘 의지를 가질 때, 믿어지는 진리를 사랑하고, 그것을 위한 어떤 논거를 발견할 수 있다면 그것을 찾아내고 포용하기 때문이다. 그리고 이와 같이 인간 이성은 신앙의

대답할 수 있도록 언제나 준비해 두십시오.)에서는 '신앙'이라는 단어가 나타나지 않는다. 성 토마스는 아마도 이것을 베드로부터 취했을 것이다.
6. Cf. a.9, ad2.
7. Cf. I-II, q.24, a.3, ad1; q.77, a.6, ad2.

q.2, a.10

Et quantum ad hoc ratio humana non excludit meritum fidei, sed est signum maioris meriti,[8] sicut etiam passio consequens in virtutibus moralibus est signum promptioris voluntatis, ut supra[9] dictum est.—Et hoc significatur Ioan. 4, [42], ubi Samaritani ad mulierem, per quam ratio humana figuratur, dixerunt: *Iam non propter tuam loquelam credimus.*

AD PRIMUM ergo dicendum quod Gregorius loquitur in casu illo quando homo non habet voluntatem credendi nisi propter rationem inductam. Quando autem homo habet voluntatem credendi ea quae sunt fidei ex sola auctoritate divina, etiam si habeat rationem demonstrativam ad aliquid eorum, puta ad hoc quod est Deum esse, non propter hoc tollitur vel minuitur meritum fidei.

AD SECUNDUM dicendum quod rationes quae inducuntur ad auctoritatem[10] fidei non sunt demonstrationes quae in visionem intelligibilem intellectum humanum reducere possunt.[11] Et ideo non desinunt esse non apparentia. Sed removent impedimenta fidei, ostendendo non esse impossibile quod in fide proponitur.[12] Unde per tales rationes non diminuitur meritum fidei nec ratio fidei. Sed rationes demonstrativae inductae ad ea quae sunt fidei,

---

8. 이것은 참사랑에 의해서 작용하는 신앙이 한편으로 명상을 위한 그리스도교적인 추구, 신적인 것에 대한 정념적인 응시(cf. II-II, q.180), 그리고 다른 한편으로 '신앙이 가르치는 것이 어떻게 참인가'(*Quodl.*, q.4, a.18)를 추구하는 신학자의 지성적 학문 모두에게 영감을 줄 수 있는가 하는 방법에 대한 간결한 진술이다. 또

공로를 배제하지 않고, 더 큰 공로의 표징이다.[8] 위에서[9] 말한 것처럼, 도덕적 덕들에서 후행하는 정념이 더 신속한 의지의 표징인 것이 그러하다.-그리고 이것은 요한복음서 4장 [42절]에서 표현되는데, 거기서 사마리아인들은 인간 이성을 상징하는 여인에게 "이미 당신의 말 때문에 우리가 믿는 것은 아니오."라고 말했다.

[해답] 1. 그레고리우스는, 이끄는 논거 때문이 아니라면 사람이 믿으려는 의지를 가지지 않는 그런 경우에 대해 언급하고 있다. 그러나 한 사람이 오직 신적 권위로부터 신앙에 속하는 것들을 믿으려는 의지를 가지고 있을 때에는, 비록 그것들 중에 어떤 것에 대한-예를 들어 신이 존재한다라는 사실에 대한-증명적인 논거를 가지고 있다고 할지라도, 이 때문에 신앙의 공로가 상실되거나 감소되지 않는다.

2. 신앙의 권위[10]로 이끄는 논거들은 인간 지성을 가지적인 직관으로 환원시킬 수 있는 증명들이 아니다.[11] 따라서 그것들은 명료하지 않다는 점을 멈추지 않는다. 그러나 그것들은 신앙에 제안된 것이 불가능하지 않다는 사실을 제시함으로써 신앙의 장애물들을 제거한다.[12] 그래서 그러한 논거를 통해서 신앙의 공로가 감소되지 않고 신앙의 근거도 감소되지 않는다.

그러나 신앙에 속하는 것들로 이끄는 증명적인 논거들은 [신앙] 조

한 『삼위일체론 주해』 제2문에 나오는 '신학의 헌장화'가 신학을 정교화하는 과정도 참고하라. '거룩한 학문' 개념에 대한 성 토마스의 뚜렷한 구분에 관해서는: Cf. Y. Congar, OP, *A History of Theology*, pp.91-122.

9. Cf. I-II, q.24, a.3, ad1.
10. '권위'(auctoritas)는 신앙의 권위 있는 문서들, 즉 그 조항들을 의미한다.
11. Cf. a.9, ad3.
12. Cf. I, q.1, a.8; q.32, a.1, ad2; *In De Trin.*, q.2, a.3.

praeambula tamen ad articulos,[13] etsi diminuant rationem[14] fidei, quia faciunt esse apparens id quod proponitur; non tamen diminuunt rationem caritatis, per quam voluntas est prompta ad ea credendum etiam si non apparerent. Et ideo non diminuitur ratio meriti.

A<small>D</small> <small>TERTIUM</small> dicendum quod ea quae repugnant fidei, sive in consideratione hominis sive in exteriori persecutione, intantum augent meritum fidei inquantum ostenditur voluntas magis prompta et firma in fide. Et ideo martyres maius fidei meritum habuerunt non recedentes a fide propter persecutiones; et etiam sapientes maius meritum fidei habent non recedentes a fide propter rationes philosophorum vel haereticorum contra fidem inductas. Sed ea quae conveniunt fidei non semper diminuunt promptitudinem voluntatis ad credendum. Et ideo non semper diminuunt meritum fidei.

---

13. Cf. I, q.2, a.2, ad1.

항들에 대한 전제이다.[13] 비록 그것들은 제안된 것을 명료하게 만들기 때문에 신앙의 존재 이유[14]는 감소시킬지라도, 그럼에도 그것들은 참사랑의 존재 이유는 감소시키지 않는다. 참사랑을 통해 의지는 비록 그것들이 명료하지 않다고 하더라도 선뜻 믿으려 한다. 따라서 공로의 이유는 감소되지 않는다.

3. 신앙에 상충하는 것들은, 인간의 고찰 안에서든지 아니면 외적인 박해에서든지 간에, 신앙을 향한 민첩하고 확고한 의지를 보여주는 그만큼 더 신앙의 공로를 증가시킨다. 따라서 순교자들은 박해 때문에 신앙에서 멀어지지 않음으로써, 더 많은 신앙의 공적을 가졌다. 그리고 또한 지혜로운 이들도 철학자나 이단자들에 의해 신앙을 거슬러 도입된 논거들 때문에 신앙에서 멀어지지 않음으로써 더 큰 신앙의 공로를 가진다.

그러나 신앙에 적절한 것들은, 믿으려는 의지의 민첩성을 항상 감소시키지 않는다. 따라서 그것들은 신앙의 공로를 항상 감소시키지는 않는다.

---

14. 여기서 ratio는 신앙의 현존함을 위한 이유를 의미한다. 일단 증명되고 나면, '신앙의 선행사'(praeambula fidei)는 더 이상 신앙에 관여하지 않는다. Cf. q.1, a.5; q.2, a.3.

QUAESTIO III
DE EXTERIORI ACTU FIDEI
in duos articulos divisa

Deinde considerandum est de exteriori fidei actu, qui est confessio.[1]

Et circa hoc quaeruntur duo.

Primo: utrum confessio sit actus fidei.

Secundo: utrum confessio sit necessaria ad salutem.

Articulus 1
Utrum confessio sit actus fidei

Ad primum sic proceditur. Videtur quod confessio non sit actus fidei.

1. Non enim idem actus pertinet ad diversas virtutes. Sed confessio pertinet ad poenitentiam, cuius ponitur pars.[1] Ergo non est actus fidei.

2. Praeterea, ab hoc quod homo confiteatur fidem retrahitur

---
1. Cf. q.2, Introd.

제3문
신앙의 외적인 행위에 대하여
(전2절)

이제는 신앙의 외적인 행위, 즉 고백을 고찰해야 한다.[1]
이 점에 관해서는 다음과 같은 두 가지 질문이 제기된다.
1. 고백은 신앙의 행위인가?
2. 신앙의 고백은 구원을 위해 필요한가?

제1절 고백은 신앙의 행위인가?

Parall.: *In Sent.*, IV, d.17, q.3, a.2, qc.3; *In Ep. ad Rom.*, c.10, lect.2.

[반론] 첫째에 대해서는 다음과 같이 진행된다. 고백은 신앙의 행위가 아닌 것처럼 보인다.

1. 동일한 행위는 다양한 덕들에 속하지 않기 때문이다. 그런데 고백은 '참회'[라는 덕]의 일부로서 그 덕에 속한다.[1] 그러므로 고백은 신앙의 행위가 아니다.

2. 인간이 신앙을 고백하는 것으로부터 때때로 두려움을 통해서,

---
1. Cf. III, q.90, aa.2-3.

q.3, a.1

interdum per timorem, vel etiam propter aliquam confusionem, unde et Apostolus, *ad Ephes.* ult., [19], petit orari pro se ut detur sibi *cum fiducia notum facere mysterium Evangelii.* Sed non recedere a bono propter confusionem vel timorem pertinet ad fortitudinem, quae moderatur audacias et timores.[2] Ergo videtur quod confessio non sit actus fidei, sed magis fortitudinis vel constantiae.

3. Praeterea, sicut per fidei fervorem inducitur aliquis ad confitendum fidem exterius, ita etiam inducitur ad alia exteriora bona opera facienda, dicitur enim *Gal.* 5, [6] quod *fides per dilectionem operatur.* Sed alia exteriora opera non ponuntur actus fidei. Ergo etiam neque confessio.

SED CONTRA est quod, II *ad Thess.* 1, [11],[3] super illud, *et opus fidei in virtute,* dicit Glossa:[4] *idest confessionem, quae proprie est opus fidei.*

RESPONDEO dicendum quod actus exteriores illius virtutis proprie sunt actus ad cuius fines secundum suas species[5] referuntur, sicut ieiunare secundum suam speciem refertur ad finem abstinentiae,[6] quae est compescere carnem, et ideo est actus abstinentiae. Confessio autem eorum quae sunt fidei

---

2. Cf. II-II, q.123, a.3.
3. 2테살 1,11: "…우리 하느님께서 여러분을 당신의 부르심에 합당한 사람이 되게 하시고, 여러분의 모든 선의와 믿음의 행위를 당신 힘으로 완성해 주시기를 빕니다."

또는 어떤 혼란을 통해서 물러나게 된다. 그래서 사도도 또한 에페소서 마지막 장[6장 19절]에서 "복음의 신비를 자신(自信)을 가지고 알릴 수 있도록" 자기를 위해서 기도해 줄 것을 청한다. 그런데 우리가 혼란이나 두려움 때문에 선으로부터 물러나지 않게 되는 일은 무모함과 두려움의 중용을 지키는 용기에 속한다.[2] 그러므로 고백은 신앙의 행위라기보다는 오히려 '용기' 혹은 '굳건함'의 행위이다.

3. 어떤 이는 신앙의 열정을 통해서 신앙을 외적으로 고백하도록 이끌리는 것처럼, 또한 다른 외적인 선행들을 수행하도록 이끌린다. 그래서 갈라티아서 5장 [6절]에서는 "사랑을 통해 신앙이 행동되는 것"이 언급된다. 그러나 다른 외적인 선행들은 신앙의 행위로 간주되지 않는다. 그러므로 고백도 또한 [신앙의 행위가] 아니다.

[재반론] 테살로니카 2서 1장 [11절][3]의 "그리고 힘 안에 있는 신앙의 과업 번역이…"에 대해 표준 주해[4]는 "즉 고백, 그것은 고유하게 신앙의 과업이다."라고 말한다.

[답변] 외적인 행위들은 그 행위의 종에 따라 그 덕의 목적에[5] 관련되는 덕의 행위들이다. 예를 들어 단식은 그 종에 따라 육식을 억제하는 금욕의 목적과 관련되므로 금욕의 행위이다.[6] 그런데 신앙에 속하는 것들의 고백은－코린토 2서 4장 [13절]의 "똑같은 신앙의 영

---

4. *Glossa Ordinaria:* PL 114, 621 C; *Glossa Lombardi:* PL 192, 315 B.
5. '종에 따라'(secundum speciem), 도덕적 행위가 그 [형상적] 근거로부터 가지는 성질에 따라. 논리학의 용어가 도덕적 행위들을 구분하기 위해서 사용되었다. Cf. I-II, q.1, a.3; q.18, q.72, aa.1 & 9; q.88, a.2.
6. Cf. II-II, q.147, a.1, 2.

secundum suam speciem ordinatur sicut ad finem ad id quod est fidei, secundum illud II *ad Cor.* 4, [13], *Habentes eundem spiritum fidei credimus, propter quod et loquimur,* exterior enim locutio ordinatur ad significandum id quod in corde concipitur.[7] Unde sicut conceptus interior eorum quae sunt fidei est proprie fidei actus, ita etiam et exterior confessio.

AD PRIMUM ergo dicendum quod triplex est confessio quae in Scripturis laudatur. Una est confessio eorum quae sunt fidei. Et ista est proprius actus fidei, utpote relata ad fidei finem, sicut dictum est.[8]—Alia est confessio gratiarum actionis sive laudis. Et ista est actus latriae, ordinatur enim ad honorem Deo exterius exhibendum, quod est finis latriae.[9]—Tertia est confessio peccatorum. Et haec ordinatur ad deletionem peccati, quae est finis poenitentiae. Unde pertinet ad poenitentiam.

AD SECUNDUM dicendum quod removens prohibens non est causa per se, sed per accidens,[11] ut patet per Philosophum, in VIII *Phys.*[10] Unde fortitudo, quae removet impedimentum confessionis fidei, scilicet timorem vel erubescentiam, non est proprie et per se causa confessionis, sed quasi per accidens.

AD TERTIUM dicendum quod fides interior, mediante

---

7. Cf. II-II, q.109, a.1, ad3; a.2; q.110, a.1.
8. 본론. Cf. II-II, q.12, a.1, ad2.
9. 라틴어 latria(흠숭), 즉 종교의 덕은 하느님께 어울리는 경배를 드리는 덕을 말한

을 가지고 우리는 믿습니다. 그것 때문에 또한 말합니다."라는 말씀에 따라-그 종에 따라 신앙에 속하는 것을 목적처럼 지향한다. 외적인 언표는 마음 안에 잉태된 것을 표현하는 것을 지향한다.[7] 따라서 마치 신앙에 속한 것들에 대한 내적인 잉태가 고유하게 신앙의 행위가 되듯이, [그것들에 대한] 외적인 고백도 또한 신앙의 행위가 된다.

[해답] 1. 성경 안에서 칭송을 듣는 고백은 세 가지이다. 첫째, 신앙에 속하는 것들에 대한 고백이다. 이것은 신앙의 고유한 행위인데, 이미[8] 말한 바와 같이, 그것은 신앙의 목적에 관련되기 때문이다. - 둘째, 감사 혹은 찬양의 고백인데, 이것은 흠숭[9]의 행위이다. 그것은 하느님께 외적으로 영예를 드리는 것을 지향하며, 이것이 흠숭의 목적이기 때문이다. - 셋째, 죄들의 고백이다. 이것은 죄의 소멸을 지향하고, 이것은 참회의 목적이다. 그래서 그것은 참회에 속한다.

2. 철학자가 『자연학』 제8권[10]에서 분명하게 말하듯이, 막는 것을 제거하는 일은 본질적인 원인이 아니라 단지 '우유적인 원인'일 뿐이다.[11] 그것이 두려움이든 혹은 부끄러움이든지 간에 신앙고백의 장애물을 제거하는 용기는 고유하고 그 자체로 고백의 원인이 아니라 마치 우유적인 [고백의 원인이다].

3. 내적인 신앙은, 사랑에 의해 중개되면서, 다른 덕들의 중개로 덕

다. Cf. II-II, q.81; q.103, a.3. 신앙과 종교의 관계에 대해서는: *Cf. In de Trin.*, q.3, a.2.
10. Aristoteles, *Phys.*, VIII, c.4, 255b24-31; S, Thomas, lect.8, n.7.
11. Cf. *In Meta.*, V, lect.3. 간접적 또는 우유적 원인은 그 자체로 특수한 결과를 가져오는 원인이 아니라, 직접적 원인이 그렇게 하는 것을 허용하거나 그것에 참여하는 것이다. '장애물을 제거하는' 요소는 그러한, 간접적인 원인이다. 예를 들어 창문의 블라인드를 올리는 것은 태양이 방을 비추는 것을 '허용한다'.

dilectione, causat omnes exteriores actus virtutum mediantibus aliis virtutibus, imperando, non eliciendo.¹² Sed confessionem producit tanquam proprium actum, nulla alia virtute mediante.¹³

Articulus 2
Utrum confessio fidei sit necessaria ad salutem

Ad secundum sic proceditur. Videtur quod confessio fidei non sit necessaria ad salutem.

1. Illud enim videtur ad salutem sufficere per quod homo attingit finem virtutis. Sed finis proprius fidei est coniunctio humanae mentis ad veritatem divinam, quod potest etiam esse sine exteriori confessione. Ergo confessio fidei non est necessaria ad salutem.

---

12. 제2부 제1편 제6-17문에 나오는 의지적 행위들에 대한 심리학적 고찰 안에서, '선택된 행위들'은 의지로부터 직접적으로 나오는 행위들이다. '명령된 행위들'이란 의지에 종속되는 것들로서 다른 능력들의 행위를 말한다.(Cf. I-II, q.6, Proem.) 그 사용은 덕의 행위들을 특성화하기 위해서 전이되었다. 더욱 보편적인 근거를 가진 더 높은 덕은 그 근거와 관련된 행위들을 직접적으로 실행한다,

들의 모든 외적 행위들을 야기하는데, [직접] 일으키면서가 아니라 명령함으로써 [야기한다].¹² 그러나 그것은 어떤 다른 덕의 중개도 거치지 않고 고유한 행위로서 고백을 산출한다.¹³

제2절 신앙고백이 구원을 위해 필요한가?

Parall.: *In Sent.*, III, d.29, a.8, qc.2, ad3; *Quodlibet.*, IX, q.7, a.1; *In Ep. ad Rom.*, c.14, lect.3.

Doctr. Eccl.: "77. 가톨릭교회를 국가의 유일한 종교로 삼으며, 다른 종파들을 배제하는 것은 우리 시대에 더 이상 적절하지 않다. 78. 그러므로 가톨릭이란 이름을 갖고 있는 특정 지역에서, 그 지방으로 이주해 오는 모든 사람들에게 어떠한 예배든 공적으로 드릴 수 있도록 허용한 법적 조치는 칭찬할 만하다."(비오 9세, 오류 목록[1864년 12월 8일]: DS 1777[= DH 2977-2978] - DS 1779, 1168, 1613sq., 1646sq., 1677sq., 1868, 2082[= DH 2979, 2118, 2730sq., 3170] 참조.

[반론] 둘째에 대해서는 다음과 같이 진행된다. 신앙의 고백은 구원을 위해 필요하지 않은 것처럼 보인다.

1. 인간이 덕의 목적을 획득하는 것은 구원을 위해 충분한 것처럼 보인다. 신앙의 고유한 목적은 인간의 정신이 신적인 진리와 결합되는 것이며, 이것은 외적인 고백 없이도 존재할 수 있다. 그러므로 신앙고백은 구원을 위해 필요하지 않다.

즉 '선택한다'. 그것은 그것들이 목적으로서의 더 높은 덕의 근거에 봉사하도록 유도함으로써 다른 덕들의 행위를 '명령한다'. Cf. II-II, q.23, a.4, ad2; qq.7-8; q.58, a.6; q.81, a.4, ad2.
13. 연설의 사용이나 신앙을 고백하기 위한 외적인 행위는 어떤 다른 덕에 고유한 구별되는 도덕적 가치를 포함하지는 않는다. Cf. I-II, q.103, a.4.

2. Praeterea, per exteriorem confessionem fidei homo fidem suam alii homini patefacit. Sed hoc non est necessarium nisi illis qui habent alios in fide instruere. Ergo videtur quod minores non teneantur ad fidei confessionem.

3. Praeterea, illud quod potest vergere in scandalum[1] et turbationem aliorum non est necessarium ad salutem, dicit enim Apostolus, I *ad Cor.* 10, [32]: *Sine offensione estote Iudaeis et gentibus et Ecclesiae Dei.* Sed per confessionem fidei quandoque ad perturbationem infideles provocantur. Ergo confessio fidei non est necessaria ad salutem.

S̲ed contra est quod Apostolus dicit, *ad Rom.* 10, [10]:[2] *Corde creditur ad iustitiam, ore autem confessio fit ad salutem.*

R̲espondeo dicendum quod ea quae sunt necessaria ad salutem cadunt sub praeceptis divinae legis.[3] Confessio autem fidei, cum sit quoddam affirmativum, non potest cadere nisi sub praecepto affirmativo.[4] Unde eo modo est de necessariis

---

1. 라틴어 scandalum(걸림돌)은 신학적 의미에서 다른 사람에게 심각한 영적인 해악을 끼치는 어떤 기회를 만드는 것을 뜻한다. Cf. II-II, q.43.
2. 로마 10,10: "곧 마음으로 믿어 의로움을 얻고, 입으로 고백하여 구원을 얻습니다."
3. Cf. q.2, a.3.
4. '긍정적인'(affirmativum)이란 라틴어 개념은 이 개념이 '계명'이란 개념과 함께 사용될 때에는 '행위를 요구하는' 정도의 의미를 가진다. 계명은 하나의 행위를 금지하는 형태로 작용할 수도 있고, 하나의 행위를 요구할 수도 있다. 그것은 악한 행위를 거부하고 좋은 행위를 요구한다. 라틴어에서는 여기서 거절하는 것에 negativum(부정적인), 요구하는 것에 affirmativum(긍정적인)이란 용어를 사용한

2. 외적인 신앙고백을 통해, 인간은 자기 신앙을 타인에게 공개한다. 그러나 이것은 오직 신앙 안에서 다른 이들을 가르치는 사람들에게만 필요하다. 그러므로 모자란 이들은 그들의 신앙을 고백할 필요가 없는 것처럼 보인다.

3. 다른 사람들에게 걸림돌[1]이 되거나 혼란을 주는 경향이 될 수 있는 그 어떤 것도 구원을 위해 필요하지 않다. 그래서 사도는 코린토 1서 10장 [32절]에서 "유다인에게도 그리스인에게도 하느님의 교회에도 손해를 끼치는 자가 되지 마십시오."라고 말한다. 신앙의 고백을 통해서 때때로 불신자들 가운데 혼란이 야기된다. 그러므로 신앙고백이 구원을 위해 필요하지 않다는 결론이 뒤따른다.

[재반론] 사도는 로마서 10장 [10절][2]에서 "의로움을 위해 마음으로 믿고, 구원을 위해 입으로 고백합니다."라고 말한다.

[답변] 구원을 위해 필요한 그런 것들은 신법(神法)의 계명들 아래 들어오게 된다.[3] 그러나 신앙의 고백은 긍정적인 어떤 것이기 때문에, 오직 긍정적인 계명 아래에만 들어올 수 있다.[4] 그래서 그것은 오직 신법의 긍정적인 계명 아래 들어올 수 있는 정도에서만 구원을 위해 필요하다.

다. 행위를 요구하는 계명은, 이 절의 이어지는 설명에서 분명하게 드러나듯이, 결코 그 행위가 지속적으로 이루어져야 한다는 것이 아니라, 적절한 시간과 적절한 장소에서 이루어져야 한다는 사실을 전제한다. 반면에 금지하거나 부정적인 계명은 지속적으로 지켜져야만 한다. 그 계명은 악을 중지시켜야 한다는 자연스러운 이유 때문에 그렇다. 그럼에도 긍정적 계명도 항상, 즉 그 계명을 통해서 요구되는 행위를 위한 여건이 주어져 있는 매 순간에는 의무적으로 지켜져야 한다. 이것은 성 토마스가 '긍정적 계명은 항상 지켜져야 하지만, 언제나, 즉 매 순간에 의무가 되는 것은 아니다'라고 말할 때 표현된다.

q.3, a.2

ad salutem quo modo potest cadere sub praecepto affirmativo divinae legis. Praecepta autem affirmativa, ut supra[5] dictum est, non obligant ad semper,[6] etsi semper obligent, obligant autem pro loco et tempore et secundum alias circumstantias debitas[7] secundum quas oportet actum humanum limitari ad hoc quod sit actus virtutis. Sic igitur confiteri fidem non semper neque in quolibet loco est de necessitate salutis, sed aliquo loco et tempore, quando scilicet per omissionem huius confessionis subtraheretur honor debitus Deo, vel etiam utilitas proximis impendenda; puta si aliquis interrogatus de fide taceret, et ex hoc crederetur vel quod non haberet fidem vel quod fides non esset vera, vel alii per eius taciturnitatem averterentur a fide. In huiusmodi enim casibus confessio fidei est de necessitate salutis.

AD PRIMUM ergo dicendum quod finis fidei, sicut et aliarum virtutum, referri debet ad finem caritatis, qui est amor Dei et proximi.[8] Et ideo quando honor Dei vel utilitas proximi hoc exposcit, non debet esse contentus homo ut per fidem suam ipse veritati divinae coniungatur; sed debet fidem exterius confiteri.

AD SECUNDUM dicendum quod in casu necessitatis, ubi fides

---

5. Cf. I-II, q.71, a. 5, ad3; q.100, a.10.
6. 악한 행위의 금지와 같은 부정적인 계명은 모든 순간에 지켜져야 한다. 예를 들어, 형제적 충고는 항상 의무를 부과하는 부정적 계명이 아니라, 하나의 주어진 목적을 위해서 시간과 장소에 따라 덕 있는 행동을 권고하는 긍정적 계명이다.(II-II, q.33, a.2)

위에서[5] 이미 말한 바와 같이, 긍정적인 계명들은, 비록 그것들이 언제나 '의무적이기'는 하지만, 모든 시간에 계속해서 의무적인 것은 아니다.[6] 그런데 [긍정적 계명들은] [특정] 시간과 장소에 따라, 그리고 인간적 행위가 덕행일 수 있도록 제한하는 마땅히 지켜야 하는 다른 상황들[7]에 따라서만 의무적이 된다.

따라서 언제나 어디에서나 자신의 신앙을 고백하는 일이 구원을 위해 필요하지 않고 오직 어떤 장소와 시간에서만 필요하다. 말하자면, 그 고백을 빼놓음으로써 하느님의 마땅한 영예가 빼앗길 때나, 이웃의 유익이 위협받을 때에 필요한 것이다. 예를 들어 만일 어떤 이가 신앙에 대하여 질문을 받을 때 침묵하고, 이것으로부터 그가 신앙을 가지지 않았거나 혹은 신앙이 참된 것이 아니라고 믿게 만든다면, 또는 그의 침묵을 통해서 다른 이들이 신앙으로부터 등을 돌리게 된다면 [신앙은 마땅히 고백되어야 한다.] 이런 종류의 상황들에서 신앙의 고백은 구원을 위해 필요하다.

[해답] 1. 신앙의 목적은, 다른 덕들의 목적들처럼, 하느님을 사랑하고 이웃을 사랑하는 참사랑의 목적과 관련되어야 한다.[8] 따라서 하느님의 영예 혹은 이웃의 유익이 집요하게 요구할 때는, 그의 신앙을 통해 신적 진리와 결합되는 데에 만족해서는 안 되고, 신앙을 외적으로 고백해야 한다.

2. 신앙이 위기에 처해 있어 필요한 경우에는, 각각의 사람은 누구든지 다른 신자들을 가르치기 위해 혹은 그들을 강화하기 위해 혹

---

7. Cf. q.2, a.5.
8. Cf. q.25, a.1.

periclitatur, quilibet tenetur fidem suam aliis propalare, vel ad instructionem aliorum fidelium sive confirmationem, vel ad reprimendum infidelium insultationem. Sed aliis temporibus instruere homines de fide non pertinet ad omnes fideles.[9]

AD TERTIUM dicendum quod, si turbatio infidelium oriatur de confessione fidei manifesta absque aliqua utilitate fidei vel fidelium, non est laudabile in tali casu fidem publice confiteri, unde dominus dicit, Matth. 7, [6]: *Nolite sanctum dare canibus, neque margaritas vestras spargere ante porcos, ne conversi dirumpant vos.*[4] Sed si utilitas aliqua fidei speretur aut necessitas adsit, contempta turbatione infidelium, debet homo fidem publice confiteri. Unde Matth. 15, [14] dicitur quod, cum discipuli dixissent Domino quod Pharisaei, audito eius verbo, scandalizati sunt, Dominus respondit: *Sinite illos,* scilicet turbari, *caeci sunt et duces caecorum.*

---

9. Cf. q.43, a.7, ad2.

은 불신자들의 조롱을 억누르기 위해, 자신의 신앙을 공개해야 한다. 그러나 다른 때에는 신앙에 대해 사람들을 가르치는 것은 모든 신자에게 속하지 않는다.[9]

3. 만일 신앙의 명백한 고백으로부터 신앙의 유익 또는 신자들에게 어떤 유익이 없이 불신자들에게 혼란을 야기한다면, 그러한 경우에 신앙을 공적으로 고백하는 일은 칭찬할 만하지 않다. 그래서 주님은 마태오복음서 7장 [6절]에서 "거룩한 것을 개들에게 주지 말고, 너희의 진주를 돼지들 앞에 뿌리지 마라. 그것들이 돌아서서 너희를 물어뜯지 않도록."이라고 말씀하신다. 그러나 만일 신앙의 어떤 유익이 희망되거나, 필요가 있다면, 비신자들의 혼란을 멸시하면서, 사람은 신앙을 공적으로 고백해야만 한다. 그래서 마태오복음서 15장 [12-14절]에서는 제자들이 주님께 "바리사이들이 그 말씀을 듣고 못마땅하게 여깁니다."라고 말했을 때, 주님은 "그들을, 즉 혼란스럽도록, 내버려 두어라. 그들은 눈먼 이들이고 눈먼 이들의 인도자다."라고 대답하셨다.

QUAESTIO IV
DE IPSA FIDEI VIRTUTE
in octo articulos divisa

Deinde considerandum est de ipsa fidei virtute.[1] Et primo quidem, de ipsa fide; secundo, de habentibus fidem;[2] tertio, de causa fidei;[3] quarto, de effectibus eius.[4]

Circa primum quaeruntur octo.

Primo: quid sit fides.

Secundo: in qua vi animae sit sicut in subiecto.

Tertio: utrum forma eius sit caritas.

Quarto: utrum eadem numero sit fides formata et informis.

Quinto: utrum fides sit virtus.

Sexto: utrum sit una virtus.

Septimo: de ordine eius ad alias virtutes.

Octavo: de comparatione certitudinis eius ad certitudinem virtutum intellectualium.

---

1. Cf. q.1, Introd.
2. Cf. q.5.

제4문
신앙의 덕 자체에 대하여
(전8절)

이제는 신앙의 덕 자체에 대해 고찰해야 한다.[1] 첫째, 신앙 자체에 대하여, 둘째, 신앙을 가지고 있는 이들에 대하여,[2] 셋째, 신앙의 원인에 대하여,[3] 넷째, 신앙의 효과들에 대하여.[4]

그리고 신앙 자체에 대해서는 다음 여덟 가지 질문이 제기된다.

1. 이것이 신앙의 적합한 정의인가? "신앙은 희망해야 하는 사물들의 실체이고 명료하지 않은 것들에 대한 논증이다."
2. 신앙은 주체 안에 있는 것처럼 지성 안에 있는가?
3. 참사랑은 신앙의 형상인가?
4. 형상화되지 않은 신앙이 형상화된 신앙이 될 수 있는가, 또는 그 반대인가?
5. 신앙은 덕인가?
6. 신앙은 하나인가?
7. 신앙은 제1의 덕인가?
8. 신앙은 지식이나 다른 지성적 덕들보다 더 확실한가?

---

3. Cf. q.6
4. Cf. q.7.

q.4, a.1

Articulus 1
Utrum haec sit competens fidei definitio: *Fides est substantia sperandarum rerum, argumentum non apparentium*

Ad primum sic proceditur. Videtur quod sit incompetens fidei definitio quam Apostolus ponit, *ad Heb.* 11, [1], dicens: *Est autem fides substantia sperandarum rerum, argumentum[2] non apparentium.*[1]

1. Nulla enim qualitas est substantia. Sed fides est qualitas, cum sit virtus theologica, ut supra[3] dictum est. Ergo non est substantia.[4]

---

1. 토마스 자신이 바로 이 구절을 이용해서 신앙을 정의한 바 있다: "불완전한 앎은 바로 신앙의 본질에 속한다는 것이 명백하다. 왜냐하면 그것은 그 정의에 포함되어 있기 때문이다. 히브리서 11장에 따르면, 신앙은 '희망해야 하는 사물들의 실체이며, 명료하지 않은 것들에 대한 논증'으로 정의된다. 아우구스티누스는, '신앙이 어디에 있는가? 보지 않고 믿는 것에 있다.'고 말한다. 그러나 그것은 명백하지 않거나 눈에 보이지 않는 사물들에 관한 불완전한 앎이다. 결과적으로 불완전한 앎은 바로 신앙의 본질에 속한다. 그러므로 신앙에 대한 앎이 완벽할 수 없고 동일하게 유지될 수 없다는 것이 분명하다."(I-II, q.67, a.3)
2. 『진리론』 제14문 제2절 제9답에는 argumentum의 네 가지 의미가 제시되어 있다: 논증의 과정; 그런 과정의 중명사(中名辭); 한 책의 서문, 진리를 명백하게 하

제1절 이것이 신앙의 적합한 정의인가? "신앙은 희망해야 하는 사물들의 실체이고 명료하지 않은 것들에 대한 논증이다"

Parall.: *De veritate*, q.14, a.2.

Doctr. Eccl.: "이 신앙이 초자연적 덕이라고 고백하며, 이를 통하여 고쳐하시고 도우시는 하느님의 은총으로 그분으로부터 계시된 것이 참되다고 우리는 믿는다. 이러한 믿음이 가능한 것은 이성의 타고난 빛으로 통찰된 사물의 내적 진리 때문이 아니고, 계시자로서, 속을 수도 없고 속일 수도 없으신 하느님 자신의 권위 때문이다. 사도의 증언에 따르면, '믿음은 우리가 바라는 것들의 보증이며 보이지 않는 실체들의 확증이다'(히브 11,1)."(제1차 바티칸공의회, 제3 회기, 제3장: DS 1789[= DH 3008])

[반론] 첫째에 대해서는 다음과 같이 진행된다.

1. 사도가 히브리서 11장 1절에서 말하는 "신앙은 희망해야 하는 사물들의 실체이고 명료하지 않은 것들에 대한 논증이다."[1]라는 신앙에 대한 정의는 부적합한 것으로 생각된다.[2] 어떠한 성질도 실체가 아니기 때문이다. 그런데 위에서[3] 언급한 바와 같이, 신앙은 대신덕이기 때문에, 신앙은 성질이다. 그러므로 신앙은 실체가 아니다.[4]

는 가지성의 빛 등. Cf. *In Sent.*, III, d.23, q.2, a.1. 이 번역에서 '논증'이라는 단어가 사용될 때에는 argumentum이 가질 수 있는 이런 의미들을 대신해서 사용되고 있음을 밝힌다.

3. Cf. I-II, q.62, a.3.
4. 이 암시는 열 개의 '범주'로 나누는 아리스토텔레스의 구분과 관련된다.(cf. *Categ.*, 41b25); 일차적이고 고유하게 '존재'하는 것은 실체(ousia)이다. 실체는 아홉 종류의 변형이나 '우유들'(pathē)을 가질 것이다. Cf. *In Meta.*, V, lect.9. 이것들 중의 하나는 성질이다. 성질로서의 덕은 I-II, q.49, a.1; q.55, a.1 & 4. 신앙의 실재 또는 은총의 다른 선물들을 철학적인 10범주로 신학적으로 표현하는 것에 관해서는 다음과 같은 것에 주목하라: "그럼에도 불구하고 철학자들에 알려진 영혼의 저러한 우유들 사이에는 은총과 비슷한 것은 아무것도 존재하지 않는다. 그들은 오직 인간 본성에 비례하는 행위들과 관련되어 있는 저런 우유들에 대해서만 알았다."(*De veritate*, q.27, a.2, ad7)

2. Praeterea, diversarum virtutum diversa sunt obiecta. Sed res speranda est obiectum spei. Non ergo debet poni in definitione fidei tanquam eius obiectum.

3. Praeterea, fides magis perficitur per caritatem quam per spem, quia caritas est forma fidei, ut infra[5] dicetur. Magis ergo poni debuit in definitione fidei res diligenda quam res speranda.

4. Praeterea, idem non debet poni in diversis generibus.[6] Sed substantia et argumentum sunt diversa genera non subalternatim posita. Ergo inconvenienter fides dicitur esse substantia et argumentum.

5. Praeterea, per argumentum veritas manifestatur eius ad quod inducitur argumentum. Sed illud dicitur esse apparens cuius veritas est manifestata. Ergo videtur implicari oppositio in hoc quod dicitur *argumentum non apparentium*. Inconvenienter ergo describitur fides.

IN CONTRARIUM sufficit auctoritas Apostoli.[7]

RESPONDEO dicendum quod, licet quidam[8] dicant praedicta

---

5. Cf. a.3.
6. 즉 어떤 하나도 논리적인 구분에서 유로서의 다른 것 아래 속하는 종이 아니다.
7. 모든 중세인들에게 이 구절은 신앙에 대한 최고의 '권위'(auctoritas)였다. 그러나 히브리서 저자에 대한 논쟁은 이미 초대교회 시절부터 있었다. 한편에서는 익명으로 작성된 이 서간을 바오로 사도의 작품으로 간주하였지만, 다른 한편에서는 신학적 견해나 어휘 사용에 있어서 바오로의 서간들과 현격한 차이를 보이기 때문에 그의 작품이 아니라고 생각했다. 이러한 친저성 논란은 4세기 말경에 확정

2. 각기 다른 덕은 [각기 다른] 다른 대상을 가진다. 그런데 희망해야 하는 사물은 희망의 대상이다. 그러므로 신앙의 정의에는 그것[신앙]의 대상으로서 포함되지 말아야 한다.

3. 신앙은 희망보다는 참사랑을 통해 더 완전해진다. 왜냐하면 참사랑은, 우리가 밑에서[5] 언급할 것처럼, 신앙의 형상이기 때문이다. 그러므로 신앙의 정의에는 희망해야 하는 사물보다는 사랑해야 하는 사물이 더 포함되어야 한다.

4. 동일한 것은 각기 다른 유(類)에 놓이지 말아야 한다. 그런데 '실체'와 '논증'은 다른 것에 종속되지 않는 각기 다른 유이다.[6] 그러므로 "신앙이 '실체'와 '논증'이다."라고 언급되는 것은 부적합하다.

5. 논증을 통해 그것을 위해 논증이 연역되는 것의 진리가 명백해진다. 그런데 그것의 진리가 명백해진 바로 그것을 '명료하다'고 말한다. 그러므로 "명료하지 않은 것들에 대한 논증"이라고 말하는 것은 모순을 내포하는 것처럼 보인다. 그러므로 신앙은 부적합하게 묘사된다.

[재반론] 그러나 반대로 사도의 권위는 충분하다.[7]

[답변] 비록 어떤 사람들은[8] 앞서 언급된 사도의 말이 신앙의 정의

된 '경전'(Canon) 목록에 히브리서가 포함되면서 어느 정도 일단락되었지만, 16세기 종교개혁 시대에 다시 수면 위로 떠오르면서 논쟁은 다시 이어지게 되었다. 오늘날 학자들은 대체로 바오로의 친저성을 부인하며, 이를 넘어서 당대의 역사적 인물 가운데 한 사람을 저자로 지목하려는 시도 자체를 확실한 증거가 없기 때문에 아예 포기한다. 그렇지만 토마스가 활동하던 시기까지는 사도 바오로가 저자로 인정받고 있었다.

8. Cf. Hugo de St Victore, *De Sacramentis*, I, p.X, c.2: PL 176, 330 C.

q.4, a.1

Apostoli verba non esse fidei definitionem, tamen, si quis recte consideret, omnia ex quibus fides potest definiri in praedicta descriptione tanguntur, licet verba non ordinentur sub forma definitionis, sicut etiam apud philosophos praetermissa syllogistica forma syllogismorum principia tanguntur.

Ad cuius evidentiam considerandum est quod, cum habitus cognoscantur per actus et actus per obiecta,[9] fides, cum sit habitus quidam, debet definiri per proprium actum in comparatione ad proprium obiectum. Actus autem fidei est credere, qui, sicut supra[10] dictum est, actus est intellectus determinati ad unum ex imperio voluntatis. Sic ergo actus fidei habet ordinem et ad obiectum voluntatis, quod est bonum et finis; et ad obiectum intellectus, quod est verum. Et quia fides, cum sit virtus theologica, sicut supra[11] dictum est, habet idem pro obiecto et fine, necesse est quod obiectum fidei et finis proportionaliter sibi correspondeant. Dictum est autem supra[12] quod veritas prima est obiectum fidei secundum quod ipsa est non visa et ea quibus propter ipsam inhaeretur. Et secundum hoc oportet quod ipsa veritas prima se habeat ad actum fidei per modum finis secundum rationem rei non visae.[13] Quod pertinet ad rationem rei speratae, secundum illud Apostoli, *ad Rom.* 8,

---

9. Cf. I-II, q.54, a.2.
10. Cf. q.2, a.1, ad3; aa.2 & 9.
11. Cf. I-II, q.62, a.3.
12. Cf. q.1, aa.1 & 4.

가 아니라고 말할지라도, 이 문제를 올바르게 고찰한다면, 비록 단어들이 정의의 형태로 배열되지는 않았어도, 앞서 언급된 묘사 안에서는 신앙이 정의되기 위해 필요한 모든 것이 다루어진다. 마치 철학자들이 삼단논법적 형식을 채택하지 않고도 삼단논법의 원리를 다루는 것처럼 말이다.

이를 분명히 하기 위해, 습성은 그 행위에 의해 알려지고 행위는 그 대상에 의해 알려지므로,[9] 일종의 습성인 신앙은 그 고유한 대상과 비교함으로써 그 고유한 행위에 의해 정의되어야 한다는 사실을 고찰해야 한다. 그런데 신앙의 행위는 '믿는 일'(credere)인데, 이는 위에서[10] 언급한 바와 같이, 의지의 명령으로부터 하나의 대상으로 결정된 지성의 행위이다. 그러므로 신앙의 행위는 한편으로 선과 목적이라는 의지의 대상, 그리고 다른 한편으로 참이라는 지성의 대상과 모두 관련된다. 그리고 신앙은 위에서[11] 말한 바와 같이 대신덕이므로 대상과 목적을 위해 동일한 것을 가지고 있기 때문에, 신앙의 대상과 목적은 필연적으로 서로에게 비례적으로 상응해야 한다.

신앙의 대상이란 그것이 보이지 않는 한에서 제1진리, 그리고 제1진리 때문에 고수되는 모든 것이라는 사실은 이미 언급한 바 있다.[12] 그리고 이에 따라 제1진리 자체는 보이지 않는 사물이라는 측면에서 신앙의 행위와 목적의 방식으로 관계를 맺어야만 한다.[13] 그것은 "우리는 보지 못하는 것을 희망한다."고 로마서 8장 [25절]에서 말하는 저 사도에 따르면, 희망하는 사물의 개념에 속한다. 진리를 보는 것

---

13. 『히브리서 주해』 제11장 제1강이 '신앙의 완결된, 그러나 모호한 정의'로서 묘사하는 것이 무엇인지를 다루면서, 이 [답변]은 자기 자신의 모호함을 가지고 있다. 제2부 제1편에 대한 교차 참조에 의해서 제안된 것으로서 넓은 배경은 대신덕들이-인간의 초자연적 목적인-하느님을 직접적인 대상으로서 가지고 있다

[25]: *Quod non videmus speramus*, veritatem enim videre est ipsam habere; non autem sperat aliquis id quod iam habet, sed spes est de hoc quod non habetur, ut supra[14] dictum est.

Sic igitur habitudo actus fidei ad finem, qui est obiectum voluntatis, significatur in hoc quod dicitur: *Fides est substantia rerum sperandarum*. Substantia enim solet dici prima inchoatio cuiuscumque rei, et maxime quando tota res sequens continetur virtute in primo principio,[15] puta si dicamus quod prima principia indemonstrabilia sunt substantia scientiae, quia scilicet primum quod in nobis est de scientia sunt huiusmodi principia, et in eis virtute continetur tota scientia. Per hunc ergo modum dicitur fides esse substantia rerum sperandarum, quia scilicet prima inchoatio rerum sperandarum in nobis est per assensum fidei, quae virtute continet omnes res sperandas. In hoc enim speramus beatificari quod videbimus aperta visione veritatem cui per fidem adhaeremus, ut patet per ea quae supra[16] de felicitate dicta sunt.[17]

는 사실이다. Cf q.1, a.1. 발전된 정교화는 대상으로서의 하느님과 목적으로서의 하느님께 대한 신앙의 관계 사이에 있는 형상적 구별이다. 제2문 제1-2절에서처럼, 제1진리인 하느님이 자기 자신을 인간의 참행복으로서 드러내고, 이에 따라 의지의 응답을 초대하는 분이라는 사실은 단순하지 않다. 오히려 본질적으로 지성의 행위로서의 신앙 안에서 구별은 (질료적 대상이면서 형상적 근거이기도 한) 보이지 않는 분으로서의 하느님에 대한 신앙의 동의와 완결된 직관에 대한 그것의 관계 사이에서 나타난다. 그래서 신앙은 본질적으로 시작 단계의 것이고 그것의 성취와 관련된 시작이다. 이것이 지성의 행위로서의 신앙과 희망에 대한 성경적인 언급 사이에 수립된 연결이다.

14. Cf. I-II, q.67, a.4.

은 그것을 소유하는 것이기 때문이다. 위에서[14] 말한 것처럼, 그런데 어떤 사람은 이미 가지고 있는 것을 희망하는 것이 아니라, 희망이란 소유되지 못한 것에 대한 것이다.

따라서 신앙의 행위와 의지의 대상인 목적과의 관계는 "신앙은 희망해야 하는 사물들의 실체다."라는 말로 표현된다. 실체라고 불리는 것은 늘 각각의 사물의 시초이고, 특히 따라오는 사물 전체가 그 첫 원리에 잠세적으로 포함되어 있을 때 실체라고 부르기 때문이다.[15] 예를 들어, 만일 우리가 증명 불가능한 제1원리들을 학문(지식)의 실체라고 말한다면, 그 학문에 대해서 우리 안에 있는 첫 번째 것이 그런 종류의 원리들이며, 그것들 안에 학문 전체가 잠세적으로 포함되기 때문이다. 그러므로 이런 방식으로 신앙은 희망해야 하는 사물들의 실체라고 말한다. 즉 우리 안에서 희망해야 하는 사물들의 첫 시초는 희망해야 하는 모든 사물을 잠세적으로 내포하고 있는 신앙의 동의를 통해서 존재하기 때문이다. 위에서[16] 참행복에 대해 말한 것들에서 분명한 것처럼, 신앙을 통해서 우리가 고수하는 진리를 명백한 직관에 의해 보게 될 것이라는 사실 안에서 진정으로 행복해지기를 희망한다.[17]

---

15. Cf. *In Anal. Post.*, 1, lect.1-4.
16. Cf. I-II, q.3, a.8; q.4, a.3.
17. 이것을 제1문 제1절의 언어와 비교하라. 참조는 무엇보다도 신앙의 형상적 근거로서의 하느님과 관련된다. 하느님에 대한 직접적 관계로서 신앙은 이미 참행복인 하느님과의 일치의 시작이다: "신앙은 미래에 우리를 복되게 만들 저 인식을 미리 맛보는 것이다. 그러므로 [바오로] 사도는 [신앙이야말로] '희망해야 하는 사물들의 실체(히브 11,1)'(substantia sperandarum rerum)라고 말한다. 이것[신앙]은 마치 희망해야 할 것, 즉 미래의 참행복이 일종의 시작의 형태로 우리 안에서 현존하게 만드는 것과 같다."(*Comp. Theol.*, I, 2)

q.4, a.1

Habitudo autem actus fidei ad obiectum intellectus, secundum quod est obiectum fidei, designatur in hoc quod dicitur: *argumentum non apparentium.* Et sumitur argumentum pro argumenti effectu, per argumentum enim intellectus inducitur ad adhaerendum alicui vero; unde ipsa firma adhaesio intellectus ad veritatem fidei non apparentem vocatur hic argumentum. Unde alia littera habet *convictio,* quia scilicet per auctoritatem divinam intellectus credentis convincitur ad assentiendum his quae non videt.[18]

Si quis ergo in formam definitionis huiusmodi verba reducere velit, potest dicere quod *fides est habitus mentis, qua inchoatur vita aeterna in nobis, faciens intellectum assentire non apparentibus.* Per hoc autem fides ab omnibus aliis distinguitur quae ad intellectum pertinent. Per hoc enim quod dicitur argumentum, distinguitur fides ab opinione, suspicione et dubitatione,[19] per quae non est prima adhaesio intellectus firma ad aliquid. Per hoc autem quod dicitur *non apparentium,* distinguitur fides a scientia et intellectu,[20] per quae aliquid fit apparens.[21] Per hoc autem quod dicitur *substantia sperandarum rerum,* distinguitur virtus fidei a fide communiter sumpta,[22] quae non ordinatur ad beatitudinem speratam.[23]

---

18. 이 '다른 해석'의 전거들: Cf. Magister[Lombardus], *Sent.,* III, 23, 7; Augustinus, *Enchiridion,* 8: PL 40, 234; *De Trin.,* XIII, 1: PL 42, 1014.
19. Cf. q.2, a.1.
20. 라틴어 intellectus(이해; 아리스토텔레스의 nous의 번역어로서 서론, [11] 참조)

반면에 신앙의 행위와 신앙의 대상으로 고찰되는 '지성의 대상'의 관계는 "명료하지 않은 것들에 대한 논증"이라는 말로 표현된다. 여기서 '논증'이란 단어는 논증의 결과를 위해 취해진다. 즉 논증을 통해서 지성은 어떤 참된 것을 고수하도록 이끌린다. 그래서 지성이 명료하지 않은 신앙의 진리를 견고하게 고수하는 것 자체가 여기서는 논증이라 불린다. 그래서 다른 해석은 "확신"이란 단어를 쓰는데, 이는 신적 권위를 통해서 믿는 이의 지성이 그가 보지 못하는 것들에 동의해야만 하도록 확신하게 되기 때문이다.[18]

그러므로 만일 어떤 이가 이런 종류의 말들을 정의의 형태로 줄이기를 원한다면, "신앙은 우리 안에서 영원한 생명이 시작되도록 만드는 정신의 습성이며, 명료하지 않은 것에 지성이 동의하도록 만드는 것이다."라고 말할 수 있다.

이를 통해 신앙은 지성에 속하는 다른 모든 것들과 구별된다. 그것을 '논증'이라고 부름으로써, 신앙은 지성이 어떤 것에 대해 확고하게 고수하지 못하게 만드는 의견, 의심, 그리고 회의[19]와 구별된다. "명료하지 않은"이라고 말함으로써, 신앙은 어떤 것이 명료하게 되도록 만드는 지식과 이해[20]로부터 구별된다.[21] 그리고 "희망해야 하는 사물들의 실체"라고 말함으로써, 신앙의 덕은 공통적으로 취해진 믿음[22]으로부터 구별되는데,[23] 후자의 믿음은 희망되는 참행복과는 관련이 없다.

는 그것의 행위가 원칙의 직접적이고, 추론을 거치지 않은 파악이란 의미에서 직관적이라고 불릴 수 있을 것이다.
21. Cf. q.2, a.1.
22. 즉 다른 사람의 말에게 부여되는 것으로서의 믿음; cf. *De veritate*, q.14, a.2. 이 구절은 또한-강하게 고수되는 견해로서의-아리스토텔레스의 믿음(pistis)에 관한 이해와 관련된다. Cf. *Topica*, IV, c.5, 126b18; opinio vehemens, 보에티우스의 번역: PL 64, 950.
23. Cf. I, q.12, a.13, ad3.

q.4, a.1

Omnes autem aliae definitiones quaecumque de fide dantur, explicationes sunt huius quam Apostolus ponit. Quod enim dicit Augustinus:[24] *Fides est virtus qua creduntur quae non videntur*; et quod dicit Damascenus,[25] quod fides est *non inquisitus consensus*; et quod alii[26] dicunt, quod fides est *certitudo quaedam animi de absentibus supra opinionem et infra scientiam*; idem est ei quod Apostolus dicit, *argumentum non apparentium*. Quod vero Dionysius dicit, 7 cap. *de Div. Nom.*,[27] quod fides est *manens credentium fundamentum, collocans eos in veritate et in ipsis veritatem*, idem est ei quod dicitur, *substantia sperandarum rerum*.

AD PRIMUM ergo dicendum quod substantia non sumitur hic secundum quod est genus generalissimum contra alia genera divisum,[28] sed secundum quod in quolibet genere invenitur quaedam similitudo substantiae, prout scilicet primum in quolibet genere, continens in se alia virtute, dicitur esse substantia illorum.[29]

---

24. *In Ioan.*, tract.40, n.9, super 8, 32: PL 35, 1690; tract.79, n.1, super 14, 29: PL 35, 1837; *Quaest. Evang.*, II, q.39, super Luc. 17, 5L: PL 35, 1352.
25. *De fide orth.*, IV, II: PG 94, 1128 D.
26. Cf. Hugo de St Victore, *De Sacramentis*, I, p.10, c.2: PL 176, 330.
27. *De divinis nominibus*, 7, PG 3, 872 C; S. Thomas, lect.5, n.737.
28. 위의 각주 [4]; 『히브리서 주해』 제11장 제1강에서 실체의 타당성에 관한 몇 가지 의미들이 제공된다.

신앙에 관해 주어지는 다른 모든 정의들은 사도가 제시한 이 정의에 대한 설명이다. 아우구스티누스가 "신앙은 보이지 않는 것을 믿도록 하는 덕"이라고 말하고,[24] 다마셰누스는 "신앙은 탐구되지 않은 동의"라고 말하며,[25] 다른 사람들[26]이 "신앙은 의견을 능가하지만 지식에는 미치지 못하는 부재중인 사물들에 대한 정신의 어떤 확실성"이라고 말하는 것은 사도가 "명료하지 않은 것들에 대한 논증"이라고 말하는 것과 같다. 그리고 디오니시우스가 『신명론』 제7권에서[27] "신앙은 믿는 이들의 견고한 토대이며, 그들을 진리로 모으고, 그들 안에 진리를 [드러낸다.]"라고 말하는 것은, [신앙은] "희망해야 하는 것들의 실체"라고 말하는 것과 같다.

[해답] 1. 여기서 '실체'는, 다른 유(類)들과 분리되는 가장 일반적인 유(類)[10범주 중의 하나][28]가 아니라, 각각의 유의 첫째 것이 자신 안에 다른 것들을 잠세적으로 포함하므로 그것들의 실체라고 불리는 것처럼, 각각의 유에서 발견되는 실체와의 어떤 유사성을 위해서 취해진다.[29]

---

29. '실체'라는 단어는 스콜라철학에서 우선 자기 안에 존재를 가지면서 우유들의 담지자가 되는 저 범주적 존재를 가리킨다. 더 나아가 실체는, 이 개념 안에 함축되어 있는 첫째 그리고 가장 본질적인 내용을 주목하는 한에서, 초월적인 개념이다. 우유의 담지자라는 부차적인 특성들을 배제한 상태에서 그-자체로-존재를-가짐을 뜻한다.
창조된 실체 안에서는 우유들의 담지자라는 특성은 또한 우유들을 그 본질에서 규정하고, 자신으로부터 흘러나오게 하는 과제를 말한다.(비록 큰 작용을 기대하면서 생산하지는 않더라도 말이다.) 각각의 실체에는 몇몇의 우유들이 타당한데, 정신적인 실체에는 정신적인 것이(지성과 의지), 물체적인 실체에는 물체적인 것 등등이 타당하다. 실체는 그래서 모든 사물의 시작이다. 만일 사람들이 이러한 설명을 넘어서서 그것을 유비적으로 확장하면, 하나의 원칙 안에 발

q.4, a.1

AD SECUNDUM dicendum quod, cum fides pertineat ad intellectum secundum quod imperatur a voluntate,[30] oportet quod ordinetur, sicut ad finem, ad obiecta illarum virtutum quibus perficitur voluntas. Inter quas est spes, ut infra[31] patebit. Et ideo in definitione fidei ponitur obiectum spei.

AD TERTIUM dicendum quod dilectio potest esse et visorum et non visorum, et praesentium et absentium.[32] Et ideo res diligenda non ita proprie adaptatur fidei sicut res speranda, cum spes sit semper absentium et non visorum.[33]

AD QUARTUM dicendum quod substantia et argumentum, secundum quod in definitione fidei ponuntur, non important diversa genera fidei neque diversos actus, sed diversas habitudines unius actus ad diversa obiecta, ut ex dictis[34] patet.

AD QUINTUM dicendum quod argumentum quod sumitur ex propriis principiis rei facit rem esse apparentem. Sed argumentum quod sumitur ex auctoritate divina non facit rem in se esse apparentem.[35] Et tale argumentum ponitur in definitione fidei.

생이나 변화가 내포되어 있는 곳에서는 어디서든지 실체에 대해서 말할 수 있다. 이러한 매우 유비적이고 풍부하게 확장된 의미에서 실체라는 개념은 성질들에 대해서도, 그것들이 그것으로부터 싹에서처럼 더 크고 더 완전한 것이 발전할 수 있는 시작을 묘사하는 한에서, 사용될 수 있다. 이러한 고찰을 통해, 습성으로서 성질의 범주 아래 속하는 신앙은 실체라고 불릴 수 있다. 저편에서의 하느님에 대한 직관이 여기 지상에서 이미 신앙생활과 함께 싹처럼 시작되는 한에서, 신앙이 언젠가 영원한 참행복의 대상이어야만 하는 것의 실체라고 불릴 수 있다.

2. 신앙은 의지에 의해 명령되는 한에서 지성에 속하기 때문에,[30] 신앙은 의지를 완성시키는 그러한 덕들의 대상을 목적으로 삼아야 한다. 우리가 밑에서[31] 분명히 할 것처럼, 그것들 중에는 희망이 있다. 따라서 신앙의 정의 안에는 희망의 대상이 제시된다.

3. 사랑은 보이는 것과 보이지 않는 것, 현존하는 것과 부재중인 것에 속할 수 있다.[32] 결과적으로 사랑해야 하는 사물은, 희망해야 하는 사물만큼, 그렇게 신앙에 적합하지는 않은데, 이는 희망이 항상 부재중인 것과 보이지 않는 것에 속하기 때문이다.[33]

4. 신앙의 정의에 제시된 '실체'와 '논증'은, 신앙의 다양한 종류나 다양한 행위를 의미하는 것이 아니라, 지금까지 말한 것에서 분명한 것처럼,[34] 다양한 대상들에 대해 하나의 행위가 지닌 다양한 관계를 의미한다.

5. 사물의 고유한 원리로부터 취해진 논증은, 그 사물을 명료하게 한다. 그러나 신적 권위로부터 취해진 논증은, 그 자체로 사물을 명료하게 하지 않는다.[35] 그러한 논증이 신앙의 정의에 제시된 것이다.

---

30. Cf. q.2, a.1, ad3; a.2; a.9.
31. Cf. q.18, a.1. 이 해답은 성경 구절을 평가하는 데 있어서 신앙 안에서 참사랑의 영향을 감소시키는 것이 아니라, 단순히 신앙의 대상이 '희망해야 하는 것'으로 묘사되는지를 보여 주는 것뿐이다. Cf. I-II, q.62, a.4.
32. Cf. I, q.20, a.1; I-II, q.23, a.4; q.26, a.1; q.28, a.6, ad2.
33. Cf. I-II, q.40, a.1.
34. 본론.
35. Cf. q.1, aa.1 & 4.

Articulus 2
Utrum fides sit in intellectu sicut in subiecto

Ad secundum sic proceditur. Videtur quod fides non sit in intellectu sicut in subiecto.[1]

1. Dicit enim Augustinus, in libro *de Praed. Sanct.*,[2] quod *fides in credentium voluntate consistit*. Sed voluntas est alia potentia ab intellectu. Ergo fides non est in intellectu sicut in subiecto.

2. Praeterea, assensus fidei ad aliquid credendum provenit ex voluntate Deo obediente. Tota ergo laus fidei ex obedientia esse videtur.[3] Sed obedientia est in voluntate. Ergo et fides. Non ergo est in intellectu.

3. Praeterea, intellectus est vel speculativus vel practicus.[4] Sed fides non est in intellectu speculativo, qui, cum *nihil dicat de imitabili et fugiendo*, ut dicitur in III *de Anima*,[5] non est principium operationis, fides autem est quae *per dilectionem operatur*, ut dicitur *ad Gal.* 5, [6]. Similiter etiam nec in intellectu practico, cuius obiectum est verum contingens factibile vel agibile, obiectum enim fidei est verum aeternum,

---

1. '주체'(subjectum)는 그 안에 어떤 것이 실존하는 것을 의미한다. 습성(I-II, q.50), 덕들(I-II, q.56)과 악습들(I-II, q.74)의 경우에 주체는 이것들에 의해서 한정된 영혼의 능력이다. 실존, 행위 또는 속성들의 기본적인 주체는 한 개인이지만, 그 개인은 그의 다양한 능력들을 통해서 행위한다. Cf. I, q.54, a.1; q.77, a.1; I-II, q.50, a.2; q.56, a.1. 그래서 이 절의 분석은 행위 또는 성질들의 직접적인 위치로서 주체들에 대해서 말하지만, [그런 의미에서의 주체는] 한 개인의 실존적이고 작용적인 통일성으로부터 분리되는 것은 아니다.

제2절 신앙은 주체 안에 있는 것처럼 지성 안에 있는가?

Parall.: *In Sent.*, III, d.23, q.2, a.3, qc.1; *De veritate*, q.14, a.4.

[반론] 둘째에 대해서는 다음과 같이 진행된다. 신앙은 주체 안에 있는 것처럼 지성 안에 있지 않다고 생각된다.[1]

1. 아우구스티누스는 『성도들의 예정』[2]에서 "신앙은 믿는 이의 의지 안에 정립된다."고 말한다. 그런데 의지는 지성과는 다른 능력이다. 그러므로 신앙은 주체 안에 있는 것처럼 지성 안에 있지 않다.

2. 믿어야만 하는 어떤 것에 대한 신앙의 동의는, 하느님께 순종하는 의지로부터 나온다. 그러므로 신앙에 대한 찬양 전체는 순종에서 나오는 것처럼 보인다.[3] 그런데 순종은 의지 안에 있다. 그러므로 신앙도 또한 의지 안에 있지, 지성 안에 있지 않다.

3. 지성은 사변적이거나 실천적이다.[4] 그런데 신앙은 사변적 지성 안에 있지 않은데, 『영혼론』 III, 9에서[5] 언급된 바와 같이, 그것은 모방될(추구될) 것과 회피해야 할 사물에 대해 아무 말도 하지 않기 때문이다. 그리고 사변적 지성은 작용의 원리가 아닌데, 갈라티아서 5장 [6절]에서 말하는 것처럼, "신앙은 사랑을 통해 작용한다." 마찬가지로, 신앙은 그 대상이 만들어지거나 행해질 수 있는 우연적인 참인 실천적 지성 안에 있는 것도 아니다. 신앙의 대상은, 위에서 언

---

2. *De praedest. sanct.*, c.5: PL 44, 968.
3. Cf. q.2, a.5, ad3.
4. 즉 지성은 한편으로 순수하게 아는(이론적, 사변적) 능력이면서 다른 한편으로 인간의 전체적 선에 기여하는 것으로서 그의 행위를 지시하는 능력이기도 한다. 이 구분은 두 능력에 대한 것이 아니라 두 기능에 대한 것이다. Cf. I, q.79, a.11.
5. Aristoteles, *De Anima*, III, c.9, 432b28; S. Thomas, lect.14, n.813.

ut ex supradictis⁶ patet. Non ergo fides est in intellectu sicut in subiecto.

SED CONTRA est quod fidei succedit visio patriae, secundum illud I *ad Cor.* 13, [12]: *Videmus nunc per speculum in aenigmate, tunc autem facie ad faciem.* Sed visio est in intellectu. Ergo et fides.

RESPONDEO dicendum quod, cum fides sit quaedam virtus, oportet quod actus eius sit perfectus. Ad perfectionem autem actus qui ex duobus activis principiis procedit requiritur quod utrumque activorum principiorum sit perfectum, non enim potest bene secari nisi et secans habeat artem et serra sit bene disposita ad secandum.⁷ Dispositio autem ad bene agendum in illis potentiis animae quae se habent ad opposita est habitus, ut supra⁸ dictum est. Et ideo oportet quod actus procedens ex duabus talibus potentiis sit perfectus habitu aliquo praeexistente in utraque potentiarum. Dictum est autem supra⁹ quod credere est actus intellectus secundum quod movetur a voluntate ad assentiendum, procedit enim huiusmodi actus et a voluntate et ab intellectu. Quorum uterque natus est per habitum perfici, secundum praedicta.¹⁰ Et ideo oportet quod tam in voluntate

---

6. Cf. q.1, a.1, s.c.
7. Cf. I-II, q.58, a.3, ad2.
8. Cf. I-II, q.49, a.4, ad1 & ad2 & ad3.

급한 바에서 분명한 것처럼,[6] 영원한 참이기 때문이다. 그러므로 신앙은 주체 안에 있는 것처럼 지성 안에 있지 않다.

[재반론] 그러나 반대로 코린토 1서 13장 [12절]에 따르면, 신앙은 본향의 직관에 의해 계승된다. "우리가 지금은 거울을 통해 흐릿하게 보지만, 그때에는 서로 얼굴과 얼굴을 마주 볼 것입니다." 그런데 직관은 지성 안에 있다. 그러므로 신앙도 마찬가지이다.

[답변] 신앙은 일종의 덕이기 때문에, 신앙의 행위는 완전해야 한다. 그런데, 두 가지 능동적인 원리로부터 나오는 행위의 완전함을 위해, 각각의 능동적 원리들은 완전해야 한다는 사실이 요구된다. 오직 톱질하는 사람이 기술을 소유하고, 그리고 톱이 톱질을 위해 잘 준비된 경우에만, 톱질이 잘될 수 있기 때문이다.[7] 그런데 반대되는 대상들과 관련될 수 있는 영혼의 저 능력들에서, 잘 행위하기 위한 성향은, 위에서[8] 말한 대로, 습성이다. 따라서 그러한 두 가지 능력으로부터 나오는 행위는, 그것들 각각의 능력에 선재하는 어떤 습성에 의해 완전해져야 한다.

그런데 위에서[9] 언급했듯이, 믿는 일은 의지가 지성을 동의하도록 움직이는 한에서 지성의 행위이고, 이런 방식의 행위는 의지와 지성으로부터 나온다. 그것들 둘 다 앞서 언급된 것에 따라[10] 습성을 통

---

9. Cf. a.1; q.2, a.1, ad3; aa.2 & 9.
10. Cf. I-II, q.50, a.4. 습성이란 어떤 능력이 작용함에 있어 그에 필요한 완전함을 얻기 위해 그 능력에 부가되는 어떤 것을 의미한다. 다시 말해 특정한 능력이 완전하게 작용하는 데 있어 그 능력에 더해지는 것이 습성이다. 따라서 어떤 능력이 완전하게 작용하기 위해서는 습성의 부가를 필요로 한다.

q.4, a.2

sit aliquis habitus quam in intellectu, si debeat actus fidei esse perfectus,[11] sicut etiam ad hoc quod actus concupiscibilis sit perfectus, oportet quod sit habitus prudentiae in ratione et habitus temperantiae in concupiscibili.[12] Credere autem est immediate actus intellectus, quia obiectum huius actus est verum,[13] quod proprie pertinet ad intellectum. Et ideo necesse est quod fides, quae est proprium principium huius actus, sit in intellectu sicut in subiecto.[14]

---

11. 토마스는 습성과 완전한 행위의 관계에 대해 다음과 같이 말한다: "습성은 두 가지 양태로 완전한 행위를 향해 질서 지어질 수 있다. 첫째, 인간은 습성에 의해서만 완전한 행위에 관한 능력을 얻는다. 예를 들어 인간은 문법에 관한 습성에 의해 올바르게 말할 수 있는 능력을 가진다. 그러나 문법이 인간으로 하여금 항상 정확하게 말하도록 만드는 것은 아니다. 문법학자는 거친 말투나 문법상의 오류를 저지를 수도 있기 때문이다. (…) 둘째, 습성은 어떤 사람으로 하여금 행위에 대한 능력을 제공할 뿐만 아니라 그 능력을 올바르게 사용할 수 있도록 이끈다. 예를 들어 정의(iustitia)에 관한 습성은 인간으로 하여금 정당한 일을 행할 수 있는 즉각적인 의지를 부여할 뿐만 아니라, 그가 정당하게 행동하도록 만든다."(I-II, q.56, a.3) 완전한 의미에서의 덕은 선한 행위를 위한 수용력만을 주는 것이 아니라 또한 그 행위가 잘 이루어지도록 만들어 준다. 신앙의 행위는 구원되기 위한 것이기 때문에, 그 행위가 올바로 이루어지도록 만들어 줄 원천도 필요하다.

(*추가주) 가리구-라그랑쥬(R. Garrigou-Lagrange O. P., *De virtutibus theologicis*, Torino, 1949, p.180: "이 결론은 잘 이해되어야 한다. 즉 신앙의 행위는 '절대적으로 모든 양태에서 완전하거나'(absolute et omnimode perfectus), 마치 '부드럽게'(suaviter) '본성에 적합하게'(connaturaliter) 두 가지 능력으로부터 진행되며 그렇게 '공로가 된다'(meritorius); 그럼에도 '이것'(hoc)은 오류가 없는 '동의라는 의미에서' 완전하기를 요구하지는 않는다. 이를 위해서는 '의지의 경건한 움직임'(pia motione voluntatis)으로부터 지성이 견고하게 고수하는 것으로 충분하기 때문이다. 뿐만 아니라 종종 주입된 희망(cf. a.4) 존재하는 사죄 상태에 있는 신앙인들에게서도 그러하다."

해 본성적으로 완전하게 된다. 따라서 신앙의 행위가 완전해지려면, 지성 안에뿐만 아니라 의지 안에도 어떤 습성이 필요하다.[11] 욕정적 행위가 완전하기 위해서, 이성 안에는 현명의 습성이, 욕정 안에는 절제의 습성이 존재해야만 하는 것과 같다.[12] 그런데 믿는 일은 직접적으로 지성의 행위인데, 그 행위의 대상이 지성에 고유하게 속하는 참이기 때문이다.[13] 따라서 그 행위의 고유한 원리인 신앙은, 주체 안에 있는 것처럼 지성 안에 존재한다는 사실이 필연적이다.[14]

---

12. Cf. I, q.81, a.2. 절제와 용기를 관장하는 감각적 욕구 능력들은 욕정적 능력들과 분노적 능력들로 구분된다. Cf. I-II, q.56, a.4.
13. Cf. q.1, a.1.
14. 여기에서의 전통적이고 종교적인 전제는 신앙이 - 하느님께 대한 자기-헌신이기 때문에 - 의지를 포함한다는 사실이다. 부담이 되는 것은 어떻게 신앙이 또한 지성의 소질을 요구하는가를 보여 주는 일이다. 그래서 도덕적 덕의 순서와 관련된 유비가 해결책을 포함한다. Cf. q.2, a.3, ad2. 정념적이고 의지적인 소질(즉 참사랑)이 전제되었기 때문에, 의지의 영향에 대한 지성의 순종해야 하는 필요는 왜 신앙이 지성의 덕인가 하는 이유이다. Cf. I-II, q.56, a.3: "사변적 지성 또는 이성은 믿음의 주체이다. 왜냐하면 지성은 의지의 명령에 의해, 믿음에 속하는 것들에 동의하도록 움직여지기 때문이다. 실상 '아무도 원하지 않는 한 믿지 않는다.'" Cf. I, q.111, a.1, ad1.
보나벤투라와 토마스 사이에 신앙 '행위'의 심리학적인 본질과 관련된 것에서는 -단지 토마스가 인식적인 요소를 어느 정도 더 강조한다는 것을 제외한다면- 사태상의 차이를 발견할 수 없다. 그렇지만 두 사람은 신앙의 습성에 관한 견해에서는 서로 갈라진다. 보나벤투라에 따르면 단순한 신앙 습성이 두 가지 능력 안에 뿌리를 내리고 있는 반면에, 토마스에 따르면 모든 단순한 소질이 그러하듯이 신앙 습성도 오직 하나의 능력 안에 자기 위치를 가지고 있다. 이 능력이란 그에 따르면 지성이다. 그럼에도 여기서 의지는 본질적으로 신앙 발생의 심리학적인 과정에 속한다. 또한 그 안에서도 은총에 의한 적절한 고양(高揚)이 있다. 그러나 이것은 -참사랑에 의해서 형상화된 신앙 안에 있는 의지의 은총에 따른 고양을 제외한다면- 덕이 아니다. 그것은 오직, 무엇보다도 본질적으로, 신앙이라는 덕에 '속한다'. 그 밖에도 성 토마스는 신학의 역사에서 신앙이라는 덕을 사변적인 지성 안에 위치시킨(q.4, a.2, ad3) 최초의 학자였다.

q.4, a.2

AD PRIMUM ergo dicendum quod Augustinus fidem accipit pro actu fidei, qui dicitur consistere in credentium voluntate inquantum ex imperio voluntatis intellectus credibilibus assentit.

AD SECUNDUM dicendum quod non solum oportet voluntatem esse promptam ad obediendum, sed etiam intellectum esse bene dispositum ad sequendum imperium voluntatis, sicut oportet concupiscibilem esse bene dispositam ad sequendum imperium rationis.[15] Et ideo non solum oportet esse habitum virtutis in voluntate imperante, sed etiam in intellectu assentiente.

AD TERTIUM dicendum quod fides est in intellectu speculativo sicut in subiecto, ut manifeste patet ex fidei obiecto. Sed quia veritas prima, quae est fidei obiectum,[16] est finis omnium desideriorum et actionum nostrarum, ut patet per Augustinum, in I *de Trin.*;[17] inde est quod per dilectionem operatur.[18] Sicut etiam intellectus speculativus extensione fit practicus,[20] ut dicitur in III *de Anima*.[19]

---

15. Cf. II-II, q.155, a.1 & a.3; I-II, q.58, a.3, ad2.
16. Cf. q.1, a.1.
17. Cf. *De Trinitate*, I, c.8, n.17; c.10, n.20: PL 42, 831 & 834.
18. 이것을 제1부 제1문 제4절의, 신학은 일차적으로 사변적이고 이차적으로 실천적 지식이라는 입장과 비교해 보라. 여기서 성 토마스는 신앙이 오직 다의적인 의미에서만 인식적이라는 사실을 인정하기를 거부한다. 대 알베르투스는 신앙은 지성적인 질서 바깥에 있는-그래서 오히려 정념적인 질서에 속하는-확실성을 가지고 있다고 주장함으로써 이것을 인정하는 것처럼 보인다. Albertus magnus, In Sent., III, 23, 27, ed. Borgnet, XXVII, pp.434-435.
19. Cf. *De anima*, c.10: 433a15-26; S. Thomas, lect.15, nn.820-825.

[해답] 1. 아우구스티누스는, 지성이 의지의 명령에 따라 믿을 만한 것들에 동의하는 한에서, 믿는 이의 의지로 구성된다고 언급되는 신앙의 행위에 대하여 신앙이라는 [표현을] 취한다.

2. 마치 욕정이 이성의 명령을 따르기 위해 잘 준비되어 있어야 하는 것처럼, 의지가 즉각적으로 순종해야 할 뿐만 아니라 지성도 또한 의지의 명령을 따르도록 잘 준비되어 있어야 한다.[15] 따라서 명령하는 의지 안에뿐만 아니라 동의하는 지성 안에도 덕의 습성이 있어야 한다.

3. 신앙의 대상으로부터 명백하게 밝혀지는 것처럼, 신앙은 마치 주체 안에 있는 것처럼 사변적 지성 안에 있다. 그런데 신앙의 대상인 제1진리[16]가 우리의 모든 욕구와 행위의 목적이다. 그래서 아우구스티누스는 『삼위일체론』 제1권[17]에서, 신앙이 사랑을 통해 작용된다는 사실을 증명한다.[18] 이는 마치 『영혼론』 제3권[19]에서 "사변적 지성이 연장에 의해 실천적 (지성)이 된다."고 말하는 것과 같다.[20]

---

20. 아리스토텔레스의 텍스트는 단순하게 '실천 지성은 사변 지성으로부터 그것이 목적을 바라본다는 점에서 차이를 가진다.'라고 말할 뿐이다. 여기서 강조되는 점은 신앙이 삶을 위한 지침이라는 것이 아니라, 신앙이 본질적으로 신적인 진리와 관련되어 있고, 그것이 지도하고 명령하게 되는 것은 신앙이 하느님과 맺는 전적으로 인격적인 관계의 부분이기 때문이라는 사실이다. 믿어지는 하느님에 대한 사랑은 진리들을 삶의 효과적인 규칙으로 받아들이도록 만들고 신자의 마음에 들게 한다. Cf. I-II, q.106, a.1; q.107, a.1, c & ad2: q.108, a.1, c & ad2.

Articulus 3
Utrum caritas sit forma fidei

Ad tertium sic proceditur. Videtur quod caritas non sit forma fidei.[1]

---

1. '형상'(forma)과 형용사적인 대응어 '형상화된'(formata)와 '형상화되지 않은' 또는 '형태가 없는'(informis)은, 덕에 대한 중세의 토론에 쉽게 수용되었다. 그 이유는 '형상'이 '완전성' 또는 '완결성'이라는 통상적인 의미를 가지고 있기 때문에(cf. Petrus Lombardus, *Sent.*, II, 27, 6; III, 23, 5.), 그리고 불가타 성경의 창세기 2장 7절에서 "Formavit igitur Dominus Deus hominem de limo terrae[따라서 주 하느님께서 인간을 땅의 진흙으로부터 형상화하셨다.]"라는 표현 때문에 그랬다.(그래서 생빅토르의 위고는 은총에 의한 인간의 자질을 지칭하기 위해서 'formavit'과 'formatio'를 사용한다: Huo de St. Victore, *De sacramentis*, I, 6, 16: PL 176, 274. Cf. I, q.66, aa.1-2; q.91, aa.1-2; q.92, aa.3-4) 로탱(O. Lottin, *Psychologie et morale aux XIIe et XIIIe siècles*, III, 1, Gembloux, 1949, pp.116-25)에 의한, 덕에 관한 중세의 정의와 분류에 대한 연구는 그러한 용어들의 이해를 보여 주는 텍스트들을 제공한다. '정치적 덕들'(4세기 서방의 플라톤주의자 마크로비우스(Macrobius)로부터 그 용어는 본성적으로 얻어진 덕들에 적용된다)의 문제와 연결해서, '가톨릭적인 덕들'(12세기 푸아티에의 길베르투스 학파로부터 그 용어는 구원과 관련된 덕들에 적용된다)이 형성되면서, 첫째는 처음으로 '형상화되지 않은'(informes)이라고 묘사된다. 참사랑이 오면서 그것들은 '형상화'(formatae), 즉 영원한 생명을 위해 공로가 되는 것이 된다. '자연적인 것이 무상으로 얻은 것이 되는'(naturalia fiunt gratuita) 곳에서, 그 변화는 본질과 관련된 것이 아니라 그 덕들이 사용되는 방식에 관한 것이다. Cf. 릴의 알라누스와 투르네의 시몬에 관해서는 Lottin, pp.116-118 참조. 특별히 신앙과 관련해서, 참사랑이 결여되

제3절 참사랑은 신앙의 형상인가?

Parall.: II-II, q.23, a.8; *In Sent.*, III, d.23, q.3, a.1, qc.1; *De veritate*, q.14, a.5; *De Virtutibus*, q.2, a.3.

Doctr. Eccl.: "믿음에 희망과 사랑이 보태어지지 않으면, 인간은 그리스도와 완전한 일치를 이루지 못할 뿐 아니라, 그분 몸에 살아 있는 지체가 될 수도 없다. 이런 연유에서 실천이 없는 믿음은 죽은 것이요, 무용지물(야고 2,17.20)이라는 것과 '그리스도 예수님 안에서 할례를 받았느냐 받지 않았느냐가 중요하지 않습니다. 사랑으로 행동하는 믿음만이 중요할 따름입니다.'(갈라 5,6; 참조: 6,15)라고 주장하는 것은 절대적으로 옳다."(트리엔트공의회, 제6 회기, 제7장: DS 800[=DH 1531])

[반론] 셋째에 대해서는 다음과 같이 진행된다. 참사랑은 신앙의 형상이 아닌 것으로 생각된다.[1]

어 있는 곳에서 '형상화되지 않은'이라고 묘사되었다. 참사랑이 한 사람을 오류 없이 하느님을 믿는 행위를 위해 강화시켜 주지만, 공로가 되는 행위를 위해서는 그렇지 않기 때문이다. 크레모나의 프래포지티누스(Praepositinus of Cremona, †c.1210)에 관해서는: Cf. Lottin, p.124. 동일한 어휘와 이해는 덕들의 연결에 대한 토론에도 등장한다. Cf. ibid., pp.200-1; Lottin, *Etudes de morale, histoire et doctrine*, Gembloux, 1961, pp.78-84. 예를 들어, p.84, 스테판 랑톤: "참사랑이 신앙과 다른 덕들을 형상화한다고 말한다. 다른 어떠한 덕의 운동도 그것과 함께 참사랑의 운동이 동시에 존재하지 않는다면 공로가 되지 않기 때문이다."(Dicitur caritas informare fidem et alias virtutes, quia nullus motus alicuius virtutis est meritorius nisi cum ipso simul sit motus caritatis). Cf. I-II, q.65, a.2. 성 토마스는 병행구절들로부터 명확하게 드러나는 것처럼 이러한 사용을 물려받고 받아들인다. 『진리론』 제14문 제5절은 이러한 배경을 반영한다. 그러나 제2부 제1편을 자기 스스로 참조함으로써 제안하는 것처럼 그리고 현재 절을 제2부 제2편 제23문 제8절과 비교함으로써, 그는 그것을 도덕적 행위에 관한 그 자신의 보편적인 해석에 적용한다. 모든 덕과 마찬가지로 신앙은 그것의 고유하고 내재적인 형상 또는 종을 그것의 형상적 근거로부터 가진다. 신앙의 행위는, 다른 덕들의 행위와 마찬가지로, '말하자면 그것 위에 참사랑의 통치가 확산됨'에 의해서 더 이상의 차원, 도덕적 종류 또는 형상을 가진다. *De Malo*, q.8, a.2. 그러나 신앙에 대해서 주의해야 할 점이 생겨나는 특별한 이유에 대해서는 아래 각주 [9]를 참고하라.

1. Unumquodque enim sortitur speciem per suam formam. Eorum ergo quae ex opposito dividuntur sicut diversae species unius generis, unum non potest esse forma alterius. Sed fides et caritas dividuntur ex opposito, I *ad Cor.* 13, [13], sicut diversae species virtutis. Ergo caritas non potest esse forma fidei.

2. Praeterea, forma et id cuius est forma sunt in eodem, quia ex eis fit unum simpliciter. Sed fides est in intellectu, caritas autem in voluntate. Ergo caritas non est forma fidei.

3. Praeterea, forma est principium rei. Sed principium credendi ex parte voluntatis magis videtur esse obedientia quam caritas,[2] secundum illud *ad Rom.* 1, [5]: *ad obediendum fidei in omnibus gentibus.* Ergo obedientia magis est forma fidei quam caritas.

SED CONTRA est quod unumquodque operatur per suam formam. Fides autem *per dilectionem operatur.*[3] Ergo dilectio caritatis est forma fidei.

RESPONDEO dicendum quod, sicut ex superioribus[4] patet, actus voluntarii speciem recipiunt a fine, qui est voluntatis obiectum.[5] Id autem a quo aliquid speciem sortitur se habet ad modum

---

2. Cf. a.2.
3. 갈라 5,6. 불가타에서는 per caritatem[참사랑을 통해]이라는 표현이 사용된다.

1. 각각의 사물은 그 형상을 통해 종이 구분되기 때문이다. 그러므로 하나의 유에 속하는 다양한 종들처럼, 반대되는 것에 의해 구분되는 것들 중 하나는 다른 것의 형상이 될 수 없다. 그런데 신앙과 참사랑은 코린토 1서 13장 [13절]에서 마치 덕의 다양한 종인 것처럼, 반대되는 것으로부터 구분된다. 그러므로 참사랑은 신앙의 형상일 수 없다.

2. 형상과 형상이 그것에 속하게 되는 사물은 동일한 것 안에 있는데, 그것들로부터 단적으로 하나인 것이 생겨나기 때문이다. 그런데 신앙은 지성 안에 있는 반면, 참사랑은 의지 안에 있다. 그러므로 참사랑은 신앙의 형상이 아니다.

3. 형상은 사물의 원리이다. 그런데 "모든 민족이 신앙에 순종하도록 하기 위해"라는 로마서 1장 [5절]에 따르면, 참사랑보다는 순종이 의지의 한 부분에서 신앙의 원리인 것 같다.[2] 그러므로 참사랑보다는 순종이 더욱 신앙의 형상이다.

[재반론] 그러나 반대로 각 사물은 그 형상을 통해 작용한다. 그런데 신앙은 "사랑을 통해 작용한다."[3] 그러므로 참사랑의 사랑은 신앙의 형상이다.

[답변] 위에서[4] 말한 바와 같이, 의도적 행위는 의지의 대상인 목적으로부터 종을 취한다.[5] 그런데 어떤 것에 종을 부여하는 바로 그것은 자연적 사물들에서 형상의 방식으로 관련된다. 따라서 각각의 의

---

4. I-II, q.1, a.3; q.18, a.6.
5. Cf. q.3, a.1.

q.4, a.3

formae in rebus naturalibus. Et ideo cuiuslibet actus voluntarii forma quodammodo est finis ad quem ordinatur, tum quia ex ipso recipit speciem; tum etiam quia modus actionis[6] oportet quod respondeat proportionaliter fini. Manifestum est autem ex praedictis[7] quod actus fidei ordinatur ad obiectum voluntatis, quod est bonum, sicut ad finem. Hoc autem bonum quod est finis fidei, scilicet bonum divinum, est proprium obiectum caritatis.[8] Et ideo caritas dicitur forma fidei, inquantum per caritatem actus fidei perficitur et formatur.[9]

AD PRIMUM ergo dicendum quod caritas dicitur esse forma fidei inquantum informat actum ipsius. Nihil autem prohibet unum actum a diversis habitibus informari, et secundum hoc

---

6. '양태'(modus)에 관해서는: Cf. I, q.5, a.5. 그것은 척도와 일치한다는 함축성을 가진다. 목적의 본성은 한 행위가 그것의 상황, 강도, 분위기 등과 관련해서 수행되어야 하는 방법을 규정한다. 예를 들어 정의(正義) 안에서 이루어지는 행위는 신속함과 정확함에 의해서 표현될 수 있는 반면에, 감사 안에서는 이루어지는 행위는 친절함과 섬세함에 의해서 표현된다. Cf. II-II q.106, aa.4 & 5.
7. a.1.
8. Cf. q.25, a.1.
9. 페트루스 롬바르두스 이래로 대부분의 중세 신학자들에 의해서 하느님에 대한 사랑은 다른 덕들의 형상이라는 우선성을 인정받았다. 가장 날카로운 형태로 이러한 견해는 기욤 도세르에서 나타나는데, 그는 자신의 선구자를 코르베이의 페트루스(Petrus de Corbeil)와 하느님이 직접적으로 덕들을 형상화한다라고 주장하는 교수들에게서 발견한다.(G. Engelhardt, op. cit., pp.255ff; 149f.)
아리스토텔레스에 근거하고 있는, 각각의 존재자는 오직 '하나의' 실체적 형상을 소유할 수 있다는 이론은 여기 우리의 절 안에서도 포기되지 않는다. 사랑을 통한 형상화에도 불구하고 신앙은 하나의 실체적 통일성을 가진다. 이것은 신앙이 지향하고 있는 하나의 대상, 즉 신적인 진리로부터 보존된다. 그럼에도 각각도적 행위의 형상은 어느 정도 그 행위가 지향하는 목적인데, 어떤 때는 그것이 종을 그것으로부터 취하기 때문이기도 하고, 어떤 때는 행위의 양태[6]가 목적에 비례하여 상응해야 하기 때문이다. 그런데 신앙의 행위가 의지의 대상, 즉 그 목적으로서의 선을 지향한다는 것은 이미[7] 말한 것으로부터 명백하다. 그런데 신앙의 목적인 이 선, 즉 신적인 선은, 참사랑의 고유한 대상이다.[8] 따라서 신앙의 행위가 참사랑을 통해 완전해지고 형상화되는 한에서, 참사랑은 신앙의 형상이라 불린다.[9]

[해답] 1. 참사랑은 신앙의 행위를 형상화하는 한에서, 신앙의 형상이라고 불린다. 그런데 아무것도 하나의 행위가 다양한 습성에 의해 형상화되는 것을 막을 수 없다. 이에 따라 우리가 인간적인 행위를

의 윤리적 행위(토마스가 완전히 다른 의미에서 형상화하는 것을 이야기하는 참사랑은 제외하고)와 같이 신앙도 또한 목적의 다양한 계층에 따라서 이어지는 형상화를 받아들일 수 있다. 그 대상은 각각의 덕이 그것을 향해 나아가는 가장 가까운 목적이다. 그러나 이것은 다시 더 높은 덕의 목적에 종속될 수 있다. 거기서 종속되는 덕은 그것의 충만한 본질을 보존한다. 그러나 그것을 위해서 그 덕은 상위의 덕의 목적 지향성을 받게 된다. 이러한 사태를 사람들을 형상화(informatio)라고 부른다. 이제 최종 목적과 가장 직접적으로 연결되는 참사랑은, 각각의 그리스도교적인 덕에게 궁극적인 지향성을 부여하고, 이에 따라 - 영원한 참행복으로 이끌기 위해 그것에게 요구되는 - 최고의 형상화를 이룬다.
본론의 결론 안에는 단순히 하느님의 사랑과 봉사로 향하는 참사랑에 의해서 형성된 도덕적인 행위의 예보다 많은 것이 존재한다. 논증에서 사용된 목적의 수위성(首位性)은 여기서 신앙이 구원과 영원한 생명의 시작이라는 특별히 성경적인 주제를 표현한다. Cf. q.1, a.1; q.2, aa.1-2. 신앙은 그 고유한 종과 형상 안에서 그것의 형상적 근거인 하느님, 제1진리에 의해서 결정된다. 그러나 그는 정신에만 정보를 제공하는 것으로서가 아니라, 구원으로 초대하는 것으로서 신자에게 다가간다. Cf. *De Caritate*, 3, ad13. 그래서 신앙은 사랑, 자기-헌신을 위한 것이라고 불리고 그것이 참사랑으로부터 완결된다는 사실은 이러한 뚜렷한 의미에서이다. 오직 하느님을 사랑하는 사람 안에서만 신앙은 영원한 생명의 시작이라는 그것의 충분히 의도된 의미에 도달한다.

ad diversas species reduci ordine quodam, ut supra[10] dictum est, cum de actibus humanis in communi ageretur.

AD SECUNDUM dicendum quod obiectio illa procedit de forma intrinseca. Sic autem caritas non est forma fidei, sed prout informat actum eius, ut supra[11] dictum est.

AD TERTIUM dicendum quod etiam ipsa obedientia, et similiter spes et quaecumque alia virtus posset praecedere actum fidei, formatur a caritate, sicut infra[12] patebit. Et ideo ipsa caritas ponitur forma fidei.

Articulus 4
Utrum fides informis possit fieri formata, vel e converso[1]

---

10. I-II, q.18, a.7, ad1; I-II, q.61, a.2.
11. 본론.
12. q.23, a.8.

1. 이 절의 질문은 덕인 신앙과 덕이 아닌 신앙 사이의 구별과 밀접하게 관련되며, 이미 [작자 미상이며, 롬바르두스의 『명제집』과 동시대(1147-1150 또는 1150-1152) 또는 잠시 후에 저술된] 『명제들의 대전』(*Summa Sententiarum*)에서 이미 발견된다. 이 책은 오직 '하나의' 신앙 성질을 받아들이며, 이 성질은 "저희에게 믿음을 더하여 주십시오."(루카 17,5)라는 성경 말씀에 따라 하느님에 대한 사랑을 통해서 더 커진다. 페트루스 롬바르두스는 자신의 『명제집』(*Sent.*, III, d.23, c.5)에서 동일한 견해를 가지고 있지만, 『바오로 서간 주해』(1143년 이전)에서는 '이 질문은 오직 신적인 신탁에 의해서만 해결될 수 있을 것이다.'라고 말함으로써 아직 결정하지 않은 상태로 남겨 놓았다.

일반적으로 다룰 때 위에서[10] 말한 바와 같이, 그 행위는 일정한 질서에 따라 다양한 종으로 환원된다.

2. 이 반론은 내재적인 형상으로부터 진행한다. 그러나 참사랑이 그러한 의미에서 신앙의 형상이라는 것이 아니라, 위에서[11] 설명한 대로, 신앙의 행위를 형상화한다는 것이다.

3. 심지어 순종, 그리고 유사하게 희망이나 신앙의 행위에 선행할 수 있는 다른 덕들도 무엇이든지, 밑에서[12] 명백해질 것처럼, 참사랑에 의해 형상화된다. 따라서 참사랑 자체가 신앙의 형상이라고 규정된다.

제4절 형상화되지 않은 신앙이 형상화된 신앙이 될 수 있는가, 또는 그 반대인가?[1]

Parall.: *In Sent.*, III, d.23, q.3, a.4, qc.1, 3; *De veritate*, q.14, a.7; *In Ep. ad Rom.*, c.1, lect.6.

Doctr. Eccl.: "신앙 자체를 잃게 하는 불신앙뿐만 아니라 다른 모든 대죄를 통해서도 신앙은 잃게 되지 않지만 받은 의화의 은총은 잃어버리게 된다는 것이 주장되어야 할 것이다."(트리엔트공의회, 제6 회기, 제15장: DS 808[= DH 1544]), "불신앙을 제외한 어떠한 대죄도 없다거나, 한번 받은 은총은 불신앙을 제외한 어떤 다른 중대하고 큰 죄로도 상실되지 않는다고 말하는 자는 파문될 것이다."(같은 곳, 제27조: DS 837[= DH 1577]), "대죄인들에게서 모든 사랑이 결여되어 있을 때에, 신앙도 결여되어 있다. 그리고 그들이 믿는 것처럼 보일지라도 신적 신앙이 아니라 인간적 신앙일 뿐이다."(알렉산드르 8세가 얀센주의자들의 오류들을 단죄했다.[1690년 12월 7일]: DS 1302[DH 2312]), "51. 신앙은 작용할 때에 의화시킨다. 그러나 사랑을 통하지 않고는 작용하지 않는다 -사도 13,39. 52. 구원의 다른 모든 수단들은 그것들의 싹이자 씨앗인 신앙 안에 포함되어 있다. 그러나 이 신앙은 사랑과 신뢰가 없는 신앙이 아니다.-사도 10,43."(클레멘스 11세는 파키에 케넬의 오류들을 단죄했다.[1713년 9월 8일]: DS 1401-1402[= DH 2451-2452], 같은 곳 DS 1407[= DH 2457] 참조.)

q.4, a.4

Ad quartum sic proceditur. Videtur quod fides informis non fiat formata, nec e converso.[2]

1. Quia ut dicitur I *ad Cor.* 13, [10], *cum venerit quod perfectum est,* evacuabitur quod ex parte est. Sed fides informis est imperfecta respectu formatae. Ergo, adveniente fide formata, fides informis excluditur, ut non sit unus habitus numero.

2. Praeterea, illud quod est mortuum non fit vivum. Sed fides informis est mortua, secundum illud Iac. 2, [v. 17, 20, 26]: *Fides sine operibus mortua est.* Ergo fides informis non potest fieri formata.

3. Praeterea, gratia Dei adveniens non habet minorem effectum in homine fideli quam in infideli. Sed adveniens homini infideli causat in eo habitum fidei. Ergo etiam adveniens fideli qui habebat prius habitum fidei informis causat in eo alium habitum fidei.

4. Praeterea, sicut Boetius dicit,[3] accidentia alterari non possunt. Sed fides est quoddam accidens. Ergo non potest eadem fides quandoque esse formata et quandoque informis.

SED CONTRA est quod Iac. 2, super illud, *Fides sine operibus mortua est,* dicit Glossa,[4] *quibus reviviscit.* Ergo fides quae erat

---

2. 역사적으로(cf. a.3) 이 문제는 공로가 되는 자연적 덕들에 관한 탐구와 연결되어서 제기되었다. 그렇지만, 이 문제의 주된 내재적 중요성은 참사랑 없이 신앙이 실존하는 것의 가능성을 인정하는 일, 즉 신앙 그 자체와 상반되지 않는 도덕적 죄에 의해서는 신앙을 잃어버리지 않는다는 사실이다. 이 가르침은 의화에 대한

[반론] 넷째에 대해서는 다음과 같이 진행된다. 형상화되지 않은 신앙은 형상화된 신앙이 될 수 없고, 그 반대도 아닌 것처럼 보인다.[2]

1. 코린토 1서 13장 [10절]에 따르면, "완전한 것이 오면, 부분적인 것은 없어질 것이다." 그런데 형상화되지 않은 신앙은 형상화된 [신앙에] 비해 불완전하다. 그러므로 형상화된 신앙이 오면, 형상화되지 않은 신앙이 배제될 것이다. 따라서 그것(형상화되지 않은 신앙)은 [형상화된 신앙과] 수적으로 하나의 동일한 습성이 아니다.

2. 죽은 것은 산 것이 되지 않는다. 그런데 "실천 없는 신앙은 죽은 신앙이다."라는 야고보서 2장 [20절]에 따르면, 형상화되지 않은 신앙은 죽은 것이다. 그러므로 형상화되지 않은 신앙은 형상화된 신앙이 될 수 없다.

3. 하느님의 은총은, 다가올 때, 믿지 않는 이보다 믿는 이 안에서 더 적은 영향을 미치지는 않는다. 그런데 그것은 믿지 않는 이에게 다가옴으로써 그에게 신앙의 습성을 야기한다. 그러므로 이전에 형상화되지 않은 신앙의 습성을 가지고 있던 믿는 이에게 은총이 다가오면, 은총은 그에게 또 다른 신앙의 습성을 야기한다.

4. 보에티우스는, "우유(偶有)는 변경될 수 없다."[3]고 말한다. 그런데 신앙은 일종의 우유이다. 그러므로 동일한 신앙이 어떤 때는 형상화된 것이고, 다른 때는 형상화되지 않은 것일 수는 없다.

[재반론] 그러나 반대로 "실천 없는 신앙은 죽은 신앙이다."라는 야고보서 2장의 구절에 대한 행간 주석[4]에서는, "그것으로부터 재생된

트리엔트공의회의 헌장에 의해서 유지되었다. 병행 문헌에 제시된 항목들 참조.
3. Cf. *In Categorias Aristotelis*, I, de Subst.: PL 64, 198.
4. Glossa Inter.

prius mortua et informis fit formata et vivens.

Respondeo dicendum quod circa hoc fuerunt diversae opiniones. Quidam[5] enim dixerunt quod alius est habitus fidei formatae et informis, sed, adveniente fide formata, tollitur fides informis. Et similiter, homine post fidem formatam peccante mortaliter, succedit alius habitus fidei informis a Deo infusus.—Sed hoc non videtur esse conveniens quod gratia adveniens homini aliquod Dei donum excludat, neque etiam quod aliquod Dei donum homini infundatur propter peccatum mortale.

Et ideo alii[6] dixerunt quod sunt quidem diversi habitus fidei formatae et informis, sed tamen, adveniente fide formata, non tollitur habitus fidei informis, sed simul manet in eodem cum habitu fidei formatae.—Sed hoc etiam videtur inconveniens quod habitus fidei informis in habente fidem formatam remaneat otiosus.

Et ideo aliter dicendum quod idem est habitus fidei formatae et informis. Cuius ratio est quia habitus diversificatur secundum illud quod per se ad habitum pertinet. Cum autem fides sit perfectio intellectus,[7] illud per se ad fidem pertinet quod pertinet

---

5. Guilelmus Altissiodorensis, *Summa aurea*, III, tr.15, qq.2-3.
6. Cf. Alexander Halensis, *Summ. Theol.*, p.III, q.64, membr.6; S. Bonaventura, *In Sent.*, III, d.23, a.2, q.4, Ad Claras Aquas, t.III, p.496.

다."라는 말이 나온다. 그러므로 이전에 죽었고 형상화되지 않았던 신앙은, 살아 있고 형상화된 신앙이 된다.

[답변] 이 문제에 대해서는 다양한 의견이 있어 왔다. 어떤 이[5]는, 형상화된 신앙의 습성과 형상화되지 않은 신앙의 습성은 다른 것이며 형상화된 신앙이 오면 형상화되지 않은 신앙이 사라진다고 말해 왔기 때문이다. 이와 마찬가지로, 인간이 형상화된 신앙을 가진 후에 치명적으로 죄를 지으면, 하느님에 의해 그에게 주입된, 형상화되지 않은 신앙의 다른 습성이 이어진다.-그러나 은총이 인간에게로 와서 하느님의 어떤 선물을 빼앗아야 한다는 사실뿐만 아니라, 사죄(死罪) 때문에 하느님의 어떤 선물이 인간에게 주입되어야 한다는 사실도 적절해 보이지 않는다.

따라서 다른 사람들[6]은 형상화된 신앙의 습성과 형상화되지 않은 신앙의 습성은 실제로 상이한 것이지만, 형상화된 신앙이 올 때 형상화되지 않은 신앙의 습성은 사라지는 것이 아니라, 같은 사람 안에 형상화된 신앙의 습성과 함께 남아 있다고 말했다.-그러나 형상화되지 않은 신앙의 습성이 형상화된 신앙을 가진 이 안에 죽은 듯이 남아 있어야 한다는 사실은 불합리해 보인다.

따라서 우리는 이와는 달리 형상화된 신앙의 습성과 형상화되지 않은 신앙의 습성은 동일한 습성이라고 말해야만 한다. 그 이유는, 습성이 그 습성에 그 자체로 속하는 것에 의해 구별되기 때문이다. 그런데 신앙은 지성의 완전성이기 때문에,[7] 지성에 속하는 바로 그것만이, 그 자체로 신앙에 속한다. 그러나 의지에 속하는 것은, 신앙의

---

7. Cf. a.2.

ad intellectum, quod autem pertinet ad voluntatem non per se pertinet ad fidem, ita quod per hoc diversificari possit habitus fidei. Distinctio autem fidei formatae et informis est secundum id quod pertinet ad voluntatem, idest secundum caritatem, non autem secundum illud quod pertinet ad intellectum. Unde fides formata et informis non sunt diversi habitus.[8]

AD PRIMUM ergo dicendum quod verbum Apostoli est intelligendum quando imperfectio est de ratione imperfecti. Tunc enim oportet quod, adveniente perfecto, imperfectum excludatur, sicut, adveniente aperta visione, excluditur fides, de cuius ratione est ut sit non apparentium.[9] Sed quando imperfectio non est de ratione rei imperfectae, tunc illud numero idem quod erat imperfectum fit perfectum, sicut pueritia non est de ratione hominis, et ideo idem numero qui erat puer fit vir. Informitas autem fidei non est de ratione fidei, sed per accidens se habet ad ipsam, ut dictum est.[10] Unde ipsamet fides informis fit formata.

---

8. 본론은 신앙에 관련된 '습성'의 사용을 구분한다(cf. q.1, 서문); 제5절은 형상화되지 않은 신앙은 덕이 아니며, 그 소유자를 단적으로 말해서 선하게 만들지 않는다는 사실을 보여 줄 것이다. 그러나 그것은 그 사람이 하느님의 말씀을 받아들이도록 강화하는 소질로 남아 있다. 형상적 근거에 의해서 구별하는 원리는 지성을 완성시키는 것으로서의 신앙의 특별한 진실을 유지시키는 분석을 허용한다. 그러나 성경에 나오는 신앙으로의 초대에 따르면 형성되지 않은 신앙은 변칙이다.(Cf. ad1; a.5, ad4) 신앙의 동의를 위해서 요구되는 의지의 행위(q.2, a.1)는 사랑의 행위여야 한다. 형성되지 않은 신앙의 진실을 유지하는 분석은 인간들이 행위하는 것으로부터 그들이 믿는 것을 인간들이 분리하는 것에 대한 하느님의 인

제4문 제4절

습성을 차별화할 수 있을 만큼 그 자체로 신앙에 속하지 않는다. 그러나 형상화되지 않은 신앙과 형상화된 신앙의 구별은, 의지에 속하는 것, 즉 참사랑에 따른 것이지, 지성에 속하는 어떤 것에 따른 것이 아니다. 그래서 형상화된 신앙과 형상화되지 않은 신앙은 상이한 습성이 아니다.[8]

[해답] 1. 사도의 말은 불완전성이 불완전한 것의 개념 그 자체에 속하는 경우에 해당하는 것으로 이해되어야 한다. 그런 경우에는 완전한 것이 오면 불완전한 것은 사라져야 하기 때문이다. 마치 명백한 직관이 다가옴에 따라, 그 개념상으로 "명료하지 않은 것들에 대한" 신앙은 사라지게 되는 것과 같다.[9] 그러나 불완전성이 불완전한 것의 개념에 속하지 않는 경우에는, 수적으로 불완전했던 것과 동일한 바로 그것이 완전해진다. 마치 어린 시절은 인간의 개념에 속하는 것이 아니므로, 아이였던 수적으로 동일한 바로 그 사람이 어른이 되는 것과 같다. 그런데 신앙이 형상화되지 않은 것은 신앙의 개념에 속하는 것이 아니라, 위에서[10] 말한 바와 같이, 우유적으로 신앙과 관련된다. 그래서 형상화되지 않은 신앙 그 자체가 형상화된 신앙이 된다.

내하는 자비에 대한 고백을 기초로 한다. Cf. a.5.
(*추가주) "형상화된 신앙과 형상화되지 않은 신앙은 그 대상에서 구분되는 것이 아니라 단지 행위의 양태 안에서 구분된다. 형상화된 신앙은 완전한 의지에 의해 제1 진리에 동의하기 때문이다. 그러나 형상화되지 않은 신앙은 불완전한 의지에 의해 [동의한다.] 따라서 형상화된 신앙과 형상화되지 않은 신앙은 마치 두 가지 다양한 습성에 의해서 구분되는 것이 아니라, 완전한 습성과 불완전한 습성에 의해 구분된다. 따라서 이전에 불완전했던 동일한 습성이 완전하게 될 수 있기 때문에, 형상화되지 않은 신앙의 습성자체가 형상화되는 것이다."(De veritate, q.14, a.7)
9. Cf. q.1, a.4.
10. 본론.

AD SECUNDUM dicendum quod illud quod facit vitam animalis est de ratione ipsius, quia est forma essentialis eius, scilicet anima.[11] Et ideo mortuum vivum fieri non potest, sed aliud specie est quod est mortuum et quod est vivum. Sed id quod facit fidem esse formatam vel vivam non est de essentia fidei. Et ideo non est simile.

AD TERTIUM dicendum quod gratia facit fidem non solum quando fides de novo incipit esse in homine, sed etiam quandiu fides durat, dictum est enim supra[12] quod Deus semper operatur iustificationem hominis, sicut sol semper operatur illuminationem aeris. Unde gratia non minus facit adveniens fideli quam adveniens infideli, quia in utroque operatur fidem, in uno quidem confirmando eam et perficiendo, in alio de novo creando.

Vel potest dici quod hoc est per accidens, scilicet propter dispositionem subiecti, quod gratia non causat fidem in eo qui habet. Sicut e contrario secundum peccatum mortale non tollit gratiam ab eo qui eam amisit per peccatum mortale praecedens.

AD QUARTUM dicendum quod per hoc quod fides formata fit informis non mutatur ipsa fides, sed mutatur subiectum fidei, quod est anima, quod quandoque quidem habet fidem sine caritate, quandoque autem cum caritate.[13]

---

11. Cf. Aristoteles, *De Anima*, II, c.1, 412b14; *Meta.*, VII, c.10, 1035b24.

2. 동물을 살아 있게 만드는 것은 바로 동물의 실체적 형상인 영혼이기 때문에 동물의 개념에 속한다. 따라서 죽은 것은 산 것이 될 수 없고, 산 것과 죽은 것은 다른 종에 속한다.[11] 그러나 신앙이 형상화되도록 하거나 살아 있게 하는 것은 신앙의 본질에 속하지 않는다. 따라서 이는 비슷하지 않다.

3. 은총은 신앙이 인간 안에서 새롭게 시작될 때뿐만 아니라 신앙이 지속되는 동안에도 신앙을 만든다. 위에서[12] 말했듯이, 하느님은 항상 인간이 의롭게 되도록[義化] 작용하기 때문이다. 이는 마치 태양이 항상 공기가 빛나도록 작용하는 것과 같다. 그래서 은총은 믿지 않는 이에게 다가갈 때보다 믿는 이에게 다가갈 때 덜 효과적이지 않다. 은총은 두 경우에 모두 신앙을 야기하는데, 한 경우(믿는 이)에는 신앙을 강화하고 완전하게 함으로써, 다른 경우(믿지 않는 이)에는 새롭게 창조함으로써 신앙을 야기한다. 또는 은총이 이미 그것을 가지고 있는 사람에게 신앙을 야기하지 않는다는 사실이 우유적이라고, 즉 그 주체의 성향 때문이라고 말할 수 있다. 이는 마치 그 반대로 두 번째 사죄(死罪)는 선행하는 사죄(死罪)로 인해 이미 은총을 상실한 이로부터 은총을 빼앗아 가지 않는 것과 같다.

4. 형상화된 신앙이 형상화되지 않은 신앙으로 될 때, 신앙 자체가 변하는 것이 아니라, 영혼이라는 신앙의 주체가 변화되는 것이다. 즉 영혼은 한때는 참사랑이 없는 신앙을 가지기도 하고, 다른 때는 참사랑이 있는 신앙을 가지기도 한다.[13]

---

12. I, q.104, a.1; I-II, q.109, a.9.
13. Cf. q.1, a.3.

Articulus 5
Utrum fides sit virtus

Ad quintum sic proceditur. Videtur quod fides non sit virtus.

1. Virtus enim ordinatur ad bonum, nam *virtus est quae bonum facit habentem,* ut dicit Philosophus, in II *Ethic.*[1] Sed fides ordinatur ad verum. Ergo fides non est virtus.

2. Praeterea, perfectior est virtus infusa quam acquisita.[2] Sed fides, propter sui imperfectionem, non ponitur inter virtutes intellectuales acquisitas,[4] ut patet per Philosophum, in VI *Ethic.*[3] Ergo multo minus potest poni virtus infusa.

3. Praeterea, fides formata et informis sunt eiusdem speciei, ut dictum est.[5] Sed fides informis non est virtus, quia non habet connexionem[6] cum aliis virtutibus.[7] Ergo nec fides formata est virtus.

4. Praeterea, gratiae gratis datae[8] et fructus[9] distinguuntur a

---

1. Aristoteles, *Ethica Nic.,* II, c.5, 1106a15-23; S. Thomas, lect.6, nn.307-308.
2. '주입된'이란 비유적인 용어로, 오직 하느님에 의해서만 주어지는 결과들에 적용된다. Cf. I-II, q.113, aa.2 & 8. 주입된 덕과 인간 행위에 의해서 획득된 덕 사이에 존재하는 차이의 이유와 의미에 대해서는: Cf. I-II, q.63, a.4.
3. Aristoteles, *Ethica Nic.,* VI, c.3, 1139b15-18; S. Thomas, lect.3, n.1143.
4. Cf. I-II, q.57.
5. a.4.
6. 덕들의 연결은 그것들이 함께 실존하고 상호작용하는 것이 한 행위가 전체적으로 좋은 방식으로 이루어지기 위해서 요구된다는 사실을 의미한다. 그래서 현명

제5절 신앙은 덕인가?

Parall.: I-II, q.65, a.4; *In Sent.*, III, d.23, q.2, a.4, qc.1, 3; q.3, a.1, qc.2; *De veritate*, q.14, aa.3 & 6; *De Virtutibus*, q.1, a.5; *In Ep. ad Rom.*, c.1, lect.6.

[반론] 다섯째에 대해서는 다음과 같이 진행된다. 신앙은 덕이 아닌 것처럼 보인다.

1. 철학자가 『니코마코스 윤리학』 제2권[1]에서 말하는 것처럼, "덕은 선을 가지도록 만드는 것"이므로, 덕은 선을 지향하기 때문이다. 그러나 신앙은 참을 지향한다. 그러므로 신앙은 덕이 아니다.

2. 주입된 덕은 습득된 덕보다 더 완전하다.[2] 그런데 신앙은, 그 불완전함 때문에, 철학자가 『니코마코스 윤리학』 제6권[3]에서 말하는 것처럼, 습득된 지성적 덕들 사이에 놓이지 않는다.[4] 그러므로 [신앙은] 훨씬 더 적게 주입된 덕으로 여겨질 수 있다.

3. 위에서[5] 언급했듯이, 형상화된 신앙과 형상화되지 않은 신앙은 동일한 종에 속한다. 그런데 형상화되지 않은 신앙은, 다른 덕들과 연결되지 않기 때문에[6] 덕이 아니다.[7] 그러므로 형상화된 신앙도 덕이 아니다.

4. 무상 은총(無償恩寵)[8]과 그 열매들[9]은 덕들로부터 구별된다. 그

과 도덕적 덕들 사이, 참사랑과 모든 덕들 사이의 상호 관계가 그러하다. Cf. I-II, q.65.

7. 덕들의 연결에 대해서는: Cf. I-II, q.65.
8. 성 토마스가 사용하는 방식에서 무상 은총은 개인의 성화를 위해서가 아니라 공동체가 성립하기 위해서 주어지는 선물들에 관해서 제한적으로 이해된다. gratia gratis data는 직역하면 무상으로 주어지는 은총이지만, 관행에 따라 '무상 은총'으로 축약해서 사용하겠다.
9. Cf. I-II, q.70.

q.4, a.5

virtutibus. Sed fides enumeratur inter gratias gratis datas, I *ad Cor.* 12, [9]: et similiter inter fructus, *ad Gal.* 5, [23].[10] Ergo fides non est virtus.

SED CONTRA est quod homo per virtutes iustificatur, nam iustitia est tota virtus, ut dicitur in V *Ethic.*[11] Sed per fidem homo iustificatur, secundum illud *ad Rom.* 5, [1]: *Iustificati ergo ex fide pacem habemus* et cetera.[12] Ergo fides est virtus.

RESPONDEO dicendum quod, sicut ex supradictis[13] patet, virtus humana est per quam actus humanus redditur bonus.[14] Unde quicumque habitus est semper principium boni actus, potest dici virtus humana.[15] Talis autem habitus est fides formata. Cum enim credere sit actus intellectus assentientis vero ex imperio voluntatis, ad hoc quod iste actus sit perfectus duo requiruntur.[16] Quorum unum est ut infallibiliter intellectus tendat in suum bonum, quod est verum,[17] aliud autem est ut infallibiliter ordinetur ad ultimum finem, propter quem voluntas assentit vero.[18] Et utrumque invenitur in actu fidei formatae.

---

10. Cf. I-II, q.70, a.3; q.111, a.4.
11. *Ethica Nic.*, c.1: 1130a9; S. Thomas, lect.2, n.911.
12. 여기서 '정의'와 '의롭게 됨'을 가지고 하는 논의에 대해서는: Cf. I-II, q.113, a.1. 명백하게 아리스토텔레스와 바오로 사도는 같은 사태에 대해 말하고 있는 것은 아니다.
13. I-II, q.56, aa.3-4.
14. I-II, q.55에 나오는 덕의 정의에 관한 토론은 힘 또는 수용성으로서의 virtus의

러나 코린토 1서 12장 [9절]에 따라, 신앙은 무상 은총들 가운데 포함되고, 마찬가지로 갈라티아서 5장 [23절]에 따라, 그 열매들에도 (포함된다)[10]. 그러므로 신앙은 덕이 아니다.

[재반론] 그러나 반대로 인간은 덕들을 통해 의롭게 되는데, 철학자가 『니코마코스 윤리학』 제5권에서[11] 말하는 것처럼 "정의는 덕의 총체"이기 때문이다. 그런데 로마서 5장 [1절]에 나오는 "따라서 신앙으로 의롭게 된 우리는 평화를 누린다." 등의 구절에 따르면, 인간은 신앙에 의해 의롭게 된다.[12] 그러므로 신앙은 덕이다.

[답변] 위에서[13] 언급된 것에서 분명한 것처럼, 인간적인 덕은 인간적 행위를 선하게 만들어 주는 것이다.[14] 따라서 항상 선한 행위의 원리인 습성은 무엇이든지, 인간의 덕이라고 부를 수 있다.[15] 그런데 형상화된 신앙은 그러한 습성이다. 믿는다는 것은 의지의 명령에 따라 참에 동의하는 지성의 행위이기 때문에, 이 행위가 완전해지려면 두 가지가 요구된다.[16] 그중 하나는 지성이 참이라는 자기의 선을 오류에 빠지지 않고[17] 추구해야 한다는 것이고, 다른 하나는 의지가 그것 때문에 참에 동의하는 궁극 목적을 오류에 빠지지 않고 지향해야 한다는 것이다.[18] 이 두 가지 모두가 형상화된 신앙의 행위 안에

문자적 의미로 시작한다. 그것이 여기에 내포되어 있고, virtus humana(인간적 능력)라는 표현의 이유이다.
15. 덕은 그 정의에 따라 "그것에 의해 한 사람이 올바르게 살게 되고, 어떤 사람도 나쁘게 사용할 수 없는"(I-II, q.55, a.4) 원천이다. Cf. q.56, a.3.
16. Cf. a.2.
17. 각주 [15]에 제시된 덕의 의미 때문에 infallibiliter(오류에 빠지지 않고).
18. 동의는 본래 지성의 행위이다. 여기서 말하는 의미는 의지가 제안된 진리와 동

q.4, a.5

Nam ex ratione ipsius fidei est quod intellectus semper feratur in verum, quia fidei non potest subesse falsum, ut supra[19] habitum est, ex caritate autem, quae format fidem, habet anima quod infallibiliter[20] voluntas ordinetur in bonum finem. Et ideo fides formata est virtus.

Fides autem informis non est virtus, quia etsi habeat perfectionem debitam actus fidei informis ex parte intellectus, non tamen habet perfectionem debitam ex parte voluntatis.[21] Sicut etiam si temperantia esset in concupiscibili et prudentia non esset in rationali, temperantia non esset virtus, ut supra[22] dictum est, quia ad actum temperantiae requiritur et actus rationis et actus concupiscibilis, sicut ad actum fidei requiritur actus voluntatis et actus intellectus.[23]

AD PRIMUM ergo dicendum quod ipsum verum est bonum intellectus, cum sit eius perfectio. Et ideo inquantum per fidem intellectus determinatur ad verum, fides habet ordinem in bonum quoddam. Sed ulterius, inquantum fides formatur per caritatem, habet etiam ordinem ad bonum secundum quod est voluntatis obiectum.[24]

의하는 행위, 이 둘이 모두 좋은 것이기 때문에, 그 둘에 상의한다는 점이다. Cf. I-II, q.15, a.1, ad3; *De Virtutibus*, a.7.
19. q.1, a.3.
20. 여기서 infallibiliter(오류에 빠지지 않고)는 더 큰 힘을 가지고 있다. 은총의 선물로서의 참사랑의 힘과 지휘는 하느님 자신의 사랑이 지닌 효험을 지닌다. Cf. II-II, q.24, a.11; *De Virtutibus*, a.10, ad14.

서 발견된다. 왜냐하면 위에서[19] 입증된 것처럼 신앙에는 거짓이 예속될 수 없으므로, 지성이 항상 참을 추구해야 한다는 사실은 바로 신앙의 개념 자체에 속하기 때문이다. 반면에 신앙을 형상화하는 참사랑으로부터 영혼은 그 의지가 오류에 빠지지 않고[20] 선한 목적을 지향하게 된다. 따라서 형상화된 신앙은 덕이다.

그러나 형상화되지 않은 신앙은 덕이 아니다. 형상화되지 않은 신앙의 행위는 지성의 측면에서는 마땅한 완전성을 가질지라도, 의지의 측면에서는 마땅한 완전성을 가지지 못하기 때문이다.[21] 이는 마치 절제가 욕정적인 부분에 존재하면서 이성적인 부분에 현명이 존재하지 않는다고 가정하면, 위에서[22] 말한 것처럼, 절제는 덕이 아닌 것과 같다. 신앙의 행위에는 의지의 행위와 지성의 행위가 요구되듯이, 절제의 행위에는 이성의 행위뿐만 아니라 욕정적 행위도 요구되기 때문이다.[23]

[해답] 1. 참 자체는 지성의 선인데, [참이 곧] 그것(지성)의 완전성이기 때문이다. 따라서 신앙을 통해 지성이 참으로 규정되는 한에서는 신앙은 어떤 선과 관계를 가진다. 게다가, 신앙이 참사랑을 통해 형상화되는 한에서는, 의지의 대상으로 고찰되는 선과 관계를 가진다.[24]

---

21. Cf. I-II, q.65, a.2. 형상화되지 않은 신앙이라는 행위는 전적으로 좋은 인간 행위는 아니다. 그것은 궁극 목적으로 이끄는 참사랑의 지휘를 결여하고 있기 때문이다.(Cf. I-II, q.65, a.4) 그러나 그것은 좋은 행위이고 악한 행위가 아니다.(Cf. ad1) 입문 9장 참조.
22. I-II, q.58, a.4; q.65, a.1.
23. Cf. a.2.
24. 여기서의 구분은 영혼의 한 능력, 즉 지성에 적합한 완전성으로 선과 전체 인간

q.4, a.5

AD SECUNDUM dicendum quod fides de qua Philosophus loquitur innititur rationi humanae non ex necessitate concludenti, cui potest subesse falsum.[25] Et ideo talis fides non est virtus. Sed fides de qua loquimur innititur veritati divinae quae est infallibilis, et ita non potest ei subesse falsum. Et ideo talis fides potest esse virtus.

AD TERTIUM dicendum quod fides formata et informis non differunt specie sicut in diversis speciebus existentes, differunt autem sicut perfectum et imperfectum in eadem specie.[26] Unde fides informis, cum sit imperfecta, non pertingit ad perfectam rationem virtutis, nam *virtus est perfectio quaedam*, ut dicitur in VII *Physic.*[27]

AD QUARTUM dicendum quod quidam[28] ponunt quod fides quae connumeratur inter gratias gratis datas est fides informis.— Sed hoc non convenienter dicitur. Quia gratiae gratis datae, quae ibi enumerantur, non sunt communes omnibus membris Ecclesiae, unde Apostolus ibi [v. 4] dicit: *Divisiones gratiarum sunt;*[29] et iterum [8sqq.]: Alii datur hoc, alii datur illud. Fides

---

의 선 사이에 존재한다. Cf. I, q.78, a.1, ad3; q.80, a.1, ad3. 하느님에 대한 신앙은 본질적으로-성 토마스의 신앙 이론 전체로부터 나오는 것처럼-의지와의 관계를 가진다. 그러므로 형상화되지 않은 신앙에서 다르게 관계하지 않는다. 의지는 또한 여기서도 은총에 의해 신적인 선으로 움직여진다.(*De veritate*, q.14, a.2, ad10) 그럼에도 이 신적인 선은 신자의 의지에 의해서 그것의 본래적인 형태로는 아직 추구되지 못하는데, 이것은 하느님 사랑의 은총을 소유하고 있는 의지에서도 그러하다. 따라서 형상화되지 않은 신앙에서는 의지의 대상에 대한 관계가-그것이 그래야만 하는 것처럼-본래적인 의미에서 각인되어 있지 못하다

2. 철학자가 말하는 믿음(신앙)은, 필연성으로부터 추론하지 않는 인간적인 이성에 의지하며, 그것에는 거짓이 예속될 수 있다.[25] 따라서 그러한 믿음(신앙)은 덕이 아니다. 그러나 우리가 말하는 신앙은 오류에 빠질 수 없는 신적 진리에 의지하는 것이며, 그것에는 거짓이 예속될 수 없다. 따라서 그런 신앙은 덕이 될 수 있다.

3. 형상화된 신앙과 형상화되지 않은 신앙은, 그것들이 서로 다른 종에 속하는 것처럼, 종에 따라 구별되지 않는다. 오히려 그것들은 동일한 종 내에서 완전한 것과 불완전한 것처럼 구별된다.[26] 그러므로 형상화되지 않은 신앙은 불완전하기 때문에 덕의 완전한 개념에 도달하지 못한다. 『자연학』 제7권[27]에서 언급되었듯이, "덕은 일종의 완전성"이기 때문이다.

4. 어떤 사람들[28]은 무상 은총 가운데 들어가는 신앙은 형상화되지 않은 신앙이라고 주장한다.-그러나 그 구절에서 열거되는 무상 은총은 교회의 모든 구성원들에게 공통적인 것이 아니기 때문에, 이것은 적합하게 언급된 것이 아니다. 그래서 사도는 거기서 말한다. "은총의 구분들이 있다."[29] 그리고 다시, 어떤 이에게는 이것이 주어지고, 어떤 이에게는 저것이 주어진다고 말한다. 그런데 형상화되지

는 사실이 유효하다. 이론의 그러한 섬세함에 대해 더 이상 들어가지 않는 성 토마스의 이론에는 의지의 대상에 대한 신앙의 질서는 하느님에 대한 사랑으로부터 유래한다는 사실이 정당하다.

25. 즉 신앙이 견해의 형태인 한에서는: Cf. q.4, a.1.
26. Cf. a.4.
27. Aristoteles, *Physica*, c.3, 246a13; b27-28; 247a2; S. Thomas, lect.6, n.2.
28. S. Bonaventura, *In III Sent.*, d.23, q.2, a.4, qc.5 & arg.2 & 4-5 in contr. cum resp.: Ad Claras Aquas, t.III, p.494; S. Albertus M., *In Sent.*, III, 5, ad5; a.9, 5 a cum instantia, ed. Borgnet, t.XXVIII, pp.414 & 421.
29. 코린토 1서 12장 4절.

autem informis est communis omnibus membris Ecclesiae, quia informitas non est de substantia eius, secundum quod est donum gratuitum.³⁰

Unde dicendum est quod fides ibi sumitur pro aliqua fidei excellentia, sicut pro *constantia fidei,* ut dicit Glossa, vel pro *sermone fidei.*³¹—Fides autem ponitur fructus secundum quod habet aliquam delectationem in suo actu, ratione certitudinis.³² Unde *ad Gal.* 5, ubi enumerantur fructus, exponitur fides *de invisibilibus certitudo.*³³

---

30. Cf. supra, a.4, ad1 & ad3; q.1, a.9, ad3. 이 문장은 생략된 것이다. 그것은 단순하게 신앙이라는 하나의 덕은 교회의 모든 구성원들에게 공통적이라는 사실을 의미한다. 어떤 개인에게서 형상화되지 않았다는 사실은 우유적인 것이다.
31. *Glossa Inter.,* super *I Cor.* 12, 9; Lombardi, ibid.: PL 191, 1653 A. Cf. I-II, q.111, a.4, c & ad2.
32. Cf. II-II, q.8, a.8.
33. *Glossa Inter.,* super *Gal.* 5, 22; Lombardi, ibid.: PL 192, 160 B. Cf. I-II, q.70, a.3, c & ad3; II-II, q.8, a.8. 신학자들은 은총의 선물을 무상으로 주어지는 선물들과 영원한 목적에 도달하기 위해서 인간에게 마땅히 돌아가야 하는 그런 선물로 구분한다. 그렇지만 마치 영원한 생명에 대한 부름이 인간에게 마땅히 돌아가야 하는 것처럼은 아니다. 그것은 하느님의 자유로운 은총의 선물이다. 그러나 인간이 한번 하느님의 의지를 통한 이러한 부르심을 전제한다면, 인간은 이 목적에 도달하기 위해서 필요한 하느님의 모든 은총 증여를 '마땅히 돌아가야 하는' 선물이라고 불러야만 한다.
첫 번째로 언급한 은총의 선물들(예를 들어 예언)은 오직 개인들에게 전달되었고, 일차적으로 그 담지자가 아니라, 신앙 공동체에 기여한다. 은총 선물의 두 번째 그룹들은 이와는 달리 그 담지자 자체를 완성시키고 영원한 생명으로 이 않는 신앙은 교회의 모든 구성원들에게 공통적이다. 그것이 무상 은 사인 한에서는, 그 신앙이 형상화되지 않았다는 것은 그 실체에 속하지 않기 때문이다.³⁰

그러므로 우리는 그 구절에서 신앙이란, 행간 주석이 말하는 것처럼, '신앙의 불변함' 또는 '신앙의 연설'과 같이, 신앙의 어떤 탁월함을 의미한다고 말해야 한다.³¹ -그러나 신앙이 그 확실성 때문에 그 행위에 어떤 즐거움을 주는 한에서는, 열매 가운데 놓인다.³² 그러므로 열매가 열거되는 갈라티아서 5장 [23절]에 대한 주석은, 신앙을 "보이지 않은 것에 대한 확실성"이라고 설명한다.³³

끈다. 그것들은 그 인간을 하느님 마음에 들게 만든다(gratum faciens). 무엇보다도 좁은 의미에서 사람들은-지속적으로 은총과 관련된 선물들, 즉 초자연적인 습성으로서 인간에게 전달되는-저 인간을 구원으로 이끄는 은총 선물(성화은 총과 초자연적인 덕들)을 하느님 마음에 들게 만드는 은총이라 부른다. 이것과 움직여 주는 은총으로서 인간 안에서 작용하는 성령의 자극과 조명들은 구별된다.

형상화되지 않은 신앙은 이제 결코 무상으로 주어지는 선물들에는 속할 수 없는데, 그것은 교회의 모든 구성원들에게 전달되기 때문이다. 확실히 많은 사람들-그리고 우리는 대부분의 사람이기를 희망한다!-은 형상화되지 않은 신앙뿐만 아니라 형상화된 신앙도 소유한다. 그럼에도 형상화되지 않은 신앙은, 그것이 참된 신앙인 한에서는, 모든 이에게 공통적이다. 왜냐하면 형상화되지 않음이, 토마스가 말하는 것처럼, 그것의, 즉 신앙의 본질에 속하기 때문이다.

이러한 일반적인 신앙 개념의 바깥에서 사람들은 '신앙'을 신앙 안에서의 특별한 항구함으로서 또는 신앙으로부터 하느님께 은총 받은 언급으로서, 또는 성령의 열매로서, 즉 완전한 그리스도인 안에 있는 초자연적인 신앙의 최고 작용으로서, 신앙의 확실성이 성령에 의해 특별한 정도로 부여되어 내재함으로서 파악될 수 있다.

Articulus 6
Utrum fides sit una

Ad sextum sic proceditur. Videtur quod non sit una fides.

1. Sicut enim fides *est donum Dei*, ut dicitur *ad Ephes.* 2, [8], ita etiam sapientia et scientia inter dona Dei computantur, ut patet Isaiae 11, [2].[1] Sed sapientia et scientia differunt per hoc quod sapientia est de aeternis, scientia vero de temporalibus, ut patet per Augustinum, XII *de Trin.*[2] Cum igitur fides sit et de aeternis et de quibusdam temporalibus, videtur quod non sit una fides, sed distinguatur in partes.

2. Praeterea, confessio est actus fidei, ut supra[3] dictum est. Sed non est una et eadem confessio fidei apud omnes, nam quod nos confitemur factum antiqui patres confitebantur futurum, ut patet Isaiae 7, [14]: *Ecce virgo concipiet.*[4] Ergo non est una fides.

3. Praeterea, fides est communis omnibus fidelibus Christi.[5] Sed unum accidens non potest esse in diversis subiectis. Ergo non potest esse una fides omnium.

---

1. 이사 11,2: "그 위에 주님의 영이 머무르리니 지혜와 슬기의 영 경륜과 용맹의 영 지식의 영과 주님을 두려워함이다."
2. Augustinus, *De Trin.*, XII, cc.14-15: PL 42, 1009 & 1012. Cf. I, q.49, a.9.
3. q.3, a.1.
4. Cf. q.1, a.2.

제6절 신앙은 하나인가?

Parall.: *In Sent.*, III, d.23, q.2, a.4, qc.2; *De veritate*, q.14, a.12; *In Ep. ad Ephes.*, c.4, lect.2.

[반론] 여섯째에 대해서는 다음과 같이 진행된다. 신앙은 하나가 아닌 것처럼 보인다.

1. 에페소서 2장 [8절]에서 말하는 것처럼, 신앙은 하느님의 선물이고, 이사야서 11장 [2절][1]에서 분명한 것처럼, 하느님의 선물 가운데 지혜와 지식도 헤아려지기 때문이다. 그러나 지혜와 지식은 다른데, 아우구스티누스의 『삼위일체론』 제12권[2]에서 분명한 것처럼, 지혜는 영원한 것들에 대한 것이고, 지식은 시간적인 것들에 대한 것이다. 따라서 신앙은 한편으로 영원한 것들, 다른 한편으로 어떤 세속적인 것들에 대한 것이기 때문에, 신앙은 하나가 아니라 여러 부분으로 구분되는 것처럼 보인다.

2. 고백은 위에서[3] 말한 바와 같이, 신앙의 행위이다. 그러나 모든 이들에게서 하나이고 동일한 신앙의 고백이 있는 것이 아니다. 이사야서 7장 [14절]의 "보라, 처녀가 잉태하리라."는 말에서 분명한 것처럼, 우리가 이루어진 일이라고 고백하는 것을, 옛 조상들은 미래의 일로 고백했기 때문이다.[4] 그러므로 신앙은 하나가 아니다.

3. 신앙은 그리스도를 믿는 모든 이들에게 공통적이다.[5] 그러나 하나의 우유가 다양한 주체들 안에 있을 수는 없다. 그러므로 모든 이가 하나의 신앙을 가질 수는 없다.

---

5. Cf. a.5, ad4.

q.4, a.6

Sed contra est quod Apostolus dicit, *ad Ephes.* 4, [5]: *Unus Dominus, una fides.*

Respondeo dicendum quod fides, si sumatur pro habitu, dupliciter potest considerari. Uno modo, ex parte obiecti. Et sic est una fides, obiectum enim formale fidei est veritas prima,[6] cui inhaerendo credimus quaecumque sub fide continentur. Alio modo, ex parte subiecti.[7] Et sic fides diversificatur secundum quod est diversorum. Manifestum est autem quod fides, sicut et quilibet alius habitus, ex formali ratione obiecti habet speciem, sed ex subiecto individuatur.[8] Et ideo, si fides sumatur pro habitu quo credimus, sic fides est una specie, et differens numero in diversis.—Si vero sumatur pro eo quod creditur, sic etiam est una fides. Quia idem est quod ab omnibus creditur, et si sint diversa credibilia quae communiter omnes credunt, tamen omnia reducuntur ad unum.[9]

Ad primum ergo dicendum quod temporalia quae in fide proponuntur non pertinent ad obiectum fidei nisi in ordine ad aliquod aeternum, quod est veritas prima, sicut supra[10] dictum est. Et ideo fides una est de temporalibus et aeternis. Secus autem est de sapientia et scientia, quae considerant temporalia et

---

6. Cf. q.1, a.1.
7. a.2, 각주 [1].
8. 본론에서 이루어진 고유한 탐구에 덧붙이는 이 말은 신앙의 질료적 대상과 관련

제4문 제6절

[재반론] 그러나 반대로 사도는 에페소서 4장 [5절]에서 "주님도 한 분이시고, 신앙도 하나입니다."라고 말한다.

[답변] 만약 신앙이 습성을 위해 취해진다면, 두 가지 방식으로 고찰될 수 있다. 첫째, 대상의 측면에서는 하나의 신앙이 있다. 신앙의 형상적 대상은 제1진리이고,[6] 이것에 의존하면서 우리는 신앙에 포함되어 있는 것은 무엇이든지 믿기 때문이다. 둘째, 주체의 측면에서,[7] 신앙은 다양한 주체들에 속하는 한 다양화된다. 그런데 다른 습성들과 마찬가지로, 신앙도 그 대상의 형상적 측면으로부터 그 종을 취하지만, 그 주체에 의해 개체화된다는 사실이 명백하다.[8] 그러므로 만일 그것에 의해 우리가 믿게 되는 습성을 위해 신앙을 취한다면, 그것은 종적으로 하나이지만, 그 다양한 것들 안에서 수적으로 다르다.-그러나 만일 우리가 믿고 있는 것[대상]을 위해 신앙을 취한다면, 또한 하나의 신앙이 있게 된다. 모든 이가 믿는 것은 동일한 것이며, 만일 공통적으로 모든 이가 믿는 다양한 믿을 만한 것들이 있다고 가정할지라도, 모든 것은 하나로 환원되기 때문이다.[9]

[해답] 1. 믿도록 제안된 시간적인 것들은, 위에서[10] 말했던 것처럼, 오직 제1진리인 영원한 어떤 것과 관련되는 경우에만 신앙의 대상에 속한다. 따라서 시간적인 것과 영원한 것 모두에 대해 하나의 신앙이 있다. 시간적인 것과 영원한 것을 양자의 고유한 근거에 따라 고

된다. 그것은 제1문 제1절에 나오는 신앙의 모든 질료는 그것들의 하느님과의 관련성 때문에 하나인 셈이며, 제1문 제7절에 나오는 믿어지는 제1실재는 그의 섭리 안에 있는 하느님이라는 사실에 의존한다. Cf. q.24, a.5; I-II, q.54, a.2.
9. Cf. q.1, a.7.
10. q.1, a.1.

aeterna secundum proprias rationes utrorumque.[11]

AD SECUNDUM dicendum quod illa differentia praeteriti et futuri non contingit ex aliqua diversitate rei creditae, sed ex diversa habitudine credentium ad unam rem creditam, ut etiam supra[12] habitum est.[13]

AD TERTIUM dicendum quod illa ratio procedit ex diversitate fidei secundum numerum.

Articulus 7
Utrum fides sit prima inter virtutes

Ad septimum sic proceditur. Videtur quod fides non sit prima inter virtutes.

1. Dicitur enim Luc. 12, [4], in Glossa[1] super illud, *Dico vobis amicis meis*, quod *fortitudo est fidei fundamentum*. Sed fundamentum est prius eo cuius est fundamentum. Ergo fides non est prima virtus.

2. Praeterea, quaedam Glossa[2] dicit, super illum Psalmum,

---

11. Cf. I, q.79, a.9; I-II, q.57, a.2; II-II, q.9, aa.2 & 4; q.45, a.3.
12. I-II, q.103, a.4. Cf. I-II, q.107, a.1, ad1.
13. Cf. I-II, q.103, a.4. 그 차이는 신앙의 명제들(enuntiabile; cf. q.1, a.2)이 지닌 다양한 형태들 안에서 드러난다. Cf. *De veritate* q.14, a.12; q.1, a.2.

찰하는 지혜와 지식은 다르다.[11]

2. 과거와 미래의 이러한 차이는, 믿어지는 사태의 어떤 다양성으로부터가 아니라, 위에서도[12] 말했던 것처럼, 믿는 이들이 단 하나의 믿어지는 사태와 맺고 있는 다양한 관계로부터 발생한다.[13]

3. 이 반론은 수에 따른 신앙의 다양성으로부터 진행된다.

제7절 신앙은 제1의 덕인가?

Parall.: I-II, q.62, a.4; *In Sent.*, III, d.23, q.2, a.5; *De veritate*, q.14, a.2, ad.3.

Doctr. Eccl.: "'믿음은 인간 구원의 시작이요', 온갖 의화의 기초요 뿌리이며, '믿음 없이는 하느님 마음에 들 수 없기 때문'(히브 11,6)이고 그분의 자녀로서 그분과의 친교를 이룰 수 없기 때문이다."(트리엔트공의회, 제6 회기, 제8장: DS 801[=DH 1532])

[반론] 일곱째에 대해서는 다음과 같이 진행된다. 신앙은 제1의 덕이 아닌 것처럼 보인다.

1. 루카복음서 12장 [4절] "나는 나의 친구인 너희에게 말한다."에 대한 주석[1]은, 용기가 신앙의 기초라고 말한다. 그런데 기초는 그것을 기초로 삼는 것에 선행한다. 그러므로 신앙은 제1의 덕이 아니다.

2. 시편 37[36]편 [3절]의 "질투하지 마라."에 대한 주석[2]은, "희망

---

1. *Glossa Ordinaria*: PL 114, 294 D.-Ambrosius, *In Luc.*, super 12, 4: PL 15, 1817.
2. *Glossa Inter.; Glossa Lombardi*: PL 191, 368 B. Cf. Cassiodorus, *Expos. in Psalt.*, super *Ps.36, 3*: PL 70, 258 B.

q.4, a.7

Noli aemulari, quod *spes introducit ad fidem*. Spes autem est virtus quaedam, ut infra³ dicetur. Ergo fides non est prima virtutum.

3. Praeterea, supra⁴ dictum est quod intellectus credentis inclinatur ad assentiendum his quae sunt fidei ex obedientia ad Deum. Sed obedientia etiam est quaedam virtus.⁵ Non ergo fides est prima virtus.

4. Praeterea, fides informis non est fundamentum, sed fides formata, sicut in Glossa⁷ dicitur, I *ad Cor.* 3, [11].⁶ Formatur autem fides per caritatem, ut supra⁸ dictum est. Ergo fides a caritate habet quod sit fundamentum. Caritas ergo est magis fundamentum quam fides, nam fundamentum est prima pars aedificii. Et ita videtur quod sit prior fide.

5. Praeterea, secundum ordinem actuum intelligitur ordo habituum. Sed in actu fidei actus voluntatis, quem perficit caritas, praecedit actum intellectus, quem perficit fides, sicut causa, quae praecedit effectum. Ergo caritas praecedit fidem. Non ergo fides est prima virtutum.

SED CONTRA est quod Apostolus dicit, *ad Heb.* 11, [1], quod *fides est substantia sperandarum rerum*.⁹ Sed substantia habet rationem primi. Ergo fides est prima inter virtutes.

---

3. q.17, a.1.
4. a.2, ad2; q.2, a.9.
5. Cf. II-II, q.104, a.2.

이 신앙으로 이끈다."고 말한다. 그런데 밑에서[3] 말할 것처럼, 희망은 일종의 덕이다. 그러므로 신앙은 제1의 덕이 아니다.

3. 믿는 이의 지성은, 하느님에 대한 순종으로부터 신앙에 속하는 것들에 동의하도록 이끌린다고 앞서[4] 말했다. 그런데 순종도 또한 일종의 덕이다.[5] 그러므로 신앙은 제1의 덕이 아니다.

4. 코린토 1서 3장 [11절][6]에 대한 주석[7]이 말하는 것처럼, 형상화되지 않은 신앙이 아니라 형상화된 신앙이 기초가 된다. 그런데 신앙은, 위에서[8] 말한 바와 같이, 참사랑을 통해 형상화된다. 그러므로 신앙이 참사랑으로부터 기초가 되는 것을 갖는다. 그러므로 기초는 건축물의 첫째 부분이기 때문에, 참사랑은 신앙보다 더 기초가 된다. 따라서 참사랑은 신앙을 선행하는 것처럼 보인다.

5. 습성의 질서는 행위의 질서에 따라 이해된다. 그런데 신앙의 행위에서는, 참사랑이 완성하는 의지의 행위가, 원인이 효과를 선행하듯이, 신앙이 완성하는 지성의 행위를 선행한다. 그러므로 참사랑은 신앙을 선행한다. 그러므로 신앙은 제1의 덕이 아니다.

[재반론] 그러나 반대로 사도는 히브리서 11장 [1절]에서 "신앙은 희망해야 하는 사물들의 실체"라고 말한다.[9] 그런데 실체는 제1의 것이란 의미를 갖는다. 그러므로 신앙은 덕들 중에 제1의 것이다.

---

6. 1코린 3,11: "아무도 이미 놓인 기초 외에 다른 기초를 놓을 수 없기 때문입니다. 그 기초는 예수 그리스도이십니다."
7. *Glossa Ordinaria*: PL 114, 523; *Glossa Lombardi*: PL 191, 1559. Cf. Augustinus, *Enchiridion*, c.5: PL 40, 233; *De Fide et Oper*. 16.
8. a.3.
9. Cf. II-II, a.1.

RESPONDEO dicendum quod aliquid potest esse prius altero dupliciter, uno modo, per se; alio modo, per accidens. Per se quidem inter omnes virtutes prima est fides.[10] Cum enim in agibilibus finis sit principium, ut supra[11] dictum est, necesse est virtutes theologicas, quarum obiectum est ultimus finis, esse priores ceteris virtutibus. Ipse autem ultimus finis oportet quod prius sit in intellectu quam in voluntate, quia voluntas non fertur in aliquid nisi prout est in intellectu apprehensum. Unde cum ultimus finis sit quidem in voluntate per spem et caritatem, in intellectu autem per fidem, necesse est quod fides sit prima inter omnes virtutes, quia naturalis cognitio non potest attingere ad Deum secundum quod est obiectum beatitudinis, prout tendit in ipsum spes et caritas.[12]

Sed per accidens potest aliqua virtus esse prior fide. Causa enim per accidens est per accidens prior. Removere autem prohibens pertinet ad causam per accidens,[14] ut patet per Philosophum, in VIII *Physic*.[13] Et secundum hoc aliquae virtutes possunt dici per accidens priores fide, inquantum removent impedimenta credendi, sicut fortitudo removet inordinatum timorem impedientem fidem; humilitas autem superbiam, per quam intellectus recusat se submittere veritati fidei.[15] Et idem

---

10. 제2부 제2편 제62문 제4절은 우선성이나 선행성의 두 가지 유형을 강조한다. 첫째, 기원에 의해서, 둘째, 탁월성에 의해서. 여기서 대신덕들이 모든 다른 덕들을 능가하는 우선성은 탁월성에 의한 것이다.(Cf. I-II, q.62, a.1) 본론의 후반부는 어떻게 좋은 도덕적 삶이 은총과 대신덕들을 위한 소질일 수 있는가를 제안한다. Cf. I-II, q.109, a.6; q.112, a.2, c & ad1; q.113, a.4, c & ad1. 신학적 덕들 중

[답변] 어떤 것은 두 가지 방식으로 다른 것에 선행할 수 있다. 첫째, 그 자체로, 둘째, 우유적으로. 신앙은 그 자체로 모든 덕 중에 제1의 것이다.[10] 목적은 행해야 할 것들 안에서 원리이기 때문에, 위에서[11] 말한 바와 같이, 궁극 목적을 그 대상으로 삼는 대신덕(對神德)들이 다른 덕들에 선행해야만 한다. 다시 말해, 의지는 오직 지성에 의해 파악된 경우에만 어떤 것으로 움직여지기 때문에, 궁극 목적 자체가 반드시 의지에 존재하기 전에 지성에 존재해야 한다. 그래서 궁극 목적이 희망과 참사랑을 통해 의지에 존재하고, 신앙에 의해 지성에 존재하기 때문에, 신앙이 모든 덕들의 제1의 것이라는 사실은 필연적이다. 자연적인 인식은 희망과 참사랑이 참행복으로 이끄는 한에서는, 참행복의 대상인 하느님께 도달할 수 없기 때문이다.[12]

그러나 우유적으로는 어떤 덕이 신앙에 선행할 수 있다. 우유적인 원인은 [그 결과에] 우유적으로 선행하기 때문이다. 그런데 철학자가 『자연학』 제8권[13]에서 말한 것에서 분명한 것처럼, 장애물을 제거하는 것은 우유적인 원인에 속한다.[14] 그리고 이에 따라 어떤 덕들은, 그것들이 믿어야만 하는 것들의 장애물을 제거하는 한에서는, 우유적으로 신앙에 선행한다고 언급될 수 있다. 예를 들어 용기는 신앙을 저해하는 무질서한 두려움을 제거한다. 겸손은, 지성이 신앙의 진리에 자신을 복종시키는 것을 거부하는 교만을 제거한다.[15] 아우구

에서 신앙의 우선성은 기원에 의한 우선성이다. 참사랑은 덕들 중에 가장 탁월한 것이다. Cf. I-II, q.66, a.6; II-II, q.23, a.6.
11. I-II, q.13, a.3; q.34, a.4, ad1; q.57, a.4.
12. 즉 자연적 인식은 오직 결과들을 통해 '알려진 대상'으로서의 하느님 자신이 아니라 추론적인 지식에만 도달할 수 있다. Cf. I, q.8, a.3.
13. *Physica*, VIII, c.4: 255b24-31; S. Thomas, lect.8, n.7.
14. Cf. q.3, a.1, ad2.
15. Cf. I-II, q.109, a.6; q.112, a.2; q.113(은총을 위한 준비), II-II, q.161, a.5, ad2.

q.4, a.7

potest dici de aliquibus aliis virtutibus, quamvis non sint verae virtutes nisi praesupposita fide,[17] ut patet per Augustinum, in libro *contra Iulianum*.[16]

Unde patet responsio AD PRIMUM.

AD SECUNDUM dicendum quod spes non potest universaliter introducere ad fidem. Non enim potest spes haberi de aeterna beatitudine nisi credatur possibile, quia impossibile non cadit sub spe, ut ex supradictis[18] patet. Sed ex spe aliquis introduci potest ad hoc quod perseveret in fide, vel quod fidei firmiter adhaereat. Et secundum hoc dicitur spes introducere ad fidem.[19]

AD TERTIUM dicendum quod obedientia dupliciter dicitur. Quandoque enim importat inclinationem voluntatis ad implendum divina mandata. Et sic non est specialis virtus, sed generaliter includitur in omni virtute, quia omnes actus virtutum cadunt sub praeceptis legis divinae, ut supra[20] dictum est. Et hoc modo ad fidem requiritur obedientia.—Alio modo potest accipi obedientia secundum quod importat inclinationem quandam ad implendam mandata secundum quod habent rationem debiti. Et sic obedientia est specialis virtus, et est pars iustitiae, reddit enim superiori debitum obediendo sibi.[21] Et hoc modo obedientia sequitur fidem, per quam manifestatur homini quod Deus sit superior, cui debeat obedire.

16. *Contra Julianum haeresis Pelaginae defensorem*, c.4, n.3: PL 44, 750
17. Cf. I-II, q.65, a.2. 그 의미는 참사랑을 통해서 작용하는 신앙이다.
18. I-II, q.40, a.1.

스티누스의 『율리아누스 반박』[16]을 통해서 분명한 것처럼, 오직 신앙이 전제된 경우에만 참된 덕들이 존재할지라도,[17] 다른 어떤 덕들에 대해서도 마찬가지[우유적으로 신앙에 선행한다]라고 말할 수 있다.

[해답] 1. 그래서 첫 번째 반론에 대한 답은 분명하다.

2. 희망이 보편적으로 신앙으로 이끌 수는 없다. 위에서[18] 말한 것들에서 분명한 것처럼, 불가능한 일은 희망에 속하지 않기 때문에, 오직 가능하다고 믿어지는 한 영원한 참행복에 대한 희망을 가질 수 있기 때문이다. 그러나 어떤 이는 희망으로부터 신앙 안에서 인내심을 가지는 일이나, 신앙을 확고하게 고수하는 일로 이끌릴 수 있다. 그리고 이에 따라 '희망은 신앙으로 이끈다.'라고 말한다.[19]

3. 순종은 두 가지로 언급된다. 때때로 그것은 하느님이 명령한 것들을 실행하려는 의지의 경향을 나타내기 때문이다. 이런 경우에 순종은 특별한 덕이 아니라, 일반적으로 모든 덕에 포함된다. 덕들의 모든 행위는, 위에서[20] 말한 바와 같이, 신법(神法)의 계명 아래 속하기 때문이다. 그리고 이런 방식으로 신앙에는 순종이 요구된다.-다른 방식으로, 순종은 마땅한 것으로 여겨지는 명령된 것들을 실행하려는 일종의 경향을 내포하는 한에서 취해질 수 있다. 이런 방식으로 순종은 특별한 덕이며 정의의 일부이다. 인간은 상급자에게 순종함으로써, 상급자에 의해 마땅한 것을 되돌려 주기 때문이다.[21] 그리고 이런 방식으로 순종은 신앙을 뒤따르고, 신앙을 통해 인간에게는 하느님이 그가 순종해야 하는 상급자라는 사실이 명백해진다.

---

19. Cf. q.17, a.7, ad1.
20. I-II, q.100, a.2.
21. Cf. II-II, q.104, a.2.

q.4, a.7

AD QUARTUM dicendum quod ad rationem fundamenti non solum requiritur quod sit primum, sed etiam quod sit aliis partibus aedificii connexum, non enim esset fundamentum nisi ei aliae partes aedificii cohaererent. Connexio autem spiritualis aedificii est per caritatem, secundum illud *Coloss.* 3, [14]: *Super omnia caritatem habete, quae est vinculum perfectionis.* Et ideo fides sine caritate fundamentum esse non potest, nec tamen oportet quod caritas sit prior fide.[22]

AD QUINTUM dicendum quod actus voluntatis praeexigitur ad fidem, non tamen actus voluntatis caritate informatus, sed talis actus praesupponit fidem,[23] quia non potest voluntas perfecto amore in Deum tendere nisi intellectus rectam fidem habeat circa ipsum.[24]

---

22. Cf. II-II, q.23, a.6, ad1.
23. 한 성인이 불신앙과 죄로부터 신앙과 은총으로 완전하게 회개하는 최종적인 행위에서는 참사랑을 포함하는 은총의 주입과 신앙과 사랑 안에서 하느님을 향해 능동적으로 전향하는 것은 동시적이다. 그러나 다양한 요소들 안에서 의미의 우선성이 지닌 유형이 존재한다. 그래서 사랑에 앞서 인식이 존재한다.(Cf. I-II, q.113, aa.7-8; *De veritate* q.28, a.4, ad6) 그러므로 현재의 대답은 현실적인 회개를 준비하는 행위들, 한 사람을 움직이지만 대신덕이 부여되지 않은 하느님의 능동적인 은총의 영향 아래 있는 행위들을 고려하고 있다. 하느님 말씀에 대한 '효과적인' 동의로서의 신앙이 시작하는 행위는(구원의 메시지에 대한 단순

제4문 제7절

4. 기초라는 의미에는 어떤 것이 제1의 것이라는 사실뿐만이 아니라, 건축물의 다른 부분과도 연결되어야 한다는 사실도 요구된다. 오직 그것이 건축물의 다른 부분에 함께 부착되는 경우에만, 그것은 기초일 것이기 때문이다. 그런데 콜로새서 3장 [14절]의 "모든 것 위에 완전함의 끈인 참사랑을 입으십시오."라는 말씀에 따르면, 영적 건축물은 참사랑을 통해서 연결된다. 따라서 참사랑이 없는 신앙은 기초가 될 수 없다. 그럼에도 참사랑이 신앙을 선행해야만 하는 것은 아니다.[22]

5. 의지의 행위는 신앙 이전에 요구되지만, 참사랑에 의해 형상화된 의지의 행위는 아니다. 오히려 그런 행위는 신앙을 전제한다.[23] 오직 지성이 하느님에 대한 올바른 신앙을 가진 경우에만, 의지는 완전한 참사랑으로 하느님을 향할 수 있기 때문이다.[24]

한 자각이 아니라) 오직 하느님의 그 의지를 희망 또는 두려움 또는 사랑의 어떤 시작하는 행위로 움직이기 때문에 가능하다. 『진리론』 제14문 제2절 제10답은 한 예를 제공한다: "신앙의 시작은-의지가 지성을 신앙의 대상들에 대해 동의하도록 결정함으로서-정념 안에 존재한다. 그러나 의지가 행위하는 것은 참사랑이라는 덕 또는 희망이라는 덕의 행위가 아니라 제안된 선을 위한 일종의 욕구이다."

24. Cf. q.17, aa.7-8; q.23, aa.6-8; q.47, a.7; q.58, a.12; q.81, aa.5-6; q.104, a.3; q.123, a.12; q.124, a.3; q.136, a.2; q.141, a.8; q.152, a.5; q.161, a.5. 모든 절들은 영적인 생활의 체계 안에서 다양한 덕들, 즉 대신덕들이나 도덕적인 덕들 사이의 질서를 명료하게 하기 위해서 비교되어야만 한다.

Articulus 8
Utrum fides sit certior scientia et aliis virtutibus intellectualibus[1]

Ad octavum sic proceditur. Videtur quod fides non sit certior scientia et aliis virtutibus intellectualibus.[2]

1. Dubitatio enim opponitur certitudini, unde videtur illud esse certius quod minus potest habere de dubitatione; sicut est albius quod est nigro impermixtius. Sed intellectus et scientia, et etiam sapientia, non habent dubitationem circa ea quorum sunt, credens autem interdum potest pati motum dubitationis et dubitare de his quae sunt fidei. Ergo fides non est certior virtutibus intellectualibus.

---

1. 토마스는 여기서 신앙의 확실성을 지혜, 지식 그리고 이해와 비교한다. 그리고 이 세 가지를 가지고 그는 아리스토텔레스적인 지성적 탁월성들을 이해한다. 이것들은 유비적으로 윤리적인 영역에서 덕들처럼, 윤리 밖의 영역에서도 동일한 사정을 가진다. 심리학적으로 그것은 마찬가지로 형태를 이루고 있고, 마찬가지로 습성인데, 습성은 능력이 완전한 현실태로 향하고 있는 상태를 말한다. 그러나 이 세 가지 명칭에는 신학적인 관점에서 지혜와 지식과 통찰이라는 성령의 선물들이라는 신학적인 내용도 내포하고 있다. 이 세 가지 선물은 단순히 지성적 탁월

제8절 신앙은 지식이나 다른 지성적 덕들보다 더 확실한가?[1]

Parall.: *In Sent.*, III, d.23, q.2, a.2, qc.3; *De veritate*, q.10, a.12, ad.16; q.14, a.1, ad7; *In De Trin.*, q.3, a.1, ad4; *In Ioan.*, c.4, lect.5.

Doctr. Eccl.: 신앙은 '확실하고', 오류에 빠질 수 없고, 변화할 수 없는 이유, 즉 계시하시는 하느님의 권위에 의해 야기된 동의이다.(DS 723, 1637, 1656, 1789sq., 1794, 1800, 1811sq., 1815, 1968, 2025, 2081, 2145[=DH 1395, 2778sqq., 2827, 3008, 3013, 3020, 3032sq., 3096, 3341, 3425, 3484, 3537-3542]) 그리고 은총의 도움을 통해서 고수하는 '굳건한' 이유에 의해서 모든 것을(super omnia firmus ratione adhaesionis) 능가하는 동의이다.(DS 428, 460, 468, 706sqq., 1637, 1794, 1815[=DH 850, 870-872, 1333-1335, 2778, 3013-3014, 3036]) 바로 그것을 의지가 명령한다.(DS 1169[=DH 2119])

[반론] 여덟째에 대해서는 다음과 같이 진행된다. 신앙은 지식과 다른 지성적 덕들보다 더 확실하지 않은 것처럼 보인다.[2]

1. 의심은 확실성에 반대되기 때문에, 의심할 만한 것이 적을 수 있는 어떤 것이 더 확실해 보일 것이다. 이는 검은색이 덜 섞여 있는 것이 더 하얀 것과 같다. 그런데 이해, 지식 그리고 지혜는 그것들의 대상에 대한 의심의 여지가 없다. 그러나 믿는 이는 때때로 의심의 운동을 겪고, 또한 신앙에 속하는 것들에 대해 의심할 수 있다. 그러므로 신앙은 지성적 덕들보다 덜 확실하다.

성들이 아니다. 그것은 '윤리적인' 덕들이기 때문이다. 그렇지만 그것들은 그래서 아직 덕이 아닌데, 그것들은 덕들의 열매이기 때문이다. 문장! 그것들은 초자연적인 완전성들로서 성령의 영향에 가장 가깝게 서 있는 작용 영역을 위해서 덕들에게 첨가된다. 그것들은 확실성과 관련해서는, 토마스가 본론의 끝에서 암시하는 것처럼 신앙이라는 덕 아래 속한다.
2. 이 절의 이해를 위해서 필요한 역사적 배경은 입문 9(신앙과 확실성) 참조; 지성적 덕에 관해서는: Cf. I-II, q.57.

q.4, a.8

2. Praeterea, visio est certior auditu. Sed *fides* est *ex auditu*, ut dicitur *ad Rom.* 10, [17]: in intellectu autem et scientia et sapientia includitur quaedam intellectualis visio. Ergo certior est scientia vel intellectus quam fides.

3. Praeterea, quanto aliquid est perfectius in his quae ad intellectum pertinent, tanto est certius. Sed intellectus est perfectior fide, quia per fidem ad intellectum pervenitur, secundum illud Isaiae 7, [9]: *Nisi credideritis, non intelligetis*, secundum aliam litteram. Et Augustinus dicit etiam de scientia, XIV *de Trin.*,[3] quod *per scientiam roboratur fides*. Ergo videtur quod certior sit scientia vel intellectus quam fides.

SED CONTRA est quod Apostolus dicit, I *ad Thess.* 2, [13]: *Cum accepissetis a nobis verbum auditus*, scilicet per fidem, *accepistis illud non ut verbum hominum, sed, sicut vere est, verbum Dei*. Sed nihil certius verbo Dei. Ergo scientia non est certior fide, nec aliquid aliud.

RESPONDEO dicendum quod, sicut supra[4] dictum est, virtutum intellectualium duae sunt circa contingentia, scilicet prudentia et ars.[5] Quibus praefertur fides in certitudine, ratione suae materiae, quia est de aeternis, quae non contingit

---

3. *De Trinitate*, c.1: PL 42, 1037.
4. I-II, q.57, a.4, ad2; a.5, ad3.

2. 보는 것이 듣는 것보다 확실하다. 로마서 10장 [7절]에서는 "신앙은 들음을 통해 이루어진다."고 말한다. 그런데 이해, 지식과 지혜에는 일종의 지성적인 봄이 포함된다. 그러므로 지식이나 이해가 신앙보다 더 확실하다.

3. 지성에 속하는 것들 안에서는 어떤 것이 더 완전할수록, 그만큼 더 확실하다. 그런데 이사야서 7장 [9절]의 또 다른 번역, 즉 "너희가 믿지 않으면, 이해하지 못할 것이다."에 따르면, 신앙을 통해 이해로 도달하기 때문에, 이해는 신앙보다 더 완전하다. 그리고 아우구스티누스는 또한 『삼위일체론』 제14권에서[3] 지식에 대해 "신앙이 지식을 통해 강화된다."고 말한다. 그러므로 지식이나 이해가 신앙보다 더 확실한 것처럼 보인다.

[재반론] 그러나 반대로 사도는 테살로니카 1서 2장 [13절]에서, "여러분이 우리가 전하는 그 말씀을 들었을 때", 즉 신앙을 통해, "여러분은 그것을 사람의 말로 받아들이지 않고, 사실 그대로, 하느님의 말씀으로 받아들였습니다."라고 말한다. 그런데 아무것도 하느님의 말씀보다 더 확실하지 않다. 그러므로 지식은 신앙보다 더 확실하지 않으며, 다른 어떤 것도 더 확실하지 않다.

[답변] 위에서[4] 말한 바와 같이 지성적 덕들 중에 두 가지, 즉 현명과 기예는, 우연적인 것에 관한 것이다.[5] 신앙은, 그 질료라는 측면에서 보면, 이것들보다 확실성의 관점에서 더 낫다. 신앙은 다르게 관

---

5. 우연적인 것은 변화될 수 있는 어떤 것이고, 그것의 존재 방식은 결정되어 있지 않다. 현명은 구체적인 인간 행동의 형태를 그것이 변화 가능한 상황 안에서 다룬다. 기예는 인간이 발명한 모든 생산품에 대해 다룬다.

q.4, a.8

aliter se habere.⁶—Tres autem reliquae intellectuales virtutes, scilicet sapientia, scientia et intellectus, sunt de necessariis, ut supra⁷ dictum est. Sed sciendum est quod sapientia, scientia et intellectus dupliciter dicuntur, uno modo, secundum quod ponuntur virtutes intellectuales a Philosopho, in VI *Ethic.*;⁸ alio modo, secundum quod ponuntur dona Spiritus Sancti.⁹ Primo igitur modo, dicendum est quod certitudo potest considerari dupliciter.¹⁰ Uno modo, ex causa certitudinis, et sic dicitur esse certius illud quod habet certiorem causam. Et hoc modo fides est certior tribus praedictis, quia fides innititur veritati divinae,¹¹ tria autem praedicta innituntur rationi humanae.¹² Alio modo potest considerari certitudo ex parte subiecti, et sic dicitur esse certius quod plenius consequitur intellectus hominis. Et per hunc modum, quia ea quae sunt fidei sunt supra intellectum hominis, non autem ea quae subsunt tribus praedictis, ideo ex hac parte fides est minus certa. Sed quia unumquodque iudicatur simpliciter quidem secundum causam suam; secundum

---

6. 신앙 조항들 중에서 많은 것은 우연적인 것, 예를 들어 육화 그 자체와 관련된다. 그러나 신앙은 그것의 형상적 근거, 즉 하느님의 말씀을 기초로 그것들에 동의한다. 그래서 신앙은 이러한 신비들인 하느님 자신의 영원하고, 틀릴 수 없는 지식 안에서 가지고 있는 이해 가능성 안에 기초하고 있다. Cf. q.1, a.3, ad2.
7. I-II, q.57, a.5, ad3.
8. *Ethica Nic.*, VI, c.3: 1139b15-18; S. Thomas, lect.3, n.1143.
9. 이 세 가지 용어가 이사야서 11장 2절의 불가타 번역본 안에서 발견되기 때문에, 그것들은 중세 전통 안에서 성령의 선물들과 관계되는 것으로 이해되었다. 성경 텍스트 자체는 메시아와 관련된다. 그 '영'은 세계를 창조하는 과정과 예언자들에 영감을 주는 과정 안에서 하느님의 능력을 가리킨다. 선물들에 관한 성 토

계를 맺지 않는, 영원한 것들에 관한 것이기 때문이다.[6] -그러나 지성적 덕들 중에 남은 세 가지, 즉 지혜, 지식 그리고 이해는, 위에서[7] 말한 바와 같이, 필연적인 것에 관한 것이다. 그런데 지혜, 지식 그리고 이해는 두 가지로 언급된다는 사실을 알아야만 한다. 첫째, 철학자가 『니코마코스 윤리학』 제6권에서[8] 지성적 덕들로 제시하는 한에서, 둘째는 성령의 선물로 제시되는 한에서.[9] 따라서 첫째 의미에서는, 확실성이 두 가지로 고찰될 수 있다고 말해야 한다.[10] 첫째, 확실성의 원인으로부터, 그래서 더 확실한 원인을 가진 그것을 더 확실하다고 말한다. 그리고 이런 방식으로 신앙은 앞서 말한 세 가지 덕보다 더 확실하다. 신앙은 신적인 진리에 기초하는 반면,[11] 앞서 말한 세 가지 덕은 인간의 이성에 기초하기 때문이다.[12] 둘째 확실성은 주체의 측면에서 고찰될 수 있는데, 인간의 지성이 더 충만하게 결론에 도달할수록, 그것은 더 확실하다고 말한다. 이러한 방식을 통해서는, 신앙에 속하는 것들은 인간의 지성을 넘어서는 반면에, 앞서 말한 세 가지 덕에 속하는 것들은 그렇지 않다는 측면에서 신앙이 덜 확실하다. 그런데 무엇이든지 바로 그 원인에 따라 단적으로 판단되는 반

마스의 가르침은 단 하나의 분리된 성경 구절에 의해서가 아니라, 신약성경 안에서 성령의 성화하는 작용을 긍정하는 많은 구절에 의해서 영감을 받았다. 구원을 위해 필수적인 선물들에 관한 가르침(I-II, q.68, a.2), 즉 덕들의 인간적이고 숙고하는 양태를 능가하는 성령에 의해 감도되는 행위들에 관한 가르침은 그리스도교 생활에 관한 성 토마스의 신학의 열쇠이다. Cf. I-II, q.68, a.1, ad4.

10. Cf. I, q.1, a.5, c & ad1. 지식의 성질로서의 확실성은 "알려진 대상에 대해 인식 능력이 고수하는 바의 견고함"(*In Sent*., III, d.26, q.2, a.4)이다. '확실성의 원인'은 알려진 대상에게 그것의 고유한 존재 방식을 부여하는 구조이고, 파악되었을 때 인식 능력의 동의를 얻게 하는 구조이다. 그래서 확실성의 주관적인 강도는 대상의 존재에 관한 인식 체험의 강도에 의해서 측정된다.
11. Cf. 신앙에 수반하는 사유(cogitatio)에 관해서는: Cf. q.2, aa.1 & 3.
12. Cf. a.5, ad2.

q.4, a.8

autem dispositionem quae est ex parte subiecti iudicatur secundum quid, inde est quod fides est simpliciter certior, sed alia sunt certiora secundum quid, scilicet quoad nos.[13]—Similiter etiam, si accipiantur tria praedicta secundum quod sunt dona praesentis vitae, comparantur ad fidem sicut ad principium quod praesupponunt.[14] Unde etiam secundum hoc fides est eis certior.[15]

AD PRIMUM ergo dicendum quod illa dubitatio non est ex parte causae fidei, sed quoad nos, inquantum non plene assequimur per intellectum ea quae sunt fidei.

---

13. Cf. q.2, a.1.
14. Cf. I-II, q.68, a.8.
15. Cf. I-II, q.68, a.8; II-II, qq.8-9. 선물들은 신앙에 봉사하고 신앙을 심화시키기 위해 제공되며, 그래서 그것에 종속된다. 선물의 목적 중에 일부는 자연적 지식과 비교하여 신앙의 주관적인 불완전함들을 극복하기 위한 것이다. 예를 들어 이해의 기능은 본성적으로 고찰되는 사물들의 모습이 신앙의 진리와 모순되지 않는다는 체험으로서 묘사된다. 신앙의 진리는 어떤 사물이 그런 것처럼 보인다는 이유 때문에 포기되어서는 안 된다.(II-II, q.8, a.2)
성 토마스는 이미 신적인 권위에 대한 신앙 안에서 모든 학문을 능가하는 확실한 인식을 본다. 이것은 신앙에 대한 개념에서 티에리의 윌리엄이나 생빅토르의 위고와 같은 신비가들과는 반대되는 입장이다. 이들은 권위에 대한 믿음의 확실성에 만족하지 않고, 실천적인 체험, 신앙 안에서 단순히 받아들인 진리들을 맛보고 경험하는 것을 보증하는 일종의 확실성을 추구했다. 성 토마스도 또한 초자연적인 신비들과 관련해서 그러한 확실성을 안다. 그러나 그에 따르면 이것은 권위에 대한 신앙, 즉 신앙이라는 덕을 대체하지 않고, 완전히 새로운 동기에 기반한 확실성으로서 그것에 덧붙여진다. 셋째 반론에 대한 해답(ad3)에서 성 토마스 스스로 강조하는 것처럼, 선물들의 확실성은 자립할 수 있는 것이 아니라, 권위에 대한 신앙의 확실성에 근거를 둔 채 남아 있다. 이러한 생각은 신비주의를 위해서도 매우 큰 의미를 지니는데, 그 최고의 직관(신비적 직관은 성령의 선물들의 완전한 활동들로 이루어진다) 안에서도 어두운 신앙의 바탕은 떠날 수 없다.

면에, 주체의 측면에서 이루어지는 소질에 따라서는 어떤 한정된 의미에서 판단된다. 그렇기 때문에 신앙은 단적으로는 더 확실하지만, 어떤 한정된 의미에서는, 즉 우리에 관한 한 다른 것들이 더 확실하다.[13] – 이와 유사하게 만일 앞서 말한 세 가지가 이 현세에서 받은 선물로 취해진다면, 그것들은 그것들이 전제하는 원리인 것처럼 신앙과 비교된다.[14] 그러므로 이러한 방식으로도 또한 신앙이 그것들보다 더 확실하다.[15]

[해답] 1. 이 의심은 신앙의 원인 편에 기인하는 것이 아니라, 지성을 통해서 신앙에 속하는 것들을 충만하게 파악하지 못하는 한에서 우리 자신에게 관련된다.

이 절에서 나오는 신앙이 그 객관적인 작용 근거에 따라서는 자연적인 지식보다 더 큰 확실성을 가지지만, 주관적인 확실성이라는 관점에서는 이것에 뒤떨어진다는 생각은 더 분명하게 될 필요가 있다. 그것은 신앙이 믿는 주체에게 아무런 확실성을 주지 못하거나, 주더라도 단지 매우 적은 확실성을 준다는 것을 의미하는가? 만일 '네'라고 대답한다면, '객관적 확실성이란 것이 주체 안에 더 이상 아무런 근거를 가지지 못하기 때문에, 그것은 도대체 무엇을 의미해야 한다는 말인가?' 하고 정당하게 묻게 된다. 만일 '아니오'라고 대답한다면, 자연적인 지식은 주관적인 확실성에 따라 신앙 위에 서 있다는 생각은 무효가 되는 것처럼 보인다.

성 토마스의 일반적인 습성 이론에 따르면, 각각의 덕은 (그리고 덕은 심리학적으로 하나의 습성이다!) 그 힘이 그 자체로는 상반되는 대상들의 다수에 흩어져 있던 한 능력이 하나의 특정한 대상에 모인 정돈을 의미한다. 따라서 각각의 덕들 하나하나는 본질적으로 주관적인 확실함, 즉 하나의 특정한 대상을 향한 그 능력의 적중 확실성과 함께 주어져 있다. 이러한 고찰 안에서 그러므로 습성으로서의 신앙은 순수하게 객관적인 동기로부터 관찰하더라도 주관적인 확실성을 그 안에 감추고 있다. 그러나 시선을 한 번 이 본질적인 관점으로부터 그 습성의 개별적인 담지자 전체에로 돌려 본다면, 즉 우리의 경우에는 지성적 능력의 전체 긴장으로 돌려 본다면, 지성의 수용 가능성이 오직 전적으로 충만되지 않은 한에서는 불확실성의 가능성이 여전히 주어져 있다. 왜냐하면 지성

q.4, a.8

AD SECUNDUM dicendum quod, ceteris paribus, visio est certior auditu.¹⁶ Sed si ille a quo auditur multum excedit visum videntis, sic certior est auditus quam visus. Sicut aliquis parvae scientiae magis certificatur de eo quod audit ab aliquo scientissimo quam de eo quod sibi secundum suam rationem videtur. Et multo magis homo certior est de eo quod audit a Deo, qui falli non potest, quam de eo quod videt propria ratione, quae falli potest.

AD TERTIUM dicendum quod perfectio intellectus et scientiae excedit cognitionem fidei quantum ad maiorem manifestationem, non tamen quantum ad certiorem inhaesionem.¹⁷ Quia tota certitudo intellectus vel scientiae secundum quod sunt dona, procedit a certitudine fidei, sicut certitudo cognitionis conclusionum procedit ex certitudine principiorum. Secundum autem quod scientia et sapientia et intellectus sunt virtutes intellectuales, innituntur naturali lumini rationis, quod deficit a certitudine verbi Dei, cui innititur fides.

은 본성적으로 이해 안에서 비로소 휴식에 도달하기 때문이다. 지성이 신적인 권위를 근거로 그렇게 객관적으로 강하게 신적인 지혜에 연결되어 있다고 할지라도, 전체적인 관점으로부터는 여전히 의심과 불확실성을 위한 여지가 남아 있다. 이러한 관점에서 지식인은, 자신이 관련된 대상이 그를 완전하게 쉴 수 있게 해 주기 때문에, 더 나은 상태에 있다. 그럼에도 동기의 포괄하는 관점에 따르면, 신적인 권위가 모든 인간적인 것을, 또한 모든 인간적인 이해를 무한히 능가하기 때문에, 신앙이 자연적인 지식보다 강하다.

2. 나머지가 동일하다면, 보는 것은 듣는 것보다 더 확실하다.[16] 그러나 만약 그로부터 듣게 되는 저 사람[말하는 사람]이 보는 사람의 시각을 훨씬 능가한다면, 듣는 것이 보는 것보다 더 확실하다. 따라서 지식이 적은 사람은 자신의 이성에 따라 자신에게 보이는 것보다는 매우 박식한 어떤 이에게서 듣는 것으로부터 더 확실해진다. 그리고 훨씬 더 많이, 인간은 잘못될 수 있는 고유한 이성으로 보는 것보다는 잘못될 수 없는 하느님에게서 듣는 것으로부터 더 확실해진다.

3. 이해와 지식의 완전성은, 그것들이 더 명확하다는 점에서, 신앙의 인식보다 더 완전하지만, 더 확실한 내속성에 관련해서는 그렇지 않다.[17] 결론에 대한 인식의 확실성이 원리들의 확실성으로부터 나오는 것처럼, 선물인 한에서는 이해와 지식의 확실성 전체는 신앙의 확실성으로부터 나오기 때문이다. 그러나 지식, 지혜와 이해가 지성적 덕인 한에서, 그것들은 이성의 자연적 빛에 기초한다. 이 빛은 신앙이 기반으로 삼는 하느님 말씀의 확실성을 결여하고 있다.

---

16. "색깔이 소리보다 더 고상하고 더 간단한 것처럼(Sicut et color est nobilior et simplicior sono)."(I, q.82, a.3). Cf. q.78, a.3.
17. 'inhaesio'(내속성, 內屬性)는 제4문 제1절의 'inhaerere'(고수하기)처럼, 신앙이 그것의 형상적 근거에 고수하는 것에 관해 사용된다. inhaerere와 adhaerere(cf. q.2, a.1)는 모두 그 근거와의 관계에 관한 의미를 가지고 있다. inhaerentia라는 용어는 주체 안에 있는 형상이나 우유적 성질의 현존을 뜻한다. Cf. I, q.6, a.4; q.29, a.4; q.75, a.2, ad1; I-II, q.83, a.3.

QUAESTIO V
DE HABENTIBUS FIDEM
in quatuor articulos divisa

Deinde considerandum est de habentibus fidem.[1]

Et circa hoc quaeruntur quatuor.

Primo: utrum angelus aut homo in prima sui conditione habuerit fidem.

Secundo: utrum Daemones habeant fidem.

Tertio: utrum haeretici errantes in uno articulo fidei habeant fidem de aliis articulis.

Quarto: utrum fidem habentium unus alio habeat maiorem fidem.

Articulus 1
Utrum angelus aut homo in sua prima conditione habuerit fidem

Ad primum sic proceditur. Videtur quod angelus aut homo in sua prima conditione[1] fidem non habuerit.

---

1. Cf. q.4, Introd. 이 탐구는 본질적인 것과 관련되지는 않는다. 모든 이가 믿기 위해 필요로 하는 것에 관한 질문은 제2 문제에서 다루어졌다. 여기서는 오히려 일련의 특수한 '경우들'이 관건이다.

제5문
신앙을 지닌 이들에 대하여
(전2절)

이제는 신앙을 지닌 이들을 고찰해야 한다.[1]
이 점에 관해서는 다음과 같은 네 가지 질문이 제기된다.
1. 천사나 인간은 그들의 첫 여건에서 신앙을 가졌는가?
2. 마귀들은 신앙을 가졌는가?
3. 하나의 신앙 조항에서 오류를 범한 이단자들은 다른 조항들에 대한 신앙을 가지는가?
4. 신앙을 지닌 이들 중에 한 사람은 다른 사람보다 더 큰 신앙을 가지는가?

제1절 천사나 인간은 그들의 첫 여건에서 신앙을 가졌는가?

Parall.: Part. I, q.95, a.3; *In Sent.*, II, d.29, a.3; *De veritate*, q.18, a.3.

[반론] 첫째에 대해서는 다음과 같이 진행된다. 천사나 인간은 그들의 첫 여건[1]에서는 신앙을 가지지 않았던 것처럼 보인다.

---
1. 천사들에 관해서는: Cf. I, q.62. 인간의 원초적 상태에 대해서는: Cf. I, qq.94-95.

q.5, a.1

1. Dicit enim Hugo de Sancto Victore:[2] *Quia homo oculum contemplationis non habet, Deum et quae in Deo sunt videre non valet.* Sed angelus in statu primae conditionis, ante confirmationem[3] vel lapsum, habuit oculum contemplationis, videbat enim res in verbo, ut Augustinus dicit, in II *super Gen. ad Litt.*[4] Et similiter primus homo in statu innocentiae videtur habuisse oculum contemplationis apertum, dicit enim Hugo de Sancto Victore, in suis *Sententiis,*[5] quod *novit homo, in primo statu, creatorem suum non ea cognitione quae foris auditu solo percipitur, sed ea quae intus per inspirationem ministratur, non ea qua Deus modo a credentibus absens fide quaeritur, sed ea qua per praesentiam contemplationis manifestius cernebatur.* Ergo homo vel angelus in statu primae conditionis fidem non habuit.

2. Praeterea, cognitio fidei est aenigmatica et obscura, secundum illud I *ad Cor.* 13, [12]: *Videmus nunc per speculum in aenigmate.* Sed in statu primae conditionis non fuit aliqua obscuritas neque in homine neque in angelo, quia tenebrositas est poena peccati. Ergo fides in statu primae conditionis esse non potuit neque in homine neque in angelo.

3. Praeterea, Apostolus dicit, *ad Rom.* 10, [17], quod *fides est*

---

2. *De Sacramentis christianae fidei*, I, part.10, c.2: PL 176, 330 A. 생빅토르의 위고 (c.1096-1141)은 위대한 파리에 있는 생빅토르 수도원에서 활동한 생빅토르 학파의 신학자들 중의 하나이다. 생빅토르 학파는 스콜라학과 신비신학의 발전에 큰 영향을 끼쳤다.

3. confirmatio(고취)는 천사의 첫 번째 변경할 수 없는 행위를 함축하고 있다. Cf. I, q.62, a.5; q.64, a.2.

1. 생빅토르의 위고는 자신의 『명제집』[2]에서 "인간은 관상의 눈을 가지지 않았기 때문에, 하느님과 하느님 안에 있는 것을 볼 수 없다."라고 말한다. 그러나 첫 여건의 상태에 있는 천사는, [은총 안에서의] 고취[3]나 타락 이전에, 관상의 눈을 가지고 있었다. 아우구스티누스가 『창세기 문자적 해설』 제2권[4]에서 말하는 것처럼, 그는 '말씀' 안에서 사물을 보았다. 이와 유사하게 무죄의 상태에 있는 첫 인간은 관상에 열린 눈을 가졌던 것처럼 보인다. 생빅토르의 위고는 자신의 『명제집』[5]에서 "인간은", 첫 상태에서, "외적인 들음만으로 취득되는 인식에 의해서가 아니라 내적으로 영감을 통해서 제공되는 것에 의해서 자신의 창조주를 알았다. [그러한 인식은] 하느님이 지금 믿는 이들로부터 부재하는 방식으로 신앙에 의해 추구되는 것이 아니라, 관상의 현존을 통해서 더욱 명백하게 식별된다."라고 말한다. 그러므로 인간이나 천사는 그들의 첫 여건에서는 신앙을 지니고 있지 않았다.

2. 코린토 1서 13장 [12절]의 "우리가 지금은 거울에 비친 모습처럼 어렴풋이 본다."라는 말씀에 따르면, 신앙의 인식은 수수께끼 같고 모호하다. 그러나 첫 여건의 상태에서는 인간에게도 천사에게도 모호함은 없었다. 어둠은 죄의 벌이기 때문이다. 그러므로 신앙이 첫 여건의 상태에서 존재하는 일은 인간에게도 천사에게도 가능하지 않았다.

3. 사도는 로마서 10장 [17절]에서 "신앙은 들음에서 온다."라고 말한다. 그러나 이러한 자리는 일은 천사의 여건이든지 인간의 여건이

---

4. *Super Genesim ad litt.*, c.8: PL 34, 270; CSEL 28, 44.
5. *De Sacrament.*, I, part.6, c.14: PL 176, 271.

q.5, a.1

ex auditu. Sed hoc locum non habuit in primo statu angelicae conditionis aut humanae, non enim erat ibi auditus ab alio. Ergo fides in statu illo non erat neque in homine neque in angelo.

SED CONTRA est quod Apostolus dicit, *ad Heb.* 11, [6]:[6] Accedentem ad Deum oportet credere. Sed angelus et homo in sui prima conditione erant in statu accedendi ad Deum. Ergo fide indigebant.

RESPONDEO dicendum quod quidam[7] dicunt quod in angelis ante confirmationem et lapsum, et in homine ante peccatum, non fuit fides, propter manifestam contemplationem quae tunc erat de rebus divinis. Sed cum fides sit *argumentum non apparentium,* secundum Apostolum;[8] et *per fidem credantur ea quae non videntur,* ut Augustinus dicit,[9] illa sola manifestatio excludit fidei rationem per quam redditur apparens vel visum id de quo principaliter est fides. Principale autem obiectum fidei est veritas prima,[10] cuius visio beatos facit et fidei succedit. Cum igitur angelus ante confirmationem, et homo ante peccatum, non habuit illam beatitudinem qua Deus per essentiam videtur;

---

6. Cf. 히브 11,16: "신앙이 없이는 하느님 마음에 들 수 없습니다. 하느님께 나아가는 사람은 그분께서 계시다는 것과 그분께서 당신을 찾는 이들에게 상을 주신다는 것을 믿어야 합니다."

7. *De Sacrament.,* I, part.6, c.14: PL 176, 271; Cf. Petrus Lombardus, *Sent.,* IV, d.1, q.5; Alex. Halens., *Summa Theol.,* p.III, q.68, membr.8, aa.2-3; S. Bonaventura, *In Sent.,* II, d.23, a.2, q.3, Ad Claras Aquas, t.II, pp.544sq.

든지 그 첫 상태에서는 없었다. 그곳에는 다른 이로부터 들음이란 없었기 때문이다. 그러므로 그런 상태에서의 신앙이란 인간에게도 천사에게도 없었다.

[재반론] 사도는 "하느님께로 나아가는 사람은 믿어야 합니다."[6]라고 말한다. 그런데 천사와 인간은 그들의 첫 여건에서 하느님께로 나아가는 상태에 있었다. 그러므로 그들은 신앙이 필요했다.

[답변] 어떤 이들[7]은 고취 혹은 타락 이전에 천사들 안에는, 혹은 죄[를 범하기] 이전에 인간 안에는, 신적 사태에 대해서 그때에 있었던 명백한 관상 때문에, 신앙이 존재하지 않았다고 말한다. 그러나 사도에 따르면, 신앙은 "명료하지 않은 것들에 대한 논증"이고,[8] 아우구스티누스의 말처럼,[9] "보이지 않는 것들이 신앙을 통해서 믿어지기" 때문에, 신앙이 근원적으로 다루는 것을 명료하게 만들거나 보이도록 만들어 주는 그러한 명백하게 함만이 신앙의 의미를 배제한다. 그런데 신앙의 근원적인 대상은 제1진리이고,[10] 이것의 직관이 복된 이들을 만들고, 신앙 대신에 들어선다. 그러나 고취 이전의 천사나 죄를 범하기 이전의 인간은 하느님이 본질을 통해 보이도록 만드는 참행복은 가지지 못했다. 그렇기 때문에 그들이 신앙의 의미를 배제할 만큼 명백한 인식을 가지지 못했다는 사실은 명백하다. 그래서 그들이 신앙을 가지지 못했다는 사실은, 오직 신앙과 관련되

---

8. 히브 11, 1.
9. *In Ioann. Evang.*, tract.40, n.9, super 8, 32; tract.79, n.1, super 14, 29: PL 35, 1690 & 1837; *Quaest. Evang.*, II, q.39, super Luc. 17, 5: PL 35, 1352.
10. Cf. q.1, a.1.

q.5, a.1

manifestum est quod non habuit sic manifestam cognitionem quod excluderetur ratio fidei. Unde quod non habuit fidem, hoc esse non potuit nisi quod penitus ei erat ignotum illud de quo est fides. Et si homo et angelus fuerunt creati in puris naturalibus, ut quidam[11] dicunt, forte posset teneri quod fides non fuit in angelo ante confirmationem nec in homine ante peccatum, cognitio enim fidei est supra naturalem cognitionem de Deo non solum hominis, sed etiam angeli. Sed quia in Primo[12] iam diximus quod homo et angelus creati sunt cum dono gratiae, ideo necesse est dicere quod per gratiam acceptam et nondum consummatam fuerit in eis inchoatio quaedam speratae beatitudinis, quae quidem inchoatur in voluntate per spem et caritatem, sed in intellectu per fidem, ut supra[13] dictum est. Et ideo necesse est dicere quod angelus ante confirmationem habuerat fidem, et similiter homo ante peccatum.

Sed tamen considerandum est quod in obiecto fidei est aliquid quasi formale, scilicet veritas prima super omnem naturalem cognitionem creaturae existens; et aliquid materiale, sicut id cui assentimus inhaerendo primae veritati.[14] Quantum ergo ad primum horum, communiter fides est in omnibus habentibus cognitionem de Deo, futura beatitudine nondum adepta, inhaerendo primae veritati.[15] Sed quantum ad ea quae

---

11. 『명제집 주해』 제2권(d.4, q.1, a.3)에서는 이것이 천사들에 관한 더욱 통상적인 견해라고 말한다. 이것은 페트루스 롬바르두스(Sent., II, d.3, q.4)가 선호한 것이

는 저것이 그들에게 철저하게 알려지지 않은 경우에만 가능했을 것이다. 어떤 사람들[11]이 말하듯이, 만일 인간과 천사가 순수한 본성들 안에서 창조되었다면, 고취 이전의 천사 안이나 타락 이전의 인간 안에는 신앙이 존재하지 않았다는 사실이 우연히 파악될 수도 있을 것이다. 신앙의 인식은 오직 인간에게뿐만 아니라 천사에게도 하느님에 대한 자연적 인식을 넘어서기 때문이다.

그러나 제1부에서[12] 우리는 이미 인간과 천사는 은총의 선물과 함께 창조되었다고 말했다. 그렇기 때문에, 받았지만 아직 완성되지 않은 은총을 통해서 그들 안에서는 어떤 희망된 참행복이 시작되었다고 반드시 말해야 한다. 위에서[13] 말했듯이, [이 희망된 참행복은] 의지 안에서는 희망과 참사랑을 통해서 시작되지만, 지성 안에서는 신앙을 통해서 [시작된다.] 따라서 천사는 고취되기 전에, 이와 유사하게 인간도 죄를 짓기 전에 신앙을 가졌다고 반드시 말해야 한다.

그럼에도 신앙의 대상 안에는 마치 형상적인 어떤 것, 즉 피조물의 모든 자연적 인식 위에 실존하는 제1진리가 있고, 또한 질료적인 어떤 것, 우리가 제1진리를 고수하면서 인정하는 것이 있다.[14] 그러므로 이것들 중에서 첫째[형상적 대상]에 관해서는, 제1진리를 고수하면서, 미래의 참행복은 아직 획득하지 못했지만 하느님에 대한 인식을 가지고 있는 모든 이들에게서 공통적으로 신앙이 존재한다.[15] 그러나

다. 천사들과 인간 모두에 대해서는 기욤 도세르, 헤일즈의 알렉산더(Alexander Halensis, *Summa Theologiae*, p.I, membr.1, a.1, Ad Claras Aquas, t.II, p.729)와 보나벤투라(S. Bonaventura, *In Sent.*, II, d.29, a.2, q.2, Ad Claras Aquas, t.II, p.703) 등에 의해서 주장되었다.
12. 천사에 관해서는: Cf. I, q.62, a.3. 인간에 관해서는: Cf. I, q.95, a.1.
13. q.4, a.7.
14. Cf. q.1, a.1.
15. 여기서의 언어를 위에서 나왔던 제1문 제1절의 언어와 비교하면 '형상적'은 매

q.5, a.1

materialiter credenda proponuntur, quaedam sunt credita ab uno quae sunt manifeste scita ab alio, etiam in statu praesenti, ut supra[16] dictum est. Et secundum hoc etiam potest dici quod angelus ante confirmationem et homo ante peccatum quaedam de divinis mysteriis manifesta cognitione cognoverunt quae nunc non possumus cognoscere nisi credendo.[17]

AD PRIMUM ergo dicendum quod, quamvis dicta Hugonis de Sancto Victore magistralia sint et robur auctoritatis non habeant,[18] tamen potest dici quod contemplatio quae tollit necessitatem fidei est contemplatio patriae, qua supernaturalis veritas per essentiam videtur. Hanc autem contemplationem non habuit angelus ante confirmationem nec homo ante peccatum. Sed eorum contemplatio erat altior quam nostra, per quam, magis de propinquo accedentes ad Deum, plura manifeste cognoscere poterant de divinis effectibus et mysteriis quam nos possumus. Unde non inerat eis fides qua ita quaereretur Deus

---

우 분명하게 신앙의 형상적 근거를 지칭한다. 그리고 지복직관 이전에 하느님 자신에 관한 유일하게 직접적인 인식적 답변은 계시하시는 하느님에 대한 신앙의 동의이다. 그러나 '형상적'과 '질료적'의 구분은 또한 신앙의 질료적 대상에도 적용될 수 있다. 그 경우에는 '형상적'이란 신앙이 우선 그 자체로의 신적인 본질, 즉 참행복이 속할 직관을 향해서 나아갈 수 있다는 의미이고, 다른 모든 것은 저것에 종속되고 저것으로부터 의미를 가진다는 점에서 '질료적'이 된다.(Cf. q.1, a.1) 지성이 신적인 본질 자체 안에서 끝난다는 관점에서는 또한 참행복 이전에는 신앙 이외에는 다른 길이 없다. 2차적이고 창조된 것이라는 관점에서는 다른 가능성들이 존재한다.

16. q.1, a.5.

질료적으로 믿어야만 하는 것으로 제시된 것들에 관해서는, 위에서[16] 말한 것처럼, 다른 사람에게 명백하게 알려진 어떤 것들도 한 사람에게는 믿어질 수 있다. 그리고 이에 따라, 고취 이전의 천사나 죄를 짓기 이전의 인간은, 우리가 지금 오직 믿음으로써만 인식할 수 있는 신적 신비들에 대한 어떤 것을 명백한 인식에 의해 알 수 있었다.[17]

[해답] 1. 비록 생빅토르의 위고의 이 말들이 스승의 말이고 권위의 힘을 지니고 있지 않을지라도,[18] 신앙을 불필요하게 만드는 관상은 본향의 관상이라고 말할 수 있다. [그런 관상에 의해] 초자연적 진리가 그 본질을 통해 보이게 된다. 그러나 고취 이전의 천사나 죄를 범하기 이전의 인간은 이러한 관상을 가지지 못했다. 그럼에도 그들의 관상은 우리의 것보다 더 높았다. [그들의 관상을 통해서] 하느님을 향해 더 가까이 감으로써, 신적인 결과들과 신비들에 대해 우리가 가지고 있는 것보다 훨씬 더 명백하게 인식할 수 있었다. 그래서 그들에게는 우리에 의해서 추구되는 것처럼 부재하는 하느님을 찾도록 하는 방식으로 신앙이 내재하지는 않았다. 그들에게는 하느님이 우

---

17. 이 의견은 천사들과 첫 인간의 지식의 우월성을 전제한다. 제시된 해석은 제1문 제2절의 의미로부터 유래될 수 있다. 신앙 내용의 인간적 이해는 개념들의 연결인 명제(enuntiabilia)를 통해서다. 의미된 실재에 대한 참조는 오직 그것들이 유래된 창조된 질서에 대한 우리 지식만큼만 분명할 수 있다. 우월한 천사적 또는 인간적 지식은 개념적 형태와 창조된 실재와 신적 신비 사이의 유비 안으로 침투하는 일 모두를 능가하는 것으로 가정될 수 있을 것이다. 그러한 방식으로 이 신비들의 어떤 측면들은 더욱 큰 분명함을 가지고 고찰될 수 있을 것이다. Cf. *Quodl.*, q.7, a.1.
18. 레오판에는 non habeant라고 나와 있지만, 이것은 논의 맥락에 잘 부합하지 않아서 대부분의 다른 판본은 non을 삭제했다. 여기서 언급된 것은 '권위들의 기술'의 한 예이다. 'dicta magistralia(스승들의 말씀)', 즉 동시대 신학자들의 견해들이 논증에서 인용된다면, 그것들은 'dicta sanctorum(성인들의 말씀)', 수용된,

q.5, a.2

absens sicut a nobis quaeritur. Erat enim eis magis praesens per lumen sapientiae quam sit nobis, licet nec eis esset ita praesens sicut est beatis per lumen gloriae.

AD SECUNDUM dicendum quod in statu primae conditionis hominis vel angeli non erat obscuritas culpae vel poenae.[19] Inerat tamen intellectui hominis et angeli quaedam obscuritas naturalis, secundum quod omnis creatura tenebra est comparata immensitati divini luminis.[20] Et talis obscuritas sufficit ad fidei rationem.

AD TERTIUM dicendum quod in statu primae conditionis non erat auditus ab homine exterius loquente, sed a Deo interius inspirante, sicut et prophetae audiebant, secundum illud Psalm. [Ps. 84, 9]: *Audiam quid loquatur in me Dominus Deus.*

Articulus 2
Utrum in Daemonibus sit fides[1]

Ad secundum sic proceditur. Videtur quod in Daemonibus non sit fides.

성서적 또는 교부적 권위들과 동일하지 않은 방식으로 대응되었다. Cf. M.-D. Chenu, OP, *Towards Understanding Saint Thomas*, p.136.
19. Cf. I-II, q.85, a.3.
20. Cf. I, q.12, a.4.

리에게 계신 것보다 지혜의 빛을 통해 더욱 현존하셨기 때문이다. 비록 복된 이들에게 영광의 빛을 통해서 현존하시는 것처럼, 그렇게 현존하시지는 않았다고 할지라도 말이다.

2. 인간이나 천사의 첫 여건의 상태에서는 죄과의 모호함이나 벌의 모호함은 존재하지 않았다.[19] 그럼에도 인간이나 천사의 지성에는, 모든 피조물이 신적인 빛의 무한히 큼과 비교할 때 어두운 한에서, 일종의 자연적인 모호함이 내재했다.[20] 그러한 모호함이 신앙의 이유를 위해서는 충분하다.

3. 첫 여건의 상태에서 외적으로 말하는 인간으로부터 들음이란 없었지만, 내적으로 영감을 주시는 하느님으로부터 [들음은 있었다]. 이는 시편85[84]편 [9절]의 "주 하느님께서 나에게 말씀하시는 것을 나는 듣네."라는 말씀에 따라, 예언자들도 들었던 것과 마찬가지다.

제2절 마귀들 안에 신앙이 존재하는가?[1]

Parall.: II-II, q.18, a.3, ad2; *In Sent.*, III, d.23, q.3, a.3, qc.1; d.26, q.2, a.5, qc.4. ad2; *De veritate*, q.14, a.9, ad4.

[반론] 둘째에 대해서는 다음과 같이 진행된다. 마귀들 안에는 신앙이 존재하지 않은 것처럼 보인다.

---

1. 이 질문은 "마귀들도 그렇게 믿습니다."라는 야고보서 2장 19절로 되돌아간다. 아우구스티누스는 마귀들의 신앙과 악한 그리스도인의 신앙을 같은 단계에 두었다. 페트루스 롬바르두스도 또한 마귀들의 신앙과 이름뿐인 그리스도인의 신앙을 하나로 취급했고, 마귀의 신앙이 오히려 초자연적인 은총의 선물이라고 생각

q.5, a.2

1. Dicit enim Augustinus, in libro *de Praed. Sanct.*,² quod *fides consistit in credentium voluntate*. Haec autem voluntas bona est qua quis vult credere Deo. Cum igitur in Daemonibus non sit aliqua voluntas deliberata bona, ut in Primo³ dictum est, videtur quod in Daemonibus non sit fides.

2. Praeterea, fides est quoddam donum divinae gratiae, secundum illud *Ephes.* 2, [8]: *Gratia estis salvati per fidem, donum enim Dei est*. Sed Daemones dona gratuita amiserunt per peccatum, ut dicitur in Glossa,⁴ super illud Osee 3, [1]: *Ipsi respiciunt ad deos alienos, et diligunt vinacia uvarum*. Ergo fides in Daemonibus post peccatum non remansit.

3. Praeterea, infidelitas videtur esse gravius inter peccata, ut patet per Augustinum,⁵ super illud Ioan. 15, [22]: *Si non venissem, et locutus eis non fuissem, peccatum non haberent, nunc autem excusationem non habent de peccato suo*. Sed in quibusdam hominibus est peccatum infidelitatis.⁶ Si igitur fides esset in Daemonibus, aliquorum hominum peccatum esset gravius peccato Daemonum. Quod videtur esse inconveniens. Non ergo fides est in Daemonibus.

했다.(*Sent.*, III, d.23, c.4) 그러나 이와 반대되는 견해가 무엇보다도 이미 롬바르두스의 시대에 제시되었다. 기욤 도세르와 대학 총장 필리푸스는 철저한 형태로 마귀의 신앙과 악한 그리스도인의 신앙 사이의 구별을 다루었다.(J. Beumer, S.J., "Et daemones credunt[Jac 2,19], Ein Beitrag zur positiven Bewertung der fides informis", *Gregorianum* 22(1941), 230-251)

1. 아우구스티누스는 『성도들의 예정』이란 책에서[2] "신앙은 믿는 이의 의지로 이루어진다."고 말하기 때문이다. 그것에 의해 어떤 이가 하느님을 믿으려고 원하는 이 의지는 선하다. 따라서 제1부에서[3] 말한 바와 같이, 마귀들에게는 그 어떠한 숙고된 선한 의지가 없기 때문에, 마귀들 안에는 신앙이 존재하지 않는 것처럼 보인다.

2. 에페소서 2장 [8절]의 "여러분은 믿음을 통하여 은총으로 구원을 받았습니다. 이는 하느님의 선물이기 때문입니다."라는 말씀에 따르면, 신앙은 일종의 신적 은총의 선물이다. 호세아서 3장 [1절]의 "그들은 다른 신들에게 돌아서서 포도의 찌꺼기를 좋아하고 있다."라는 말씀에 대한 주해에서[4] 말하듯이, 마귀들은 죄를 통해 무상으로 얻은 선물을 잃어버렸다. 그러므로 신앙은 죄를 지은 이후에 마귀들 안에 남지 않았다.

3. 요한복음서 15장 [22절]의 "만일 내가 오지 않았고, 그들에게 말하지 않았으면, 그들은 죄가 없었을 것이다. 그러나 이제는 그들이 자기들의 죄에 대한 변명을 가지지 못한다."라는 말씀에 관해 아우구스티누스가 분명히 말하듯이,[5] 불신앙은 죄들 가운데 더욱 무거운 것처럼 보인다. 그런데 어떤 인간들 안에는 불신앙의 죄가 있다.[6] 따라서 만일 마귀들 안에 신앙이 있다고 가정하면, 어떤 인간들의 죄는 마귀들의 죄보다 더욱 무거울 것이다. 그러나 이것은 부적절해 보인다. 그러므로 신앙은 마귀들 안에는 없다.

---

2. *De praedest. sanct.*, c.5, n.10: PL 44, 968.
3. I, q.64, a.2, ad5.
4. *Glossa ordinaria*; Hieronimus, *In Osee*, super 3, 1: PL 25, 842 B & 883.
5. *In Ioannis Evang.*, Tract.79, nn.1-2, super 15, 22: PL 35, 1856.
6. Cf. q.10, a.1.

q.5, a.2

SED CONTRA est quod dicitur Iac. 2, [19]: *Daemones credunt et contremiscunt.*

RESPONDEO dicendum quod, sicut supra[7] dictum est, intellectus credentis assentit rei creditae non quia ipsam videat vel secundum se vel per resolutionem ad prima principia per se visa, sed propter imperium voluntatis. Quod autem voluntas moveat intellectum ad assentiendum potest contingere ex duobus. Uno modo, ex ordine voluntatis ad bonum, et sic credere est actus laudabilis.[8] Alio modo, quia intellectus convincitur ad hoc quod iudicet esse credendum his quae dicuntur, licet non convincatur per evidentiam rei. Sicut si aliquis propheta praenuntiaret in sermone Domini aliquid futurum, et adhiberet signum mortuum suscitando, ex hoc signo convinceretur intellectus videntis ut cognosceret manifeste hoc dici a Deo, qui non mentitur; licet illud futurum quod praedicitur in se evidens non esset, unde ratio fidei non tolleretur. Dicendum est ergo quod in fidelibus Christi laudatur fides secundum primum modum. Et secundum hoc non est in Daemonibus, sed solum secundo modo. Vident enim multa manifesta indicia ex quibus percipiunt doctrinam Ecclesiae esse a Deo; quamvis ipsi res ipsas quas Ecclesia docet non videant, puta Deum esse trinum et unum, vel aliquid huiusmodi.

---

7. q.1, a.4; q.2, a.1, ad3; a.9; q.4, a.1, 2.
8. 칭송을 들을 만한, 또는 비난받을 만한(laudabilis; culpabilis) 것은 인간 행위의 선

[재반론] 그러나 반대로 야고보서 2장 [19절]에서는 "마귀들도 믿고 무서워 떱니다."라고 말한다.

[답변] 위에서[7] 말한 바와 같이, 믿는 이의 지성이 그 사태에 동의하는 것은 그가 믿어지는 사태를, 한편으로 그 자체로 또는 그 자체로 보이는 제1원리들에로의 환원을 통해서 보는 것이 아니라, 의지의 명령 때문에 보기 때문이다. 그런데 의지가 지성을 동의하도록 움직이게 하는 일은 두 가지로부터 발생할 수 있다. 첫째, 의지가 선과 맺고 있는 질서로부터 발생할 수 있는데, 그런 경우에 믿는 일은 칭송을 들을 만한 행위이다.[8] 둘째, 지성이 사태의 명증성을 통해서 확신을 얻지는 않을지라도, 언급되는 것들을 믿어야만 한다고 판단하도록 확신되기 때문이다. 만일 어떤 예언자가 주님에 대해 설교하면서 미래의 어떤 것을 미리 선포했다면, 그리고 죽은 이들을 소생시킴으로써 표징을 드러냈다면, 보는 이의 지성은 이 표징으로부터 이것이 거짓말하지 않는 하느님에 의해 말씀된 것으로 명백하게 인식하도록 확신될 것이다. 서술되는 저 미래가 그 자체로 자명하지 않을지라도 그러하다. 그래서 신앙의 개념은 사라지지 않는다. 그러므로 그리스도의 신자들에게는 신앙은 첫째 방식에 따라 칭송된다. 그리고 마귀들에게는 이 방식에 따라서가 아니라 오직 둘째 방식에 의해서 그러하다. 비록 [마귀들이] 교회가 가르치는 사태 자체, 예를 들어 '하느님은 삼위일체다.' 혹은 이런 종류의 어떤 것을 보지 못한다고 할지라도, 그들은 교회의 가르침이 하느님으로부터 존재한다는 점을 파악하도록 만드는 명백한 증거들을 보기 때문이다.

---

[8] 함과 악함에 따른 결과이다. Cf. I-II, q.21, a.2. 이 점은 마귀가 믿는다는 것을 인정하는 일이, 그들이 선한 행위를 실행함을 내포하는 것처럼 보였기 때문에 논증에 도입되었다.

q.5, a.2

AD PRIMUM ergo dicendum quod Daemonum fides est quodammodo coacta ex signorum evidentia. Et ideo non pertinet ad laudem voluntatis ipsorum quod credunt.⁹

AD SECUNDUM dicendum quod fides quae est donum gratiae inclinat hominem ad credendum secundum aliquem affectum boni, etiam si sit informis. Unde fides quae est in Daemonibus non est donum gratiae;¹⁰ sed magis coguntur ad credendum ex perspicacitate naturalis intellectus.¹¹

AD TERTIUM dicendum quod hoc ipsum Daemonibus displicet quod signa fidei sunt tam evidentia ut per ea credere compellantur. Et ideo in nullo malitia eorum minuitur per hoc quod credunt.

---

9. (*추가주) 마귀의 신앙 안에서는 의지로부터는 적고 강제로부터 오는 것이 많다. 따라서 상대적으로 '의지적으로가 아니라'(non voluntate)고 말하면서, 표징들의 강제된 증거에 따라(sed coacti evidentia signourm) 믿는 일이라고 말해지는 것들에 동의한다.(De veritate, q.14, a.9, ad4) 따라서 같은 곳에서 성 토마스는 "믿는 일은 인간적인 신앙과 마귀적인 신앙에 대해서 다의적으로 말해진다. 마귀들 안에는 신앙인들 안에 있는 것처럼 어떤 주입된 은총의 빛으로부터 오는 신앙이 없다."라고 덧붙인다.

[해답] 1. 마귀들의 신앙은 표징들의 명증성으로부터 어떤 의미에서 강제된 것이다. 따라서 그들이 믿는다는 사실은 그들의 의지에 대한 칭송에 속하지 않는다.[9]

2. 비록 [신앙이 아직] 형상화되지 않은 것일지라도, 은총의 선물인 신앙은 선에 대한 어떤 감정에 따라 믿도록 인간을 이끈다. 그러므로 마귀들 안에 있는 믿음은 은총의 선물이 아니라,[10] 오히려 그들은 자연적 지성의 통찰력으로부터 믿도록 강요된다.[11]

3. 신앙의 표징들이 매우 명증해서 그것들을 통해 [마귀들이] 믿도록 강제되는 일은 마귀들의 마음에 들지 않는다. 따라서 마귀들의 악은 그들이 믿는다는 사실을 통해서 결코 감소되지 않는다.

---

10. (*추가주) 마귀들 안에 있는 믿음은 어떤 선의 정념에 따른 것이 아니다. 그러나 그리스도교 신앙인들은 "믿기에 충분한 표징들을 보면서(q.2, a.9, ad3), 이것으로(즉 믿도록) 움직여지고 저 표징들의 창시자인 하느님에 대한 경외심으로부터 주로 움직여진다. 그의 저러한 신앙으로부터 위안을 얻고, 유용성을 얻으며, 칭송할만한 정념을 느끼고, 덕과 영원한 참행복에 대한 희망을 포착한다. 또한 그들의 신앙은 그밖에 참사랑을 통해서 살아있는 것이 아니라 오직 그 자체로 참되게 살아 있는 것이다." S. Capponi a Porrecta OP, *Elucid. litt.*, in h.1.

11. 효과라는 측면에서 이것은 오직 다의적인 의미에서만 신앙이고, 결코 대신덕은 아니다. 지성의 측면에서조차 덕의 형상적 근거가 포함되지 않았기 때문이다.

Articulus 3
Utrum haereticus qui discredit unum articulum fidei possit habere fidem informem de aliis articulis

Ad tertium sic proceditur. Videtur quod haereticus qui discredit unum articulum fidei possit habere fidem informem de aliis articulis.[1]

1. Non enim intellectus naturalis haeretici est potentior quam intellectus Catholici. Sed intellectus Catholici indiget adiuvari, ad credendum quemcumque articulum fidei, dono fidei. Ergo videtur quod nec haeretici aliquos articulos credere possint sine dono fidei informis.

2. Praeterea, sicut sub fide continentur multi articuli fidei, ita sub una scientia, puta geometria, continentur multae conclusiones. Sed homo aliquis potest habere scientiam geometriae circa quasdam geometricas conclusiones, aliis ignoratis. Ergo homo aliquis potest habere fidem de aliquibus articulis fidei, alios non credendo.

---

1. 선택된 용어들과 논증은 - 다음과 같은 내용에 의해서 반성된 - 이단에 대한 역사적이고 신학적인 이해에 의해서 결정되었다: "그리스도의 신비체에 함께 결합하는 일은 우선 진정한 신앙 안에서의 일치에 의해서 이루어진다. 우리는 이단자라는 용어로 가톨릭이라고 불리는 공통의 신앙으로부터 멀어져서 어떤 반대되는

제3절 하나의 신앙 조항을 믿지 않는 이단자가 다른 신앙 조항들에 대한 형상화되지 않은 신앙을 가질 수 있는가?

Parall.: *In Sent.*, III, d.23, q.3, a.3, qc.2; *De veritate*, q.14, a.10, ad10; *De Virtutibus*, q.2, a.13, ad6; *Quodl.*, VI, q.4.

Doctr. Eccl.: "신앙 자체를 잃게 하는 불신앙뿐만 아니라 다른 모든 대죄를 통해서도 신앙은 잃게 되지 않지만 받은 의화의 은총은 잃어버리게 된다는 것이 주장되어야 할 것이다."(트리엔트공의회, 제6 회기, 제15장: DS 808[=DH 1544]) Cf. DS 1718, 1721, 1818[=DH 2918, 2921, 3043]

[반론] 셋째에 대해서는 다음과 같이 진행된다. 하나의 신앙 조항을 믿지 않는 이단자는 다른 신앙 조항들에 대한 형상화되지 않은 신앙을 가질 수 있는 것처럼 보인다.[1]

1. 이단자의 자연적 지성은 가톨릭 신자의 지성보다 더 강하지 않기 때문이다. 그리고 가톨릭 신자의 지성은 어떤 신앙 조항을 믿기 위해 신앙의 선물에 의한 도움을 필요로 한다. 그러므로 이단자들이 어떤 신앙 조항들을 믿는 일은 오직 형상화되지 않은 신앙의 선물에 의해서만 가능한 것처럼 보인다.

2. 마치 신앙 아래 많은 신앙 조항이 내포되듯이, 하나의 학문, 예를 들어 기하학 아래 여러 결론이 내포된다. 그러나 어떤 인간이 다른 것들에 대해서는 알지 못한 채, 어떤 기하학적인 결론들에 관해서 기하학의 지식을 가질 수 있다. 그러므로 어떤 인간은 다른 것들을 믿지 않으면서, 어떤 신앙 조항에 대한 신앙을 가질 수 있다.

의견에 대한 자기 자신의 선택을 굳세게 고수하는 자를 의미한다."(*In Sent.*, IV, d.13, q.2, a.1) 그래서 이 절 안에는 교회에 대한 많은 언급이 있다. 게다가 질문 안에서 다루어지는 이단자들은 어떤 방식으로 이단이란 죄, 즉 일종의 불신앙이라는 죄를 짓고 있는 이들이다. Cf. II-II, q.2, aa.1-2. 여기서는 질료적 이단들이 아니라 형상적 이단들을 의미한다.

q.5, a.3

3. Praeterea, sicut homo obedit Deo ad credendum articulos fidei, ita etiam ad servanda mandata legis. Sed homo potest esse obediens circa quaedam mandata et non circa alia. Ergo potest habere fidem circa quosdam articulos et non circa alios.

S%%ED CONTRA%%, sicut peccatum mortale contrariatur caritati, ita discredere unum articulum contrariatur fidei. Sed caritas non remanet in homine post unum peccatum mortale.[2] Ergo neque fides postquam discredit unum articulum fidei.[3]

R%%ESPONDEO%% dicendum quod haereticus qui discredit unum articulum fidei non habet habitum fidei neque formatae neque informis. Cuius ratio est quia species cuiuslibet habitus dependet ex formali ratione obiecti, qua sublata, species habitus remanere non potest.[4] Formale autem obiectum fidei est veritas prima[5] secundum quod manifestatur in Scripturis sacris et doctrina Ecclesiae.[6] Unde quicumque non inhaeret, sicut infallibili et divinae regulae, doctrinae Ecclesiae, quae procedit ex veritate

---

2. Cf. q.24, a.12.
3. 죄는 하느님의 지속적이고 생명을 주는 은총과 참사랑의 친교에 방해가 되는 것에 의해서 대죄가 된다. Cf. I-II, q.72, a.5; q.88, aa.1-2; II-II, q.24, a.12. 언급된 병행 구절은 신앙이 또한 하느님과의 역동적인 친교라는 사실을 드러낸다.
4. Cf. I-II, q.63, a.4.
5. Cf. q.1, a.1.

3. 마치 인간이 신앙 조항을 믿기 위해 하느님께 순종하는 것처럼, 또한 법의 명령을 지키기 위해서도 [하느님께 순종한다]. 그런데 인간은 어떤 계명들과 관련해서는 순종하면서 또 다른 계명들과 관련해서는 그렇지 않을 수 있다. 그러므로 그는 어떤 신앙 조항들과 관련해서 신앙을 가질 수 있고, 또 다른 것들과 관련해서는 그렇지 않을 수 있다.

[재반론] 그러나 반대로, 마치 대죄가 참사랑에 반대되는 것처럼, 하나의 신앙 조항에 대해 믿지 않는 일은 신앙에 반대된다. 참사랑은 단 하나의 죽을죄 이후에 인간에게 남아 있지 않다.[2] 그러므로 단 하나의 신앙 조항을 믿지 않은 다음에 신앙도 남아 있지 않다.[3]

[답변] 하나의 신앙 조항을 믿지 않는 이단자는 형상화된 신앙의 습성도, 형상화되지 않은 신앙의 습성도 가지지 않는다. 그 이유는 어떤 습성이든지 그 종은 대상의 형상적 근거에 의존하기 때문에, 만일 이것을 빼앗긴다면 그 습성의 종은 남아 있을 수 없게 되기 때문이다.[4] 신앙의 형상적 대상은 성경과 교회의 가르침 안에서 명백하게 되는 한에서는 제1진리[5]이다.[6] 따라서 마치 틀릴 수 없고 신적인 규칙처럼, 성경 안에서 명백해진 제1진리로부터 전개되는 교회의 가

---

6. 사람들이 기욤 도세르가 플라톤의 상기설로부터 전수받은 견해를 반대하려면, 신앙의 유지를 위해서 외적인 권위가 필요함을 주장하는 이론은 중요성을 가진다. 기욤에 따르면 신자는, 은총을 통해서 그에게 현존하고 있는 신앙 대상을 기억하기 위해서만, 신앙 대상의 외적인 설명을 필요로 한다. 가톨릭교회의 일반적인 가르침과 토마스에 따르면, 하느님의 권위는 교회의 권위 안에 육화되었다. 여기서 물론 교회의 권위는 피조물로서의 권위에 머물지만, 여전히 "제1진리로부터 전개되는" 그런 권위이다.

q.5, a.3

prima in Scripturis sacris manifestata, ille non habet habitum fidei, sed ea quae sunt fidei alio modo tenet quam per fidem. Sicut si aliquis teneat mente aliquam conclusionem non cognoscens medium illius demonstrationis, manifestum est quod non habet eius scientiam, sed opinionem solum.[7]

Manifestum est autem quod ille qui inhaeret doctrinae Ecclesiae tanquam infallibili regulae, omnibus assentit quae Ecclesia docet. Alioquin, si de his quae Ecclesia docet quae vult tenet et quae vult non tenet, non iam inhaeret Ecclesiae doctrinae sicut infallibili regulae, sed propriae voluntati.[8] Et sic manifestum est quod haereticus qui pertinaciter discredit unum articulum non est paratus sequi in omnibus doctrinam Ecclesiae[9] (si enim non pertinaciter, iam non est haereticus, sed solum errans).[10] Unde manifestum est quod talis haereticus circa unum articulum fidem non habet de aliis articulis, sed opinionem

---

(*추가주) "교회의 권위는 믿도록 이끄는, 그리고 계시된 것을 받아들여야 하는 동의로 이끄는 형상적 동기(motivum formale)는 아니지만, 그럼에도 신뢰성의 질료적 동기(motivum credibilitatis materiale)이다." 하느님(그리스도)에 의해서 제정된 교도권의 증언 때문에 그러하다.

그래서 교회의 권위는 한편으로 a) 보편적인 계시에 의해 만들어진 것들에 관련된다. b) 또한 교회의 권위는 특별하게 - 하느님에 의해서 계시된 것으로 결정적으로 제안된 범위에서 - 믿어질 수 있고 믿어야만 하는 대상들을 재현한다. 그래서 교회의 권위와 관련된 질서를 통해서 계시된 것들의 형상적 근거가 규정되지는 않고, 단지 계시의 둘레(ambitus) 또는 외연(extensio)에 한계가 지어진다. 그래서 성 토마스의 원리는 다음과 같다: 신앙의 대상은-성경과 성전(聖傳, Traditione) 안에 그리고 교회의 가르침(의 최종적인 분석) 안에서 내포되고 분명해진 -제1 진리이다. 그렇게 교회의 권위는 진리의 틀릴 수 없는 명제와 관련되르침을 고수하지 않는 사람은 누구든지, 신앙의 습성을 가지지 못하고, 신앙에 속하는 것들을 신앙을 통해서라기보다 다른 방식으로 유지한다. 만일 어떤 이가 그 증명의 매개념을 알지 못한 채 정신에 의해 어떤 결론을 유지하려 한다면, 그는 지식을 가진 것이 아니라 단지 의견만을 가지게 되는 것과 같다.[7]

그러나 틀릴 수 없는 척도로서 교회의 가르침을 고수하는 사람은 교회가 가르치는 모든 것에 동의한다는 사실은 명백하다. 만일 교회가 가르치는 것들에 대해서 그가 원하는 것은 유지하고, 그가 원하지 않는 것은 유지하지 않는다고 가정하면, 그는 이미 틀릴 수 없는 규칙처럼 교회의 가르침을 고수하는 것이 아니라 자신의 고유한 의지를 고수하는 셈이다.[8] 그래서 한 신앙 조항을 완강하게 믿지 않는 이단자는 모든 것에서 교회의 가르침을 따르려는 준비가 되어 있지 않다.[9] 만일 그가 완강하게 [거부하지] 않는다면, 그는 이미 이단자가 아니라 단지 오류를 범하는 자이다.[10] 그래서 한 신앙 조항에 대한 그러한 이단자는 다른 조항들에 대해서 신앙을 가진 것이 아니라,

---

고, 그 명제를 통해서 무엇이 믿어져야 하는지, 즉 인식되어야만 하는 형상적 근거를 통해서(하느님의 권위를 통해서) 무엇이 형상화될 수 있는지가 결정된다. 왜냐하면 절대적으로가 아니라 그 광범한 전체에서 본 하느님의 권위가 신앙의 인식되어야 하는 형상적 근거이지만,―그것들의 대상화된 진리에 대해 시험하는 것처럼―구체적으로 받아들이면, 현실적으로 사물들의 현존 안에서 질서 있게 계시된 것이 신앙이 정립하는 형상적 대상이기 때문이다.

7. Cf. I, q.12, a.7; q.14, a.3; q.58, a.7, ad3; q.62, a.7, ad1; I-II, q.67, a.3.
8. Cf. Augustinus, *Contra Faust.*, XVII, c.3: PL 42, 342.
9. 이 논증은 신앙의 형상적 근거와 하느님의 말씀이 증언하고 있는 결정적 메시지 사이의 연결에 대해서 강조한다. 이것이 저 메시지를 신앙의 틀릴 수 없는 규칙을 가르치도록 만드는 것이다. Cf. ad1 & ad2.
10. 이단에 대해서는: Cf. infra, q.11.

quandam secundum propriam voluntatem.¹¹

AD PRIMUM ergo dicendum quod alios articulos fidei, de quibus haereticus non errat, non tenet eo modo sicut tenet eos fidelis, scilicet simpliciter inhaerendo primae veritati, ad quod indiget homo adiuvari¹² per habitum fidei, sed tenet ea quae sunt fidei propria voluntate et iudicio.

AD SECUNDUM dicendum quod in diversis conclusionibus unius scientiae sunt diversa media per quae probantur, quorum unum potest cognosci sine alio. Et ideo homo potest scire quasdam conclusiones unius scientiae, ignoratis aliis. Sed omnibus articulis fidei inhaeret fides propter unum medium, scilicet propter veritatem primam propositam nobis in Scripturis secundum doctrinam Ecclesiae intellectis sane.¹³ Et ideo qui ab hoc medio decidit totaliter fide caret.

AD TERTIUM dicendum quod diversa praecepta legis possunt referri vel ad diversa motiva proxima, et sic unum sine alio servari potest. Vel ad unum motivum primum, quod est perfecte obedire Deo, a quo decidit quicumque unum praeceptum transgreditur, secundum illud Iac. 2, [10]:¹⁴ *Qui offendit in uno*

---

11. '이단자의 신앙은 단지 적게 유용할 뿐이다.'라는 믈룅의 로베르투스(Robert of Melun)의 불명료한 견해에 반대해서, 토마스는 여기서 단순히 자연적인 신앙과 초자연적인 신앙 사이의 구별을 가지고 '이단자는 결코 초자연적인 신앙을 가지지 못하고, 더욱이 구원으로 이끄는 그런 신앙을 가질 수 없다.'는 입장을 주장한다.

고유한 의지에 따라 어떤 의견을 가진 것이라는 사실은 명백하다.[11]

[해답] 1. 이단자는 그가 오류를 범하지 않는 다른 신앙 조항들을 신자가 그것들을 유지하는 것과 같은 방식으로, 즉 인간이 그것에 도달하기 위해서 신앙의 습성을 통해 도움 받는 일이[12] 필요한 제1진리를 단적으로 고수하는 방식으로, 유지하는 것이 아니다. 오히려 그는 신앙에 속하는 것들을 고유한 의지와 판단으로 유지한다.

2. 한 학문의 다양한 결론들 안에는 논증이 이루어지게 하는 다양한 매개념들이 있다. 그것들 중의 하나는 다른 것 없이도 알려질 수 있다. 따라서 인간은 한 학문의 어떤 결론들을, 다른 결론들을 알지 못한 채, 알 수 있다. 그러나 신앙의 모든 조항들에 신앙은 하나의 매개념 때문에, 즉 건전하게 이해된 교회의 가르침에 따라 성경 안에서 우리에게 제시된 제1진리 때문에, 내재한다.[13] 따라서 이런 매개념으로부터 절단된 이는 전적으로 신앙을 결여하게 된다.

3. 법의 다양한 계명은 한편으로 다양한 가장 가까운 동기들과 관련될 수 있고, 그래서 다른 것 없이도 하나를 지킬 수 있다. 다른 한편으로 하나의 제1동기, 즉 하느님께 완전하게 순종함이라는 동기와 관련될 수 있다. 야고보서 2장 [10절][14]의 "하나에서 범죄하는 사람은 모든 것에 대해 범죄하는 것이다."[15]라는 말씀에 따라, 하나의 계

---

12. adiubari(도움받다)라는 용어는 종종 은총의 행위를 묘사하기 위해서 사용되는데, 단순히 '돕다'를 의미하기 위해서가 아니라 믿는 일의 바로 그 가능성을 수여하는 것을 의한다. Cf. I-II, q.109, a.1.
13. (*추가주) 교회에는 '성경의 참된 의미와 해석으로부터 판단하는 일'이 속한다. 트리엔트 공의회, 제4회기, DS 786[=DH 1507-1508] 참조.
14. 야고 2,10: "누구든지 율법을 전부 지키다가 한 조목이라도 어기면, 율법 전체를 어기는 것이 됩니다."
15. Cf. I-II, q.73, a.1, c & ad1; III, q.88, a.1.

factus est omnium reus.[16]

Articulus 4
Utrum fides possit esse maior in uno quam in alio

Ad quartum sic proceditur. Videtur quod fides non possit esse maior in uno quam in alio.

1. Quantitas enim habitus attenditur secundum obiecta. Sed quicumque habet fidem credit omnia quae sunt fidei, quia qui deficit ab uno totaliter amittit fidem, ut supra[1] dictum est. Ergo videtur quod fides non possit esse maior in uno quam in alio.

2. Praeterea, ea quae sunt in summo non recipiunt magis neque minus. Sed ratio fidei est in summo, requiritur enim ad fidem quod homo inhaereat primae veritati super omnia. Ergo fides non recipit magis et minus.

3. Praeterea, ita se habet fides in cognitione gratuita sicut intellectus principiorum in cognitione naturali, eo quod articuli fidei sunt prima principia gratuitae cognitionis, ut ex dictis[2] patet. Sed intellectus principiorum aequaliter invenitur

---

16. 즉 만일 그가 무시에 의해서 죄를 짓는다면, cf. I-II, q.71, a.6, c & ad3; q.73, a.1, ad1; II-II, q.104, a.2, c & ad1. 이 해답의 힘은, 무시가 순종의 형상적 근거를 거부하는 것처럼, 이단이 신앙의 형상적 근거를 거부한다는 사실에 있다.

명을 어기는 사람은 누구든지, [이 제1동기로부터] 절단된다.[16]

제4절 신앙은 다른 사람 안에서보다 한 사람 안에서 더 클 수 있는가?

Parall.: *In Sent.*, III, d.25, q.2, a.2, qc.1.

[반론] 넷째에 대해서는 다음과 같이 진행된다. 신앙은 다른 사람 안에서보다 한 사람 안에서 더 클 수 없는 것처럼 보인다.

1. 습성의 양은 대상에 따라 주목되기 때문이다. 신앙을 가진 사람은 그 신앙에 속하는 모든 것을 믿는다. 위에서[1] 말한 바와 같이, 하나를 결여하는 사람은 전적으로 신앙을 잃어버리기 때문이다. 그러므로 다른 사람 안에서보다 한 사람 안에서 더 클 수 없는 것처럼 보인다.

2. '최고로' 존재하는 것들은 '더'도 '덜'도 허용하지 않는다. 그런데 신앙의 근거는 '최고로' 존재한다. 신앙에서는 인간이 모든 것 위에 있는 제1진리를 고수하는 일이 요구되기 때문이다. 그러므로 신앙은 '더'도 '덜'도 허용하지 않는다.

3. 무상으로 얻은[은총에 속한] 인식 안에서 신앙은 자연적 인식 안에서 원리들의 이해가 하는 것과 같은 역할을 맡는다. 위에서[2] 말한 것들에서 분명한 것처럼, 신앙 조항은 무상으로 얻은 인식의 제1

---

1. Cf. a.3.
2. q.1, a.7.

in omnibus hominibus. Ergo et fides aequaliter invenitur in omnibus fidelibus.

SED CONTRA, ubicumque invenitur parvum et magnum, ibi invenitur maius et minus. Sed in fide invenitur magnum et parvum, dicit enim Dominus Petro, Matth. 14, [31]: *Modicae fidei, quare dubitasti?* et mulieri dixit, Matth. 15, [28]: *Mulier, magna est fides tua.* Ergo fides potest esse maior in uno quam in alio.

RESPONDEO dicendum quod, sicut supra[3] dictum est, quantitas habitus ex duobus attendi potest, uno modo, ex obiecto; alio modo, secundum participationem subiecti.[4] Obiectum autem fidei potest dupliciter considerari, uno modo, secundum formalem rationem; alio modo, secundum ea quae materialiter credenda proponuntur. Formale autem obiectum fidei est unum et simplex scilicet veritas prima, ut supra[5] dictum est. Unde ex hac parte fides non diversificatur in credentibus, sed est una specie in omnibus, ut supra[6] dictum est. Sed ea quae materialiter credenda proponuntur sunt plura, et possunt accipi vel magis vel minus explicite. Et secundum hoc potest unus homo plura

---

3. I-II, q.52, a.1, 2; q.112, a.4.
4. 즉 영혼의 능력이 포함된 행위의 종류를 잘 받아들이게 만드는 정도.

원리이기 때문이다. 그런데 원리들의 이해는 모든 인간들 안에서 동등하게 발견된다. 그러므로 신앙도 마찬가지로 모든 신자 안에서 동등하게 발견된다.

[재반론] '작은 것'과 '큰 것'이 발견되는 곳에서는 어디든지, '더'와 '덜'도 발견된다. 그런데 신앙 안에서는 '작은 것'과 '큰 것'이 발견된다. 주님께서 베드로에게 마태오복음서 14장 [31절]에서 "신앙이 얼마 안 되는 자야, 왜 의심하였느냐?"라고 말씀하시기 때문이다. 또한 주님은 마태오복음서 15장 [28절]에서 여인에게, "여인아, 네 믿음이 크구나."라고 말씀하셨다. 그러므로 신앙은 다른 사람 안에서보다 한 사람 안에서 더 클 수 있다.

[답변] 위에서[3] 말한 바와 같이, 습성의 크기는 두 가지 방식으로 주목될 수 있다. 첫째, 대상으로부터, 둘째, 주체의 참여[4]에 따라. 그런데 신앙의 대상은 두 가지 방식으로 고찰될 수 있다. 첫째, 형상적 근거에 따라, 둘째, 질료적으로 믿도록 제안된 것들에 따라 그러하다. 그런데 위에서[5] 말한 바와 같이 신앙의 형상적 대상은 하나이고 단순한 것, 즉 제1진리이다. 그래서 이러한 측면으로부터 신앙은 믿는 이들 안에서 다양화되지 않고, 위에서[6] 말한 바와 같이, 모든 이들 안에서 종에 따라 하나이다. 그런데 질료적으로 믿도록 제안된 것들은 다수이고, '더' 또는 '덜' 명시적으로 받아들일 수 있다. 그리고 이에 따라 한 사람은 다른 사람보다 훨씬 더 명시적으로 믿을 수

---

5. q.1, a.1.
6. q.4, a.6.

explicite credere quam alius. Et sic in uno potest esse maior fides secundum maiorem fidei explicationem.[7]

Si vero consideretur fides secundum participationem subiecti, hoc contingit dupliciter. Nam actus fidei procedit et ex intellectu et ex voluntate, ut supra[8] dictum est. Potest ergo fides in aliquo dici maior uno modo ex parte intellectus, propter maiorem certitudinem et firmitatem,[9] alio modo ex parte voluntatis, propter maiorem promptitudinem seu devotionem vel confidentiam.

AD PRIMUM ergo dicendum quod ille qui pertinaciter discredit aliquid eorum quae sub fide continentur non habet habitum fidei, quem tamen habet ille qui non explicite omnia credit, sed paratus est omnia credere.[10] Et secundum hoc ex parte obiecti unus habet maiorem fidem quam alius, inquantum plura explicite credit, ut dictum est.[11]

AD SECUNDUM dicendum quod de ratione fidei est ut veritas prima omnibus praeferatur. Sed tamen eorum qui eam omnibus praeferunt quidam certius et devotius se ei subiiciunt quam alii. Et secundum hoc fides est maior in uno quam in alio.

---

7. Cf. q.1, a.7.
8. a.2; q.1, a.4; q.2, a.1, ad3; a.9; q.4, aa.1-2.
9. 신앙에 수반하는 숙고는 명확하게 이해하려는 지성의 본성적 욕구가 발현하는

있다. 그래서 한 사람 안에는 신앙의 더 큰 명시성에 따라 더 큰 신앙이 존재할 수 있다.[7]

그러나 신앙이 주체의 참여에 따라 고찰된다고 가정하면, 이것은 두 가지 방식으로 발생한다. 왜냐하면 신앙의 행위는, 위에서[8] 말한 바와 같이, 한편으로 지성으로부터, 다른 한편으로 의지로부터 진행되기 때문이다. 그러므로 신앙은 어떤 사람 안에서, 첫째, 더 큰 확실성과 확고함[9] 때문에, 지성적 측면에서 더 크다고 언급될 수 있고, 둘째, 더 큰 민첩성과 헌신과 신뢰 때문에, 의지적 측면에서 더 크다고 언급될 수 있다.

[해답] 1. 신앙 아래 내포된 것들 중에서 어떤 것을 완강하게 믿지 않는 사람은 신앙의 습성을 가지지 않지만, 그럼에도 명시적으로 모든 것을 믿지는 않지만 모든 것을 믿을 준비가 되어 있는 사람은 그것[신앙의 습성]을 가진다.[10] 그리고 이에 따라 대상의 측면에서, 한 사람은, 위에서[11] 말한 바와 같이 훨씬 더 많은 것을 명시적으로 믿는 한에서는, 다른 사람보다 더 큰 신앙을 가진다.

2. 제1진리가 모든 것보다 더 낫다는 사실은 신앙의 개념과 관련된다. 모든 것보다 그것을 더 낫게 여기는 사람들 중에서 어떤 이는 다른 것들보다 그것[제1진리]에 자신을 더 확실하게 또는 더 헌신적으로 종속시킨다. 이에 따라 신앙은 다른 사람 안에보다 한 사람 안에서 더 크다.

것이라는 q.2, a.1을 회상하라. 신앙의 강도는 부분적으로 저 확고한 동의 없이 형상화되지 않은 사유의 통제를 의미한다.
10. Cf. q.2, aa.5-6.
11. 본론.

q.5, a.4

AD TERTIUM dicendum quod intellectus principiorum consequitur ipsam naturam humanam, quae aequaliter in omnibus invenitur. Sed fides consequitur donum gratiae, quod non est aequaliter in omnibus, ut supra[12] dictum est. Unde non est eadem ratio.—Et tamen secundum maiorem capacitatem intellectus, unus magis cognoscit virtutem principiorum quam alius.[13]

---

12. I-II, q.112, a.4.
13. 원리들은, 그것들로부터-싹의 형태로 이미 그것들 안에 놓여 있던-결론들이 도출될 수 있는 한에서는, 그 자체로 특정한 '힘'을 지닌다. 따라서 결론들을 아는 사람은, 되돌아가는 운동 안에서 원리들에 대한 더 깊은 통찰을 얻는다.

3. 원리들의 이해는 모든 이에게서 동등하게 발견되는 인간의 본성 자체에 따라온다. 그러나 위에서¹² 말한 바와 같이, 신앙은 모든 사람에게 동등하게 존재하지 않는 은총의 선물에 따라온다. 그러므로 이것은 동일한 논거가 아니다.-또한 지성의 보다 큰 수용력에 따라 한 사람은 다른 사람보다 원리들의 진리를 더 또는 덜 인식한다.¹³

QUAESTIO VI

DE CAUSA FIDEI

in duos articulos divisa

Deinde considerandum est de causa fidei.[1]
Et circa hoc quaeruntur duo.
Primo: utrum fides sit homini infusa a Deo.
Secundo: utrum fides informis sit donum.

Articulus 1
Utrum fides sit homini a Deo infusa

---

1. 이 문제는 습성과 덕에 관한 일반적인 탐구에서처럼, 작용자 또는 능동인, 즉 그 행위가 결과를 존재하도록 만드는 원천을 다룬다. 신앙의 습성을 다루는 탐구의 부분(cf. q.4, Introd.)으로서 이 절은 신앙 행위의 실천에 집중하고 있다. 반면에 은총의 습성적 선물들은 은총 생활의 삶 안에서 하느님의 활동을 수용하기 위한 소질로서 주어져 있다. Cf. I-II, q.110, a.2; In Ep. ad Ephes., c.2, lect. 3: "덕과 은총의 습성이 우리에게 주어져 있을 뿐만 아니라, 우리는 올바르게 행위하는 일과 관련해서 성령에 의해 내적으로 쇄신된다."

제6문
신앙의 원인에 대하여
(전2절)

이제는 신앙의 원인에 대해 고찰해야 한다.[1]
그리고 이것에 대해서는 다음 두 가지 질문이 제기된다.
1. 신앙은 하느님에 의해 인간에게 주입된 것인가?
2. 형상화되지 않은(불완전한) 신앙은 하느님의 선물인가?

제1절 신앙은 하느님에 의해 인간에게 주입된 것인가?

Parall.: I, q.111, a.1, ad1; *ScG*, III, 154; *De veritate*, q.18, a.3, ad10; *Contra err. Graec.*, c.30; *In Ep. ad Ephes.*, c.2, lect.3.

Doctr. Eccl.: DS 104[=DH 226] – "신앙의 성장은 신앙의 시작과 신앙심으로 향함 자체와 같이 – 그 신앙심을 통해 우리는 죄인을 의화하는 분을 믿고 거룩한 세례의 [재]생에 이른다. – 은총의 선물을 통해서, 곧 우리의 의지를 불신앙에서 신앙으로, 불경에서 경건으로 이끄는 성령의 감도하심을 통해서가 아니라 본디 우리 안에 있는 것이라고 말하는 사람은 복된 바오로가 다음과 같이 말하듯이 사도들의 가르침을 반대하는 자임을 입증하는 셈이다. '여러분 가운데에서 좋은 일을 시작하신 분께서 그리스도 예수님의 날까지 그 일을 완성하시리라고 우리는 확신합니다.'(필리 1,6 참조) 또한 그는 이렇게 말한다. '여러분은 믿음을 통하여 은총으로 구원을 받았습니다. 이는 여러분에게서 나온 것이 아니라 하느님의 선물입니다.'(에페 2,8) 곧 우리가 하느님을 믿게 되는 신앙이 본성적인 것이라고 말하는 사람은 어떻게 보면 그리스도의 교회에 속하지 않

Ad primum sic proceditur. Videtur quod fides non sit homini infusa[1] a Deo.

1. Dicit enim Augustinus, XIV *de Trin.*,[2] quod *per scientiam gignitur in nobis fides, nutritur, defenditur et roboratur*.[3] Sed ea quae per scientiam in nobis gignuntur magis videntur acquisita esse quam infusa. Ergo fides non videtur in nobis esse ex infusione divina.

2. Praeterea, illud ad quod homo pertingit audiendo et videndo videtur esse ab homine acquisitum. Sed homo pertingit ad credendum et videndo miracula et audiendo fidei doctrinam, dicitur enim Ioan. 4, [53]: *Cognovit pater quia illa hora erat in qua dixit ei Iesus, Filius tuus vivit, et credidit ipse et domus eius tota*; et *Rom*. 10, [17] dicitur quod *fides* est *ex auditu*. Ergo fides habetur ab homine tanquam acquisita.

3. Praeterea, illud quod consistit in hominis voluntate ab homine potest acquiri. Sed *fides consistit in credentium voluntate*, ut Augustinus dicit, in libro *de Praed. Sanct.*[4] Ergo fides potest

---

1. Cf. q.4, a.5, 각주 [2].
2. *De Trinitate*, XIV, c.1, n.3: PL 42, 1037.

는 모든 이가 신자라고 주장하는 것과 같다."(제2차 오랑주 교회 회의, 제5조: DS178[= DH 375]) Cf. DS 179sq.[= DH 376sq.], DS 200[= DH 397] "마땅히 그래야 하는 것처럼, 의화의 은총이 인간에게 선사되도록, 인간은 선행하는 성령의 영감과 도움 없이 믿고 희망하고 사랑하거나 또는 참회할 수 있다고 말하는 자는 파문될 것이다."(트리엔트공의회, 제3조, DS 813[= DH 1553]) Cf. DS 795, 797, 809[= DH 1523, 1525, 1545-1547] "'진리에 동의하고 믿는 데에서 오는 즐거움을 모든 이에게 베푸시는 성령의 비추심과 감도 없이는' 아무도 '복음 선포에 동의'할 수 없다."(제1차 바티칸공의회, 제3 회기, 제3장: DS 1791[= DH 3010])

[반론] 첫째에 대해서는 다음과 같이 진행된다. 신앙은 하느님에 의해 인간에게 주입되지[1] 않는 것처럼 보인다.

1. 아우구스티누스는 『삼위일체론』 제14권[2]에서 "지식을 통해 우리 안에는 신앙이 태어나고, 길러지고, 방어되고, 강화된다."[3]고 말한다. 그런데 지식을 통해 우리에게 태어나는 것들은 주입되었다기보다는 습득된 것처럼 보인다. 그러므로 신앙은 신적 주입에 의해 우리 안에 존재하는 것처럼 보이지 않는다.

2. 인간이 듣고 봄으로써 도달하게 되는 것은, 인간에 의해 습득되는 것처럼 보인다. 그런데 인간은 한편으로 기적을 보고 다른 한편으로 신앙의 가르침을 들음으로써 신앙에 도달한다. 요한복음서 4장 [53절]에서는 "그 아버지는, 예수님께서 그에게, 당신의 아들은 살아날 것이라고 말씀하신 바로 그 시간이라는 것을 알았고, 그리하여 그와 그의 온 집안이 믿게 되었다.", 그리고 로마서 10장 [17절]에서는 "신앙은 들음에서 온다."고 말하기 때문이다. 그러므로 신앙은 말하자면 인간에 의해 습득됨으로써 소유하게 된다.

3. 인간의 의지로 구성되는 것은 인간에 의해 습득될 수 있다. 그런데 아우구스티누스의 『성도들의 예정』[4]에 따르면, "신앙은 믿는 이

---

3. 이 텍스트는 I, q.1, a.2에서 학문으로서의 신학에 관해서 사용되었다.
4. *De praedest. sanct.*, c.5: PL 44, 968.

q.6, a.1

esse ab homine acquisita.

SED CONTRA est quod dicitur *ad Ephes.* 2, [v. 8-9]: *Gratia estis salvati per fidem, et non ex vobis, ne quis glorietur, Dei enim donum est.*

RESPONDEO dicendum quod ad fidem duo requiruntur. Quorum unum est ut homini credibilia proponantur, quod requiritur ad hoc quod homo aliquid explicite credat. Aliud autem quod ad fidem requiritur est assensus credentis ad ea quae proponuntur. Quantum igitur ad primum horum, necesse est quod fides sit a Deo. Ea enim quae sunt fidei excedunt rationem humanam,[5] unde non cadunt in contemplatione hominis nisi Deo revelante. Sed quibusdam quidem revelantur immediate a Deo, sicut sunt revelata Apostolis et prophetis, quibusdam autem proponuntur a Deo mittente fidei praedicatores,[6] secundum illud *Rom.* 10, [15]: *Quomodo praedicabunt nisi mittantur?*[7]

---

5. Cf. q.2, a.3.
6. (*추가주) (사도들과) 예언자들-설교가들의 선언(選言)은 다른 곳에서도 등장한다. 예를 들어 In Sent., d.35, q.2, a.1, ql.1, ad1: "구원에 대해 필수적인 것들에 대해서 하느님은 그들의 구원을 찾고 있는 사람에게-자신의 죄과로부터 발생하지 않는다면-결코 결여되거나 결여되었도록 버려두지 않으신다. 따라서 구원의 필연성에 속하는 것들의 설명은 하느님에 의해서 인간에게 한편으로 신앙의 '설교자를 통해서'(per praedicatorem),-마치 사도 10장에서 코르넬리오에 관해 분명한 것처럼-다른 한편으로 계시를 통해서(per revelationem) 섭리하셨을 것이다. 이것을 가정하면, 자유재량의 능력 안에는 신앙의 행위서 행동한다는 사실이 존재한다."; 같은 곳 ql.3에서 성 토마스는 신앙 조항들의 실체와 관련해서 (그 조항들 안에 함축적으로 포함될 수 있는 것들에 관해서가 아니라) 그 조항들의 전

의 의지로 구성된다."고 말한다. 그러므로 신앙은 인간에 의해 습득 될 수 있다.

[재반론] 그러나 반대로 에페소서 2장 [8-9절]에서는 다음과 같이 말한다. "여러분은 신앙을 통하여 은총으로 구원되었고, 이는 여러분에게서 나온 것이 아니라 하느님의 선물이기 때문에, 아무도 자신에게 영광을 돌리지 못합니다."

[답변] 신앙에는 두 가지가 요구된다. 그것들 중 하나는 믿을 만한 것이 인간에게 제안되어야 한다는 것이다. 이것은 인간이 어떤 것을 명시적으로 믿기 위해 요구된다. 신앙을 위해 요구되는 다른 것은, 제안된 것들에 대한 믿는 이의 동의다. 따라서 이것들 중 첫째 것에 관해서는, 신앙이 하느님으로부터 오는 것이 필요하다. 신앙에 속하는 것들은 인간의 이성을 넘어서므로,[5] 따라서 오직 하느님이 계시하는 경우에만, 인간의 관상에 들어오게 된다. 그런데 실로 어떤 사람에게는 사도들과 예언자들에게 계시된 것과 같이 그것들이 하느님에 의해 직접적으로 계시되고, 반면에 어떤 사람에게는, 로마서 10장 [15절]의 "파견되지 않으면 어떻게 선포할 수 있겠습니까?"라는 말씀에 따라, 신앙의 설교자들을[6] 보냄으로써 하느님에 의해 제안된다.[7]

체적인 설명에 대해 다음과 같은 이들이 책임져야 한다고 가르친다: "신앙을 가르쳐야 하는 책임은 한편으로 '사제들'(sacerdotes)처럼 존엄성의 단계로부터, 또는 '예언자들'(prophetae)처럼 계시로부터, 또는 '박사들'(doctores)과 '설교가들'(praedicatores)처럼 직무로부터 부여된다." '예언자'(propheta)라는 단어의 힘에 대해서는 아래, II-II, q.171, 서문에서 언급된다: "예언적인 계시는 인간들의 미래에 대해서 뿐만 아니라 또한 신적인 사태와 신앙과 관련된 믿어져야 하는 모든 것들에게 제안되는 것들에 관해서도, 그리고 지혜와 관련된, 완전한 이들에게 속하는 더 높은 신비들에 관해서까지 확장된다."

7. 직접적인(내적인)과 매개적인(외적인) 계시 사이의 구분에 대해 주목하라. 첫째

q.6, a.1

Quantum vero ad secundum, scilicet ad assensum hominis in ea quae sunt fidei, potest considerari duplex causa. Una quidem exterius inducens, sicut miraculum visum, vel persuasio hominis inducentis ad fidem. Quorum neutrum est sufficiens causa,[8] videntium enim unum et idem miraculum, et audientium eandem praedicationem, quidam credunt et quidam non credunt.[9] Et ideo oportet ponere aliam causam interiorem, quae movet hominem interius ad assentiendum his quae sunt fidei. Hanc autem causam Pelagiani[10] ponebant solum liberum arbitrium hominis, et propter hoc dicebant quod initium fidei est ex nobis, inquantum scilicet ex nobis est quod parati sumus ad assentiendum his quae sunt fidei; sed consummatio fidei est a Deo, per quem nobis proponuntur ea quae credere debemus. Sed hoc est falsum.[11] Quia cum homo, assentiendo his quae sunt

---

는 내용과 그것을 평가하는 지성의 빛에 관한 예언자들과 사도들에 대한 하느님의 소통이다. Cf. II-II, qq.171-174. 교회의 다른 구성원들의 신앙은 내용의 소통을 포함하지 않는다. 그것은 하느님 자신에 대한 직접적인 응답, 신앙의 형상적 근거로서의, 즉 내용을 받아들이는 기초로서의 하느님 자신에 대한 동의를 포함한다. Cf. q.1, aa.1 & 5.

8. Cf. q.1, a.4; q.2, a.9, ad3.
9. Cf. Augustinus, *Epist.* 194, al 105, c.3, n.10: PL 33, 878.
10. 웨일즈의 수도사 펠라기우스(Pelagius)-그의 본래 이름은 모르간(Morgan, fl.400-418)이다-의 추종자들. 여기서 언급된 입장들은 오랑주 교회 회의(529년)에서 단죄되었고, 후대의 용어로는 세미펠라기우스주의자라고 불렸다. DS 178[=DH 375] 참조.
11. 16세기에 도미니크 소토(Dominic Soto, *De natura et gratia libri tres ad synodum Tridentinam* II, 3)는 성 토마스가 은총의 준비에 관한 자신의 초기 입장을 『신학대전』에서-아우구스티누스에 관한 그의 지식이 더 심화되었기 때문에-수정했다고 언급했다.(Cf. M.-D. Chenu, *Towards Understanding Saint Thomas*, p.257) 부이야르는(H. Bouillard, *Conversion et grâce chez St Thomas d'Aquin*, Paris, 1944, I,

둘째, 즉 신앙에 속하는 것들에 대해 인간이 동의하는 것에 관해서는, 두 가지 원인이 고찰될 수 있다. 하나는 기적을 보는 것이나 신앙으로 이끌어 가는 어떤 사람의 설득과 같이 외부에서 도입되는 원인이다. 둘 중의 어느 것도 충분한 원인은 아닌데,[8] 동일한 기적을 본 이들이나 동일한 설교를 들은 이들 중에서 어떤 이는 믿고, 어떤 이는 믿지 않기 때문이다.[9] 그러므로 신앙에 속하는 것들에 동의하도록 인간을 내면적으로 움직이는, 또 다른 내적 원인을 주장해야 한다.

그런데 펠라기우스주의자들[10]은 이 원인이 오직 인간의 자유재량이라고 주장했다. 그리고 이 때문에 그들은, 신앙에 속하는 것들에 대해 동의하도록 준비가 되는 것이 '우리로부터'인 한에서는, 신앙의 시작이 '우리로부터'라고 말했다. 그렇지만 신앙의 완성은, 우리가 믿어야 할 것들을 우리에게 제안하는 하느님으로부터라고 말했다. 그러나 이것은 거짓이다.[11] 인간은 신앙에 속하는 것들에 동의함으로써

108-22) 성 토마스에게 변화가 일어난 시기를 1259년에서 60년 사이, (아마도 이전에는 교황 첼레스티노 1세에 의한 것으로 알려졌던, 아퀴타니아의 프로스페루스(Prosperus de Aquitania)에 의한 『소목록』(*Indiculus*)을 통해서; cf. DS 238-249/ = DH 458-469) 반(半)펠라기우스주의를 거스르는 교회 가르침을 발견한 시기로 본다. 그 변화는 구체적으로 "하느님은 자기 안에 있는 것을 행하는 자에게 은총을 거부하지 않으신다(facienti quod in se est Deus non denegat gratiam; 이 명제는 암브로시아스테르[Ambrosiaster] 또는 위-암브로시우스라고 불리는, 바오로 서간에 관한 익명의 4세기 주해서[Commentaria in XIII Epistolas Beati Pauli, PL 17, 45-508]로부터 나온 것이다.)"라는 명제에 관한 수정된 해석 안에서 발견된다. 『신학대전』은 은총의 수용을 위한 준비에 해당하는 어떤 행위이든지 오직 지성과 의지에 대한 하느님의 은총, 즉 '신적 운동'(motio divina)의 영향 아래서만 가능하다고 가르친다. 초기 저술들(*In Sent.*, I, d.17, q.1, a.3; q.2, a.3; II, d.5, q.2, a.2; d.28, q.1, a.4["오직 자유재량으로부터 한 사람은 자기가 습성적 은총을 가지도록 준비할 수 있다. 그 자신 안에 있는 것을 행함으로써 그는 하느님으로부터 은총을 얻는다. 우리 안에 있는 것은 바로 자유재량의 능력 안에 서 있다."], *De veritate*, q.24, a.15)과 후기 저술들(I-II, q.109, a.6, c & ad1 & ad2 & ad4; q.112, a.3, c & ad1; q.114, a.5, ad1; *Quodl.*, q.1, a.7; *In Rom.* c.7, lect.3; c.8, lect.6;, c.10,

q.6, a.1

fidei, elevetur supra naturam suam, oportet quod hoc insit ei ex supernaturali principio interius movente, quod est Deus. Et ideo fides quantum ad assensum, qui est principalis actus fidei, est a Deo interius movente per gratiam.[12]

AD PRIMUM ergo dicendum quod per scientiam gignitur fides et nutritur per modum exterioris persuasionis, quae fit ab aliqua scientia. Sed principalis et propria causa fidei est id quod interius movet ad assentiendum.

AD SECUNDUM dicendum quod etiam ratio illa procedit de causa proponente exterius ea quae sunt fidei, vel persuadente ad credendum vel verbo vel facto.

AD TERTIUM dicendum quod credere quidem in voluntate credentium consistit, sed oportet quod voluntas hominis

---

lect.3; *In Hebr.*. c.12, lect.3)을 비교해 보라.

12. 해석의 두 가지 요점: 첫째, 왜 그 논증이 신앙 행위의 원인에 대해 집중하는가 하는 이유는, 말하자면, 하느님이 덕의 원인이라는 사실을 전제하면서, 요한 6,37에 대한 다음과 같은 주해로부터 판단될 수 있다: "아마도 '어떤 이가 하느님의 선물을 사용하기를 원하는 일은 필연적으로 귀결되지 않는데, 많은 이는 하느님의 선물을 받지만, 그것을 사용하지 않기 때문이다.'라고 반박할 수도 있을 것이다. 그렇다면 그는 어떻게 '성부께서 나에게 주신 모든 것은 나에게 올 것이다.'라고 말할 수 있을까? 이에 대한 답은 이 주심은 습성, 신앙과 이와 비슷한 것들만이 아니라, 믿으려는 내적인 충동(instinctus)도 의미한다. 구원을 향해 작용하는 것은 무엇이든지 전적으로 하느님이 주신 것이다."(*In Ioann.*, c.6, lect.4) 둘째, 펠라기우스주의 가르침에 대한 거절은 신앙의 시작, 즉 성인의 회개 안에서의 신앙의 결정적 행위에 관한 논증에 집중된다. 하느님이 주입하는 신앙이란 덕의 주심과 또한 덕의 행위를 의미한다. 이 논증과 제1문 제1절은 잘 어울린다. 두 가지 '원인성의 계열'(lines of causality)이 그려진다. 신앙 행위는 그

자기 본성을 넘어서 고양(高揚)되기 때문에, 이것은 내면적으로 움직이는 어떤 초자연적인 원리인 하느님으로부터 그에게 기인할 필요가 있기 때문이다. 따라서 신앙의 주요 행위인 동의와 관련하여, 신앙은 은총을 통해 [인간을] 내면적으로 움직이는 하느님으로부터 오는 것이다.[12]

[해답] 1. 신앙은 지식을 통해서 태어나고, 어떤 지식에서 생겨나는 외적인 설득의 방식을 통해 길러진다. 그러나 신앙의 주요하고 고유한 원인은 인간을 내적으로 동의하도록 움직이는 바로 그것이다.

2. 이 논거도 또한 외적으로 신앙에 속하는 것들을 제안하거나, 말 또는 행위로 믿도록 설득하는 원인으로부터 진행하는 것이다.

3. 믿는 일은 사실 믿는 이의 의지로 구성된다. 그러나 인간의 의

것의 형상적 근거로서의 하느님에 의해서 특화된 동의이다. 이것은 '일종의' 행위로서 신앙의 메시지를 듣는 한 사람에 의해서 실행되어야 하는 행위이다. 그래서 실행된 행위는 그 행위의 특수한 원인으로서의 하느님께 의존하는 관계이다. 그러나 현재 절에서는 문제가 능동적이고 작용적인 원인성의 계열 안에 있다. 지성 또는 의지의 자연적 능력 안에는 근거로서의 하느님께 응답하도록 만들기에 충분한 것이라고는 아무 것도 없다. 의지는 동의 행위 안에서 움직이게 하는 힘이다. 신앙의 대상으로서의 하느님은 의지가 가진 가치로서의 선에 대한 자연적인 지향성 '아래에 들어오지' 않고, 그래서 지성을 움직이게 하는 그 힘 아래 들어오지도 않는다.(Cf. I-II, q.9, aa.1 & 3) 신앙과 그것을 시작하게 만드는 하느님 자신과의 인격적인 관계는 오직 하느님에 의해서 제정될 수 있고, 인간의 생동감 있는 응답은 그러한 응답 안에서 지성과 의지를 내적으로 하느님이 움직이게 하는 것으로부터 존재할 수 있다. 여기서의 논증은 그래서 함축적으로 제2부 제1편 제109문 제6절의 논증과 '작용 은총'(gratia operans)에 관한 제2부 제1편 제111문 제2절의 논증들을 다시 동의하는 것이다. 회개 이후에 은총 생활을 살아가면서 하느님은 계속해서 그의 은총을 통해서 제1의 움직이게 하는 원인이지만, 은총의 습성적인 선물들은 하느님 행위에 대해 지속적인 수용성으로서 남아 있기 때문에, 그래서 그의 움직이게 하는 은총은 '협력 은

praeparetur[14] a Deo per gratiam ad hoc quod elevetur in ea quae sunt supra naturam, ut supra[13] dictum est.

Articulus 2
Utrum fides informis sit donum Dei

Ad secundum sic proceditur. Videtur quod fides informis non sit donum Dei.

1. Dicitur enim *Deut.* 32, [4], quod *Dei perfecta sunt opera*. Fides autem informis est quiddam imperfectum. Ergo fides informis non est opus Dei.

2. Praeterea, sicut actus dicitur deformis propter hoc quod caret debita forma, ita etiam fides dicitur informis propter hoc quod caret debita forma. Sed actus deformis peccati non est a Deo, ut supra[1] dictum est. Ergo neque etiam fides informis est a Deo.

총'(gratia cooperans)라고 불린다.
13. 본론; q.2, a.3.
14. '준비되다'(praeparatur)는 그것이 아우구스티누스로부터 유래하는 것처럼(예를 들어, *De praedest. sanct.*, 3: PL 44, 965) 은총신학에서 강한 의미를 가진다.(cf. I-II, q.109, a.6; q.112, a.3)

제6문 제2절

지는, 위에서[13] 말한 바와 같이, 은총을 통해 본성을 넘어서는 것으로 고양되도록 하느님에 의해 준비되어야만 한다.[14]

제2절 형상화되지 않은 신앙은 하느님의 선물인가?

Parall.: *In Sent.*, III, d.23, q.3, a.2.

Doctr. Eccl.: "신앙은, 사랑을 통해 행해지지 않을지라도(갈라 5,6 참조), 자체로 하느님의 선물이며, 그 행위는 구원에 속하는 행업이기에"(제1차 바티칸공의회, 제3 회기, 제3장: DS 1791[= DH 3010]), "하느님의 은총은 오직 사랑을 통해 작용하는 살아 있는 신앙에만 필요하다(갈라 5,6 참조)고 말하는 자는 파문될 것이다."(제1차 바티칸공의회, 제3 회기, 제3장, 제5조: DS 1814[= DH 3035]) Cf. ID. 178, 838, 1302, 1401-1407[= DH 375, 1578, 2312, 2451-2457]

[반론] 둘째에 대해서는 다음과 같이 진행된다. 형상화되지 않은 신앙은 신의 선물이 아닌 것처럼 보인다.

1. 신명기 32장 [4절]에서 "하느님의 일은 완전하다."고 말하기 때문이다. 그런데 형상화되지 않은 신앙은 일종의 불완전한 것이다. 그러므로 형상화되지 않은 신앙은 하느님의 일이 아니다.

2. 어떤 행위가 마땅히 있어야 할 형상이 결여되었기 때문에 기형적이라고 불리듯이, 마찬가지로 신앙도 마땅히 있어야 할 형상이 결여되었기 때문에 형상화되지 않았다고 불린다. 그런데 죄의 기형적인 행위는, 위에서[1] 말한 바와 같이, 하느님으로부터 온 것이 아니다. 그러므로 형상화되지 않은 신앙도 결코 하느님으로부터 온 것이 아니다.

3. Praeterea, quaecumque Deus sanat totaliter sanat, dicitur enim Ioan. 7, [23]: *Si circumcisionem accipit homo in sabbato ut non solvatur lex Moysi, mihi indignamini quia totum hominem salvum feci in sabbato.* Sed per fidem homo sanatur ab infidelitate. Quicumque ergo donum fidei a Deo accipit simul sanatur ab omnibus peccatis. Sed hoc non fit nisi per fidem formatam. Ergo sola fides formata est donum Dei. Non ergo fides informis.

Sed contra est quod quaedam Glossa[2] dicit, I *ad Cor.* 13, [2], quod *fides quae est sine caritate est donum Dei.* Sed fides quae est sine caritate est fides informis. Ergo fides informis est donum Dei.

Respondeo dicendum quod informitas privatio quaedam est.[3] Est autem considerandum quod privatio quandoque quidem pertinet ad rationem speciei, quandoque autem non, sed supervenit rei iam habenti propriam speciem. Sicut privatio debitae commensurationis humorum est de ratione speciei ipsius aegritudinis, tenebrositas autem non est de ratione speciei ipsius diaphani, sed supervenit. Quia igitur cum assignatur causa alicuius rei, intelligitur assignari causa eius secundum quod in

---

1. I-II, q.79, a.2.
2. Cf. Magistrum, *Sent.*, III, d.23. Cf. Glossam Lombardi super *I Cor.* 13, 2: PL 191,

3. 하느님은 누구를 치유하든지, 전적으로 치유한다. 요한복음서 7장 [23절]에서 이렇게 말하기 때문이다. "사람이 모세의 율법을 어기지 않으려고, 안식일에 할례를 받는다면, 어째서 너희는 내가 안식일에 온전한 인간을 구원해 준 것을 가지고 나에게 화를 내느냐?" 그런데 신앙은 불신으로부터 인간을 치유한다. 그러므로 누구든지 신앙의 선물을 하느님으로부터 받은 사람은, 동시에 그의 모든 죄로부터 치유된다. 그러나 이것은 오직 형상화된 신앙을 통해서만 이루어진다. 그러므로 형상화된 신앙만이 하느님의 선물이다. 따라서 형상화되지 않은 신앙은 [하느님의 선물이] 아니다.

[재반론] 그러나 반대로 코린토 1서 13장 [2절]의 주석[2]에서는, "참사랑이 결여된 신앙은 하느님의 선물"이라고 말한다. 그런데 참사랑이 결여된 신앙은 형상화되지 않은 신앙이다. 그러므로 형상화되지 않은 신앙은 하느님의 선물이다.

[답변] 형상화되지 않은 것은 일종의 결핍이다.[3] 그런데 주목해야 할 것은, 결핍은 때로는 종의 개념에 속하는 반면에, 때로는 그렇지 않고 오히려 이미 고유한 종을 가지고 있는 사물에 수반된다. 따라서 체액에 마땅히 있어야 할 평형의 결핍은 질병 자체의 종개념으로부터 나오는 것인 반면에, 어둠은 투명체 자체의 종개념으로부터 나오는 것이 아니라 그것에 수반되는 것이다. 따라서 어떤 사물의 원인을 지정할 때, 그 원인이 고유한 종 안에 실존하는 한에서는 그 원인

1659 C.
3. '결핍(privatio)'(Aristoteles, *Categoriae* 10-11, 11b15-14a25)은 단순한 부재 또는 부정이 아니라 적합한 완전성의 부재, 즉 결여된 완전성을 가져야만 하는 주체 안

q.6, a.2

propria specie existit, ideo quod non est causa privationis non potest dici esse causa illius rei ad quam pertinet privatio sicut existens de ratione speciei ipsius,[4] non enim potest dici causa aegritudinis quod non est causa distemperantiae humorum. Potest tamen aliquid dici esse causa diaphani quamvis non sit causa obscuritatis, quae non est de ratione speciei diaphani. Informitas autem fidei non pertinet ad rationem speciei ipsius fidei, cum fides dicatur informis propter defectum cuiusdam exterioris formae, sicut dictum est.[5] Et ideo illud est causa fidei informis quod est causa fidei simpliciter dictae. Hoc autem est Deus, ut dictum est.[6] Unde relinquitur quod fides informis sit donum Dei.[7]

에 있는 부재이다. Cf. *In Meta.*, V, lect.20; I-II, q.71, a.6; q.72, a.1, c & ad2.
4. 그리고 함축적으로 결핍의 원인이 아닌 무엇은 저 결핍이 그것의 종적인 의미의 일부가 아닌 한 실재의 원인일 수 있다.
5. q.4, a.4. Cf. ibid., a.3, ad2.
6. a.1.
7. 생티에리의 기욤(†ca.1148) 이래로 은총론에서 협소해진 은총 개념이 유효했다. 본래적인 의미에서 은총은 오직 영원한 생명에 마땅하게 만드는 것이었다. 이로써 형상화되지 않은 신앙은 은총의 영역으로부터 배제되었고, 자연적인 선들에 속하게 되었다. 더욱이, 사랑이 없는 신앙은 영원한 생명을 위해서 가치가 없을 뿐만 아니라, 오히려-믿으면서 떨고 있는-마귀의 신앙보다도 더 나쁜 것으로 취급되었다.(PL 180, 367) 이와 비슷하게 로베르투스 풀루스(Robertus Pullus, †1153)는 사랑이 없는 신앙을 마귀들의 신앙과 비교했다.(PL 186, 843) 페트루스 롬바르두스는 형상화되지 않은 신앙을 하느님의 선물이라고 말했지만, 이 하느님의 선물은 마귀들에게서도 또한 발견된다고 생각했다. 스테판 랭턴과 푸아티에의 고데프리두스(Godefridus Pictaviensis)는 형상화되지 않은 신앙을 자연적인 덕들, 더 정확하게 말해서 소위 '정치적인' 덕들에 속하는 것으로 취급했다. 그러나 이미 그들에게서는 다른 동시대의 저자들에게서와 같이, 형상화되지 않은 신앙은 그것의 초자연적인 대상 때문에 은총과 관련된 습성이어야만 한다는 생각이 들어

을 지정하는 것으로 이해된다. 그렇기 때문에 종 자체 개념에 실존하는 것처럼 결핍의 원인이 아닌 것은, 결핍이 속하는 그 사물의 원인이라고 언급될 수 없다.[4] '체액의 균형이 어긋남'의 원인이 아닌 어떤 것을, 질병의 원인이라고 부를 수 없기 때문이다. 그럼에도 어떤 것이 어둠의 원인이 아닐지라도, 투명성의 원인이라고 부를 수 있다. 어둠이란 투명성의 종개념에 속하지 않기 때문이다.

그런데 신앙의 형상화되지 않음은, 신앙의 종개념 자체에 속하지 않는다. 신앙은 말한 바와 같이,[5] 일종의 외적 형상의 결핍 때문에 형상화되지 않은 것이라고 불리기 때문이다. 단적으로 언급된 신앙의 원인이라는 바로 그것이 형상화되지 않은 신앙의 원인이다. 그리고 이것은, 위에서[6] 말한 바와 같이, 하느님이다. 그러므로 형상화되지 않은 신앙은 하느님의 선물이라는 결론이 나온다.[7]

와 있었다. 무엇보다도 신앙의 동기가 아직 그것의 초자연성에서 탐구되지 못했고, 이로써 형상화되지 않은 신앙의 그 본질적인 초자연성에서 아직 충분하게 인식되지 못했다. 여전히 사람들은 신앙에는 초자연성이 사랑으로부터 비로소 성장한다고 생각했다. 기욤 도세르는 그러나 신앙의 본래적인 동기, 즉 하느님의 권위를 사랑으로부터 독립적으로 만들었다. 다른 한편으로 그는 이 동기는 오직 '형상화된' 신앙 안에만 주어져 있다는 견해를 가졌다. 이로써 자연스럽게 '형상화된 신앙'이라는 아주 독특한 개념이 만들어졌다. 형상화되지 않은 신앙은 기욤 도세르에 따르면 이성적인 논증 근거를 토대로 믿지만, 거기서 하느님 쪽에서의 임시적인 조명이 배제되지는 않는다. 그러나 기욤은 형상화되지 않은 신앙의 본질적인 은총의 보유까지는 들어가지 못했다.
이와는 반대로 토마스에 따르면 형상화되지 않은 신앙은 본질적으로 형상화된 신앙과 동일한 것이다. 그 둘은 모두 동일한 내적인 동기, 즉 계시하시는 하느님의 권위를 갖는다. 이 초자연적인 운동 근거 때문에 형상화되지 않은 신앙은 본질적으로 초자연적이다. 형상화되지 않음은 결핍이지만, 그것이 '신앙'으로서 고찰되는 한에서는, 형상화되지 않은 신앙의 본질에 내포되어 있지 않은 결핍이다. 하느님의 진리에 대한 신앙에게 사랑이 결여된다는 것은 믿는 주체의 죄로부터 나오고 신앙 그 자체의 습성과는 아무 관련이 없다. 따라서 하느님은 또한-자신을 형상화되지 않음의 불완전성 안으로 말려들게 하지 않으면서, 더욱이 죄를 짓는 행위에 함께 작용하는 일 없이-형상화되지 않은 신앙을 은총의 선물로서 전

q.6, a.2

AD PRIMUM ergo dicendum quod fides informis, etsi non sit perfecta simpliciter perfectione virtutis, est tamen perfecta quadam perfectione quae sufficit ad fidei rationem.[8]

AD SECUNDUM dicendum quod deformitas actus est de ratione speciei ipsius actus secundum quod est actus moralis, ut supra[9] dictum est, dicitur enim actus deformis per privationem formae intrinsecae, quae est debita commensuratio circumstantiarum actus. Et ideo non potest dici causa actus deformis Deus,[10] qui non est causa deformitatis, licet sit causa actus inquantum est actus.

Vel dicendum quod deformitas non solum importat privationem debitae formae, sed etiam contrariam dispositionem.[11] Unde deformitas se habet ad actum sicut falsitas ad fidem. Et ideo sicut actus deformis non est a Deo, ita nec aliqua fides falsa. Et sicut fides informis est a Deo, ita etiam actus qui sunt boni ex genere,[12] quamvis non sint caritate formati, sicut plerumque in peccatoribus contingit.[13]

달할 수 있다.

8. 즉 단순히 참에 관한 능력을 선택할 수 있는 지성의 능력으로서. Cf. q.4, a.4, ad1; q.4, a.5.
9. I, q.48, a.1, ad2; I-II, q.18, a.5.
10. 즉 존재를 가지고, 그래서 하느님의 보편적 원인성에 의존하는 실재하는 어떤 것으로서.
11. 즉 한 행위는 잘못된 것을 향해 다가가는 것으로써 올바른 대상으로부터 멀어지도록 돌아서는 행위이다. Cf. I-II, q.71, a.6; q.72, aa.1 & 5; q.75, a.1; q.78, aa.1 & 3; De Malo q.2, aa.1-2.
12. *ex genere*(유적으로)라는 표현은 페트루스 롬바르두스로부터 유래하는 판에 박

제6문 제2절

[해답] 1. 형상화되지 않은 신앙은, 덕의 완전성에 단적으로 완전히 [부합하지] 않지만, 그럼에도 신앙이라는 개념에 충분한 일종의 완전성에 [부합할 만큼] 완전하다.[8]

2. 행위의 기형은, 위에서[9] 말한 바와 같이, 도덕적 행위인 한에서의 행위의 종개념 자체와 관련된다. 행위는 내적인 형상, 즉 행위하는 상황에 마땅히 있어야 할 평형이 결핍됨으로써 기형이라고 불린다. 따라서 하느님이 기형적인 행위의 원인이라고 불릴 수 없다. 하느님은 그것이 행위인 한해서 그 행위의 원인이지만,[10] 기형의 원인은 아니기 때문이다.

또는 기형이 마땅히 있어야 할 형상의 결핍뿐만 아니라, 반대되는 성향을 내포한다고 말해야 한다.[11] 그래서 거짓이 신앙과 관계를 맺는 것처럼, 기형은 행위와 관계를 맺는다. 따라서 기형적인 행위가 하느님으로부터 오는 것이 아니듯이, 거짓된 신앙도 마찬가지이다. 그리고 형상화되지 않은 신앙이 하느님으로부터 온 것처럼, 마찬가지로, 죄인들에게서 흔히 일어나는 것처럼, 참사랑에 의해 형상화되지 못했을지라도, 유적으로[12] 선한 행위는 하느님으로부터 온다.[13]

은 문구인데, 그는 그것을 단지 어떤 저자들에 의해서 만들어진 구별, 즉 특정한 행동들은 선한데 본질적으로 선한 것이 아니라, 등급에 의해서, 즉 그것들은 자비의 업적으로서 나열되어 있기 때문에 선한 것이라는 구별을 보고하려고 그 표현을 사용한다: *de genere operum misericordiae*(자비의 업적들의 유에 대하여, II *Sent* d.36, 6) 이 문구에 대해서는 다양한 해석이 제시되었다. Cf. O. Lottin, *Psychologie et morale aus XIIe et XIIIe siècles*, II, 1, Gembloux, 1948, pp.421-465. 성 토마스의 해결책 안에서는(cf. *In Sent.*, II, d.36, q.1, a.5) *ex genere*는 한 행위가 가지고 있는 첫째의 도덕적인 선성이나 악, 즉 그것의 [형상적] 근거로부터 유래하는 선과 악을 의미한다. 그래서 *genus*는 종이나 종류와 동등한 것이다.

13. 이 해답은 반론을 해결하기 위해서, 마치 죄스러운 행위와 형상화되지 못한 신앙의 행위가 도덕적인 행위의 같은 단계에 서 있는 것처럼 다룬다. 당연히 하느

q.6, a.2

AD TERTIUM dicendum quod ille qui accipit a Deo fidem absque caritate non simpliciter sanatur ab infidelitate, quia non removetur culpa praecedentis infidelitatis,[14] sed sanatur secundum quid, ut scilicet cesset a tali peccato. Hoc autem frequenter contingit, quod aliquis desistit ab uno actu peccati, etiam Deo hoc faciente, qui tamen ab actu alterius peccati non desistit, propria iniquitate suggerente. Et per hunc modum datur aliquando a Deo homini quod credat, non tamen datur ei caritatis donum, sicut etiam aliquibus absque caritate datur donum prophetiae vel aliquid simile.[15]

님은 - 모든 죄가 그런 것으로 간주되는 - 하나의 기형적인 행위에서 함께 작용할 수 없다. 그러나 형상화되지 못한 신앙은 기형적인 행위가 아니라, 그 전체 본질에 따라서는 좋은 행위이다. 형상화되지 못함은, 본론에서 제시된 바와 같이, 그 본질의 바깥에 머물기 때문이다. 형상화되지 못함은 신앙의 거짓과 하나로 취급되어서는 안 된다. 죄스러운 행위 안에서 하느님은, 오직 죄가 인간적인 능력의 작용인 한에서는, 함께 작용한다. 그렇지만 제2부 제1편 제79문 제1-2절에서 상세하게 논의하는 것처럼, 죄가 기형적인 행위인 한에서는 그렇지 않다.
이 해답은 신앙 행위 밖에서도 여전히 그 고유한 의미를 가지는데, 예를 들어 어디에 죄의 핵심 요소, 소위 'constitutivum'이 놓여 있는지, 윤리적인 행위 안에 있어야만 하는 것의 '현존하지-않음', 즉 단순한 결여에 있는지, 아니면 윤리적인 행위의 도덕적으로 파악 가능하고 실제적인 왜곡 안에 있는지 하는 질문에서도 의미를 가진다. 두 번째 경우에는 죄가, 그것에 어떤 것이 부족하기 때문에 단순히 비뚤어진 행위가 아니라, 전체의 윤리적인 형태에서 비틀리고 흉측하게 된 것이다. 그 질문은 다르게 제시될 수도 있다. 죄의 첫 번째 본질 요소가 순수하게 부정적으로 고찰된 신적인 선으로부터 떠나감(aversio a Deo)인가 아니면 무질서한 선으로 긍정적인 다가감(conversio ad bonum commutabile)인가? 토마스는 여기서 윤리적 행위의 왜곡은 좋은 윤리적 행동에 속하는 모든 상황들에서 질서 있는 관계가 결여되어 있을 때 일어난다고 말한다. 그다음에 또한 죄는 단순하게 존재해야만 하는 어떤 것이 결핍될 때, 따라서 순수한 부정에서, 선으로부터의 단순한 떠나감 으로 이루어진다는 것이다. 카예타누스는 그의 주

3. 참사랑 없이 하느님으로부터 신앙을 받는 사람은, 이전의 불신이라는 죄과가 제거되지 않았기 때문에 불신으로부터 단적으로 치유되지 못한다.[14] 그러나 이러저러한 악을 저지르는 것을 멈추었다는 한정된 의미에서, 불신으로부터 치유된다. 그러므로 인간은, 이것을 그만두게 하는 하느님을 통해 죄라는 하나의 행위를 그만두지만, 자신의 악의에 선동되어 다른 죄라는 행위를 그만두지 않는 일이 자주 발생한다. 그리고 이러한 방식을 통해서 때로는 그것이 하느님에 의해 인간이 믿도록 주어지기도 하지만, 인간에게는 참사랑의 선물이 주어지지 않는다. 이는 마치 예언의 선물, 또는 이와 유사한 것이, 참사랑 없이 어떤 이들에게 주어지는 것과 같다.[15]

해에서(Nr.I, cf. to 10, 5 Nr.I) 죄가 이중의 관점에서 고찰될 수 있다는 사실을 언급함으로써, 익숙한 사변적 솜씨로 그 질문을 다룬다. 형이상학적, 즉 존재적으로, 그 존재적으로 초월적인 형태로, 그리고 그것이 그 어떤 악이 아니라, 윤리적인 악인 한에서 윤리적으로 [고찰될 수 있다.] 죄가 존재적인 악으로서 고찰되는 첫 번째 관점에서는, 죄가 존재적 악이 전체적으로 그렇듯이 단순한 부정, 즉 선으로부터의 단순한 떠나감을 묘사한다. 이와는 달리 죄가 윤리적인 악인 한에서의 두 번째 관점에서는, 죄가 단지 요구되었던 존재의 결핍만이 아니라 하나의 적극적인 무질서를 뜻한다. 따라서 토마스가 해답의 시작에서 결핍을 죄의 핵심 요소라고 말할 때, 그는 죄를 형이상학적인 관점에서 보고 있다. 이와는 달리 두 번째 부분에서 그는, 이것이 윤리적인 악인 한에서, 죄의 핵심 요소로 들어간다.–무엇보다도 또한 첫 번째 고찰 방식에서는 결여된 선이 '윤리적인' 선이다. 그럼에도 이 윤리적인 선의 결핍이 고찰되는 관점은 형이상학적인 초월 고찰로부터 받아들여진 관점이다. 반면에 다른 관점은 전형적으로 윤리적인 것이다.
Cf. I-II, q.65, a.2; q.109, a.2; 그렇지만 형성되지 않은 신앙의 행위는 더 많은데, 그것은 은총의 질서 안에 있는 행위이고, 그것의 대상으로서 하느님을 가지고 있는 행위이기 때문이다. Cf. II-II, q.23, a.7.

14. Cf. I-II, q.86, a.2; q.87, a.6; q.109, a.7. 심각한 죄의 행위는 단순하게 중단함으로써 정당화되지 못한다. 반드시 회개와 하느님을 향한 올바른 질서의 회복이 있어야 한다.

15. Cf. I-II, q.111, aa.1 & 5; II-II, q.8, a.5, ad2; q.172, aa.4-6.

QUAESTIO VII
DE EFFECTIBUS FIDEI
in duos articulos divisa

Deinde considerandum est de effectibus fidei.[1]

Et circa hoc quaeruntur duo.

Primo: utrum timor sit effectus fidei.

Secundo: utrum purificatio cordis sit effectus fidei.

Articulus 1
Utrum timor sit effectus fidei

Ad primum sic proceditur. Videtur quod timor non sit effectus fidei.

1. Effectus enim non praecedit causam. Sed timor praecedit fidem, dicitur enim *Eccli.* 2, [8]: *Qui timetis Deum, credite illi.* Ergo timor non est effectus fidei.

2. Praeterea, idem non est causa contrariorum. Sed timor et spes sunt contraria, ut supra[1] dictum est, fides autem generat

---

1. 이 탐구는 일반적인 것이 아니다. 구원의 기초이자 시작으로서의 신앙은 그리스도인 생활의 전체에 관한 효과를 가진다(*Expositio primae decretalis*로부터의 서론과 텍스트 참조) Cf. q.4, Introd. 두 [재반론](sed contra) 안에서 인용된 성경 구절들은 이 문제의 특별한 요약이다.

제7문
신앙의 효과에 대하여
(전2절)

이제는 신앙의 효과에 대해 고찰해야 한다.[1]
그리고 이것에 대해서는 다음 두 가지 질문이 제기된다.
1. 두려움은 신앙의 효과인가?
2. 마음의 정화가 신앙의 효과인가?

제1절 두려움은 신앙의 효과인가?

[반론] 첫째에 대해서는 다음과 같이 진행된다. 두려움은 신앙의 효과가 아닌 것처럼 보인다.

1. 효과는 그 원인에 선행하지 않기 때문이다. 그런데 두려움은 신앙을 선행한다. 집회서 2장 [8절]에서 "주님을 경외하는 이들아, 그분을 믿어라."라고 말하기 때문이다. 그러므로 두려움은 신앙의 효과가 아니다.

2. 동일한 것은 반대되는 것들의 원인이 아니다. 그런데 두려움과 희망은, 위에서[1] 말한 바와 같이, 반대되는 것이다. 그리고 마태오복

q.7, a.1

spem, ut dicitur in Glossa,² Matth. 1, [2]. Ergo non est causa timoris.

3. Praeterea, contrarium non est causa contrarii. Sed obiectum fidei est quoddam bonum, quod est veritas prima, obiectum autem timoris est malum, ut supra³ dictum est. Actus autem habent speciem ex obiectis, secundum supradicta.⁴ Ergo fides non est causa timoris.

SED CONTRA est quod dicitur Iac. 2, [19]: *Daemones credunt et contremiscunt.*⁵

RESPONDEO dicendum quod timor est quidam motus appetitivae virtutis, ut supra⁶ dictum est. Omnium autem appetitivorum motuum principium est bonum vel malum apprehensum. Unde oportet quod timoris et omnium appetitivorum motuum sit principium aliqua apprehensio. Per fidem autem fit in nobis quaedam apprehensio de quibusdam malis poenalibus quae secundum divinum iudicium inferuntur, et per hunc modum fides est causa timoris quo quis timet a Deo puniri, qui est timor servilis. Est etiam causa timoris filialis, quo quis timet separari a Deo, vel quo quis refugit se

---

1. I-II, q.23, a.2; q.40, a.4, ad1.
2. *Glossa inter.*, PL 162, 1230 D.
3. I-II, q.42, a.1.
4. I-II, q.18, a.2.

제7문 제1절

음서 1장 [2절]에 대한 행간 주석[2]에서 말하듯이, 신앙은 희망을 산출한다. 그러므로 두려움은 신앙의 결과가 아니다.

3. 하나의 반대가 다른 반대의 원인이 되지는 않는다. 그런데 신앙의 대상은 제1진리라는 일종의 선인 반면, 두려움의 대상은, 위에서[3] 말한 바와 같이, 악이다. 그런데 위에서[4] 말했던 것에 따르면, 행위는 그 대상으로부터 종을 취한다. 그러므로 신앙은 두려움의 원인이 아니다.

[재반론] 그러나 반대로 야고보서 2장 [19절]에서는 "마귀들이 믿고 무서워 떤다."고 말한다.[5]

[답변] 두려움은, 위에서[6] 말한 대로, 욕구적 능력의 운동이다. 그런데 모든 욕구적 운동의 원리는 파악된 선 또는 악이다. 그래서 두려움의 원리와 모든 욕구적 운동의 원리는 파악이어야 한다. 그런데 신앙을 통해 우리 안에는, 하느님의 심판에 따라 가해지는 어떤 형벌적 악에 대한 파악이 일어난다. 이러한 방식으로 신앙은, 하느님에 의해 벌을 받는 것을 두려워하게 만드는 두려움의 원인이 된다. 그리고 이것은 노예적인 두려움이다.

신앙은 또한 자녀적인 두려움의 원인이다. 이것에 의해 어떤 이는 하느님으로부터 분리되는 것을 두려워하거나, 경외심으로 자신을 하느님과 비교하는 것을 피한다. 그것은 신앙을 통해 하느님이 일종의

---

5. Cf. q.5, a.2. 외적으로 보아서 인용된 구절은, 마귀의 신앙은 결코 신적인 신앙이 아니기 때문에, 불충분한 논증력을 지닌다. 그것은 따라서 신앙이라는 덕의 어떠한 작용으로도 귀결될 수 없다. 그렇지만 그 구절은 모든 두려움은 위협하는 악에 대한 그 어떤 인식에서 나온다는 점에서 약간의 무게를 지닌다.

q.7, a.1

Deo comparare reverendo ipsum; inquantum per fidem hanc existimationem habemus de Deo, quod sit quoddam immensum et altissimum bonum, a quo separari est pessimum et cui velle aequari est malum.⁷ Sed primi timoris, scilicet servilis, est causa fides informis. Sed secundi timoris, scilicet filialis, est causa fides formata, quae per caritatem facit hominem Deo inhaerere et ei subiici.⁸

AD PRIMUM ergo dicendum quod timor Dei non potest universaliter praecedere fidem, quia si omnino eius ignorantiam haberemus quantum ad praemia vel poenas de quibus per fidem instruimur, nullo modo eum timeremus. Sed supposita fide de aliquibus articulis fidei, puta de excellentia divina, sequitur timor reverentiae, ex quo sequitur ulterius ut homo intellectum suum Deo subiiciat ad credendum omnia quae sunt promissa a Deo. Unde ibi sequitur, *et non evacuabitur merces vestra*.⁹

---

6. I-II, q.41, a.1; q.42, a.1.
7. 노예적 두려움과 자녀적 두려움에 대해서는: Cf. II-II, q.19, a.2.
8. 두려움을 신앙의 결과로서 이끌어 내는 일은 자연적인 심리학의 일반적인 철학적 사고에 근거하고 있다. 위협하는 악에 대한 각각의 인식은 두려움이라는 정념 상태를 야기한다. 만일 이 자연적인 심리학을-초자연적인 심리학 안에서 근거를 지니고 있는 법칙을 생각하지 않고-단순히 초자연에 전달하려고 한다면, 그것은 위험한 자연주의가 될 것이다. 모든 구원으로 이끄는 사고, 행위 그리고 느낌에서 신적인 은총은 원동력을 제공한다. 두려움은 비록 신앙을 따를 뿐만 아니라, 그것으로부터 야기된다. 그럼에도 이러한 두려움이 초자연적이고 구원을 일으키는 것이 되기 위해서는 새로운 은총의 물결이 영혼 안으로 부어져야만 한다.
(*추가주) 신앙과 함께 하느님을 두려워하는 습성은 이미 성경에서 가르쳐졌고, 교부들과 후대의 신학자들에 의해서 더욱 풍성하게 설명되었다. Cf. G. M. Certö

헤아릴 수 없는 가장 높은 선이며, 이것으로부터의 분리는 가장 큰 악이고, 그와 동일하게 되기를 바라는 것은 악이라고 평가하는 한에서이다.[7]

그런데 첫 번째 두려움, 즉 노예적 두려움의 원인은 형상화되지 않은 신앙이다. 그러나 두 번째 두려움, 즉 자녀적 두려움의 원인은 형상화된 신앙이다. 이 형상화된 신앙은 참사랑을 통해 인간이 하느님 안에 머물고 하느님에게 예속되도록 만든다.[8]

[해답] 1. 하느님에 대한 두려움이 신앙을 보편적으로 선행할 수는 없다. 만약 우리가 신앙을 통해 배우게 되는 상급과 벌에 관련하여, 우리가 하느님에 대해 아무것도 알지 못한다면, 우리는 조금도 그분을 경외하지 않을 것이다. 그러나 만약 어떤 신앙 조항, 예를 들어 신적 탁월함에 대해 신앙을 전제한다면, 경건한 두려움이 뒤따르고, 그것으로부터 인간은 하느님으로부터 약속된 모든 것을 믿기 위하여 그의 지성을 하느님에게 예속시킨다. 그래서 그곳에서는 "그리고 너희의 상급은 결코 잃지 않을 것이다."라는 말이 이어진다.[9]

O. P., *De timore Dei iuxta doctrinam scholasticam a Petro Lombardo usque ad S. Th.*, Romae, 1940, pp.15, 16, 23, 55, 58, 60, 74, 84, 97, 105, 116, 123, 137, 158, 161, 260.

9. Cf. I-II, q.113, a.4, ad1. 몇몇 소수의 신앙 조항에 대한 신앙이 신적 탁월함에 대한 두려움을 불러일으키고, 이것을 통해서 모든 다른 신앙 조항에 대한 신앙을 만든다는 생각은, 성 토마스의 전체 신앙 논고의 틀 안에서는 우선 대단히 낯선 것이다. 왜냐하면 제5문 제3절의 가르침에 따르면 사람들은 오직 모든 신앙 조항을 믿거나, 초자연적인 신앙이라는 의미에서 아무것도 믿지 않기 때문이다. 여기 우리 구절에서는 또한 순수하게 자연적인 신앙을 생각한 것이 아닐 수 있다. 말하자면, 사람들은 자연스럽게 몇몇 조항을 믿고, 이러한 신앙을 통해서 신적 탁월성에 대한 거룩한 두려움을 자기 자신에 불러일으키며, 이것은 이어서 모든 신앙 조항에 대한 신앙을 불러일으키게 될 것이다. 확실히, 이러한 설명은 한 조항에 대한 자연적인 신앙이 여전히 신앙의 은총에 따른 준비를 위해서 멀리서 약

q.7, a.1

AD SECUNDUM dicendum quod idem secundum contraria potest esse contrariorum causa, non autem idem secundum idem. Fides autem generat spem secundum quod facit nobis existimationem de praemiis quae Deus retribuit iustis.[10] Est autem causa timoris secundum quod facit nobis aestimationem de poenis quas peccatoribus infliget.

AD TERTIUM dicendum quod obiectum fidei primum et formale est bonum quod est veritas prima.[11] Sed materialiter fidei proponuntur credenda etiam quaedam mala, puta quod malum sit Deo non subiici vel ab eo separari, et quod peccatores poenalia mala sustinebunt a Deo. Et secundum hoc fides potest esse causa timoris.

한 자연적 기초를 제공하는 한에서 의미를 가질 것이다. 이와 유사하게 자연적인 신 인식은 은총에 따른 신앙을 받아들이기 위한 자연적인 앞마당을 제공한다. 그렇지만 토마스는 여기서 자연적인 신앙에 대해서 이야기 하는 것이 아니라, 신앙의 신적인 덕으로서의 초자연적인 신앙에 대해서 말한다. 그래서 그 의미는 다음과 같다. 신앙심을 지닌 그리스도인이 자신의 전체적인(!) 신앙을 명시적으로 그리고 내적인 집중을 가지고 '하나의' 신앙 조항에 다가감으로써, 그는 신앙 자체의 동기, 즉 신적인 권위에 예속하는 일을 강화한다. 그러나 이로써 그는 자신의 신앙생활을 또한 다른 신앙 조항을 바라보면서 새로운 자극과 더 심오한 내면화처럼 전체 윤리적인 생활 안에서 하나의 덕을 위한 연습과 동시에 다른 덕을 위한 성장을 불러일으킨다.

10. 신앙의 결과로서의 두려움에 대해서 언급된 것은(cf. 각주 [8]), 유사하게 희망에 대해서도 유효하다. 또한 그것은 '자연스러운' 영혼 생활 안에서 신앙의 의해서 야기된 결과이다. 그러나 우리는 신앙이 희망을 직접적으로 산출하는 것

2. 동일한 것이 반대되는 것들에 따라 반대되는 것들의 원인이 될 수 있지만, 동일한 것에 따라서는 그럴 수 없다. 그런데 신앙은, 우리가 하느님이 의인에게 보상하는 상을 평가할 수 있게 하는 한에서, 희망을 산출한다.[10] 그러나 신앙은, 하느님이 죄인에게 주려는 벌을 추정하게 하는 한에서, 두려움의 원인이다.

3. 신앙의 일차적이고 형상적인 대상은 제1진리인 선이다.[11] 그러나 질료적으로는 신앙에 일종의 악들도 또한 믿어야만 하는 것으로 제안된다. 예를 들어, 하느님에게 복종하지 않거나, 신에게서 분리되려는 것이 악이고, 죄인들은 하느님으로부터 형벌적인 악을 받을 것이다. 이에 따라 신앙은 두려움의 원인이 될 수 있다.

이 아니라는 사실을 알고 있다. "신앙은 희망을 산출한다."라는 표현은 행간 주석의 스콜라학자들에게 유명한 문서에 의존하고 있으며, 토마스도 또한 그 문서를 알고 사용했다.(Cf. I-II, q.65, a.4, sc) 토마스의 신학 안에서, 이 생각은 약화되었다. 초자연적인 신앙은 초자연적인 희망을 상대로-그 희망을 위한 필연적인 근거를 제공함으로써-단지 준비하는 것으로 연관될 수 있다. 그 신앙은 그러나 저 희망을 산출할 수는 없다. 자연적 심리학과 초자연적 심리학 사이의 유비는 따라서 신학적인 논증 과정에서 단지 매우 주의하면서 사용해야 한다. 사람들은 토마스의 윤리신학을 아리스토텔레스의 심리학 및 윤리학의 모조품이라고 본다면, 토마스에게 부당한 일을 하는 셈이 될 것이다. 비록 그의 『신학대전』의 개별 절들은, 외면만 보면, 그런 생각을 하게 할지라도 말이다. 아우구스티누스를 따라서, 토마스는 자연적인 심리학으로부터의 유비를 삼위일체 신비의 설명 안에서도 사용했다. 거기서도 유비로부터의 논증이 아니라 단지 설명을 의도했던 것이다.

11. Cf. q.1, a.1.

Articulus 2
Utrum purificatio cordis sit effectus fidei

Ad secundum sic proceditur. Videtur quod purificatio cordis non sit effectus fidei.

1. Puritas enim cordis praecipue in affectu consistit. Sed fides in intellectu est. Ergo fides non causat cordis purificationem.

2. Praeterea, illud quod causat cordis purificationem non potest simul esse cum impuritate. Sed fides simul potest esse cum impuritate peccati, sicut patet in illis qui habent fidem informem. Ergo fides non purificat cor.

3. Praeterea, si fides aliquo modo purificaret cor humanum, maxime purificaret hominis intellectum. Sed intellectum non purificat ab obscuritate, cum sit cognitio aenigmatica. Ergo fides nullo modo purificat cor.

SED CONTRA est quod dicit Petrus, *Act.* 15, [9]: *Fide purificans corda eorum.*

RESPONDEO dicendum quod impuritas uniuscuiusque rei consistit in hoc quod rebus vilioribus immiscetur, non enim dicitur argentum esse impurum ex permixtione auri, per quam melius redditur, sed ex permixtione plumbi vel stanni.

제2절 마음의 정화가 신앙의 효과인가?

Parall.: *In Sent.*, III, d.14, q.2, a.4, ad3.; *De veritate*, q.28, a.1, ad6.

Doctr. Eccl.: 신앙은 '온갖 의화의 뿌리이다.'(radix omnis iustificationis) (트리엔트공의회, 제6 회기, 제8장: DS 801[= DH 1532]) Cf. DS 819[= DH 1559]

[반론] 둘째에 대해서는 다음과 같이 진행된다. 마음의 정화는 신앙의 효과가 아닌 것처럼 보인다.

1. 마음의 순수함은 주로 감정으로 이루어지는 반면, 신앙은 지성으로 이루어진다. 그러므로 신앙은 마음의 정화를 야기하지 않는다.

2. 마음을 순수하게 만드는 것은 불순함과 양립할 수 없다. 그러나 신앙은, 형상화되지 않은 신앙을 가진 사람들에게서 볼 수 있는 것처럼, 죄의 불순함과 양립할 수 있다. 그러므로 신앙은 마음을 정화하지 못한다.

3. 만일 신앙이 어떤 방식으로든 인간의 마음을 정화시킨다면, 그것은 최고로 인간의 지성을 정화시킬 것이다. 그런데 그것은 모호함을 품고 있는 지식이기 때문에, 모호함으로부터 지성을 정화시키지 않는다. 그러므로 신앙은 결코 마음을 정화시키지 않는다.

[재반론] 그러나 반대로 베드로는 사도행전 15장 [9절]에서 "그들의 마음을 정화하는 신앙"이라고 말한다.

[답변] 어떤 사물의 불순함은 더 값어치 없는 사물들과 섞여서 이루어진다. 은의 경우, 그것을 더 좋게 해 주는 금과 섞였을 때가 아니라, 납이나 주석과 섞였을 때 불순하다고 언급되기 때문이다. 그런데

Manifestum est autem quod rationalis creatura dignior est omnibus temporalibus et corporalibus creaturis. Et ideo impura redditur ex hoc quod temporalibus se subiicit per amorem.[1] A qua quidem impuritate purificatur per contrarium motum, dum scilicet tendit in id quod est supra se, scilicet in Deum. In quo quidem motu primum principium est fides, *accedentem enim ad Deum oportet credere*, ut dicitur *Heb.* 11, [6].[2] Et ideo primum principium purificationis cordis est fides, quae si perficiatur per caritatem formatam,[3] perfectam purificationem causat.[4]

AD PRIMUM ergo dicendum quod ea quae sunt in intellectu sunt principia eorum quae sunt in affectu, inquantum scilicet bonum intellectum movet affectum.

AD SECUNDUM dicendum quod fides etiam informis excludit quandam impuritatem sibi oppositam, scilicet impuritatem erroris, quae contingit ex hoc quod intellectus humanus inordinate inhaeret rebus se inferioribus, dum scilicet vult secundum rationes rerum sensibilium metiri divina.[5] Sed quando per caritatem formatur, tunc nullam impuritatem secum

---

1. Cf. I-II, q.86, a.1; II-II, q.81, a.8.
2. Cf. I-II, q.113, a.4.
3. 토마스는 여기서, 형상화되지 않은 신앙과 형상화되지 않은 희망이 존재하는 것처럼, 마치 형상화되지 않은 참사랑이 존재하는 것처럼, '형상화된 참사랑'에 대해서 말하는 것은 아니다. 사랑은 영혼의 실체를 완전하게 만드는 성화은총과 관련해서 형상화된다. "더 완전한 것으로서의 상위의 것이 하위의 것에 형상처럼

이성적인 피조물은 모든 시간적이고 물체적인 피조물보다 더 고귀하다는 사실이 명백하다. 그것은 사랑을 통해 시간적인 것들에 자신을 예속시킴으로써 불순해진다.[1] 이성적인 피조물은 이 불순함으로부터 반대되는 운동에 의하여, 다시 말해 자신보다 위에 존재하는 바로 그것, 즉 하느님을 향함으로써 정화된다. 히브리서 11장 [6절][2]에서, "하느님께로 나아가는 사람은 믿어야 한다."고 말하는 것처럼, 이러한 운동에서 첫 시작은 신앙이다. 그러므로 마음을 정화하는 첫 시작은 신앙이다. 그리고 만약 신앙이 참사랑[3]을 통해 형상화됨으로써 더 완전해진다면, 신앙은 완전한 정화를 야기할 것이다.[4]

[해답] 1. 지성에 있는 것들은, 이해된 선이 감정을 움직이는 한에서, 감정에 있는 것들의 원리이다.

2. 형상화되지 않은 신앙조차도, 오류에 의해 자기와 반대되는 어떤 불순함, 즉 인간의 지성이-신적인 것들을 감각적 사물의 근거에 따라 측량하는 동안-자기보다 하위의 사물들에 집착함으로써 일어나는 오류의 불순함을, 배제한다.[5] 그러나 인간의 지성이 참사랑을 통해 형상화된다면, 잠언 10장 [12]절에서 "참사랑은 모든 죄를 덮

작용하기 때문에, 하위의 것이 더 높은 것에 참여하도록 만드는 바로 그것이 형상을 부여하는 것이다."(*In Sent.*, III, d.27, q.2, a.4, sol.3, ad2) 그러나 이제, 참사랑은 성화은총과, 자연적인 질서 안에서 영혼의 능력이 영혼의 실체와 맺고 있는 관계와 같이 관계를 맺는다. 의지가 정신적인 영혼의 실체가 없이는 존재하기 어려운 것처럼, 성화은총이 없이는 신적인 사랑이 존재하기 어렵다. 따라서 참사랑은 항상 형상화된 채로 있고, 즉 성화은총에 속한다.(Ibid.)

4. Cf. I-II, q.113, a.1, obj.2 & ad2; II-II, q.8, a.7, obj.2.
5. Cf. *In De Trin.*, q.2, a.3: "예를 들어 한 사람이 오직 철학에 의해서 증명될 수 있는 것만을 믿기를 원한다면, 그렇게 신앙의 저 대상들은 철학의 규칙들에 종속된다. 반면에 반대로 철학은 신앙의 규칙들 아래에 놓여야만 한다.-모든 생각을 포로로 잡아 그리스도께 순종시킵니다.(2코린 10,5)"

compatitur, *quia universa delicta operit caritas,* ut dicitur *Prov.* 10, [12].

AD TERTIUM dicendum quod obscuritas fidei non pertinet ad impuritatem culpae, sed magis ad naturalem defectum intellectus humani, secundum statum praesentis vitae.[6]

---

6. Cf. q.8, a.8.

어 준다."고 말하는 것처럼, 어떤 종류의 불순함과도 양립할 수 없다.

3. 신앙의 모호함은 죄과의 불순함에 속하는 것이 아니라, 현세적 삶의 상태에 따른 인간 지성의 본성적 결함에 속한다.[6]

《주제 색인》

가톨릭 교회(Ecclesia Catholica) 115, 121
간음(adulterium) 5
간음하지 말라(non moechaberis) 5
감각(sensus) 47, 49, 165
감각적 사고력(virtus cogitativa) 135, 139, 143
감사(gratia) 231
강제의 필연성(necessitas coactionis) 79
거짓(falsum) 11, 35, 37, 39, 41, 43, 141, 155, 167, 285, 287, 355
건축물(aedificium) 297, 303
걸림돌(scandalum) 235
결과적으로(consequenter) 63, 175, 181
결론(conclusio) 19, 39, 47, 313, 333, 337, 339
결정(determinatio) 43, 121, 143, 149, 175, 177, 247
결핍(privatio) 361, 363, 365
겸손(humilitas) 299
경건한 두려움(timor reverentiae) 373
경건함(pietas) 201
경박함(levitas) 211, 217
경험(experimentum) 219
계명(mandatum) 173, 301, 335
계명(praeceptum) 5, 11, 173, 175, 177, 181, 235, 237, 301, 339
계명의 필연성(necessitas praecepti) 177
고백(confessio) 227, 229, 231, 233, 235, 237, 239, 291
고유하게(proprie) 27, 137, 175, 181, 229, 231, 261
고유한 운동(proprius motus) 157, 159
고유한 인격(propria persona) 199
고취(confirmatio) 317, 319, 321, 323
공로(meritum) 133, 217, 219, 221, 223, 225
공로의 이유(ratio meriti) 219

과업(opus) 99, 111, 229
관상(contemplatio) 319, 323, 353
관상의 눈(oculus contemplationis) 317
관상의 현존(praesentia contemplationis) 317
교만(superbia) 299
교부들의 신경(symbolum Patrum) 115, 121
교황(Summus Pontifex) 123, 125, 127, 129
구별(distinctio) 109, 147, 277
구약성경(vetus Testamentum) 83, 123, 205
구원(salus) 157
굳건함(constantia) 229
궁극적 형상(ultima forma) 213
권위(auctoritas) 67, 99, 117, 123, 125, 127, 129, 215, 221, 223, 245, 251, 255, 329
권한(potestas) 123, 129, 171, 179, 215
그 자체로(per se) 447, 49, 77, 101, 175, 177, 179, 181, 193, 231, 275, 277, 299, 329
그리스도 육화의 신비(mysterium incarnationis Christi) 77, 193
그리스도(Christus) 37, 91, 95, 101, 123, 191, 201, 207
그리스도의 신비(mysterius Christi) 89, 189, 191, 195, 197, 207
그리스도의 육화(incarnatio Christi) 77, 87, 193
그리스도의 인성(humanitas Christi) 15, 25, 101, 103
그리스도의 참된 몸(verum corpus Christi) 37, 43
그리스도의 탄생(nativitas Christi) 43
극단(extrema) 29
근거(ratio) 17, 19, 39, 41, 61, 67, 71, 77, 79, 109, 199, 223, 293, 335, 341, 343, 379
금(aurum) 377
금욕(abstinentia) 229
금지(prohibitio) 129
긍정적인 계명(praeceptum affirmativum) 235, 237
기예(ars) 9, 307
기적(miraculum) 113, 141, 215, 351, 355
기초(fundamentum) 295, 297, 303

기하학(geometria) 19, 333
기형적(deformis) 359, 365
나는 전능한 신을 믿는다(Credo in Deum omnipotentem) 29
나약함(infirmitas) 5
납(plumbum) 377
내속성(inhaesio) 313
내재적인 형상(forma intrinseca) 271
내적 본능(interior instinctus) 217
내적 원인(causa interior) 355
내적 행위(actus interior) 131
노예적인 두려움(timor servilis) 371
논거(ratio) 33, 35, 133, 217, 219, 221, 223, 225, 347, 357
논증(argumentum) 47, 243, 245, 251, 255
능력(potentia) 39, 107, 147, 257, 259
단식함(ieiunare) 229
단적으로 하나인 것(unum simpliciter) 267
단적으로(simpliciter) 65, 67, 267, 309, 311, 363, 365, 367
대상(obiectum) 5, 11, 15, 17, 24, 27, 29, 31, 45, 75, 135, 145, 147, 149, 175, 177, 181, 193, 205, 245, 247, 249, 251, 255, 257, 261, 263, 267, 269, 285, 293, 299, 319, 335, 343, 370, 375
대신덕(virtus theologicus) 7, 11, 243, 247, 299
더(magis) 123, 185, 197, 225, 245, 297, 313, 323, 341, 343, 347
덕(virtus) 7, 39, 145, 156, 181, 241, 251, 253, 259, 271, 281, 283, 285, 287, 295, 297, 299, 301
덕의 이유(ratio virtutis) 219
덕의 행위(actus virtutis) 175, 177, 229
덜(monus) 89, 91, 197, 279, 305, 309, 341, 343
도덕적 질료(materia moralis) 3
동기(motivum) 339
동등하게(aequaliter) 343, 347
동시에 [같은 것을] 긍정하면서 부정하기란 불가능하다(Impossibile est simul affirmare et negare) 85

동의(assensio) 133, 135, 139
동의(assensus) 21, 47, 143, 215, 221, 249, 257, 353, 355, 357
동의를 가지고 사유하는 일(cum assensione cogitare) 133, 139, 141
동의하는 일(assentire) 155
동일 본질임(consubstantialis) 109
동정녀(Virgo) 103, 201
두려움(timor) 229, 231, 299, 369, 371, 373, 375
마귀(daemon) 315, 325, 327, 329, 331, 371
마땅한 완전성(perfectio debita) 285
마음의 순수함(puritas cordis) 377
마음의 정화(purificatio cordis) 369, 377
마음의 태세(promptus animus) 173, 175
말씀(Verbum) 113, 137, 307
매개념(medium) 19, 39, 147, 337, 339
명료하지 않은 것들에 대한 논증(argumentum non apparentium) 47, 241, 243, 245, 251, 253, 319
명료함(apparentia) 63
명백하게 함(manifestatio) 67, 207, 263, 317, 319, 323, 329
명시적 신앙, 함축적인 믿음(fides explicita, fides implicita) 131, 181, 183, 191, 193, 203
명시적으로(explicite) 87, 131, 133, 171, 173, 177, 179, 181, 183, 185, 189, 191, 197, 201, 203, 205, 207, 343, 345, 353
명제(enuntiabilia) 29, 35
명제적 방식(modus enuntiabilis) 11, 27, 31
명증성(evidentia) 329, 331
모호함(obscuritas) 317, 325, 377, 381
목적(finis) 145, 215, 229, 231, 233, 237, 247, 249
목적의 필연성(necessitas finis) 79
무모함(audacia) 229
무상 은사(donum gratuitum) 289
무상 은총(gratia gratis data) 281, 283, 287
무상으로 얻은 인식(gratuita cognitio) 341

무생물(inanimata) 159
무서움(formido) 49
무류(無謬, infallibilitas) 43
무죄의 상태(status innocentiae) 317
무지(ignorantia) 5, 61, 65, 117, 201
물체적 피조물(corporalis creatura) 379
미래(futurum) 121, 193, 199, 291, 295, 321, 329
민첩성(promptitudo) 225, 345
믿는 일(credere) 65, 71, 79, 115, 131, 133, 135, 139, 141, 143, 145, 147, 151, 153, 155, 157, 163, 167, 171, 173, 189, 191, 203, 211, 213, 247, 259, 261, 329, 333, 357
믿을 수 있는 것(credibilium) 13, 71, 73, 75, 77, 79, 81, 83, 85, 101, 177, 183
박해(persecutio) 121, 219, 225
벌(poena) 125, 179, 327, 325, 371, 373, 375
법의 계명(praeceptum legis) 175
법의 명령(mandatum legis) 335
보편 공의회(synodus generalis) 125, 127
보편 교회(Ecclesia universalis) 123
보편적 지향개념(intentio universalis) 137
복음의 설교(praedicatio Evangelii) 37
본질의 단일성(unitas essentiae) 107, 109
본향(本鄕)에서의 관상(contemplatio patriae) 323
부끄러움(erubescentia) 231
부성(paternitas) 205
부차적으로(secundario) 177
부활(resurrectio) 75, 103, 111, 193, 195
분해하다(resolvere) 155
불순함(impuritas) 377, 379, 381
불신(infidelitas) 15, 361, 367
불신앙(infidelitas) 61, 327
불신자(infidelis) 15, 65, 145, 149, 235, 239
불완전성, 불완전함(imperfectio) 93, 273, 277, 281, 287, 359

비례적으로(proportionaliter) 247
비존재자(non-ens) 39
사고력의 행위(actus cogitativae potentiae) 135, 139, 143
사도(apostolus) 45, 47, 79, 81, 89, 91, 93, 113, 117, 187, 195, 203, 221, 229, 235, 243, 253, 287, 293, 297, 307, 317, 319
사도신경(sumbolum Apostolorum) 121
사랑(amor) 237, 303, 379
사물(res) 29, 31, 57, 245, 249, 255, 317
사변적 지성(intellectus speculativus) 257, 263
사용(usus) 121, 221
사유(cogitatio) 135, 137, 139, 143
사죄(死罪, peccatum mortale) 275, 279
삼단논법(syllogismus) 63, 247
삼위일체(trinitas Personarum) 205, 209
삼위일체(Trinitas) 65, 133, 189, 203, 207, 329
상급(praemium) 373
상급자(superior) 285, 301
상위 본성의 운동(motus superioris naturae) 157
새 법[신약성경](nova lex) 123
생각과 말과 행위에 의한 죄(peccatum cordis, oris et operis) 5
선(bonum) 41, 145, 247, 269, 281, 283, 285, 329, 371, 373, 375, 379
선물(donum) 5, 9, 11, 81, 111, 275, 291, 309, 313, 327, 331, 333, 347, 349, 353, 359, 361, 363, 367
선성(bonitas) 39, 159, 209
선택(electio) 49, 221
설득(persuasio) 67, 355, 357
섭리(providentia) 85, 97, 105, 107
성경의 권위(auctoritas sacrae) 67
성령(Spiritus Sanctus) 83, 95, 99, 107, 109, 111, 117, 121, 123, 207, 309
성령의 선물(donum Spiritus Sancti) 9
성부(Pater) 99, 107, 109, 111, 207

성사(sacramenta) 15, 25, 37, 83, 101, 111, 195
성인(Sanctus) 67, 211
성자(Fillius) 99, 107, 109, 111, 207
성질(qualitas) 243
성체성사(sacramentum Eucharistiae) 99, 111
성향(dispositio) 259
성화(sanctificatio) 103, 111, 121
세 위격(tres Personae) 77, 101, 163
소질(dispositio) 311
수난(passio) 75, 87, 103, 193, 197, 199
수용력(capacitas) 93, 347
순교자(martyr) 225
순종(obedientia) 173, 181, 257, 267, 271, 297, 301
순종의 덕(virtus obedientiae) 173, 181
습득된 덕(virtus acquisita) 281
습성(habitus) 11, 17, 39, 53, 145, 147, 163, 175, 247, 251, 259, 261, 263, 273, 275, 277, 283, 293, 334, 337, 339, 341, 343, 345
시간(tempus) 13, 95, 169
시간의 연속(successio temporum) 81, 83, 87, 93, 123
시간적인 것, 세속적인 것(temporalis) 291, 293, 379
시초(inchoatio) 249
신경(symbolum) 13, 113, 115, 117, 121, 123
신뢰(confidentia) 345
신법(lex divina) 235
신성(Divinitas) 15, 21, 99, 101, 103, 107, 157
신성의 단일성(unitas divinitatis) 101
신성의 존엄(maiestas divinitatis) 101
신심의 성사(pietatis sacramentum) 101
신앙 고백(confessio fidei) 113, 119, 233, 235
신앙 조항(fides articulus) 13, 71, 77, 79, 81, 85, 87, 97, 99, 103, 113, 115, 123, 177, 179, 183, 315, 333, 335, 337, 339, 341, 373

신앙 행위(actus fidei) 145, 147
신앙은 우리 안에서 영원한 생명이 시작되도록 만드는 정신의 습성이며, 명료하지 않은 것에 지성이 동의하도록 만드는 것이다(fides est habitus mentis, qua inchoatur vita aeterna in nobis, faciens intellectum assentire non apparentibus) 251
신앙은 희망해야 하는 사물들의 실체이고 명료하지 않은 것들에 대한 논증이다(Fides est substantia sperandarum rerum, argumentum non apparentium) 243
신앙의 가르침(doctrina fidei) 81, 85, 179
신앙의 규범(regula fidei) 113, 115, 129, 187
신앙의 기초(fidei fundamentum) 295
신앙의 대상(obiectum fidei) 11, 15, 17, 21, 27, 29, 31, 45, 75, 147, 149, 177, 193, 247, 251, 263, 293, 319, 343, 371
신앙의 박사(fidei doctor) 93
신앙의 불변함(constantia fidei) 289
신앙의 빛(lumen fidei) 53, 65, 67, 163, 165
신앙의 선언(professio fidei) 113
신앙의 시작(initium fidei) 355
신앙의 신비(mysterium fidei) 95
신앙의 연설(sermo fidei) 289
신앙의 완성(consummatio fidei) 355
신앙의 원리(principium fidei) 67, 267
신앙의 인식(cognitio fidei) 45, 83, 93, 95, 317
신앙의 장애물(impedimentum fidei) 223
신앙의 정교한 것, 신앙의 정교함(subtilitas fidei) 185
신앙의 필연성(necessitas fidei) 97
신앙의 행위(actus fidei) 133, 143, 145, 147, 149, 151, 209, 213, 215, 221, 227, 229, 231, 247, 249, 251, 261, 269, 285, 291, 345, 357
신앙의 효과(eeffectus fidei) 369, 377
신은 전능하다(Deus sit omnipotens) 29
신자(fidelis) 115, 239, 343

신적 계시(revelatio divina) 183, 185, 189
신적 본질(divina essentia) 29
신적 주입(infusio divina) 351
신적 지성(intellectus divinus) 31
신적 진리의 지각(perceptio divinae veritatis) 73
신적 탁월함(excellentia divina) 373
신적인 선(bonum divinum) 269
신적인 존엄(divina maiestas) 77
신적인 지혜(sapientia divina) 97
신학(theologia) 67
실천적 지성(intellectus practicus) 257, 263
실체(substantia) 77, 81, 87, 243, 245, 249, 251, 253, 255, 289, 297
실체적 형상(forma substantialis) 213
아는 일(scire) 211
악(malum) 39, 371, 373, 375
악습(vitium) 3, 5, 7, 9, 11
악의(malitia) 5, 367
안 것을 고찰하는 일(considerare scita) 211
안식일(sabbatum) 361
알려진 사태(res scita) 215
알맞은 결합(coaptatio) 73, 75
앎(notitia) 67, 99, 185
암묵적인 신앙(fides implicita) 183, 187
약속(repromissio) 91, 211
양(quantitas) 341
어둠(tenebrositas) 317, 361
언표(locutio) 231
업무(occupatio) 169
연장(extensio) 263
열매(fructus) 281, 283, 289
열정(fervor) 229

영감(inspiratio) 317
영예(honor) 231, 237
영원한 생명(vita aeterna) 37, 41, 77, 101, 103, 111, 251
영원한 참행복(aeterna beatitudo) 301
영적 건축물(spiritualis aedificium) 303
영적인 빛(spiritualis lumen) 45
영혼의 움직임(motus animi) 137
영혼의 준비, 정신의 준비(praeparatio animi) 173, 179
예견(provisio) 107
예언자(propheta) 89, 99, 199, 325, 329, 353
완성(perfectio) 93, 155, 157, 161, 163
외적 행위(actus exterior) 229
욕구 능력(appetitivus virtus) 41
욕구적 능력의 운동(motus appetitivae virtutis) 371
욕정적(concupiscibilis) 285
욕정적 행위(actus concupiscibilis) 261, 285
용기(fortitudo) 175, 229, 231, 295, 299
우리로부터(ex nobis) 355
우유(偶有, accidens) 273, 291
우유적으로(per accidens) 175, 177, 181, 231, 277, 279, 299
원리들의 이해(intellectus principiorum) 341, 343, 347
위격(位格, persona) 77, 99, 101, 103, 109, 111, 209
유(類, genus) 253
은(argentum) 377
은총(gratia) 41, 95, 103, 111, 179, 197, 207, 211, 213, 273, 275, 279, 287, 321, 327, 331, 347, 353, 357, 359
은총의 궁극적 완성(ultima consummatio gratiae) 95
은총의 도움(auxilium gratiae) 41, 179
은총의 작용(operatio gratiae) 83
의견(opinio) 29, 49, 63, 69, 211, 215, 251, 253, 275, 337

의미, 개념(ratio) 69, 139, 159, 175, 215, 277, 279, 285, 287, 297, 303, 319, 329, 345, 361, 363, 365
의심(dubitatio) 49, 169, 201, 251, 305, 311
의심(suspicio) 251
의인(iustus) 157, 375
의지(voluntas) 225, 255, 257, 283, 285, 299, 303, 327, 329, 357
의지의 명령(imperium voluntatis) 263, 329
의지의 행위(actus voluntatis) 297, 303
이단(haereticus) 119, 333, 335, 337, 339
이성의 자연적 빛(lux naturalis rationis) 313
이성의 판단(iudicium rationis) 221
이성적 본성(natura rationalis) 159
이성적 피조물(rationalis creatura) 379
이웃의 유익(utilitas proxximi) 237
이해(intelligentia) 35, 121, 137, 141
이해(통찰)(intellectus) 47, 137, 250, 305, 307, 309, 313, 341, 347
인간 구원(hominis salus) 157
인성(humanitas) 15, 25, 101, 103
인식 습성(cognoscitivus habitus) 17
인식(cognitio) 5, 45, 49, 81, 83, 91, 93, 95, 103, 107, 141, 149, 163, 169, 171, 187, 197, 299, 313, 321, 341
인식의 결함(detectus cognitionis) 81, 149
인식의 진보(profectus cognitionis) 91, 93
인정(agnitio) 63
잉태(conceptio) 103, 111, 207, 231
자녀적인 두려움(timor filialis) 371, 372, 373
자만(praesumptio) 41
자발적인 선택(electio voluntaria) 49
자성(filiatio) 205
자연(natura) 83, 93, 103
자연적 발생(generatio naturalis) 93

자연적 이성(naturalis ratio) 51, 58, 105, 131, 141, 151, 152, 155, 165, 167, 171, 183

자유재량(liberum arbitrium) 211, 213, 215, 355

작용인의 질서(ordo causae agentis) 93

작용자(agens) 93

작은 것(parvum) 343

장소(locus) 58, 177, 235, 236, 237

전개(explicatio) 87, 181, 182, 183, 185, 189

전제(praeambula) 209, 225

절제(temperantia) 41, 261, 285

젊음(iuventus) 95

정념(passio) 51, 58, 163, 221, 223, 303, 331

정의(iustitia) 41, 179, 260, 283, 301

제1동기(motivum primum) 339

제1원리(principium primum) 7, 19, 22, 33, 47, 51, 84, 85, 155, 249, 329

제1의 덕(prima inter virtutes) 295, 297, 299

제1진리(veritas prima) 11, 15, 17, 19, 21, 27, 39, 71, 79, 149, 247, 263, 293, 319, 321, 335, 343, 345, 371, 375

조롱(insultatio) 239

조항(articulus) 71, 73, 75, 97, 99, 101, 103

존재, 존재자(ens) 39

종(species) 56, 229, 267, 271, 335

죄, 범죄(peccatum) 5, 195, 205, 319, 321, 323, 327

죄로부터의 해방(liberatio a peccato) 193

죄과(culpa) 325, 367, 381

죄의 소멸(deletio peccati) 231

주님(Dominus) 45, 49, 89, 117, 127, 191, 205, 239, 293, 343

주석(stannum) 377

주입된 덕(virtus infusa) 281

주체(subiectum) 213, 241, 257, 259, 261, 263, 279, 291, 293, 309, 311, 343, 345

주체의 참여(participatio subiecti) 343, 345

죽음(mors) 103, 175, 191, 195

중간(medium) 18, 28, 39, 211
중재자(Mediator) 191, 201
증명(demonstratio) 19, 39, 63, 67, 97, 215, 223, 337
증명불가능한(indemonstrabilis) 249
지성을 완성시키는 덕(virtus perficiens intellectum) 39
지성의 고찰(consideratio intellectus) 137
지성의 동의(assensus intellectus) 41, 143, 213
지성의 선(bonum intellectus) 41, 285
지성의 행위(actus intellectus) 135, 139, 213, 259, 262, 283, 285
지성적 덕(virtus intellectualis) 7, 9, 241, 281, 305, 307, 309, 313
지성적 봄(intellectualis visio) 307
지성적인 덕(virtus intellectualis) 7
지식(scientia) 9, 11, 29, 35, 47, 61, 63, 65, 69, 81, 83, 93, 107, 163, 167, 169, 171, 210, 215, 249, 251, 253, 291, 295, 305, 307, 309, 313, 333, 337, 351, 357
지옥(infernus) 199
지옥으로 내려감(descensus ad inferos) 103, 115, 119
지위(status) 5
지혜(sapientia) 9, 17, 97, 111, 291, 295, 305, 307, 309, 313, 325
직관, 봄(visio) 223, 249, 259, 277, 307, 313, 319
직분(officium) 197
진리의 영(Spiritus veritatis) 177
질료(materia) 3, 5, 7, 93, 213, 307
질료인의 질서(ordo causae materialis) 93
질료적 대상(obiectum materialis) 18, 22, 23
질병(aegritudo) 363
질서(ordo) 85, 297
차이(differentia) 5, 295
찬양(laus) 231, 257
참(verum) 41, 135, 141, 155, 247, 259, 261, 281, 283, 285
참사랑(caritas) 27, 209, 241, 245, 265, 267, 269, 271, 297, 303, 335, 379
참사랑의 계명(praeceptum caritatis) 173, 181

참사랑의 대상(caritatis obiectum) 181
참여(participatio) 161, 343, 345
참행복(beatitudo) 85, 161, 163, 171, 193, 205, 209, 249, 251, 299, 319, 321
참회(poenitentia) 227, 231
창조주(Creator) 317
척도(regula) 337
천사(angelus) 315, 317, 319, 321, 323
천상적 직관(visio patriae) 29, 35
천상적 참행복(beatitudo) 29, 35
첫 사람(primus homo) 317
첫 여건(prima conditio) 315, 319
체액(humor) 361, 363
초자연적 인식(cognitio supernaturalis) 163
총대주교(Patriarcha) 125
최고선, 최고 선성(bonitas summa) 17, 205, 209
추정(coniectura) 43
추측하는 일(의견을 가지는 일)(opinari) 211
출생(nativitas) 103
충분한 원인(sufficiens causa) 355
침묵(taciturnitas) 237
큰 것(magnum) 343
타락(lapsus) 317, 319
탐구(inquisitio) 135, 137, 141, 253
통찰력(perspicacitas) 331
투명체(diaphanus) 361
특수한 지향 개념(intentio particularis) 137
파문(anathema) 123
파악(apprehensio) 371
판결(sententia) 116, 117
판단(iudicium) 155, 163, 221
펠라기우스주의자(Pelagianus) 355

편찬(editio) 123, 125, 127, 129

평형(commensuratio) 361, 365

표지, 표징(signum) 169, 223, 329

피조물(creatura) 15, 25, 111, 159, 165, 321, 325, 379

필요(necessitas) 117, 121, 131, 151, 165, 169, 185, 189, 207, 237, 239

향유(frui, fruitio) 21

하느님 나라(regnum Dei) 199

하느님께 완전하게 순종함(perfecte obedire Deo) 339

하느님에 대한 향유(fruitio divina) 21

하느님에 대해 믿는 일(credere Deo) 143, 145, 147

하느님을 믿는 일(credere Deum) 143, 145, 147, 149

하느님을 향해 믿는 일(credere in Deum) 143, 145, 149, 151

하느님의 단일성(unitas Dei) 105

하느님의 말씀(Verbum Dei) 137, 307

하느님의 영예(honor Dei) 237

하느님의 전능(omnipotentia Dei) 77, 107

하느님이 육화되지 않으신다(Deum non incarnari) 41

하위의 본성(natura inferior) 157

학문(scientia) 9, 11, 29, 35, 47, 61, 63, 65, 69, 81, 83, 93, 107, 163, 167, 169, 171, 211, 215, 249, 251, 253, 291, 295, 305, 307, 309, 313, 333, 337, 351, 357

한정된 의미에서(secundum quid) 25, 69, 311, 367

할례(circumcisio) 361

합성(complexio) 31

행간 주석(Glossa) 273, 289, 371

행위(acts) 3, 11, 33, 39, 51, 131, 135, 139, 141, 143, 145, 149, 151, 175, 177, 181, 209, 211, 213, 215, 221, 227, 229, 231, 233, 237, 247, 249, 251, 255, 259, 261, 267, 269, 271, 283, 285, 289, 291, 297, 301, 303, 329, 345, 357, 359, 365, 367, 371

행위의 기형(deformitas actus) 365

행위의 양태(modus actionis) 269

헌신(devotio) 345

현명(prudentia) 7, 261, 285, 307

현세적 삶(vita temporalis) 169
형벌적 악(malum poenalis) 375
형상적 개념(formalis obiectum) 147
형상적 근거(ratio formalis) 39, 77, 79
형상화되지 않은 신앙(fides informis) 271, 273, 277, 281, 287, 297, 349, 359, 361, 363, 365, 373
형상화된 신앙(fides formata) 119, 241, 279, 281, 283, 287, 361
혼란(confusio) 229
혼란(turbatio) 235, 239
확고함(firmitas) 345
확신(convictio) 251
확실성(certitudo) 28, 253, 289, 309, 313
환원(resolutio) 329
회의(dubitatio) 141
흠숭(latria) 231
희망(spes) 41, 249, 255, 271, 297, 299, 301, 369

《인명 색인》

가리구-라그랑쥬(R. Garrigou-Lagrange) 260
고데프리두스, 푸아티에의(Godefridus Pictaviensis) 362
그라티아누스(Gratianus) 125
그레고리우스(Gregorius) 63, 83, 217, 219, 223
그레고리우스 9세(Gregorius IX) 125
그레고리우스 13세(Gregorius XIII) 125
기욤 도베르뉴(Guillaume d'Auvergne) 29
기욤 도세르(Guillaume d'Auxerre) 71, 186, 268, 321, 326, 335, 363
니콜라스, 뒤레스의(Nicholas of Durrës) 127
다마셰누스, 요한(Joannes Damascenus) 17, 135, 253
다윗(David) 88, 177

도미니크 소토(Dominic Soto) 354
랭턴(Stephen Langton) 217, 362
레오 교황(Leo Papa) 121
레지스(L. M. Regis) 133
로베르투스 그로세테스테(Robert Grosseteste) 32
로베르투스 풀루스(Robertus Pullus) 362
로탱(O. Lottin) 264
롬바르두스, 페트루스(Petrus Lombardus) 32, 44, 132, 144, 145, 217, 268, 270, 320, 325, 326, 362, 364
루피누스(Tyrannius Rufinus) 120, 121
마케도니우스(Macedonius) 110, 111
마크로비우스(Macrobius) 264
막시무스, 고백자(Maximus the Confessor) 16
모세(Moyses) 88, 89, 94, 168, 361
모세스 마이모니데스(Moses Maimonides) 168
바로(Varro) 133
바르트(K. Barth) 52, 53, 59, 72, 73, 102, 158
베드로(Petrus) 115, 126, 127, 153, 187, 343, 377
벨마르(R. Bellemare) 136, 137
보나벤투라(Bonaventura) 72, 163, 185, 186, 261
보에티우스(Boetius) 82, 83, 251, 273
세클러(M. Sekler) 216
생빅토르의 위고(Hugo de Sancto Victore) 28, 71, 264, 310, 316, 317, 323
생티에리(St. Thierry)의 기욤 362
세례자 요한(Ioannes Baptista) 95, 191, 198, 201
스힐레벡스(E. Schillebeeckx) 216
시몬, 투르네의(Simon of Tournai) 217, 264
시빌라(Sibylla) 201
아리우스(Arius) 108, 109
아벨라르두스(Abaelardus) 32
아브라함(Abraham) 37, 41, 76, 88, 89, 94, 177

아우구스티누스(Augustinus) 16, 29, 44, 47, 73, 99, 109, 115, 132, 135, 136, 137, 144, 147, 160, 172, 173, 179, 191, 199, 201, 205, 242, 253, 257, 263, 291, 317, 319, 325, 327, 351, 354, 358, 375
아타나시우스(Athanasius) 109, 124, 125, 129
알라누스(Alanus) 216, 264
알렉산더, 헤일즈의(Alexander Halensis) 321
알베르투스, 대(Albertus Magnus) 72, 186, 262
암브로시우스(Ambrosius) 7, 200, 201
엘리사(Elisa) 77
우르바노 4세(교황) 127
위-디오니시우스(Pseudo-Dionysius) 16, 17
이사이(Isae) 177
이시도루스(Isidorus) 72, 73
칸트(I. Kant) 31, 51, 52, 58
코르니피쿠스(Cornificus) 74
콘스탄티누스 황제(Constantinus Augustus) 108, 121, 201
크리소스토무스(Chrysostomus) 200, 201
퀸틸리아누스(Quintilianus) 74
키케로(Marcus Tullius Cicero) 74, 75
토마스 아퀴나스(Thomas Aquinas) 4, 16, 161
페트루스, 코르베이의(Petrus de Corbeil) 268
펠라기우스(Pelagius) 354
프래포지티누스(Praepositinus) 71, 265
푸아디에의 페트루스(Petrus de Poitier) 50
필립푸스, 대학총장(Philoppus Cancellarius) 72
하이데거(M. Heidegger) 51, 52
헬레나(Irena) 201
호르바트(A.-M. Horváth) 22, 54
훗설(E. Husserl) 31

《고전작품 색인》

　표준 주해(*Glossa*) 229
　덴칭거(DS-DH)　153, 165, 189, 209, 217, 233, 243, 265, 271, 295, 305, 333, 349, 351, 359, 377

그라티아누스
　『교령집』(*Decretis.*) 125, 126, 127

그레고리우스 마뉴스
　『욥기의 도덕적 해설』(*Moralia*) 183

그레고리우스 9세
　『교회 법령집』(*Decretales*) 125, 126

다마셰누스
　『정통신앙론』(*De fide orthodoxa*) 17, 135

디오니시우스
　『신명론』(神名論, *De divinis nominibus*) 16, 17, 67, 253
　『천상위계론』(*Cael. Hier.*) 185, 191

롬바르두스
　『명제집』(*Libri Sententiarum*) 144, 270

모세스 마이모니데스
　『혼란된 자들의 인도자』 168

보에티우스
　철학의 위안(*de Consol.*) 83

생빅토르의 위고

『명제집』(*Sententiis*) 317

아리스토텔레스

『니코마코스 윤리학』(*Ethic. Nic.*) 6, 7, 39, 219, 281, 283, 309

『형이상학』(*Metaphysica*) 81, 85, 97, 149

『영혼론』(*de Anima*) 257, 263

『분석론 후서』(*Poster.*) 60, 63, 215

『자연학』(*Physica*) 231, 287, 299

아우구스티누스

『삼위일체론』(*De Trinitate*) 132, 137, 263, 291, 307, 351

『성도들의 예정』(*De Praedestinatioe Sanctorum*) 135, 257, 327, 351

『주님의 산상 설교』(*De Serm. Dom. in monte*) 173

『창세기 문자적 해설』(*Super Gen. ad Litt.*) 199, 317

『주님의 말씀』(*De Verb. Dom.*) 46, 47

『요한복음서 강해』(*Super Ioan.*) 147

『율리아누스 반박』(*Contra Iulianum*) 301

『훈계와 은총』(*De correptione et gratia*) 179, 191

키케로

『수사학』(*Rhetorica*) 75

《성경 색인》

〈신약〉

갈라티아서 77, 91, 93, 95, 209, 229, 257, 265, 266, 283, 289, 359

로마서 47, 83, 101, 157, 173, 235, 247, 267, 283, 307, 317, 351, 353

루카복음서 127, 187, 200, 201, 270, 295

마태오복음서 153, 173, 191, 207, 239, 343, 369

베드로 1서 219

베드로 2서 129

사도행전 16, 177, 193

에페소서 80, 81, 89, 113, 194, 195, 291, 293, 327, 353

요한 1서 35

요한복음서 37, 45, 89, 99, 101, 115, 117, 126, 161, 198, 199, 205, 223, 327, 351, 357, 361

코린토 1서 29, 45, 65, 95, 127, 187, 259, 267, 273, 283, 287, 297, 317, 361

콜로새서 303

테살로니카 1서 307

테살로니카 2서 228, 229

티모테오 1서 61, 101

히브리서 23, 47, 77, 79, 81, 85, 88, 91, 100, 102, 117, 137, 153, 157, 175, 177, 203, 207, 211, 217, 242, 243, 249, 295, 297, 318, 319, 379

〈구약〉

시편 88, 157, 173, 189, 295, 325

신명기 83, 113, 155, 359

욥기 155, 183, 201, 202, 203

이사야서 191, 199, 291, 307, 308

즈카르야서 199

집회서 165, 211, 369

창세기 77, 88, 194, 205, 264

탈출기 87, 88, 155

■ 지은이: 토마스 아퀴나스(S. Thomas Aquinas)

성 토마스 아퀴나스는 1224/5년 이탈리아 중남부의 귀족 가문에서 태어나 도미니코수도회에 입회하였고, 때 묻지 않은 '천사적' 순수함과 진리에 대한 지칠 줄 모르는 열정으로 13세기라는 역사상 드문 정치적·사상적 격변기를 헤쳐나갔다. 그는 아리스토텔레스의 대부분의 작품들과 복음서 및 바오로의 주요 서간들에 대해 주해서를 집필하였고, 『대이교도대전』과 『토론문제집』 등 중요한 저작들을 남겼다. 특히 그리스 철학의 제 학파와 아랍 세계의 선진 이슬람 문명 등 당대까지 유럽에 전해져 서로 충돌하던 다양한 사상들을 그리스도교 진리의 빛 속에서 웅장하게 체계적으로 종합한 『신학대전』(Summa Theologiae)은 인류 문화사적 걸작으로 꼽힌다. 그는 1274년 리옹공의회에 참석하러 가던 길에 중병을 얻어 포사노바에서 선종하였다.

1879년 교황 레오 13세는 회칙 『영원하신 아버지』를 통해 토마스의 사상을 가톨릭교회의 공식 학설로 공표하였다.

■ 옮긴이: 박승찬

서울대학교 식품공학과를 졸업한 뒤, 가톨릭대학교 신학부에서 신학을 공부하던 중 중세철학에 관심을 가지게 되었다. 독일 프라이부르크 대학에서 석사와 박사학위(중세철학 전공)를 받았다. 현재 가톨릭대학교 철학과 교수이며 김수환추기경연구소장을 맡고 있다. 성심대학원장, 한국중세철학회장, 한국가톨릭철학회장을 역임했다. 그는 생각하는 힘을 키워 주는 강의로 유명하다. 그의 '중세철학사' 강의는 2012년 11월에 SBS와 대학교육협의회에서 공동으로 주관하는 "대학 100대 명강의"로 선정되었다. 또한 JTBC 차이나는 클라스 〈중세 천년의 빛과 그림자〉, EBS 통찰, 클래스e 〈중세의 위대한 유산〉 등의 방송 출연, 한겨레신문 연재, 다양한 강연활동을 통해 사람들이 중세에 대해 갖는 편견을 깨고 중세철학이 지닌 매력과 그 깊이를 알리는 데 주력하고 있다.

저서로는 『서양 중세의 아리스토텔레스 수용사』, 『생각하고 토론하는 서양 철학 이야기 ②: 중세-신학과의 만남』, 『철학의 멘토, 멘토의 철학』, 『아우구스티누스에게 삶의 길을 묻다』, 『중세의 재발견』 등이 있으며, 역서로는 라틴어 원문에서 번역한 『모놀로기온 & 프로슬로기온』(캔터베리의 안셀무스), 『신학요강』, 『대이교도대전 II』, 『존재자와 본질』(토마스 아퀴나스), 그리고 『토마스 아퀴나스의 형이상학』 등이 있다.

■ 진리의 협력자들

가르멜수도회(윤주현 신부) 가톨릭교리신학원(최승정 신부) 가톨릭출판사(홍성학 신부) 강윤희신부 †곽성명마티아 교리48기(김순진 요안나) 구요비주교 기쁜소식(전갑수 사장) 김경애유스타 김두라소화데레사 김명순소피아 김미라크레셴시아 김미리파비올라 김미숙도미나 김복원요안나 김수남글라라 김영남신부 김영진신부 김영희글라라 김운장(대화제약 회장) 김운회주교 김웅태신부 김월자안젤라 김은주율리아나 김장이베로니카 김정렬사도요한 김정이아네스 김정임세실리아 김종국신부 김철련스테파노 김청자아가다 김항희마르타 김해영아나다시아 김혜경세레나 김혜경아네스 김효숙노엘라 김훈겸신부 김희중대주교 로사리오 성모의 도미니코수녀회(오하정 수녀) 마천동성당(장강택 신부) 목동성당(민병덕 신부) 문정동성당(이철호 신부) 박동균신부 박상수신부 박영규사도요한 박용선소화데레사 박정자소화데레사 박종호시몬 박찬윤신부 박표열정헤엘리사벳 박현숙글라라 방배4동성당(최동진 신부 - 이동익 신부) 방배동성당(안병철 신부) 배기현주교 배옥순시모니아 분당성마리아성당(윤종대 신부) 사랑의시튼수녀회(김영선 수녀) 상도동성당(곽성민 신부) 서명숙루치아 서인숙아네스 서초동성당(이찬일 신부) 서호숙데레사 세종로성당(박동균 신부) 성도미니코선교수녀회(안소근 수녀) 손삼석주교 손희송주교 송기인신부 송인섭안드레아 신수정비비안나 신옥현루시아 심상태몬시뇰 양정희루시아 여규태요셉 염수정추기경 오금동성당(박희원 신부) 오승원신부 원종철신부 위재숙아나다시아 유경촌주교 유덕희(경동제약 회장) 유식용(일도TCS 회장) 유영숙스콜라스티카 †윤정자님과 이경상신부 이계숙루시아 이동익신부 이동호신부 이문동성당(박동호 신부) 이민주신부 이명순토마스 이범현신부 이병호주교 이선용알베르토 이완숙미카엘라 이용훈주교 이윤하신부 †이정국미카엘 이정석요한 이종상요셉 이 진안드레아 이준영아우구스티노 이화주가브리엘라 이효재로마노 임경희미카엘라 잠원동성당(박항오 신부) 장석호모세 장우일레오 장춘복세바스티아나 장혜순카타리나 (재)신학과사상(백운철 신부) 전상순요안나 전상직(더맨 회장) 절두산순교성지성당(정연정 신부) 정달용신부 정미애율리안나 정순택대주교 정복신안나 정영숙(다빈치 회장) 정의채몬시뇰 정종휴암브로시오 †정진석추기경 조 광이냐시오 조규만주교 조신호델피노 조용주마리안나 조욱현신부 차상금이사벨 청담동성당(김민수 신부) 최명주율리아 최미묘분다 최학분에디타 하계동성당(김웅태 신부) 학교법인가톨릭학원(김영국 신부) 한무숙문학관(김호기 박사) 혜화동성당(홍기범 신부) 홍순자요셉피나 황예성세실리아

지금까지 출간된 분책(2022년 현재)

- 제1권(I, qq.1-12), [하느님의 존재], 정의채 옮김, 1985, 3판 2014, 751쪽.
  제1문 거룩한 가르침에 관하여. 제2문 신론 - 하느님이 존재하는가. 제3문 하느님의 단순성에 대하여. 제4문 하느님의 완전성에 대하여. 제5문 선 일반에 대하여. 제6문 하느님의 선성에 대하여. 제7문 하느님의 무한성에 대하여. 제8문 사물에 있어서의 하느님의 실재에 대하여. 제9문 하느님의 불변성에 대하여. 제10문 하느님의 영원성에 대하여. 제11문 하느님의 일체성(단일성)에 대하여. 제12문 하느님은 우리에게 어떻게 인식되는가에 대하여.

- 제2권(I, qq.13-19), [하느님의 생명], 정의채 옮김, 1993, 2판 2014, 572쪽.
  제13문 하느님의 명칭에 대하여. 제14문 하느님의 지식에 대하여. 제15문 이데아에 대하여. 제16문 진리에 대하여. 제17문 허위에 대하여. 제18문 하느님의 생명에 대하여. 제19문 하느님의 의지에 대하여.

- 제3권(I, qq.20-30), [하느님의 작용과 위격], 정의채 옮김, 1994, 2판 2000, 495쪽.
  제20문 하느님의 사랑에 대하여. 제21문 하느님의 정의와 자비에 대하여. 제22문 하느님의 섭리에 대하여. 제23문 예정에 대하여. 제24문 생명의 책에 대하여. 제25문 하느님의 능력에 대하여. 제26문 하느님의 지복에 대하여. 제27문 하느님의 위격들의 발출에 대하여. 제28문 하느님 안에서의 관계들에 대하여. 제29문 하느님의 위격들에 대하여. 제30문 하느님 안에서의 위격들의 복수성에 대하여.

- 제4권(I, qq.31-38), [위격들의 구별], 정의채 옮김, 1997, 293쪽.
  제31문 하느님 안에서 단일성 혹은 복잡성에 속하는 것들에 대하여. 제32문 하느님의 위격들의 인식에 대하여. 제33문 성부의 위격에 대하여. 제34문 성자의 위격에 대하여. 제35문 모습(혹은 모상)에 대하여. 제36문 성령의 위격에 대하여. 제37문 사랑이라는 성령의 명칭에 대하여. 제38문 은사라는 성령의 명칭에 대하여.

- 제5권(I, qq.39-43), [위격들의 관계], 정의채 옮김, 1998, 345쪽.
  제39문 본질과 비교된 위격들에 대하여. 제40문 관계들 내지는 고유성들과의 비교에 있어서의 위격들에 대하여. 제41문 인식 표징적(혹은 식별 표징적) 작용들과의 비교에 있어서의 위격들에 대하여. 제42문 하느님의 위격들 상호간의 동등성과 유사성에 대하여. 제43문 하느님의 위격들의 파견에 대하여.

- 제6권(I, qq.44-49), [창조], 정의채 옮김, 1999, 339쪽.
  제44문 피조물들의 하느님으로부터의 발출과 모든 유의 제1원인에 대하여. 제45문 사물들의 제1근원으로부터의 유출의 양태에 대하여. 제46문 창조된 사물들의 지속의 시작에 대하여. 제47문 사물들의 구별 일반에 대하여. 제48문 사물들의 구별에 대한 각론. 제49문 악의 원인에 대하여.

- 제7권(I, qq.50-57), [천사], 윤종국 옮김, 정의채 감수, 2010, 379쪽.
  제50문 천사의 실체 자체에 대하여. 제51문 천사와 물체의 비교에 대하여. 제52문 장소에 대한 천사의 비교에 대하여. 제53문 천사의 장소적 운동에 대하여. 제54문 천사의 인식 작용에 대하여. 제55문 천사의 인식 수단에 대하여. 제56문 비물질적 사물의 일부에서 얻는 천사의 인식에 대하여. 제57문 질료적 사물들의 성찰에 따른 천사의 인식에 대하여.

- 제8권(I, 58-64), 천사의 활동, 강윤희 옮김, 2020, 368쪽.
  제58문 천사의 인식 양태에 대하여. 제59문 천사의 의지에 대하여. 제60문 천사의 사랑 혹은 애정에 대하여. 제61문 천사가 본성적 존재로 창조되었음에 대하여. 제62문 천사가 은총과 영광의 상태로 완성됨에 대하여. 제63문 천사의 악의와 탓에 대하여 제64문 악령들의 형벌에 대하여.

- 제9권(I, qq.65-74), [우주 창조], 김춘오 옮김, 정의채 감수, 2010, 424쪽.
  제65문 물체적 피조물들의 창조 작업에 대하여. 제66문 구별에 대한 피조물의 질서에 대하여. 제67문 자체 안에서의 구별 작업에 대하여. 제68문 둘째 날의 작업에 대하여. 제69문 셋째 날의 작업에 대하여. 제70문 넷째 날에 대한 장식 작업에 대하여. 제71문 다섯째 날에 대하여. 제72문 여섯째 날에 대하여. 제73문 일곱째 날에 속한 어떤 것에 대하여. 제74문 공통적인 것들 안에서 모든 일곱 날에 대하여.

■ 제10권(I, qq.75-78), [인간], 정의채 옮김, 2003, 383쪽.
제75문 인간론: 영적 실체와 물체적 실체로 복합된 인간에 대하여. 제76문 혼의 신체와의 하나됨(합일)에 대하여. 제77문 혼의 능력 일반에 속하는 것들에 대하여. 제78문 혼의 개별적 능력들에 대하여.

■ 제11권(I, qq.79-83), [인간 영혼의 능력], 정의채 옮김, 2003, 320쪽.
제79문 지성적 능력들에 대하여. 제80문 욕구적 능력 일반에 대하여. 제81문 감성적 능력에 대하여. 제82문 의지에 대하여. 제83문 자유의사에 대하여.

■ 제12권(I, qq.84-89), [인간의 지성], 정의채 옮김, 2013, 511쪽.
제84문 신체와 결합된 영혼은 어떻게 자신보다 하위에 있는 물체적인 것들을 인식하는가. 제85문 지성 인식의 양태와 서열에 대하여. 제86문 우리 지성은 질료적 사물들에 있어 무엇을 인식하는가. 제87문 지성적 혼은 어떻게 자기 자신과 자기 안에 있는 것들을 인식하는가. 제88문 인간 혼은 어떻게 자기의 상위에 있는 것들을 인식하는가. 제89문 분리된 영혼의 인식에 대하여.

■ 제13권(I, qq.90-102), [하느님의 모상으로 창조된 인간], 김율 옮김, 2008, 505쪽.
제90문 인간 혼의 첫 산출에 대하여. 제91문 첫 인간의 신체의 산출에 대하여. 제92문 여자의 산출에 대하여. 제93문 인간의 산출 목적 또는 결말에 대하여. 제94문 첫 인간의 지성 상태와 조건에 대하여. 제95문 첫 인간의 의지에 관련된 사항들, 곧 은총과 정의에 대하여. 제96문 무죄의 상태에서 인간이 가지고 있던 지배권에 대하여. 제97문 첫 인간의 상태에서 개인의 보존. 제98문 종의 보존에 대하여. 제99문 태어났을 자손의 신체적 조건에 대하여. 제100문 태어났을 자손의 정의의 조건에 대하여. 제101문 태어났을 자손의 지식의 조건에 대하여. 제102문 인간의 거처, 곧 낙원에 대하여.

■ 제14권(I, qq.103-114), [하느님의 통치], 이상섭 옮김, 2009, 607쪽.
제103문 사물들의 통치 일반에 대하여. 제104문 하느님 통치의 특수한 결과들에 대하여. 제105문 하느님에 의한 피조물들의 변화에 대하여. 제106문 한 피조물은 다른 피조물들을 어떻게 움직이는가. 제107문 천사들의 말에 대하여. 제108문 위계와 질서에 따르는 천사들의 질서지음에 대하여. 제109문 악한 천사들의 질서지음에 대하여. 제110문 물체적 피조물들에 대한 천사들의 통할에 대하여. 제111문 인간들에 대한 천사들의 작용에 대하여. 제112문 천사들의 파견에 대하여. 제113문 선한 천사들의 보호에 대하여. 제114문 마귀들의 공격에 대하여.

■ 제15권(I, qq.115-119), [우주의 질서], 김정국 옮김, 2010, 307쪽.
제115문 물체적 피조물의 작용에 대하여. 제116문 숙명에 대하여. 제117문 인간의 작용과 관련된 것에 대하여. 제118문 혼과 관련한 인류의 번식에 대하여. 제119문 육체에 관련된 인류의 번식에 대하여.

■ 제16권(I-II, qq.1-5), [행복], 정의채 옮김, 2000, 417쪽.
제1문 인간의 궁극 목적에 대하여. 제2문 인간의 행복이 있는 것들에 대하여. 제3문 행복이란 무엇인가. 제4문 행복을 위해 요구되는 것들에 대하여. 제5문 행복에의 도달에 대하여.

■ 제17권(I-II, qq.6-17), 인간적 행위, 이상섭 옮김, 2019, xlviii-444쪽.
제6문 의지적인 것과 비의지적인 것에 대하여. 제7문 인간적 행위의 상황들에 대하여. 제8문 의지에 대하여, 의지는 무엇을 대상으로 갖는가? 제9문 의지의 동인에 대하여. 제10문 의지가 움직여지는 방식에 대하여. 제11문 향유라는 의지 작용에 대하여. 제12문 지향에 대하여. 제13문 수단과 관련된 의지의 작용인 선택에 대하여. 제14문 선택에 앞서는 숙고에 대하여. 제15문 수단과 관련된 의지 작용인 동의에 대하여. 제16문 수단과 관련된 의지의 작용인 사용에 대하여. 제17문 의지에 의해 명령된 작용에 대하여.

■ 제18권(I-II, 18021), 도덕성의 원리, 이재룡 옮김, 2019, lx-264쪽.
제18문 인간적 행위에서의 선성과 악성에 대하여. 제19문 의지의 내적 행위의 선성과 악성에 대하여. 제20문 인간의 외적 행위의 선성과 악성에 대하여. 제21문 인간적 행위의 귀결들과 그 선성 또는 악성에 대하여.

■ 제19권(I-II, 22-30), 정념, 김정국 옮김, 2020, I-270쪽.
제22문 영혼의 정념의 주체에 대하여. 제23문 정념 상호간의 차이에 대하여. 제24문 영혼의 정념들에 있어서 선과 악에 대하여. 제25문 정념들 상호간의 질서에 대하여. 제26문 사랑에 대하여. 제27문 사랑의 원인에 대하여. 제28문 사랑의 결과에 대하여. 제29문 미움에 대하여. 제30문 욕망에 대하여.

- 제20권(I-II, 31-39), 쾌락, 이재룡 옮김, 2020, lviii-236쪽.
  제31문 쾌락 그 자체에 대하여. 제32문 쾌락의 원인에 대하여. 제33문 쾌락의 결과에 대하여. 제34문 쾌락의 선성과 악성에 대하여. 제35문 고통 또는 슬픔 그 자체에 대하여. 제36문 슬픔 또는 고통의 원인에 대하여. 제37문 고통 또는 슬픔의 결과에 대하여. 제38문 슬픔 또는 고통의 결과에 대하여. 제39문 슬픔 또는 고통의 선성과 악성에 대하여.

- 제21권(I-II, 40-48), 두려움과 분노, 채이병 옮김, 2020, lxii-278쪽.
  제40문 분노적 정념들에 대하여. 먼저 희망과 절망에 대하여. 제41문 두려움 그 자체에 대하여. 제42문 두려움의 대상에 대하여. 제43문 두려움의 원인에 대하여. 제44문 두려움의 결과에 대하여. 제45문 담대함에 대하여. 제46문 분노 그 자체에 대하여. 제47문 분노를 일으키는 원인과 그 대처 수단에 대하여. 제48문 분노의 결과에 대하여.

- 제22권(I-II, 49-54), 습성, 이재룡 옮김, 2020, lviii-234쪽.
  제49문 습성의 실체 자체에 대하여. 제50문 습성의 주체에 대하여. 제51문 습성의 생성 원인에 대하여. 제52문 습성의 성장에 대하여. 제53문 습성의 소멸과 약화에 대하여. 제54문 습성의 구별에 대하여.

- 제23권(I-II, 55-67), 덕, 이재룡 옮김, 2020, lxxvi-558쪽.
  제55문 덕의 본질에 대하여. 제56문 덕의 주체에 대하여. 제57문 지성적 덕의 구별에 대하여. 제58문 도덕적 덕과 지성적 덕의 구별에 대하여. 제59문 도덕적 덕과 정념 사이의 구별에 대하여. 제60문 도덕적 덕들 상호간의 구별에 대하여. 제61문 추요덕에 대하여. 제62문 대신덕에 대하여. 제63문 덕의 원인에 대하여. 제64문 덕의 중용에 대하여. 제65문 덕들 사이의 상호 연관성에 다하여. 제66문 덕들의 동등성에 대하여. 제67문 후세에서의 덕의 지속에 대하여.

- 제24권(I-II, 68-70), 성령의 선물, 채이병 옮김, 2020, liv-152쪽.
  제68문 선물들에 대하여. 제69문 참행복에 대하여. 제70문 성령의 열매에 대하여.

- 제25권(I-II, 71-80), 죄, 안소근 옮김, 2020, I-452쪽.
  제71문 악습과 죄 자체에 대하여. 제72문 죄의 구별에 대하여. 제73문 죄들의 상호 비교에 대하여. 제74문 죄의 주체에 대하여. 제75문 죄의 일반적 원인에 대하여. 제76문 죄의 특수 원인에 대하여. 제77문 감각적 욕구 편에서 본 죄의 원인에 대하여. 제78문 죄의 원인인 악의에 대하여. 제79문 죄의 외부적 원인에 대하여(1): 하느님. 제80문 죄의 외부적 원인에 대하여(2): 악마

- 제26권(I-II, qq.81-85) 원죄, 정현석 옮김, 2021, lii-191쪽.
  제81문 인간 편에서의 원죄의 원인에 대하여. 제82문 원죄의 본질에 대하여. 제83문 원죄의 주체에 대하여. 제84문 어떤 죄가 죄의 원인이 된다는 점에서 죄의 원인에 대하여. 제85문 죄의 결과에 대하여.

- 제27권(I-II, qq.86-89) 죄의 결과, 윤주현 옮김, 2021, xlviii-164쪽.
  제86문 죄의 흠결에 대하여. 제87문 벌의 죄책에 대하여. 제88문 경죄와 사죄에 대하여. 제89문 경죄 자체에 대하여.

- 제28권(I-II, 90-97), 법, 이진남 옮김, 2020, I-289쪽.
  제90문 법의 본질에 대하여. 제91문 법의 종류에 대하여. 제92문 법의 효력에 대하여. 제93문 영원법에 대하여. 제94문 자연법에 대하여. 제95문 인정법에 대하여. 제96문 인정법의 효력에 대하여. 제97문 법의 개정에 관하여.

- 제29권(I-II, qq.98-105) 옛 법, 이경상 옮김, 2021, lxiv-608쪽.
  제98문 옛 법에 대하여. 제99문 옛 법의 규정들에 대하여. 제100문 옛 법의 도덕적 규정들에 대하여. 제101문 예식 규정들에 대하여. 제102문 예식 규정들의 원인에 대하여. 제103문 예식 규정들의 기한에 대하여. 제104문 사법 규정들에 대하여. 제105문 사법 규정들의 근거에 대하여.

- 제30권(I-II, qq.106-114) 새 법과 은총, 이재룡 옮김, 2021, lxxviii-570쪽.
  제106문 복음의 새 법에 대하여. 제107문 새 법과 옛 법의 비교에 대하여. 제108문 새 법의 내용에 대하여. 제109문 은총의 필요성에 대하여. 제110문 은총의 본질 대하여. 제111문 은총의 구분에 대하여. 제112문 은총의 원인에 대하여. 제113문 은총의 효과인 불경한 자의 의화에 대하여. 제114문 공로에 대하여.

■ 제31권(II-II, qq.1-7) 신앙, 박승찬 옮김, 2022, cxiv-412쪽.
제1문 신앙의 대상에 대하여. 제2문 신앙의 내적 행위에 대하여. 제3문 신앙의 외적인 행위에 대하여. 제4문 신앙의 덕 자체에 대하여. 제5문 신앙을 지닌 이들에 대하여. 제6문 신앙의 원인에 대하여. 제7문 신앙의 효과에 대하여.